RESTAURANTES

ESPAÑA
2024

SUMARIO
CONTENTS

El Palmarés 2024

Índice temático

Mapas regionales

La Selección 2024

ESPAÑOL

EDITORIAL

E*stimado lector,*

*Estamos encantados de presentarte la Guía MICHELIN
España 2024, una publicación tremendamente singular
por ser la primera vez, en este formato, que se presenta
de manera independiente, ya que hasta ahora la edición
incluía en el mismo volumen a España y a Portugal.*

*Tras un año repleto de emociones nuestros inspectores e
inspectoras, llegados de todo el mundo, han consensuado
una valoración final que nos habla del nivel gastronómico
en España. La conclusión es que este sigue subiendo
y tenemos un futuro prometedor, pues al gratificante
aumento de Estrellas MICHELIN debemos unir el hecho
de que hay una enorme cantera de jóvenes chefs que, poco
a poco, están independizándose para ofrecer su propia
propuesta.*

*Nos fascina la personalidad y la cocina con matices, esa
que cuenta historias hablando de un territorio, pero que
también sorprende y puede hacernos viajar con el paladar,
en muchos casos en base a productos locales a los que
aplican técnicas propias de otras culturas.*

4

En cualquier caso, lo que cada vez resulta más evidente es que la gastronomía funciona como un elemento dinamizador, por eso vemos a diario como los restaurantes de nuestra selección tejen estrechos vínculos humanos y económicos con hortelanos, artesanos, pequeños ganaderos locales, pescadores de confianza... ¡Entre todos cierran el círculo de la sostenibilidad!

Esperamos que disfrutes de la Guía entendiendo que la amplia oferta en España no se limita solo a las famosas Estrellas, pues dentro de la selección los inspectores también han elegido los restaurantes con la mejor relación calidad/precio (Bib Gourmand 😋) y aquellos que demuestran una especial vocación o esfuerzo relacionado con la sostenibilidad (Estrella Verde 🍃).

Sin más, te invitamos a pasar la página para que te sumerjas de lleno en un mundo de sabores y texturas que, adaptado a todos los bolsillos, solo busca corresponder a tu confianza como gastrónomo y darte ideas a la hora de planificar cualquier viaje.

El equipo de la Guía MICHELIN ■

SELECCIÓN MICHELIN HECHOS CLAVE 2024

¡La escena gastronómica sigue imparable en España! Los jóvenes chefs toman el testigo y se lanzan en solitario para hacer una cocina con personalidad, demostrando que sobra talento y que su formación, normalmente en prestigiosas casas, es la mejor manera de cimentar las bases de su futuro.

Barcelona y Córdoba se llevan las nuevas tres Estrellas...

El Olimpo gastronómico en España brilla más que nunca con la inclusión de dos nuevos tres Estrellas MICHELIN. Los afortunados, y no precisamente por azar, son **Disfrutar** (Barcelona) y **Noor** (Córdoba).

Disfrutar, a cargo de los chefs Eduard Xatruch, Oriol Castro y Mateu Casañas, busca impresionar al gastrónomo y que este viva una experiencia global, sorprendiendo tanto en la parte visual-creativa como en la que concierne a la técnica, con delicadas texturas y sabores no exentos de intensidad. Córdoba también puede vestirse de fiesta tras ver a Noor alcanzar el triestrellato. El chef Paco Morales da continuidad a su proyecto de recuperar la esencia de la cocina andalusí, desde una perspectiva técnica actual y centrándose en etapas concretas de su historia; de hecho, ahora nos ha vuelto a enamorar con su visión de esos sabores en una evocadora propuesta que aborda el Siglo de Oro español.

...pero Madrid es la ciudad con más vitalidad gastronómica

Todos los años hay una ciudad o región que destaca por el número de nuevas Estrellas cosechadas. La sucesión de aperturas y cambios de chefs en Madrid es constante, lo que repercute en un bullicio gastronómico que, en sí mismo, es también un foco de atracción turístico. Fijándonos en la nuevas Estrellas de la capital tenemos la propuesta culinaria del maestro Martín Berasategui en **El Club Allard**, que ha dado un cambio de rumbo bajo su tutela; la osada oferta con tintes identitarios de los chefs Javier Sanz y Juan Sahuquillo en **CEBO**; la increíble experiencia en torno a los pescados ofrecida por **Desde 1911**; la apuesta por la cocina de temporada de los chefs Jorge Muñoz y Sara Peral en **OSA**; los sabores del campo manchego que, desde una perspectiva actual, se pueden degustar en **Santerra** y, para finalizar, la alta cocina japonesa con la que el chef Tadayoshi Teddy Motoa nos ha cautivado en **Toki**. ¿Es Madrid un enclave gastronómico? Sí, sin duda, y... ¡merece la pena descubrirlo!

Jaén, la gran sorpresa

Nos encanta encontrar nuevas direcciones que animen a una escapada. Si bien hay muchas opciones y magníficos hoteles con ofertas gastronómicas (especialmente en Baleares y Canarias) en esta edición ese destino inesperado es Jaén, siempre interesante al acompañarse por dos joyas como Úbeda y Baeza. Esta ciudad andaluza, la capital de la provincia homónima, ya podía presumir de tener dos restaurantes con Estrellas MICHELIN (**Bagá** y **Dama Juana**); sin embargo, ahora acapara los focos mediáticos con dos nuevos restaurantes galardonados (**Malak** y **Radis**) que invitan a conocerla.

EDITORIAL

Dear Reader,

We are delighted to present the MICHELIN Guide Spain 2024. This is a unique publication since it is the first time a Spanish Guide have been produced in its own right. Until now, Spain and Portugal were included in the same volume.

After an exciting year, our Inspectors – who came here from all over the world – have agreed on a final evaluation of Spain's current gastronomic scene. They have found that it continues to rise and has a very promising future. In addition to the pleasing increase in the number of MICHELIN Star restaurants, we want to highlight the massive pool of young chefs who, little by little, are beginning to run their own restaurants and come to the forefront of the Spanish culinary landscape.

We were fascinated by cuisines full of personality and nuance that told stories about their specific region, while still surprising us and taking us on a culinary journey. The chefs have often achieved this by incorporating local ingredients and techniques from other cultures.

What is increasingly evident is that gastronomy works best as a collaborative industry. We see on a daily basis how our selected restaurants forge close human and economic bonds with gardeners, artisans, small local farmers, fishermen, and other producers. Together, they will help to build a sustainable future.

We hope you'll enjoy this Guide and see that Spain's restaurant scene is much broader than just the famous Stars. Within the selection, the Inspectors have also chosen restaurants with the best quality-price ratio (Bib Gourmand 😋) and those that demonstrate a special commitment to sustainability (Green Star 🍀).

Without further ado, we invite you to turn the page and immerse yourself in a world of flavour and texture. Adapted to all budgets, we hope the MICHELIN Guide will be your trustworthy and reliable culinary companion when planning any trip.

The MICHELIN Guide Team ■

MICHELIN SELECTION **2024**
HIGHLIGHTS

The gastronomic scene is unstoppable in Spain! Young chefs are taking up the baton and going solo to create cuisine of quality and personality. They also demonstrate that their training, usually undertaken in prestigious restaurants, has laid strong foundations for the future.

Barcelona and Córdoba win the new three Stars

Spain's gastronomic Olympus shines brighter than ever with the addition of two new Three MICHELIN Star restaurants. The exceptional establishments to receive this honour are **Disfrutar** (Barcelona) and **Noor** (Córdoba).

Disfrutar —led by chefs Eduard Xatruch, Oriol Castro, and Mateu Casañas— continually impresses its gourmet customers by giving them a truly global experience. It surprises both in the visual-creative and technical aspects, with delicate textures and flavours combined with hits of intensity.

Córdoba can also celebrate after seeing Noor achieve Three-Star status. Chef Paco Morales continues his project of recovering the essence of Andalusian cuisine, exploring modern techniques, and focusing on specific stages of its history. In fact, he has now made us fall in love again by offering an evocative menu based around the Spanish Golden Age.

Madrid: the city with the greatest gastronomic vitality

Every year, a city or region stands out for the number of new Stars achieved. The constant openings and changes of chefs in Madrid generate a gastronomic bustle that is, in itself, of great appeal to gastronomic tourists. Looking at the new Stars in the capital, we find the culinary project of the master chef Martín Berasategui at **El Club Allard**, which has changed direction under his stewardship; the daring cooking of chefs Javier Sanz and Juan Sahuquillo at **CEBO**; the incredible fish experience offered by **Desde 1911**; the seasonal cuisine of chefs Jorge Muñoz and Sara Peral at **OSA**; the flavours from La Mancha with a modern touch that can be tasted at **Santerra** and, finally, the haute Japanese cuisine with which chef Tadayoshi Teddy Motoa has captivated us at **Toki**. Madrid is indeed a gastronomic destination that is well worth discovering.

Jaén, the big surprise

We love to find new destinations that demand to be visited. Although there are many dining options and magnificent hotels across Spain (especially in the Balearic and Canary Islands), this edition's unexpected must-see destination is Jaén, made even more interesting when accompanied by visits to small towns such as Úbeda and Baeza. This Andalusian city — the capital of the province with the same name — could already boast of having two restaurants with MICHELIN Stars (**Bagá** and **Dama Juana**). Now it is in the spotlight once again, with two newly Starred restaurants (**Malak** and **Radis**) to make a trip here all the more inviting.

*¡La experiencia
al servicio de la calidad!*

LOS COMPROMISOS DE LA GUÍA MICHELIN

Si la Guía MICHELIN disfruta de una excelente reputación mundial es, principalmente, gracias a su constancia a la hora de mantener el compromiso con sus lectores. En Japón, en los Estados Unidos, en China y en toda Europa, la elaboración de esta publicación se basa en algunas reglas inmutables, respetadas escrupulosamente por todos sus inspectores:

La primera regla de oro es que los inspectores prueban de **forma anónima y regular** las mesas, para apreciar así plenamente el nivel de prestaciones que ofrecen a cualquier cliente. Por ello, siempre pagan sus facturas.

La selección de establecimientos se realiza de forma **independiente** y la inscripción de estos en la publicación es completamente gratuita.

Lejos de ser un simple directorio de direcciones, la Guía MICHELIN ofrece una **selección** de los mejores restaurantes, en todas las categorías de precios.

Las informaciones prácticas, las clasificaciones y las distinciones **se revisan y actualizan** todos los años para proporcionar **la información más fiable.**

Los criterios de clasificación son idénticos para todos los países cubiertos por la Guía MICHELIN, con el fin de garantizar la homogeneidad de nuestra selección. Cada cultura tiene su cocina, pero la **calidad** debe seguir siendo **un principio universal.**

Michelin se ha dado una misión: **ayudar a la movilidad,** con el único propósito de que sus viajes se desarrollen siempre bajo criterios de seguridad y placer.

De Tokio a San Francisco, de París a Buenos Aires, la vocación de la Guía MICHELIN es siempre la misma: encontrar los mejores restaurantes del mundo.

Diversidad de cocina y saber hacer, creatividad desenfrenada o gran tradición, sea cual sea el lugar o el estilo, los Inspectores de la Guía tienen una única misión: la calidad... y la emoción.

Así, de todos los restaurantes seleccionados en la Guía, los más destacados reciben una distinción: las Estrellas - hasta tres para las mesas que te transportan a lo más alto de la gastronomía. El Bib Gourmand que combina inteligentemente precio y calidad.

Por último, otra Estrella, no roja sino verde, se concede a los restaurantes que se comprometen a cocinar respetando el medio ambiente.

La selección de restaurantes de la Guía MICHELIN ofrece toda una serie de sabrosas experiencias que probar... ¡y mucho más!

LA SELECCIÓN DE LA GUÍA MICHELIN

LAS DISTINCIONES: LA CALIDAD DE LA COCINA

ESTRELLAS

Nuestras Estrellas, una ❀, dos ❀❀ y tres ❀❀❀, distinguen las cocinas más notables, cualquiera que sea su estilo. Calidad de los productos, control de cocciones y texturas, equilibrio y armonía de sabores, personalidad de la cocina y regularidad, son los criterios que, más allá de los diferentes tipos de cocina, definen las mejores mesas.

❀❀❀   Una cocina única. ¡Justifica el viaje!

❀❀   Una cocina excepcional. ¡Merece la pena desviarse!

❀   Una cocina de gran nivel. ¡Compensa pararse!

BIB GOURMAND

Un momento de placer gastronómico: productos de calidad, precios contenidos y una cocina con una excelente relación calidad/precio.

LA ESTRELLA VERDE

GASTRONOMÍA Y SOSTENIBILIDAD

En nuestra selección de restaurantes, busque la Estrella Verde MICHELIN: el símbolo que destaca los locales particularmente comprometidos con la gastronomía sostenible. Una cita del chef ilustra la filosofía de estos establecimientos, auténticos pioneros.

LOS SÍMBOLOS DE LA GUÍA MICHELIN

Ⓝ   Nuevo establecimiento recomendado en la guía

N   Establecimiento que recibe una nueva distinción

Instalaciones y servicios

🍇   Carta de vinos atractiva

🍸   Carta de cocktails atractiva

🍽   Reserva imposible

⩤   Bonita vista

🌳   Parque o jardín

♿   Instalaciones adaptadas para personas con movilidad reducida

🆎   Aire acondicionado

⬆   Ascensor

🏛   Comidas servidas en el jardín o en la terraza

⇔   Salones privados

🅿 🚗   Parking • Garaje

🚫   No se aceptan tarjetas de crédito

Palabras-clave

Dos palabras-clave para identificar de un vistazo el tipo de cocina y el estilo del establecimiento.

CREATIVA • **DE DISEÑO**

Rangos de precios

€	menos de 35 €
€€	de 35 a 60 €
€€€	de 60 a 100 €
€€€€	más de 100 €

LEYENDA

Restaurantes • Bares de tapas •

Curiosidades

Edificio interesante

Edificio religioso interesante

Vías de circulación

Autopista • autovía

Número del acceso : completo-parcial

Vía importante de circulación

Calle peatonal

Aparcamiento

Túnel

Estación y línea férrea

Funicular • Tren de cremallera

Teleférico, telecabina

Signos diversos

Oficina de Información de Turismo

Edificio religioso

Torre • Ruinas • Molino de viento

Jardín, parque, bosque • Cementerio

Estadio • Golf • Hipódromo

Piscina al aire libre, cubierta

Vista • Panorama

Monumento • Fuente

Puerto deportivo

Faro

Aeropuerto

Boca de metro

Estación de autobuses

Tranvía

Transporte por barco:
Pasajeros y vehículos • pasajeros solamente

Oficina central de lista de Correos

Ayuntamiento • Universidad, Escuela superior

THE MICHELIN GUIDE'S COMMITMENTS

Whether they are in Japan, the USA, China or Europe, our inspectors apply the same criteria to judge the quality of each and every restaurant that they visit. The MICHELIN Guide commands a **worldwide reputation** thanks to the commitments we make to our readers – and we reiterate these below:

Our inspectors make regular and **anonymous visits** to restaurants to gauge the quality of products and services offered to an ordinary customer. They settle their own bill and may then introduce themselves and ask for more information about the establishment.

To remain totally objective for our readers, the selection is made with complete **independence**. Entry into the guide is free. All decisions are discussed with the Editor and our highest awards are considered at an international level.

The guide offers a **selection** of the best restaurants in every category of comfort and price. This is only possible because all the inspectors rigorously apply the same methods.

All the practical information, classifications and awards are revised and updated every year to give the most **reliable information** possible.

In order to guarantee the **consistency** of our selection, our classification criteria are the same in every country covered by the MICHELIN Guide. Each culture may have its own unique cuisine but **quality** remains the **universal principle** behind our selection.

Experienced in quality!

THE MICHELIN GUIDE'S SELECTION

CUISINE QUALITY AWARDS

STARS

Our famous One ❀, Two ❀❀ and Three ❀❀❀ Stars identify establishments serving the highest quality cuisine – taking into account the quality of ingredients, the mastery of techniques and flavours, the levels of creativity and, of course, consistency.

❀❀❀   Exceptional cuisine, worth a special journey!
❀❀   Excellent cuisine, worth a detour!
❀   High quality cooking, worth a stop!

BIB GOURMAND

Good quality, good value cooking. 'Bibs' are awarded for simple yet skilful cooking.

THE MICHELIN GREEN STAR

GASTRONOMY AND SUSTAINABILITY

The MICHELIN Green Star highlights role-model establishments actively committed to sustainable gastronomy. A quote by the chef outlines the vision of these trail-blazing establishments. Look out for the MICHELIN Green Star in our restaurant selection!

From Tokyo to San Francisco, Paris to Buenos Aires,
the mission of the MICHELIN Guide has always been the same:
to uncover the best restaurants in the world.

Cuisine of every type; prepared using grand traditions or
unbridled creativity; whatever the place, whatever the style..
the MICHELIN Guide Inspectors have a quest to discover great
quality, know-how and flavours.

And let's not forget emotion... because a meal in one of these
restaurants is, first and foremost, a moment of pleasure: it is
experiencing the artistry of great chefs, who can transform
a fleeting bite into an unforgettable memory.

From all of the restaurants selected for the Guide, the most
remarkable are awarded a distinction: first there are the Stars,
with up to Three awarded for those which transport you to
the top of the gastronomic world. Then there is the
Bib Gourmand, which cleverly combines quality with price.

And finally, another Star, not red but green, which shines the
spotlight on establishments that are committed to producing
sustainable cuisine.

There are so many culinary experiences to enjoy:
the MICHELIN Guide brings you all these and more!

THE MICHELIN GUIDE'S SYMBOLS

Ⓝ   New establishment in the guide
N   Establishment getting a new distinction this year

Facilities & services

🍸   Particularly interesting wine list
⬸   Great view
🌳   Park or garden
♿   Wheelchair access
🄰🄲   Air conditioning
🏠   Outside dining available
⬚   Private dining room
🚗   Valet parking
🅿 🚗   Car park - Garage
⬚   Credit cards not accepted

Key words

Two keywords help you make your choice more quickly:
orange for the type of cuisine, gold for the atmosphere.
CUISINE CRÉATIVE • DESIGN

Price range

€   under 35 €
€ €   35 - 60 €
€ € €   60 - 100 €
€ € € €   over 100 €

TOWN PLAN KEY

Sights

● Restaurants

Place of interest

Interesting place of worship

Road

Motorway, dual carriageway

Junction: complete, limited

Main traffic artery

Pedestrian street

Car park

Tunnel

Station and railway

Funicular

Cable car, cable way

Various signs

Tourist Information Centre

Place of worship

Tower or mast • Ruins • Windmill

Garden, park, wood • Cemetery

Stadium • Golf course • Racecourse

Outdoor or indoor swimming pool

View • Panorama

Monument • Fountain

Pleasure boat harbour

Lighthouse

Airport

Underground station

Coach station

Tramway

Ferry services:
passengers and cars, passengers only

Main post office with poste restante

Town Hall

EL PALMARÉS 2024

 LAS NUEVAS ESTRELLAS

Barcelona *(Cataluña)*	**Disfrutar**
Córdoba *(Andalucía)*	**Noor**

Daroca de Rioja *(La Rioja)*	**Venta Moncalvillo**

❀

Ávila *(Castilla y León)*	**Barro** ❀
Axpe *(País Vasco)*	**Txispa**
Baeza *(Andalucía)*	**Vandelvira**
Barcelona *(Cataluña)*	**Suto**
Barcelona *(Cataluña)*	**Quirat**
Benissa *(Comunidad Valenciana)*	**Casa Bernardi**
Calp *(Comunidad Valenciana)*	**Orobianco**
Canfranc-Estación *(Aragón)*	**Canfranc Express**
El Puerto de Santa María *(Andalucía)*	**Tohqa**
Fisterra *(Galicia)*	**Terra**
Gijón *(Asturias)*	**Marcos**
Gran Canaria / Las Palmas de Gran Canaria *(Canarias)*	**Bevir**
Ibiza / Eivissa *(Islas Baleares)*	**Omakase by Walt**
Ibiza / Sant Josep de sa Talaia *(Islas Baleares)*	**Unic**
Jaén *(Andalucía)*	**Radis**
Jaén *(Andalucía)*	**Malak**
Madrid *(Comunidad de Madrid)*	**CEBO**
Madrid *(Comunidad de Madrid)*	**Santerra**

Canfranc Express

EL PALMARÉS 2024

LOS NUEVOS
BIB GOURMAND

Alcalá de Henares *(Comunidad de Madrid)*	**Eximio by Fernando Martín**
Altura *(Comunidad Valenciana)*	**La Farola**
Castelló de la Plana *(Comunidad Valenciana)*	**Izakaya Tasca Japonesa**
Cornellà del Terri *(Cataluña)*	**Can Xapes**
El Gasco *(Extremadura)*	**La Meancera**
El Puerto de Santa María *(Andalucía)*	**Berdó**
Leganés *(Comunidad de Madrid)*	**Santé**
Los Rosales *(Andalucía)*	**Ochando**
Madrid *(Comunidad de Madrid)*	**Tres por Cuatro**
Málaga *(Andalucía)*	**La Taberna de Mike Palmer**
Málaga *(Andalucía)*	**Blossom**
Palmones *(Andalucía)*	**Casa Mané**
Pozoblanco *(Andalucía)*	**Kàran Bistró**
Puertomingalvo *(Aragón)*	**Existe**
Requena *(Comunidad Valenciana)*	**La Posada de Águeda**
Tarifa *(Andalucía)*	**Atxa**
Tenerife / San Cristóbal de la Laguna *(Canarias)*	**Tasca Silbo Gomero**
Tenerife / Santa Cruz de Tenerife *(Canarias)*	**El Aguarde**
Tramacastilla de Tena *(Aragón)*	**Lavedán**
Treceño *(Cantabria)*	**Prada a Tope**
Valladolid *(Castilla y León)*	**La Cocina de Manuel**
Vilafranca del Penedès *(Cataluña)*	**El Cigró d'Or**
Vinaròs *(Comunidad Valenciana)*	**Rubén Miralles**

VILLAVERDE DE PONTON

Barizo
Ortiguera
Salinas Prendes
A Coruña
Gijón
Ribadesella
Santa Cómba
Oviedo
Llanes
Fisterra
San Feliz
Arriondas Santander

O Grove
Padrón
Hoznayo
Cambados
San Salvador de Poio
Raxó
Pontevedra
Ampuero
O Pereiro de Aguiar Ponferrada
León
Miranda de Ebro
Vigo Ourense
Han

Benavente
Burgos
Ezcara

Castroverde
de Campos
Navaler
Quintanilla de Onésimo
Porto
Valladolid
Peñafiel
Matapozuelos
Sardón de Duero

Salamanca

Ávila
San Lorenzo
Coimbra
de El Escorial
MADRID

Zarza de
Granadilla
Illescas
Valdemo
Talavera de
la Reina
Toledo

PORTUGAL
CÁCERES

LISBOA

Torrenueva
Torre de
Juan Aba

Baeza
Faro
Sevilla
CÓRDOBA
Jaén

Jerez de la Frontera
Ronda
Loja
EL PUERTO DE
SANTA MARIA
Málaga
El Ejido
Cádiz
Marbella
Chiclana de la Frontera
Fuengirola

Ceuta

 Las estrellas de
buena mesa 2024

Melilla

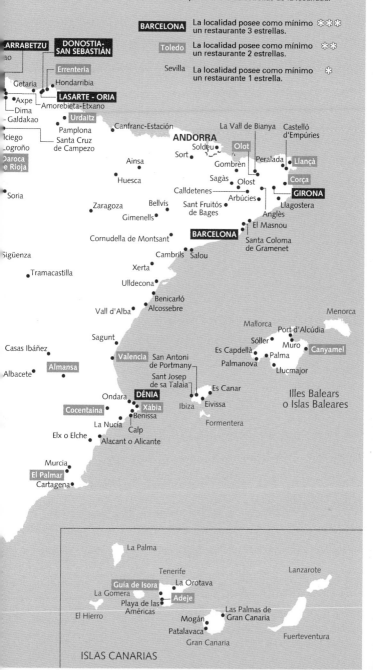

El color está de acuerdo con el establecimiento de mayor número de estrellas de la localidad.

BARCELONA La localidad posee como mínimo un restaurante 3 estrellas. ❀❀❀

Toledo La localidad posee como mínimo un restaurante 2 estrellas. ❀❀

Sevilla La localidad posee como mínimo un restaurante 1 estrella. ❀

ARRABETZU
DONOSTIA-SAN SEBASTIÁN
Errenteria
Getaria
Hondarribia
Axpe
LASARTE-ORIA
Dima
Amorebieta-Etxano
Galdakao
Urdaitz
Canfranc-Estación
La Vall de Bianya
Castelló d'Empúries
Iciego
Pamplona
ANDORRA
Logroño
Santa Cruz de Campezo
Soldeu
Olot
Daroca e Rioja
Ainsa
Sort
Gombrèn
Peralada
Llançà
Sagàs
Corçà
Soria
Huesca
Olost
Calldetenes
Arbúcies
GIRONA
Zaragoza
Bellvís
Sant Fruitós de Bages
Llagostera
Gimenells
Anglès
El Masnou
Cornudella de Montsant
BARCELONA
Santa Coloma de Gramenet
Sigüenza
Cambrils
Salou
Xerta
Tramacastilla
Ulldecona
Benicarló
Alcossebre
Vall d'Alba
Menorca
Sagunt
Mallorca
Port d'Alcúdia
Casas Ibáñez
Sóller
Muro
Canyamel
Valencia
San Antoni de Portmany
Es Capdellà
Palma
Almansa
Palmanova
Albacete
Llucmajor
Sant Josep de sa Talaia
Ondara
DÉNIA
Es Canar
Illes Balears o Islas Baleares
Cocentaina
Xàbia
Ibiza
Eivissa
Benissa
La Nucía
Calp
Formentera
Elx o Elche
Alacant o Alicante
Murcia
El Palmar
Cartagena

La Palma
Tenerife
Lanzarote
Guía de Isora
La Orotava
La Gomera
Adeje
Playa de las Américas
El Hierro
Mogán
Las Palmas de Gran Canaria
Patalavaca
Gran Canaria
Fuerteventura
ISLAS CANARIAS

Ferrol
A Coruña
Camariñas
Carballo
Negreira
Santiago de
Compostela
Esteiro
Boqueixón
Cambados
Ponte Ulla
Vigo
Ourense
Ponteareas

Puerto de Vega
Gijón
Puente
San Miguel
Santar
Peruyes
Sue
Treceño
Cartes
Cosgaya

Castrillo de
los Polvazares
León
Astorga
Val de
San Lorenzo

Morales de Rey

Palencia
Valladolid
Tariego de Cerrat
Zamora

San Ildefonso
o La Granja
Alcal
Hen
San Miguel
de Valero
Tres Cantos
MADRID
El Gasco
Hervás
Madrigal
de la Vera
Leganés
Jaraíz de la Vera
Tarancó

Porto

Coimbra

PORTUGAL

Quintanar de la Orden
Trujillo
Campo de Criptana
Ciudad Real

LISBOA

Zafra
Pozoblanco

Linares
de la Sierra
Linares
Córdoba
Úbeda
Los Rosales
Almodóvar del Río
Cartaya
Aljaraque
Sevilla
Puente-Genil
Faro
El Rocío
Castilleja de
la Cuesta
Sanlúcar de
Barrameda
Montellano
Olvera
Monachil
El Puerto de Santa María
Alcalá del Valle
Jerez de la Frontera
Almuñécar
Cádiz
Gaucín
Málaga
Palmones
Tarifa
Ceuta

Melilla

• Localidades que poseen como mínimo un establecimiento Bib Gourmand.

Los Bib Gourmand 2024

txo

bao

Donamaria • Legasa
Lekunberri
Belate (Puerto de)
toria-Gasteiz • Urdaitz
Pamplona
Tramacastilla
de Tena
Aubert

iranda de Ebro
Hecho Biescas
Sardas
Villanova
Plan
Chía

ANDORRA

Maçanet de
Cabrenys

• Logroño

n Vicente de
a Sonsierra
Alfaro

Lladurs

Cornellà
del Terri
L'Escala
Vilamarí
Pals
Palamós

Huesca
Barbastro
Binéfar

Terrassa

Ponts
Torà

Hostalric

Castellar
del Vallès

Zaragoza

Lleida
Sant Sadurní d'Anoia

Mataró

Caldes de Montbui
Vallromanes

Cariñena

Artesa de Lleida
Poboleda
Tarragona

Barcelona
St Climent de Llobregat
Santa Coloma de Gramenet
Sant Quirze del Vallès

Ráfales

Amposta

Vilafranca del Penedès
Igualada

Villalba de
la Sierra

Morella
Puertomingalvo

Mora
de Rubielos

Vinaròs
Benicarló

Santa Coloma
de Queralt

Cuenca

Castelló de la Plana

Ciutadella
de Menorca
o Ciudadela

Sóller

Selva

Menorca

Altura

Requena
Cheste
Meliana
Valencia

Mallorca

illarrobledo

Alzira
Benifaió

Ibiza
Santa Eulalia del Río

Alfafara
Cocentaina

Villena
Xinorlet
Calp

**Illes Balears
o Islas Baleares**

El Pinós o Pinoso
Almoradí
El Campello
Alacant o Alicante

Formentera

Murcia
El Palmar
Elx o Elche

San Pedro del Pinatar

Vera

gua Amarga

La Palma
Las Caletas

Tegueste
Icod de
los Vinos
Chimiche

Santa Cruz de Tenerife
San Cristóbal de la Laguna

Lanzarote
Famara

La Gomera

Tenerife

El Hierro

Las Palmas
de Gran Canaria

Gran Canaria

Fuerteventura

ISLAS CANARIAS

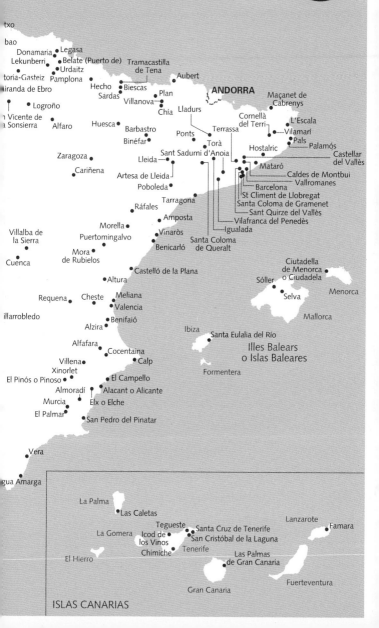

ÍNDICE DE RESTAURANTES CON ESTRELLA

N Una nueva distinción 2024

❀ ❀ ❀

❀ ❀

❀

ÍNDICE DE BIB GOURMAND

N Una nueva distinción 2024

A CORUÑA

Localidad	Restaurante	Página
Boqueixón	O Balado ✿	173
Camariñas	Villa de Oro	180
Carballo	Pementa Rosa	202
A Coruña	Artabria	221
A Coruña	El de Alberto	222
A Coruña	Terreo Cocina Casual	222
Esteiro	Muiño	237
Ferrol	Frank	238
Negreira	Casa Barqueiro	333
Ponte Ulla	Villa Verde	351
Santiago de Compostela	Abastos 2.0 - Mesas	384
Santiago de Compostela	Anaco	384
Santiago de Compostela	Asador Gonzaba	385
Santiago de Compostela	Café de Altamira	385
Santiago de Compostela	A Horta d'Obradoiro	385
Santiago de Compostela	A Maceta	385
Santiago de Compostela	Mar de Esteiro	386
Santiago de Compostela	Pampín Bar	386
Santiago de Compostela	A Viaxe	386

ÁLAVA

Localidad	Restaurante	Página
Vitoria-Gasteiz	Zabala	435

ALBACETE

Localidad	Restaurante	Página
Villarrobledo	Azafrán	433

ALICANTE

Localidad	Restaurante	Página
Alacant	Tabula Rasa	89
Alfafara	Casa el Tio David	96
Almoradí	El Buey	99
Calp	Komfort	180
El Campello	Brel	183
Cocentaina	Natxo Sellés	212
Elx	Frisone	235

| Vallromanes | Can Poal | 425 |
| Vilafranca del Penedès | El Cigró d'Or **N** | 431 |

BURGOS

Localidad	Restaurante	Página
Miranda de Ebro	La Vasca	327

CÁCERES

Localidad	Restaurante	Página
El Gasco	La Meancera **N**	242
Hervás	Nardi	251
Jaraíz de la Vera	La Finca - Villa Xarahiz	258
Madrigal de la Vera	El Molino	316
Trujillo	Alberca	408

CÁDIZ

Localidad	Restaurante	Página
Alcalá del Valle	Mesón Sabor Andaluz	95
Cádiz	Almanaque Casa de Comidas	177
Jerez de la Frontera	Avanico	260
Olvera	La Tarara	336
Palmones	Casa Mané **N**	343
El Puerto de Santa María	Berdó **N**	357
Sanlúcar de Barrameda	Casa Bigote	373
Sanlúcar de Barrameda	El Espejo	373
Tarifa	Atxa **N**	400

CANTABRIA

Localidad	Restaurante	Página
Cartes	La Cartería	204
Cosgaya	Del Oso	224
Puente San Miguel	Hostería Calvo	356
Santander	Agua Salada	380
Santander	Cadelo	381
Santander	Umma	381
Suesa	Pan de Cuco	398
Treceño	Prada a Tope **N**	408

CASTELLÓN

Localidad	Restaurante	Página
Altura	La Farola **N**	100
Benicarló	Pau	164
Castelló de la Plana	Izakaya Tasca Japonesa **N**	206
Castelló de la Plana	Le Bistrot Gastronómico	206
Morella	Daluan	330
Morella	Mesón del Pastor	330
Morella	Vinatea	331
Vinaròs	Rubén Miralles **N**	435

CIUDAD REAL

Localidad	Restaurante	Página
Campo de Criptana	Las Musas	183
Ciudad Real	Mesón Octavio	211

CÓRDOBA

Localidad	Restaurante	Página
Almodóvar del Río	La Taberna de Cuatro Caminos	98
Córdoba	La Cuchara de San Lorenzo	215
Córdoba	El Envero	215
Córdoba	La Taberna de Almodóvar	215
Córdoba	Terra Olea	218
Pozoblanco	Kàran Bistró N	354
Puente Genil	Alma Ezequiel Montilla	355

CUENCA

Localidad	Restaurante	Página
Cuenca	Olea Comedor	225
Tarancón	La Martina	399
Villalba de la Sierra	Mesón Nelia	432

GIRONA

Localidad	Restaurante	Página
Cornellà del Terri	Can Xapes N	220
L'Escala	La Gruta	236
L'Escala	Mas Concas	236
Hostalric	Quatre Vents 3.0	252
Maçanet de Cabrenys	Els Caçadors	273
Palamós	La Salinera	341
Pals	Vicus	343
Vilamarí	Can Boix	432

GRANADA

Localidad	Restaurante	Página
Almuñécar	El Chaleco	99
Monachil	La Cantina de Diego	329

HUELVA

Localidad	Restaurante	Página
Aljaraque	Finca Alfoliz ✿	97
Cartaya	Consolación	204
Linares de la Sierra	Arrieros	266
El Rocío	Aires de Doñana	362

HUESCA

Localidad	Restaurante	Página
Barbastro	Trasiego	132
Biescas	El Montañés	165

Binéfar	Carmen	173
Chía	Casa Chongastán	210
Hecho	Canteré	251
Huesca	El Origen	255
Plan	La Capilleta	350
Sardas	La Era de los Nogales	387
Tramacastilla de Tena	Lavedán N	406
Villanova	Casa Arcas	433

JAÉN

Localidad	Restaurante	Página
Linares	Los Sentidos	266
Úbeda	Cantina La Estación	409

LA RIOJA

Localidad	Restaurante	Página
Alfaro	Morro Tango	97
Logroño	La Cocina de Ramón	271
San Vicente de la Sonsierra	Casa Toni	372

LAS PALMAS

Localidad	Restaurante	Página
Famara	El Risco	192
Las Palmas de Gran Canaria	El Equilibrista 33	190

LEÓN

Localidad	Restaurante	Página
Astorga	Las Termas	106
Castrillo de los Polvazares	Coscolo	208
León	Becook	265
León	ConMimo	265
Val de San Lorenzo	La Lechería	411

LLEIDA

Localidad	Restaurante	Página
Artesa de Lleida	Antoni Rubies	106
Aubèrt	Roc´n´Cris	107
Lladurs	Casa Albets ⌬	266
Lleida	Aimia	269
Ponts	Lo Ponts	352
Torà	Hostal Jaumet	404

MADRID

Localidad	Restaurante	Página
Alcalá de Henares	Eximio by Fernando Martín N	94
Leganés	Santé N	263
Madrid	Bacira	310
Madrid	Bichopalo	310

Madrid	Bolívar	311
Madrid	Gala	311
Madrid	La MaMá	303
Madrid	La Maruca - Castellana	304
Madrid	La Montería	296
Madrid	Noi	296
Madrid	Quinqué	304
Madrid	Sisapo	311
Madrid	Taberna Recreo	296
Madrid	Taberna Úbeda	288
Madrid	Tepic	296
Madrid	Las Tortillas de Gabino	311
Madrid	Treze	296
Madrid	Tres por Cuatro **N**	297
Madrid	Vinoteca Moratín	288
Tres Cantos	La Sartén	407

MÁLAGA

Localidad	Restaurante	Página
Gaucín	Platero & Co	243
Málaga	Blossom **N**	317
Málaga	La Cosmo	317
Málaga	La Taberna de Mike Palmer **N**	317

MURCIA

Localidad	Restaurante	Página
Murcia	Perro Limón	332
San Pedro del Pinatar	Juan Mari	371

NAVARRA

Localidad	Restaurante	Página
Belate (Puerto de)	Venta de Ulzama	162
Donamaria	Donamaria'ko Benta	227
Legasa	Arotxa	263
Lekunberri	Maskarada ❀	264
Pamplona	El Mercáo	345
Urdaitz	Origen	410

OURENSE

Localidad	Restaurante	Página
Ourense	Pacífico	339

PALENCIA

Localidad	Restaurante	Página
Palencia	Terra Palencia	341
Tariego de Cerrato	Casa Chesmy	399

PONTEVEDRA

Localidad	Restaurante	Página
Cambados	A Taberna do Trasno	181
Ponteareas	A Xanela Gastronómica	352
Vigo	Casa Marco	430
Vigo	Morrofino	430

SALAMANCA

Localidad	Restaurante	Página
San Miguel de Valero	Sierra Quil'ama	371

SEGOVIA

Localidad	Restaurante	Página
San Ildefonso o La Granja	La Fundición	370

SEVILLA

Localidad	Restaurante	Página
Castilleja de la Cuesta	12 Tapas	207
Montellano	Deli	329
Los Rosales	Ochando N	363
Sevilla	Az-Zait	391
Sevilla	Lalola de Javi Abascal	391
Sevilla	Sobretablas	391

TARRAGONA

Localidad	Restaurante	Página
Amposta	L'Algadir del Delta ✿	101
Poboleda	Brots	350
Santa Coloma de Queralt	Hostal Colomí	377
Tarragona	La Xarxa	400

TENERIFE

Localidad	Restaurante	Página
Las Caletas	El Jardín de la Sal	201
Chimiche	El Secreto de Chimiche	196
Icod de los Vinos	Furancho La Zapatería	197
San Cristóbal de la Laguna	Tasca Silbo Gomero N	199
Santa Cruz de Tenerife	El Aguarde N	199
Santa Cruz de Tenerife	San Sebastián 57	199
Tegueste	La Bola de Jorge Bosch	200

TERUEL

Localidad	Restaurante	Página
Mora de Rubielos	El Rinconcico	329
Puertomingalvo	Existe N	357
Ráfales	La Alquería	359

ÍNDICE DE ESTRELLAS VERDES

✿ Cocina responsable y sostenible

STELLE VERDI

Mapas regionales

Para localizar todos los lugares mencionados en la Guía.

Localidad con al menos...

- un restaurante recomendado
-  un Bib Gourmand
- un restaurante con una Estrella
- un restaurante de gastronomía sostenible

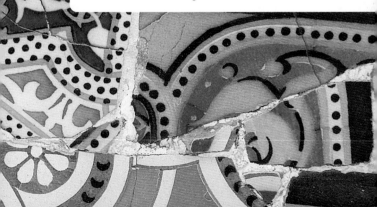

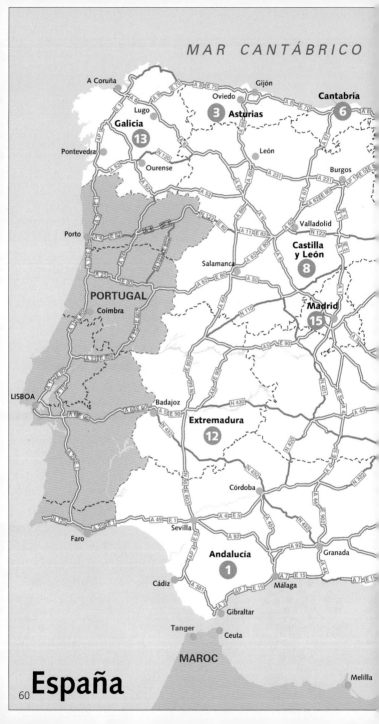

España

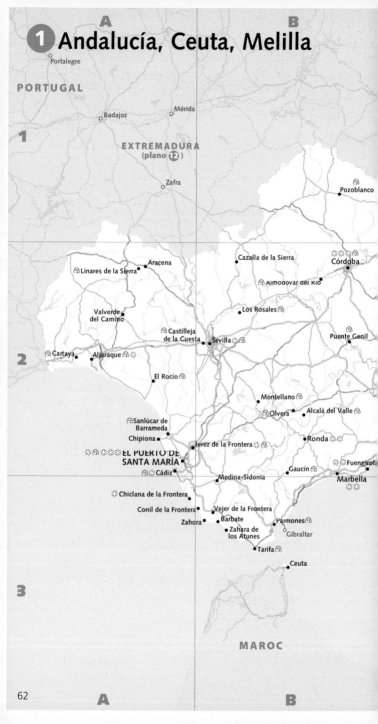

1 Andalucía, Ceuta, Melilla

PORTUGAL

Portalegre

Badajoz   Mérida

EXTREMADURA
(plano 12)

Zafra

Pozoblanco

Cazalla de la Sierra   Córdoba

Aracena
Linares de la Sierra   Almodóvar del Río

Valverde
del Camino   Los Rosales

Castilleja
de la Cuesta   Sevilla   Puente Genil

Cartaya   Aljaraque

El Rocío

Montellano
Olvera   Alcalá del Valle

Sanlúcar de
Barrameda   Ronda
Chipiona
Jerez de la Frontera

EL PUERTO DE   Gaucín   Fuengirola
SANTA MARÍA
Cádiz   Marbella
Medina-Sidonia

Chiclana de la Frontera

Conil de la Frontera   Vejer de la Frontera
Zahora   Barbate
Zahara de   Palmones
los Atunes   Gibraltar
Tarifa

Ceuta

MAROC

62

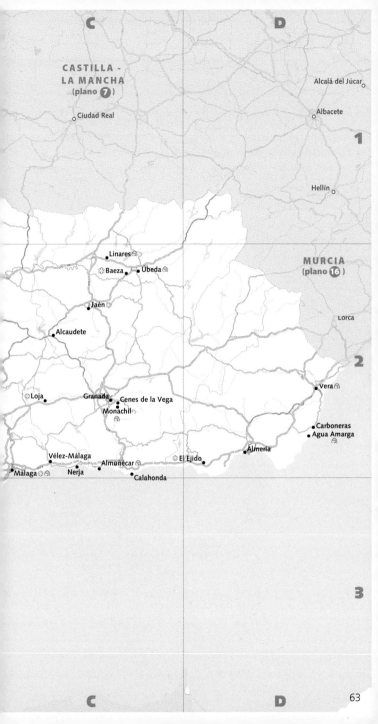

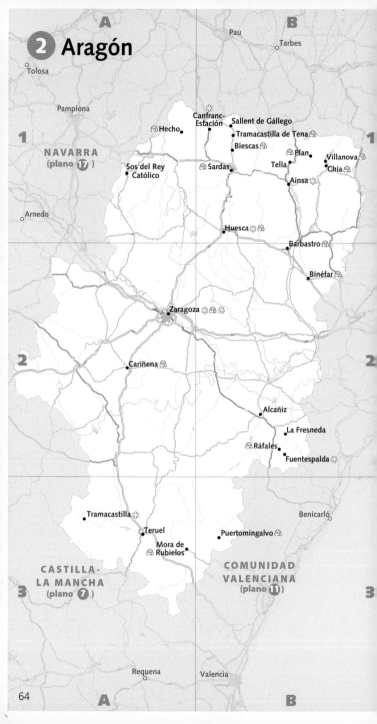

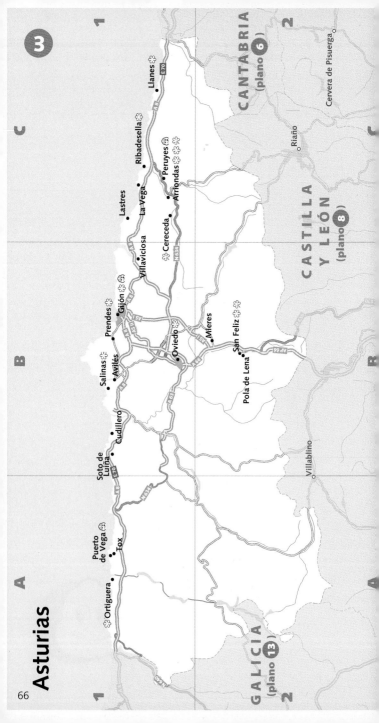

Asturias

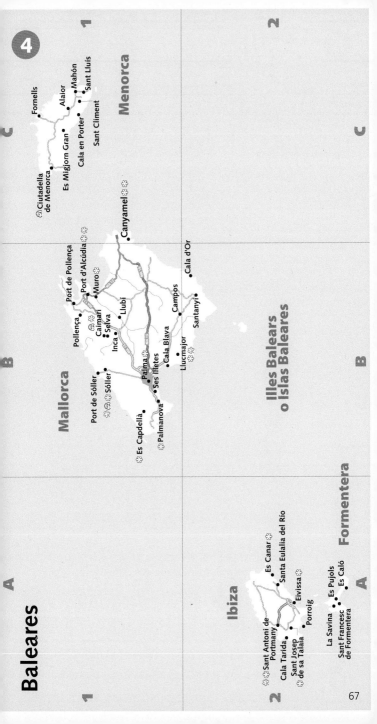

Baleares

4

Mallorca

Menorca

Fornells
Ciutadella de Menorca
Es Migjorn Gran
Alaior
Mahón
Sant Lluís
Cala en Porter
Sant Climent

Port de Pollença
Port d'Alcúdia
Pollença
Muro
Caimari
Selva
Inca
Llubí
Canyamel
Port de Sóller
Sóller
Palma
Ses Illetes
Es Capdellà
Palmanova
Campos
Cala Blava
Llucmajor
Santanyí
Cala d'Or

Ibiza

Es Canar
Santa Eulalia del Río
Sant Antoni de Portmany
Eivissa
Cala Tarida
Sant Josep de sa Talaia
Porroig

Illes Balears o Islas Baleares

Formentera

La Savina
Es Pujols
Es Caló
Sant Francesc de Formentera

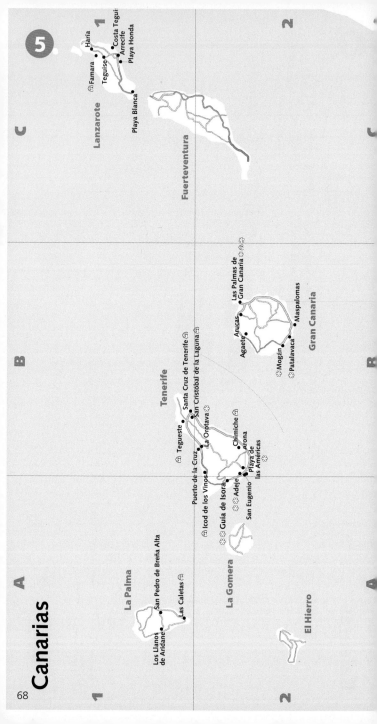

Canarias

68

5

La Palma
Los Llanos de Aridane
San Pedro de Breña Alta
Las Caletas ⊕

La Gomera

El Hierro

Tenerife
Tegueste ⊕
Santa Cruz de Tenerife ⊕
San Cristóbal de la Laguna ⊕
Puerto de la Cruz
La Orotava ⊕
Icod de los Vinos ⊕
Guía de Isora ⊕⊕
Adeje ⊕
San Eugenio
Playa de las Américas ⊕
Arona
Chimiche ⊕

Gran Canaria
Las Palmas de Gran Canaria ⊕⊕⊕
Arucas
Agaete
Mogán
Patalavaca ⊕⊕
Maspalomas

Lanzarote
Famara ⊕
Teguise
Haría
Costa Tegui
Arrecife
Playa Honda
Playa Blanca

Fuerteventura

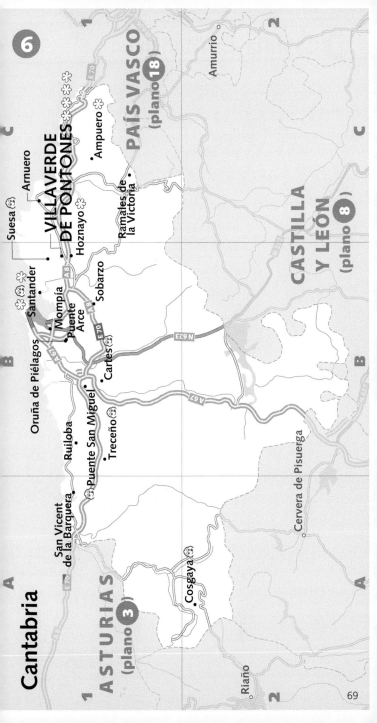

Cantabria

6

A

B

C

1

2

ASTURIAS (plano 3)

CASTILLA Y LEÓN (plano 8)

PAÍS VASCO (plano 18)

Amurrio

Ampuero

Arnuero

Suesa

VILLAVERDE DE PONTONES

Santander

Mompía

Puente Arce

Oruña de Piélagos

Cartes

Sobarzo

Hoznayo

Ramales de la Victoria

San Vicente de la Barquera

Ruiloba

Puente San Miguel

Treceño

Cosgaya

Cervera de Pisuerga

Riaño

A-8

E-70

A-67

N-623

A-67

A-8

E-70

69

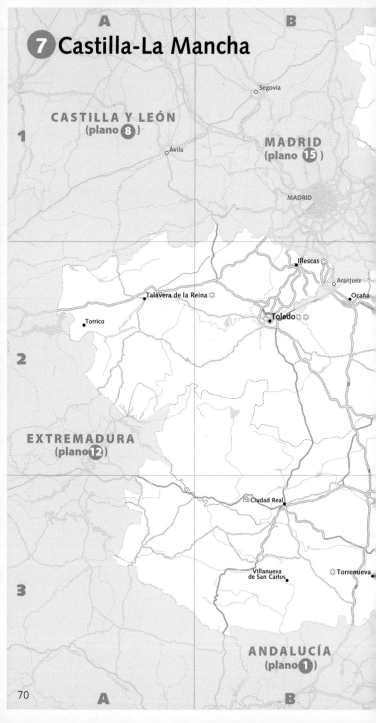

Calatayud

C

D

Sigüenza ❀❀

ARAGÓN
(plano 2)

1

Teruel

Villalba de
la Sierra ❀

Huerta del Marquesado

Cuenca ❀

Tarancón ❀

2

Requena

COMUNIDAD
VALENCIA
(plano 11)

Quintanar
de la Orden ❀

Campo de
Criptana ❀

Villarrobledo ❀

Casas Ibáñez ❀❀

Tomelloso

Albacete ❀

❀❀
Almansa

Yecla

Torre de Juan Abad ❀

3

MURCIA
(plano 16)

C

D

ASTURIAS
(plano 3)

GALICIA
(plano 13)

Castrillo de
los Polvazares

León

Villadepalos

Ponferrada

Astorga

Val de
San Lorenzo

Villoldo

Palencia

Morales
de Rey

Benavente

Castroverde
de Campos

Tariego
de Cerrato

PORTUGAL

Valladolid

Zamora

Morales de Toro

Sardón
de Duer

Rueda

Matapozuelos

Vega de Tirados

Salamanca

Alba de Tormes

Vecinos

Ávila

San Miguel
de Valero

Mogarraz

Montemayor del Río

Hoyos del Espino

Plasencia

EXTREMADURA
(plano 12)

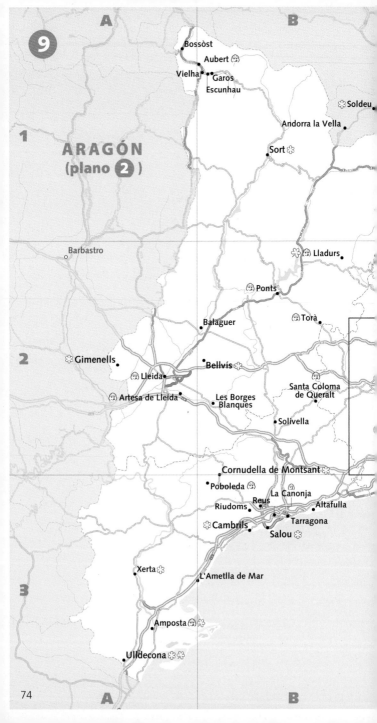

ARAGÓN
(plano 2)

Bossòst
Aubert
Vielha
Garos
Escunhau

Soldeu

Andorra la Vella

Sort

Barbastro

Lladurs

Ponts

Torà

Balaguer

Gimenells

Bellvís

Lleida

Santa Coloma
de Queralt

Artesa de Lleida

Les Borges
Blanques

Solivella

Cornudella de Montsant

Poboleda

La Canonja

Reus

Riudoms

Altafulla

Cambrils

Tarragona

Salou

Xerta

L'Ametlla de Mar

Amposta

Ulldecona

Cataluña, Andorra

FRANCE

Llívia

Setcases

Camprodon

Bàga
Gombrèn
La Vall
de Bianya ✿

Ripoll

Cercs
Berga
Orís
✿✿ Sagàs
Olost ✿ Anglès
Puig-reig
Vic
✿ Calldetenes
Sant Julià
de Vilatorta
Moià
Calders
Tona
Castellar
del Vallès ㊟
Caldes de
Montbui ㊟

✿㊟
Santa Coloma
de Gramenet
El Masnou

Sant Climent
de Llobregat
㊟

BARCELONA ✿✿✿✿✿

C

Céret

A

✿✿
Llançà
Peralada ✿
Castelló
d'Empúries ✿✿

Cornellà del Terri ㊟

✿✿ **Corçà**
Pals ㊟
GIRONA
✿✿✿✿

Llagostera ✿

Hostalric ㊟
Tossa de Mar

B

1

2

Olot ✿✿✿

Arbúcies ✿

A

Portbou

Maçanet de
Cabrenys ㊟
Llançà ✿✿

Peralada ✿
Cadaqués

Figueres
Roses

Besalú
Castelló
d'Empúries ✿
Orfes

L'Escala ㊟

Vilamarí ㊟

C
D

3

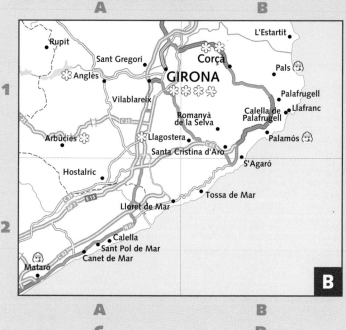

A · B

B

L'Estartit
Rupit
Sant Gregori
Anglès
Corça
Pals
GIRONA
Vilablareix
Palafrugell
Romanyà de la Selva
Calella de Palafrugell
Llafranc
Arbúcies
Llagostera
Palamós
Santa Cristina d'Aro
Hostalric
S'Agaró
Lloret de Mar
Tossa de Mar
Calella
Sant Pol de Mar
Canet de Mar
Mataró

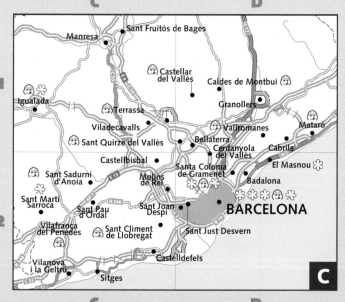

C · D

C

Manresa
Sant Fruitós de Bages
Castellar del Vallès
Caldes de Montbui
Igualada
Granollers
Terrassa
Viladecavalls
Vallromanes
Mataró
Sant Quirze del Vallès
Bellaterra
Cerdanyola del Vallès
Cabrils
Castellbisbal
El Masnou
Santa Coloma de Gramenet
Sant Sadurní d'Anoia
Molins de Rei
Badalona
Sant Martí Sarroca
Sant Pau d'Ordal
Sant Joan Despí
BARCELONA
Vilafranca del Penedès
Sant Climent de Llobregat
Sant Just Desvern
Vilanova i la Geltrú
Castelldefels
Sitges

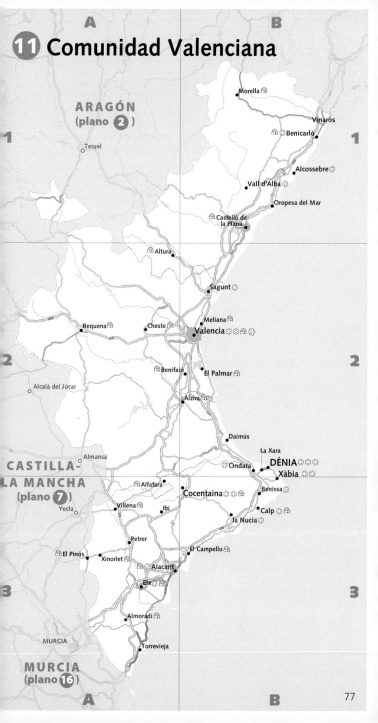

11 Comunidad Valenciana

ARAGÓN
(plano 2)

Teruel

MURCIA
(plano 16)

CASTILLA-
LA MANCHA
(plano 7)

Morella

Vinarós

Benicarló

Alcossebre

Vall d'Alba

Oropesa del Mar

Castelló de
la Plana

Altura

Sagunt

Requena

Cheste

Meliana

Valencia

Benifaió

El Palmar

Alzira

Daimús

La Xara

DÉNIA

Ondara

Xàbia

Alcalá del Júcar

Almansa

Alfafara

Cocentaina

Benissa

Yecla

Villena

Ibi

Calp

la Nucia

Petrer

El Pinós

Xinorlet

El Campello

Alacant

Elx

Almoradí

MURCIA

Torrevieja

77

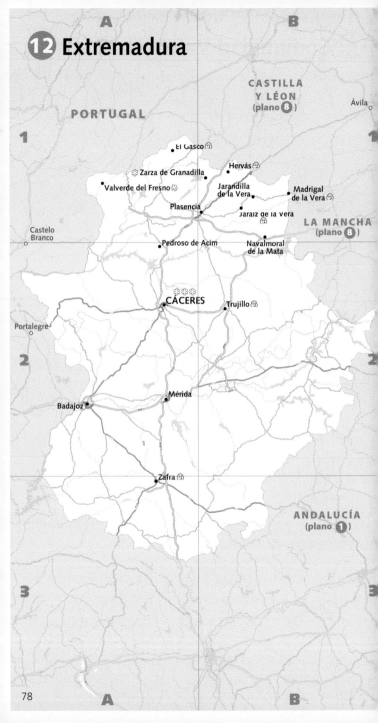

⑫ Extremadura

CASTILLA
Y LÉON
(plano ⑧)

Ávila

PORTUGAL

El Gasco ⊕

❄ Zarza de Granadilla

Hervás ⊕

Valverde del Fresno ❄

Jarandilla
de la Vera

Madrigal
de la Vera ⊕

Plasencia

Jaraíz de la Vera ⊕

LA MANCHA
(plano ⑧)

Castelo
Branco

Pedroso de Acim

Navalmoral
de la Mata

❄❄❄
CÁCERES

Trujillo ⊕

Portalegre

Mérida

Badajoz

Zafra ⊕

ANDALUCÍA
(plano ①)

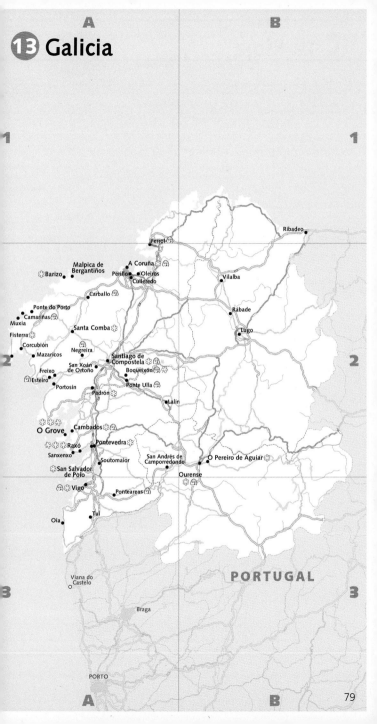

A   B

1   1

Ribadeo

Ferrol

A Coruña
Malpica de   Vilalba
Bergantiños   Perillo Oleiros
Barizo   Culleredo
           Carballo   Rábade

Ponte do Porto   Lugo
Camariñas
Muxía   Santa Comba
Fisterra
Corcubión   Negreira
Mazaricos   Santiago de
San Xoán   Compostela
Freixo   de Ortoño   Boqueixón
Esteiro   Ponte Ulla
      Portosín   Padrón
2   Lalín   2

O Grove   Cambados
Raxó   Pontevedra
Sanxenxo   San Andrés de
San Salvador   Camporredondo   O Pereiro de Aguiar
de Poio   Soutomaior   Ourense
Vigo
Oia   Ponteareas
     Tui

PORTUGAL

Viana do
Castelo

3   3
Braga

PORTO

A   B   79

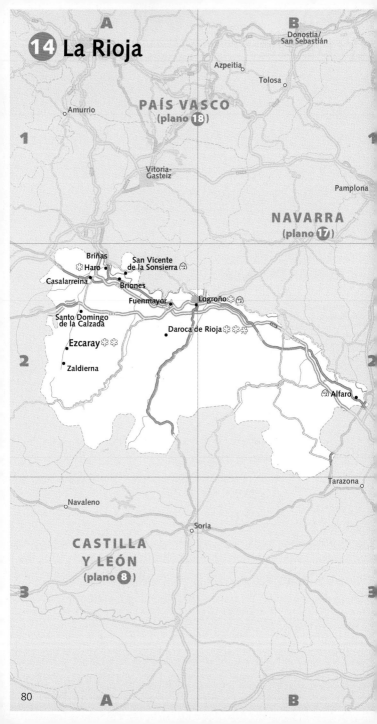

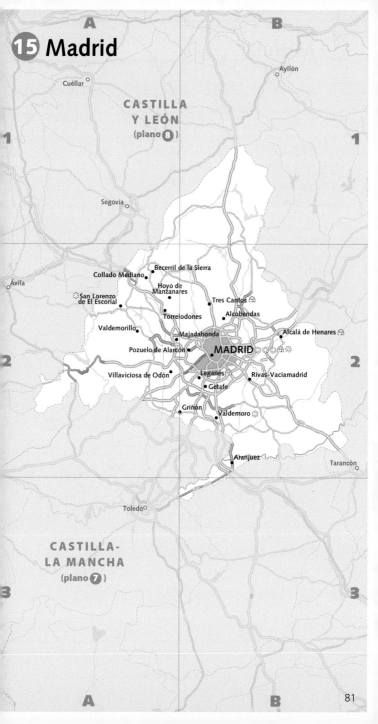

A B

CASTILLA
Y LEÓN
(plano 8)

Cuéllar

Ayllón

Segovia

Ávila

Becerril de la Sierra
Collado Mediano
Hoyo de Manzanares
San Lorenzo de El Escorial
Torrelodones
Tres Cantos
Alcobendas
Valdemorillo
Majadahonda
Alcalá de Henares
Pozuelo de Alarcón
MADRID
Villaviciosa de Odón
Leganés
Rivas-Vaciamadrid
Getafe
Griñón
Valdemoro
Aranjuez
Tarancón

Toledo

CASTILLA-
LA MANCHA
(plano 7)

1

2

3

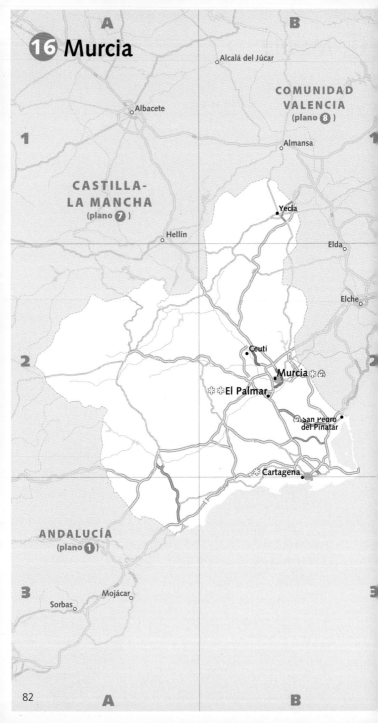

Alcalá del Júcar

COMUNIDAD
VALENCIA
(plano 8)

CASTILLA-
LA MANCHA
(plano 7)

Albacete

Almansa

Yecla

Elda

Hellín

Elche

Ceutí

Murcia

El Palmar

San Pedro
del Pinatar

Cartagena

ANDALUCÍA
(plano 1)

Mojácar

Sorbas

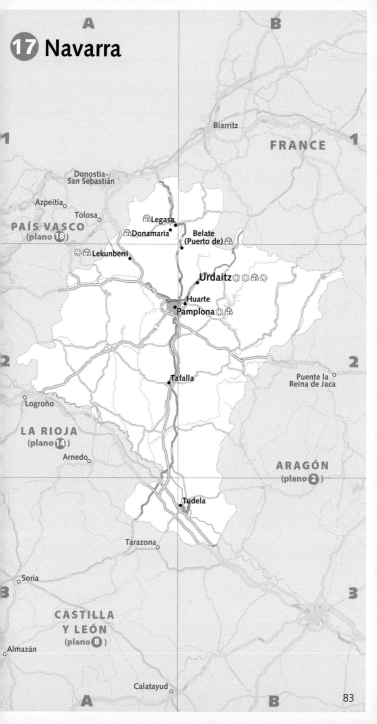

🔞 Navarra

Biarritz

FRANCE

Donostia-
San Sebastián

Azpeitia

Tolosa

PAÍS VASCO
(plano 18)

Legasa

Donamaria

Belate
(Puerto de)

Lekunberri

Urdaitz

Huarte

Pamplona

Tafalla

Puente la
Reina de Jaca

Logroño

LA RIOJA
(plano 14)

Arnedo

ARAGÓN
(plano 2)

Tudela

Tarazona

Soria

CASTILLA
Y LEÓN
(plano 8)

Almazán

Calatayud

83

18 País Vasco

Laredo

CANTABRIA
(plano 6)

Bakio

• Mundaka

Getxo

Portugalete •

Morga

DONOSTIA-
SAN SEBASTIÁN

Hondarribia

• Irun

Bilbao

LARRABETZU

Zumaia
Getaria

Errenteria

LASARTE

San Martin
de Carral

Galdakao

Valle de
Carranza

• Dima

Axpe

Bidania

Tolosa

Kexaa

Zumárraga

Amorebieta -
Etxano

Olaberria

Oñate

CASTILLA
Y LEÓN
(plano 8)

Vitoria-Gasteiz

Langarica

Pamplona

Santa Cruz de Campezo

Samaniego

Páganos

• Elciego

NAVARRA
(plano 17)

Logroño

LA RIOJA
(plano 14)

Arnedo

Tarazona

Navaleno

Soria

La Selección 2024

Los restaurantes están ordenados, por localidad, en orden alfabético.

ADEJE – Tenerife ➜ Ver Canarias (Santa Cruz de Tenerife)

AGAETE – Las Palmas ➜ Ver Canarias (Gran Canaria)

AGUA AMARGA

Almería – Mapa regional **1**–D2

😊 ASADOR LA CHUMBERA

TRADICIONAL • AMBIENTE TRADICIONAL Lo mejor de esta casa es su emplazamiento, pues saliendo de Agua Amarga por la carretera de Carboneras lo encontrará, aislado, en una construcción encalada con indudable tipismo; además, por si quiere visitar algo curioso, se halla cerca del antiguo Cargadero de Mineral de Agua Amarga (en funcionamiento hasta 1942). Ofrece dos salas de ambiente rústico-actual, ambas dominadas por los tonos blancos, así como una agradable terraza adornada con cactus y chumberas. Cocina tradicional con guiños locales e influencias tanto árabes como orientales. ¡Pruebe los pescados del día o su sabroso Entrecot!

🏠 🅿 Precio: €€

Paraje Los Ventorrillos (Carretera de Carboneras, Noreste 1,2 km) ✉ *04149 –*
☎ 634 67 62 98 – asadorlachumbera.com – Cerrado miércoles

LA VILLA AGUA AMARGA ⓝ

ACTUAL • AMBIENTE MEDITERRÁNEO Tiene su encanto, pues ocupa una villa con varios comedores de estilo mediterráneo y una tranquila terraza, distribuyendo esta las mesas alrededor de una pequeña piscina. La carta, de gusto actual, denota cierto protagonismo para los platos a la brasa.

🖑 🄰🄲 🏠 ⇄ Precio: €€

Carretera de Carboneras 18 ✉ *04149 – ☎ 722 55 27 31 –*
www.restaurantelavilla.com – Cerrado lunes, almuerzo: martes

AINSA

Huesca – Mapa regional **2**–B1

🕸 CALLIZO

Chef: Josetxo Souto

CREATIVA • MARCO CONTEMPORÁNEO Si busca una experiencia gastronómica vaya reservando, pues Callizo embriaga los sentidos e incita a descubrir los maravillosos paisajes y sabores de la comarca de Sobrarbe.El restaurante, ubicado en una céntrica casona de piedra que sorprende por su moderna estética interior, participa activamente de la propuesta, pues esta se traduce en un recorrido por el edificio descubriendo, por etapas, la esencia de esta tierra; eso sí, sin cerrarse las puertas a guiños culinarios de otras partes del mundo. Platos bien resueltos, texturas delicadas, contrastes acertados... todo a través de dos menús degustación (Tierra y Piedras) que enarbolan la bandera de lo que aquí llaman "cocina tecno-emocional de montaña". ¡Procuran dar protagonismo a los pequeños productores de la zona que les abastecen!

🖑 🄰🄲 Precio: €€€€

Plaza Mayor ✉ *22330 – ☎ 974 50 03 85 – www.restaurantecallizo.es – Cerrado lunes, martes*

ALACANT

Mapa regional **11**–A3
Mapa de carreteras Michelin
n° 577-Q28

Mucho más que arroces y turrón

Subir al castillo de Santa Bárbara para contemplar la ciudad desde las alturas, pasear por la fantástica Marina Deportiva del Puerto de Alicante, coger un barco para ir de excursión a la isla de Tabarca... Las posibilidades turísticas de esta localidad, que no suele defraudar a nadie, se ven apoyadas por una interesantísima oferta gastronómica que tiene en los arroces su producto fetiche; no en vano, se la conoce como "La ciudad del arroz" y hay dos platos que no debe dejar de probar: el Arroz a banda y el Arroz a la alicantina. Otras especialidades son la Borreta y la Pericana, dos recetas surgidas en los pueblos del interior. Mención especial merece el emblemático Turrón de Alicante (conocido popularmente como Turrón duro), una exquisitez elaborada de manera artesanal con almendras enteras y miel. ¡Acérquese a Xixona (Jijona) a visitar alguna de sus fábricas o el Museo del Turrón!

ALACANT

Alicante – Mapa regional **11**–A3

⁂ BAEZA & RUFETE

Chef: Joaquín Baeza

MODERNA • SENCILLA Una casa que emana pasión, oficio y las inconfundibles virtudes de quienes se han formado con Martín Berasategui; no en vano, lo primero que el chef Joaquín Baeza te cuenta, de una manera informal, es que al igual que su maestro él está aquí... ¡para aportar felicidad a sus clientes!El pequeño y sencillo local está llevado con dedicación por un amable matrimonio, con él al frente de los fogones mientras su mujer, Esther Castillo, se ocupa de la sala y ejerce como sumiller. ¿La propuesta? Una cocina mediterránea moderna que explora la diversidad y los productos alicantinos de temporada en base a dos hilos conductores, las hierbas aromáticas recolectadas por el propio chef y los aceites de oliva con más personalidad. Sus cuidados menús (Corto y Largo) se completan con algunas sugerencias que se pueden añadir (a modo de raciones o de medias raciones).

🄰🄲 Precio: €€€€

Fuera de plano – *Avenida de Ansaldo 31 (por la avenida de Dénia, 6 km)*
✉ 03540 – ☏ 965 16 22 47 – www.baezarufete.com – *Cerrado domingo, cena: lunes-sábado*

⊛ TABULA RASA

TRADICIONAL • AMBIENTE CLÁSICO En el histórico barrio de Benalúa, donde se presenta con una cuidada fachada y un interior de tranquilo ambiente clásico. Los dos socios al frente, Rafa tras los fogones y Juan Pablo en la sala, quieren reflejar su honestidad a la hora de exaltar la tradición culinaria alicantina, actualizando los

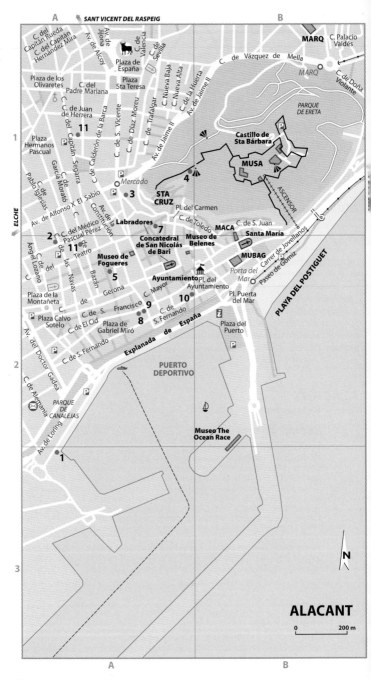

SANT VICENT DEL RASPEIG

A · B

C. del Capitán Rueda
C. del Capitán Hernández Mira
Av. de Jijona
Av. de Alcoy
C. de Valencia
C. de Sevilla

MARQ
C. Palacio Valdés

Plaza de España

C. de Vázquez de Mella

MARQ

C. de Doña Violante

Plaza de los Olivaretes
C. del Padre Mariana

Plaza Sta Teresa

C. Nueva Baja
C. Nueva Alta
C. de la Huerta
Av. de Jaime II

PARQUE DE ERETA

C. de Juan de Herrera
11

C. de S. Vicente
C. de Díaz Moreu
C. de Trafalgar
Av. de Jaime II

Castillo de Sta Bárbara

MUSA

Plaza Hermanos Pascual

C. del Capitán Segarra
C. de García Morató
C. de Calderón de la Barca

Mercado
3

ASCENSOR

Plaza de Pablo Iglesias

Av. de Alfonso X El Sabio

4

STA CRUZ

Pl. del Carmen

C. de Toledo

C. de S. Juan

Labradores 7
2
11
Teatro

C. del Médico Pascual Pérez
Av. de Constitución

Concatedral de San Nicolás de Barí

MACA

Museo de Belenes

Santa María

C. de Ángel Lozano
C. del

Museo de Fogueres 5

Bazán

Gerona

Ayuntamiento

Pl. del Ayuntamiento

MUBAG

Porta del Mar

Plaza de la Montañeta

C. de las Navas

C. Mayor

10

Pl. Puerta del Mar

Carrer de Jovellanos

PLAYA DEL POSTIGUET

Plaza Calvo Sotelo

C. de S. Francisco 9
8
C. de El Cid

Plaza de Gabriel Miró

C. de S. Fernando

Paseo de Gomiz

Av. del Doctor Gadea

C. de S. Fernando

Explanada de España

Plaza del Puerto

1

Av. de Loring

Av. de Alemania

PARQUE DE CANALEJAS

PUERTO DEPORTIVO

2

Museo The Ocean Race

3

N

ALACANT

0 ___ 200 m

A · B

90

platos en lo que se refiere a las técnicas y tomando siempre como base al producto fresco de temporada (no usan congeladores ni cámaras de vacío). La oferta, que cambia casi a diario, se centra en un sugerente menú degustación donde los arroces, o las fideuás, suelen ser los grandes protagonistas.

🅰🅲 Precio: €€

Fuera de plano – *Alberola 57 B* ✉ *03001* – ☎ *966 04 46 58* – *www.tabularasarestaurante.com – Cerrado lunes, martes, cena: miércoles, jueves y domingo*

ALBA Ⓝ

ACTUAL • **SIMPÁTICA** Este coqueto e intimista restaurante, ubicado en una zona residencial, sorprende con una propuesta ítalo-alicantina de fusión que narra las vivencias culinarias de la chef Alba Esteve durante su periplo laboral en distintas casas italianas de reconocido prestigio. ¿La propuesta? Servicio a la carta y un sugerente menú degustación.

🅰🅲 Precio: €

Fuera de plano – *Virgen del Socorro 68* ✉ *03002* – ☎ *965 81 96 31* – *www.albarestaurante.com – Cerrado lunes, cena: martes, miércoles y domingo*

CELESTE Y DON CARLOS

MODERNA • **AMBIENTE CLÁSICO** Un restaurante gastronómico, hoy totalmente unificado, donde nos proponen una cocina de autor con influencias galas e internacionales, trabajando siempre en base al producto de mercado y solo con menús degustación (uno hace guiños a la etapa del chef en las cocinas del Hotel Ritz de París). ¡Es necesario reservar!

🅰🅲 Precio: €€€

Plano: A1-3 – *General Primo de Rivera 12* ✉ *03002* – ☎ *622 16 36 59* – *Cerrado lunes, domingo*

DISTRIKT41

ACTUAL • **MARCO CONTEMPORÁNEO** Restaurante de línea moderna, con ambiente de gastrobar, llevado por dos chefs de origen holandés. Encontrará una carta actual donde no faltan las influencias centroeuropeas y un menú degustación, dando a muchos de sus platos un toque final de brasa.

♿ 🅰🅲 Precio: €€

Plano: A2-2 – *Navas 41* ✉ *03001* – ☎ *965 18 14 26* – *www.distrikt41.es – Cerrado almuerzo: lunes-jueves*

LA ERETA

COCINA MEDITERRÁNEA • **DE DISEÑO** Moderna construcción ubicada en la subida al castillo de Santa Bárbara, por lo que disfruta de unas magníficas vistas. Ofrecen dos menús, de base mediterránea y tinte actual.

🍽 ♿ 🅰🅲 🅿 Precio: €€€

Plano: A1-4 – *Parque de la Ereta* ✉ *03001* – ☎ *965 14 32 50* – *www.laereta.es – Cerrado lunes, martes, cena: miércoles, domingo*

ESPACIO MONTORO Ⓝ

MODERNA • **DE DISEÑO** Si busca algo realmente fuera de lo común, no solo para la ciudad de Alicante, este es su restaurante, así que... ¡vaya reservando!En este original local plantean la experiencia como un juego en el que pasamos por varios espacios (Black Tech, Hi Line, Cocoon Lab y Geoda Verde), muy bien personalizados en su decoración, donde se exalta lo puramente gastronómico con distintos efectos visuales y... ¡hasta aromas específicos! La divertida propuesta del chef Pablo Montoro, con platos propios de una cocina creativa y viajera que exalta los productos del Mediterráneo, se concentra en tres menús degustación: Espacio, Experiencia y Sentidos. ¿Otros puntos que suman? Los cocineros salen a servir para explicar los pormenores de cada elaboración y la oferta de cócteles es... ¡pura fantasía!

🍸 ♿ 🅰🅲 Precio: €€€

Fuera de plano – *Avenida de la Albufereta 13* ✉ *03016* – ☎ *966 04 43 65* – *www.montorocatering.com – Cerrado sábado, domingo, cena: lunes, martes, jueves y viernes*

KOINÉ ⓝ

COCINA MEDITERRÁNEA • BISTRÓ Con el nombre Koiné, que hace referencia a una variante de la lengua griega que se usaba en el mundo helenístico, lo que aquí pretenden es volver a los orígenes, a las raíces de la cocina mediterránea, versionada de tal manera que se fusiona con la andaluza y se adapta a los tiempos actuales. El chef trabajó en el departamento de I+D del Grupo Dani García, un detalle que... ise deja ver en su propuesta!

🅰️🄲 Precio: €€

Plano: A2-11 – *Bazán, 45* ✉ *03001 –* 🕾 *865 72 47 22 – www.koine-bistro.es – Cerrado domingo*

MAESTRAL

TRADICIONAL • AMBIENTE CLÁSICO Resulta elegante y sorprende por su ubicado en una bonita villa, rodeada de jardines que pueden dar juego para eventos de empresa, la opción de privados y una terraza que suele llenarse durante las cenas estivales. Aquí encontrará una completa carta de cocina mediterránea tradicional, basada en el producto y con un pequeño apartado de arroces. ¿Recomendaciones? Pruebe las deliciosas Quisquillas de Santa Pola y El atún rojo en 4 pasos.

🅰️🄲 🛋️ ♻️ 🅿️ Precio: €€

Fuera de plano – *Andalucía 18 (Vistahermosa, por la avenida de Dénia, 4 km)* ✉ *03016 –* 🕾 *965 26 25 85 – www.maestral.es – Cerrado cena: lunes-jueves y domingo*

MANERO

TRADICIONAL • BAR DE TAPAS Un local singular, pues... irecrea una antigua tienda de ultramarinos! Ofrecen delicadas tapas, ibéricos, salazones, conservas y hasta mariscos, muchos empaquetados para llevar.

🅰️🄲 Precio: €

Plano: A2-8 – *Médico Manero Mollá 7* ✉ *03001 –* 🕾 *965 14 44 44 – www.barmanero.es*

MONASTRELL

MODERNA • DE DISEÑO A través de sus menús, con opciones vegetarianas, nos plantean una cocina sumamente natural, con pescados de la lonja y buenos arroces. ¡Tienen su propio huerto a unos 15 km!

⬅️ 🅰️🄲 🛋️ ♻️ 🅿️ Precio: €€€

Plano: A3-1 – *Avenida del Almirante Julio Guillén Tato 1* ✉ *03002 –* 🕾 *965 12 66 40 – monastrell.com – Cerrado lunes, martes, almuerzo: miércoles, jueves y domingo*

NOU MANOLÍN

REGIONAL • ACOGEDORA Quisquillas, gambas rojas, cigalas, ostras... Lo mejor en esta histórica casa es dejarse llevar por la vista, pues el expositor de la entrada es toda una invitación. Presenta una concurrida barra en la planta baja y un comedor con preciosos techos de diseño en el piso superior. Encontrará una carta de mercado, idéntica en la barra y en el restaurante como tal, que oferta alguna opción de medias raciones y se completa con un pequeño apartado de arroces. iSi le apetece un final feliz pida el Supermousse de chocolate, con texturas aireadas y muy frescas!

♿ 🅰️🄲 ♻️ Precio: €€€

Plano: A2-5 – *Villegas 3* ✉ *03001 –* 🕾 *965 61 64 25 – www.grupogastronou.com – Cerrado cena: domingo*

OPEN

MODERNA • INDUSTRIAL Presenta una línea ecléctica y, fiel a su nombre, defiende una filosofía aperturista tanto en la cocina, abierta a la vista del comensal con una barra de estilo nipón, como en la carta, pues en esta última dan la posibilidad de tomar medias raciones y de que nosotros confeccionemos nuestro menú. Los chefs al frente, que explican y sirven los platos, plantean elaboraciones actuales en base al producto de mercado. ¿Una especialidad que merece la pena? Pruebe su deliciosa Catalana de atún rojo.

🅰🅲 Precio: €€

Plano: A1-11 – *Manuel Antón 12* ✉ *03001* – ☎ *966 35 95 91* – *www.openalicante.com* – *Cerrado lunes, domingo*

PIRIPI

ARROCES • **AMBIENTE TRADICIONAL** Se encuentra en una importante avenida y es uno de los locales más conocidos del tapeo alicantino, con un concurrido bar de tapas en la planta baja (se puede comer en la barra) y el cuidado comedor en el piso superior. Amplia carta con clásicos de la casa, maravillosos arroces y un apartado de sugerencias (los pescados y mariscos llegan a diario de las lonjas de Dénia y Santa Pola).

& 🅰🅲 ⇔ Precio: €€€

Fuera de plano – *Avenida de Oscar Esplá 30* ✉ *03003* – ☎ *965 61 64 25* – *www.grupogastronou.com* – *Cerrado cena: domingo*

PÓPULI BISTRÓ

COCINA MEDITERRÁNEA • **RÚSTICA** Presenta una estética rústica-actual y sorprenden por su emplazamiento, en una bella finca de L'Albufereta. Aquí ofrecen sencilla cocina mediterránea de producto, con los arroces como claro sello de identidad. ¡Eche también un ojo a las recomendaciones diarias descritas en una pizarra!

🅰🅲 🕏 ⇔ 🅿 Precio: €€

Fuera de plano – *Vial Flora de España 36 (por la avenida de Dénia, 5 km)* ✉ *03016* – ☎ *965 61 64 25* – *www.grupogastronou.com* – *Cerrado cena: domingo*

EL PORTAL

MODERNA • **A LA MODA** Un gastrobar muy "cool", con una buena barra y varias mesas. Ofrece tapas, ibéricos, mariscos, quesos, arroces, un apartado de platos a la brasa... ¡Cocktails y afterworks!

🍸 & 🅰🅲 Precio: €€

Plano: A2-9 – *Bilbao 2* ✉ *03001* – ☎ *965 14 32 69* – *www.elportaltaberna.es*

STEKI

FUSIÓN • **SENCILLA** La vida da muchas vueltas... si no, que se lo pregunten a Fernando y Olivia, una encantadora pareja que supo ver en sus propias diferencias (él mexicano y ella griega) la piedra angular de su proyecto culinario. El sencillo local, ubicado en una calle peatonal del casco antiguo (El Barrio), defiende esa filosofía con su propio nombre, pues Steki significa precisamente eso: "punto de encuentro". ¿Qué encontrará? Las elaboraciones propias de una cocina mediterránea con notas mexicanas y helenas, servidas a la carta pero como si se tratara de un menú, pues hay que pedir un mínimo de cinco platos.

🅰🅲 Precio: €€

Plano: A1-7 – *Argensola 8* ✉ *03002* – ☎ *966 39 81 54* – *stekirestaurante.es* – *Cerrado viernes, sábado, almuerzo: lunes-jueves y domingo*

LA TABERNA DEL GOURMET

REGIONAL • **BAR DE TAPAS** Se podría definir como... ¡un delicatessen del tapeo! Presenta una amplísima variedad de tapas, raciones, mariscos, pescados, carnes y arroces, todo con productos de excelente calidad y apoyado por una gran selección de vinos.

& 🅰🅲 🕏 ⇔ Precio: €

Plano: A2-10 – *San Fernando 10* ✉ *03002* – ☎ *965 20 42 33* – *www.latabernadelgourmet.com*

ALAIOR – Baleares ➔ Ver Balears (Menorca)

ALBA DE TORMES

Salamanca – Mapa regional **8**–B3

DON FADRIQUE

TRADICIONAL • RÚSTICA Ofrece dos interesantes espacios/propuestas: "Sabor de la memoria", donde exaltan la cocina tradicional (con carnes a la brasa), e "Instinto", con un moderno menú degustación.

&. 🆒 🏡 🅿 Precio: €€

Carretera de Salamanca (Noroeste 2 km) ✉ *37800 –* ☎ *923 37 00 76 – www.donfadrique.com*

ALBACETE

Albacete – Mapa regional **7**–D3

 ABABOL

Chef: Juan Monteagudo

ACTUAL • MARCO CONTEMPORÁNEO Albacete, conocida como la Nueva York de La Mancha desde que Azorín acuñara el término en uno de sus poemas, tiene un sugerente foco de interés gastronómico en el restaurante Ababol, con cuyo nombre se hace un guiño al terruño al ser como llaman aquí, tradicionalmente, a la amapola.En su sala, contemporánea y con la cocina abierta a la misma, el chef Juan Monteagudo propone una cocina de raíces manchegas que cautiva tanto por sus materias primas, muchas de sus propias fincas, como por sus salsas, de esas donde gusta "mojar", con detalles técnicos propios de la culinaria gala por influencia de su padre (el pintor Philippe André Georges Monteagudo) y unas cuidadas presentaciones. La carta se enriquece con dos menús degustación (Tierra y Ababol), así como uno más de caza en temporada.

🆒 Precio: €€€

Calderón de la Barca 14 ✉ *02002 –* ☎ *967 02 08 82 – www.restauranteababol.es – Cerrado lunes, martes, cena: miércoles, domingo*

ASADOR CONCEPCIÓN

TRADICIONAL • MARCO CONTEMPORÁNEO Una casa que ha pasado de padres a hijos y hoy se presenta muy bien actualizada, con una gran cava de vinos acristalada y dos agradables salas. Su completa carta, que exalta el recetario manchego pero incluye productos de la costa, contempla tapas, minis, selectas carnes... ¡y unos apetecibles platos de cuchara!

&. 🆒 Precio: €€

Concepción 5 ✉ *02002 –* ☎ *967 52 43 50 – www.asadorconcepcion.com – Cerrado lunes, domingo, cena: martes, jueves y viernes*

ALCALÁ DE HENARES

Madrid – Mapa regional **15**–B2

😊 **EXIMIO BY FERNANDO MARTÍN**

ACTUAL • ACOGEDORA Si está visitando Alcalá de Henares, la ciudad natal del insigne Miguel de Cervantes, anote en su agenda la dirección de este céntrico restaurante. El chef al frente, formado en grandes casas como la de Martín Berasategui (Lasarte-Oria), apuesta por una cocina tradicional-actualizada que ve la luz a través de la carta, de un económico menú al mediodía (de lunes a viernes) y de otro más elaborado tipo degustación (los aperitivos son los mismos en ambos menús). ¿Su objetivo? El chef busca "hacerle vivir a cada comensal que entre por la puerta una experiencia gastronómica diferente".

&. 🆒 Precio: €€

Victoria 2 ✉ *28802 –* ☎ *915 13 89 80 – www.restauranteeximio.com – Cerrado lunes, cena: martes, domingo*

ALCALÁ DEL VALLE

Cádiz – Mapa regional **1**–B2

😊 MESÓN SABOR ANDALUZ

ACTUAL · RÚSTICA ¡Nivelazo culinario en un pueblecito de la sierra de Grazalema! El restaurante, de esos que no te dejan indiferente, presenta un ambiente rústico renovado y demuestra que ha ido "in crescendo" en la complejidad de su propuesta, pues da una vuelta de tuerca a la cocina tradicional mirando, cada vez más, a la huerta desde la perspectiva de la identidad. Ofrecen una carta de temporada, dos maravillosos menús degustación (Entorno: corto y largo) donde la proteína es solo el acompañamiento de las verduras y uno más dedicado a los grandes clásicos de la casa, como su popular Rabo de toro guisado.

🖥 🍴 ⇄ Precio: €€

La Huerta 3 ✉ *11693 –* 𝌆 *956 13 55 10 – www.mesonsaborandaluz.com – Cerrado martes, miércoles, cena: lunes, jueves y domingo*

ALCAÑIZ

Teruel – Mapa regional **2**–B2

MESEGUER

TRADICIONAL · MARCO CONTEMPORÁNEO Un negocio de cuarta generación donde defienden una cocina tradicional actualizada que ensalza tanto las elaboraciones como el producto del Bajo Aragón. La carta se enriquece con un apartado de sugerencias y ofrecen varios menús, la base de su trabajo.

♿ 🖥 ⇄ Precio: €

Avenida del Maestrazgo 9 (Hotel Meseguer) ✉ *44600 –* 𝌆 *978 83 10 02 – www.aparthotelmeseguer.es – Cerrado domingo, cena: lunes-jueves*

ALCAUDETE

Jaén – Mapa regional **1**–C2

ALMOCADÉN

ACTUAL · MARCO CONTEMPORÁNEO Toma el nombre del antiguo cortijo familiar, presenta una línea actual y destaca por su terraza. Buena carta de gusto contemporáneo, con algo de fusión y productos de la zona.

🖥 🍴 Precio: €€

Fuensanta 38 ✉ *23660 –* 𝌆 *953 56 05 55 – www.almocaden.com – Cerrado miércoles, cena: martes*

ALCOBENDAS

Madrid – Mapa regional **15**–B2

99 SUSHI BAR

JAPONESA · DE DISEÑO Este moderno restaurante japonés, ubicado en un entorno sumamente agradable que resulta idóneo para desconectar del ajetreo de la gran ciudad, llamará su atención tanto por la barra, donde se ve trabajar al sushiman, como por la cortina-cascada de agua que hay tras él. Cocina nipona sin excesivos purismos, pues trabajan platos populares de muy diferentes elaboraciones y al gusto de todo el mundo. ¡No deje de probar su Tempura de langostino tigre!

🖥 🍴 ⇄ Precio: €€€

Estafeta 2 (La Moraleja, Sur 4 km) ✉ *28109 –* 𝌆 *916 50 31 59 – www.99sushibar.com – Cerrado cena: domingo*

A'KANGAS BY URRECHU

CARNES A LA PARRILLA · MARCO CONTEMPORÁNEO Este elegante negocio, ubicado en la zona gastronómica a la entrada de La Moraleja, disfruta de una diáfana terraza y un cuidado interior, donde destacan tanto las cámaras de maduración como el parrillero, ambos a la vista del cliente. Ofrecen cocina tradicional elaborada y unas fantásticas carnes rojas a la brasa (buey Valles del Esla, ternera Xata Roxa, novillo argentino...).

🔠 🍴 Precio: €€

Estafeta 4 (La Moraleja, Sur 4 km) ✉ 28109 – 𝒞 915 55 56 00 – www.akangas.com – Cerrado cena: domingo

EL BARRIL DE LA MORALEJA

PESCADOS Y MARISCOS • AMBIENTE CLÁSICO Sorprende con una cuidadísima terraza y un interior actual-marinero. La carta, especializada en productos del mar, se completa con un buen apartado de arroces y carnes rojas.

🍷 🔠 🍴 ⇔ Precio: €€€

Estafeta 4 (La Moraleja, Sur 4 km) ✉ 28109 – 𝒞 916 50 95 86 – www.grupo-oter.com

ALCOSSEBRE
Castellón – Mapa regional **11**–B1

🏵 ### ATALAYA

Chefs: Emanuel Carlucci y Alejandra Herrador

MODERNA • MINIMALISTA En los bajos de un edificio de apartamentos próximo al puerto deportivo, donde sorprenden tanto por su ambiente minimalista como por su terraza.La joven pareja de chefs al frente, Alejandra y Emanuel, se conoció tras los fogones del laureado Martín Berasategui (tres Estrellas MICHELIN, Lasarte-Oria), uno de los restaurantes que les enseñó a perfeccionar las técnicas actuales y a identificar los valores de la alta gastronomía, aquellos que querían implementar cuando se lanzaron a compartir sus sueños. ¿Qué encontrará? Una cocina moderna-creativa que sabe cómo hacer las cosas, mimando las presentaciones, trabajando las texturas y combinando de manera acertada todos los productos. Podrá descubrirlo a través de tres interesantes menús: Arroz (solo al mediodía), Bergantín y Goleta.

♿ 🔠 🍴 Precio: €€€

Camí l'Atall 1A (Zona las Fuentes) ✉ 12579 – 𝒞 964 96 71 07 – www.atalayarestaurante.com – Cerrado lunes, martes, cena: miércoles, jueves y domingo

EL PINAR

ARROCES • AMBIENTE TRADICIONAL Dentro de una urbanización ubicada en alto de una montaña, rodeado de vegetación y... ¡con maravillosas vistas al mar! Cocina tradicional con un sugerente apartado de arroces.

⇐ 🍴 🅿 Precio: €

Islas Mancolibre 4-A (Urbanización El Pinar, Norte 4 km) ✉ 12579 – 𝒞 964 41 22 66 – restauranteelpinaralcocebre.com – Cerrado lunes

ALFAFARA
Alicante – Mapa regional **11**–A3

😊 ### CASA EL TIO DAVID

REGIONAL • RÚSTICA Uno de esos restaurantes de los que todo el mundo da buenas referencias... no en vano, está llevado con amabilidad entre el propietario y su esposa, que reflejan el perfecto matrimonio entre la sala y la cocina. Ocupa una casa familiar de principios del s. XX y presenta un comedor de ambiente rústico-regional, con multitud de detalles decorativos, la viguería vista y una chimenea que suele estar encendida. Carta regional y local, con opción de medias raciones, complementada por tres menús degustación. ¡Pruebe su Popurrí de croquetas variadas o la Paletilla de cordero horneada Al-Ándalus!

🐌 🔠 ⇔ Precio: €€

Bancal del Clot 2 ✉ 03838 – 𝒞 965 51 01 42 – casaeltiodavid.com – Cerrado martes, cena: lunes, miércoles y domingo

ATREVERSE
ES BUSCAR NUEVAS HISTORIAS

esta por todo la gente
maravillosa que he conocido
en mi vida ¡A vuestra salud!

POR MUCHAS MÁS
SAN MIGUEL
¡JUNTO A LA
GENTE QUE QUIERES!

POR LOS QUE SE ATREVEN

NACIDA
DE LA NATURALEZA,
MUNDIALMENTE RECONOCIDA

UN AGUA ASÍ SOLO LA CREA LA NATURALEZA

ALFARO

La Rioja – Mapa regional **14**–B2

😊 **MORRO TANGO**

ACTUAL • **MARCO CONTEMPORÁNEO** Se encuentra en una céntrica calle peatonal, presenta una estética moderna y, tras su curioso nombre, esconde un guiño a una antigua expresión local que usaban los abuelos de la zona para referirse a... ¡aquellos un poco más sibaritas que no comían cualquier cosa! El chef, que trabajó muchos años junto al laureado Francis Paniego, afronta su primer proyecto en solitario con el firme propósito de dignificar la huerta riojana desde una propuesta actual, siempre en base a producto fresco de mercado. La carta se completa con dos menús: Todos los morros (diario) y Morro Tango (degustación).

&. 🖾 Precio: €

Las Pozas 18 ✉ 26540 – 🕾 941 18 15 33 – www.morrotango.com – *Cerrado lunes, cena: miércoles, domingo*

ALJARAQUE

Huelva – Mapa regional **1**–A2

😊 **FINCA ALFOLIZ**

Chef: Xanty Elías Fernández

TRADICIONAL • **MARCO REGIONAL** El sueño tangible del chef Xanty Elías, todo un alegato a favor de la sostenibilidad. El restaurante, ubicado en una finca familiar rodeada de huertos y espacios protegidos, intenta que vivamos, in situ, la hermosa naturaleza circundante. Ofrece una cocina tradicional actualizada y, sobre todo, una irrenunciable apuesta por el producto ecológico de temporada, aunque también encontrará sabrosos arroces al barro, carnes a la brasa (algunas maduradas), pescados de estero... ¿Una recomendación? Pruebe el Picadillo de culantro y mojama de Isla Cristina (receta del picadillo minero de Huelva).

🌿 *El compromiso del Chef:* Tenemos un permacultor que se ocupa tanto de la siembra como del estudio de los insectos polinizadores que evitan las plagas. Integramos la naturaleza y nos alineamos con los 17 ODS (Objetivos de Desarrollo Sostenible) de la Agenda 2030 implementada por la ONU.

&. 🖾 🍽 ⇄ 🅿 Precio: €€

Carretera A-492 (km 6,5, Noroeste 5 km) ✉ 21110 – 🕾 959 24 51 35 – www.fincaalfoliz.com – *Cerrado lunes, cena: martes-jueves y domingo*

ALMANSA

Albacete – Mapa regional **7**–D3

🏵🏵 **MARALBA**

Chef: Fran Martínez

CREATIVA • **MARCO CONTEMPORÁNEO** Un negocio familiar que resume su propuesta en una frase llena de sabor: "cocina manchega con balcones al Mediterráneo".En su elegante comedor, con la bodega acristalada, el chef albaceteño Fran Martínez sabe poner en valor la gastronomía regional y sus productos, aportando a las elaboraciones esos toques de modernidad que las hacen diferentes, todo con el añadido de una relación calidad/precio difícilmente mejorable cuando hablamos de platos de autor. Llama la atención la inserción en sus menús de todo tipo de pescados frescos, incluso de descarte (se abastece diariamente de la lonja de La Vila Joiosa), y cómo dan la posibilidad de añadir un maridaje que juega con los vinos de La Mancha o de la costa levantina. El pan, por supuesto, también es singular, pues... ¡lo hacen ellos mismos!

🐝 &. 🖾 ⇄ Precio: €€€

Violeta Parra 5 ✉ 02640 – 🕾 967 31 23 26 – www.maralbarestaurante.es – *Cerrado lunes, martes, cena: miércoles, jueves y domingo*

MESÓN DE PINCELÍN

TRADICIONAL • **MARCO REGIONAL** Una casa de estilo regional que sorprende tanto por el ambiente como por su impecable montaje y que debemos ver, sin duda, como un gran clásico; no en vano... lleva en manos de la misma familia desde 1952! Dispone de una zona de barra, con mesas altas para comidas informales, así como una buena variedad de salas y privados. La amplia carta de gusto regional se ve apoyada por varios menús.

♿ ⓐ ✎ Precio: €€

Las Norias 10 – ✉ 02640 – ☎ 967 34 00 07 – www.pincelin.com – Cerrado lunes, cena: martes-jueves y domingo

ALMERÍA

Almería – Mapa regional **1**–D2

SALMANTICE

TRADICIONAL • **MARCO CONTEMPORÁNEO** Este negocio familiar presenta una carta bastante completa, con platos tradicionales, actuales y de fusión. ¡Gran selección de carnes (Avileña, Rubia gallega, de Finlandia...)!

♿ ⓐ ♻ Precio: €€€

Costa Balear 16 – ✉ 04009 – ☎ 950 62 55 00 – rtesalmantice.wordpress.com – Cerrado domingo, cena: lunes-jueves

TONY GARCÍA ESPACIO GASTRONÓMICO

ACTUAL • **TENDENCIA** Presenta un gastrobar de carácter informal y un buen comedor, donde ofrecen una cocina de fusión entre lo tradicional y lo actual. ¡Miran siempre por el producto de Almería!

♿ ⓐ ♻ ✎ Precio: €€

Avenida del Mediterráneo 281 – ✉ 04009 – ☎ 673 38 02 70 – www.tonygarciaespaciogastronomico.com

TRAVIESO

MODERNA • **MARCO CONTEMPORÁNEO** Se halla en una zona residencial y ofrece cocina de autor, basada en el producto de temporada y proximidad. La carta se completa con una selección de platillos más informales.

ⓐ Precio: €€

Lentisco 14 – ✉ 04007 – ☎ 950 11 41 74 – www.traviesorestaurante.com – Cerrado lunes, cena: miércoles, domingo

VIVO GOURMET ⓝ

CARNES A LA PARRILLA • **MARCO CONTEMPORÁNEO** Ubicado en La Vega de Acá, un barrio residencial en expansión. Se presenta con una terraza actual, una zona de barra donde también venden productos gourmet y un comedor contemporáneo. La carta, de tinte actual pero con algún guiño peruano de fusión, sorprende al tener un buen apartado de charcutería extremeña, chuletones y sugerentes carnes maduradas (Rubia Gallega, Frisona, Angus, Wagyu...).

♿ ⓐ ♻ Precio: €€

Antonio Muñoz Zamora 22 – ✉ 04007 – ☎ 624 60 53 82 – vivogourmet.com – Cerrado lunes, cena: domingo

ALMODÓVAR DEL RÍO

Córdoba – Mapa regional **1**–B2

🙂 LA TABERNA DE CUATRO CAMINOS

REGIONAL • **MARCO REGIONAL** Un restaurante que ya bebió las mieles del éxito en esta localidad bajo el nombre La Taberna (tienen otro establecimiento en Córdoba llamado La Taberna de Almodóvar) y que vuelve a abrir sus puertas rebautizado como La Taberna de Cuatro Caminos. Ofrece una sencilla terraza, un bar no exento de cierto tipismo y tres salas, todas de montaje clásico pero con curiosos detalles andaluces en la decoración. Sabrosa cocina de tinte regional, con platos contundentes que cuidan las presentaciones y grandes especialidades, como sus famosas Croquetas, la Mazamorra de Almodóvar, el Salmorejo cordobés...

AC 🛋 Precio: €€

Antonio Machado 24 ✉ 14720 – 𝒞 957 91 14 43
www.latabernadecuatrocaminos.com – Cerrado lunes, cena: martes-jueves y domingo

ALMORADÍ

Alicante – Mapa regional **11**–A3

😊 **EL BUEY**

TRADICIONAL • AMBIENTE CLÁSICO Un negocio familiar definido por su honestidad. Posee un pequeño bar que funciona casi como un privado y un coqueto comedor, de línea clásica-actual pero con algún que otro detalle rústico. Su chef-propietario propone una cocina de tinte tradicional e internacional; aunque en su origen trabajó mucho el vacuno mayor, de ahí el nombre de la casa, hoy se muestra más atento a las materias primas de la huerta y de temporada, siendo su producto estrella las Alcachofas de la Vega Baja del Segura. ¡Todos los domingos ofrecen un plato típico de la zona, el Cocido con pelotas de la Vega Baja!

AC Precio: €€

La Reina 94 ✉ 03160 – 𝒞 966 78 15 93 – Cerrado lunes, martes, cena: miércoles, jueves y domingo

ALMUÑÉCAR

Granada – Mapa regional **1**–C2

😊 **EL CHALECO**

FRANCESA • AMBIENTE CLÁSICO Un restaurante de renombre que ahora, llevado por la hija de los anteriores propietarios, está sabiendo mantener la esencia de la casa, siempre con un trato exquisito y desde una perspectiva más actual. En su coqueto comedor, repartido en dos espacios, podrá degustar una cocina de inspiración francesa que resulta atípica en la zona. Aquí trabajan básicamente sobre un menú/carta a precio fijo, aunque añaden algunas sugerencias y platos especiales con suplemento. Esté atento, pues con frecuencia... ¡también proponen menús temáticos (Bogavante, Especial Marisco, Aniversario, Menú Belga...)!

AC Precio: €€

Avenida Costa del Sol 37 ✉ 18690 – 𝒞 958 63 24 02 – Elchaleco.restaurant – Cerrado lunes, almuerzo: martes, cena: domingo

ALTAFULLA

Tarragona – Mapa regional **9**–B3

BRUIXES DE BURRIAC

TRADICIONAL • DE DISEÑO Cautiva por su combinación de diseño y modernidad, con una atractiva bodega acristalada y la cocina vista. Propuesta tradicional en base a varios menús, uno de ellos vegano.

🚼 AC ♿ Precio: €€

Cup 2 (Hotel Gran Claustre) ✉ 43893 – 𝒞 977 65 15 57 – www.bruixesdeburriac.com

ALTURA

Castellón – Mapa regional **11**–A2

LA FAROLA Ⓝ

ACTUAL • **ACOGEDORA** Uno de esos casos en los que un local se reinventa y con él la vida del tándem al frente, pues José Vicente supo tomar la iniciativa para dar un nuevo rumbo al antiguo bar familiar y María abandonó su trabajo como bióloga para dar rienda suelta a su gran pasión. En el diáfano local, con una gran cava acristalada y un cuidado interior, encontrará una interesante carta y un menú que exalta el recetario del Alto Palancia (l'Alt Palància), con sabrosos platos de base tradicional puestos al día y algunas opciones, más atrevidas, que buscan la inspiración en otras latitudes. ¡Variada carta de vinos!

Ⓐ Precio: €

Agustín Sebastián 4 – ✉ 12410 – ✆ 964 14 70 27 – www.lafarolarestaurante.com – Cerrado lunes, cena: martes-jueves y domingo

ALZIRA

Valencia – Mapa regional **11**–B2

CAMI·VELL

TRADICIONAL • **AMBIENTE TRADICIONAL** Uno de esos casos en los que el relevo generacional otorga nuevos bríos a un negocio, algo que no quita para que podamos ver al fundador, Antonio López, pululando de vez en cuando por allí. Toni y su hermano Iván, pendientes respectivamente de la sala y los fogones... ¡ya vuelan solos! En el comedor, repartido en varios espacios de ambiente rústico-actual, con azulejos cerámicos y la cocina vista, le propondrán una reducida carta de cocina tradicional actualizada, siempre con guiños al producto local, así como dos menús degustación (Xúquer, que rememora los clásicos de la casa, y Casella).

Ⓐ ⇔ Precio: €€

Colón 51 – ✉ 46600 – ✆ 962 41 25 21 – www.camivell.com – Cerrado domingo, cena: lunes, martes

L'AMETLLA DE MAR

Tarragona – Mapa regional **9**–A3

LA LLOTJA

PESCADOS Y MARISCOS • **RÚSTICA** Un restaurante con personalidad donde intentan que el producto y el sabor sean los protagonistas. Ofrecen auténtica cocina de mercado, fiel a la temporada y con base marinera.

Ⓐ 🍴 Precio: €€

Sant Roc 23 – ✉ 43860 – ✆ 977 45 73 61 – www.restaurantlallotja.com – Cerrado lunes, martes, cena: miércoles-domingo

AMOREBIETA - ETXANO

Vizcaya – Mapa regional **18**–A2

BOROA

TRADICIONAL • **RÚSTICA** Ir a este encantador restaurante es como viajar al pasado y absorber, de una sola tacada, la esencia de ese Euskadi verde y atemporal que todos tenemos en la mente... no en vano, ocupa un caserío del s. XV abierto, desde la agradable terraza, a los valles y las montañas del entorno.En su elegante interior, de ambiente rústico por la conservación de la estructura original en madera, le propondrán una carta tradicional, de corte actual, que ensalza las raíces de la gastronomía vasca y dos menús degustación, uno mensual que denominan Bizkargi y otro de temporada llamado Txindoki; siempre con el mejor producto, sabores reconocibles y unas texturas perfectas. ¿Rasgos de su filosofía? Defienden ciegamente el trabajo en equipo afirmando que "la cocina es muy importante, pero... no lo es todo".

&. 🅰️ ⇨ 🅿️ Precio: €€€

Caserío Garai 11 (Boroa, Noroeste 3,6 km) ✉ 48340 – 𝒞 946 73 47 47 – www.boroa.com – Cerrado y cena:

JAUREGIBARRIA

ACTUAL • MARCO REGIONAL Ocupa un caserío ya bicentenario, rodeado de campo y con un buen interiorismo. Oferta de base tradicional muy contemporánea, con algún plato vasco y detalles de alta cocina.

🅰️ ⇨ Precio: €€€

Bideaur Auzoa 4 ✉ 48340 – 𝒞 946 30 16 32 – www.jauregibarria.com – Cerrado lunes, cena: martes-viernes y domingo

AMPOSTA
Tarragona – Mapa regional **9**–A3

🉑 L'ALGADIR DEL DELTA

Chef: Joan Capilla

TRADICIONAL • MARCO CONTEMPORÁNEO Se halla en un hotel, el primero certificado con la Etiqueta Ecológica Europea (Ecolabel) en Cataluña... sin embargo, demuestra calidad para ser el indiscutible protagonista del negocio, ubicado en pleno Parque Natural del Delta del Ebro y con sus famosos arrozales a escasos metros. Joan Capilla, el chef-propietario, apuesta por los productos Km 0, por la sostenibilidad y por las técnicas más modernas en pro de una cocina tradicional actualizada. La carta, que destaca por su apartado de arroces, se completa con dos buenos menús: Somos gastronomía y Festival del chef (ambos requieren reserva).

🐝 *El compromiso del Chef:* Hemos implantado un proyecto muy comprometido en base a productos ecológicos de nuestro propio huerto y seguimos una estricta política de gestión de residuos, para así minimizar la huella de carbono. También seguimos los 17 ODS (Objetivos de Desarrollo Sostenible).

⇜&. 🅰️ 🍽️ Precio: €€

Ronda dels Pins 27 (El Poble Nou del Delta, Sureste 17 km) ✉ 43549 – 𝒞 977 74 45 59 – www.hotelalgadirdelta.com – Cerrado lunes, martes, cena: domingo

AMPUERO
Cantabria – Mapa regional **6**–C1

🉑 SOLANA

Chef: Ignacio Solana

MODERNA • MARCO CONTEMPORÁNEO Sorprende por su ubicación a pocos metros del Santuario de La Bien Aparecida, la venerada patrona de Cantabria. Si buscáramos una postal de la montaña cántabra no encontraríamos una mejor, pues desde su comedor nos vemos transportados a un mundo de verdes prados donde es posible ver, mientras comemos, hasta vacas pastando.El chef Ignacio Solana, junto a su hermana Inma (sumiller y jefa de sala), defiende una cocina contemporánea de fuertes raíces tradicionales, fiel al mar y montaña pero con guiños a la tradición y en un constante idilio con las verduras de temporada, llegadas de las huertas del Bajo Asón. El chef comparte la carta con su madre, Begoña, que firma las elaboraciones más tradicionales (Bocartes, Buñuelos de bacalao, guisos...), así que muchos clientes piden platos de ambos.

🐝 ⇜&. 🅰️ ⇨ 🅿️ Precio: €€€

La Bien Aparecida 11 (La Bien Aparecida, Suroeste 5 km) ✉ 39849 – 𝒞 942 67 67 18 – www.restaurantesolana.com – Cerrado lunes, cena: martes-jueves y domingo

ANDORRA

ANDORRA LA VELLA

Andorra – Mapa regional **9**–B1

CELLER D'EN TONI

ACTUAL • **AMBIENTE TRADICIONAL** ¡Combinan tradición, creatividad y sabor! Encontrará una carta de producto, destacando esta tanto por las carnes de la zona como por los pescados frescos que llegan cada día.

🅐🅒 ⇔ Precio: €€

Verge del Pilar 4 ✉ *AD500 –* 🕾 *862 750 – www.cellerdentoni.rest – Cerrado cena: domingo*

KÖKOSNØT

ACTUAL • **ELEGANTE** No para de ganar adeptos, tanto por el ambiente reinante como por la calidad de los productos y la profesionalidad del equipo. Sabrosa cocina creativa y espléndida bodega.

🅐🅒 🅿 Precio: €€€

Prat de la Creu 29 ✉ *AD500 –* 🕾 *862 268 – www.restaurantkokosnot.com – Cerrado lunes, cena: domingo*

SOLDEU

Andorra – Mapa regional **9**–B1

❀ IBAYA

CREATIVA • **ELEGANTE** El espacio gastronómico del Sport Hotel Hermitage, que también atesora otras opciones culinarias, está tutelado por el chef Francis Paniego, todo un referente de la cocina española que brilla en su restaurante El Portal de Echaurren (dos Estrellas MICHELIN, Ezcaray).

La propuesta, basada en dos menús degustación (Tierra 7 ideas o Tierra 11 ideas), transporta la cocina riojana más moderna hasta Andorra, respetando siempre los sabores, las tradiciones y, sobre todo, el producto de La Rioja Alta. La experiencia comienza en la recepción con las primeras nociones sobre el chef, continúa con los aperitivos (tanto en la zona de sofás, llamada "Chester", como en la cocina) y termina en el comedor. ¡Cada plato va acompañado por un díptico que explica la elaboración y el origen de los productos!

🅐🅒 🅿 Precio: €€€€

Carretera General 2 (Hotel Sport H. Hermitage) ✉ *AD100 –* 🕾 *870 670 – www.sporthotels.ad – Cerrado lunes, domingo, almuerzo: martes-viernes*

KOY HERMITAGE

JAPONESA • **AMBIENTE ORIENTAL** Una cocina japonesa de autor, pues tiene la firma del famoso maestro Hideki Matsuhisa que triunfa en Barcelona. Aquí, se fusionan los productos orientales con los de la zona.

🅐🅒 🅿 Precio: €€€€

Carretera General 2 (Hotel Sport H. Hermitage) ✉ *AD100 –* 🕾 *870 670 – www.sporthotels.ad – Cerrado martes, almuerzo: lunes, miércoles- y domingo*

SOL I NEU

ACTUAL • **ACOGEDORA** De aire montañés y... ¡a pie de pistas! Su grata propuesta culinaria, asesorada por el famoso chef Francis Paniego, busca una cocina tradicional renovada en texturas y técnicas.

🗲 🅐🅒 🎝 ⇔ 🅿 Precio: €€€

Dels Vaquers ✉ *AD100 –* 🕾 *851 325 – www.sporthotels.ad – Cerrado miércoles*

ANGLÈS

Girona – Mapa regional **9**–D2

 L'ALIANÇA D'ANGLÈS

Chef: Alex Carrera

MODERNA • ART NOUVEAU Más que un restaurante es un retazo de historia, pues ocupa un edificio de 1919 que, en origen, perteneció a una alianza de agricultores y funcionó como casino o club social.El negocio, en manos de la familia Feliu desde los años 50, demuestra nuevos bríos bajo la dirección de Cristina Feliu y su pareja, el chef Àlex Carrera, que llegó a esta casa para volar en solitario tras varios años trabajando en El Celler de Can Roca (Girona). En este local, que enamora por su aire decimonónico y sus detalles vintage, encontrará una cocina de corte actual donde adquieren gran protagonismo los productos de proximidad, explicados con detalle en cada pase. La propuesta solo ve la luz bajo el paraguas de dos menús degustación: Descubierta y Emoción (ambos empiezan con lo que llaman "La hora del vermú").

🅰 🍽 ✿ 🅿 Precio: €€€€

Jacint Verdaguer 3 ✉ *17160 –* ☎ *972 42 01 56 – www.alianca1919.com – Cerrado lunes, cena: martes-jueves y domingo*

ARACENA

Huelva – Mapa regional **1**–A2

MONTECRUZ

TRADICIONAL • RÚSTICA ¡Una referencia en la zona! Su carta, tradicional, serrana y basada en los productos ibéricos, se enriquece con un apartado de setas, varios arroces, jornadas cinegéticas...

🅰 🍽 Precio: €

Plaza San Pedro 36 ✉ *21200 –* ☎ *959 12 60 13 – Cerrado lunes, cena: martes-jueves*

ARANDA DE DUERO

Burgos – Mapa regional **8**–C2

AITANA

TRADICIONAL • SENCILLA En su comedor, con el horno de leña a la vista, le ofrecerán una cocina tradicional rica en carnes rojas y verduras de temporada. ¡Pruebe el Lechazo asado y la Morcilla local!

🅰 Precio: €€

San Gregorio 17 ✉ *09400 –* ☎ *947 51 44 45 – www.aitanarestaurante.es – Cerrado cena: lunes-jueves y domingo*

ARANJUEZ

Madrid – Mapa regional **15**–B3

AGUATINTA

TRADICIONAL • ACOGEDORA Un restaurante de línea actual en el que se trabaja tanto con carnes como con pescados y mariscos, todo de calidad. ¡Su agradable patio-terraza cuenta con un jardín vertical!

♿ 🅰 🍽 Precio: €€

Almíbar 5-7 ✉ *28300 –* ☎ *910 18 26 61 – www.restauranteaguatinta.com – Cerrado, almuerzo: miércoles*

CASA JOSÉ

ACTUAL • ACOGEDORA Esta casa familiar, muy centrada en el mundo vegetal, disfruta de un curioso "Atelier" y un bello comedor en el piso superior. ¡Verduras y hortalizas de la huerta de Aranjuez!

🔠 🍴 🖧 Precio: €€

Abastos 32 – ✉ 28300 – 𝒞 918 91 14 88 – www.casajose.es – Cerrado lunes, cena: domingo

ARBÚCIES

Girona – Mapa regional **9**–C2

✿ LES MAGNÒLIES

MODERNA • ELEGANTE Una casa de gestión familiar que sorprende, por su gran nivel culinario, en la comarca gerundense de La Selva.El cuidado restaurante, que debe su nombre a los tres magnolios centenarios que rodean el edificio (s. XIX), se completa con una agradable terraza para las sobremesas, uno de los puntos fuertes del negocio. El chef al frente, Víctor Torres, defiende una cocina moderna y técnica que procura no perder de vista los valores tradicionales, por lo que trabaja mucho con productos locales y de origen ecológico a la hora de plantear su propuesta, una pequeña carta y dos menús degustación (Tast y Les Magnòlies) ¿Una frase que les guía? La toman prestada del gran Joan Miró: "Un cocinero se convierte en artista cuando tiene cosas que decir a través de sus platos, como un pintor en un cuadro".

🕸 🔠 Precio: €€€

Paseo del Mossèn Antoni Serres 3 – ✉ 17401 – 𝒞 972 86 08 79 – www.lesmagnolies.com – Cerrado lunes, martes, cena: miércoles, jueves y domingo

ARNUERO

Cantabria – Mapa regional **6**–C1

IBIDEM

MODERNA • DE DISEÑO Instalado en una casa solariega que sorprende por su interior, con una elegante sala dominada por el diseño y los tonos blancos. La propuesta se centra en un único menú degustación sorpresa, propio de una cocina moderna y con una puesta en escena muy cuidada.

♿ 🔠 🖧 Precio: €€

Barrio Zoña 1 - Castillo de Siete Villas – ✉ 39193 – 𝒞 942 63 75 57 – Cerrado lunes-miércoles, cena: jueves-domingo

ARONA – Tenerife ➔ Ver Canarias (Santa Cruz de Tenerife)

ARRECIFE – Las Palmas ➔ Ver Canarias (Lanzarote)

ARRIONDAS

Asturias – Mapa regional **3**–C1

✿✿ CASA MARCIAL

Chef: Nacho Manzano

CREATIVA • FAMILIAR Nacho Manzano, bien secundado por dos de sus hermanas (Esther le ayuda muchas veces tras los fogones y Sandra está en la sala), proponen un viaje a los orígenes, a las raíces, a la tierra que le vio nacer... ¡Una mágica travesía por los sabores asturianos desde la creatividad!Casa Marcial, aislada en un maravilloso paraje entre montañas, es mucho más que un restaurante, pues fue testigo del estrecho vínculo que el chef estableció con el entorno durante su niñez. Pasión, respeto, amor, hospitalidad... un sinfín de sensaciones dejan su impronta tanto en la carta (con clásicos de la casa) como en los menús degustación

(Pienzu y Vega), ambos volcados en los exquisitos productos del Cantábrico y en los llamados km 0, que buscan apoyar el desarrollo rural. ¡El punto de los pescados es perfecto!

🍃 *El compromiso del Chef:* Ofrecemos una cocina que en un 90% habla de nuestra comarca, pues vamos caminando en paralelo con los productores del entorno, tenemos nuestra propia huerta en Narbasu e intentamos recuperar variedades autóctonas. ¡Reciclamos todas las basuras de manera integral!

⛛ 🗚 🅿 Precio: €€€€

La Salgar (Carretera AS 342, Norte 4 km) ✉ 33549 – ✆ *985 84 09 91 – casamarcial.es – Cerrado lunes, martes, cena: miércoles-viernes y domingo*

❄ **EL CORRAL DEL INDIANU**

Chef: José Antonio Campoviejo

CREATIVA • ACOGEDORA Recupera el edificio más antiguo de Arriondas y con su nombre recuerda a todos aquellos asturianos que, a finales del s. XIX, buscaron fortuna en las "Américas" para regresar ya ricos y con un nuevo estatus social.Si el sitio es especial, pues cuenta con una sala interior rústica-actual y un comedor acristalado que sorprende por sus vistas a un precioso jardín trasero, lo mejor aquí es la experiencia culinaria, ya que el chef José Antonio Campoviejo busca la emoción a través del detalle, el sabor y la creatividad, partiendo del recetario tradicional y de la espléndida despensa asturiana (las ostras del Eo, los pollos Pitu de caleya, los increíbles quesos de la región...). El restaurante cuenta además con dos plazas de parking reservadas, en la misma puerta, para sus clientes.

🗚 ⛱ Precio: €€€ ✉ 33540 – ✆ *985 84 10 72 – www.elcorraldelindianu.com – Cerrado jueves, cena: miércoles, domingo*

ARTESA DE LLEIDA

Lleida – Mapa regional **9**–A2

😊 **ANTONI RUBIES**

ARROCES • FAMILIAR ¿Le vuelven loco los arroces? Pues no pierda de vista esta casa, una de las más interesantes para degustarlos en la comarca leridana de Segrià. El chef, que compensa la sencillez del montaje con grandes dosis de amabilidad, apuesta por una cocina tradicional-regional fiel a los productos de proximidad. Aunque ofrecen una cuidada carta, con sugerentes entrantes, carnes y pescados, aquí lo más destacado son los arroces (elaborados en base a las distintas variedades de Molí de Pals), normalmente con opciones especiales para descubrirlos desde sus menús. ¡Sorprendente colección de ginebras!

🗚 Precio: €

Lleida 6 ✉ 25150 – ✆ *973 16 75 53 – antonirubies.com – Cerrado lunes, martes, cena: miércoles, jueves y domingo*

ARUCAS – Las Palmas ➜ Ver Canarias (Gran Canaria)

ASTORGA

León – Mapa regional **8**–A1

😊 **LAS TERMAS**

REGIONAL • AMBIENTE CLÁSICO Este restaurante de ambiente familiar, a escasos metros del Palacio de Gaudí, disfruta de un diáfano comedor definido por las tonalidades ocres y el mobiliario en madera, todo dispuesto de tal manera que resulta acogedor. Aunque ofrecen otras elaboraciones, en base a productos locales y regionales, el omnipresente Cocido maragato es el plato estrella. ¿Su peculiaridad? Pues que se sirve al revés de lo normal para que asiente mejor (primero las carnes con el relleno, luego los garbanzos y, finalmente, la sopa). ¡También puede comprar sus extraordinarios garbanzos si desea cocinarlos en casa!

Ⓐ Precio: €
Santiago 1 ✉ *24700 – 𝒞 987 60 22 12 – www.restaurantelastermas.com –*
Cerrado lunes, martes, cena: miércoles-domingo

AUBÈRT

Lleida – Mapa regional **9**–B1

☺ **ROC´N´CRIS**

FUSIÓN • **AMBIENTE EXÓTICO** A pie de carretera, en un pueblecito apartado del bullicio turístico habitual en todo el Val d'Aran. En este local, desenfadado y con vistas a las montañas circundantes desde varias mesas, podrá degustar una cocina diferente y, en cierto modo, inesperada, fruto en gran medida de las experiencias vividas por la pareja al frente (Cris en la sala y Roc en la cocina). Proponen una singular fusión entre los platos/productos de Corea, China o Japón y los típicos de esta tierra, como la popular Olla aranesa, dando como resultado una combinación sorprendente. ¡Elaboran su propia cerveza artesanal!

Precio: €€
Carretera de Francia 9 ✉ *25537 – 𝒞 973 64 17 23 – rocandcris.wordpress.com –*
Cerrado miércoles

ÁVILA

Ávila – Mapa regional **8**–B3

❀ **BARRO** Ⓝ

Chef: Carlos Casillas
CREATIVA • **MARCO CONTEMPORÁNEO** Producto local con conciencia ecológica, platos dedicados a los incendios, filosofía desperdicio cero, vajilla artesanal, promoción de pequeños productores cercanos... Esta es una casa de nueva generación, llevada por un equipo jovencísimo (la mayoría viene del Basque Culinary Center) que demuestra pasión y defiende una idea: "Cocinar el pasado desde el presente, pero con la mirada puesta en el futuro".El local, magníficamente ubicado frente a las murallas y a pocos metros de la monumental Puerta del Alcázar, está llevado por el abulense Carlos Casillas y busca sorprender, tanto con su íntimo interior de estética nórdica (solo hay tres mesas) como por la oferta gastronómica, centrada en un único menú degustación de tinte creativo (Alberche) con el que el chef quiere rendir un homenaje a sus orígenes, recuperando los sabores y los productos de su valle. ¡Completa bodega, con muchos vinos de la zona y la opción de dos interesantes maridajes (Raíz y Zarcillo)!

❀ *El compromiso del Chef:* Tenemos más de 60 productores locales con nombres y apellidos, hacemos nuestro propio vino en base a una viña que hemos recuperado de 1907 e intentamos reducir nuestra huella de carbono mediante la reforestación, apostando por la plantación de cultivos ancestrales.

❀ Ⓐ Precio: €€€€
San Segundo 6 ✉ *05001 – 𝒞 682 27 13 16 – www.barrorestaurante.es – Cerrado lunes-miércoles, almuerzo: jueves*

EL ALMACÉN

TRADICIONAL • **ACOGEDORA** Ubicado en un antiguo almacén de trigo, extramuros de la ciudad, que destaca por sus vistas a las imponentes murallas medievales. Platos a la carta y recomendaciones diarias.

❀ ⇐ Ⓐ 🍴 Precio: €€
Carretera de Salamanca 6 ✉ *05002 – 𝒞 920 25 44 55 –*
www.restauranteelalmacen.com – Cerrado lunes, cena: domingo

AVILÉS

Asturias – Mapa regional **3**–B1

EL CAFÉ DE PANDORA

TRADICIONAL • FAMILIAR Una casa familiar que enamora tanto por su decoración, actual con pinceladas Art Decó, como por su propuesta culinaria, de base tradicional pero con sugerentes toques de modernidad que demuestran cómo el hijo, Alejandro Villa, ha tomado el testigo tras los fogones. El servicio a la carta, donde el producto manda, se completa con un menú degustación que varía casi a diario. Si hace bueno no lo dude y... ¡pida mesa en su encantadora terraza escalonada!

🅰🄲 🍴 Precio: €€€

San Bernardo 6 ✉ *33402 – ☎ 985 56 94 60 – Cerrado lunes, cena: martes-jueves y domingo*

YUME ⓝ

CREATIVA • TENDENCIA ¿Un restaurante con un emplazamiento excepcional? Este, ubicado en la Torre del emblemático Centro Niemeyer, se encuentra a 20 metros sobre el suelo y... ¡ofrece unas excepcionales vistas sobre la localidad! Aquí apuestan por el aprovechamiento y la idea del desperdicio nulo, por eso intentan que cada plato tenga un solo ingrediente tratado de múltiples maneras, explorando totalmente en base a la técnica su diferentes escalas o intensidades de sabor. La propuesta se basa en dos simpáticos y atrevidos menús: Ejecutivo (mediodía, de martes a viernes) y Degustación.

🍃 ♿ 🅰🄲 Precio: €€€

Zinc (Torre del Niemeyer) ✉ *33490 – ☎ 984 29 70 37 – www.yumegastro.com – Cerrado lunes, cena: domingo*

AXPE

Vizcaya – Mapa regional **18**–A2

✿ ETXEBARRI

Chef: Bittor Arginzoniz

A LA PARRILLA • RÚSTICA Los gastrónomos viajan hasta este templo culinario como quien va a un centro de peregrinación, pues aquí han desvelado los secretos del fuego... ¡hasta domarlo!Bittor Arginzoniz, el chef, propietario y alma de la casa, lo apostó todo por un sueño, por una manera de ser y trabajar, lo que le llevó a reformar un caserío del s. XVIII ubicado en su pueblo, Axpe - Atxondo, a los pies del Anboto. Su propuesta es única por ofrecer alta cocina a la parrilla, para lo que juega con distintos tipos de leña (encina, cepas de vid, el roble de las cubas usadas...), utensilios inventados por él mismo y un curioso sistema de poleas que le permite variar la altura de las parrillas para controlar los puntos de cocción. ¿Consejos? Reserve con tiempo, mínimo dos meses, pues hay una enorme lista de espera.

🐝 🅰🄲 🍴 🅿 Precio: €€€€

Plaza San Juan 1 ✉ *48291 – ☎ 946 58 30 42 – www.asadoretxebarri.com – Cerrado lunes, cena: martes-domingo*

✿ TXISPA ⓝ

Chef: Tetsuro Maeda

ACTUAL • MARCO REGIONAL En ocasiones... ¡la simplicidad es el mayor de los tesoros!¿Pueden fusionarse las milenarias técnicas de la cocina nipona con el trabajo a la brasa como en un típico asador vasco? Pues resulta que sí, y... ¡el experimento funciona! El chef japonés Tetsuro Maeda, que ha rehabilitado un caserío centenario en un pueblecito donde es posible escuchar el silencio, apuesta por esa simplicidad en base a un producto excepcional (en muchos casos de su propia huerta) que aquí nos desvela nuevos y sorprendentes matices. Anchoas rellenas con brotes de daikon, Txuleta Parda Alpina madurada, Helado de laurel... los platos ven la luz en un único menú sorpresa, en constante evolución, que se diseña en base a los mejores productos de temporada. La experiencia empieza en la cocina, donde se sirven los primeros aperitivos contemplando la parrilla, y alcanza el cenit en el coqueto comedor, de ambiente rústico·minimalista y con solo seis mesas. ¡Hay que pagar por anticipado y exigen puntualidad!

&. AC P Precio: €€€€

San Juan Auzoa 45 – ⊠ 48291 – ℰ – txispa.com – Cerrado lunes, cena: martes-domingo

BADAJOZ

Badajoz – Mapa regional **12**–A2

DRÓMO

MODERNA • DE DISEÑO Este restaurante, con cuyo nombre se pretende hacer un guiño al camino vital recorrido (personal y profesional), se presenta con una zona de recepción en la planta baja y la cuidada sala, dominada por los tonos blancos y las líneas geométricas, en el piso superior. El chef JuanMa Salgado enarbola la bandera de la "alta cocina informal", por eso siempre busca una experiencia cercana que le permita la posibilidad de acercarse a las mesas y charlar con los clientes. La propuesta, que llega exclusivamente a través de dos menús degustación (Viaje y Gran Viaje), busca exaltar los sabores de los productos extremeños, con platos reconocibles (pringá, puchero, cachuela, cerdo ibérico...) que él pone al día con mucho acierto. ¡De lunes a jueves solo dan servicio bajo petición y reserva previa!

AC Precio: €€€

Plaza La Molineta 8 – ⊠ 06011 – ℰ 924 04 14 50 – dromobadajoz.es – Cerrado lunes-jueves, cena: domingo

GALAXIA COCINA PEPEHILLO

TRADICIONAL • VINTAGE Asombra por el interiorismo y por su carta tradicional, sugerente en pescados y mariscos pero sin ignorar las carnes y los embutidos extremeños. ¡Pruebe el Revuelto Pepehillo!

AC Precio: €€

Avenida Miguel Seldrán Matute 6 – ⊠ 06005 – ℰ 924 25 82 11 – Cerrado domingo

BADALONA

Barcelona – Mapa regional **10**–B3

AL MARGE

COCINA DE MERCADO • SENCILLA Céntrico, informal, ubicado en un local de dos plantas y llevado por una pareja profesional. La propuesta, tradicional con toques actuales, tiene varios platos para compartir.

&. AC Precio: €€

Lleó 79 – ⊠ 08911 – ℰ 938 24 71 90 – www.almargerestaurant.com – Cerrado martes-jueves

BAEZA

Jaén – Mapa regional **1**–C2

✿ VANDELVIRA ⓝ

Chef: Juan Carlos García

MODERNA • CHIC Si estás visitando el maravilloso casco histórico de Baeza, una joya renacentista que ha sido declarada Patrimonio de la Humanidad, comer en este restaurante puede convertirse en la guinda de la experiencia, pues ocupa parte de un majestuoso convento del s. XVI y llama la atención tanto por el claustro cubierto (aquí es donde suelen recibir ofreciendo una copa de manzanilla) como por sus confortables salas.El joven chef-propietario, Juan Carlos García, apuesta por un único menú degustación de cocina creativa, normalmente en base a los modestos productos del entorno o de su propia huerta, para ofrecernos platos de alta cocina que destilan finura, sabor y un extraordinario mimo en las presentaciones. Un plato que nos ha llamado la atención es el Pañuelo de calamar y jamón, que va acompañado por un caldo dashi de jamón ibérico concentrado y un excelente fondo de tartar de calamar. ¿Te lo vas a perder?

🅰🅲 Precio: €€€

Plaza de San Francisco ✉ *23440 –* 📞 *681 98 21 57 – vandelvirarestaurante.es – Cerrado lunes, martes, cena: miércoles, jueves y domingo*

TABERNA CANELA EN RAMA

TRADICIONAL • **BAR DE TAPAS** Se halla en el casco histórico, destaca por su terraza y sigue la línea, orientada al tapeo, de la casa madre en Linares. Cocina tradicional-regional pensada para compartir.

🅰🅲 🍴 Precio: €

Comendadores 6 ✉ *23440 –* 📞 *642 174 519 – www.juancarlostrujillo.com – Cerrado lunes, martes*

BAGÀ

Barcelona – Mapa regional **9**–C1

CA L'AMAGAT

TRADICIONAL • **AMBIENTE CLÁSICO** Algo escondido en una céntrica callejuela, en una casa de piedra que inició su andadura como taberna para luego, en los años 50, convertirse en una fonda que atendía a los trabajadores de las minas de Fígols. Hoy, ya puesto al día, ofrece muchos platos clásicos catalanes. ¡Sencillas habitaciones como complemento!

🅰🅲 Precio: €€

Clota 4 ✉ *08695 –* 📞 *938 24 40 32 – www.hotelcalamagat.com – Cerrado lunes, martes, cena: miércoles-viernes y domingo*

BAKIO

Vizcaya – Mapa regional **18**–A2

GOTZON JATETXEA

REGIONAL • **AMBIENTE CLÁSICO** Frente a la playa, llevado en familia y avalado por una larga trayectoria. Cocina vasca elaborada con productos de temporada, buenos pescados y carnes de confianza.

♿ 🅰🅲 🍴 Precio: €€

Luzarragako Bidea 2 ✉ *48130 –* 📞 *946 19 40 43 – www.gotzonjatetxea.com – Cerrado miércoles*

ZINTZIRI ERROTA

MODERNA • **RÚSTICA** Instalado en un bucólico caserío de 1650 que primero funcionó como ferrería y después como molino harinero. Sorprende con un interior de hermosa rusticidad y una carta actual.

♿ 🅰🅲 ⇄ 🅿 Precio: €€

Barrio Arzalde 3 ✉ *48130 –* 📞 *946 19 32 23 – www.zintzirierrota.com – Cerrado lunes, cena: martes-jueves y domingo*

BALAGUER

Lleida – Mapa regional **9**–B2

CAL XIRRICLÓ

CREATIVA • **ACOGEDORA** Un negocio familiar de 3ª generación, y aire rústico-actual, que apuesta por una cocina de producto con alguna atrevida actualización. ¡Su menú degustación precisa reserva!

♿ 🅰🅲 Precio: €€

Doctor Fleming 53 ✉ *25600 –* 📞 *973 44 50 11 – www.calxirriclo.com – Cerrado domingo, cena: lunes-jueves*

ILLES BALEARS

ISLAS BALEARES

Mapa regional n° 4-B1

Las islas Baleares, un destino de referencia para el turista nacional e internacional, combinan su excelente oferta de sol y playa con unas espléndidas opciones culturales, de ocio, de naturaleza... así como con una gastronomía singular, construida en base a los pescados y mariscos del Mediterráneo pero sin dejar de lado ni los cultivos autóctonos ni sus selectos productos ganaderos.

El recetario balear muestra platos comunes a todo el archipiélago (las Coques, el Arroz brut, el Rostit de cerdo relleno...) y otros que, por derecho propio, se han convertido en un emblema de cada isla: la famosa Sobrasada y el Tumbet mallorquín, la maravillosa Caldereta de langosta menorquina, la Borrida de ratjada de Ibiza y, ya en Formentera, la Ensalada payesa con "peix sec". En lo que se refiere a los postres, hay uno que copa casi todo el protagonismo: la deliciosa Ensaimada mallorquina, que puede presentarse sin nada (lisa) o con diferentes rellenos (cabello de ángel, nata, crema...).

ÍNDICE DE LAS LOCALIDADES

ISLAS BALEARES

imaginepictures1/Getty Images Plus

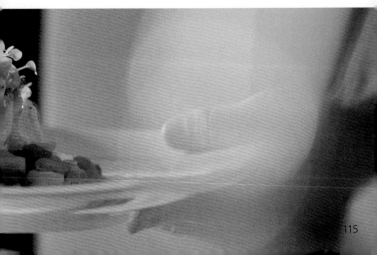

CAIMARI

Baleares – Mapa regional **4**–B1

CA NA TONETA

Chef: Maria Solivellas

REGIONAL • RURAL En esta casa, llevada entre hermanas y dotada con una pequeña tienda, encontrará honestidad, tradición y una cocina mallorquina estacional realmente excelente, pues recupera los sabores primigenios de la isla. ¡Su nombre rinde un homenaje a la abuela Toneta!

🌿 *El compromiso del Chef:* Tenemos un huerto ecológico donde jugamos con la temporalidad, usamos productos km 0 que nos narran la identidad mallorquina y hacemos compostaje con los residuos orgánicos. La nobleza de un producto no depende de su cotización en el mercado, sino de su cercanía.

🍽 🐾 🛋 Precio: €€€

Horitzó 21 ✉ *07314* – ✆ *971 51 52 26* – *www.canatoneta.com* – *Cerrado miércoles, almuerzo: lunes, martes, jueves- y domingo*

CALA BLAVA

Baleares – Mapa regional **4**–B1

LA FORTALEZA

MODERNA • MARCO CONTEMPORÁNEO Elegante, romántico, singular... ¡imprescindible en la isla! Ofrece dos menús de tinte creativo que nos hablan de Mallorca y, en verano, unas fantásticas vistas desde la azotea.

🅰🛋🅿 Precio: €€€€

Carretera d'Enderrocat (Hotel Cap Rocat) ✉ *07609* – ✆ *971 74 78 78* – *www.caprocat.com* – *Cerrado lunes, domingo, almuerzo: martes-sábado*

CALA D'OR

Baleares – Mapa regional **4**–B2

PORT PETIT

FRANCESA • ROMÁNTICA En este coqueto local, que destaca por su agradable terraza y sus hermosas vistas a la marina, apuestan por una cocina mediterránea e internacional de influencia francesa.

🍴🅰🛋 Precio: €€

Avenida Cala Llonga ✉ *07660* – ✆ *971 64 30 39* – *www.portpetit.com* – *Cerrado martes, almuerzo: miércoles*

CAMPOS

Baleares – Mapa regional **4**–B1

KAIRIKU

JAPONESA • RÚSTICA Singular e íntimo, pues solo tiene una gran mesa para 10 comensales. El chef reproduce el concepto nipón "Omakase", no sujeto a un menú fijo y respetuoso con las tradiciones.

🅰 Precio: €€€€

Nou 10 (Hotel Sa Creu Nova Art) ✉ *07630* – ✆ *871 51 53 45* – *www.kairiku.es* – *Cerrado lunes, martes, almuerzo: miércoles-domingo*

TESS DE MAR

MODERNA · MARCO CONTEMPORÁNEO Se halla en un pequeño hotel boutique y destaca tanto por su atractivo interior, de ambiente contemporáneo, como por su exuberante terraza-jardín. Proponen una cocina moderna con platos mallorquines y, durante las cenas, la opción de un menú degustación.

&. 🅰 🍽 Precio: €€€

Nou 10 (Hotel Sa Creu Nova Art) ✉ *07630 –* ✆ *871 51 53 45 –*
www.tessdemar.com – Cerrado miércoles, domingo

CANYAMEL

Baleares – Mapa regional **4**–C1

 VORO

MODERNA · MARCO CONTEMPORÁNEO Se halla en un edificio independiente del Cap Vermell Grand Hotel y demuestra unas inequívocas ganas de comerse el mundo; no en vano, toma su nombre de un término latino que significa "devorar". En sus bellos comedores, con altísimos techos, descubrirá la filosofía culinaria del chef Álvaro Salazar, un hombre que asienta sus esfuerzos en una única idea: crear una "gastronomía sin ataduras, comprometida con el entorno y con las raíces mediterráneas". ¿Qué encontrará? Dos menús degustación de tinte moderno-creativo (Voro y Devoro) que sorprenden tanto por el detalle y la minuciosidad en las presentaciones como por el hecho de intentar narrar una historia en cada plato, con guiños a los logros profesionales del chef, a su Linares natal (Jaén), a la isla de Mallorca, al mar Mediterráneo... Los menús, que mezclan platos de temporada con otros ya icónicos de la casa, toman como referencia para su desarrollo tres etapas alusivas al sol (Albor, Zénit y Ocaso).

&. 🅰 🍽 🅿 Precio: €€€€

Urbanización Atalaya de Canyamel (Cap Vermell Grand Hotel - Vial A 12)
✉ *07589 –* ✆ *871 81 13 50 – www.vororestaurant.com – Cerrado lunes, domingo,*
almuerzo: martes-sábado

CAN SIMONETA

COCINA MEDITERRÁNEA · CASA DE CAMPO Disfruta de un emplazamiento espectacular, sobre un acantilado y con magníficas vistas. Sorprendente cocina que mezcla los sabores mexicanos y mallorquines. ¡Pruebe sus menús!

🍃 &. 🅰 🅿 Precio: €€€

Carretera Artà-Canyamel (Hotel Can Simoneta - km 8) ✉ *07580 –* ✆ *971 81 61*
10 – www.cansimoneta.com/es/restaurant – Cerrado, almuerzo:

SA PLETA BY MARC FOSH

MODERNA · DE DISEÑO Se halla en el hotel Pleta de Mar y no deja indiferente, pues ofrece unas agradables vistas al entorno. ¡Cocina más gastronómica por las noches, con opción de carta y menú degustación!

🍃 &. 🅰 🍽 🅿 Precio: €€€

Via de les Coves ✉ *07589 –* ✆ *871 51 53 40 – www.pletademar.com – Cerrado,*
almuerzo:

ES CAPDELLÀ

Baleares – Mapa regional **4**–B1

 SA CLASTRA

CREATIVA · HISTÓRICA Ubicado en el icónico Castell Son Claret, que disfruta de unos excelentes jardines y un interior de inusitada belleza; no en vano, si hace bueno, el servicio... ¡se hace en el romántico patio del hotel!El chef al frente, Jordi Cantó, propone una cocina creativa que reinterpreta el legado de la gastronomía mallorquina y ve la luz tanto a través de una pequeña carta como de un magnífico menú degustación (opción corta y larga), destacando este último, ya desde los aperitivos, al reflejar un recorrido lleno de matices y recuerdos de infancia por la gastronomía

ISLAS BALEARES

de la isla (se acompaña de una cartulina que nos explica los platos típicos, represen-
tados aquí con gran finura y de forma creativa). Deje el coche en el aparcamiento de
la entrada y acceda andando por el jardín, pues... ¡es un paseo maravilloso!

&& ⌂ ⌱ ⌭ **P** Precio: €€€€

Carretera Es Capdellà, Km 1.7 (Hotel Castell Son Claret - km 1,7) ✉ *07196 –*
📞 971 13 86 27 – www.castellsonclaret.com – Cerrado lunes, martes, miércoles,
domingo, almuerzo: jueves-sábado

INCA

Baleares – Mapa regional **4**–B1

JOAN MARC

MODERNA • **DE DISEÑO** Presenta un ambiente de diseño contemporáneo-nat-
ural que encuentra en el árbol su icono de referencia. Carta evolutiva de temporada,
con tapas y platos de base tradicional.

⌱ ⇧ Precio: €€

Plaza del Blanquer 17 ✉ *07300 – 📞 971 50 08 04 –*
www.joanmarcrestaurant.com – Cerrado lunes, almuerzo: martes, miércoles,
cena: domingo

LLUBÍ

Baleares – Mapa regional **4**–B1

DAICA

TRADICIONAL • **RÚSTICA** En una atractiva casa de pueblo, dotada con dos salas
de línea rústica-actual y un coqueto patio. Encontrará una cocina de tinte tradicional, con toques creativos y constantes guiños a los productos isleños, que solo
ve la luz a través de varios menús (existe una opción vegetariana y otra vegana).

⌱ ⌱ ⇧ Precio: €€€

Nou 8 ✉ *07430 – 📞 686 00 16 04 – www.daica.es – Cerrado martes, miércoles,*
cena: lunes, jueves, viernes y domingo

LLUCMAJOR

Baleares – Mapa regional **4**–B1

☆ ANDREU GENESTRA ℕ

Chef: Andreu Genestra

CREATIVA • **MARCO CONTEMPORÁNEO** El chef Andreu Genestra inicia una
nueva andadura, mucho más madura, dentro del lujoso y señorial hotel Zoëtry
Mallorca, que se halla en pleno campo dentro de la histórica finca Sa Torre (remonta
sus orígenes al s. XIV, cuenta con un molino de viento y tiene hasta su propia iglesia).En este restaurante, al que se accede por un bello patio que a su vez nos lleva
a las distintas opciones gastronómicas del hotel, buscan cocinar el entorno sin
complejos, desde la cocina actual, con grandes dosis de creatividad y en base a
tres completos menús bajo el concepto "Mediterranean", uno de ellos vegetariano
(también existe la opción de pedir a la carta, extrayendo de ellos dos o tres elaboraciones). ¡La apuesta por la sostenibilidad queda patente en cada plato!

✿ *El compromiso del Chef:* Ofrecemos los auténticos sabores de Mallorca en
base a los productos KM 0, muchos cultivados en nuestro huerto. Por otra parte,
ahora tenemos una finca con paneles solares que nos abastece de luz y un sistema
de reutilización del agua que aprovechamos para el regadío.

⌱ ⇧ **P** Precio: €€€€

Camí de Sa Torre, Km 8,7 (Hotel Zoëtry Mallorca) ✉ *07609 – 📞 971 07 08 73 –*
www.andreugenestra.com – Cerrado martes, miércoles, almuerzo: lunes, jueves,
viernes y domingo

MURO

Baleares – Mapa regional **4**–B1

ⓒ **FUSION19**

FUSIÓN • **CHIC** Se encuentra en una de las avenidas más importantes de la localidad, a tiro de piedra de la gran playa de Muro, y refleja la pasión de un joven chef que, después de haber viajado y trabajado en casas de renombre, vuelve a su isla para poner en práctica todo lo aprendido.En su moderna sala, con una bodega acristalada, la cocina a la vista y una parte a modo de jardín de invierno, podrá degustar una cocina de fusión que, como aquí dicen, conjuga "producto, memoria e influencias". El chef Javier Hoebeeck plantea un único y completo menú degustación donde la fusión es la gran protagonista, ya que combina la cocina mallorquina y mediterránea con la asiática y la latinoamericana, siempre en base a los productos de la propia isla. ¡Una experiencia culinaria con mucho criterio y sentido!

[AC] Precio: €€€

Avenida s'Albufera 23 (Playa de Muro, Sur 6 km) ✉ 07458 – ☎ 971 89 42 59 – www.fusion19.com – Cerrado lunes, martes, almuerzo: miércoles

PALMA

Baleares – Mapa regional **4**–B1

ⓒ **ADRIÁN QUETGLAS**

MODERNA • **SIMPÁTICA** Un restaurante al que no se le puede pedir mucho más, salvo... ¡que estuviera al lado de nuestra casa!Se halla en pleno centro de la ciudad, asomado al cauce del Torrent de Sa Riera, y destaca tanto por su acogedor ambiente de bistró, con atractivos detalles como el jardín vertical, como por la atentísimo servicio. El chef-propietario, que intenta democratizar la alta cocina, promulga un mundo culinario lleno de matices y variantes, con detalles propios de su Buenos Aires natal, una fuerte base de sabores mediterráneos e inequívocas influencias de sus vivencias profesionales en Londres, París y hasta Moscú. Presenta un menú de 5 pasos al mediodía (de martes a viernes) y otro de 7 pasos, algo más gastronómico, que está reservado para todas las cenas y las comidas del sábado al mediodía.

[AC] 🍴 Precio: €€€

Paseo de Mallorca 20 ✉ 07012 – ☎ 971 78 11 19 – www.adrianquetglas.es – Cerrado lunes, domingo

ⓒ **DINS SANTI TAURA**

MODERNA • **ACOGEDORA** Ubicado en el bello entorno de la Catedral, en los bajos del coqueto hotel boutique El Llorenç Parc de la Mar.En su elegante comedor, de ambiente actual, el chef Santi Taura demuestra su pasión por la cocina tradicional mallorquina, pues procura retomar las recetas isleñas de toda la vida para llevarlas a la modernidad, en base al mejor producto autóctono y con la premisa de salvaguardar siempre los sabores por encima de otros artificios. El chef, que suele pasarse por las mesas antes del servicio para charlar con los clientes, plantea un único menú degustación llamado Origens (11 pases, aunque puede añadir hasta tres platos más como extras) que va cambiando con cada estación y nos facilita un recorrido por la isla, para que descubramos sus tradiciones y productos desde la creatividad.

♿ [AC] Precio: €€€€

Plaza de Llorenç Villalonga 4 (Hotel El Llorenç Parc de la Mar) ✉ 07001 – ☎ 656 73 82 14 – www.dinssantitaura.com – Cerrado lunes, domingo, almuerzo: martes-viernes

ⓒ **MARC FOSH**

MODERNA • **MINIMALISTA** Está algo escondido en una callejuela del centro histórico pero resulta realmente sorprendente, pues sus modernas instalaciones forman parte del hotel Convent de la Missió, que ha recuperado con acierto un seminario del s. XVII.En su cuidado interior, con luminosos espacios de ambiente minimalista y un agradable patio-terraza, descubrirá la cocina del chef Marc Fosh, el primer británico que se hizo con una Estrella MICHELIN en suelo español. Su propuesta culinaria concilia sabor, técnica y creatividad, ensalzando esos productos mediterráneos de temporada que le enamoraron cuando conoció la isla. Plantean una buena oferta de menús degustación, resultando estos algo más elaborados en las cenas. ¡El chef se involucra muchísimo en el servicio de sala y conversa con los clientes!

 ⌖ ⌖ ⌖ Precio: €€€

De la Missió 7 (Hotel Convent de la Missió) ✉ *07003 –* ☏ *971 72 01 14 – www.marcfosh.com – Cerrado lunes, domingo*

⌘ ZARANDA

Chef: Fernando Pérez

CREATIVA · MARCO CONTEMPORÁNEO El mítico Zaranda del chef Fernando Pérez Arellano continúa enamorando los sentidos en el casco viejo de Palma, dentro del lujoso hotel Es Princep aunque con un acceso independiente.El local, que se levanta sobre los vestigios de una antigua curtiduría de pieles, juega con los orígenes del emplazamiento y las palabras para, en base a unos sugerentes menús degustación (Hipodermis, Dermis y Epidermis), ofrecer curiosos encurtidos como aperitivos, todos ellos con guiños al mundo árabe y a la historia de los depósitos donde se adobaban y teñían las pieles, que quedan parcialmente a la vista del comensal gracias a un suelo de cristal. Cuidadísima puesta en escena, delicadas texturas, los mejores productos de la isla, acertados maridajes... ¡Estamos seguros de que no le defraudará!

⌖ ⌖ Precio: €€€€

Bala Roja 1 (Hotel Es Princep) ✉ *07001 –* ☏ *680 60 25 80 – www.zaranda.es – Cerrado lunes, domingo, almuerzo: martes-sábado*

AROMATA

MODERNA · ACOGEDORA Esta es la versión informal del chef Andreu Genestra en la capital mallorquina, que sorprende al emplazar la sala... ¡en el bellísimo patio de un edificio señorial! La propuesta, de corte contemporáneo y hondas raíces isleñas, se centra en unos cuidados menús degustación (uno corto con opción de escoger platos al mediodía y dos cerrados, pero un poco más gastronómicos, para disfrutar durante las cenas).

⌖ ⌖ ⌖ Precio: €€€

Concepción 12 (Centro Cultural Sa Nostra) ✉ *07012 –* ☏ *971 49 58 33 – aromatarestaurant.com – Cerrado lunes, domingo*

LA BODEGUILLA

TRADICIONAL · ACOGEDORA Céntrico, de línea actual y abierto todo el día. Posee una sala-tienda de vinos donde se puede tapear y varios comedores de cuidado montaje. Cocina tradicional actualizada.

⌖ ⌖ Precio: €€

Sant Jaume 3 ✉ *07012 –* ☏ *971 71 82 74 – www.la-bodeguilla.com*

QUADRAT

COCINA MEDITERRÁNEA · MARCO CONTEMPORÁNEO Cocina mediterránea, con guiños a la gastronomía mallorquina y al producto local, en las antiguas caballerizas de una céntrica casa-palacio (Hotel Sant Francesc). Abierto para cenas de jueves a domingo (con opción de menú degustación) y para almuerzo el domingo, cuando ofrecen un menú en el que los arroces son los protagonistas. ¡Agradable terraza interior ajardinada!

 ⌖ ⌖ ⌖ Precio: €€

Plaza de Sant Francesc 5 (Hotel Sant Francesc) ✉ *07001 –* ☏ *971 49 50 00 – www.hotelsantfrancesc.com/es – Cerrado martes, miércoles, almuerzo: lunes, jueves- y sábado*

SCHWAIGER XINO'S

COCINA MEDITERRÁNEA · DE DISEÑO Ubicado en el ático de un centro comercial, donde sorprende con detalles de diseño y plantas. Ofrece una bella terraza y una cocina mediterránea con guiños internacionales.

🅰 🍴 ⟷ 🅿 Precio: €€€

Camino de la Vileta 39 (Sa Vileta, al oeste de la bahía) ✉ *07011 –* ☎ *971 66 68 19 – www.schwaiger.es – Cerrado lunes, domingo*

STAGIER BAR

MODERNA • BISTRÓ Pequeño local de ambiente informal, y un tanto canalla, donde se aboga por la alta cocina en formato "mini", muy pensada para compartir. Ofrecen bocados y tapas modernas que denotan fuertes raíces latinoamericanas. ¡Reserve, pues siempre está lleno!

🅰 🍴 Precio: €€

D'Espartero 11 ✉ *07014 –* ☎ *871 04 19 70 – www.stagierbar.com – Cerrado sábado, domingo, almuerzo: lunes, martes*

SUMAQ

PERUANA • MARCO CONTEMPORÁNEO Un local que apuesta por el sabor y atesora... ¡auténtica alma peruana tras los fogones! Su menú degustación es ideal para dejarse llevar y conocer la cocina peruana en la isla.

♿ 🅰 ⟷ Precio: €€

Cotoner 44 ✉ *07013 –* ☎ *696 52 67 58 – www.restaurantesumaq.com*

EL TXOKO DE MARTÍN

VASCA • SIMPÁTICA Un espacio de línea informal donde, a través de tapas y algún plato más elaborado, nos acercan a Palma la esencia de Martín Berasategui. ¡Reserve con tiempo si desea una mesa!

🅰 🍴 Precio: €€

Plaza del Pont ✉ *07014 –* ☎ *871 00 40 80 – www.eltxokodemartin.com – Cerrado, almuerzo: lunes*

LA VIEJA

EUROPEA TRADICIONAL • INFORMAL Un local de aire urbano que sorprende por sus genuinos grafitis y sus guiños a Canarias, la tierra del chef. Cocina canaria actual, con producto local y toques mallorquines.

🍷 🍴 Precio: €€

Plaza Raimundo Clar 11 ✉ *07002 –* ☎ *871 53 17 31 – www.lavieja.net – Cerrado lunes, domingo*

PALMANOVA

Baleares – Mapa regional **4**–B1

❀ **ES FUM**

CREATIVA • ELEGANTE Si aceptamos que Mallorca es un pequeño paraíso sobre la tierra debemos ver este restaurante como una joya más de ese tesoro, la oferta gastronómica que más brilla dentro del lujoso hotel St. Regis Mardavall y que luce... ¡hasta obras de arte de Miró!La armoniosa propuesta, a cargo del chef canario Miguel Navarro, destila gusto, técnica, creatividad... y un saber hacer que nos desvela su sólida formación como pupilo del maestro Martín Berasategui. Los platos llegan al comensal a través de dos menús degustación: Origen, con platos que han marcado su trayectoria, y Recorrido, un menú con platos de nueva creación inspirado en los viajes más recientes del chef por Sudamérica, Jamaica y el sureste de los Estados Unidos; aparte, también ofrece una pequeña carta y un menú vegetariano. La romántica terraza, con llamativas esculturas y el Mediterráneo como telón de fondo, regala... ¡unas vistas realmente maravillosas!

⟨ ♿ 🅰 🍴 🅿 Precio: €€€€

Carretera Palma-Andratx 19 (Hotel St. Regis Mardavall) ✉ *07181 –* ☎ *971 62 96 29 – www.restaurant-esfum.com – Cerrado lunes, martes, almuerzo: miércoles-domingo*

POLLENÇA
Baleares – Mapa regional **4**–B1

365

CREATIVA · ROMÁNTICA Enamora con una propuesta creativa, en base a varios menús (uno vegetariano), que exaltan los productos sostenibles de la propia finca (aceites, cítricos, hortalizas, vino...).

⇐ 🚗 🅰🅲 🏠 🅿 Precio: €€€

Carretera Palma-Pollença (Hotel Son Brull - km 49,8 - PM 220) ✉ *07460 –* ✆ *971 53 53 53 – www.sonbrull.com – Cerrado, almuerzo:*

PORT D'ALCÚDIA
Baleares – Mapa regional **4**–B1

✿ ### MACA DE CASTRO

Chef: Macarena De Castro

CREATIVA · DE DISEÑO Una casa en auge gracias a la chef Macarena de Castro (Maca), que cada vez está más concienciada con la sostenibilidad y apoya la reforestación. El restaurante, en la 1ª planta de un edificio tipo villa, presenta una sala de ambiente moderno-vanguardista que comparte espacio con Jardín Bistró (línea de negocio ubicada en la planta baja, con una fórmula más accesible).¿Qué encontrará? Un menú degustación creativo, de tinte mediterráneo, adecuado a los mejores productos de temporada aportados por la despensa mallorquina; de hecho, la gran mayoría vienen de las lonjas cercanas, de los pequeños productores de la isla o del huerto que ellos mismos poseen en Sa Pobla. Al entrar, agasajan con un librito de corte poético que exalta su amor por esta tierra y... ¡detalla la recolección del día!

✿ *El compromiso del Chef:* Nos abastecemos al 90% de nuestra propia finca, en Sa Pobla, donde estamos recuperando variedades locales casi desaparecidas en la isla. Intentamos cerrar el círculo que va de la semilla al plato bajo una filosofía: comer lo que tenemos cerca para llegar más lejos.

✿ ♿ 🅰🅲 Precio: €€€€

Dels Tritons ✉ *07410 –* ✆ *971 89 23 91 – www.macadecastro.com – Cerrado lunes, martes, almuerzo: miércoles-domingo*

PORT DE POLLENÇA
Baleares – Mapa regional **4**–B1

TERRAE

CREATIVA · SIMPÁTICA Una casa de filosofía sostenible donde la carta cambia casi a diario, en función de lo que ofrecen los pequeños productores de la isla. ¡Trabajan sin químicos ni aditivos!

🏠 Precio: €€

Verge del Carme 28 ✉ *07470 –* ✆ *620 70 72 52 – www.terraerestaurant.com – Cerrado lunes, almuerzo: martes-domingo*

PORT DE SÓLLER
Baleares – Mapa regional **4**–B1

ES CANYIS

TRADICIONAL · AMBIENTE CLÁSICO Negocio de arraigada tradición familiar que destaca por su emplazamiento en el paseo marítimo, con una terraza y vistas al mar. Ofrece un luminoso comedor clásico y una carta tradicional, con varios platos actualizados y algunos arroces.

🅰🅲 🏠 🅿 Precio: €€

Passeig Platja d'en Repic 21 ✉ *07108 –* ✆ *971 63 14 06 – www.escanyis.es – Cerrado lunes, martes*

SANTANYÍ
Baleares – Mapa regional **4**–B2

LAUDAT

COCINA MEDITERRÁNEA • RÚSTICA Está junto a la iglesia y ocupa una antigua casa mallorquina que destaca por su coqueto patio-terraza. Ofrecen una sencilla carta de estilo mediterráneo y la opción de un menú, extraído de los mismos platos.
🅰 Precio: €€

Sant Andreu 18 ⊠ 07650 – ☏ 871 90 60 34 – www.restaurantlaudat.com – Cerrado domingo, almuerzo: lunes, martes, jueves y viernes

SELVA
Baleares – Mapa regional **4**–B1

MICELI

TRADICIONAL • ACOGEDORA Un restaurante de carácter familiar de esos que enamoran, pues tiene personalidad y ocupa la encantadora casa de piedra... ¡donde nació la chef! El negocio, que debe su nombre a los filamentos que usan los hongos para tomar los nutrientes de la tierra, sorprende por sus preciosas instalaciones y, sobre todo, por su terraza, ubicada en un porche parcialmente acristalado y con magníficas vistas. La chef pasa por las mesas para saludar a los comensales y explicar su propuesta de cocina mallorquina actualizada, que cambia a diario en función del mercado. ¡Carta, menú diario y menús degustación!
Precio: €€

Àngels 11 ⊠ 07313 – ☏ 971 87 37 84 – www.miceli.es – Cerrado martes, miércoles, cena: domingo

SES ILLETES
Baleares – Mapa regional **4**–B1

ARRELS BY MARGA COLL

REGIONAL • AMBIENTE MEDITERRÁNEO ¡Sinceridad y pasión! En su sala, con amplios ventanales asomados al mar, le propondrán una cocina mallorquina muy personal, siempre elaborada en base al producto de mercado.
Precio: €€€

Paseo Illetes 7 (Hotel Gran Meliá de Mar) ⊠ 07184 – ☏ 971 40 25 11 – www.restaurantearrels.com – Cerrado lunes-jueves, almuerzo: viernes-domingo

SÓLLER
Baleares – Mapa regional **4**–B1

BÉNS D'AVALL

Chef: Benet Vicens

ACTUAL • ELEGANTE Buen ambiente, materias primas escogidas, unas mágicas vistas tanto al Mediterráneo como al litoral... No es tarea fácil encontrar una casa familiar en la que todo sume y, muchísimo menos, que pueda presumir de haber cumplido sus bodas de oro. ¿El secreto? Ellos mismos dan la clave: "Hacer las cosas bien".El negocio, que sorprende por su singular emplazamiento sobre un acantilado, ha sabido aglutinar los conocimientos de dos generaciones tras los fogones, pues el tándem formado por Benet y Jaume Vicens (padre e hijo) busca exaltar las virtudes de la cocina mallorquina trayéndola a nuestros días, tanto en técnicas como en delicadeza y originalidad, alcanzando la máxima expresión en su menú degustación. Si puede reserve en la terraza, un lujo próximo al espectáculo con cada puesta de sol.

El compromiso del Chef: Somos payeses-restauradores y... ¡estamos en un santuario natural! Contamos con dos huertos propios, una granja de gallinas y ánades, olivares centenarios de los que sacamos nuestro aceite... y muchos proveedores de la isla que nos abastecen de los productos autóctonos.

⇐ 🅰🅲 ⛲ 🅿 Precio: €€€€

Urbanización Costa de Deià (por la carretera de Deià, Noroeste 5 km y desvío a la derecha 2,3 km) ✉ *07100 –* ☏ *971 63 23 81 – www.bensdavall.com – Cerrado lunes, domingo, almuerzo: martes-sábado*

😊 ### CA´N BOQUETA

REGIONAL • **RÚSTICA** Se halla en el centro de Sóller, uno de los pueblos más pintorescos de toda la isla y al que se puede ir desde Palma... ¡hasta en un histórico tren con los vagones de madera! El restaurante, instalado en una casa mallorquina de cuidado ambiente rústico, destaca por su agradable patio trasero, con bonitas vistas al valle y a sus famosos huertos de naranjos. El chef-propietario, Xisco Martorell, nos propone una cocina mallorquina puesta al día, y con detalles de autor, que ve la luz a través de dos menús degustación, uno sencillo al mediodía y otro un poco más elaborado por las noches.

🅰🅲 ⛲ Precio: €

Avenida de la Gran Via 43 ✉ *07100 –* ☏ *971 63 83 98 – www.canboqueta.com – Cerrado lunes, domingo*

MENORCA

ALAIOR

Baleares – Mapa regional **4**–C1

SANTA MARIANA

CREATIVA • **CASA DE CAMPO** Se encuentra en un caserío menorquín, no exento de tipismo, que ha sido reconvertido en un coqueto hotelito rural. La oferta culinaria, con opción de carta y menús solo por la noche, apuesta por una divertida cocina creativa donde no faltan los toques mediterráneos, galos, asiáticos y latinoamericanos. ¡En la finca tienen su propio huerto ecológico, olivos, gallinas, corderos...!

🅰🅲 ⛲ 🅿 Precio: €€

Camí de Loreto s/n (Hotel Santa Mariana) ✉ *07730 –* ☏ *669 05 42 41 – www.santamariana.es – Cerrado lunes, almuerzo: martes*

CALA EN PORTER

Baleares – Mapa regional **4**–C1

TORRALBENC MENORCA

MODERNA • **ÍNTIMA** En una finca, rodeada de viñedos y con una apacible terraza. Cocina moderna, con guiños de fusión (vascos, centroamericanos, mediterráneos...), que exalta el producto menorquín.

🐎 ⇐ 🛏 ♿ 🅰🅲 ⛲ 🅿 Precio: €€€€

Carretera Maó-Cala en Porter (Hotel Torralbenc - km 10, Noreste 2 km) ✉ *07730 –* ☏ *971 37 72 11 – www.torralbenc.com*

CIUTADELLA DE MENORCA

Baleares – Mapa regional **4**–C1

SMOIX

TRADICIONAL • MARCO CONTEMPORÁNEO Se encuentra en la avenida principal que cruza Ciutadella y desprende esa sensación propia de los establecimientos
con personalidad... no en vano, la estética contemporánea-industrial que emana
su interior pretende rendir su particular homenaje a la antigua fábrica-taller de
artículos para joyería que aquí existió. Miquel Sánchez, el chef-propietario, construye su propuesta desde la más absoluta pasión por los productos ecológicos
y de temporada, lo que se traduce en una cocina llena de matices y, sobre todo,
plena de sabor. ¿Un plato que no debe perderse? Su riquísimo Ravioli de cigalas.

&. 🅰️ 🍴 Precio: €€

Avenida Jaume el Conqueridor 38 ✉️ *07760 –* 🕾 *971 38 28 08 –*
www.smoix.com – Cerrado domingo, almuerzo: lunes

GODAI

JAPONESA CONTEMPORÁNEA • MARCO CONTEMPORÁNEO En el hotel
Suites del Lago (Lago Resort Menorca), donde el laureado chef Julián Mármol
propone una exquisita cocina nipona-menorquina. ¡Terraza y vistas al puerto
deportivo!

🍴 Precio: €€€€

Vía de Circunvalación (Hotel Suites del Lago, Cala'n Bosch, Sur 11 km)
✉️ *07769 –* 🕾 *971 38 41 88 – www.godaimenorca.com – Cerrado almuerzo*

MON RESTAURANT

MODERNA • MINIMALISTA Encontrará una zona de espera, una sala muy luminosa y un patio cubierto en el que también montan mesas. Cocina actual que busca
sacar el máximo partido al producto autóctono. Como complemento al negocio
también ofrece unas agradables habitaciones.

&. 🅰️ 🍴 Precio: €€

Paseo de San Nicolás 4 ✉️ *07760 –* 🕾 *971 38 17 18 –*
www.monrestaurantfonda.com – Cerrado lunes, domingo, almuerzo:
martes-jueves

FORNELLS

Baleares – Mapa regional **4**–C1

ES CRANC

PESCADOS Y MARISCOS • RÚSTICA Una casa de sencillo aire rústico ubicada
en un edificio no exento de tipismo, con las paredes encaladas. ¿Una especialidad?
Tiene merecida fama por su Caldereta de langosta.

🅰️ 🍴 Precio: €€€

Escoles 31 ✉️ *07748 –* 🕾 *971 37 64 42 – www.escranc.com*

MAHÓN

Baleares – Mapa regional **4**–C1

EL RAIS

MODERNA • RÚSTICA Enamora por su emplazamiento y sus terrazas, asomadas
a los amarres del Club Marítimo. Cocina actual, tomando como base el recetario
menorquín, y seductora oferta de arroces.

🍴 Precio: €€

Moll de Llevant 314 (puerto) ✉️ *07701 –* 🕾 *971 36 23 45 –*
www.sesforquilles.com/es/restaurantes/el-rais/01

ES MIGJORN GRAN
Baleares – Mapa regional **4**–C1

CA NA PILAR
ACTUAL • MARCO REGIONAL Ocupa una casa típica, de cuidado ambiente rustico-actual, dotada con un patio-terraza que suelen reservar para las cenas. Cocina tradicional y regional con toques actuales.

🅰🗠 Precio: €€

Avenida de la Mar 1 ✉ *07749 –* 📞 *971 37 02 12 – www.canapilar.com/es/inicio – Cerrado lunes-jueves, almuerzo: viernes, cena: domingo*

SANT CLIMENT
Baleares – Mapa regional **4**–C1

ES MOLÍ DE FOC
TRADICIONAL • RÚSTICA Muy conocido, pues ocupa un molino de fuego del s. XIX y tiene contigua una fábrica de cerveza artesanal. En su comedor, de aire rústico, le ofrecerán una carta de cocina actual y otra de arroces, uno de los puntos fuertes de esta casa.

🐜 🅰🗠 ✛ Precio: €€

Sant Llorenç 65 ✉ *07712 –* 📞 *971 15 32 22 – esmolidefoc.es – Cerrado lunes*

SANT LLUÍS
Baleares – Mapa regional **4**–C1

SA PEDRERA D'ES PUJOL
CREATIVA • ELEGANTE Interesante, pues su chef-propietario recupera viejas recetas de antaño para ponerlas al día en técnica y presentación. Ofrece varias salas de ambiente rústico, otra acristalada y una bodega-cueva en la que el cliente puede escoger su vino.

🐜 ♿ 🅰🗠 🅿 Precio: €€€

Camino d'es Pujol 14 (Torret, Sur 1,5 km) ✉ *07710 –* 📞 *971 15 07 17 – www.sapedreradespujol.com – Cerrado miércoles, domingo*

EIVISSA O IBIZA

ES CANAR
Baleares – Mapa regional **4**–A2

ETXEKO IBIZA
CREATIVA • MARCO CONTEMPORÁNEO Saboree la exquisita propuesta gastronómica que Martín Berasategui firma en la "Isla Blanca", pues así es como los payeses llaman cariñosamente a la isla de Ibiza. El restaurante, dentro del lujoso Hotel Bless Ibiza, está llevado por el chef Paco Budia, uno de sus discípulos, que ejecuta fielmente las directrices del maestro donostiarra para ofrecernos una cocina de finas texturas e impecables presentaciones. Aquí descubrirá, bajo la opción de una completa carta y un menú degustación (El Viaje de Martín), la fabulosa cocina de Martín Berasategui pero con toques de proximidad, pues manteniendo algunos productos del norte de la península se basa mucho en las materias primas de la propia isla. ¿Sabe lo que significa el término Etxeko? Es un guiño más al País Vasco, pues… ¡en euskera significa "de casa"!

&♿🅰🍴♨🅿 Precio: €€€€

Avenida de Cala Nova (Hotel Bless Ibiza) ✉ *07840 – ✆ 871 57 55 58 – www.blesscollectionhotels.com/es – Cerrado martes, almuerzo: lunes, miércoles- y domingo*

CALA TARIDA

Baleares – Mapa regional **4**–A2

CA'S MILÀ

COCINA MEDITERRÁNEA • RÚSTICA ¡Un lugar para disfrutar con el gusto, el olfato y la vista! Dentro de su sencillez destaca por su carácter familiar, el atento servicio y su ubicación a pie de playa, colgando prácticamente del acantilado, con encantadoras terrazas y románticas vistas. Cocina tradicional ibicenca especializada en pescados, sobre todo a la plancha o a la parrilla, y arroces.

⪡♿🅰🍴🅿 Precio: €€

Playa de Cala Tarida (Noroeste 7 km) ✉ *07830 – ✆ 971 80 61 93 – www.restaurantecasmila.com*

EIVISSA • IBIZA

Baleares – Mapa regional **4**–A2

※ **LA GAIA**

Chef: Óscar Molina

FUSIÓN • MARCO CONTEMPORÁNEO ¿Quieres vivir nuevas experiencias con el paladar? Aquí, en el restaurante gourmet del lujoso Ibiza Gran Hotel, podrás hacerlo dentro de un formato exclusivo donde se trasciende lo gastronómico en una acertada simbiosis de diseño, elegancia, sostenibilidad y sabor.El chef Óscar Molina sigue exaltando la cocina mediterránea, aquella que desde la creatividad utiliza el mejor producto ibicenco de temporada e incorpora algún que otro detalle de fusión. La propuesta, repleta de contrastes y responsabilidad medioambiental, se centra en dos menús degustación: Tanit (10 pasos), que exalta las materias primas de la isla recordando a la diosa más venerada en la mitología cartaginesa e ibicenca, y Posidonia (14 pasos), que propone una travesía culinaria por la temporalidad del producto local jugando, a partes iguales, con las técnicas culinarias y la imaginación. ¡Durante los veranos, organizan jornadas en las que cocinan "a 4 manos" con chefs de gran prestigio internacional!

♿🅰🍴 Precio: €€€€

Paseo Juan Carlos I 17 (Ibiza Gran Hotel) ✉ *07800 – ✆ 971 80 68 06 – lagaiaibiza.com – Cerrado lunes, domingo, almuerzo: martes-sábado*

1742

CREATIVA • DE DISEÑO ¿Busca auténtica exclusividad? En esta antigua casa señorial, que hoy sorprende con un ambiente muy chic, encontrará... ¡lujo y atenciones VIP!La experiencia, a cargo del chef neerlandés Edwin Winke y centrada en un moderno menú degustación que exalta los productos de la isla (vegetales ecológicos, cabrito autóctono, gambas rojas...), se plantea como un recorrido que empieza en el parking de Es Pratet, donde esperan unos vehículos que trasladan a los comensales a la parte alta de Dalt Vila (de acceso restringido). Un mayordomo aguarda para dar la bienvenida, ofreciendo una copa de champagne y haciendo un pequeño tour para mostrar la casa (cisternas, photocall, bodega...). A continuación se pasa a la cocina para saludar al chef, a la azotea panorámica para tomar los últimos snacks y, finalmente, a la sala principal, donde se proyectan imágenes y se suceden las sorpresas. ¡Suba nuevamente a la azotea para degustar el postre o tomar una copa contemplando el puerto!

Precio: €€€€

Major 3 ✉ *07800 – ✆ 971 30 44 52 – 1742ibiza.com – Cerrado martes, miércoles, almuerzo: lunes, jueves- y domingo*

ISLAS BALEARES

CA N'ALFREDO

TRADICIONAL • FAMILIAR Céntrico, familiar y de larga trayectoria en la ciudad. Viste sus paredes con curiosas fotografías de clientes famosos y ofrece una cocina tradicional de abundantes raciones, enriquecida con algunos platos ibicencos y catalanes.

AC 🍴 Precio: €€

Vara de Rey 16 – ✉ 07800 – 🖉 971 31 12 74 – www.canalfredo.com – Cerrado lunes

CAN FONT

MODERNA • ÍNTIMA Presenta un acceso independiente respecto al hotel y, tanto en la agradable sala como en la terraza, abogan por una cocina moderna. El chef ensalza los aceites, las frutas y las verduras de origen autóctono, así como los pescados que provienen de sus costas y son capturados de manera responsable.

AC 🍴 Precio: €€€

Plaza de España 4 (Hotel Mirador de Dalt Vila) – ✉ 07800 – 🖉 971 30 30 45 – www.hotelmiradoribiza.com

OMAKASE BY WALT

Chef: Walter Sidoravicius

JAPONESA • MINIMALISTA Le sorprenderá, pues aquí juegan al despiste y lo que exteriormente parece una sencilla tienda de electrodomésticos (no hay señalización a la entrada) da paso a un minúsculo y oscuro restaurante, al más puro estilo nipón, donde la barra de sushi y el chef son los inequívocos protagonistas.Walter Sidoravicius, natural de Venezuela pero de ascendencia lituana y alemana, se ha ido formando por todo el mundo, con etapas destacadas en Tokio y en el Basque Culinary Center como instructor. Su propuesta se centra en un único menú Omakase que potencia el misterio, ya que implica ponernos en manos del chef, quien va preparando ante nuestros ojos unos platos japoneses muy elaborados y respetuosos con la tradición (fríos, en crudo, la parte de los nigiris dividida en dos partes, otros más trabajados en cuencos...). ¡Los comensales son citados a la misma hora, a la entrada, para acceder juntos y disfrutar la experiencia al unísono!

AC Precio: €€€€

Canonge Joan Planells 8 – ✉ 07800 – 🖉 692 28 52 94 – www.sushibywalt.com – Cerrado sábado, domingo, almuerzo: lunes-viernes

PORROIG

Baleares – Mapa regional **4**–A2

JONDAL

PESCADOS Y MARISCOS • RÚSTICA Se halla en la cala homónima, ocupa un bucólico edificio ibicenco y está bajo la tutela culinaria del chef Rafa Zafra, un enamorado del mar. ¡Fantásticos pescados y mariscos!

🍴 🅿 Precio: €€€€

Cala des Jondal – ✉ 07830 – 🖉 971 80 27 66 – www.casajondal.es

SANT ANTONI DE PORTMANY

Baleares – Mapa regional **4**–A2

ES TRAGÓN

Chef: Álvaro Sanz

CREATIVA • AMBIENTE MEDITERRÁNEO Un oasis de tranquilidad en esta bulliciosa isla; no en vano, ocupa una hermosa villa dentro de un pinar, con una agradable terraza arbolada.El chef Álvaro Sanz, que siempre trabaja buscando la complicidad de su equipo, ha dado una vuelta de tuerca a su propuesta y ahora apuesta por la tradición mediterránea con platos construidos desde la colaboración, ya que para aportar un trasfondo temático ha contado con la opinión de historiadores, biólogos, productores... Su extenso menú degustación, acompañado por diferentes panes de masa madre, refleja un viaje por la historia de las civilizaciones mediterráneas y se transforma en toda una experiencia, muy cerebral, sosegada y con una gran carga de sostenibilidad (ingredientes orgánicos de cultivo local, compost, reciclaje, ahorro energético...).

❀ *El compromiso del Chef:* Primando la máxima calidad gastronómica, acercamos a los comensales nuestro compromiso con la tierra, con los pequeños artesanos y con el producto de proximidad, luchando siempre por una experiencia global superlativa. ¡También recuperamos plantas endémicas de Ibiza!

🅰️🍴🅿️ Precio: €€€€

Carretera Cap Negret – ✉ 07820 – ☎ 971 34 64 54 – www.estragonibiza.com – Cerrado lunes, domingo, almuerzo: martes-sábado

ES VENTALL

ACTUAL • **MARCO REGIONAL** Ha crecido con el salto generacional y atesora personalidad, pues mantiene su cocina de leña. Platos actuales de marcado acento ibicenco, con productos de la huerta familiar.

🅰️🍴 Precio: €€€

Cervantes 22 – ✉ 07820 – ☎ 871 23 12 00 – www.restauranteesventall.com – Cerrado miércoles, almuerzo: lunes, martes, jueves y domingo

SANT JOSEP DE SA TALAIA

Baleares – Mapa regional **4**–A2

❀ **UNIC** Ⓝ

Chef: David Grussaute

INNOVADORA • **MARCO CONTEMPORÁNEO** Sorprende tanto por su emplazamiento en dos cubos de cristal, dentro de un patio del moderno hotel Migjorn Ibiza (en el entorno de Playa d'en Bossa), como por su excelente montaje.El chef David Grussaute, de origen francés, propone dos menús degustación (Unic y La Xanga) que siempre acuden a los productos locales y de máxima proximidad como hilo conductor, pues busca narrarnos la esencia culinaria de la isla y del Mediterráneo (Preludio, Del mar, Mar y campo, De la tierra y Momento dulce) desde una estrecha colaboración con sus pequeños productores, sus ganaderos y sus cofradías de pescadores. Todos los platos reflejan sabores intensos y marcados, con las salsas muy bien ligadas, pero si tuviéramos que destacar uno que se queda en la memoria sería el postre, llamado "Pitiusas, isla de pinos", pues resulta refrescante a la par que inesperado y... ies como comerse el bosque mediterráneo".

♿🅰️ Precio: €€€

Les Begònies 18 (Hotel Migjorn Ibiza Suites & Spa) – ✉ 07817 – ☎ 971 39 35 73 – www.unicrestaurantibiza.com – Cerrado lunes, martes, almuerzo: miércoles-domingo

ES BOLDADO

PESCADOS Y MARISCOS • **RÚSTICA** Se halla al final de un camino de tierra y destaca por sus fantásticas vistas, tanto al mar como a los islotes de Es Vedrà y Es Vedranell; no en vano... iestá colgado en un acantilado sobre el Mediterráneo! Presenta un sencillo pero cuidado ambiente rústico, así como una carta de producto que destaca por su buena oferta de arroces y sus pescados del día al peso. ¿Una especialidad? Pruebe el Bullit de peix seguido de arroz a banda.

🍴🅰️🍴🅿️ Precio: €€€

Carretera de Cala d'Hort (Suroeste 7 km) – ✉ 07800 – ☎ 626 49 45 37 – www.esboldadoibiza.com

THE VIEW

ACTUAL • **MARCO CONTEMPORÁNEO** ¿Busca un restaurante elegante y con un emplazamiento privilegiado? Aquí tiene uno increíble, pues se encuentra sobre un acantilado que se asoma al Mediterráneo y al islote de Es Vedrà, por lo que podrá contemplar cómo, poco a poco, el sol se va acercando a la línea del horizonte en la que el azul del mar lo espera para ocultarlo con suavidad. Su propuesta, sutil, ligera y con platos muy bien ejecutados, ve la luz a través de dos menús degustación (corto y largo), ambos con opciones vegetarianas. ¡Su Cigala, tuétano, plancton y topinambur es espectacular!

⇐ 🅰🅒 🏠 Precio: €€€€

Puig Delfin ✉ 07830 – ✆ 971 19 52 00 – www.7pines.com – *Cerrado lunes, martes, almuerzo: miércoles-domingo*

SANTA EULÀRIA DES RIU
Baleares – Mapa regional **4**–A2

😊 ES TERRAL

FRANCESA • FAMILIAR Tiene su encanto, se encuentra en una concurrida calle peatonal y está llevado por una agradable pareja, con el chef francés Matthieu Michel Savariaud al frente de los fogones. La propuesta se construye en torno a una cocina internacional de producto, fundamentalmente bio y de temporada, con guiños a sus raíces galas y algún que otro plato con referencias árabes. Aquí conocen bien los productos autóctonos y procuran exaltarlos, en todo momento, al combinarlos con los de otros orígenes. ¿Curiosidades? Este chef trabajó con instituciones gastronómicas como Alain Ducasse o Hélène Darroze.

🅰🅒 🏠 Precio: €€

Sant Vicent 47 ✉ 07840 – ✆ 628 58 13 14 – www.esterral.com – *Cerrado lunes, domingo*

CAN DOMO

MODERNA • RÚSTICA En una tranquila casa payesa (s. XVII) que funciona como agroturismo y emana... ¡auténtica esencia mediterránea! Esta es la sucursal del grupo Cañitas Maite en Ibiza, así que toda la propuesta está tutelada por los laureados chefs Javier Sanz y Juan Sahuquillo, que buscan en la huerta y los vegetales autóctonos, sin desdeñar otros productos de la isla, su hilo conductor. La carta, con una buena selección de arroces al mediodía y platos más gastronómicos en el servicio de cena, se complementa con un menú degustación.

🛏 🅰🅒 🅿 Precio: €€€

Carretera Cala Llonga km 7,6 (Suroeste 5,5 km y desvío a la derecha 1 km) ✉ 07840 – ✆ 971 33 10 59 – www.candomoibiza.com – *Cerrado lunes*

FORMENTERA

ES CALÓ
Baleares – Mapa regional **4**–A2

ES CALÓ

TRADICIONAL • AMBIENTE TRADICIONAL Agradable y asomado a un mar de... ¡increíbles aguas turquesas! Aquí podrá degustar una cocina española elaborada con mimo, siempre con buenos pescados y sabrosísimos arroces.

♿ Precio: €€€

Vicari Joan Marí 14 ✉ 07860 – ✆ 971 32 73 11 – www.restauranteescalo.com – *Cerrado martes*

ES PUJOLS

Baleares – Mapa regional **4**–A2

CASANITA

ITALIANA CONTEMPORÁNEA • **MARCO CONTEMPORÁNEO** En un edificio tipo chalé, donde se presenta con un ambiente clásico. Ofrece una carta de raíces italianas y, en una pizarra, los pescados del día, frescos y bien trabajados.

🅰🅒 🛋 Precio: €€

Fonoll Marí 101 ✉ *07311 –* ☏ *971 32 19 68 – casanita.net – Cerrado almuerzo*

SANT FRANCESC DE FORMENTERA

Baleares – Mapa regional **4**–A2

CA NA JOANA

COCINA MEDITERRÁNEA • **ÍNTIMA** Singular, romántico e intimista, pues... ¡han recuperado una casa típica del s. XVII! La propuesta, de fresco tinte mediterráneo, se enriquece con guiños nipones y peruanos.

🕭 🛋 Precio: €€

Berenguer Renart 2 ✉ *07860 –* ☏ *971 32 31 60 – restaurant-ca-na-joana.business.site – Cerrado almuerzo*

LA SAVINA

Baleares – Mapa regional **4**–A2

CAN CARLITOS

TRADICIONAL • **AMBIENTE MEDITERRÁNEO** En una casa antigua, tipo terraza abierta, ubicada a pie de playa y... ¡con el agua casi en los pies! Cocina tradicional puesta al día y supervisada por el chef Nandu Jubany.

🕭 🛋 Precio: €€

Almadrava ✉ *07870 –* ☏ *971 32 25 70 – www.cancarlitosformentera.com*

MOLO 47

FUSIÓN • **MARCO CONTEMPORÁNEO** Tranquilo, elegante y asomado, desde la terraza, a los grandes yates de recreo. Sabrosísima y exótica cocina de base asiática, muy bien combinada con platos más mediterráneos.

🅰🅒 🛋 Precio: €€€

Lugar Dársena Deportiva Mar (locales 2 y 3) ✉ *07870 –* ☏ *971 32 15 85 – www.molo47restaurant.com*

QUIMERA Ⓝ

MODERNA • **ACOGEDORA** Disfrutar de los atardeceres viendo cómo el sol se sumerge en el mar es un privilegio que aquí, en la terraza del Quimera, se vive... ¡prácticamente a diario! En este agradable y coqueto local, ubicado en la parte inferior del hostal La Savina, ofrecen una cocina mediterránea-actual, delicada y coherente, que siempre se muestra muy implicada en la sostenibilidad de la isla, su personal despensa, por eso toma como base los cultivos de su propio huerto, los magníficos pescados de sus costas y las carnes locales. ¡Ideal para una cita nocturna!

🅰🅒 🛋 Precio: €€€

Avinguda de la Mediterrània 24 ✉ *07870 –* ☏ *971 32 22 79 – www.quimerarestaurant.com – Cerrado almuerzo*

ISLAS BALEARES

BARBASTRO

Huesca – Mapa regional **2**–B2

🐸 TRASIEGO

MODERNA • **MARCO CONTEMPORÁNEO** El Complejo de San Julián y Santa Lucía, que está formado por un antiguo hospital y una iglesia renacentista bajo esta advocación, sorprende en lo gastronómico y en lo estético, pues aquí todo ensalza tanto la cultura del vino como el turismo de carácter enológico; no en vano, aquí se halla también la sede del Consejo Regulador de la D.O. Somontano. El chef Javier Matinero, importante impulsor de la renovación culinaria en esta comarca, propone una carta actual e interesantes menús. ¿Algún plato destacado? Pruebe su delicioso Tartar de tomate rosa de Barbastro con helado de mejillones.

 🤵 🅰🅲 ⇔ Precio: €€

Avenida de La Merced 64 (Conjunto de San Julián y Santa Lucía) ✉ *22300 –*
 📞 *974 31 27 00 – www.eltrasiego.com – Cerrado lunes, domingo*

BARBATE

Cádiz – Mapa regional **1**–B3

EL CAMPERO

PESCADOS Y MARISCOS • **TENDENCIA** Un referente gastronómico, pues aquí casi todo gira en torno al majestuoso atún rojo de almadraba. También ofrecen una amplia carta, donde no faltan los arroces o los pescados al peso, y un menú degustación (El Susurro de los Atunes) que permite probar las diferentes partes o cortes del emblemático túnido. ¡Magnífico bar de tapas!

 🅰🅲 🛋 ⇔ Precio: €€€

Avenida de la Constitución 5 ✉ *11160 –* 📞 *956 43 23 00 – restauranteelcampero. es – Cerrado lunes*

YOKO BARBATE

JAPONESA • **ACOGEDORA** Moderno local que sorprende por su propuesta, pues en ella se fusionan las gastronomías nipona y mediterránea con el mejor producto gaditano. ¡Cocina vista y sugerentes menús!

 🅰🅲 🛋 Precio: €€€

Avenida Virgen del Carmen 2 ✉ *11160 –* 📞 *956 25 73 39 – www.yoko.es – Cerrado lunes*

BARCELONA

Mapa regional n° 10-D2

La capital catalana, uno de los destinos turísticos más importantes del mundo, suele enamorar al viajero por su carácter y su propuesta, pues combina a la perfección sus posibilidades culturales y de ocio, todo con la guinda de un clima mediterráneo realmente excepcional. Debe visitar las joyas modernistas diseñadas por Gaudí, por supuesto, aunque también impregnarse de la esencia cosmopolita de la calle y dar una vuelta por sus mercados, sus plazas, sus concurridas terrazas...

La gastronomía de esta tierra, fiel a los sabores de sus raíces pero también singular e innovadora, atesora especialidades tradicionales como el Pantumaca (pa amb tomàquet), la popular Escalivada, la Esqueixada, el Xató, los famosos Cargols a la llauna, el Suquet de pescado... y, en lo que respecta a los postres, la universal Crema catalana. ¿Bebidas con personalidad? Sin duda alguna el Cava, un vino espumoso de enorme prestigio y tradición que tiene su principal zona de producción en las tierras del Penedés.

LAS MESAS QUE NO DEBEN FALTAR

LAS ESTRELLAS: LAS MEJORES MESAS

Tres Estrellas: una cocina única. ¡Justifica el viaje!

Dos Estrellas: una cocina excepcional. ¡Merece la pena desviarse!

✿

Una cocina de gran nivel. ¡Compensa pararse!

BIB GOURMAND 😊

Nuestras mejores relaciones calidad-precio

NUESTRA SELECCIÓN

DE LA A A LA Z

BARCELONA

POR TIPO DE COCINA

A la Parrilla

Actual

Carnes a la parrilla

Catalana

Clásica

Cocina de mercado

Cocina de Oriente Medio

Cocina de temporada

Cocina mediterránea

Creativa

Fusión

Japonesa

Japonesa contemporánea

Mexicana

Moderna

Lalocracio/Getty Images Plus

CON TERRAZA

BARCELONA

CAELIS

Chef: Romain Fornell

CREATIVA • **ELEGANTE** El restaurante gastronómico del hotel Ohla Barcelona, inconfundible por los ojos (globos oculares) con los que el artista Frederic Amat ha decorado sus fachadas neoclásicas, busca una nueva visión de la cocina reinterpretando conceptos y propuestas.Romain Fornell, el chef francés al frente, plantea una cocina mediterránea de raíces galas que, en base a productos de temporada, sabores reconocibles y acertados maridajes, quiere involucrar más al comensal. ¿Cómo? Aparte de las habituales mesas de la sala, de diferentes tamaños, encontrarás una cocina abierta rodeada por una "mesa del chef", en forma de "U", con capacidad para 14 personas que pueden así asistir al proceso creativo. Ofrece unos interesantes menús degustación (Tierra y mar, Celebration y Vegetariano) que permiten extraer platos sueltos como en una carta y, al mediodía, uno un poco más económico llamado Caelis. ¡Su Risotto de celeri, según la estación con trufa "Melanosporum" o rebozuelos, es maravilloso!

&. 🅰🅲 Precio: €€€

Plano: E2-57 – *Via Laietana 49 (Hotel Ohla Barcelona)* ✉ *08003* – Ⓜ *Urquinaona* – ☏ *935 10 12 05* – *www.caelis.com* – *Cerrado lunes, martes, domingo*

DOS PALILLOS

Chef: Albert Raurich

FUSIÓN • **AMBIENTE ORIENTAL** En este dinámico local, que por lo apretado de los espacios ya nos traslada un poco el mundo asiático, descubrirás como el popular concepto de tapa es elevado a otro nivel, por eso dicen: "tapear no es solo una forma de comer, sino una filosofía de vida".Ubicado a pocos pasos del Museu d'Art Contemporani de Barcelona, Dos Palillos se presenta con una sencilla barra a la entrada, donde se puede pedir sin reserva, y una segunda barra más gastronómica a continuación, esta segunda en forma de "U" en torno a una cocina abierta que permite al cliente ver todo el proceso de elaboración. Es en esta última, mucho más cuidada y atractiva, donde te propondrán sus interesantísimos menús degustación, fruto de una divertida fusión entre la cocina oriental, sobre todo nipona, y los productos ibéricos. ¿Qué tipo de platos encontrarás? Cocochas al pil pil japonés, Cangrejo "Ganjang gejang" marinado con salsa de soja y su coral, Pho frío de pollo, Korma curry con cordero lechal y mango encurtido...

🅰🅲 ⇆ Precio: €€€€

Plano: E3-59 – *Elisabets 9* ✉ *08001* – Ⓜ *Catalunya* – ☏ *933 04 05 13* – *www.dospalillos.com* – *Cerrado lunes, domingo, almuerzo: martes, miércoles*

KOY SHUNKA

Chef: Hideki Matsuhisa

JAPONESA • **MARCO CONTEMPORÁNEO** Su nombre se traduce como "Intenso aroma de temporada" y trae a colación algo más que una filosofía de trabajo; no en vano, estamos ante un restaurante japonés que, adaptado a los gustos estéticos actuales, muestra su fidelidad a la cultura gastronómica de aquel país y ve el oficio de cocinero como un arte. ¡Algunos platos pueden llegar a emocionar!El local, que sorprende con una imponente barra de madera desde la que se ve todo el servicio de cocina, se adecúa a las características de un marco contemporáneo, ofreciendo también mesas convencionales por si deseas tener una comida más íntima.

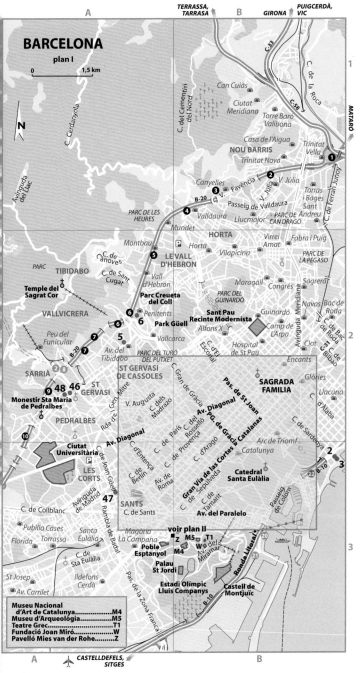

BARCELONA

plan I

0 _____ 1,5 km

N

C-33

C. de la Roca

C-58

MATARÓ

C. del Cementiri del Nord

Can Cuiàs

Ciutat Meridiana

Torre Baró Vallbona

Casa de l'Aigua

Trinitat Vella

C. de Terral unyi

NOU BARRIS

Trinitat Nova

Canyelles

V. Favència

V. Júlia

Torras i Bages

Sant Andreu

V. Julia

B-20

Passeig de Valldaura

Valldaura

Llucmajor

PARC DE CAN DRAGÓ

PARC DE LES HEURES

Mundet

HORTA

Montbau

Horta

Vilapicina

Virrei Amat

Fabra i Puig

PARC DE LA PEGASO

C. de Canoves

LE VALL D'HEBRON

Vall d'Hebrón

Maragall

Congrés

Sagrera

PARC

TIBIDABO

C. de Sant Cugat

Parc Creueta del Coll

PARC DEL GUINARDÓ

Navas

Bac de Roda

C. de Bac de Roda

Temple del Sagrat Cor

Penitents

Sant Pau Recinte Modernista

Guinardó

C-33

C. de Bilbao

VALLVICRERA

Park Güell

Camp de L'Arpa

Peu del Funicular

Alfons X

Clot

B-20

Hospital de St Pau

Encants

Av. del Tibidabo

PARC DEL TURÓ DEL PUTXET

Glòries

SARRIA

ST GERVASI DE CASSOLES

C. Gran de Gràcia

SAGRADA FAMILIA

Llacuna

48 46

ST GERVASI

V. Augusta

C. dels Madrazo

Pas. de St Joan

C. d'Alaba

Monestir Sta Maria de Pedralbes

Av. Diagonal

C. de Paris

C. del Rosselló

PG. de Gràcia

Catalanas

C. de Sardenya

PEDRALBES

Rda. de Gen Mitre

C. de Provença

Arc de Triomf

Ciutat Universitària

Av. Diagonal

C. d'Entença

C. d'Aragó

Catalunya

Catedral Santa Eulàlia

LES CORTS

C. de Joan Güell

C. de Berlin

Av. de Roma

Gran Via de las Cortes Catalanes

C. de Sepúlveda

Passeig de Colom

C. de Madrid

SANTS

C. de Sants

Rambla de Badal

C. de Tamarit

Av. del Paralelo

C. de Collblanc

voir plan II

Pubilla Cases

Santa Eulàlia

Magòria La Campana

Z M5 T1

W

Florida

Torrassa

Poble Espanyol

M4

A. de la Miramar

C. de Sta Eulàlia

Palau St Jordi

Ronda Litoral

St Josep

Ildefons Cerdà

Estadi Olímpic Lluís Companys

Castell de Montjuïc

Av. Carrilet

pas. de la Zona Franca

B-10

Museu Nacional	
d'Art de Catalunya	M4
Museu d'Arqueología	M5
Teatre Grec	T1
Fundació Joan Miró	W
Pavelló Mies van der Rohe	Z

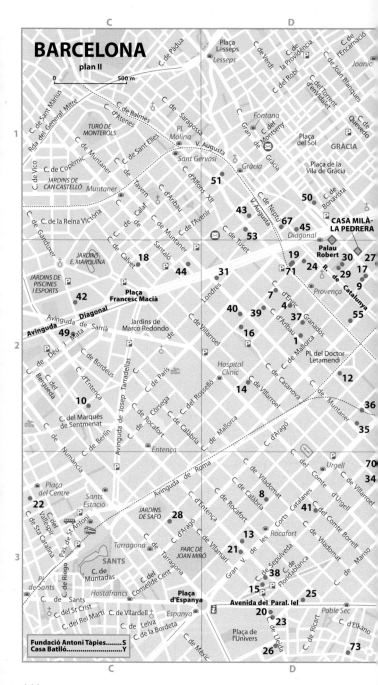

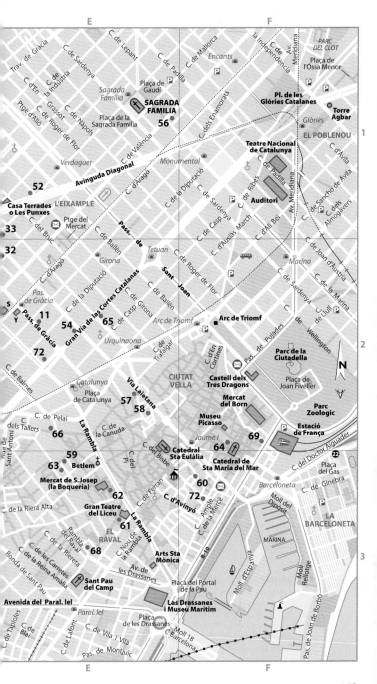

La propuesta del chef Hideki Matsuhisa concilia las técnicas niponas con el producto mediterráneo, siempre en base a maridajes sumamente meditados y algún que otro guiño a la creatividad. ¿Un plato de nota? Su sabrosísimo Tataki de Wagyu A5, con soja caramelizada, arroz meloso de colmenillas, grasa de Wagyu y jugo de ternera.

&. 丘 Precio: €€€€

Plano: E2-58 – De Copons 7 ✉ 08002 – Ⓜ Urquinaona – 𝒞 934 12 79 39 – www.koyshunka.com – Cerrado lunes, martes, cena: domingo

AJÍ

FUSIÓN • **BISTRÓ** Su nombre, que significa "chile" en peruano y "gusto" en japonés, ya da una buena pista sobre la orientación de esta casa. Cocina nikkei con sabor y texturas muy definidas.

&. 丘 🕮 Precio: €€

Plano: B3-2 – Marina 19 ✉ 08005 – Ⓜ Ciutadella-Vila Olímpica – 𝒞 935 11 97 67 – www.restaurantaji.com – Cerrado lunes, domingo

CAPET

COCINA DE TEMPORADA • **RÚSTICA** Restaurante de línea rústica-urbana ubicado en el corazón del Barrio Gótico. Cocina tradicional actualizada, muy contemporánea, que sorprende por la sinceridad de sus platos.

丘 ⇦ Precio: €€

Plano: F3-60 – Cometa 5 ✉ 08002 – Ⓜ Jaume I – 𝒞 937 20 44 21 – capetrestaurant.com – Cerrado lunes, domingo

DIREKTE BOQUERIA

FUSIÓN • **TABERNA** Singular, minúsculo y ubicado en los pórticos del famoso Mercado de La Boquería. Fusionan las raíces catalanas y los productos mediterráneos con las cocinas de China y Japón.

丘 🕮 Precio: €€€

Plano: E3-62 – Les Cabres 13 ✉ 08001 – Ⓜ Liceu – 𝒞 931 14 69 39 – www.direkte.cat – Cerrado lunes, domingo, almuerzo: martes-viernes, cena: sábado

DOS PEBROTS

COCINA MEDITERRÁNEA • **DE BARRIO** Combina su carácter informal con un concepto muy singular, pues aquí plantean una cocina de estudio e investigación que narra la evolución de la gastronomía mediterránea.

&. 丘 Precio: €€€

Plano: E3-63 – Doctor Dou 19 ✉ 08001 – Ⓜ Catalunya – 𝒞 938 53 95 98 – www.dospebrots.com

ESTIMAR

PESCADOS Y MARISCOS • **AMBIENTE MEDITERRÁNEO** Un restaurante íntimo y algo escondido que acumula parabienes, pues hace notoria la pasión por el mar de la familia Gotanegra y el chef Rafa Zafra. Cocina de brasa y producto.

丘 ⇦ Precio: €€€€

Plano: F2-64 – Sant Antoni dels Sombrerers 3 ✉ 08003 – Ⓜ Jaume I – 𝒞 932 68 91 97 – www.restaurante-estimar.com – Cerrado domingo, almuerzo: lunes

FONDA ESPAÑA

MODERNA • **ELEGANTE** Está tutelado por el chef Martín Berasategui (oferta tres menús) y se reparte entre la icónica sala modernista y la sala Arnau, donde hay... ¡una imponente chimenea alegórica!

&. 丘 Precio: €€€

Plano: E3-61 – Sant Pau 9 (Hotel España) ✉ 08001 – Ⓜ Liceu – 𝒞 935 50 00 10 – www.hotelespanya.com – Cerrado lunes, martes, domingo

MAJIDE

JAPONESA • SENCILLA Un japonés que sigue la senda del laureado Koy Shunka; eso sí, con carácter propio y en una línea de "low cost". Si desea disfrutar aún más de la experiencia coma en la barra.

&. AC Precio: €€

Plano: E2-66 – Tallers 48 ⊠ 08001 – Ⓜ Universitat – ℰ 930 16 37 81 – www.majide.es – Cerrado lunes

SUCULENT

ACTUAL • ACOGEDORA Una joya culinaria, en pleno Raval, donde apuestan por dos menús de cocina actual (Los Clásicos y Suculent), ambos con elaboraciones frescas y desenfadadas que, en muchos casos, se presentan como platillos para compartir. ¡La nevera da paso a una mesa clandestina!

AC ⇔ Precio: €€

Plano: E3-68 – Rambla del Raval 45 ⊠ 08001 – Ⓜ Liceu – ℰ 934 43 65 79 – www.suculent.com – Cerrado sábado, domingo

TEN'S

MODERNA • MARCO CONTEMPORÁNEO Un gastrobar de estética minimalista bajo la tutela del chef Jordi Cruz. Ofrece tapas muy actuales, raciones, un apartado de ostras... y la opción de un gran menú degustación.

&. AC 🍴 ⇔ Precio: €€

Plano: F2-69 – Avenida Marqués de l'Argentera 11 ⊠ 08003 – Ⓜ Barceloneta – ℰ 933 19 22 22 – tensbarcelona.com

SUR DIAGONAL

✿✿✿ COCINA HERMANOS TORRES

Chefs: Javier y Sergio Torres

CREATIVA • DE DISEÑO Resulta fascinante, pues traspasando su umbral accedemos a un mundo donde el tiempo parece detenido para que la magia del espacio, junto a unos delicados platos de creativa inspiración mediterránea, nos permita huir de la cotidianeidad.Los gemelos Torres (Sergio y Javier) soñaron con integrar el particular microcosmos de los fogones en la sala y que la experiencia culinaria se convirtiera en un gran espectáculo, por eso encontrarás tres módulos de cocina tomando todo el protagonismo en el centro de esta, con las mesas dispuestas alrededor bajo románticas "nubes" de luz. La propuesta se centra en un único y fantástico menú con el que nos invitan a un viaje gastronómico por los mejores productos de temporada, exaltando siempre su origen y sacándoles el máximo rendimiento con la mínima manipulación. Su clásico Mar y Montaña, las Angulas al pilpil sobre un fondo de pimiento de piquillo cristal y ajo negro, el Cochinillo ibérico con albaricoques y tamarindo... ¡Sus platos te cautivarán!

✿ **El compromiso del Chef:** Nuestros productos tienen nombre y apellidos; de hecho, contamos con una pequeña dehesa en Extremadura. Apostamos por la economía circular, por el mundo digital y por comprar directamente a los productores, sin intermediarios, para así conseguir un comercio más justo.

🍷 ⅋ &. AC ⇔ Precio: €€€€

Plano: C2-10 – Taquígraf Serra 20 ⊠ 08029 – Ⓜ Entença – ℰ 934 10 00 20 – www.cocinahermanostorres.com – Cerrado lunes, domingo

✿✿✿ DISFRUTAR

Chefs: Oriol Castro, Mateu Casañas y Eduard Xatruch

CREATIVA • DE DISEÑO Comprender esta casa supone descubrirse ante la increíble "creatividad" de los tres chefs al frente (Eduard Xatruch, Oriol Castro y

Mateu Casañas), que encuentran en esa palabra su seña de identidad. Parece claro que... ¡su pasado bulliniano, junto al gran Ferran Adrià, les marcó!¿Qué tiene de especial? La innovadora propuesta en sí misma, pues jugando con formas, texturas y sabores demuestra una inequívoca maestría; además, su laboratorio no para de crear novedades, como las "burbujas sólidas" o, casi lo más sorprendente, una "mesa viva" capaz de jugar con el comensal (solo bajo reserva). Podemos decir que aquí, siendo el producto magnífico, se viene más a disfrutar de una extraordinaria experiencia y a admirar la pericia de los chefs. Encontrarás dos menús degustación: Classic, con los platos emblemáticos de la casa (como el Pesto multiesférico con anguila ahumada y pistachos), y Festival, que desvela las últimas creaciones de temporada. ¡Uno de sus maridajes está desalcoholizado!

🕸 ⅋ 🆔 Precio: €€€€

Plano: D2-14 – *Villarroel 163* ⊠ *08036 –* Ⓜ *Hospital Clínic –* ☏ *933 48 68 96 – www.disfrutarbarcelona.com – Cerrado sábado, domingo*

✿✿✿ LASARTE

CREATIVA • **DE DISEÑO** ¿Aún no conoces la excelsa gastronomía de Martín Berasategui? Encontrar segundas marcas que semejen el nivel de las casas madre no es habitual; sin embargo, eso es lo que sucede en este increíble restaurante, con cuyo nombre se hace un guiño a la localidad desde donde el chef ha levantado su imperio culinario.Paolo Casagrande, alter ego del maestro donostiarra, interpreta los exquisitos platos de su mentor bajo su propio prisma, luciendo estos aún más por el vanguardista interiorismo del local (techos ondulados que simulan las olas del mar, etéreas lámparas que parecen medusas, tonos dorados...). La experiencia, con opción de carta y varios menús degustación, se sublima cuando la vives en la "Mesa del chef", un espacio exclusivo que nos permite ver el trabajo en los fogones a través de un gran ventanal. ¿Uno de nuestros platos preferidos? El Pez rey asado con pil-pil de almejas, nécora y Champagne, una crema fina de avellana y caviar.

🕸 ⅋ 🆔 ✛ 🅿 Precio: €€€€

Plano: D2-9 – *Mallorca 259 (Monument Hotel)* ⊠ *08008 –* Ⓜ *Passeig de Gràcia –* ☏ *934 45 32 42 – www.restaurantlasarte.com – Cerrado lunes, martes, domingo*

✿✿ CINC SENTITS

Chef: Jordi Artal

CREATIVA • **MINIMALISTA** Un restaurante que... ¡te cautivará! El local busca, en sí mismo, enriquecer la experiencia mediante la consecución de espacios, pues con ellos narran tanto las raíces como las influencias culinarias del chef Jordi Artal: los paisajes de La Torre de l'Espanyol (Tarragona) donde su familia elaboraba vino y aceite, esa Barcelona que se vislumbra en el diseño minimalista del comedor, el reservado con una única "mesa del chef" asomada a la cocina, la sala para el show cooking...La propuesta, siempre bajo su personal prisma sobre la moderna cocina catalana, es la propia de un chef autodidacta que solo trabaja con pequeños productores de confianza y que busca exaltar las materias primas con ADN catalán (los guisantes de la "floreta" que se cultivan en el Maresme, gambas de Palamós, cebollas de Figueres, cerdo de Sagàs...). Ofrece dos menús degustación donde encontrarás platitos llenos de buen gusto y delicadeza, con texturas de acertados contrastes y una constante exaltación del sabor.

⅋ 🆔 ✛ Precio: €€€€

Plano: D3-13 – *Entença 60* ⊠ *08015 –* Ⓜ *Rocafort –* ☏ *933 23 94 90 – www.cincsentits.com – Cerrado lunes, domingo, almuerzo: miércoles*

✿✿ ENOTECA PACO PÉREZ

MODERNA • **AMBIENTE MEDITERRÁNEO** Si buscásemos una idea o premisa que nos ayudara a definir este restaurante tendríamos que fijarnos en su luminosidad, en el cuidado interiorismo dominado por los tonos blancos y, sobre todo, en su obsesión por los productos de proximidad para narrar historias (destaca su devoción por las espardeñas de la Mar d' Amunt y por los productos de la huerta que beben de ella, pues les aporta un particular punto de salinidad).Este restaurante, ubicado en el lujoso hotel Arts y tutelado por el laureado chef Paco Pérez, propone una cocina mediterránea repleta de matices, pues la enriquece con toques internacionales y algún guiño de fusión asiática. El planteamiento prioritario, de todas formas, se construye siempre desde el máximo respeto al producto de temporada y una clara puesta en valor de conceptos gastronómicos como el "mar y montaña". ¿Un plato destacado? Nos ha gustado El mar recordando Gaudí (con camarón, quisquilla, ventresca de atún, tartar de zamburiña, yema de huevo escalfado...).

🕸 🅐🅒 ⌂ Precio: €€€€

Plano: B3-3 – *Marina 19 (Hotel Arts Barcelona)* ✉ *08005* – Ⓜ *Ciutadella-Vila Olímpica* – 𝒫 *934 83 81 08* – *enotecapacoperez.com* – *Cerrado lunes, martes, almuerzo: miércoles-sábado, cena: domingo*

🏵🏵 **MOMENTS**

CREATIVA • **ELEGANTE** El restaurante gastronómico del hotel Mandarin Oriental Barcelona está llevado por Raül Balam, hijo de la famosa chef Carme Ruscalleda, por lo que a su indudable talento individual se suman diversos detalles culinarios que siguen su impronta.El moderno local, dominado por los tonos ámbar y dorado, cuenta con una mesa especial que permite ver el trabajo en cocina, aunque también podrá contemplar el constante trasiego de los chefs si se coloca en las mesas más próximas a ellos. ¿Su propuesta? La creatividad oculta tras la tradición catalana, el carácter saludable de los productos mediterráneos, la nitidez intrínseca a cada sabor... todo dentro de un menú temático ("La Vuelta" Gastronómica) que nos propone un viaje por la península ibérica siguiendo el recorrido de "La Vuelta" ciclista, con interesantes etapas (Barcelona, Murcia, Granada, Cáceres, Madrid, A Coruña, San Sebastián...) que nos hablan, desde un punto de vista contemporáneo, de la herencia culinaria de cada región.

🕸 ♿ 🅐🅒 Precio: €€€€

Plano: E2-11 – *Passeig de Gràcia 38-40 (Hotel Mandarin Oriental Barcelona)* ✉ *08007* – Ⓜ *Passeig de Gràcia* – 𝒫 *931 51 87 81* – *www.mandarinoriental.com/es-es/barcelona/passeig-de-gracia/ dine/moments* – *Cerrado lunes, domingo, almuerzo: martes-viernes*

🏵 **ALKIMIA**

Chef: Jordi Vilà

MODERNA • **DE DISEÑO** Sorprende por su ubicación dentro de la histórica fábrica de cervezas Moritz, rehabilitada como un singular complejo gastronómico. Aquí, en el primer piso y tras llamar al timbre, encontrará dos espacios bien diferenciados (uno tipo bistró llamado "alkostat" y el restaurante Alkimia como tal, ubicado frente a la cocina), ambos con atractivos detalles de interiorismo, vanguardistas guiños al mundo marino y esos elementos clásicos recuperados que nos trasladan a las antiguas casas señoriales de Barcelona (el estudio External Reference, por esta labor, fue galardonado con el premio internacional al mejor diseño en los prestigiosos SBID Awards 2017).En el comedor gastronómico del chef Jordi Vilà propone una cocina fresca y actual pero de hondas raíces catalanas, dando en ella un enorme protagonismo a los pescados. Presentan un único menú degustación llamado Alkimia que evoluciona con la temporada y, bajo reserva previa en época de caza, otro de carácter cinegético denominado Salvaje.

🕸 ♿ 🅐🅒 ⇨ Precio: €€€€

Plano: D3-70 – *Ronda San Antoni 41 - Principal* ✉ *08011* – Ⓜ *Universitat* – 𝒫 *932 07 61 15* – *alkimia.cat* – *Cerrado sábado, domingo, cena: viernes*

🏵 **ANGLE**

MODERNA • **MARCO CONTEMPORÁNEO** ¡Asesorado por el mediático chef Jordi Cruz! El restaurante, que disfruta de un acceso independiente respecto al hotel Cram, presenta un espacio de espera donde tomamos los primeros aperitivos y, ya subiendo a la primera planta, una sala contemporánea que trasmite gran elegancia y sosiego, con llamativas lámparas de pie, detalles en madera y unos enormes cortinajes.Desde los fogones se sigue la línea moderna-creativa marcada por el laureado cocinero; eso sí, sin estridencias, con mimo y cierta libertad. La propuesta, construida en torno a productos de mercado, ve la luz a través de un menú degustación en el que encontraremos tanto platos del triestrellado ABaC como otros de creación propia, siempre bajo la filosofía que marca la pauta en esta casa: "alta gastronomía de consumo cotidiano". ¿Un consejo? Deja sitio para el postre, pues es un apartado en el que suelen destacar jugando con sabores y texturas de todo tipo.

&. AC ⇨ Precio: €€€€

Plano: D2-12 – *Aragó 214 (Hotel Cram)* ✉ *08011* – Ⓜ *Universitat* – ☏ *932 16 77 77* – *anglebarcelona.com* – *Cerrado martes, miércoles*

❀ **ATEMPO**

MODERNA · **ELEGANTE** Moderno y amplio local, de ambiente contemporáneo, que sorprende al cliente desde el mismísimo acceso, pues te reciben con una copa de cava en un pequeño hall, te acompañan a una zona de cuarto frío para tomar el primer aperitivo y, a continuación, se pasa por delante de la cocina para acceder a la elegante sala, con profusión de plantas y en dos alturas.La propuesta, basada en un único menú degustación diseñado por el mediático chef Jordi Cruz, refleja una gastronomía actual y técnica que tiene como meta la profundidad en el sabor, algo que consiguen gracias a unos excelentes productos y a unas combinaciones sumamente coherentes. ¿Detalles? Buscan una fusión entre el servicio de sala y el de cocina, por eso muchos de los platos se terminan o preparan delante del comensal.

&. AC ⇨ Precio: €€€€

Plano: D2-16 – *Còrsega 200* ✉ *08036* – Ⓜ *Hospital Clínic* – ☏ *937 34 19 19* – *atemporestaurant.com/es* – *Cerrado lunes, martes*

❀ **AÜRT**

Chef: Artur Martínez García

MODERNA · **TENDENCIA** Aürt no deja indiferente, pues se encuentra en el lobby de un hotel (en el Hilton Diagonal Mar Barcelona) y resume su filosofía en una frase: "Prefiero la sencillez reflexionada a la complejidad forzada".El chef Artur Martínez da una vuelta de tuerca a su percepción de la gastronomía y nos señala que busca ofrecer "una cocina sencilla y no simple", implicada plenamente en el producto de cercanía, en el conocimiento del productor y en la razón de ser de cada plato, que es explicado personalmente por los cocineros en cada una de las islas que ejercen como mesas. La experiencia, que empieza con la exaltación de un aceite Becaruda de olivos centenarios y limitadísima producción, pone el foco en productos de proximidad como las alubias del Ganxet, la gamba de Palamós, el cordero de raza Ripollesa, el cerdo Gascón criado en la comarca del Solsonès... reinterpretando conceptos tradicionales, con técnicas actuales, que suelen girar en torno a un binomio de productos de temporada.

AC P Precio: €€€€

Fuera de plano – *Paseo del Taulat 262-264 (Hotel Hilton Diagonal Mar Barcelona)* ✉ *08019* – Ⓜ *El Maresme Fòrum* – ☏ *935 07 08 60* – *www.aurtrestaurant.com* – *Cerrado lunes, martes, domingo, almuerzo: miércoles*

❀ **COME BY PACO MÉNDEZ**

MEXICANA · **AMBIENTE EXÓTICO** Si eras un incondicional del mítico Hoja Santa no debes dejar de visitar COME by Paco Méndez, el restaurante que hoy ocupa aquellas instalaciones (también lo que era Niño Viejo) y que, como un guiño al amor de los mexicanos por el Día de los Muertos, podemos clasificar como "un restaurante renacido".Al frente está el chef Paco Méndez, el mismo chef, que cogió las riendas del negocio junto a su mujer (Erinna, que lleva la pastelería) para dar una vuelta de tuerca al formato y exaltar "el encuentro entre la cocina y la cultura mexicana, el producto mediterráneo y el legado de elBulli". La experiencia, que empieza con unas bebidas y snacks de bienvenida desde el mismísimo acceso, antes de pasar al comedor o al privado (aquí también ofrecen un show cooking), busca descubrir a través de sus menús los sabores de aquellas tierras desde un punto de vista moderno y creativo, confiando siempre en los productos kilómetro cero. ¡Prueba las bebidas típicas (micheladas, tequilas, mezcales...)!

&. AC ⇨ Precio: €€€€

Plano: D3-15 – *Avenida del Mistral 54* ✉ *08015* – Ⓜ *Pl. Espanya* – ☏ *938 27 59 77* – *come.com.es* – *Cerrado lunes, martes, domingo*

ENIGMA
Chef: Albert Adriá

CREATIVA • DE DISEÑO He aquí un restaurante singular, arriesgado y realmente único que ha recuperado el pulso buscando tanto la excelencia técnica como, sobre todo, el asombro del comensal.La discreta fachada esconde un interior de fantasía donde la originalidad se alía con el diseño más radical para sorprendernos, pues los llamativos techos parecen estar suspendidos y, en conjunto, recuerda el interior de... ¡una futurista cámara frigorífica! El chef al frente, Albert Adrià, apuesta nuevamente por un único menú degustación de unos 25 pases (cambian cada mes) en el que despliega todo su saber, con muchas de sus visuales elaboraciones terminadas ante los ojos del cliente para que este sea consciente de las innumerables técnicas, algunas casi mágicas, que son capaces de utilizar. Siempre trabajan en base al mejor producto de temporada y organizan la experiencia en torno a diversos apartados: Efímeros, Tapas, Secuencias y Postres. ¡Reserve con tiempo!

🍽 🏵 ৬ 🔟 ⇨ Precio: €€€€

Plano: D3-38 – Sepúlveda 38 ⊠ 08015 – **Ⓜ** Pl. Espanya – 𝒫 616 69 63 22 – www.enigmaconcept.es – Cerrado sábado, domingo, almuerzo: lunes-jueves

MONT BAR

ACTUAL • MARCO CONTEMPORÁNEO Un restaurante, con alma de gastrobar, que se está convirtiendo en una parada obligada para todo aquel que visita Barcelona.En el encantador local, con elegantes detalles decorativos que lo diferencian un poco de los bares al uso, encontrará tanto platos tradicionales como actuales, todos de excelente nivel técnico y con presentaciones tan cuidadas que, en ocasiones... ¡es difícil no hacerles una foto! Fieles a la filosofía marcada por los propietarios, naturales de la pequeña localidad de Mont (en la Val d'Aran), aquí trabajan con producto fresco de temporada y proximidad, cuidando muchísimo las presentaciones. Ofrecen sorprendentes snacks, tapas vanguardistas, platillos para compartir... siempre con un servicio impecable. ¡Pruebe el espectacular Mochi de sobrasada ibérica y queso Mahón!

৬ 🔟 🍴 ⇨ Precio: €€€

Plano: D2-36 – Diputació 220 ⊠ 08001 – **Ⓜ** Universitat – 𝒫 933 23 95 90 – www.montbar.com – Cerrado lunes, domingo

ORIA

MODERNA • DE DISEÑO Los hoteles gastronómicos siguen en auge, pues la clientela internacional que reclama estos servicios continúa en franco desarrollo. La decidida apuesta del hotel Monument H. por la cocina de calidad (aquí se encuentra también el laureado Lasarte, con tres Estrellas MICHELIN) es un magnífico ejemplo de ello.El elegante restaurante Oria, amplio, singular e integrado en el lobby del hotel, está tutelado por el chef Martín Berasategui, lo que asegura los altos estándares de su sello a la hora de proponernos una cocina tradicional actualizada, de raíces mediterráneas, con toques vascos. ¿Qué ofrecen? Tres menús degustación sorpresa que varían en función del número de entrantes, incluyendo siempre un pescado, una carne y un exquisito postre. ¡Brigada atenta, joven y bastante numerosa!

🔟 Precio: €€€€

Plano: D2-17 – Passeig de Gràcia 75 (Monument Hotel) ⊠ 08008 – **Ⓜ** Passeig de Gràcia – 𝒫 935 48 20 33 – www.monumenthotel.com/es – Cerrado lunes, domingo, almuerzo: martes

QUIRAT

COCINA DE TEMPORADA • MARCO CONTEMPORÁNEO ¡La apuesta gourmet del hotel InterContinental Barcelona! Una vez más, los hoteles buscan complementar su oferta convirtiéndose en auténticos focos de interés culinario, por eso en este (con un acceso independiente y otro desde el hall) aparece Quirat, que según sus propias palabras "representa la unidad de medida de la pureza y riqueza de los elementos que conforman la tierra".El chef Víctor Torres, reconocido por su trabajo en Les Magnòlies (en Arbúcies, una Estrella MICHELIN), propone junto a su equipo una cocina actual catalana que, exaltando siempre los productos de proximidad, respeta también al máximo la temporalidad. La sencillez es solo aparente, pues los platos están llenos de fondo y sabor, con unas salsas reducidas y concentradas.

Tomate del Maresme, ventresca de atún y albahaca, Pollo de corral y langosta, Arroz meloso de anguila del Delta... ven sus platos como pequeñas joyas, por eso han denominado a sus menús 18K y 24K. ¡Tienen un pequeño huerto en el mismo hotel!

&. 🅰 ⇨ Precio: €€€

Plano: D3-26 – *Avenida de Rius I Taulet 1 (Hotel InterContinental Barcelona)*
✉ *08004* – **Ⓜ** *Poble Sec* – 𝒞 *934 26 22 23 – quiratrestaurant.com – Cerrado lunes, domingo, almuerzo: martes-sábado*

❀ ## SLOW & LOW

Chefs: Nicolás De la Vega y Francesc Beltri

ACTUAL • TENDENCIA Un restaurante de ambiente moderno que sorprende por su propuesta, pues demuestra técnica, creatividad y delicadeza a partes iguales.El local, próximo al modernista Mercat de Sant Antoni, apuesta por el concepto de la cocina vista, por eso cuenta con dos barras que nos permiten disfrutar del proceso creativo. Defienden una cocina viajera que combina ingredientes de todo el mundo y ve la luz en dos menús (SLOW&LOW y SLOW&LONG), mostrando claras influencias de la gastronomía mexicana pero también guiños al recetario thai, con toques ácidos y picantes bien equilibrados, salsas excelentemente ligadas y una especial devoción tanto por los pescados como por el mundo vegetal. ¿Curiosidades? El servicio lo realizan entre los camareros y los chefs, explicando cada plato con detalle.

&. 🅰 Precio: €€€

Plano: D3-41 – *Comte Borrell 119* ✉ *08015* – **Ⓜ** *Urgell* – 𝒞 *936 25 45 12 – www.slowandlowbcn.com – Cerrado lunes, martes, domingo*

❀ ## SUTO

Chef: Yoshikazu Suto

JAPONESA • MINIMALISTA Íntimo restaurante de ambiente nipón ubicado en las cercanías de la Estación de Sants y dotado con una barra (también hay algunas mesas) donde podrás comer... ¡viendo trabajar en directo al joven chef Yoshikazu Suto!Más que un restaurante parece una casa particular donde cocinan para ti, ofreciendo un menú Omakase (sirven a todos los comensales a la vez) que combina platos calientes y fríos. La propuesta contempla elaboraciones de base japonesa, sumamente personales, y una Secuencia de niguiris con pescados seleccionados de esas que no se olvidan. Todo suma, por eso merece la pena destacar que la vajilla está realizada de forma artesanal en Japón, por la propia tía del chef, y nos ha encanto ver una máquina original que tienen para hacer kakigori, un helado tradicional nipón. ¿Un plato que nos ha gustado? Su Escabeche de caballa, servido en dos taquitos y espolvoreado con un shichimi de... ¡hasta 7 especias japonesas!

🅰 Precio: €€€€

Plano: A3-47 – *Violant de Hungría Reina de Aragón 134* ✉ *08028* – **Ⓜ** *Plaça del Centre* – 𝒞 *610 90 86 51 – Cerrado lunes, domingo, almuerzo: martes, jueves*

❀ ## XERTA

CREATIVA • DE DISEÑO Si desconoce las bondades culinarias de las Terres de l'Ebre debe visitarlo, pues es un lujo encontrar en Barcelona los sabores de ese paraíso tarraconense (está reconocido como Reserva Natural de la Biosfera).El restaurante, al que se accede por el lobby del hotel Ohla Eixample, presenta una sala de aspecto actual con vistas tanto al jardín vertical como a la cocina. El chef Fran López, criado entre fogones y formado tres años con el maestro francés Alain Ducasse, exalta los sabores de su tierra y nos da la posibilidad de descubrir esa genuina gastronomía (angulas, ostras, arroces... el 90% de los productos vienen de allí) desde un punto de vista creativo. ¿Curiosidades? Xerta es, además, el primer restaurante europeo con Estrella MICHELIN que posee... ¡el certificado Kosher del Kashrut!

&. 🅰 Precio: €€€

Plano: D2-19 – *Còrsega 289 (Hotel Ohla Eixample)* ✉ *08008* – **Ⓜ** *Diagonal* – 𝒞 *937 37 90 80 – www.xertarestaurant.com – Cerrado lunes, domingo*

🐵 ## BALÓ

ACTUAL • BURGUESA Está llevado por una joven pareja de cocineros (Lena María Grané y Ricky Smith) que se conoció trabajando en la capital del Támesis, de ahí el curioso nombre del restaurante, un juego léxico que combina los inicios de las palabras Barcelona y Londres. La carta, propia de una cocina actual, no está exenta de interesantes detalles internacionales y se completa con dos menús: uno bastante económico llamado Mediodía y otro, mucho más completo y sugerente, denominado Degustación. El confortable local, de línea actual y cuidada iluminación, también cuenta con un agradable privado acristalado.

&. 🅰🅲 ⇔ Precio: €€

Plano: C2-49 – *Déu I Mata 141* ✉ *08029* – 🕾 *930 37 86 01* – *www.restaurantebalo.com* – *Cerrado lunes, domingo*

😊 ## CRUIX

ACTUAL • **BRASSERIE** Un restaurante de ambiente informal, con las paredes en ladrillo visto, que se presenta como el lugar idóneo para que nos sintamos como en casa, pues el servicio no puede mostrar más empatía con el comensal. Aquí la propuesta se centra en dos menús degustación, Classic Cruix (7 pases) y Grand Cruix (11 pases), destacando en cualquiera de las dos opciones sus fantásticos arroces (suelen servirlos en paella, con un punto de "socarrat"). ¿Un plato que llama la atención? Llega a la hora del postre, bajo la denominación "Día triste en la playa". ¡Si hace bueno, intente conseguir mesa en la terraza!

🅰🅲 🍴 Precio: €

Plano: D3-21 – *Entença 57* ✉ *08015* – Ⓜ *Rocafort* – 🕾 *935 25 23 18* – *www.cruixrestaurant.com* – *Cerrado lunes, martes, almuerzo: miércoles, jueves, cena: domingo*

😊 ## LA MUNDANA

FUSIÓN • **A LA MODA** Se encuentra en una zona residencial de Sants, presenta la estética de una vermutería reconvertida en gastrobar y... ¡casi siempre está lleno! Los chefs al frente, Alain Guiard y Marc Martin, juegan con los sabores del mundo a la hora de construir su personalidad gastronómica, de tinte creativo y con notorios guiños culinarios mediterráneos, franceses y hasta de Japón. Ambiente desenfadado, mesas próximas, cocina vista... y una carta, pensada para compartir, en la que podemos destacar dos "intocables": las Bravas de la Mundana y los Calamares asiáticos. ¡Sorprende su amplia oferta de vermuts!

🅰🅲 Precio: €

Plano: C3-22 – *Vallespir 93* ✉ *08014* – Ⓜ *Plaça del Centre* – 🕾 *934 08 80 23* – *www.lamundana.cat*

😊 ## NAIROD

COCINA DE MERCADO • **MARCO CONTEMPORÁNEO** Se halla en pleno Eixample y emana personalidad por los cuatro costados, algo que no extraña teniendo tras los fogones a David Rustarazo (más conocido como Rusti), un cocinero hecho a sí mismo a base de trabajo e incluso alguna experiencia internacional. En su íntimo local, contemporáneo y con ambiente de bistró, encontrará una cocina de mercado donde prima el sabor e increíbles platos de caza durante la temporada (elabora muy bien la liebre, el ciervo, la perdiz... y, sobre todo, el pichón). ¿Curiosidades? El nombre es un guiño al hijo del chef, Dorian, pues está... ¡escrito al revés!

🅰🅲 Precio: €€

Plano: D2-39 – *Aribau 141* ✉ *08001* – 🕾 *938 08 92 60* – *Cerrado lunes, domingo*

ALAPAR

FUSIÓN • **INFORMAL** Ocupa las instalaciones del antiguo Pakta, está llevado por una joven pareja e inicia una nueva andadura definiéndose como una "Izakaya mediterránea". Cocina casual sabrosa y divertida, en base a guisos tradicionales, con guiños nipones, y en propuestas pensadas para compartir entre dos (a la par).

&. 🅰🅲 Precio: €€

Plano: D3-20 – *Carrer de Lleida 5* ✉ *08004* – Ⓜ *Espanya* – 🕾 *938 87 20 96* – *www.alaparbcn.com* – *Cerrado martes, miércoles, cena: domingo*

BARCELONA

ALKOSTAT

CATALANA • DE DISEÑO En la antigua fábrica de cervezas Moritz, donde comparte espacios y cocina (que no funcionamiento) con el gastronómico Alkimia. Carta de base catalana pensada para compartir.

&. ⓚ Precio: €€€

Plano: D3-34 – *Ronda San Antoni 41 - 1º* ✉ *08011* – ⓜ *Universitat* – ℰ *932 07 61 15* – *www.alkostat.cat* – *Cerrado sábado, domingo, cena: viernes*

AMAR BARCELONA

ACTUAL • LUJO ¡La apuesta gastronómica de El Palace Barcelona! Está asesorado por el chef Rafa Zafra y supone una auténtica declaración de amor, al Mediterráneo y a la Ciudad Condal. ¿Qué encontrará? Excelentes ostras y caviar, pescados de gran tamaño al peso, platos tradicionales catalanes, los grandes clásicos del hotel...

🕸 ⓚ Precio: €€€€

Plano: E2-65 – *Gran Via de les Corts Catalanes 668 (Hotel El Palace Barcelona)* ✉ *08010* – ⓜ *Tetuan* – ℰ *931 03 99 88* – *www.hotelpalacebarcelona.com/es/amar-barcelona-rafa-zafra* – *Cerrado lunes, domingo*

LA BALABUSTA

COCINA DE ORIENTE MEDIO • BISTRÓ Es sencillo y hogareño pero... ¡no deja indiferente! La chef, de origen israelí, elabora la cocina de Oriente Medio, combinando sabores mediterráneos, sefardíes y magrebíes.

&. ⓚ 🕎 Precio: €€

Plano: D2-4 – *Rosselló 180* ✉ *08008* – ⓜ *Provença* – ℰ *630 08 22 02*

BATEA ⓝ

PESCADOS Y MARISCOS • BISTRÓ Este bistró de ambiente cosmopolita, ubicado en un lateral del emblemático hotel Avenida Palace, se presenta con un interior actual y una propuesta de fusión que combina la cocina tradicional catalana con la gallega. ¡Platillos de mercado que miran constantemente al Atlántico y al Mediterráneo!

🍸 &. ⓚ Precio: €€

Plano: E2-72 – *Gran Via de Les Corts Catalanes 605* ✉ *08007* – ⓜ *Urquinaona* – ℰ *934 06 87 92* – *www.bateabarcelona.com* – *Cerrado lunes, domingo*

BESTA

COCINA DE MERCADO • BISTRÓ Neobistró de ambiente casual llevado por dos cocineros que buscan fusionar sus orígenes, Galicia y Cataluña. Carta de mercado con guiños al Atlántico y al Mediterráneo.

ⓚ 🕎 Precio: €€

Plano: D2-1 – *Aribau 106* ✉ *08036* – ⓜ *Hospital Clinic* – ℰ *930 19 82 94* – *www.bestabarcelona.com* – *Cerrado martes, miércoles, almuerzo: jueves, cena: lunes*

COMPARTIR BARCELONA

COCINA MEDITERRÁNEA • AMBIENTE MEDITERRÁNEO Local de ambiente mediterráneo ubicado en pleno Eixample, no muy lejos de Disfrutar (su hermano mayor), que trae a Barcelona el mismo concepto culinario que ha triunfado en su homónimo de Cadaqués. Platos actuales, con cierta fusión internacional, ideados para compartir.

&. ⓚ 🕎 Precio: €€€

Plano: D2-55 – *Valencia 225* ✉ *08007* – ⓜ *Passeig de Gràcia* – ℰ *936 24 78 86* – *www.compartirbarcelona.com* – *Cerrado lunes, martes*

CONTRABAN Ⓝ

ACTUAL • A LA MODA Se encuentra en un lujoso, y algo escondido, hotel boutique del Barrio Gótico, donde se presenta con un ambiente un tanto clandestino. La propuesta, inspirada en las emociones y los estados de ánimo (libertad, sorpresa, nostalgia...), es propia de una cocina actual que toma como base el clasicismo gastronómico francés. ¡Visite la azotea panorámica, con una buena oferta de tapas y cócteles!

🅰🅲 Precio: €€

Plano: F3-72 – Riudarenes 7 (Hotel Wittmore) – ✉ 08002 – Ⓜ Jaume I – 𝒞 937 37 81 59 – www.wittmorehotel.com/es/contraban

DELIRI

ACTUAL • INFORMAL Aquí ofrecen una cocina catalana actual, divertida y con un punto gamberro, en base a producto de temporada e idónea para compartir. ¡Pruebe los deliciosos Macarras de l'àvia!

🅰🅲 Precio: €€

Plano: D2-7 – Còrsega 242 ✉ 08036 – Ⓜ Diagonal – 𝒞 936 11 39 27 – www.deliri.es – Cerrado lunes, martes

FISHØLOGY

ACTUAL • MARCO CONTEMPORÁNEO Un local de ambiente informal, con la cocina abierta, que apuesta por los productos del mar tratándolos de otra manera (salazones, maduraciones, ahumados...). ¡Originales menús!

🅰🅲 🍴 Precio: €€

Plano: D3-8 – Diputació 73 ✉ 08015 – Ⓜ Rocafort – 𝒞 936 33 98 58 – www.fishology.es – Cerrado miércoles, jueves, cena: domingo

GRESCA

MODERNA • MINIMALISTA ¡Una referencia para los foodies! El local, que tiene la cocina abierta para conectar la zona de barra con el comedor, basa su propuesta en sabrosos platillos de gusto actual.

♿ 🅰🅲 Precio: €€

Plano: D2-37 – Provença 230 ✉ 08036 – Ⓜ Diagonal – 𝒞 934 51 61 93 – www.gresca.rest

JARDÍN DEL ALMA

TRADICIONAL • MARCO CONTEMPORÁNEO Destaca por su terraza arbolada, pues hallándose en un lujoso hotel junto al Passeig de Gràcia... ¡parece que estuviéramos en el campo! Buena cocina tradicional de temporada.

🅰🅲 🍴 Precio: €€€

Plano: D2-27 – Mallorca 271 (Hotel Alma Barcelona) ✉ 08008 – Ⓜ Diagonal – 𝒞 932 16 44 78 – almahotels.com/barcelona/restaurante-jardin-del-alma

KINTSUGI Ⓝ

JAPONESA CONTEMPORÁNEA • MARCO CONTEMPORÁNEO Anguila, langostinos, pulpo, lubina, arroz... ¡una cocina nipona actual en base a los productos de las Terres de l'Ebre! En este restaurante, que pertenece al Grupo Xerta y se encuentra dentro del hotel Ohla Eixample Barcelona, podrá tener una experiencia gastronómica singular, pues no es habitual degustar el Delta desde esta perspectiva culinaria. Dispone de una barra de sushi, donde sirven un menú Omakasse muy centrado en nigiris, y varias mesas que se reservan tanto para la carta como para su otro menú (Unagi), con más platos de fusión. ¡Al mediodía también ofrecen un menú ejecutivo denominado Kaiseki!

🍸 🅰🅲 Precio: €€€

Plano: D2-71 – Còrsega 289 (Hotel Ohla Eixample) ✉ 08008 – 𝒞 937 37 90 80 – www.restaurantkintsugi.com – Cerrado martes, miércoles

BARCELONA

NECTARI

MODERNA • **AMBIENTE CLÁSICO** El chef Jordi Esteve viste su cocina de autor con los enriquecedores matices que aportan las materias primas de proximidad, no en vano... ¡trabaja muy estrechamente con pequeños productores! La sabrosa oferta de este céntrico restaurante con ambiente de barrio, que siempre toma como base los productos de temporada, brilla especialmente en su menú degustación, donde podemos encontrar Foie y anguila o una fabulosa "Bisque" de marisco con tartar de gambas.

AC ⇨ Precio: €€€

Plano: C3-28 – *València 28* ⊠ *08015* – Ⓜ *Tarragona* – ☏ *932 26 87 18* – *nectari. es* – *Cerrado domingo, cena: martes*

PACO MERALGO

TRADICIONAL • **BAR DE TAPAS** Un local de picoteo que se define, a sí mismo, como... ¡de alta taberna! Encontrará montaditos, sugerencias, sabrosas carnes, pescados de lonja... y algún arroz al mediodía.

AC ⇨ Precio: €

Plano: D2-40 – *Muntaner 171* ⊠ *08036* – Ⓜ *Hospital Clínic* – ☏ *934 30 90 27* – *www.restaurantpacomeralgo.com*

PETIT COMITÈ

REGIONAL • **MARCO CONTEMPORÁNEO** Se presenta con una estética actual y, tras coger los fogones el renombrado chef Carles Gaig, apuesta por una cocina tradicional de muchísimo sabor, fiel al recetario catalán.

& AC ⇨ Precio: €€€

Plano: D2-29 – *Passatge de la Concepció 13* ⊠ *08007* – Ⓜ *Diagonal* – ☏ *936 33 76 27* – *www.petitcomite.cat* – *Cerrado domingo*

PUR

COCINA DE MERCADO • **DE DISEÑO** Tiene el sello del chef Nandu Jubany y plantea una cocina de producto sin artificios, abierta a la sala y... ¡en estado puro! Elaboraciones a la plancha, a la brasa, a la sal...

& AC ⇨ Precio: €€€

Plano: D2-30 – *Passatge de la Concepció 11* ⊠ *08008* – Ⓜ *Diagonal* – ☏ *931 70 17 70* – *purbarcelona.com* – *Cerrado domingo*

RÍASKRU

PESCADOS Y MARISCOS • **AMBIENTE CLÁSICO** La fusión de dos espacios (incluye los antiguos Rías de Galicia y Espai KRU) y dos orientaciones culinarias en una única carta: cocina clásica gallega y la de inspiración nipona basada en crudos.

⅘ AC 🍴 ⇨ Precio: €€€

Plano: D3-23 – *Lleida 7* ⊠ *08002* – Ⓜ *Espanya* – ☏ *934 24 81 52* – *riaskru. com* – *Cerrado lunes, cena: domingo*

TABERNA NOROESTE Ⓝ

ACTUAL • **INDUSTRIAL** Nos ha sorprendido encontrar un restaurante así en Poble Sec, un tranquilo barrio al pie del Montjuic que, sin embargo, también está a tiro de piedra del mítico Paral·lel.Tiene pocas mesas, por lo que en su comedor, tras la zona de barra, se puede ver en directo el trabajo de los cocineros, que trabajan con la cocina abierta a la misma en base a un único menú que va evolucionando con la temporada (destaca el uso de producto marino) y que cuida muchísimo tanto las texturas, bastante cremosas, como los maridajes. ¿Curiosidades? El nombre juega con el origen de los chefs-propietarios, Javier y David, pues uno es de A Coruña y el otro de Salamanca, de ahí que la propuesta sea una fusión de la cocina gallega, la castellana y la catalana. ¡Sirven a todos los comensales a la vez!

& AC ⇨ Precio: €€€

Plano: D3-73 – *Radas 67* ⊠ *08004* – Ⓜ *Poble Sec* – ☏ *931 15 09 11* – *www.tabernanoroeste.com* – *Cerrado martes, miércoles, almuerzo: jueves, viernes, cena: domingo*

LA TARTARERÍA

ACTUAL • BISTRÓ ¡Encuentra su leitmotiv en el Tartar! Los tienen de salmón, de ventresca, de calabaza... así como algún otro plato fiel a la filosofía Raw Food y dos menús, uno de degustación.

&. 🅰️ Precio: €€

Plano: D2-35 – *Muntaner 26* 🖃 *08011* – 🚇 *Universitat* – ☎ *936 53 79 80* – *www.latartareria.com – Cerrado lunes, domingo*

TEATRO KITCHEN & BAR

ACTUAL • MARCO CONTEMPORÁNEO Original apuesta gastronómica que mantiene, de manera simplificada, la esencia del mítico Tickets. Su nombre y su decoración esconden un guiño a los teatros del Paral·lel, ofreciendo ahora una propuesta variada y divertida a través de snacks, tapas, algunos platos clásicos... o una selección sorpresa. ¡Tome una copa o cóctel en su Backstage!

🍸 &. 🅰️ 🎪 Precio: €€€

Plano: D3-25 – *Avenida del Paralelo 164* 🖃 *08015* – 🚇 *Espanya* – ☎ *936 83 69 98 – www.teatrokitchenbar.com – Cerrado lunes, domingo, almuerzo: martes-jueves*

TUNATECA BALFEGÓ

FUSIÓN • MARCO CONTEMPORÁNEO ¡Aquí el atún rojo es el epicentro de todo! Ofrecen carta, dos menús (Red y Blu) y, de vez en cuando, experiencias Kaitai que desvelan el milenario arte japonés del despiece.

&. 🅰️ Precio: €€€

Plano: D2-31 – *Avenida Diagonal 439* 🖃 *08036* – 🚇 *Diagonal* – ☎ *937 97 64 60 – www.tunatecabalfego.com – Cerrado domingo*

UMA

CREATIVA • MARCO CONTEMPORÁNEO Un restaurante de ambiente elegante e informal, ideal para ir en pareja, que toma su nombre de la palabra "tenedor" en swahili y se presenta con la cocina totalmente abierta a la sala. Proponen una experiencia gastronómica que exige ser muy puntual, pues... ¡todos los comensales inician el menú sorpresa al mismo tiempo!

&. 🅰️ ➪ Precio: €€€€

Plano: E2-32 – *Mallorca 275* 🖃 *08008* – 🚇 *Diagonal* – ☎ *656 99 09 30* – *www.espaciouma.com – Cerrado martes, miércoles, almuerzo: domingo*

VIRENS

ACTUAL • CHIC ¿Aún no ha probado la cocina verde del chef Rodrigo de la Calle? Su restaurante barcelonés lleva la cocina vegetariana a otro nivel, siendo los productos de cultivo ecológico los grandes protagonistas y poniendo siempre el foco en los pequeños proveedores cercanos. Encontrará una propuesta de gusto mediterráneo-actual (también hay algunas carnes, pescados y arroces) que ve la luz tanto en el servicio a la carta como en sus menús degustación (Gastrobotánica, Tierra y mar, Experiencia Verde). ¡Al mediodía también hay un menú, más económico, que extrae varios platos de la carta!

🅰️ ➪ Precio: €€€

Plano: E2-54 – *Gran Via de Les Corts Catalanes 619* 🖃 *08007* – 🚇 *Passeig de Gràcia* – ☎ *930 18 74 51 – www.virensbarcelona.com*

WINDSOR

MODERNA • AMBIENTE CLÁSICO Ofrece un ambiente clásico actualizado, una exquisita terraza y diversas salas con posibilidad de distintas configuraciones. Cocina catalana-actual con buena oferta de menús.

🌳 &. 🅰️ 🎪 ➪ Precio: €€€

Plano: D2-24 – *Còrsega 286* 🖃 *08008* – 🚇 *Diagonal* – ☎ *932 37 75 88* – *restaurantwindsor.com – Cerrado domingo*

XAVIER PELLICER

VEGETARIANA • MARCO CONTEMPORÁNEO Defiende una cocina "healthy" basada en el mundo vegetal. Hay un espacio informal y otro más gastronómico llamado El Menjador, este bajo reserva y solo con menús degustación.

&. AC Precio: €€€

Plano: E1-33 – *Provença 310* ✉ *08037* – Ⓜ *Diagonal* – ✆ *935 25 90 02* – *www.xavierpellicer.com* – *Cerrado lunes, martes, cena: domingo*

NORTE DIAGONAL

❀❀❀ **ABAC**

Chef: Jordi Cruz

CREATIVA • MARCO CONTEMPORÁNEO Tradición, vanguardia, sabor, producto, actitud, pasión... estos términos, combinados con coherencia, definen a la perfección la cocina de Jordi Cruz, un chef que tiene un don para imaginar los sabores desde el "paladar mental".En su elegante restaurante, con vistas a un apacible jardín, nos plantea una experiencia singular y en constante renovación, pues no es fácil narrar historias donde el hilo conductor sean los productos de temporada; siempre desde la excelencia técnica, revisando los sabores mediterráneos y con guiños a los sabores del mundo. La propuesta, que suele comenzar tomando aperitivos en la cocina, se centra en un único menú degustación donde conviven las novedades con los grandes clásicos de la casa (como su Tomate de colgar pasificado con pan de hierbas y texturas de parmesano). ¿Un plato complejo que nos ha sorprendido? Raíces, semillas y cortezas calcinadas, helado de perifollo, escamorza ahumada y trufas conservadas, pues... ¡está inspirado en un bosque quemado!

❀ AC 🎴 ⇔ Precio: €€€€

Plano: A2-5 – *Avenida del Tibidabo 1 (Hotel ABaC)* ✉ *08022* – Ⓜ *Av. Tibidabo* – ✆ *933 19 66 00* – *abacrestaurant.com/es*

❀ **ALEIA**

Chef: Paulo Airaudo

CREATIVA • MARCO CONTEMPORÁNEO ¿Una experiencia dual que fusione alta gastronomía y arquitectura? Pocas opciones encontrará más interesantes, pues este restaurante se ubica en la primera planta de la famosa Casa Fuster (hoy Hotel Casa Fuster), una joya del modernismo catalán diseñada, a principios del s. XX, por D. Lluís Domènech i Montaner.En su luminoso comedor, con grandes columnas flanqueando el increíble ventanal y un techo ondulado que nos recuerda las placas de titanio del Guggenheim Bilbao, podrá degustar un único menú degustación (opción corta o larga), de corte actual-creativo, donde el chef jerezano Rafa de Bedoya, siempre de la mano del laureado Paulo Airaudo, defiende la coherencia y el sabor, con toques tanto galos como asiáticos pero en base a los productos locales de temporada.

AC Precio: €€€€

Plano: D1-50 – *Paseo de Gràcia 132 (Hotel Casa Fuster)* ✉ *08008* – Ⓜ *Diagonal* – ✆ *935 02 00 41* – *www.aleiarestaurant.com* – *Cerrado lunes, domingo, almuerzo: martes*

❀ **HISOP**

Chef: Oriol Ivern

CREATIVA • MINIMALISTA Debe su nombre a una planta aromática propia de la cultura mediterránea y bebe las mieles del éxito desde hace tiempo, sobre todo por lo ajustado de sus precios luciendo una Estrella MICHELIN.En su comedor, actual-minimalista, el chef Oriol Ivern plantea unas elaboraciones frescas y creativas que revisan la tradición culinaria catalana, siempre en base a productos autóctonos de temporada y a unas acertadas combinaciones. La meta, fiel a la personalidad del chef, estriba en ofrecer una cocina realmente singular, con notas lúdicas y sorprendentes detalles. La carta, no muy amplia pero apetecible, se completa con un interesante menú degustación, teniendo este último la opción de maridaje. ¿Un plato imprescindible? Pruebe su famoso, y mil veces plagiado, Salmonete con mayonesa de moluscos.

🅰🅲 Precio: €€€

Plano: C2-44 – *Passatge de Marimon 9* – ✉ *08021* – Ⓜ *Hospital Clínic* – 📞 *932 41 32 33* – *www.hisop.com* – *Cerrado domingo*

❀ HOFMANN

MODERNA • **AMBIENTE CLÁSICO** Esta institución en la zona alta de Barcelona, por la que han pasado varios cocineros que hoy brillan con alguna Estrella MICHELIN, solo se puede explicar desde el amor más absoluto por la gastronomía ejercido por la chef-fundadora, Mey Hofmann, que supo traspasar su legado tanto a su hija Silvia como al curtido equipo de chefs-formadores.En el restaurante como tal, con personal de la propia escuela y una gran cristalera para que veamos la actividad en los fogones, ofrecen un menú tipo carta para los almuerzos (también hay una opción un poco más elaborada llamada Gastronómico Mediodía) y, ya durante las cenas, dos completos menús degustación (Gastronómico Noche y Luxury). Aquí defienden una cocina moderna de fusión y firmes bases tradicionales, puesta constantemente al día en combinaciones, técnicas y presentaciones. ¡Los postres que elaboran en esta casa siempre son una delicia!

♿ 🅰🅲 ⇄ Precio: €€€

Plano: D1-43 – *La Granada del Penedès 14-16* – ✉ *08006* – Ⓜ *Diagonal* – 📞 *932 18 71 65* – *www.hofmann-bcn.com/es* – *Cerrado sábado, domingo*

❀ VIA VENETO

CLÁSICA • **AMBIENTE CLÁSICO** Quien más, quien menos, todos en Barcelona reconocen este restaurante como... ¡el templo del clasicismo culinario! Tras medio siglo de servicios y vicisitudes, la familia Monje ha conservado los valores de una casa que parece anclada en el tiempo, pues ha sabido actualizarse sin perder un ápice de su personalidad.En este elegante marco, de genuino ambiente Belle Époque, el joven chef David Andrés defiende una cocina continuista con el espíritu clásico que les avala, técnicamente bien actualizada, con un producto escogido y suculentos platos de caza en temporada (Liebre a la Royal, Perdiz guisada con farcellets de col, Solomillo de ciervo...). La bodega, visitable a seis metros bajo tierra, destaca por su colección de vinos nacionales y franceses. ¿Un plato destacado? Prueba el Pato asado en su propio jugo "a la presse" en dos servicios (mínimo dos personas), un icono inamovible en su carta... ¡desde 1967!

🕸 🅰🅲 ⇄ Precio: €€€€

Plano: C2-42 – *Ganduxer 10* – ✉ *08021* – Ⓜ *Hospital Clínic* – 📞 *932 00 72 44* – *www.viavenetobarcelona.com* – *Cerrado lunes, domingo*

🐸 AVENIR

ACTUAL • **BISTRÓ** Este sencillo local, tipo bistró, está llevado por dos socios (Roger y Chesco) que, cosas del destino, hicieron amistad en el colegio de sus hijos y decidieron emprender juntos este proyecto, trabajando uno tras los fogones y el otro en la sala. Sorprende por el planteamiento, pues apuestan por un horario continuo para ofrecer servicios desde las 10 de la mañana (desayuno, comida y cena). Encontrará platillos de cocina actual, con guiños al mar y montaña, donde se aprecian técnicas, texturas y un dominio de los caldos. La carta, que tiene opciones para compartir, se completa con varios menús.

🅰🅲 Precio: €€

Plano: C2-18 – *Carrer de l'Avenir 72* – ✉ *08021* – 📞 *691 90 71 38* – *avenir. restaurant* – *Cerrado lunes, domingo, cena: martes, miércoles*

🐸 BERBENA

CREATIVA • **BISTRÓ** Una casa diminuta, sencilla e informal en la que se disfruta sin restricciones, de ahí el guiño a la fiesta implícito en el nombre. El alma de todo es Carles Pérez de Rozas Canut, que apuesta por unas elaboraciones simples pero estudiadas y realmente cautivadoras, pues toman como base los productos medi-terráneos de temporada pero tocando muchos palos; no en vano, verá en sus platos tanto elementos asiáticos como sudamericanos. Personalidad en estado puro, con la cocina vista y un sugerente recetario que nos habla del chef, de sus viajes, de sus trabajos en otros países... ¡Magníficos postres!

Precio: €€

Plano: D1-45 – *Minerva 6* ✉ *08006* – Ⓜ *Diagonal* – ☎ *691 95 77 97* – *berbenabcn.com – Cerrado sábado, domingo, almuerzo: lunes-jueves*

SAÓ

TRADICIONAL • **AMBIENTE CLÁSICO** Se encuentra en la zona alta de Barcelona y no luce un nombre baladí, pues traducido al castellano (sazón) pone de relieve el "punto o madurez de las cosas". Juanen Benavent, el chef de origen valenciano al frente de la casa, juega sus cartas apostando por los productos estacionales de proximidad para ofrecer una cocina de corte tradicional con marcadas influencias francesas, un detalle que se entiende mucho mejor tras saber que estuvo cuatro años trabajando en el restaurante Goust de París. ¿Qué encontrará? Tres menús (Llavor, Guerminat y Arrels) que varían en función del número de platos.

♿ 🅰️ 🍴 Precio: €€

Plano: A2-6 – *Cesare Cantù 2* ✉ *08023* – Ⓜ *Penitents* – ☎ *935 66 39 68* – *saobcn.com – Cerrado lunes, domingo, cena: martes, miércoles*

VIVANDA

TRADICIONAL • **ACOGEDORA** Se halla en una casa remodelada del barrio de Sarriá y trabaja habitualmente con clientes de la zona. Encontrará un interior de estética actual, donde conviven las mesas altas para tapeo con las bajas propias del restaurante, y un patio-terraza arbolado (con un techo retráctil) que funciona muy bien durante la época estival. Elaboran una cocina tradicional catalana que, usando productos de mercado y técnicas actuales, rememora los sabores de antaño a través de "Platillos" (poco más de medias raciones) y lo que denominan "Platos del mes". ¡No se pierda sus famosas Croquetas de jamón!

♿ 🅰️ 🍴 ⇄ Precio: €€

Plano: A2-46 – *Major de Sarrià 134* ✉ *08017* – Ⓜ *Reina Elisenda* – ☎ *932 03 19 18* – *www.vivanda.cat – Cerrado lunes, cena: domingo*

BARDENI-CALDENI

CARNES A LA PARRILLA • **SENCILLA** Un "meat bar" donde las carnes son las protagonistas. Sorprende por su estética de carnicería antigua, con una barra donde también puede comer. ¡No se pierda su Steak tartar!

🅰️ Precio: €€

Plano: E1-56 – *Valencia 454* ✉ *08013* – Ⓜ *Sagrada Familia* – ☎ *932 32 58 11* – *www.bardeni.es – Cerrado domingo, cena: lunes-miércoles y sábado*

BARRA ALTA BARCELONA

MODERNA • **MARCO CONTEMPORÁNEO** En este coqueto local, de estética con-temporánea, ofrecen raciones que cuidan tanto los productos como los sabores, con algún guiño internacional y la posibilidad de pedir menús degustación. ¡Vinos a precios de bodega y opciones diarias fuera de carta!

🅰️ Precio: €€

Plano: D1-51 – *Laforja 11* ✉ *08006* – Ⓜ *Fontana* – ☎ *936 39 31 34* – *www.barraalta.rest – Cerrado domingo*

BRABO Ⓝ

A LA PARRILLA • **MARCO CONTEMPORÁNEO** ¿Eres un carnívoro empeder-nido? Pues acércate hasta este sencillo asador de línea contemporánea, llevado por dos jóvenes chefs y donde las carnes a la brasa son las inequívocas protago-nistas. La propuesta, muy pensada para compartir, suele empezar con embutidos caseros (mortadela de jabalí, lomo de vaca vieja, paté de campaña...), siempre tiene un pescado del día como alternativa y oferta distintos acompañamientos.

¿Curiosidades? Trabajan con cerdos de raza Gascón (son negros, como los ibéricos, pero de origen galo y con pocos ejemplares).

🄰🄲 Precio: €€€

Plano: D1-67 – *Séneca 28* ✉ *08006* – ☏ *931 24 77 45* – *braborestaurante.com* – *Cerrado lunes, domingo*

PRODIGI

MODERNA • **MARCO CONTEMPORÁNEO** ¡Su nombre juega con las primeras sílabas de las calles limítrofes! Cocina devota de la tradición culinaria catalana, traída a nuestros días y con notas de sabor más actuales.

🄰🄲 Precio: €€€

Plano: E1-52 – *Girona 145* ✉ *08037* – Ⓜ *Verdaguer* – ☏ *936 79 15 92* – *www.prodigi.cat* – *Cerrado lunes, domingo*

TRAM-TRAM

ACTUAL • **AMBIENTE CLÁSICO** Casa de línea clásica que juega con su nombre para... ¡recordar al tranvía! Cocina tradicional con toques actuales, algún plato internacional y la opción de un menú degustación.

🄰🄲 🍴 ⇔ Precio: €€€

Plano: A2-48 – *Major de Sarrià 121* ✉ *08017* – Ⓜ *Reina Elisenda* – ☏ *932 04 85 18* – *tram-tram.com* – *Cerrado lunes, cena: martes, domingo*

ULTRAMARINOS MARÍN Ⓝ

COCINA DE MERCADO • **BISTRÓ** Un establecimiento curioso, sin duda, pues han recuperado un antiguo bar para transformarlo en un sencillo asador. Sorprenden con desayunos de cuchillo y tenedor, así como con una carta tradicional de mercado que hace hincapié en respetar el sabor de los productos. ¡Pescados y carnes al peso!

🄰🄲 Precio: €€

Plano: D1-53 – *Balmes 187* ✉ *08006* – Ⓜ *Diagonal* – ☏ *932 17 65 52* – *ultramarinosmarin.com* – *Cerrado lunes, domingo, cena: martes-sábado*

BARCELONA

BARIZO

A Coruña – Mapa regional **13**–A2

🌸 **AS GARZAS**

Chef: Fernando Agrasar

GALLEGA • **ACOGEDORA** Se alza aislado en plena Costa da Morte, frente al Atlántico, y está llevado con mimo por el chef Fernando Agrasar, que trabaja allí junto a su esposa (responsable de sala) y su hijo mayor (encargado de los panes y los postres).En ese agreste escenario, y solo a través de sus menús degustación (Single y Long play), podrá descubrir las excelencias de los productos gallegos de temporada desde un punto de vista actual e innovador. Todas las mesas disfrutan de mágicas vistas, pero recomendamos que reserven las ubicadas junto a los ventanales para que contemplen, aún mejor, los acantilados y el vivo oleaje del océano; ya lo dice el propio cocinero, hablando desde el romanticismo, cuando se refiere a su casa como... "el refugio del fin del mundo". ¡También ofrecen unas cuidadas habitaciones!

✑ AC P Precio: €€€

Porto Barizo 40 ✉ *15113 –* 📞 *981 72 17 65 – www.asgarzas.com – Cerrado lunes, martes, cena: miércoles, jueves y domingo*

BECERRIL DE LA SIERRA

Madrid – Mapa regional **15**–A2

MALABAR BISTRÓ NÓMADA Ⓝ

ACTUAL • **RÚSTICA** Instalado en una casa de pueblo de la sierra madrileña, con un coqueto patio-terraza a la entrada y un modesto interior rústico a modo de bistró. Aquí ofrecen una pequeña carta (hay raciones y medias raciones) pensada para compartir y que, por contra, cambia su oferta de platos con muchísima asiduidad (Empanada, cordero colmenareño y menta; Mollejas de ternera, manzana verde y limón; Hojaldre, ricotta y pistacho...), siempre en base a productos locales o cercanos a los que incorpora notas exóticas. ¡Excelente técnica y mimadas presentaciones!

AC 🍴 Precio: €€

Real 14 ✉ *28490 –* 📞 *918 53 89 36 – www.malabarbistro.es – Cerrado lunes, martes, cena: miércoles, domingo*

BELATE (PUERTO DE)

Navarra – Mapa regional **17**–B2

😊 **VENTA DE ULZAMA**

TRADICIONAL • **AMBIENTE CLÁSICO** Una de las mejores opciones para comer, o alojarse, en el valle de Ulzama. Este negocio familiar, con más de un siglo de historia, seguro que le agradará, pues ocupa un típico caserón de montaña y disfruta de un precioso entorno natural, llegando a sorprender por su ubicación junto a... ¡una granja de ciervos! Ofrece un coqueto bar, un elegante comedor de línea clásica y una carta de tinte tradicional, esta última con un buen apartado de sugerencias que van evolucionando según los productos de temporada (verduras, hongos, caza...). ¡Las vistas desde el comedor y la terraza son magníficas!

✑ ♿ AC P Precio: €€

Carretera NA 1210 (Sur 2 km) ✉ *31797 –* 📞 *948 30 51 38 – www.ventadeulzama.com – Cerrado lunes*

BELLATERRA

Barcelona – Mapa regional **10**–B3

ÉBANO

MODERNA • **DE DISEÑO** Instalado en una casa señorial de una zona bastante tranquila. Ofrece varios espacios de línea actual y una cocina de mercado bien elaborada, con distintos detalles de fusión.

 ⅍ ⒨ 🍴 ✿ 🅿 Precio: €€

Avenida Josep María Marcet i Coll 24 ✉ 08290 – 🕾 935 80 33 40 –
www.ebanorestaurant.com – Cerrado domingo, cena: lunes, sábado

BELLVÍS

Lleida – Mapa regional **9**–B2

⍟ LA BOSCANA

Chef: Joël Castanyé

CREATIVA • DE DISEÑO ¿Un restaurante especial? Este sorprende por la experiencia culinaria que ofrece y por su integración en la naturaleza; de hecho, posee
pabellones acristalados que se asoman a bellos jardines, frondosas arboledas, un
idílico estanque… ¡por algo es uno de los más románticos de España!En su elegante
comedor, con muchísima luz natural y detalles de diseño, descubrirá un discurso
culinario de autor, pues Joël Castanyé plantea una cocina que mima los detalles,
tanto desde el punto de vista técnico como en lo que se refiere a la puesta en escena.
El chef, que reformula con acierto los sabores leridanos, busca a través de sus menús
(normalmente uno pequeño y otro más amplio de temporada) la simbiosis de los
platos salados con los sabores de las frutas que puedan potenciarlos, pues en el
entorno tienen también varias fincas frutales y hasta su propio huerto. ¡Su deliciosa
Tartaleta de cerdo y manzana rinde homenaje a dos icónicos productos de Lleida!

 🐜 ⇜ 🛏 ⅍ ⒨ 🅿 Precio: €€€€

Carretera Bell-lloc d'Urgell (Suroeste 1 km) ✉ 25142 – 🕾 973 56 55 75 –
www.laboscana.net – Cerrado lunes, martes, cena: miércoles, jueves y domingo

BENAVENTE

Zamora – Mapa regional **8**–B2

⍟ EL ERMITAÑO

Chef: Óscar Manuel Pérez

TRADICIONAL • ACOGEDORA Se accede por una carretera secundaria flan-
queada por huertas y maizales, lo que reafirma el legado gastronómico, cultural y
familiar de esta antigua casa de campo señorial, muy vinculada al entorno y con una
ermita adosada que data de 1775.Los hermanos Pérez (Pedro Mario y Óscar Manuel),
que buscan la felicidad en las cosas pequeñas y afirman "cocinar lo que son", se muestran fieles a una historia, a una herencia y, por supuesto, a sus respectivas personalidades, diferentes pero complementarias. Ofrecen una carta con grandes clásicos de
la casa (no se pierda los Canutillos de cecina o su delicioso Lechazo asado) y platos
creativos de temporada, cuatro menús dedicados a sus hijos (Raúl, Félix, Lara y
Marta) e interesantísimos maridajes, por las noches dentro del concepto "A Ciegas".

 🐜 ⅍ ⒨ ✿ 🅿 Precio: €€€

Arrabal Huerta de los Salados (por la carretera de León, Noreste 2,5 km y desvío
a la derecha 0,5 km) ✉ 49600 – 🕾 980 63 67 95 – www.elermitano.com –
Cerrado lunes, cena: martes-jueves y domingo

BENICARLÓ

Castellón – Mapa regional **11**–B1

⍟ RAÚL RESINO

Chef: Raúl Resino

CREATIVA • MARCO CONTEMPORÁNEO Raúl Resino, conocido como el
chef-pescador, refleja su filosofía en una insólita frase: "Cocinamos como pensamos, no pensamos cómo vamos a cocinar".Apuesta por una cocina creativa en
constante evolución; eso sí, con pequeños guiños nipones y, sobre todo, una clara
vinculación a los pescados, mariscos, arroces y productos de la huerta, pues es
un enamorado de las materias primas de proximidad y él mismo suele salir a faenar, ligando siempre su propuesta (un único menú degustación llamado "Rancho
marinero de pescadores") a la biodiversidad de las aguas que bañan Castellón y
a las recetas que los propios marineros hacían en sus barcos. ¿Su sueño? Que las

especies más humildes y desconocidas (juliola, peluda, trompeta, caixeta...) sean descubiertas por el gran público y adquieran notoriedad.

🔏 Precio: €€€

Alacant 2 – ✉ 12580 – ☏ 964 86 55 05 – www.restauranteraulresino.com – Cerrado lunes, domingo, cena: martes-jueves

😊 PAU

ARROCES • AMBIENTE MEDITERRÁNEO Un restaurante moderno, desenfadado y de marcados aires mediterráneos en el que prima la humildad, pues no es extraño ver al chef-propietario atendiendo la sala y explicando los platos a los comensales. Puede que haya oído hablar de sus sabrosos arroces... sin embargo, lo cierto es que aquí todo está bueno y se demuestra el gusto por una cocina, con notas creativas, que suele exaltar el producto local. ¿Qué encontrará? Tres cuidados menús al mediodía, uno de ellos tipo ejecutivo, y dos por las noches, estos últimos acompañados ya por la opción de platos a la carta. ¡Agradable música ambiente!

♿ 🔏 Precio: €

Avenida Marqués de Benicarló 11 – ✉ 12580 – ☏ 622 11 85 76 – www.paurestaurant.com – Cerrado lunes, cena: martes-jueves y domingo

BENIFAIÓ

Valencia – Mapa regional **11**–B2

😊 JUAN VEINTITRÉS

TRADICIONAL • SIMPÁTICA He aquí un negocio bien llevado entre tres hermanos, con uno al frente de los fogones mientras los otros están pendientes de la sala. La casa, que inició su andadura como un simple bar, posee dos sobrios comedores de línea actual y tiene la particularidad de que no dispone de carta, pues quieren recitar los platos de palabra para tener un trato más directo con los clientes. Cocina tradicional con detalles actuales y de mercado, destacando tanto los pescados frescos (Rape con tallarines de pasta, Merluza al pil-pil...) como sus arroces: a banda, con bogavante, de alcachofas con puntillas...

♿ 🔏 🔀 Precio: €€

Papa Juan XXIII 8 – ✉ 46450 – ☏ 961 78 45 75 – Cerrado lunes, cena: domingo

BENISSA

Alicante – Mapa regional **11**–B3

✿ CASA BERNARDI

Chef: Ferdinando Bernardi

ITALIANA CONTEMPORÁNEA • MARCO CONTEMPORÁNEO ¿Un sitio agradable en la Marina Alta? Anota este restaurante en tu agenda, pues sin duda es uno de esos sitios donde te hacen sentir especial; de hecho, está llevado por un chef natural de Rímini con muchísimo talento (Ferdinando Bernardi) y se define, a sí mismo, como "ese lugar en el que la italianità (la verdadera hospitalidad italiana) se encuentra con el entorno".El establecimiento, en una zona residencial elevada y junto a la carretera, apuesta por una cocina italiana-actual que mima las elaboraciones, consiguiendo una pasta "al dente" y sabrosos platos mediterráneos (nos ha gustado mucho su Lasagna de sepia y su Espagueto Carbonara a base de galeras) que siempre ensalzan el producto alicantino de temporada, pues trabajan en estrecha relación con los proveedores locales. Encontrarás una pequeña carta (solo al mediodía) y tres menús degustación: Terra (vegetariano), Pasta Lovers y A Modo Mio. ¡Coqueta terraza con vistas al mar!

🔏 🌿 🅿 Precio: €€€

Partida Pedramala 60C (Partida Pedramala) – ✉ 03720 – ☏ 622 30 86 25 – casabernardi.es – Cerrado lunes, martes, cena: domingo

CASA CANTÓ

REGIONAL • AMBIENTE CLÁSICO Presenta varias salas, la principal con una bodega acristalada y vistas al peñón de Ifach. Su carta tradicional se enriquece con un apartado de arroces, pescados y mariscos.

⤚ & Ⓜ ⇄ Precio: €€
Avenida País Valencià 223 ⊠ 03720 – ☏ 965 73 06 29 – casacanto.com –
Cerrado lunes, cena: martes-domingo

BERGA

Barcelona – Mapa regional **9**–C1

TERRA

TRADICIONAL • AMBIENTE CLÁSICO Un restaurante que, más allá de una buena
experiencia, busca transmitir un sentimiento. Su chef propone una cocina tradicio-
nal catalana y de temporada, con interesantes menús.
Ⓜ ⇄ Precio: €€
Paseo de la Pau 27 ⊠ 08600 – ☏ 938 21 11 85 – www.elterrarestaurant.com –
Cerrado martes, miércoles, cena: lunes, domingo

BESALÚ

Girona – Mapa regional **9**–C3

PONT VELL

TRADICIONAL • RÚSTICA ¡En pleno casco antiguo! Ofrece dos salas de aire rústico
y una idílica terraza a la sombra de un níspero, todo con magníficas vistas al río. Cocina
tradicional y regional, con especialidades como el Conejo agridulce o el Rabo de buey.
⤚ ☂ Precio: €€
Pont Vell 24 ⊠ 17850 – ☏ 972 59 10 27 – www.restaurantpontvell.com – Cerrado
lunes, martes, cena: miércoles, jueves y domingo

BIDANIA

Guipúzcoa – Mapa regional **18**–B2

BAILARA

MODERNA • MARCO CONTEMPORÁNEO Llama la atención, pues disfruta de un
ambiente contemporáneo... ¡dentro de un hotel rural en plena naturaleza! La cuidada
propuesta, de tinte moderno, se centra en un único menú degustación sorpresa que
vincula los platos a la temporada, tomando como base los productos que proceden de
los productores cercanos (espárragos, guisantes lágrima, alcachofas, setas...) y la carne
de los ganaderos del entorno. ¡Nos ha gustado mucho su Carbón de taco de buey!
⤚ ☂ & Ⓜ 🅿 Precio: €€€
Eliz Bailara 8 (Hotel Iriarte Jauregia) ⊠ 20496 – ☏ 943 68 12 34 –
www.iriartejauregia.com – Cerrado lunes-miércoles

BIESCAS

Huesca – Mapa regional **2**–B1

🉐 ## EL MONTAÑÉS

ACTUAL • RÚSTICA Una apuesta segura en el Valle de Tena. Este restaurante ha
escogido un nombre que le va como anillo al dedo, pues la fachada en piedra da
paso a un interior de ambiente montañés donde imperan la piedra vista y, sobre
todo, la madera. El chef, que trabaja desde la humildad y apuesta por unas raciones generosas, logra que los clientes disfruten de su cocina ofreciendo platos de
la zona y de temporada, con elaboraciones actuales y detalles internacionales.
¿Especialidades? No deje de probar el esponjoso Risotto de boletus al aroma de
trufa o el Lechazo en dos cocciones con emulsión de salvia.
Ⓜ ⇄ Precio: €
Escudial 1 ⊠ 22630 – ☏ 974 48 52 16 – Cerrado lunes, martes, cena: miércoles,
jueves y domingo

BILBAO

Vizcaya
Mapa regional **18**–A2
Mapa de carreteras Michelin
n° 573-C20

Entre la tradición y la vanguardia

Cuando pensamos en Bilbao, es inevitable asociar su imagen al vanguardista museo Guggenheim y al proceso de transformación urbanística que llegó con su construcción; sin embargo, esta maravillosa ciudad no deja de sorprender, pues jugando con los contrastes ha sabido preservar su esencia y ese carácter "botxero" (de Bilbao de toda la vida) que aún conservan muchos locales. Salir de pintxos y zuritos (vaso pequeño de cerveza) por el casco viejo es toda una experiencia, pero si algo define la gastronomía bilbaína es su personalidad, pues cuentan con fantásticos asadores, establecimientos fieles a la rica tradición culinaria y numerosos restaurantes con Estrellas MICHELIN. ¿Especialidades imprescindibles? El Marmitako, las Kokotxas de merluza en salsa verde, el sabroso Bacalao al pil-pil, las populares Carolinas... y un vino impreso a fuego en el ADN de toda Bizkaia, el afrutado Txakoli.

🕸 **ETXANOBE ATELIER**

Chef: Fernando Canales

CREATIVA • MARCO CONTEMPORÁNEO Resulta singular, sin duda, pues ocupa una antigua fábrica de vidrieras, en pleno centro de Bilbao, que aún conserva alguna reliquia de su pasado.Fernando Canales, el chef bilbaíno al frente del proyecto, puede presumir tanto de espacio como de planteamiento. En su elegante e íntimo comedor gastronómico ansía, ante todo, impresionar a sus clientes, por lo que presenta una oferta de tintes creativos basada en dos menús degustación (Chef Atelier y Chef Atelier Plus). La propuesta, construida en base al mejor producto, llega a la mesa con unas presentaciones muy elaboradas, suele dar protagonismo a los pescados y, en ese constante esfuerzo por hacer que "las experiencias efímeras se conviertan en recuerdos inolvidables", no escatima esfuerzos a la hora de utilizar las últimas tecnologías.

🏧 Precio: €€€€

Plano: B2-3 – *Juan de Ajuriaguerra 8* ✉ *48009* – ☎ *944 42 10 71* – *etxanobe. com* – *Cerrado martes, domingo*

🕸 **MINA**

Chef: Álvaro Garrido

CREATIVA • DE DISEÑO Bilbao no es una plaza fácil para destacar en el mundo gastronómico; sin embargo, aquí es donde el chef Álvaro Garrido decidió templar sus armas, en un discreto local ubicado frente al mercado de La Ribera y a orillas de la ría. La casa, que debe su nombre al antiguo acceso minero que existió bajo el edificio, sorprende por su estética, con una delicada labor de interiorismo donde la cocina vista, la piedra y la madera (la barra es una única pieza de roble) conviven con los detalles de vanguardia.El chef, bien apoyado en la sala por su esposa, propone una cocina de autor con elementos de fusión y un único menú degustación (existe una opción reducida), no faltando en él algún que otro plato histórico de la casa. ¡Puede comer en la barra, viendo trabajar en directo a los cocineros!

[AC] Precio: €€€€

Plano: C3-4 – *Muelle Marzana* ✉ *48003* – ☎ *944 79 59 38* – *www.restaurantemina.es* – *Cerrado lunes, martes*

NERUA GUGGENHEIM BILBAO

Chef: Josean Martínez

CREATIVA • MINIMALISTA Si comer en un museo debe verse como algo especial hacerlo en el Guggenheim Bilbao ya son palabras mayores, pues la singularidad del espacio repercute sobre toda la experiencia.Nerua, que toma su nombre del término latino con el que se conocía a la ría del Nervión, donde confluyen el agua dulce y el agua salada, reproduce esa fusión de fluidos en su propia filosofía, pues el chef Josean Alija busca rescatar los sabores de la cocina vasca desde la innovación, enriqueciendo la propuesta con platos que encandilan por sus fondos y sus matices vegetales. Encontrará una carta actual y un menú degustación (Muina) con guiños a la gastronomía local; no en vano, ellos mismos dicen que su cocina... "nace en las huertas, en el mar y en las granjas del entorno". ¡Opción de maridaje con o sin alcohol!

& [AC] [P] Precio: €€€

Plano: B1-1 – *Avenida de Abandoibarra 2* ✉ *48009* – ☎ *944 00 04 30* – *www.neruaguggenheimbilbao.com* – *Cerrado lunes, cena: martes, miércoles y domingo*

OLA MARTÍN BERASATEGUI

ACTUAL • MARCO CONTEMPORÁNEO Se encuentra junto a la ría, en la 1ª planta del hotel Tayko, y resulta sorprende tanto en lo gastronómico como en lo estético, pues muestra con orgullo las paredes en ladrillo visto y las áridas vigas de hormigón armado para poner en valor el hecho de que... ¡fue el primer edificio construido con esos materiales en el Casco Viejo!El restaurante, que emana personalidad, ansía sumergirnos en un viaje sensorial por la historia del chef Martín Berasategui, para que así descubramos su visión y su particular sentido de la excelencia culinaria de la mano de su discípulo, Raúl Cabrera (conocido por todos como Pintxo), que reproduce con fidelidad y pasión los platos del maestro donostiarra, siempre poniendo hincapié en plantear una cocina que no disfrace ni los productos ni sus sabores.

& [AC] Precio: €€€€

Plano: C3-5 – *De la Ribera 13 (Hotel Tayko)* ✉ *48005* – ☎ *944 65 20 66* – *olamartinberasategui.com* – *Cerrado lunes, martes, cena: miércoles, domingo*

ZARATE

Chef: Sergio Ortiz

PESCADOS Y MARISCOS • MARCO CONTEMPORÁNEO La historia de Zarate es la de un hombre comprometido con el mar, hasta el punto de que fue capaz de reinventarse y... completó su restaurante con una pescadería gourmet!El chef Sergio Ortiz de Zarate inició su propuesta en la localidad de Lekeitio (Vizkaya), donde empezó a hacerse un nombre y a ser reconocido por sus magníficos pescados salvajes asados. Con el traslado del negocio a Bilbao llegó el reconocimiento a su cocina, tradicional por los cuatro costados, y la ampliación de su repertorio, ya con platos más modernos y guiños a los productos de la tierra. Los pilares de esta casa son firmes, sin duda, y se basan tanto en su excepcional conocimiento de los pescados como en el uso de la mejor materia prima del Cantábrico, llegada a diario de los puertos de Lekeitio y Ondarroa.

& [AC] Precio: €€€

Plano: A2-6 – *Licenciado Poza 65* ✉ *48013* – ☎ *944 41 65 21* – *zarate. restaurant* – *Cerrado lunes, cena: martes-viernes y domingo*

A   B

Ganekogorta
Mendiaren Kalea

Araneko   Kalea

Enekuri Etorbidea

Luzarra
Kalea

Pl. de
S. Pedro

Agirre   Lehendakariaren   Etorbidea

DEUSTO
Madariaga Etorbidea

Burgos Kalea

Blas de Otero Kalea

Plaza
S. Pío X

Berrizbizkar Etorbidea

Rafaela Ybarra Kalea

1

● **15**
DEUSTO

Iruña Kalea

Botikazar Errebera

ERANDIO

Euskalduna Zubia

Abandoibarra

Agirre Anaien Kalea

Deustuko Zibua

Ugasco Bidea

Artxanda-
Ugasko
Tunela

Salbe-Ugasko Tunela

Ugasco Bidea

Artxanda-Salbe Tunela

Unibertsitateetako Etorbidea

**MUSEO
GUGGENHEIM
BILBAO**

1

Guggenheim

**Euskalduna
Jauregia**

9

Abandoibarra Etorbidea

Iberdrola

Pl. de
Euskadi

23

Lersundi Kalea

21

16

3

**Museo Marítimo
Ría de Bilbao**

Euskalduna

Olabeaga Kaia

Pl. Sagrado
Corazón

**PARQUE
DE DOÑA CASILDA
DE ITURRIZAR**

Pl. del Museo

Iparraguirre Kalea

17

Heros Kalea

11

Ventosa Bidea

10

José Anselmo
Clavé Pasealekua

**Museo de
Bellas Artes**

Máximo Agirre Kalea

Henao   Kalea

8

**Casa
Montero**

On   Diego   Lopez

Haroko   Kale

**Palacio
Chávarri**

**Casas
de Sota**

**Casa
Montero**

**Estadio de
S. Mamés**

Sabino Arana Etorbidea

Rodríguez Arias Kalea

Nagusia

Pl. Moyúa

Moyúa

Elcano Kalea

2

● S. Mamés

Sabino Arana

6

Urkixo Zumarkalea

Emilio
Campuzano Pl.

ABANDO

INDAUTXU

Pérez Galdós Kalea

Simón

Indautxu

Bolívar

20

Ercilla Kalea

Jeneralaren Kalea

Luis Briñas Kalea

Pérez Galdós Kalea

Manuel Allende Kalea

Kalea

Santimami
Zumarkalea

**Pl.
Bizkaia**

Pl.
Arriquíbar

14

**Azkuna Zentroa
Bilbao**

Egaña Kalea

Fernández del
Campo Kalea

Concha

**Teatro Campos
Elíseos**

Egia Jeneralaren Kalea

Zankoeta Kalea

Autonomia   Kalea

Basurto

La Casilla

Autonomia   Kalea

Pl.
Zabálburu

Tellagorri Kalea

Novia Salcedo Kalea

Pl. de la
Casilla

Trenbideko Etorbidea

Pablo de Alzola Kalea

Gordóniz Kalea

Labayru Kalea

ZORROTZA

A-8/E-70

Díaz Emparanza
Doktorearen Kalea

Salazar Jeneralaren Kalea

Dolores Ibárruri Kalea

**PARQUE
AMETZOLA**

**Museo
Taurino**

Irala Kalea

Krikiño Etorbidea

Zubiera Etorbidea

Urizar Kalea

Juan de   Garay Kalea

Bruño Mauricio Zabala Kalea

3

Tolosa Kalea

Biarritz Kalea

Jaen   Kalea

Moncada Kalea

Ciudadela
Kalea

Altube Kalea

Bake Kalea

Andrés
Isasi Kalea

Padurako
Guduaren Kalea

Eskurtze Kalea

Xenpelar
Kalea

A   ▲ *ARRIGORRIAGA*   B

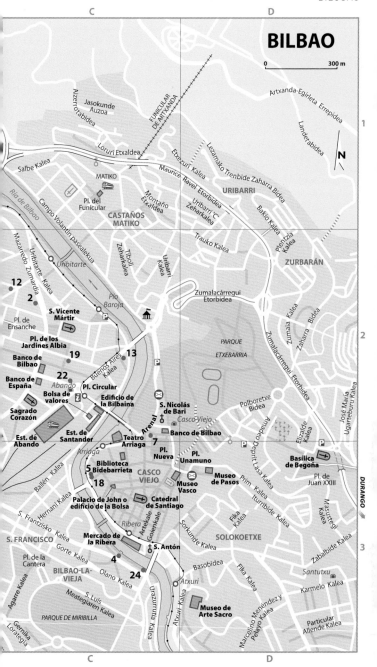

BILBAO

0   300 m

Artxanda-Egirleta Errepidea

Landerabidea

1

Salbe Kalea

Loruri Etxaldea

Aizerrotabidea

Jasokunde
Auzoa

FUNICULAR DE ARTXANDA

Etxezuri Kalea

Maurice Ravel Etorbidea

Lezamako Trenbide Zaharra Bidea

N

Ría de Bilbao

Campo Volantín pasealekua

MATIKO

Pl. del
Funicular

Montaño
Etxaldea

CASTAÑOS
MATIKO

URIBARRI

Uribarri C.
Zeharkalea

Bakio Kalea

Mazarredo Zumardia

Urbitarte Kalea

Urbitarte

Tíboli
Zeharkalea

Uribarri
Kalea

Trauko Kalea

Zumalacárregui
Etorbidea

Plentzia
Kalea

ZURBARÁN

2

12

2

S. Vicente
Mártir

Pío
Baroja

Pl. de
Ensanche

Pl. de los
Jardines Albia

19

13

Buenos Aires Kalea

PARQUE
ETXEBARRIA

Zumalacárregui Etorbidea

Zumaia Kalea

Zahara Bidea

José María Ugarteburu Kalea

Banco de Bilbao

22

Abando

Bolsa de
valores

Pl. Circular

Edificio de
la Bilbaína

S. Nicolás
de Bari

Casco Viejo

Polboretxe
Bidea

Amado Deprit Lasa Kalea

Elizalde
Kalea

Banco de
España

Sagrado
Corazón

Est. de
Abando

Est. de
Santander

Arriaga

Teatro
Arriaga

Arenal

Banco de Bilbao

Pl.
Nueva

Pl.
Unamuno

Prim Kalea

Iturribide Kalea

Basílica
de Begoña

Pl. de
Juan XXIII

DURANGO

Ballén Kalea

5

18

Biblioteca
Bidebarrieta

CASCO
VIEJO

Museo
Vasco

Museo
de Pasos

Fika
Kalea

Masustegi
Kalea

S. Frantzisko Kalea

Palacio de John o
edificio de la Bolsa

Catedral
de Santiago

Ribera

Artekale
Goienkale

Sorkunde Kalea

SOLOKOETXE

Zabaldibe Kalea

S. FRANCISCO

Mercado de
la Ribera

S. Antón

Fika
Kalea

Santutxu

3

Gorte Kalea

Pl. de la
Cantera

4

BILBAO-LA-
VIEJA

Olano Kalea

24

Basobidea

Karmelo Kalea

Agarre Kalea

Gernika Lorategia

S. Luis
Meategiaren Kalea

PARQUE DE MIRIBILLA

Urazurrutia Kalea

Atxuri Kalea

Atxuri

Museo de
Arte Sacro

Marcelino Menéndez y
Pelayo Kalea

Particular
Allende Kalea

✿ ZORTZIKO

Chef: Daniel García

ACTUAL · **ELEGANTE** Si tiene ganas de un "clásico" reserve mesa, pues Zortziko lleva abierto desde 1989 y ha sabido convertirse en... ¡todo un icono del mundo culinario bilbaíno!Presenta varias dependencias o salas con personalidad propia (una muy íntima en la bodega, otra actual más orientada a impartir cursos...), aunque sobre todas ellas destaca su elegante comedor Versalles, que hace honor a su nombre al mostrarse con una estética clásica propia de otros tiempos. Este espacio recrea el marco perfecto para degustar la cocina del chef Daniel García, un hombre de dilatada trayectoria que, exclusivamente a través de dos menús degustación (uno corto y otro largo), plantea su cocina como "un viaje" iniciático a las raíces de la gastronomía vizcaína, siempre desde una constante evolución hacia la modernidad.

🆎 ⇦ Precio: €€€€

Plano: C2-2 – *Alameda de Mazarredo 17* ✉ *48001* – ☎ *944 23 97 43* – *www.zortziko.es* – *Cerrado lunes, domingo*

☺ AL MARGEN

TRADICIONAL · **SENCILLA** Aquí, por encima de cualquier otro concepto, se defiende que "en la sencillez está el gusto". El desenfadado local, ubicado a pie de ría junto al puente de San Antón, se presenta con las columnas en piedra originales y unos suelos hidráulicos que le aportan muchísimo carácter, dejando las mesas desnudas y la cocina semi vista a la entrada. Los jóvenes chefs al frente, Adrián Leonelli y Pablo Valdearcos, defienden una carta tradicional actualizada, también técnica y divertida que, sin ser muy amplia, siempre aboga por los productos frescos de temporada. ¡Dan la opción de un menú degustación!

🦽 🆎 Precio: €€

Plano: C3-24 – *Muelle Urazurrutia 2* ✉ *48003* – ☎ *944 06 40 06* – *www.restaurantealmargen.com* – *Cerrado lunes, miércoles, cena: martes, domingo*

☺ LOS FUEROS

VASCA · **BISTRÓ** A los grandes clásicos de Bilbao se les denomina "botxeros" y, sin duda, este es uno de ellos, pues abrió sus puertas en 1878 bajo el nombre de Bar Colón. Hoy, tras una magnífica rehabilitación que ha respetado sus señas de identidad, se presenta como uno de los restaurantes más interesantes del Casco Viejo, con un bellísimo interior tipo bistró, una buena carta (opción de medias raciones) que viaja por los platos más típicos de la ciudad presentados de forma actual y dos apetecibles menús degustación: Gourmand y De Bilbao de toda la vida. ¡No deje de probar sus míticas Gambas a la plancha!

🆎 🍴 ⇦ Precio: €€

Plano: C2-7 – *De los Fueros 6* ✉ *48005* – ☎ *944 15 30 47* – *losfueros.com* – *Cerrado martes*

☺ KIMTXU

FUSIÓN · **ACOGEDORA** ¿Una taberna asiática en Bilbao? Efectivamente; además, con ese toque informal que te hace sentir a gusto, predispuesto a abrir la mente o el paladar para descubrir otros sabores del mundo. El chef-propietario, Iván Abril, replantea la cocina oriental en base a las técnicas aprendidas en Londres y Hong Kong, utilizando siempre el maravilloso producto vasco y variando la propuesta en función de las materias primas de temporada. La cuidada decoración, a modo de taberna actual, no se olvida de los guiños a la cultura asiática. Platos sencillos, pero... ¡sabrosos, divertidos y equilibrados!

🆎 Precio: €€

Plano: B2-8 – *Henao 17* ✉ *48009* – ☎ *946 52 78 92* – *kimtxu.com* – *Cerrado lunes, domingo, cena: martes*

AITOR RAULEAGA

VASCA • **MARCO CONTEMPORÁNEO** Restaurante de línea clásica-actual ubicado junto al Palacio de Justicia. El chef propone una cocina vasca de producto que destaca por sus sabrosos platos de cuchara.

&. Ac ⇨ Precio: €€€

Plano: C2-19 – *Colón de Larreátegui 9* ✉ *48001* – ☎ *944 25 63 45* – *restauranterauleaga.com* – *Cerrado domingo, cena: lunes-miércoles*

AIZIAN

MODERNA • **MARCO CONTEMPORÁNEO** Con su nombre, que en euskera significa "en el aire", rememora una obra del maestro Chillida. Buena cocina vasca puesta al día, siempre en base a producto local de calidad.

&. Ac 🛋 ⇨ Precio: €€€

Plano: A1-9 – *Lehendakari Leizaola 29 (Hotel Meliá Bilbao)* ✉ *48001* – ☎ *944 28 00 39* – *www.restaurante-aizian.com* – *Cerrado domingo*

LA BODEGA DE OLA

COCINA DE MERCADO • **A LA MODA** Un local que continúa con el sello de Martín Berasategui pero ha redefinido su propuesta, pues ha pasado de presentarse como un gastrobar a ser un restaurante con todas las de la ley. Su interesante menú degustación se complementa con una pequeña carta, muy pensada para compartir, donde se combinan tradición y actualidad en base a los productos de temporada.

⅋ &. Ac Precio: €€€

Plano: C3-18 – *De la Ribera 13 (Hotel Tayko)* ✉ *48005* – ☎ *944 65 20 69* – *labodegadeola.com*

LA DESPENSA DEL ETXANOBE

TRADICIONAL • **DE DISEÑO** Un espacio más informal anexo al Etxanobe Atelier, con el que comparte las instalaciones de cocina. Buenos expositores y elaboraciones tradicionales, con platos actualizados.

&. Ac Precio: €€€

Plano: B2-11 – *Juan de Ajuriaguerra 8* ✉ *48009* – ☎ *944 42 10 71* – *etxanobe.com* – *Cerrado domingo*

ISLARES ⓝ

CREATIVA • **MINIMALISTA** Local de ambiente minimalista, frente al Museo Guggenheim Bilbao, que irradia pasión y busca ensalzar las costumbres gastronómicas tradiciones del norte de la península. ¿Que encontrará? Dos curiosos menús: el llamado A-8 (la autovía del Cantábrico, que va de Irún a Baamonde, en Lugo) y el N-634 (la bella carretera que lleva desde Santiago de Compostela hasta Donostia).

&. Ac Precio: €€€

Plano: B2-23 – *Mazarredo Zumarkalea, 65bis* ✉ *48009* – ☎ *944 06 37 31* – *www.islares.restaurant* – *Cerrado miércoles, domingo, cena: lunes, martes y jueves*

KUMA

JAPONESA • **A LA MODA** Brinda una estética bastante cuidada, con una barra de sushi para la elaboración de los platos fríos. Cocina nipona y de fusión, siempre con el máximo respeto por el producto.

&. Ac Precio: €€€

Plano: C2-12 – *Ercilla 8* ✉ *48009* – ☎ *677 48 33 48* – *restaurantekuma.com* – *Cerrado lunes, domingo*

LASAI ⓝ

TRADICIONAL • **A LA MODA** Bajo el término Lasai, que en euskera significa "calma" o "tranquilidad", este discreto local, ubicado en una céntrica callejuela a pocos metros de la ría, nos invita a descubrir una cocina tradicional actualizada que, con opción de carta y de dos menús, exalta las raíces locales y los sabores de toda la vida. ¡La decoración cambia periódicamente con distintas exposiciones artísticas!

🅐🅒 Precio: €€

Plano: C2-13 – *Príncipe 4* ✉ *48001* – ☎ *944 05 37 36* – *www.lasaibilbao.com* – *Cerrado cena: lunes-miércoles y domingo*

LAS LÍAS BILBAO

TRADICIONAL · **BAR DE TAPAS** Un gastrobar, de ambientación enológica, que oferta una pequeña carta tradicional, tapas y raciones. ¡La extensa selección de vinos por copas delata la pasión del propietario!

🅐🅒 ☕ Precio: €

Plano: B2-17 – *Juan Ajuriaguerra Kalea 14* ✉ *48001* – ☎ *946 96 42 40* – *www.lasliasbilbao.com* – *Cerrado lunes, cena: domingo*

NKO ENEKO

JAPONESA · **A LA MODA** Aquí, en un local de línea moderna que destaca por su terraza (Radisson Collection Hotel), el chef Eneko Atxa defiende un concepto que fusiona la cocina vasca con la japonesa.

🅐🅒 ☕ Precio: €€

Plano: C2-22 – *Gran Vía Don Diego López de Haro 4 (Radisson Collection Hotel Gran Vía Bilbao)* ✉ *48001* – ☎ *946 05 67 53* – *Cerrado lunes, domingo*

ODOLOSTE

COCINA ESPECIALIZADA EN CERDO · **MARCO CONTEMPORÁNEO** Está a pocos pasos del Guggenheim Bilbao y tiene en el cerdo su producto fetiche, pues aquí todo gira en torno a él. Cocina tradicional actualizada y ambiente contemporáneo.

🅐🅒 Precio: €€

Plano: B2-21 – *Alameda Recalde 11* ✉ *48001* – ☎ *690 19 26 28* – *www.odoloste.com* – *Cerrado martes, cena: lunes, miércoles, jueves y domingo*

SAN MAMÉS JATETXEA

TRADICIONAL · **TENDENCIA** Resulta singular por su ubicación, en el mismísimo estadio de "Los Leones" y asomado al terreno de juego. Carta tradicional y menús degustación. ¡No abre durante los partidos!

♿ 🅐🅒 ⇄ Precio: €€€

Plano: A2-10 – *Rafael Moreno Pitxitxi (Estadio de Fútbol San Mamés, puerta 14 - 1º)* ✉ *48013* – ☎ *944 39 51 38* – *sanmamesjatetxea.com* – *Cerrado lunes, cena: martes, miércoles y domingo*

TXIRENE

TRADICIONAL · **BURGUESA** Su nombre hace referencia a un término, propio de Bilbao, para referirse a alguien bromista. Concurrida barra de pintxos, comedor actual y amplia oferta de gusto tradicional.

🅐🅒 ⇄ Precio: €€

Plano: B2-20 – *Poza Lizentziatuaren 26* ✉ *48009* – ☎ *944 55 46 88* – *www.txirene.com* – *Cerrado cena: domingo*

WAMAN

PERUANA · **MARCO CONTEMPORÁNEO** ¿Cocina peruana en base al producto vasco? Aquí ofrecen una con personalidad y finísimas texturas; no en vano, el chef honra sus raíces y... ¡su etapa junto al gran Eneko Atxa!

🍽 🅐🅒 Precio: €€

Plano: A1-15 – *Avenida Madariaga 5* ✉ *48014* – ☎ *688 85 82 17* – *www.wamanrestaurante.com* – *Cerrado lunes, cena: domingo*

YANDIOLA

TRADICIONAL • DE DISEÑO Se halla en el centro cívico-cultural Azkuna Zentroa y sorprende tanto por su interiorismo como por su cuidadísima iluminación. Cocina tradicional actualizada de temporada.

🦽 🅰🅒 Precio: €€€

Plano: B2-14 – *Plaza Arriquibar 4* ✉ *48010* – ☏ *944 13 36 36* – *www.yandiola.com* – *Cerrado cena*

ZAPIRAIN

TRADICIONAL • MARCO CONTEMPORÁNEO Un restaurante con raíces, pues llega a Bilbao... ¡tras más de 50 años en Lekeitio! Cocina tradicional de calidad, especializada en pescados y mariscos (también hay chuletón).

🅰🅒 Precio: €€€

Plano: B2-16 – *Juan Ajuriaguerra 22* ✉ *48009* – ☏ *944 05 52 73* – *www.zapirain.es* – *Cerrado cena: lunes, domingo*

BINÉFAR

Huesca – Mapa regional **2**–B2

🕸 CARMEN

COCINA DE TEMPORADA • SIMPÁTICA Se encuentra en el mismo edificio donde se halla la Lonja Agropecuaria más importante de España; no en vano, el valor de la carne de vacuno en el resto de lonjas depende, en gran medida, de su cotización aquí. Con estos mimbres se entiende, perfectamente, la existencia de un restaurante como este, nacido en Tamarite de Litera y trasladado aquí para explotar aún más las selectas carnes de estos lares. El chef Iván Vilanova ofrece, desde la humildad, una carta basada en productos de temporada y un buen menú, siempre buscando una cocina sabrosa donde las materias primas sean las protagonistas.

🦽 🅰🅒 ⇔ Precio: €€

Avenida de Nuestra Señora del Pilar 3 ✉ *22500* – ☏ *974 42 05 31* – *www.carmenrestaurante.com* – *Cerrado lunes, cena: martes-jueves y domingo*

BOQUEIXÓN

A Coruña – Mapa regional **13**–A2

🕸 O BALADO

Chef: Roberto Filgueira

TRADICIONAL • ACOGEDORA Aquí se viene a escuchar el silencio, a oxigenar el cerebro y, por supuesto, a disfrutar de una gastronomía "Km 0" que no deja indiferente. Al encontrarse en una aldea puede resultar algo difícil de localizar; sin embargo, merece la pena flanquear la discreta fachada de la casa para descubrir una sala donde veremos detalles rústicos, modernos, hogareños... y hasta una típica "lareira", utilizada tanto para cocinar como para ahumar productos. Ofrecen calidad, precios económicos y platos tradicionales elaborados con mucho cariño, como el Jurel ahumado o el Rabo de vaca de Bandeira estofado.

🌿 *El compromiso del Chef:* Vivimos en pleno entorno rural, así que promovemos la economía local comprando a los productores cercanos. Por otra parte, usamos las sobras orgánicas para alimentar a nuestros animales (ovejas, burro, gallinas, perros...) y recurrimos al agua "Km 0" para el servicio.

🦽 🅿 Precio: €€

Ardesende 3 (Codeso, Sureste 3 km) ✉ *15881* – ☏ *639 89 37 49* – *www.obalado.com* – *Cerrado miércoles, cena: lunes, martes, jueves y domingo*

LES BORGES BLANQUES

Lleida – Mapa regional **9**–B2

HOSTAL BENET

CATALANA • **AMBIENTE TRADICIONAL** Llevado en familia y ubicado en un edificio con historia, pues fue ayuntamiento y almazara. Cocina catalana actualizada y opción de... ¡un menú maridado con su propio aceite!

🆑 Precio: €€

Plaza del 1 de Octubre 21-23 ✉ *25400* – ☏ *973 14 23 18* – *restauranthostalbenet. com* – *Cerrado martes, miércoles, cena: lunes, jueves- y domingo*

BOSSÒST

Lleida – Mapa regional **9**–A1

ER OCCITAN

MODERNA • **MARCO CONTEMPORÁNEO** ¡Se ha ganado un nombre en el Valle de Arán! Aquí la propuesta, de tinte moderno, sorprende al combinar los productos de temporada de la zona con sabores asiáticos e indianos.

🕭🆑 Precio: €€

Major 66 ✉ *25550* – ☏ *973 64 73 66* – *www.eroccitan.com* – *Cerrado lunes, martes, cena: miércoles, jueves y domingo*

EL PORTALET

MODERNA • **MARCO CONTEMPORÁNEO** Sorprende tanto por la estética como por su oferta gastronómica, basada en dos menús con platos a elegir. El chef, que demuestra buenas ideas, atesora técnica y creatividad.

🕭🆑🅿 Precio: €€

Sant Jaume 32 ✉ *25550* – ☏ *973 64 82 00* – *www.restaurantportalet.com* – *Cerrado lunes, cena: martes-jueves y domingo*

BRIONES

La Rioja – Mapa regional **14**–A2

ALLEGAR Ⓝ

TRADICIONAL • **HISTÓRICA** Este es uno de los pueblos medievales más bonitos de España, donde también se encuentra... ¡la magnífica bodega-museo Vivanco! Aquí el término "Allegar", un riojanismo que significa "rebañar o limpiar bien el plato", parece que ha venido al pelo para definir este restaurante, ubicado dentro del hotel Santa María Briones y que apuesta por una cocina riojana puesta al día, de intensos sabores y hasta con algún que otro trampantojo. ¡El local cuenta también con uno de sus famosos "calados"!

🆑♻🅿 Precio: €€

Concepción 37 (Hotel Santa María de Briones) ✉ *26330* – ☏ *941 99 15 99* – *www.santamariabriones.com* – *Cerrado almuerzo: lunes, martes*

BURGOS

Burgos – Mapa regional **8**–C2

✿ COBO EVOLUCIÓN

Chef: Miguel Cobo

MODERNA • **DE DISEÑO** Es la apuesta gourmet del chef Miguel Cobo y comparte algunas dependencias con el restaurante Cobo Tradición, pues ambas opciones culinarias se hallan dentro del amplio, céntrico y moderno espacio gastronómico que aglutina todo, el denominado Cobo Estratos.El famosísimo Parque Arqueológico de Atapuerca, ubicado a poco más de 20 kilómetros de Burgos, le ha servido al mediático chef como inspiración o leitmotiv a la hora de plantearnos un único y extenso menú degustación, de índole creativo, donde se nos plantea un increíble viaje con el paladar a las distintas etapas de la evolución humana y de su relación con el entorno desde el sabor, con etapas clave en África, Atapuerca, Altamira, el Neolítico, la antigua Roma... y, a la hora del postre, un acercamiento a lo que llaman el Mestizaje.

&. AC Precio: €€€€

Plaza de la Libertad 9 ⊠ 09004 – ℰ 947 02 75 81 – www.coboestratos.com – Cerrado lunes-miércoles, cena: jueves, domingo

COBO TRADICIÓN

TRADICIONAL • DE DISEÑO Un espacio superlativo que aquí enarbola la bandera de la tradición, con carnes y pescados a la brasa, guisos, croquetas... ¡Pida su Tigre de mejillón de roca con beurre blanc!

&. AC ✿ Precio: €€€

Plaza de la Libertad 9 ⊠ 09004 – ℰ 947 02 75 81 – coboestratos.com – Cerrado lunes, cena: martes, domingo

LA FÁBRICA ⓝ

ACTUAL • MINIMALISTA El restaurante del chef Ricardo Temiño, que se ha trasladado al centro de Burgos (junto al Centro Cívico San Juan) y hoy presenta un interior de elegante minimalismo, apuesta claramente por el sabor y la calidad a través de una cocina contemporánea que toca tanto el recetario tradicional como el internacional. La carta (también hay un menú ejecutivo) permite pedir medias raciones y platos para compartir, lo que facilita descubrir muchas elaboraciones.

&. AC 🛋 Precio: €€

San Juan 3 ⊠ 09003 – ℰ 947 04 04 20 – www.fabricarestaurante.com – Cerrado lunes, domingo

LA FAVORITA

TRADICIONAL • RÚSTICA Buen bar-restaurante de aire rústico-actual que aún conserva las paredes originales en ladrillo visto y piedra. Destaca por la calidad de sus pinchos y sus carnes a la brasa.

&. AC 🛋 Precio: €€

Avellanos 8 ⊠ 09003 – ℰ 947 20 59 49 – www.lafavoritaburgos.com – Cerrado miércoles

CALA BLAVA - Baleares ➔ Ver Balears (Mallorca)

CABRILS
Barcelona – Mapa regional **10**–D1

CA L'ESTRANY

COCINA DE MERCADO • AMBIENTE TRADICIONAL Una casa, tipo masía, muy vinculada a La Cofradía de Pescadores de Arenys de Mar. Pruebe el pulpo, los arroces, las sugerencias... y, por supuesto, sus pescados y mariscos.

&. AC 🛋 ✿ 🅿 Precio: €€

Camí Coll de Port 19 ⊠ 08348 – ℰ 937 50 70 66 – calestrany.com – Cerrado lunes, cena: martes-jueves y domingo

CÁCERES
Cáceres – Mapa regional **12**–A2

✿✿✿ ATRIO

Chef: Toño Pérez

CREATIVA • DE DISEÑO Un templo de la cocina ibérica que todo gastrónomo debería conocer, pues emana elegancia, pasión y sinceridad, con un servicio impecable que se desvive para que disfrutemos plenamente de la experiencia.El chef cacereño al frente, Toño Pérez, nos propone una cocina de altísimo nivel técnico y tintes creativos donde, a través de un único y extenso menú degustación, los sabores del cerdo ibérico y de la dehesa extremeña son los grandes protagonistas, dando una vuelta al ADN de la tradición local para exaltar los mil matices propios de esta tierra (los pases relacionados con su famoso "cochinito feliz" suelen tener evocadores nombres). ¿Un consejo? No deje de visitar la espectacular bodega, pues esta... ¡atesora referencias y añadas históricas dificilísimas de ver en cualquier otro sitio!

&3 & 🖾 🖙 Precio: €€€€

Plaza San Mateo 1 (Hotel Atrio) ⊠ *10003 – ✆ 927 24 29 28 – restauranteatrio. com*

JAVIER MARTÍN

ACTUAL • **MARCO CONTEMPORÁNEO** En este moderno local, muy bien llevado por una pareja en la barriada de Nuevo Cáceres, encontrará una completa carta tradicional con pinceladas actuales y varios menús.

& 🖾 🖙 Precio: €€€

Juan Solano Pedrero 15 ⊠ *10005 – ✆ 927 23 59 06 – restaurantejaviermartin. com – Cerrado cena: domingo*

MADRUELO

REGIONAL • **AMBIENTE TRADICIONAL** ¡Descubra los sabores de la dehesa! En este restaurante de inspiración regional, instalado en un edificio del s. XIX que se halla a pocos metros de la Plaza Mayor, presentan una carta bastante variada donde exaltan, principalmente, los productos extremeños (morcilla, embutidos locales, prueba madruelo de cerdo ibérico...), aunque también ofrecen algunos arroces para dos y varios platos de bacalao.

🖾 Precio: €€

Camberos 2 ⊠ *10003 – ✆ 927 24 36 76 – madruelo.com – Cerrado cena: lunes-jueves y domingo*

TORRE DE SANDE

TRADICIONAL • **ACOGEDORA** ¿La cocina de Atrio en un concepto más casual? Podrá disfrutarla en pleno casco antiguo, pues este restaurante ocupa un antiguo palacio (s. XV) ubicado a pocos metros del famoso triestrellado. Aquí, en un ambiente informal, ofrecen platos más tradicionales y regionales, con embutidos ibéricos y quesos de la zona, deliciosos guisos, carnes al carbón, algunos platos de fusión, apetecibles postres... ¡Si hace bueno merece la pena comer en la coqueta terraza!

& 🖾 🖙 🖙 Precio: €€

Condes 3 ⊠ *10003 – ✆ 927 16 49 94 – torredesande.es*

CADAQUÉS

Girona – Mapa regional **9**–D3

COMPARTIR CADAQUÉS

MODERNA • **RÚSTICA** Posee un amplio patio-terraza y un agradable interior de ambiente rústico-mediterráneo, con fuerte presencia de la piedra y la madera. Su propuesta culinaria apunta hacia el plato completo, de gran calidad, pero todo ideado para compartir.

🖾 🖙 Precio: €€€

Riera Sant Vicenç ⊠ *17488 – ✆ 972 25 84 82 – www.compartircadaques.com – Cerrado lunes, martes*

CÁDIZ

Cádiz – Mapa regional **1**–A2

&3

CÓDIGO DE BARRA

Chef: Léon Griffioen

MODERNA • **MARCO CONTEMPORÁNEO** Este oasis gastronómico, en las concurridas calles peatonales del casco antiguo, seguro que no le deja indiferente, pues tiene mérito desvelar desde la perspectiva actual algunos de los códigos culinarios ocultos en la trimilenaria historia gaditana.El local, definido por la convivencia de la piedra, el ladrillo y las paredes en tonos blancos, emana sosiego (incluso en la mesa que hay frente a la cocina), por lo que constituye el hábitat perfecto para que el chef Léon Griffioen (de origen holandés) y su mujer (Paqui Márquez, jefa de sala y sumiller) desarrollen su trabajo. ¿La propuesta? Dos menús degustación (Cotinusa y Gadir) que procuran narrar los sabores gaditanos desde la perspectiva actual, desgranando distintos momentos históricos en base a las mejores materias primas de la zona.

&. AC Precio: €€€

San Francisco 7 ✉ 11004 – ✆ 635 53 33 03 –
www.restaurantecodigodebarracadiz.com – Cerrado lunes, domingo

ALMANAQUE CASA DE COMIDAS

ACTUAL • ACOGEDORA Pequeño y encantador restaurante ubicado en un edificio histórico de la parte vieja de Cádiz, junto al parque (Plaza de España) donde se halla el monumento a la Constitución de 1812. Juan Carlos Borrell, pupilo durante varios años del laureado chef valenciano Ricard Camarena, de quien dicen que aprendió a coger el punto a los arroces, defiende una cocina que evita los artificios para concentrar los esfuerzos en salvaguardar el recetario tradicional gaditano y potenciar cada sabor. Dentro de su carta, no muy amplia, no deje de probar la Poleá, un postre típico que... ¡adaptan a la temporada!

&. AC 🍴 Precio: €€

Plaza de España 5 duplicado ✉ 11006 – ✆ 956 80 86 63 – Cerrado lunes, cena:
martes, miércoles y domingo

CICLO

ACTUAL • MARCO CONTEMPORÁNEO En este céntrico local de ambiente casual, repartido en dos partes (por un lado la barra y por otro la zona gastronómica), reinterpretan el recetario gaditano desde la cocina más actual. La nutrida oferta de tapas y platillos (Ensaladilla Ciclo, Berenjenas al carbón, Cachopo de atún...) se completa con la opción de un buen menú degustación.

&. AC Precio: €€

Amaya 1 ✉ 11005 – ✆ 956 25 67 04 – ciclorestaurante.com – Cerrado domingo,
almuerzo: lunes

CONTRASEÑA

MODERNA • ACOGEDORA Este restaurante, en la misma calle donde se encuentra su hermano mayor (Código de Barra, con una Estrella MICHELIN), tiene tras de sí a Léon Griffioen, un chef de raíces holandesas y espíritu errante que decidió deshacer definitivamente la maleta en "la tacita de plata". Aquí encontrará una cocina moderna y alegre que, en base a la tradición, siempre busca ensalzar los sabores gaditanos. La propuesta se centra en un completo menú degustación, con opción de maridaje, donde se nos anima a comer con los ojos, descubrir con el olfato y saborear con el paladar.

AC 🍴 Precio: €€

San Francisco 33 ✉ 11004 – ✆ 655 18 89 17 – restaurantecontrasenacadiz.es –
Cerrado martes, miércoles

LA MARMITA DE ANCHA

ANDALUZA • MARCO CONTEMPORÁNEO Local de cuidada estética contemporánea donde no faltan las alusiones al mar y a la almadraba. Cocina andaluza de producto, con guiños asiáticos, muy centrada en el atún rojo.

&. AC 🍴 Precio: €€

Ancha 7 ✉ 11001 – ✆ 956 04 43 46 – www.grupolamarmita.com

CAIMARI - Baleares ➜ Ver Balears (Mallorca)

CALA D'OR - Baleares ➜ Ver Balears (Mallorca)

– Baleares ➜ Ver Balears (Menorca)

CALAHONDA
Granada – Mapa regional **1**–C2

EL CONJURO
MODERNA • **MARCO CONTEMPORÁNEO** De aire minimalista y bien llevado entre hermanos. Cocina contemporánea sin ataduras, en base a los mejores productos de la costa, carnes selectas y... ¡condimentos asiáticos!

🅰️ 🏠 Precio: €€€

Avenida de los Geranios 6 ✉ *18730 – ☎ 958 62 31 04 – elconjurorestaurante. com – Cerrado miércoles, cena: lunes, martes, jueves y domingo*

CALDES DE MONTBUI
Barcelona – Mapa regional **9**–C2

MIRKO CARTURAN CUINER
MODERNA • **A LA MODA** Un restaurante que se plantea como una extensión del propio chef, de origen piamontés, por eso presenta la cocina acristalada nada más entrar, un comedor actual decorado a base de libros gastronómicos, un patio-terraza y un privado. ¿Su propuesta? Cocina actual no exenta de personalidad, ensalzando siempre los productos de temporada, cuidando las texturas y mimando las presentaciones. Organizan varias jornadas gastronómicas a lo largo del año (trufas, setas, caza...) y de lunes a viernes, solo los días laborables, ofrecen un interesantísimo menú llamado "Bib Gourmand Guía MICHELIN".

🅰️ 🏠 ♿ Precio: €€

Avenida Pi i Margall 75 ✉ *08140 – ☎ 938 65 41 60 – www.mirkocarturan.com – Cerrado lunes, domingo, cena: martes-jueves*

CALDERS
Barcelona – Mapa regional **9**–C2

URBISOL
TRADICIONAL • **ACOGEDORA** Atesora gran personalidad, pues fue el origen del negocio. Amabilidad, confort, una completa carta de cocina tradicional actualizada... y cuidadas habitaciones como complemento.

♿ 🅰️ 🅿️ Precio: €€

Carretera N 141 C (Hotel Urbisol - Noreste 2,5 km) ✉ *08279 – ☎ 938 30 91 53 – www.hotelurbisol.com – Cerrado lunes, martes, cena: domingo*

CALELLA DE PALAFRUGELL
Girona – Mapa regional **10**–B1

SA JAMBINA
TRADICIONAL • **AMBIENTE MEDITERRÁNEO** Una casa de ambiente actual-informal que, con la incorporación de los hijos, ha inyectado ilusiones renovadas en la propuesta. Cocina marinera de base tradicional y local.

🅰️ 🏠 ♿ Precio: €€€

Boffil i Codina 21 ✉ *17210 – ☎ 972 61 46 13 – www.restaurantsajambina.com – Cerrado lunes, martes, cena: miércoles, jueves y domingo*

CALELLA

Barcelona – Mapa regional **10**–A2

EL DRAC

CREATIVA • **TENDENCIA** La personalidad del chef Raül Balam Ruscalleda llevada a su tierra, El Maresme, para aprovechar los productos de temporada del entorno desde su creatividad. ¡Sabores marcados!

🗚 🅿 Precio: €€€

Turisme 80-88 (Hotel Sant Jordi) ✉ *08370 –* ☎ *937 66 19 19 – www.hotelsantjordi.com – Cerrado lunes-jueves, almuerzo: viernes, cena: domingo*

EL HOGAR GALLEGO

PESCADOS Y MARISCOS • **AMBIENTE CLÁSICO** Un gran clásico, céntrico y con muchos años de vida. Tiene una carta bastante completa, aunque lo más vendido siempre son los fantásticos pescados y mariscos de su expositor.

🗚 ⇔ 🅿 Precio: €€€

Ànimes 73 ✉ *08370 –* ☎ *937 66 20 27 – www.elhogargallego.cat – Cerrado lunes, cena: domingo*

LAS CALETAS - Tenerife ➜ Ver Canarias (La Palma)

CALLDETENES

Barcelona – Mapa regional **9**–C2

✿ CAN JUBANY

Chef: Nandu Jubany

MODERNA • **RÚSTICA** Una casa de referencia en Cataluña, tanto por su emplazamiento en una preciosa masía como por el talento del chef Nandu Jubany, un hombre que siente pasión por las motos y... ¡ha llegado a correr el Dakar!El acceso nos permite contemplar la huerta anexa, de la que sacan muchos productos, y la propia cocina, donde se constata el equilibrio entre tradición y vanguardia. El acogedor interior sorprende con varias salas de ambiente rústico-actual, diferentes espacios para la sobremesa y una mesa del chef al pie de los fogones. Ofrecen una cocina actual de raíces tradicionales, con platos construidos en base a los mejores productos catalanes, opción de carta y dos sorprendentes menús (Un paseo por Cataluña y El Gran Festín de Can Jubany). Con el café... ¡no se pierda su caja de locuras dulces!

🕸 ♿ 🗚 🅿 Precio: €€€€

Carretera C 25 (salida 187, Este 1,5 km) ✉ *08506 –* ☎ *938 89 10 23 – canjubany. com – Cerrado lunes, domingo, cena: martes*

ES CALÓ - Baleares ➜ Ver Balears (Formentera)

CALP

Alicante – Mapa regional **11**–B3

✿ AUDREY'S

CREATIVA • **MARCO CONTEMPORÁNEO** Audrey Hepburn, la mítica protagonista de "Desayuno con diamantes", no ha tenido que acudir a Tiffany & Co. para hallar otra joya exclusiva.Aquí, en un espacio luminoso y de fresca elegancia, el chef Rafa Soler plantea una cocina valenciana evolucionada, muy creativa en las formas y las técnicas pero también apegada al terreno, a la memoria y a los productos de proximidad; no en vano, muchos la califican como "enogastronómica". Sus platos denotan personalidad y alma mediterránea, transformando siempre las materias primas desde el respeto a sus raíces y a la temporalidad, con la menor manipulación posible. ¿Curiosidades? Los menús degustación están dedicados a sus hijos, Aitana y Joël, llevando este último el nombre del emblemático chef francés Joël Robuchon, uno de sus grandes maestros.

&. 📶 Precio: €€€€

Avenida Juan Carlos I 48 (Hotel AR Diamante Beach) ✉ 03710 – ☎ 608 66 76 37 – www.audreys.es – Cerrado lunes, martes, almuerzo: miércoles, jueves

✿ BEAT

COCINA MEDITERRÁNEA • A LA MODA Beat refleja el "latido gastronómico" del hotel The Cook Book, pues aquí son capaces de alterarnos el pulso desde que tomamos los primeros aperitivos.El luminoso local, dominado por los tonos blancos, refleja la esencia del Mediterráneo y sirve como escenario a lo que va a ser una gran experiencia culinaria, marcada por un producto intachable y una coherencia tal que los sabores se potencian entre sí. El chef valenciano José Manuel Miguel, único cocinero que ha ganado una Estrella MICHELIN en Francia y España, busca la excelencia, por eso orienta la propuesta hacia sus menús (uno de ellos vegetariano) sin olvidarse del servicio a la carta, con platos actuales que fusionan la vitalidad mediterránea con la finura gala. ¡Magnífica labor, ante el comensal, con la mantequilla de la Normandie!

֎ &. 📶 🏠 ⇦ 🅿 Precio: €€€€

Urbanización Marisol Park 1A (Hotel The Cookbook - Norte 0,5 km) ✉ 03710 – ☎ 965 87 57 00 – www.ar-hotels.com/restaurantes-calpe/beat.html – Cerrado lunes-miércoles

✿ OROBIANCO

ITALIANA CONTEMPORÁNEA • MARCO CONTEMPORÁNEO ¡Vaya vistas al Peñón de Ifach! Sí, efectivamente, la panorámica sobre Calp y su espectacular "roca" es espectacular, pero la cocina de inspiración italiana que ofrecen tampoco deja indiferente, pues está repleta de matices y... ¡cuenta con el asesoramiento del laureado chef Paolo Casagrande!La elegancia salta a la vista en los platos, que demuestran tener un hilo conductor y llegan al comensal a través de dos menús degustación (Corto y Largo). ¿La esencia de su propuesta? Cocina transalpina fusionada con producto local que nos habla de España y del Mediterráneo (Tagliatelle de sepia, Risotto de berro y gamba roja, Spaghettoni al Pil-Pil...), pasta con un perfecto punto de cocción, sabores nítidos, maridajes acertados dentro de un clasicismo actual... ¡y una variedad de panes italianos que llama la atención!

⇐ &. 📶 🅿 Precio: €€€€

Colina del Sol 49 A (Norte 3 km) ✉ 03710 – ☎ 966 80 66 61 – www.orobianco.es – Cerrado lunes, martes, domingo

☺ KOMFORT

ACTUAL • A LA MODA Una casa interesante, pese a estar algo alejada del circuito turístico de Calp, cuyo nombre nos recuerda la corriente culinaria conocida como "Comfort Food". Sus instalaciones forman parte del hotel gastronómico The Cookbook, donde presenta una moderna sala tipo bistró con grandes cristaleras, mesas desnudas de distintas alturas y un sinfín de lámparas diferentes definiendo la personalidad del local. Aquí encontrará una cocina tradicional e internacional sumamente variada, con sabrosas pizzas, cocas, platos a la brasa, arroces, un fantástico Steak tartar... y la opción de un menú degustación.

&. 📶 🏠 🅿 Precio: €€

Urbanización Marisol Park 1A (Norte 0,5 km, Hotel The Cookbook) ✉ 03710 – ☎ 636 57 22 41 – www.ar-hotels.com/hotel-the-cookbook – Cerrado martes

CAMARIÑAS

A Coruña – Mapa regional **13**–A2

☺ VILLA DE ORO

PESCADOS Y MARISCOS • TENDENCIA Si está por la zona de la Costa da Morte y busca un buen sitio para comer vaya reservando mesa en Villa de Oro, un restaurante de tercera generación que ya ha cumplido sus bodas de oro. Se encuentra en el centro de Camariñas, en los bajos de un edificio de viviendas, y se presenta con una sala de estética moderna recientemente actualizada, una pequeña vinoteca acristalada y su propio vivero. Ofrecen una carta de tinte tradicional y regional que, como no podía ser de otra manera por estos lares, se ha especializado en pescados y mariscos... aunque también presenta un buen apartado de carnes.

AC Precio: €€

Areal 5 ⊠ 15121 – ℰ 981 73 63 54 – www.restaurantevilladeoro.es

CAMBADOS

Pontevedra – Mapa regional **13**–A2

ⴱ **YAYO DAPORTA**

CREATIVA · **AMBIENTE CLÁSICO** ¿Quieres llevarte el Atlántico a la boca? Aquí podrás hacerlo, pues si bien el chef Yayo Daporta dice que su propuesta se basa "en el buen gusto y el sentido común", lo cierto es que hay mucho más, ya que reinterpreta la cocina gallega para actualizarla y llevarla a otro nivel.Mejillones, ber-berechos, percebes, gelatina de algas, una simple navaja en diferentes texturas... en este atractivo restaurante, ubicado en un edificio de piedra que en otros tiempos funcionó como Hospital Real (s. XVIII), el fondo marino toma el protagonismo, pues a través de sus menús (Degustación y Gran Menú Yayo Daporta) el chef nos mues-tra su absoluta lealtad al entorno, para lo que acude tanto al litoral de Cambados como a los productos de sus huertas (una en el propio restaurante y otra en su Pazo A Capitana). ¡No dejes de visitar la bodega llevada por su hermana, Esther Daporta, pues los clientes pueden entrar a escoger personalmente los vinos!

AC ⌂ Precio: €€€

Hospital 7 ⊠ 36630 – ℰ 986 52 60 62 – yayodaporta.com – Cerrado lunes, martes, cena: domingo

☺ **A TABERNA DO TRASNO**

TRADICIONAL · **TENDENCIA** Resulta céntrico e inesperado, pues ha devuelto la vida a una preciosa casa en piedra, con más de dos siglos, que hoy sorprende por su moderno interior. El chef-propietario nos ofrece una carta variada en la que convi-ven los platos tradicionales con otros más modernos, algunos mariscos, bastantes productos a la brasa (posee un horno de leña) e incluso un apartado de cocina de fusión al que llaman "Un paseo por el mundo". ¿Alguna sugerencia o recomenda-ción? Pruebe el Pulpo a la brasa sobre crema de cachelos o su maravillosa Merluza de Burela a la brasa, con almejas y reducción de albariño.

AC ⌂ ⟳ Precio: €€

Príncipe 12 ⊠ 36630 – ℰ 986 52 49 88 – www.atabernadotrasno.com – Cerrado miércoles

POSTA DO SOL

PESCADOS Y MARISCOS · **ACOGEDORA** Un restaurante-marisquería con carácter y detalles regionales. Su especialidad son los pescados y mariscos, pero también las empanadas, destacando entre ellas la de vieiras.

⌂ Precio: €€

Ribeira de Fefiñans 22 ⊠ 36630 – ℰ 986 54 22 85 – postadosol.es

CAMBRILS

Tarragona – Mapa regional **9**–B3

ⴱ **CAN BOSCH**

Chefs: Arnau y Joan Bosch

TRADICIONAL · **ELEGANTE** Ofrece los valores de un negocio familiar fiel a sí mismo, con la honestidad por bandera y una línea guía que no se quiebra desde que abrió en 1969: usar exclusivamente materias primas de temporada y aprovechar la calidad de los cercanos frutos del mar; de hecho, los pescados y mariscos vienen de la lonja de Cambrils y sus famosos arroces, siempre de la variedad Carnaroli del "Molí de Rafelet", del Delta del Ebro.Joan y Arnau Bosch (padre e hijo) fusionan sus respectivas personalidades culinarias en un sutil equilibrio, acudiendo a la complicidad para que tradición e innovación vayan de la mano en una cocina respetuosa con el producto. No hay mayor prueba de éxito que el favor del público, pero es justo recordar que este restaurante luce su Estrella MICHELIN... ¡desde la edición de 1985!

&& & AC ⇔ Precio: €€€

Rambla Jaume I 19 ⊠ 43850 – ✆ 977 36 00 19 – canbosch.com – Cerrado lunes, martes

ॐ **RINCÓN DE DIEGO**

Chef: Diego Campos

TRADICIONAL • **MARCO CONTEMPORÁNEO** Si busca un restaurante de calidad próximo a la playa o al puerto deportivo no hay excusas, pues este se halla cerca de la Platja del Regueral y a solo unos pasos del Club Nàutic de Cambrils.La casa, con dos plantas de ambiente actual-contemporáneo, presume de tener un tándem de lujo tras los fogones: el chef Diego Campos, uno de los bastiones en la revitalización de la gastronomía local, y su hijo Rubén. ¿La propuesta? Una cocina tradicional actualizada que ensalza los pescados y mariscos de Cambrils, dejando siempre constancia de ese toque personal que aquí le saben dar a los arroces, las fideuás, su romesco o el suquet. Interesantes menús, raciones contundentes, numerosos aperitivos antes de los platos principales... ¡e interesantísimas jornadas gastronómicas!

&& AC Precio: €€€

Drassanes 19 ⊠ 43850 – ✆ 977 36 13 07 – www.rincondediego.com – Cerrado lunes, cena: domingo

BRESCA

TRADICIONAL • **MINIMALISTA** Una casa de línea actual-funcional que mima cada detalle. Su oferta, tradicional actualizada, se enriquece en los postres con una carta más de infusiones, tés y vinos dulces.

& AC Precio: €€

Doctor Fleming 4 ⊠ 43850 – ✆ 977 36 95 12 – www.brescarestaurant.com – Cerrado lunes, cena: martes, domingo

MIRAMAR

PESCADOS Y MARISCOS • **MARCO CONTEMPORÁNEO** Negocio familiar de 3ª generación ubicado junto a la Torre del Port (s. XVII). Proponen una cocina marinera actualizada que cuida mucho los detalles. ¡Gran carro de postres!

AC 🍴 Precio: €€€

Paseo Miramar 30 ⊠ 43850 – ✆ 977 36 00 63 – www.miramar-cambrils.com – Cerrado martes, miércoles

CAMPASPERO

Valladolid – Mapa regional **8**-C2

MANNIX Ⓝ

COCINA ESPECIALIZADA EN CORDERO • **MARCO REGIONAL** ¡Uno de los asadores castellanos con más nombre de España! Esta casa familiar, con muchos años de historia, tiene en el lechazo de raza churra su producto estrella, elaborado por cuartos sobre cazuelas de barro y asado en horno de leña como manda la tradición. Aunque la inmensa mayoría de los clientes van con la idea de comer Lechazo (se suele reservar al llamar por teléfono), también ofrecen otras carnes y especialidades con su casquería (sesos, manitas, mollejas encebolladas, riñones...).

AC Precio: €€

Felipe II-26 ⊠ 47310 – ✆ 983 69 80 18 – www.restaurantemannix.com – Cerrado lunes, cena: martes-domingo

EL CAMPELLO

Alicante – Mapa regional **11**–B3

☺ BREL

INTERNACIONAL · **DE DISEÑO** Un negocio familiar que, como un pequeño guiño a sus orígenes, toma su nombre del famoso cantante belga Jacques Brel, conocido internacionalmente por su tema "Ne me quitte pas". El restaurante, que inicialmente funcionó como pizzería, destaca tanto por su emplazamiento frente a la playa como por su atractivo interior: amplio, luminoso, de diseño actual y con una barra-mesa especial junto a la cocina acristalada. ¿Qué encontrará? Una carta mediterránea-actual siempre atenta a los detalles, con apartados específicos para la pasta fresca, las pizzas de autor y los platos de inspiración asiática.

♿ 🆈 🍴 Precio: €€

San Vicente 91 ✉ *03560 –* ☏ *965 63 07 01 – www.restaurantebrel.com – Cerrado martes, miércoles*

LA VAQUERÍA

TRADICIONAL · **A LA MODA** Asador de estética actual dotado con terraza y zona de ocio infantil. Su especialidad son las carnes a la brasa... aunque también trabaja con pescados y verduras de temporada.

♿ 🆈 🍴 Precio: €€

Carretera Benimagrell 52 ✉ *03560 –* ☏ *965 94 03 23 – asadorlavaqueria.com*

CAMPO DE CRIPTANA

Ciudad Real – Mapa regional **7**–C2

☺ LAS MUSAS

REGIONAL · **MARCO CONTEMPORÁNEO** Tiene que ir, pues a la buena propuesta gastronómica hay que unir su cuidado ambiente rústico-actual y el hecho, indiscutible, de hallarse en un emplazamiento privilegiado, en un alto y... ¡junto a los legendarios molinos-gigantes de El Quijote! El local, que ocupa una antigua discoteca y toma de ella su nombre, está en una localidad con mucho turismo, por eso desde los fogones apuestan por una cocina con un marcado sabor manchego; eso sí, sin cerrar las puertas a los detalles actuales. ¿Platos destacados? Las clásicas Migas, sus Croquetas de cocido, el Queso frito de Valdivieso con bizcocho...

🆈 🍴 ⇔ Precio: €€

Barbero 3 ✉ *13610 –* ☏ *926 58 91 91 – restaurantelasmusas.com*

CAMPOS - Baleares ➡ Ver Balears (Mallorca)

CAMPRODON

Girona – Mapa regional **9**–C1

CAL MARQUÈS ⓝ

CATALANA · **HISTÓRICA** En el centro histórico de Camprodon, uno de los municipios más bonitos en la comarca del Ripollès. Allí, dentro de un vistoso edificio en piedra que perteneció al marqués de Alfarràs, encontrará una carta de gusto tradicional construida en simbiosis con el entorno y la opción de buenos menús. ¡Los platos de cordero del Ripollès, criados en la granja familiar, son los grandes protagonistas!

🆈 Precio: €€

Catalunya 11 ✉ *17867 –* ☏ *972 74 02 34 – www.restaurantcalmarques.cat – Cerrado miércoles, cena: lunes, martes, jueves y domingo*

ES CANAR - Baleares ➡ Ver Balears (Eivissa)

ISLAS CANARIAS

Mapa regional n° 5-B2

Clima, naturaleza, folclore, arte... La diversidad de las Islas Canarias cautiva cada año a millones de turistas de todo el mundo, que caen rendidos ante el contraste de sus paisajes volcánicos, la belleza de sus cielos estrellados (los más limpios de Europa) y el peculiar mestizaje de su gastronomía, pues esta combina los productos autóctonos con los llegados de la península y de Latinoamérica.

El recetario canario, ecléctico y con una evolución distinta en cada isla, posee especialidades como las Papas arrugadas, unas patatas de diminuto tamaño que son hervidas con piel y presentadas, tal cual, con dos salsas (Mojo rojo y Mojo verde). También son típicos el Potaje de berros, el Conejo en salmorejo o la Vieja sancocha (pescado autóctono guisado). Muchos platos van acompañados del tradicional Gofio, una elaboración en base a cereales tostados que ya conocían los guanches; y en lo que respecta a los postres, los más populares son el Bienmesabe y el emblemático Plátano de Canarias.

ÍNDICE DE LAS LOCALIDADES

CANARIAS

AGAETE

Las Palmas – Mapa regional **5**–B2

CASA ROMÁNTICA 🅝

TRADICIONAL • MARCO REGIONAL Un restaurante de carácter familiar y ambiente informal que cautiva, a pie de carretera, en un entorno del Valle de Agaete muy pintoresco. ¿Su propuesta? Defienden una cocina canaria, bien actualizada, que ensalza el producto km 0 y ve la luz a través del servicio a la carta, con alguna opción de medias raciones, y sobre todo de unos menús degustación en constante evolución. ¡Producen su propio vino y café!

🅐 🍴 ⇔ 🅿 Precio: €

Carretera de los Berrazales (Km 3) ✉ 35480 – 𝒞 628 92 25 88 – www.casaromanticaagaete.com – Cerrado martes, almuerzo: lunes, miércoles- y domingo

ARUCAS

Las Palmas – Mapa regional **5**–B2

CASA BRITO

TRADICIONAL • RÚSTICA Casa Brito tiene fama en la isla gracias tanto a su cocina, bien presentada y de gusto tradicional, como al buen nivel de su organización, amable y acostumbrada a trabajar con clientela local. Encontrará un bar privado y dos salas de ambiente rústico, la principal con la parrilla vista y los techos en madera. La gran especialidad de este restaurante son las carnes a la parrilla, dando siempre el punto adecuado al vacuno de Alemania, Uruguay, Castilla, Galicia, Asturias... ¿Qué puede pedir? Pruebe el Chorizo parrillero o las sabrosas Chuletitas de Baifo (el cabrito autóctono) a la parrilla.

🅐 ⇔ 🅿 Precio: €€

Pasaje Ter 17 (Visvique, Sur 1,5 km) ✉ 35412 – 𝒞 928 62 23 23 – www.casabrito.com – Cerrado lunes, martes, cena: domingo

MASPALOMAS

Las Palmas – Mapa regional **5**–B2

KABUKI GRAN CANARIA 🅝

JAPONESA • ALBERGUE Se encuentra en el moderno hotel Lopesan Costa Meloneras y da continuidad a la filosofía de la cadena Kabuki, que aboga por el encuentro culinario entre la gastronomía mediterránea y la de Japón. El restaurante, que también disfruta de un acceso independiente desde el paseo marítimo, destaca por sus espectaculares vistas tanto al océano como al bello faro de Maspalomas. El experimentado chef al frente, David Rivero, procura exaltar las bondades del mejor producto local y centra su propuesta en una carta de marcado gusto nipón, con opción de dos menús degustación (durante las cenas, para otorgarles un carácter más gastronómico, estos suelen añadir algún plato).

⇐ 🅐 🅿 Precio: €€

Mar Mediterráneo 1 (Hotel Lopesan Costa Meloneras) ✉ 35100 – 𝒞 928 52 75 35 – www.kabukigrancanaria.com

MOGÁN

Las Palmas – Mapa regional **5**–B2

✿ LOS GUAYRES

MODERNA • **AMBIENTE CLÁSICO** Una experiencia no exenta de magia, pues tras recorrer los áridos paisajes del valle de Mogán supone un oasis de elegancia y exotismo.En este restaurante, dentro del hotel Cordial Mogán Playa, resalta la figura de Alexis Álvarez, formado en algunas de las mejores casas de la península. Este chef grancanario se reafirma en su convicción de buscar una fusión entre la cocina canaria tradicional y la más actual, mostrando siempre a través de sus menús interesantes detalles de autor, de la culinaria internacional y, por supuesto, tanto de los productos isleños (gofio, cabra, tuno rojo...) como los de la rica despensa atlántica (cherne, atún rojo, sama...). ¿Recomendaciones? Si es posible reserve en la terraza, pues esta reproduce un balcón típico canario que se asoma a los jardines del hotel.

🅰🅒 🍽 Precio: €€€€

Avenida de los Marrero 2 (Hotel Cordial Mogán Playa - en el puerto, Suroeste 8 km) ✉ *35138 –* ☎ *928 72 41 00 – www.losguayres.com – Cerrado lunes, domingo, almuerzo: martes-sábado*

LAS PALMAS DE GRAN CANARIA

Las Palmas – Mapa regional **5**–B2

✿ BEVIR

Chef: José Luis Espino

MODERNA • **MARCO CONTEMPORÁNEO** ¡Una casa de parada obligada en Canarias! El chef Jose Luis Espino, que mima el producto, las texturas y las presentaciones, centra mucho su propuesta en la huerta y el mar circundante (el 90% de su despensa), exaltando siempre los sabores canarios más autóctonos y utilizando técnicas modernas que no dejan a nadie indiferente.Sus menús degustación, de gusto actual-creativo, hacen un guiño a los famosos personajes del escritor local D. Benito Pérez Galdós, uno de los máximos representantes de la novela realista española del s. XIX, por eso nos hablan de la Fortunata más humilde y la Jacinta más opulenta. ¿Platos que nos han gustado? La cromática Remolacha (cocinada a la sal y pasada por la brasa), su propuesta de Embotado (Jurel curado en una sal de algas y embotado en un aceite de naranja para cocinarlo al baño María) o la Coliflor (aquí se cocina a baja temperatura, como una crema, y luego se espolvorea con avellana y café).

🅰🅒 ➪ Precio: €€€

Escritor Benito Pérez Galdós 43 ✉ *35002 –* ☎ *928 35 85 48 – www.restaurantebevir.com – Cerrado lunes, domingo, cena: martes*

✿ POEMAS BY HERMANOS PADRÓN

CREATIVA • **ELEGANTE** Resulta deslumbrante, tanto por sus elegantes instalaciones como por el esmerado servicio y la oferta gastronómica que desarrolla en el exclusivo e histórico hotel Santa Catalina, en pleno corazón de Las Palmas de Gran Canaria.Al frente de los fogones está la chef Icíar Pérez, natural de la isla de El Hierro, que tutelada por los hermanos Padrón (Juan Carlos y Jonathan) reproduce la propuesta de los laureados chefs exaltando toda su creatividad. El espacio, dotado de un acceso independiente junto al piano-bar del hotel (se suele escuchar al pianista de fondo), sorprende por su interiorismo, de gusto clásico y con profusión de maderas. ¿Qué encontrará? El menú degustación Poemas y el llamado Clásicos, una opción más corta que permite conocer los platos emblemáticos de los hermanos Padrón.

🅰🅒 🍽 ➪ Precio: €€€

León y Castillo 227 (Santa Catalina a Royal Hideaway Hotel) ✉ *35005 –* ☎ *928 24 30 41 – www.restaurantepoemas.com – Cerrado lunes, domingo, almuerzo: martes-sábado*

TABAIBA

Chef: Abraham Ortega

CREATIVA • **MARCO CONTEMPORÁNEO** Está a pocos metros de la famosa playa de Las Canteras, toma su nombre de una flor autóctona y supone toda una sorpresa, pues defiende con solvencia lo que aquí definen como... ¡una cocina canaria evolutiva!El chef Abraham Ortega, que suele ir ataviado con un sombrero típico, afronta en este pequeño local de línea contemporánea su reto más personal, pues consigue a través de la técnica que la aparentemente humilde cocina canaria nos resulte especialmente entretenida y alcance cotas de auténtico rango gastronómico, siempre en base a los productos locales de proximidad de cada isla. Aquí la propuesta se basa, exclusivamente, en dos menús degustación (Tabaiba y Experiencia), con elaborados platos que buscan homenajear a los productos autóctonos, como su Pella, Gofio y Plátano.

🍴 Precio: €€€€

Portugal 79 – 🖂 35010 – ☎ 928 02 70 55 – tabaibarestaurante.com – Cerrado lunes, martes, domingo

EL EQUILIBRISTA 33

CREATIVA • **SENCILLA** Está cerca de la playa de Las Alcaravaneras, refleja un poco la personalidad del chef-propietario y cuenta con un montón de adeptos, pues sin duda saben tratar las materias primas y combinar, en su justa medida, la tradición con la innovación, haciendo siempre lo imposible por exaltar los diferentes productos de la región. Si viene por esta casa, de ambiente moderno-actual, no debe perderse los Huevos moles con el típico gofio canario al natural, uno de los postres más apreciados entre sus clientes y que suele cautivar por su extraordinario e intenso sabor. ¡Tradición en estado puro!

🍴 Precio: €€

Ingeniero Salinas 23 – 🖂 35006 – ☎ 928 23 43 26 – www.restauranteelequilibrista33.es – Cerrado lunes-miércoles, cena: domingo

DELICIOSAMARTA

CREATIVA • **ACOGEDORA** Se encuentra en una atractiva calle peatonal del barrio de Triana y destila personalidad, tanto por su estética como por su propuesta. Cocina de mercado, con toques modernos y canarios, que solo ve la luz bajo el formato de carta. ¡Recomendamos reservar!

🍴 Precio: €€

Escritor Benito Pérez Galdós 33 – 🖂 35002 – ☎ 676 37 70 32 – Cerrado sábado, domingo

MUXGO

Chef: Borja Marrero

CREATIVA • **SIMPÁTICA** Se encuentra en el lujoso hotel Santa Catalina Royal Hideaway y su propuesta es una auténtica oda tanto a la ecología como a la sostenibilidad; no en vano, el chef Borja Marrero elabora siempre platos de tinte actual-creativo que toman como base los productos con ADN canario y, sobre todo, aquellos que se cultivan en su propia finca. ¿La oferta? Se concreta en tres menús degustación: Los orígenes, Lo más profundo de Tejeda y un menú ejecutivo... Sin olvidar el territorio (este último, disponible en el servicio de comida de miércoles a viernes, no incluye los festivos).

🍀 *El compromiso del Chef:* Los platos del restaurante Muxgo no se inician en la cocina sino en nuestra propia finca Borja Marrero, de carácter ecológico y sostenible. Además, solemos acudir a las plantas silvestres de la isla para realizar las salsas y guarniciones en los menús de temporada.

🍴 Precio: €€€

León y Castillo 227 (Santa Catalina a Royal Hideaway Hotel) – 🖂 35005 – ☎ 606 65 42 71 – www.muxgo.es – Cerrado lunes, martes, cena: domingo

NÁKAR

VASCA • DE DISEÑO Un restaurante de estética actual-minimalista, próximo a la playa de Las Canteras, donde se apuesta por la cocina de tradición vasco-navarra. ¡Buenas presentaciones y sabor!

🅐🅒 🛋 Precio: €€

Fernando Guanarteme 10 ✉ 35007 – ☎ 673 62 59 76 – www.restaurantenakar.com – Cerrado lunes, domingo

QUÉ LECHE

MODERNA • SIMPÁTICA Si además de comer bien busca una experiencia gastronómica... ¡no dude en visitarlo! El local, no muy amplio pero coqueto e informal, está llevado por Jennise Ferrari, una chef venezolana asentada en esta ciudad desde 2013 y que defiende la cocina de fusión en base a los productos locales, intentando siempre presentar unos platos atractivos con detalles viajeros (mexicanos, asiáticos, nikkeis...). ¿Qué pedir? Entre sus especialidades, muchas pensadas para compartir, está el Chipirón sahariano con jugo de cebolla rustida, jengibre, tinta y curado de oveja.

🅐🅒 🛋 Precio: €€

Torres 22 ✉ 35002 – ☎ 607 91 78 03 – www.restaurantequeleche.es – Cerrado lunes, domingo

EL SANTO

MODERNA • MARCO CONTEMPORÁNEO Bien ubicado en el barrio de Triana, una zona del casco histórico con un carácter especial al estar, sobre todo en su origen, habitado por vecinos que procedían mayoritariamente de Andalucía. En este local, que sorprende por su estética interior al combinar las paredes en piedra del edificio rehabilitado con sugerentes toques tropicales, podrá degustar una cocina atrevida que exalta el recetario típico canario fusionándolo, en algunos platos, con sabores propios de la gastronomía mexicana. ¡No se pierda las Papas negras bien arrugadas, con nieve de mojo y mojo mole!

🅐🅒 Precio: €€

Escritor Benito Pérez Galdós 23 ✉ 35002 – ☎ 928 28 33 66 – www.elsantorestaurante.com – Cerrado lunes, domingo

SORONDONGO ⓝ

TRADICIONAL • MARCO CONTEMPORÁNEO Un proyecto que llega a la isla pisando fuerte y toma por nombre una de las danzas tradicionales más representativas de su folclore popular. El joven chef al frente recupera el recetario canario y sabe ponerlo al día, añadiéndole unos interesantes toques personales de creatividad. La oferta se centra en dos menús degustación (Santa Ana y Vegueta), aunque también existe una carta y la opción de medias raciones.

🅐🅒 Precio: €€

Armas 15 ✉ 35001 – ☎ 928 28 51 93 – www.sorondongorestaurante.com – Cerrado lunes, domingo, almuerzo: martes

CANARIAS

PATALAVACA

Las Palmas – Mapa regional **5**–B2

❀ ### LA AQUARELA

CREATIVA • ELEGANTE Sorprende por su ubicación en un complejo de apartamentos, junto a la playa de Patalavaca y al sur de la isla de Gran Canaria. Se ha convertido en un referente culinario y ofrece mesas no exentas de romanticismo, pues las ubicadas al pie de la piscina resultan perfectas para disfrutar de las puestas de sol.En este restaurante, de acogedor clasicismo y ambiente sosegado, encontrará unas elaboraciones muy técnicas y delicadas, arraigadas a los sabores del entorno pero con personalidad al dejarnos ver algún que otro matiz nórdico (el chef, Germán Ortega, trabajó en Estocolmo varios años). Utilizan, hasta en un

85%, productos locales o de proximidad, defendiendo la cocina canaria moderna a través de dos menús: Experiencia (combina productos tanto de tierra como de mar) y Tierra (vegetariano).

器 点 AC 奈 🅿 Precio: €€€€

Barranco de la Verga (Edificio Aquamarina, Carretera GC-500, Playa de Patalavaca, Noroeste 2 km) ✉ *35129 – ℰ 928 73 58 91 – www.restaurantelaaquarela.com – Cerrado lunes, martes, almuerzo: miércoles-domingo*

LANZAROTE

ARRECIFE
Las Palmas – Mapa regional **5**–C1

LILIUM

REGIONAL • SENCILLA La opción ideal para descubrir... ¡la cocina canaria actualizada! Este restaurante, ubicado en la animada zona de La Marina, se presenta con la fachada acristalada, un sencillo comedor de línea actual y una agradable terraza asomada a las embarcaciones de recreo del embarcadero. De sus fogones, completamente a la vista en el interior del local, surge una propuesta que retoma los platos canarios para replantearlos y ponerlos al día. La carta, que ensalza los productos autóctonos, se completa con un menú degustación.

点 AC 奈 Precio: €€

Avenida Olof Palme (Marina Lanzarote) ✉ *35500 – ℰ 928 52 49 78 – www.restaurantelilium.com – Cerrado lunes, domingo*

COSTA TEGUISE
Las Palmas – Mapa regional **5**–C1

SEBE Ⓝ

ARROCES • RÚSTICA ¡Una parada obligada en Lanzarote! El local, que refleja en su interior los colores y formas icónicos de la isla, destaca por su excelente oferta de pescados y mariscos, aunque aquí los deliciosos e intensos arroces de Santi tienen también enorme protagonismo. ¡No deje de probar los espectaculares Carabineros de La Santa!

AC 奈 Precio: €€€

Avenida de las Islas Canarias 12 ✉ *35508 – ℰ 928 59 31 55 – www.seberestaurant.es – Cerrado sábado, domingo, cena: jueves*

FAMARA
Las Palmas – Mapa regional **5**–C1

🙂 EL RISCO

PESCADOS Y MARISCOS • SENCILLA ¿Quiere comer en un espacio de película? No busque más, pues este restaurante ocupa la casa que el emblemático artista César Manrique diseñó para su propio hermano. El conjunto, que presenta un sencillo montaje de ambiente marinero, sorprende por sus impresionantes vistas sobre la playa de Famara, las montañas del entorno y, perfilada sobre las aguas del océano, la bucólica isla de La Graciosa. La carta destaca tanto por los pescados y mariscos locales como por los arroces; sin embargo, aquí aconsejamos que se deje llevar por las deliciosas sugerencias diarias. ¡Reserve, que suele llenarse!

点 AC 奈 Precio: €€

Montaña Clara 30 ✉ *35558 – ℰ 928 52 85 50 – www.restauranteelrisco.com – Cerrado lunes, martes*

HARÍA

Las Palmas – Mapa regional **5**–C1

TACANDE

MODERNA • SIMPÁTICA Este agradable local, ubicado en una calle peatonal del centro de la localidad, basa su propuesta en unos buenos menús degustación y otro, más informal, reservado exclusivamente para los almuerzos (todos con opción de maridaje en base a interesantes vinos autóctonos). Cocina canaria actualizada que ensalza el producto y no se cierra a incorporar sutiles guiños de fusión.

🍷 ♿ 🅰️ 🛋️ Precio: €€

Plaza del Castillo 5 ✉️ *35520 – 𝒫 928 83 51 17 – restaurantetacande.com – Cerrado lunes, domingo*

PLAYA BLANCA

Las Palmas – Mapa regional **5**–C1

LA COCINA DE COLACHO

TRADICIONAL • AMBIENTE EXÓTICO Este singular local, con la cocina vista y detalles de diseño, está llevado por un amable matrimonio. Cocina casera actualizada y... ¡exposición con cuadros de la propietaria!

🅰️ Precio: €€

Velázquez 15 ✉️ *35580 – 𝒫 928 51 96 91 – www.lacocinadecolacho.com – Cerrado viernes-domingo, almuerzo: lunes-jueves*

KAMEZÍ DELI & BISTRÓ

CREATIVA • DE DISEÑO Se halla en el bellísimo complejo Kamezí Boutique Villas, un espacio icónico y no exento de hermosas vistas que destila personalidad; no en vano... ¡tiene su propia tienda gourmet! Presentan un llamativo expositor donde muestran sus materias primas (suele explicar quiénes son sus proveedores, tanto de la isla como de Canarias en general) y el pan que vamos a degustar, este último elaborado en su propio obrador. Cocina creativa de arraigado sabor local, en base a productos autóctonos y centrada en dos menús degustación: Gánigo (un guiño a las pequeñas vajillas de arcilla, moldeadas a mano, que utilizaban los aborígenes canarios) y Bernegal (pieza típica, y de gran tamaño, de la primitiva cerámica en las islas). ¡Canarias también toma el protagonismo en la bodega y en su carro de quesos!

🍷 🅰️ ⇔ Precio: €€€€

Mónaco 2 (Kamezí Boutique Villas) ✉️ *35580 – 𝒫 626 87 36 95 – www.kamezidelibistro.com – Cerrado lunes, domingo, almuerzo: martes-viernes*

PLAYA HONDA

Las Palmas – Mapa regional **5**–C1

AGUAVIVA

ACTUAL • ACOGEDORA Este agradable restaurante, llevado por dos asturianos que llevan muchos años en la isla, está instalado en un chalet de una zona residencial. En sus salas, que nos hacen sentir como en casa, podrá degustar una cocina actual, de base clásica y tradicional, que destaca especialmente en lo que concierne a sus pescados.

🅰️ 🛋️ ⇔ Precio: €€€

Mástil 31 ✉️ *35509 – 𝒫 928 82 15 05 – www.restauranteaguaviva.com – Cerrado lunes, martes, miércoles, domingo*

TEGUISE

Las Palmas – Mapa regional **5**–C1

PALACIO ICO Ⓝ

REGIONAL · MARCO REGIONAL Un establecimiento no exento de encanto, un chef joven pero con experiencia, productos escogidos... En este restaurante, dentro del hotel homónimo y en un edificio recuperado que aún desprende la magia de la arquitectura isleña señorial, encontrará una propuesta de raíces canarias y tinte actual que mima las materias primas (salmón ahumado de Uga, gambas de La Santa, el magnífico cherne local...). Ofrecen servicio a la carta y un menú degustación que va cambiando con la temporada.

🅰️🍴 Precio: €€€

El Rayo 2 (Hotel Boutique Palacio Ico) ✉ *35530 –* ☎ *928 59 49 42 – www.restaurantepalacioico.com – Cerrado lunes, martes*

TENERIFE

ADEJE

Tenerife – Mapa regional **5**–B2

✿✿ EL RINCÓN DE JUAN CARLOS

Chefs: Jonathan y Juan Carlos Padrón

CREATIVA · DE DISEÑO Si busca una auténtica experiencia gourmet y aún no conoce la elaborada propuesta de los hermanos Padrón (Juan Carlos y Jonathan) en el Royal Hideaway Corales Beach... ¡ya está tardando en reservar mesa! El restaurante, ubicado en la 5ª planta de este hotel de diseño rompedor, enamora a todo aquel que lo visita, tanto por las vistas al océano (y a la puesta de sol) desde algunas mesas como por el servicio y el nivel gastronómico que ofrecen, pues muchos platos... ¡llegan a emocionar! Fieles a su filosofía apuestan por el recetario canario desde un punto de vista creativo, siempre con altas cotas de refinamiento en las presentaciones. Su oferta se concreta en un único y extenso menú degustación con distintas opciones de maridaje (aquí nos sorprendió el Pichón con setas de temporada y el intenso sabor de su Cuello de cordero con mentas escabechadas). ¿Un plato que dado su éxito no pueden sacar del menú? Su fantástico Turrón de morcilla canaria y praliné de almendras.

🍴🅰️ Precio: €€€€

Avenida Virgen de Guadalupe 21, La Caleta (Hotel Royal Hideaway Corales Beach) ✉ *38679 –* ☎ *922 86 80 40 – web.elrincondejuancarlos.com – Cerrado sábado, domingo, almuerzo: lunes-viernes*

✿ NUB

Chefs: Fernanda Fuentes y Andrea Bernardi

CREATIVA · MARCO CONTEMPORÁNEO Se halla en el maravilloso resort Bahía del Duque, que ve así enriquecida su oferta gastronómica con una propuesta creativa de gran nivel. Andrea (Italia) y Fernanda (Chile) continúan fieles a su estilo, pues buscan tender un puente culinario entre la Europa mediterránea y Latinoamérica; eso sí, con muchos matices canarios y guiños a la sostenibilidad. Sus menús degustación, Waywen (vegetariano) y Novatore, conllevan un recorrido por tres espacios: los primeros aperitivos se toman en la terraza (Estratos), los platos principales en la mesa (Cúmulos) y, por último, la degustación de postres en la barra (Cirroestratos), donde podrá admirar una simpática colección de muñecos (entre otros personajes, incluido nuestro icónico Bibendum, destacan unos llamativos gatos de la suerte japoneses).

☺ 🍽️ AC 🍽 P Precio: €€€€

Avenida de Bruselas (Hotel Bahía del Duque) ✉ 38660 – ☎ 922 07 76 06 – www.nubrestaurante.com – Cerrado lunes, domingo, almuerzo: martes-sábado

✿ SAN-HÔ

FUSIÓN • **MARCO CONTEMPORÁNEO** Es una de las opciones gastronómicas del lujoso hotel Royal Hideaway Corales Beach y ofrece una propuesta de fusión realmente fascinante, con notas personalizadas y creativas que elevan ese concepto a otro nivel y que combinan, en ocasiones sorprendentemente, el recetario japonés, el peruano y el propio de las islas Canarias.Los talentosos chefs al frente, Adrián Bosch y Eduardo Domínguez (mejores cocineros de Canarias en 2012 y 2016 respectivamente), trabajan en base a dos sugerentes menús degustación (Esencia y San Hô), aunque también encontrará una pequeña carta por si solo quiere tomar platos sueltos. Cuenta con una gran barra para ver cómo trabajan en directo, un comedor contemporáneo con ventanales panorámicos y una agradable terraza, asomada tanto al jardín como al océano.

♿ AC 🍽 Precio: €€€

Avenida Virgen de Guadalupe, 21, La Caleta (Hotel Royal Hideaway Corales Beach) ✉ 38679 – ☎ 922 75 79 00 – www.gastrocorales.com/es-es/san-ho – Cerrado martes, miércoles, almuerzo: lunes, jueves- y domingo

DONAIRE Ⓝ

ACTUAL • **MARCO CONTEMPORÁNEO** Este cuidado restaurante, que busca el paladar más gastronómico dentro de la oferta culinaria del hotel GF Victoria, destaca por su emplazamiento en una sala semicircular y totalmente acristalada, con agradables vistas tanto al litoral de Costa Adeje como al océano. ¿Qué ofrecen en su carta y sus menús? Una cocina actual de marcadas raíces canarias, con presentaciones muy delicadas y enorme protagonismo para el producto autóctono.

♿ AC Precio: €€€

Fernando López Arvelo 1, Planta 4 (Hotel GF Victoria) ✉ 38660 – ☎ 922 98 71 77 – www.restaurantedonaire.com – Cerrado lunes, domingo, almuerzo: martes-sábado

IL BOCCONCINO BY ROYAL HIDEAWAY Ⓝ

ITALIANA CONTEMPORÁNEA • **MARCO CONTEMPORÁNEO** ¿Un italiano diferente? En el Royal Hideaway Corales Suites tienes uno que no te defraudará, pues disfruta de una maravillosa terraza y reproduce el recetario trasalpino desde un punto de vista bastante moderno y progresivo, con el aliciente de usar siempre (salvo los irremplazables quesos Pecorino y Parmesano) el producto autóctono de la isla. El chef, natural de Bolonia, enriquece el servicio a la carta con dos completos menús (Identidad y Il Boccocino). No te pierdas el curioso Plin & Oro (debe su nombre a la pasta en forma de pellizco) ni el Tonno vitellato, una versión revisada que cambia la ternera por atún rojo.

♿ 🍽 Precio: €€€

Avenida Virgen de Guadalupe 21, La Caleta (Hotel Royal Hideaway Corales Beach) ✉ 38679 – ☎ 922 75 79 00 – www.gastrocorales.com – Cerrado lunes, domingo, almuerzo: martes-sábado

KENSEI

JAPONESA • **AMBIENTE EXÓTICO** ¿Un japonés diferente? Aquí lo tiene, con una cocina nipona-contemporánea no exenta de creatividad y alguna sorpresa en las presentaciones. Completa carta y menús omakase.

🍽️ AC Precio: €€€

Plaza Playas del Duque (Hotel Bahía del Duque) ✉ 38679 – ☎ 822 62 11 33 – www.kenseijapanesetenerife.com – Cerrado lunes, martes, almuerzo: miércoles-viernes

CANARIAS

ARONA
Tenerife – Mapa regional **5**–B2

QAPAQ

PERUANA • SENCILLA Sencillo restaurante de cocina peruana, con toques mediterráneos, que construye su oferta en base al producto de mercado local. ¡La carta se completa con un menú degustación!

🅰🅲 🍴 Precio: €€

Avenida de la Habana 14 ✉ *38626 – ☎ 922 52 81 44 – www.qapaqtenerife.com – Cerrado lunes, martes*

CHIMICHE
Tenerife – Mapa regional **5**–B2

😊 ### EL SECRETO DE CHIMICHE

TRADICIONAL • RÚSTICA Hay quien califica a esta casa, alejada de las rutas turísticas, como una joya escondida y... ¡el nombre parece que les da la razón! Se encuentra a pie de carretera, oculta tras una anodina fachada que da paso a un coqueto interior de ambiente rústico renovado, con un agradable bar, la sala en varios niveles, acogedores rincones y bonitas terrazas. El chef apuesta por una gastronomía tradicional donde manda el sabor, tomando como base la esencia de la cocina canaria y con numerosas elaboraciones a la brasa de leña. ¡Ofrecen fantásticas carnes maduradas!

🍽 🅰🅲 🍴 💺 🅿 Precio: €€

Carretera General del Sur 4 ✉ *38594 – ☎ 922 77 72 79 – www.elsecretodechimiche.com – Cerrado miércoles, jueves, cena: lunes, martes y domingo*

GUÍA DE ISORA
Tenerife – Mapa regional **5**–A2

🌼🌼 ### M.B

CREATIVA • MARCO CONTEMPORÁNEO Si el hotel The Ritz-Carlton Abama ya merece todo tipo de parabienes, pues se trata de un espectacular resort repleto de jardines, palmeras y opciones de ocio, el restaurante M.B emana esa esencia de lujo y exclusividad solo al alcance de los elegidos.¿Qué encontrará? Una sala donde sirven tanto los aperitivos de bienvenida como el café en la sobremesa (también verá un llamativo carro-noria de petit four), un comedor principal de gusto contemporáneo dominado por los tonos blancos y, en los laterales, dos galerías acristaladas que en verano se transforman en terrazas. El chef Erlantz Gorostiza nos transmite, a través de una cuidada carta y dos menús degustación, la espléndida cocina del maestro Martín Berasategui, repleta de sentido, técnica y sabor en base al mejor producto de la isla.

🐚 💺 🅰🅲 🍴 💺 🅿 Precio: €€€€

Maria Zambrano 2, Carretera TF 47 (Hotel The Ritz-Carlton Tenerife, Abama - km 9, Suroeste 12,5 km) ✉ *38687 – ☎ 922 12 60 00 – www.mb-tenerife.com/es – Cerrado lunes, martes, domingo, almuerzo: miércoles-sábado*

🌼 ### ABAMA KABUKI

JAPONESA • MARCO CONTEMPORÁNEO En el hotel The Ritz-Carlton Abama podrá acercarse a la cocina japonesa desde un punto de vista diferente, pues solo aquí se fusionan los sabores del país nipón, las técnicas de occidente y esos maravillosos productos que dan las Islas Canarias.El restaurante, ubicado en la Casa Club del campo de golf, sorprende tanto desde el punto de vista gustativo como desde el estético, pues la acertada labor de interiorismo sabe transmitir ese carácter ceremonial inherente al resto de restaurantes del grupo Kabuki, enriqueciendo aquí la experiencia con una fantástica terraza-jardín panorámica.

Las especialidades de la casa son el sushi y el sashimi, aunque aconsejamos que también pruebe algún plato elaborado a la robata (parrilla japonesa de carbón) o al wok.

&. 🗚 🍴 ⇄ 🅿 Precio: €€€€

Carretera TF 47 (Hotel The Ritz-Carlton, Abama - km 9, Suroeste 12,5 km)
✉ 38680 – ✆ 922 12 67 94 – www.ritzcarlton.com – Cerrado lunes, domingo, almuerzo: miércoles-sábado, cena: martes

TXOKO

TRADICIONAL · BISTRÓ Refleja un moderno txoko vasco y quiere, con una cocina muy "casual", recordar los orígenes del chef Martín Berasategui. ¡Su terraza acristalada se abre totalmente en verano!

⩦ 🗚 🍴 🅿 Precio: €€€

Carretera TF 47 (Hotel The Ritz-Carlton, Abama - km 9, Suroeste 12,5 km)
✉ 38687 – ✆ 922 12 60 00 – www.ritzcarlton.com – Cerrado cena: lunes, martes

ICOD DE LOS VINOS

Tenerife – Mapa regional **5**–B2

😊 FURANCHO LA ZAPATERÍA

GALLEGA · RÚSTICA ¿Un restaurante gallego en Tenerife? Pues sí, modesto pero también... ¡muy original! Tras su vistosa fachada, que recrea con pinturas las cristaleras de una antigua zapatería, el amable matrimonio al frente (Emma tras los fogones y Alberto en la sala) apuesta por una curiosa combinación de productos gallegos y canarios, los primeros traídos frescos desde Fisterra (A Coruña), cada dos días, por el hermano del propietario. ¿Qué encontrará? Empanada de pulpo, Entrecot de novillo gallego, Zamburiñas a la brasa... y unos Mejillones con mojo que no debe dejar de probar. ¡Solo admiten pago en efectivo!

🍴 ⇄ ⭤ Precio: €

Paseo Canarina 18 ✉ 38430 – ✆ 672 69 22 26 – Cerrado lunes, martes, cena: domingo

LA OROTAVA

Tenerife – Mapa regional **5**–B2

🍃 HAYDÉE

Chef: Víctor Suárez

CREATIVA · MARCO CONTEMPORÁNEO Ocupa un caserón señorial que debe su nombre a la abuela del chef, la mujer natural de La Gomera que le transmitió la pasión por la cocina. Por otra parte, Haydée significa acariciar, mimar... ¡justo lo que hacen con sus clientes!Sorprende ver lo bien que conviven dos espacios: por un lado su elegante interior de ambiente contemporáneo, donde los comensales se sienten como en casa, y por otro la exuberante terraza con zona chill out, perfecta para disfrutar del incomparable entorno de La Orotava. El chef Víctor Suárez defiende su cocina creativa a través de dos sugerentes menús (Atlántico y Raíz) que combinan los sabores, colores y texturas para actualizar el recetario isleño tradicional, con toques personales, algún recuerdo de infancia y pinceladas a otras culturas. ¿Qué nos ha gustado? El esponjoso Bollo gomero (uno de sus panes) y el Cabrito embarrado envuelto en hoja de plátano, un plato que la abuela Haydée hacía siempre en Nochebuena y que requiere 24 horas de maceración.

&. 🗚 🍴 ⇄ 🅿 Precio: €€€

Barranco la Arena 53 ✉ 38300 – ✆ 822 90 25 39 – www.restaurantehaydee.rest – Cerrado lunes-miércoles, almuerzo: jueves, viernes, cena: domingo

PLAYA DE LAS AMÉRICAS

Tenerife – Mapa regional **5**–B2

⚜ TASTE 1973 ⓝ

CREATIVA • **MARCO CONTEMPORÁNEO** ¿Cocina creativa que exalte la historia insular? Este restaurante del lujoso hotel Villa Cortés, liderado por el chef Diego Schattenhofer (un argentino que lleva en Canarias más de dos décadas), busca exactamente eso.La propuesta, que se autodefine con la frase "no creamos recetas, creamos emociones", ve la luz bajo el paraguas de dos menús degustación (Roque Guincho y Roque de Arona Hío) donde la cocina canaria está 100% presente en cada uno de los pases (Gamba OA, Tableta de nuestras costas con borrallera de batatas, Royal de cochino negro...), siempre acompañados por unas cartulinas que nos hablan del producto utilizado y, sobre un mapa, nos indican las zonas de procedencia en la isla. Ofrecen sabor, coherencia, técnica, un equipo multidisciplinar (biólogos marinos, neurólogos, historiadores...) que recupera las raíces gastronómicas guanches... y el gusto por los pescados madurados como claro elemento diferenciador. ¡Gran carro de quesos canarios con más de 50 variedades!

🅰️🅲 Precio: €€€€

Avenida de Rafael Puig Lluvina 38 (Hotel Villa Cortés) ✉ *38650 –* ☎ *922 75 77 00 – www.taste1973restaurant.com – Cerrado lunes, martes, domingo, almuerzo: miércoles-sábado*

GOXOA

A LA PARRILLA • **MARCO CONTEMPORÁNEO** Un asador, con la cocina y la parrilla a la vista, que sorprende por su estética contemporánea. Gastronomía tradicional, no exenta de detalles actuales y productos canarios.

🅰️🅲 🍽 Precio: €€€

Avenida Antonio Domínguez (Residencial El Camisón, locales 35 y 36) ✉ *38660 –* ☎ *922 88 39 95 – www.asadorgoxoa.com – Cerrado lunes, domingo, almuerzo: martes-sábado*

PUERTO DE LA CRUZ

Tenerife – Mapa regional **5**–B2

BRUNELLI'S

CARNES A LA PARRILLA • **MARCO CONTEMPORÁNEO** ¡Un gran "Steak House" a las puertas del Loro Parque! Ofrece carnes de excelente calidad, algunas maduradas allí mismo, y un imponente ventanal panorámico asomado al océano.

⬅ ♿ 🅰️🅲 Precio: €€

Bencomo 42 (Punta Brava) ✉ *38400 –* ☎ *922 06 26 00 – brunellis.com*

EL TALLER SEVE DÍAZ ⓝ

ACTUAL • **MARCO CONTEMPORÁNEO** Aquí dicen que la estrella es el cliente y constatamos que es así, sin duda, pero lo cierto también es... ¡que su propuesta brilla con luz propia! Este céntrico restaurante, instalado en una casa de planta baja que sorprende por su interiorismo contemporáneo, con la sala en dos alturas y la cocina vista, concentra su oferta en dos menús degustación (uno corto denominado Sorpresa y otro llamado Largo), ambos de tinte actual en base a los productos canarios de temporada. ¡El cochino negro autóctono y los pescados frescos capturados en sus costas siempre están presentes!

🅰️🅲 Precio: €€€

San Felipe 32 ✉ *38400 –* ☎ *822 25 75 38 – www.eltallersevediaz.com – Cerrado lunes, martes, almuerzo: miércoles-viernes*

ZUMAQUE

ASIÁTICA • **MARCO CONTEMPORÁNEO** En este local, ubicado en una calle céntrica pero algo escondida, podrá realizar un tour gastronómico que viaja por España, Italia y varios países asiáticos, rematando en los postres con un trasfondo más tropical. Si hace bueno no lo dude y... ¡coma en la terraza!

Precio: €€
Puerto Viejo 18 ✉ *38400 –* ☎ *922 38 22 01 – www.restaurantezumaque.com –*
Cerrado martes, miércoles, cena: domingo

SAN CRISTÓBAL DE LA LAGUNA

Tenerife – Mapa regional **5**–B1

ⓧ **TASCA SILBO GOMERO** Ⓝ

ACTUAL • RÚSTICA ¿Ha oído alguna vez que el mojo canario se utilice como un ingrediente más? El chef Braulio Simancas es un especialista en el tema y lo hace; no en vano, su sabrosa propuesta toma como punto de partida el producto isleño de mercado y, para algunos platos, trasforma esta icónica salsa en un fondo de increíble sabor. En este sencillo local, ubicado junto a un polígono próximo al Pabellón de Deportes de Tenerife Santiago Martín, defiende una cocina canaria de raíces vista desde la modernidad, ligera en las formas pero con una técnica impecable. ¡Hay quesos singulares afinados por el propio chef!

🅰️🅲 🅿️ Precio: €€
Volcán Elena 9 (Polígono Los Majuelos) ✉ *38108 –* ☎ *922 31 03 55 – Cerrado domingo, cena: lunes-jueves*

SAN EUGENIO

Tenerife – Mapa regional **5**–B2

LA CÚPULA

CREATIVA • MARCO CONTEMPORÁNEO Restaurante de carácter panorámico que sorprende por su colorista cúpula, pues refleja... ¡la explosión de una supernova! Cocina internacional y canaria, con platos actuales.

🤏🦽🅰️🅲 Precio: €€€
París (Playa de Fañabé, Hotel Jardines de Nivaria) ✉ *38660 –* ☎ *922 71 33 33 – www.restaurantelacupula.com – Cerrado lunes, domingo, almuerzo: martes-sábado*

SANTA CRUZ DE TENERIFE

Tenerife – Mapa regional **5**–B1

ⓧ **EL AGUARDE** Ⓝ

TRADICIONAL • BISTRÓ A pocos metros de la Rambla de Santa Cruz, la principal arteria de la ciudad, hay un restaurante que ha sabido ganar adeptos, sobre todo locales, con el paso de los años. ¿Su secreto? Tal vez la paciencia, como un guiño a su propio nombre (término cinegético asociado a la espera en un puesto). En su sencillo comedor podrás descubrir una carta bastante amplia, de tinte tradicional pero con notas manchegas, que nos habla de los orígenes del chef-propietario. Prueba algún guiso con pochas o garbanzos, los manchegos Duelos y quebrantos, los platos de casquería, su popular Tortilla de papas...

🅰️🅲 🍴 Precio: €€
Costa y Grijalba 21 ✉ *38004 –* ☎ *922 28 91 42 – www.restauranteelaguarde.com – Cerrado domingo, cena: lunes*

ⓧ **SAN SEBASTIÁN 57**

COCINA DE TEMPORADA • SENCILLA ¡Una dirección imprescindible en la capital de la isla! Se halla a pocos pasos del Mercado de Nuestra Señora de África (conocido también como La Recova) y suele estar lleno, pues a parte de los habituales turistas cuenta con el favor de la clientela local. En su agradable e íntimo interior, de ambiente contemporáneo, encontrará una cocina tradicional actualizada en la que se mima el producto, con platos divertidos, raciones generosas, presentaciones cuidadas... y algún guiño que otro culinario a otras culturas. La amplia carta se completa con recomendaciones del día en base al mercado.

🦽🅰️🅲 🔄 Precio: €€
Avenida de San Sebastián 57 ✉ *38005 –* ☎ *822 10 43 25 – Cerrado lunes, domingo*

CANARIAS

ETÉREO BY PEDRO NEL

FUSIÓN • MARCO CONTEMPORÁNEO Su chef, natural de Colombia, defiende una cocina mestiza que demuestran pasión por los sabores del mundo, con acertados equilibrios y una atención especial hacia las carnes.

🅰🅲 Precio: €€

San Antonio 63 – ✉ 38001 – ✆ 922 19 41 95 – www.etereobypedronel.com – Cerrado domingo

JAXANA

FUSIÓN • ACOGEDORA Se halla junto a la icónica Plaza de España, disfruta de una estética actual y sorprende por su desenfada propuesta culinaria, propia de una cocina asiática que busca la fusión con el producto canario. ¡Encontrará platos inspirados en Japón, Corea, Malasia, Tailandia, Singapur, Birmania, Vietnam, Camboya...!

🅰🅲 ♿ Precio: €€

Paseo Milicias de Garachico 5 (Local Bajo) – ✉ 38001 – ✆ 922 89 44 52 – www.jaxana.restaurant – Cerrado domingo

KIKI

JAPONESA • AMBIENTE ORIENTAL Murales de gusto nipón, singulares neones, una barra de sushi, coctelería inusual... Aquí encontrará una cocina de base japonesa que toma como base el producto isleño de temporada y ve la luz a través de dos cartas (hay una tradicional y otra de fusión) y dos menús degustación (uno corto y otro largo llamado Kiki). No deje de probar alguno de sus nigiris, como el Nigiri Akami-Crunchy (de arroz crujiente con tartar de atún picante y chile serrano).

🏆 🅰🅲 Precio: €€

Imeldo Serís 19 (Hotel Urban Ananga) – ✉ 38003 – ✆ 922 09 64 27 – www.kikirestaurante.com – Cerrado domingo, cena: jueves

TEGUESTE

Tenerife – Mapa regional **5**–B1

😊 ### LA BOLA DE JORGE BOSCH

ACTUAL • RÚSTICA Sigue fiel al concepto de "gastroguachinche" e inicia una nueva etapa en Tegueste, sin olvidar nunca sus orígenes como un sencillo guachinche familiar (establecimiento autóctono donde se servía cocina casera y vino cosechero). El restaurante, con una amplia sala de ambiente rústico-elegante y vistas tanto al litoral como al océano, propone una cocina desenfadada, actual y sumamente personal, siempre con platos contundentes, el producto canario como protagonista y la sana intención de reinventar el recetario isleño. ¡Cuenta con una zona chill out donde se pueden organizar eventos!

≼ ♿ 🅰🅲 🍴 ♿ 🅿 Precio: €

Lomo 18 – ✉ 38280 – ✆ 922 57 86 15 – chefjorgebosch.com – Cerrado lunes, martes, cena: domingo

LA SANDUNGA

INTERNACIONAL • ACOGEDORA Se halla en una casa de campo y sorprende por su interior, con la cocina vista y la sala principal abierta al paisaje. Carta de gusto internacional, con buen apartado de carnes, en la que encontrará tanto platos canarios como franceses, japoneses o peruanos.

🍴 ♿ 🅿 Precio: €€

San Ignacio 17 – ✉ 38280 – ✆ 922 63 72 09 – www.lasandunga.es – Cerrado lunes, martes, cena: miércoles, domingo

LA PALMA

LAS CALETAS
Tenerife – Mapa regional **5**–A1

🐸 EL JARDÍN DE LA SAL

REGIONAL • ACOGEDORA Un restaurante sorprendente tanto por la propuesta gastronómica como por su aislado emplazamiento junto al antiguo faro de Fuencaliente, que hoy funciona como Centro de Interpretación de la Reserva Marina de La Palma. Aquí encontrará una cocina tradicional actualizada que exalta los productos autóctonos, sobre todo los pescados, y un espacio temático singular, con una cafetería en el piso superior, que destaca por sus magníficas vistas. ¿Lo mejor? El juego cromático entre el azul del océano, las tierras negras propias de una isla volcánica y el radiante blanco de las salinas del entorno.

⇜ 🏛 🅰 🏠 🅿 Precio: €€

Carretera La Costa-El Faro 5 ✉ *38740* – ☏ *922 97 98 00* –
www.salinasdefuencaliente.es – *Cerrado martes, miércoles, cena: lunes, jueves- y domingo*

LOS LLANOS DE ARIDANE
Tenerife – Mapa regional **5**–A1

EL RINCÓN DE MORAGA

TRADICIONAL • RÚSTICA Alojado en una antigua casa canaria de ambiente rústico-regional. Apuestan por una cocina tradicional actualizada que fusiona los platos locales con los de otras latitudes.

🅰 🏠 ⇕ Precio: €€

San Antonio 4 (Argual) ✉ *38760* – ☏ *922 46 45 64* –
www.elrincondemoraga.com – *Cerrado lunes, martes*

SAN PEDRO DE BREÑA ALTA
Tenerife – Mapa regional **5**–A1

CASA OSMUNDA

TRADICIONAL • RÚSTICA Una atractiva casa de indianos ubicada en un cruce de carreteras. Aquí ofrecen una cocina canaria de base tradicional, con guiños actuales y platos de mercado fuera de carta.

🏠 ⇕ Precio: €€

Subida la Concepción 2 ✉ *38710* – ☏ *922 41 26 35* – *casaosmunda.com* –
Cerrado lunes, domingo

CANARIAS

CANET DE MAR

Barcelona – Mapa regional **10**–A2

LA FONT

TRADICIONAL • FAMILIAR Un restaurante luminoso, agradable y de marcado carácter familiar, pues está llevado por tres hermanos. Carta de corte tradicional con detalles actuales e interesantes menús.

🅰🅲 🍴 Precio: €€

Rafael Masó 1-3 (acceso por vía Figuerola) ✉ *08360 –* ☎ *937 94 36 73 – www.restaurantlafont.es – Cerrado martes, cena: lunes, miércoles, jueves y domingo*

CANFRANC-ESTACIÓN

Huesca – Mapa regional **2**–B1

❀ ### CANFRANC EXPRESS Ⓝ

ACTUAL • HISTÓRICA ¿Ansía una gran experiencia gastronómica? Pues... ¡vaya reservando! Este cautivador restaurante se encuentra en la emblemática Estación de Canfranc (hoy un lujoso Royal Hideaway Hotel), dentro de un antiguo vagón de tren que es capaz de transportarnos a otra época.El viaje empieza en el andén de la estación (data de 1928) y un salvoconducto nos traslada a la historia viva del lugar, a una época de entreguerras donde tampoco faltaban los espías. A continuación acompañan en un pequeño recorrido por las partes más bellas del edificio hasta acceder a los dos vagones restaurados (solo uno, con tres mesas, da servicio gourmet). Pintada salvaje criada en Los Monegros y remolacha, su Trilogía del cordero (uno de los pases está asado con algas que aportan salinidad), una llamativa Borraja marina en forma de corona... el chef Eduardo Salanova, natural de Canfranc, plantea un único menú degustación de alta cocina aragonesa, con delicadas influencias galas y los mejores productos de la zona.

🅰🅲 🅿 Precio: €€€€

Avenida Fernando el Católico 2 (Canfranc Estación, a Royal Hideaway Hotel) ✉ *22880 –* ☎ *974 56 19 00 – www.barcelo.com/es-es/canfranc-estacion-a-royal-hideaway-hotel – Cerrado lunes, martes, domingo, cena: miércoles-sábado*

LA CANONJA

Tarragona – Mapa regional **9**–B3

LA BOELLA

TRADICIONAL • ELEGANTE El salón-biblioteca, un molino de aceite, comedores de elegante rusticidad... En este restaurante, realmente singular, elaboran una cocina tradicional con platos actualizados.

🅰🅲 🍴 ♻ 🅿 Precio: €€

Autovía Reus-Tarragona T11 (Hotel Mas La Boella - km 12, Noroeste 2 km) ✉ *43110 –* ☎ *977 77 15 15 – www.laboella.com*

CANYAMEL – Baleares ➔ Ver Balears (Mallorca)

ES CAPDELLÀ – Baleares ➔ Ver Balears (Mallorca)

CARBALLO

A Coruña – Mapa regional **13**–A2

☺ ### PEMENTA ROSA

ACTUAL • MARCO CONTEMPORÁNEO Se encuentra en el centro de Carballo, disfruta de una atenta organización familiar y... ¡no deja de ganar adeptos a diario! La chef al frente, Rocío Martínez, ha querido poner un poco de "pimienta" en la oferta bergantiñana ofreciendo una cocina actualizada, de bases tradicionales y regionales pero con notas de fusión, donde siempre se toma como referencia el magnífico producto gallego de temporada y defienden la Costa da Morte como punto gastronómico de referencia. Aquí cuidan muchísimo todos los detalles y, por si lo necesita, también cuentan con un comedor privado.

🔟 Precio: €€

Reus 1 ✉ *15100 –* 𝒞 *981 75 77 57 – Cerrado lunes, martes, cena: miércoles, jueves y domingo*

RIO SIL

TRADICIONAL • SENCILLA Casa familiar que sorprende por la calidad de sus productos y por la atractiva bodega acristalada del comedor. Carnes gallegas selectas y sugerentes jornadas gastronómicas.

♿ 🔟 Precio: €€

Rio Sil 43 ✉ *15100 –* 𝒞 *981 70 04 78 – www.riosil.gal – Cerrado sábado, cena: domingo*

CARBONERAS

Almería – Mapa regional **1**–D2

EL CABO

FUSIÓN • AMBIENTE MEDITERRÁNEO ¿Quiere comer contemplando el mar? En este negocio familiar, con la terraza frente a la playa, proponen platos actuales con algo de fusión, siempre en base a producto fresco.

🔟 🍽 Precio: €€

Paseo Marítimo 67 ✉ *04140 –* 𝒞 *950 13 69 49 – www.elcabocarboneras.com – Cerrado miércoles, cena: domingo*

CARIÑENA

Zaragoza – Mapa regional **2**–A2

🙂 ### LA REBOTICA

REGIONAL • RÚSTICA "Con pan, queso y vino se hace mejor el camino". Tras el dicho popular, que luce sobre la puerta de acceso, se esconde un local que defiende a capa y espada los sabores de antaño. El coqueto restaurante, instalado en lo que en su día fue el hogar del farmacéutico, se presenta con las acogedoras salas, de ambiente rústico, repartidas por las distintas habitaciones de la casa. ¿Su oferta? Una cocina de claras raíces aragonesas, en base a los productos autóctonos y con platos como las Borrajas, setas y patatas o sus sabrosas Albóndigas estofadas. ¡Déjese aconsejar y descubra los vinos locales!

🔟 Precio: €

San José 3 ✉ *50400 –* 𝒞 *976 62 05 56 – www.restaurantelarebotica.es – Cerrado lunes, cena: martes-domingo*

CARTAGENA

Murcia – Mapa regional **16**–B3

❀ ### MAGOGA

Chef: María Gómez

ACTUAL • MARCO CONTEMPORÁNEO ¿Qué nos gusta de Magoga? Que tiene gente joven, humilde, profesional... con las ideas claras y ganas de comerse el mundo.Podríamos hablar del tándem formado por la chef María Gómez y su marido Adrián (sumiller y jefe de sala); sin embargo, lo que más llama la atención es la sensación de equilibrio y coherencia. ¿La propuesta? Una cocina tradicional actualizada, con toques modernos, que busca las raíces cartageneras e intenta potenciar el producto local de temporada: pescados y mariscos tanto del Mediterráneo como del Mar Menor, frutas y hortalizas del Campo de Cartagena, los arroces con la D. O. P. Calasparra... y detalles como su excelente tabla de quesos o los guiños a la historia de la ciudad a través de la vajilla (recuerdan el famoso submarino inventado por Isaac Peral).

&. 🗚 ⇔ Precio: €€€

Plaza Doctor Vicente García Marcos 5 ⊠ 30201 – 🕾 629 98 02 57 – www.restaurantemagoga.com – Cerrado lunes, domingo, cena: martes

CARTAYA

Huelva – Mapa regional **1**–A2

☺ ## CONSOLACIÓN

TRADICIONAL • **FAMILIAR** Uno de esos sitios a los que da gusto ir, pues son jóvenes, honestos, profesionales... y, por encima, te tratan con suma amabilidad. Estamos en un negocio familiar de 3ª generación llevado entre hermanos, con una agradable terraza acristalada, un buen bar para tapear y un luminoso comedor de línea actual-funcional. ¿Qué encontrará? Una carta bastante extensa, con deliciosos pescados frescos (plancha, brasa, rellenos...), varios arroces, buenas carnes y unos mariscos al peso que conquistan al más incrédulo. ¡Pida las Gambas de Huelva o los Langostinos cocidos, el producto fetiche de la casa!

🗚 🛱 🅿 Precio: €

Avenida Consolación 2 ⊠ 21450 – 🕾 959 39 02 98 – www.restauranteconsolacion.es – Cerrado domingo, cena: lunes

CARTES

Cantabria – Mapa regional **6**–B1

☺ ## LA CARTERÍA

TRADICIONAL • **MARCO CONTEMPORÁNEO** Cartes es un pueblecito singular por encontrarse en el histórico Camino Real que conectaba Castilla con el puerto de Santander. Aquí, en una casona del s. XVII que sirvió como oficina de correos y telégrafos, es donde el chef Enrique Pérez nos propone una cocina tradicional actualizada repleta de mimo y delicadeza, con platos cuidados y sabrosos que dejan huella en el paladar. La acogedora sala, de aire rústico, se complementa con unas mesitas a la entrada, bajo un balcón, donde podrá tomar algo mientras contempla el ir y venir de la gente por... ¡una de las calles con más encanto de España!

⇔ Precio: €€

Camino Real 49 ⊠ 39311 – 🕾 942 55 03 63 – www.restaurantelacarteria.com – Cerrado miércoles, cena: lunes, martes, jueves y domingo

CASALARREINA

La Rioja – Mapa regional **14**–A2

LUMBRE

ACTUAL • **MARCO CONTEMPORÁNEO** ¡En una bodega del s. XVII! Presenta agradables comedores, una atractiva cava subterránea, un salón abuhardillado para la sobremesa... y una carta actual, con opción de menús.

&. 🗚 ⇔ 🅿 Precio: €€€

Travesía de los Jardines 15 ⊠ 26230 – 🕾 941 32 41 22 – www.lumbrerestaurante.com – Cerrado miércoles, cena: lunes, martes, jueves y domingo

LA VIEJA BODEGA

TRADICIONAL • **RÚSTICA** De estilo rústico e instalado en una bodega del s. XVII. El chef, que ve la gastronomía como un placer para compartir, propone una cocina tradicional con detalles actuales.

🕸 🗚 ⇔ 🅿 Precio: €€

Avenida de La Rioja 17 ⊠ 26230 – 🕾 941 32 42 54 – www.laviejabodega.es – Cerrado martes, cena: lunes, miércoles, jueves y domingo

CASAS-IBÁÑEZ

Albacete – Mapa regional **7**–D2

 OBA-

Chefs: Javier Sanz y Juan Sahuquillo

CREATIVA • RÚSTICA Mucho más que un restaurante, pues los chefs Javier Sanz y Juan Sahuquillo trascienden el sentido de una comida gastronómica para defender toda una filosofía, la que a ellos... ¡les conecta con el entorno! A través de su extenso menú, Cuaderno Uno, plantean un fantástico viaje por la cocina manchega de raíces, explotando hasta límites insospechados todas las materias primas de esta tierra, tanto animales como vegetales, por lo que mantienen un estrecho vínculo con los pequeños productores del propio valle del Cabriel y de La Manchuela. Combinan las técnicas antiguas (por ejemplo las fermentaciones) con las más innovadoras. ¿Qué encontrará? Razas autóctonas como la oveja manchega machorra o el cabrito celtibérico, pescados y cangrejos de río, vegetales de ribera, silvestrismo, caza... todo con protagonismo del servicio en sala y terminaciones en la mesa, pues buscan la interacción con el comensal. ¡Complete la experiencia con un maridaje vínico o uno natural!

El compromiso del Chef: Construimos nuestra propuesta en base a más de 45 pequeños productores que nos ayudan a conseguir productos únicos, algunos en claro peligro de extinción. También buscamos variedades olvidadas y materias primas casi desconocidas que procuramos poner en valor.

AC Precio: €€€

Tomás Pérez Úbeda 6 ✉ 02200 – ☏ 663 23 74 45 – obarestaurante.es –
Cerrado martes, miércoles, cena: lunes, jueves y domingo

CAÑITAS MAITE GASTRO

ACTUAL • MARCO CONTEMPORÁNEO ¡Llevado por dos cocineros locales! Hay dos tipos de carta: "De Barra", a base de tapas contemporáneas, y "De Producto", con platos actuales que ensalzan la tierra manchega.

🕭 AC Precio: €€

Tomás Pérez Úbeda 6 ✉ 02200 – ☏ 967 46 10 54 – hotelcanitasmaite.com –
Cerrado martes, cena: lunes, domingo

CASTELLAR DEL VALLÈS

Barcelona – Mapa regional **9**–C2

GARBÍ

CATALANA • AMBIENTE CLÁSICO Un restaurante de gestión familiar que toma su nombre de un viento térmico, típico de todo el levante, que sopla desde el suroeste. El chef-propietario, que ha tomado las riendas del negocio al jubilarse sus padres y está estrechamente comprometido con el colectivo de cocineros "Cuina Vallès", apuesta sin complejos por la cocina catalana tradicional, por lo que su carta se enriquece con grandes clásicos como las Mongetes (judías) del ganxet de Can Casamada, los Callos con garbanzos pequeños, los Sesos rebozados o el sabroso Rabo de buey estofado. ¡Trabaja mucho con su menú del día!

AC Precio: €€

Barcelona 52 ✉ 08211 – ☏ 937 14 65 57 – restaurantgarbi.com – Cerrado
domingo, cena: lunes, martes

CASTELLBISBAL

Barcelona – Mapa regional **10**–C2

CA L'ESTEVE

CATALANA • AMBIENTE CLÁSICO Negocio de 4ª generación instalado en una gran casa de piedra. Su carta, clásica catalana, se enriquece con sugerencias diarias. ¡Buen apartado de arroces y platos a la brasa!

🕭 AC 🍴 ✿ 🅿 Precio: €€

Carretera Martorell-Terrassa C 243c (Oeste 9 km) ✉ 08755 – ☏ 937 75 56 90 –
www.restaurantcalesteve.com – Cerrado lunes, cena: martes-jueves y domingo

CASTELLDEFELS

Barcelona – Mapa regional **10**–A3

BERRI

COCINA DE MERCADO • BAR-VINOTECA Céntrico y llevado entre dos socios, de cuyos apellidos sale el nombre del local. Cocina de mercado, reflejada en una pizarra que cambian a diario. ¡De postre pida su Torrija!

🅰🅒 Precio: €€

Pintor Serra Santa 9 (en el barrio de la playa) ✉ *08860 –* ☏ *936 36 71 25 – Cerrado domingo, cena: sábado*

CASTELLÓ DE LA PLANA

Castellón – Mapa regional **11**–B1

😊 IZAKAYA TASCA JAPONESA Ⓝ

JAPONESA • INFORMAL Uno de esos sitios que está dando mucho de qué hablar, pues supone una autentica inmersión en la cocina popular nipona. El pequeño y modesto local, a modo de tasca informal (máx. 16 clientes), intenta ofrecer una cocina japonesa lo más pura posible, con sabores potentes y profundos. El chef Sergio Ortega, que suele explicar cada plato y contar jugosas anécdotas de sus múltiples viajes a Japón (sobre todo a Tokio), propone un único menú degustación sorpresa que varía a diario, centrado más en la cocina caliente (ramen, gyozas, edemames, guisos...) que en los arroces y los pescados crudos.

🅰🅒 ⛱ Precio: €

Temprado 2 ✉ *12002 –* ☏ *656 28 55 66 – www.izakayacs.com – Cerrado lunes-miércoles, almuerzo: jueves, viernes, cena: domingo*

😊 LE BISTROT GASTRONÓMICO

FUSIÓN • ACOGEDORA Un establecimiento sencillo, simpático e informal donde se busca que la gente disfrute al máximo. Los chef-propietarios, que alternan su labor en los fogones con el trabajo en la misma sala para explicar todos los platos, apuestan por una cocina actual que fusione sabores y productos de diferentes partes del mundo, siempre con coherencia, delicadas texturas y unas cuidadas presentaciones. Ofrecen gran variedad de fórmulas o menús para que la propuesta, en lo posible, sea compartida y comentada por toda la mesa. ¿Su máximo anhelo? Qué el cliente sienta una gran explosión de sabor en su boca.

🅰🅒 Precio: €€

Temprado 12 ✉ *12002 –* ☏ *661 50 57 25 – www.lebistrotcs.com – Cerrado lunes-miércoles, almuerzo: jueves, viernes*

ALESSANDRO MAINO

INTERNACIONAL • MARCO CONTEMPORÁNEO Su interesante propuesta, con guiños galos e italianos, ve la luz a través de la carta y de varios menús (ejecutivos los días laborables y gastronómicos los fines de semana).

♿ 🅰🅒 ⛱ ⇄ Precio: €€

Rei En Jaume 5 ✉ *12001 –* ☏ *695 04 68 14 – www.alessandromainorestaurante.com – Cerrado lunes, cena: martes, miércoles y domingo*

TASCA DEL PUERTO

PESCADOS Y MARISCOS • AMBIENTE CLÁSICO Una casa de gestión familiar donde se palpa el amor por la gastronomía. Ofrecen una cocina de producto con sabor a mar, muy centrada en arroces, pescados de lonja y mariscos.

🅰🅒 ⇄ Precio: €€

Avenida del Puerto 13 (Este 5 km, Grau) ✉ *12100 –* ☏ *964 28 44 81 – www.tascadelpuerto.com – Cerrado lunes, cena: domingo*

CASTELLÓ D'EMPÚRIES

Girona – Mapa regional **9**–D3

✿ EMPORIUM

Chefs: Joan y Marius Jordá i Giró

ACTUAL • FAMILIAR Debe su nombre a las ruinas de Empúries y confiesa su declarado compromiso con la gastronomía del Alt Empordà, pues aquí hacen superlativo ese "mar y montaña" que les define.El negocio, dentro del hotel homónimo, lleva en manos de la misma familia desde 1965; de hecho, hoy los gemelos Màrius y Joan Jordà (4ª generación) se turnan al frente de los fogones. En su cuidado comedor le propondrán una cocina tradicional actualizada, no exenta de toques creativos, que ensalza los sabores empordaneses en base a los productos de proximidad (frutas y verduras de Torroella de Montgrí, pescados de Port de la Selva o Roses...). Su propuesta se centra en dos cuidados menús degustación (uno corto llamado Mar y Montaña y otro más largo denominado Universo Local), ambos con la posibilidad de maridaje.

✿ *El compromiso del Chef:* Trabajamos, al 100%, utilizando productos de nuestro pueblo o del Empordà (verduras, huevos de gallina local, hierbas aromáticas, pesca artesanal...). También elaboramos salazón y conservas, gestionamos los residuos, utilizamos vajilla hecha con cristal reciclado...

🏵 ৬ 🅰🅒 ⇔ 🅿 Precio: €€€

Santa Clara 31 (Hotel Emporium) ✉ *17486 –* ✆ *972 25 05 93 –*
www.emporiumhotel.com – Cerrado lunes, cena: martes, miércoles y domingo

CASTILLEJA DE LA CUESTA

Sevilla – Mapa regional **1**–B2

😊 12 TAPAS

ACTUAL • SENCILLA Con el aspecto de un gastrobar y... ¡el alma de un restaurante en toda regla! El negocio, llevado por una pareja (Túe García, que dejó la radio por la cocina, y Carolina Jurado, médico de familia antes de ponerse al frente de la sala), puede confundirnos por su nombre, un velado homenaje del chef-propietario a su madre y a los 12 nietos que esta tenía en el momento de la inauguración (lo aprendió todo de ella y de su abuela, ambas cocineras profesionales). Aquí la propuesta, de gusto actual y bases tradicionales, ve la luz a través de una pequeña carta y dos completos menús degustación.

৬ 🅰🅒 🛖 Precio: €€

Párroco Antonio Pastor Portillo 2 ✉ *41950 –* ✆ *629 98 17 07 –*
restaurante12tapas.makro.rest/?lang=en – Cerrado lunes, domingo

CASTRILLO DE DUERO

Valladolid – Mapa regional **8**–C2

CEPA 21

MODERNA • MARCO CONTEMPORÁNEO Luminoso, actual y emplazado en el primer piso de la bodega homónima, una de las más conocidas dentro de la D. O. Ribera del Duero. Aquí, en un comedor que destaca por sus fantásticas vistas a los viñedos circundantes, le propondrán una cocina de tinte actual que solo llega al comensal a través de dos menús degustación, mimando siempre mucho las presentaciones y vinculando los platos a los productos de temporada. ¡Puede completar la experiencia, previa reserva, con recorridos enológicos y compras en su tienda!

🍃 ৬ 🅰🅒 ⇔ 🅿 Precio: €€

Carretera N 122 (km 297) ✉ *47318 –* ✆ *983 48 40 84 –*
www.cepa21restaurante.com – Cerrado lunes, cena: martes-domingo

CASTRILLO DE LOS POLVAZARES

León – Mapa regional **8**–A1

😊 **COSCOLO**

TRADICIONAL · RÚSTICA Esta bella localidad es famosa por el Cocido Maragato, un plato que desde la época de los arrieros se sirve al revés de lo normal (primero las carnes, luego los garbanzos y al final la sopa). Aquí tiene la particularidad de que elaboran los productos en la propia casa, con materias primas de proximidad que embuten, ahúman, adoban y curan ellos mismos, y que al chef, de origen Navarro, le gusta añadir al plato pequeños detalles que le aportan más personalidad (por eso ellos lo llaman Cocido Coscolo). ¡Deje el coche en el parking a la entrada del pueblo, pues solo pueden acceder los residentes!

🔠 Precio: €

La Magdalena 1 ✉ *24718 –* ☏ *987 69 19 84 – www.restaurantecoscolo.com – Cerrado cena*

CASTROVERDE DE CAMPOS

Zamora – Mapa regional **8**–B2

❀ **LERA**

Chef: Luis Alberto Lera

REGIONAL · AMBIENTE CLÁSICO Los paisajes definen los territorios y sus despensas, por eso no debe perderse este restaurante, ubicado en plena meseta castellana y considerado... ¡uno de los templos cinegéticos de España!Bajo la batuta de Luis Alberto Lera esta casa, que también ofrece unas cuidadas habitaciones, ha ido evolucionando e incorporando las técnicas actuales al recetario tradicional para adquirir conciencia de sí misma, definiendo su personalidad y asumiendo ese papel que la posiciona como el referente si hablamos de la cocina de caza y montería en la comarca. Ofrece una reducida carta y un menú degustación (opción corta y larga) en el que hay legumbres, guisos, escabeches... siempre con la carne silvestre como leitmotiv. ¿Un producto fetiche? El suculento Pichón Bravío de Tierra de Campos, criado por ellos mismos en sus icónicos palomares.

❀ *El compromiso del Chef:* Hemos adquirido una finca de regadío para hacer un huerto propio, tenemos placas solares que nos abastecen de electricidad y formamos parte de una cooperativa dedicada a la crianza y comercialización del Pichón de Tierra de Campos, exclusivo de esta comarca.

🤝 🔠 🅿 Precio: €€€

Conquistadores Zamoranos 6 ✉ *49110 –* ☏ *980 66 46 53 – restaurantelera.es – Cerrado miércoles, jueves, cena: martes*

CALA TARIDA – Baleares ➜ Ver Balears (Eivissa)

CAZALLA DE LA SIERRA

Sevilla – Mapa regional **1**–B2

AGUSTINA

TRADICIONAL · FAMILIAR Este restaurante, con cuyo nombre se ha querido rendir un pequeño homenaje a la madre del propietario, es una de las mejores opciones para comer en la Sierra Norte de Sevilla, una zona muy conocida por sus vinos y anisados. El local, ubicado en una casa típica encalada y dotado también con un bar, está llevado por una agradable pareja que defiende la misma carta actual, de base tradicional, en el comedor del piso superior y en la coqueta terraza. ¡Apartado de tapas y sugerencias del día!

🔠 🍽 Precio: €

Plaza del Concejo ✉ *41370 –* ☏ *954 88 32 55*

CENES DE LA VEGA

Granada – Mapa regional **1**–C2

RUTA DEL VELETA

TRADICIONAL • ELEGANTE Llevado con gran profesionalidad. Su interesante carta, la decoración típica y la ubicación en un lujoso edificio le otorgan el reconocimiento unánime. ¡Bodega visitable!

 ♿ 🅰🅲 🍴 ⟲ 🅿 Precio: €€€

Avenida de Sierra Nevada 146 – ✉ 18190 – ✆ 958 48 61 34 – www.rutadelveleta.com – Cerrado lunes, cena: martes, miércoles y domingo

CERCS

Barcelona – Mapa regional **9**–C1

ESTANY CLAR

MODERNA • RÚSTICA Un restaurante que trasciende los sentidos, pues permite disfrutar del bello prepirineo catalán de la comarca del Berguedà y del mejor producto de proximidad en una preciosa masía, construida en piedra, que remonta sus orígenes al s. XIV.Lo más destacable aquí es que el chef-propietario, Josep Xandri, ha sabido imprimir carácter y personalidad a sus fogones, fusionando el gusto por las técnicas actuales con su particular visión de la cocina, siempre fiel al producto de la zona pero también concienciada con la necesidad de una continua investigación y un minucioso control en los procesos de elaboración. Por otro lado, destaca la espléndida labor en sala de su mujer, Anna Arisó, y la existencia de un coqueto privado con chimenea, algo poco habitual. ¡No se pierda alguno de sus Canelones!

 ♿ 🅰🅲 🍴 ⟲ 🅿 Precio: €€€

Carretera C 16 (km 99,4, Sur 4 km) – ✉ 08698 – ✆ 628 20 67 80 – www.estanyclar.com – Cerrado lunes, cena: martes-domingo

CERDANYOLA DEL VALLÈS

Barcelona – Mapa regional **10**–B3

TAST & GUST

TRADICIONAL • ACOGEDORA Un templo del Steak tartar, con una fantástica versión clásica y hasta cuatro variantes que siempre preparan ante el cliente. El trato es personal y... ¡aconsejamos reservar!

 🍽 🅰🅲 ⟲ Precio: €€

Sant Martí 92 – ✉ 08290 – ✆ 935 91 00 00 – www.tastandgust.com – Cerrado lunes, cena: martes-jueves y domingo

CERECEDA

Asturias – Mapa regional **3**–C1

NARBASU

Chef: Esther Manzano

REGIONAL • HISTÓRICA En el Palacio de Rubianes, un genuino edificio asturiano del s. XIV. Ofrecen coquetas habitaciones y una buena cocina de producto, volcada en desvelar los sabores del entorno.

🌿 *El compromiso del Chef:* Narbasu es un restaurante respetuoso que se abastece de su propio huerto y de los productos de la zona. Tenemos la firme convicción de seguir trabajando con los ganaderos, agricultores y artesanos locales, honrando la materia prima y fomentando la economía circular.

 🅰🅲 🅿 Precio: €€

Palacio de Rubianes (4,5 Km, Rubianes) – ✉ 33583 – ✆ 985 70 76 12 – www.narbasu.com – Cerrado lunes-miércoles, cena: domingo

CEUTA

Ceuta – Mapa regional **1**–B3

GOICHU 🅽

FUSIÓN • **MARCO CONTEMPORÁNEO** Debe su nombre al apodo cariñoso de la esposa del chef-propietario, Hugo Ruiz, que ha dado una vuelta de tuerca a la propuesta del antiguo Bugao (esa la reserva al restaurante homónimo en Madrid) para ofrecer un nuevo y curioso concepto de fusión total entre la cocina vasca, la oriental y los pescados del Estrecho. ¡Platos divertidos y con mucho sabor!

🅰🅲 🍴 Precio: €€

Independencia 15 ✉ *51001 –* 📞 *956 51 50 47 – www.goichu.com – Cerrado miércoles, cena: martes*

CEUTÍ

Murcia – Mapa regional **16**–B2

EL ALBERO

INTERNACIONAL • **MARCO CONTEMPORÁNEO** Sorprende al ofrecer muchos platos en formato de tapa, un apartado de cocina nipona y lo que llaman El Catarrás, un proyecto que recupera culinariamente la gallina murciana.

♿🅰🅲 Precio: €

Mallorca 10 ✉ *30562 –* 📞 *868 92 34 00 – www.restauranteelalbero.net – Cerrado lunes, martes, cena: miércoles, domingo*

CHESTE

Valencia – Mapa regional **11**–A2

😊 HUERTO MARTÍNEZ

ARROCES • **SENCILLA** Un restaurante de contrastes, pues compensa su sencillez con una oferta culinaria muy sugerente. El local, instalado en una casa de campo a pocos metros del Pabellón Municipal de Cheste, sorprende con una cocina de gusto tradicional-casero en la que no faltan los detalles modernos y de fusión. Su especialidad son los arroces (más de 10 variantes), destacando entre ellos el Arroz meloso de conejo y caracoles o la Paella de verduras. Permita que Toni le aconseje en materia de vinos y, sobre todo… ¡no deje de probar su maravillosa Terrina de foie con galleta de canela y mermelada de violetas!

🅰🅲 🍴 🅿 Precio: €

Carretera Cheste-Chiva ✉ *46380 –* 📞 *962 51 21 25 – Cerrado lunes, cena: martes-jueves y domingo*

CHÍA

Huesca – Mapa regional **2**–B1

😊 CASA CHONGASTÁN

ACTUAL • **ACOGEDORA** ¡Si busca carne de calidad no dude en venir! El restaurante ocupa un bonito edificio de estética alpina, sin embargo, lo realmente significativo es el hecho de que la misma familia se dedica a la restauración y a la cría natural de ganado vacuno autóctono. En su carta encontrará deliciosos guisos caseros, algunas setas de temporada y sus sabrosísimas carnes a la brasa, provenientes tanto de la caza como de sus propias reses. La carne de sus terneras es famosa por tener un perfecto nivel de infiltración de la grasa entre las fibras musculares.

🍽 🅰🅲 🅿 Precio: €

Fondevila 8 ✉ *22465 –* 📞 *974 55 32 00 – chongastan.com – Cerrado lunes, martes, cena: miércoles, domingo*

CHICLANA DE LA FRONTERA

Cádiz – Mapa regional **1**–A3

✿ ALEVANTE

CREATIVA • **ELEGANTE** Diáfano, elegante, minimalista... los únicos elementos que visten las paredes de Alevante, la propuesta gourmet del lujoso hotel Gran Meliá Sancti Petri, son las siluetas de un banco de peces nadando y unas sogas marineras de cáñamo, pues... ¡adentrarnos en estas aguas supone acabar oliendo a sal!Esta es la filial del increíble restaurante Aponiente en El Puerto de Santa María, así que aquí tendrá acceso, a través de su menú Planeta Agua (hay dos opciones que difieren en el número de pases), a muchas de esas elaboraciones que han llevado al chef Ángel León a ser conocido como "El chef del mar". La experiencia empieza tomando unos sugerentes aperitivos, con vino de Chiclana, en el bar de acceso y a continuación se pasa al comedor, donde los mejores productos marinos (erizo, quisquilla, caballa, cazón...) toman el protagonismo. ¡Nos ha sorprendido su Tarta Tatin de algas, un postre de intenso color verde (por el plancton) que se acompaña de un helado de croissant!

&. 𝖠𝖢 ♨ 𝖯 Precio: €€€€

Amílcar Barca (Hotel Gran Meliá Sancti Petri - Playa de La Barrosa, Urbanización Novo Sancti Petri, Suroeste 11,5 km) ✉ *11139 –* ✆ *956 49 12 00 – www.alevanteangelleon.com – Cerrado lunes, domingo, almuerzo: martes-jueves*

CATARIA

PESCADOS Y MARISCOS • **MARCO CONTEMPORÁNEO** Esta casa, ubicada en un hotel vacacional y dotada con una agradable terraza (en ocasiones disfruta de música en directo), tiene por piedra angular los productos de la lonja, por estandarte los pescados a la brasa (piezas grandes al peso) y como gran referencia... ¡el emblemático restaurante Elkano de Getaria!

&. 𝖠𝖢 🍽 𝖯 Precio: €€€

Amílcar Barca (Hotel Iberostar Andalucía Playa - Playa de La Barrosa, Urbanización Novo Sancti Petri, Suroeste 11,5 km) ✉ *11130 –* ✆ *664 15 07 52 – www.restaurantecataria.com – Cerrado martes, miércoles, cena: lunes, domingo*

CHIMICHE – Tenerife ➜ Ver Canarias (Santa Cruz de Tenerife)

CHIPIONA

Cádiz – Mapa regional **1**–A2

CASA PACO

PESCADOS Y MARISCOS • **AMBIENTE TRADICIONAL** Presenta una barra, una sala de ambiente marinero y una gran terraza frente a las embarcaciones de recreo del Puerto Deportivo. ¡Pruebe los famosísimos Langostinos del alba!

𝖠𝖢 🍽 𝖯 Precio: €€

Puerto Deportivo de Chipiona ✉ *11550 –* ✆ *956 37 46 64 – casapacochipiona. com – Cerrado cena: lunes-jueves y domingo*

CIUDAD REAL

Ciudad Real – Mapa regional **7**–B3

🙂 MESÓN OCTAVIO

TRADICIONAL • **FAMILIAR** A veces, solo a veces, encontramos un restaurante como este, donde tras cada bocado... ¡recordamos la cocina que elaboraban nuestras madres y abuelas! Está bien llevado entre hermanos (Aurora, Belén y José) y apuesta por unos platos de tradición manchega rebosantes de sabor, siempre con gran protagonismo para la caza (venao, perdiz roja, jabalí...) y para las carnes de vacuno de la Sierra de San Vicente. No se pierda las Migas del pastor, el Pisto manchego o su increíble Arroz "guisao" caldoso, un plato que nos lleva, en las volandas del paladar, a los mejores recuerdos de nuestra infancia.

Ⓜ Precio: €€

Severo Ochoa 6 – ✉ 13005 – ☏ 926 25 60 50 – mesonoctavio.com – Cerrado domingo, cena: lunes-sábado

SAN HUBERTO

TRADICIONAL • **MARCO CONTEMPORÁNEO** Restaurante-asador dotado con una buena terraza de verano y un horno de leña. Su carta, especializada en asados, también contempla pescados salvajes y mariscos del día.

♿ Ⓜ 🍴 ✿ Precio: €€

Montiel – ✉ 13004 – ☏ 926 92 35 35 – www.asadorsanhuberto.es – Cerrado lunes, cena: domingo

CIUTADELLA DE MENORCA – Baleares ➜ Ver Balears (Menorca)

COCENTAINA
Alicante – Mapa regional **11**–B3

❀❀ L'ESCALETA

Chef: Kiko Moya

CREATIVA • **ELEGANTE** En este coqueto chalé, en las laderas del Montcabrer (la "montaña mágica"), comprobarás la evolución de una casa familiar con más de 40 años de vida, algo que aquí reflejan acudiendo a la memoria gastronómica para narrar conceptos, emociones e historias a través de sus platos.El chef Kiko Moya, que complementa el servicio a la carta con dos menús degustación (Sabor y Saboer), huye de los excesos para ensalzar el terruño y hallar su esencia en la tradición... eso sí, sin descartar la creatividad y tomando como base el mejor producto de temporada de la zona. La cuidada propuesta, famosa por sus "arroces al cuadrado", una variante de arroz presentado en una bandeja de hierro rectangular y terminado al horno, siempre se ve resaltada por una excelente bodega. ¿Platos que nos han gustado? Tanto su Arroz de agua dulce, cangrejo azul y anguila como la sabrosa Potrota casera con pera asada, pues esta última es una receta rústica y rural pero perfectamente actualizada.

🐌 ♿ Ⓜ 🍴 ✿ 🅿 Precio: €€€€

Pujada Estació del Nord 205 (por la carretera N 340, km 803, Norte 1,5 km y desvío a la izquierda 0,5 km) – ✉ 03824 – ☏ 965 59 21 00 – www.lescaleta.com – Cerrado lunes, martes, cena: miércoles, jueves y domingo

☺ NATXO SELLÉS

TRADICIONAL • **RÚSTICA** Una casa del s. XVIII reformada con acierto, pues hoy presenta un agradable porche acristalado y dos coquetos comedores, ambos de línea actual pero con detalles rústicos como la piedra vista o la madera. El chef-propietario, Natxo Sellés, defiende una cocina tradicional actualizada que no duda en exaltar los productos de temporada, cambiando la carta varias veces al año y dando la opción de distintos menús (uno de ellos vegetariano). Los grandes protagonistas de la casa son los arroces, tanto secos como de cuchara, y el tradicional Rabo de vaca guisado. ¡También ofrecen platos para celíacos!

♿ Ⓜ 🍴 ✿ Precio: €€

Juan María Carbonell 3 – ✉ 03820 – ☏ 965 59 17 38 – restaurantenatxoselles. com – Cerrado lunes, cena: martes-jueves y domingo

COLLADO MEDIANO

Madrid – Mapa regional **15**–A2

KOMA

MODERNA • ACOGEDORA Forma parte del hotel La Torre Box Art, ocupa un pabellón acristalado y tiene el acceso por un jardín. La carta, tradicional actualizada, se completa con un menú degustación.

🅰🄲 🏠 Precio: €€

Paseo de los Rosales 48 (La Torre Box Art Hotel) ✉ 28450 – ☎ 918 55 85 58 – www.boxarthotel.com – Cerrado lunes-jueves, cena: domingo

CONIL DE LA FRONTERA

Cádiz – Mapa regional **1**–B3

COOKING ALMADRABA

PESCADOS Y MARISCOS • SENCILLA Un local de bella línea contemporánea donde casi todo, incluyendo muchos detalles decorativos, gira en torno al atún rojo salvaje. ¡Poseen su propia almadraba (Petaca Chico)!

♿ 🅰🄲 🏠 Precio: €€€

Plaza de Blas Infante ✉ 11140 – ☎ 956 92 63 40 – Cerrado lunes, martes

CORÇÀ

Girona – Mapa regional **9**–D2

 ## BO.TIC

Chef: Albert Sastregener

CREATIVA • MINIMALISTA Resulta sorprendente, tanto por su ubicación en una antigua fábrica de carruajes como por su constante deseo de emocionarnos, siempre desde el sabor y la pasión.Tras su agradable jardín presenta dos salas de diseño minimalista, una asomada a la cocina mientras la otra, más acogedora, se halla entre los muros en piedra de lo que fue la carpintería. El chef Albert Sastregener propone, a través de dos menús y una pequeña carta con platos extraídos de los mismos, unas elaboraciones creativas de gran nivel técnico, respetuosas con la tradición catalana pero sin cerrar las puertas a sabores foráneos; no en vano, uno de sus productores Km 0 (Hidenori Futami) le proporciona verduras y brotes originarios de Japón. ¡Ofrece una "mesa del chef" para cuatro comensales (todos con el Menú del Chef)!

🐝 ♿ 🅰🄲 Precio: €€€€

Avenida Costa brava 6 ✉ 17121 – ☎ 972 63 08 69 – www.bo-tic.com – Cerrado lunes, martes, cena: domingo

CORCUBIÓN

A Coruña – Mapa regional **13**–A2

MAR VIVA

PESCADOS Y MARISCOS • RÚSTICA ¡En una casita de piedra! Lubinas, rodaballos, cigalas, nécoras... pida lo que quiera en su fantástico expositor, tipo pescadería, donde pesan el producto e invitan a disfrutar.

🅰🄲 Precio: €€€

Plaza Castelao 16 ✉ 15130 – ☎ 981 70 64 53 – www.peixeriamarviva.com – Cerrado lunes, cena: martes, miércoles y domingo

CÓRDOBA

Córdoba
Mapa regional **1**–C2
Mapa de carreteras Michelin
n° 578-S15

El encanto latente de la historia

Córdoba se descubre a pie de calle, paseando sin prisa, pues cada paso nos empapa de su alma, de su esencia, del encanto inherente a "perderse" por las estrechas callejuelas de la judería o del casco histórico, redescubriendo rincones escondidos y con etapas imprescindibles como la icónica Mezquita-Catedral, la Plaza de La Corredera o el histórico Alcázar de los Reyes Cristianos. La gastronomía local (Salmorejo, Rabo de toro, Olla cordobesa, Flamenquines...), fiel reflejo de las influencias culturales y con reminiscencias en el legado andalusí, se puede saborear durante ese mágico recorrido, comiendo en sus restaurantes o tomando tapas por sus tabernas mientras disfrutamos de los vinos de la zona, los de la D.O. Montilla-Moriles. ¿Quiere un consejo? No se pierda los maravillosos patios dispersos por toda la ciudad, declarados Patrimonio Inmaterial de la Humanidad por la UNESCO.

❀❀❀ NOOR

Chef: Paco Morales

CREATIVA • DE DISEÑO Noor, que en árabe significa "luz", es mucho más que un restaurante gastronómico, pues tras cada detalle hay un equipo multidisciplinar que aporta sus conocimientos para sacar de las tinieblas la esencia de esa Córdoba, culta y en cierto modo mágica, que deslumbró desde el Califato de Abderramán III.En su luminoso interior, con la cocina vista y una bellísima labor de interiorismo, el chef Paco Morales (bien secundado por la jefa de cocina Paola Gualandi) recupera la esencia de la cocina andalusí desde los conceptos y técnicas actuales. Cada temporada se centra en una época y, actualmente, aborda el Siglo de Oro español a través de tres menús (Mudéjar, Morisco y Al-Yazira) que reinterpretan el esplendor culinario de los siglos XVI y XVII. ¿Qué platos singulares encontrará? Pasta de trigo duro, mantequilla ahumada, fondo de gallina y calamarcito (una reinterpretación de la Abbasiya) o, de postre, las Naranjas del barrio con azahar, almendra frita y aceite de oliva virgen extra.

❀ ⌖ ᴀᴄ Precio: €€€€

Fuera de plano – *Pablo Ruiz Picasso 8 (por Avenida de Libia)* ✉ *14014* – ✆ *957 96 40 55 – noorrestaurant.es – Cerrado lunes, martes, domingo*

CHOCO

Chef: Kisko García

CREATIVA • MINIMALISTA Una casa que enamora por su arraigo, pues presentando un espacio de elegante minimalismo no ha perdido esa autenticidad inherente a los negocios de toda la vida.Kisko García, el chef, decidió vincular el restaurante familiar al barrio que le vio crecer; así, desde ese punto de partida, apuesta por una cocina creativa que, a través de los menús degustación (Barrio antiguo y Kisko García), saque a la luz los sabores, olores y risas del Valle de Los Pedroches y de Villanueva de Córdoba, la Andalucía que marcó para bien su niñez. Materias primas locales y de temporada (a ser posible ecológicas), trabajo en equipo, sabor, actitud... La experiencia, con opción de maridaje, empieza en el hall, continua con un aperitivo en la cocina y termina, a lo grande, en la mesa del comedor. ¡Le encantará!

⅏ AC Precio: €€€€

Plano: D2-1 – *Compositor Serrano Lucena 14* ✉ *14010* – ☏ *957 26 48 63* – *www.restaurantechoco.com* – *Cerrado lunes, martes, cena: domingo*

LA CUCHARA DE SAN LORENZO

TRADICIONAL • MARCO CONTEMPORÁNEO Bien llevado entre dos hermanos, Narciso en la sala y Paco tras los fogones, que se decidieron por este nombre como homenaje a su particular amor, desde niños, por los platos de cuchara. El restaurante, en dos plantas y aparentemente más amplio tras su renovación en un estilo actual, apuesta por una cocina de base tradicional y local con toques modernos, cuidando los detalles y defendiendo las sugerencias vinculadas a los productos de mercado. No deje de probar el Salmorejo, las Croquetas de ternera, sus Mini bravas muy bravas, el Flamenquín... o un gran clásico como el Rabo de toro.

⅏ AC 🛋 Precio: €€

Plano: C1-4 – *Arroyo de San Lorenzo 2* ✉ *14002* – ☏ *957 47 78 50* – *www.lacucharadesanlorenzo.es* – *Cerrado cena: lunes, domingo*

EL ENVERO

MODERNA • MARCO CONTEMPORÁNEO Está algo alejado de la zona turística, sin embargo... se ha labrado rápidamente un nombre y ya atesora una fiel clientela. En conjunto disfruta de una decoración moderna, con un buen bar de tapas, un comedor y un privado. Desde los fogones defienden una cocina actual de temporada (con sugerencias del día y opción de medias raciones en algunos platos), apostando tanto por los productos ecológicos de las huertas cercanas como por los procedentes de la almadraba. ¿Una curiosidad? Con su nombre, El Envero, recuerdan ese mágico momento en que las uvas cambian de color para iniciar su maduración.

⅏ AC 🛋 ➪ Precio: €€

Fuera de plano – *Teruel 21 (por Avenida del Gran Capitán)* ✉ *14011* – ☏ *957 20 31 74* – *elenvero.com* – *Cerrado lunes, cena: domingo*

LA TABERNA DE ALMODÓVAR

TRADICIONAL • AMBIENTE CLÁSICO Hablar de La Taberna de Almodóvar nos obliga a utilizar palabras como tradición y pasión, recordando siempre aquel ultramarinos familiar donde empezaron a servir comandas en Almodóvar del Río. El local, de cuidado ambiente clásico, mantiene la esencia del negocio primigenio, reproduciendo el recetario regional y velando por la conservación de los auténticos sabores locales. ¿Qué pedir? Pruebe las famosas Croquetas de "Almodóvar", el Revuelto del cortijo o la milenaria Mazamorra, una sopa fría similar al ajoblanco, pero más densa, que es reconocida como la precursora del Salmorejo cordobés.

AC ➪ Precio: €€

Plano: B1-2 – *Benito Pérez Galdós 1* ✉ *14001* – ☏ *957 94 03 33* – *www.latabernadealmodovar.com* – *Cerrado cena: domingo*

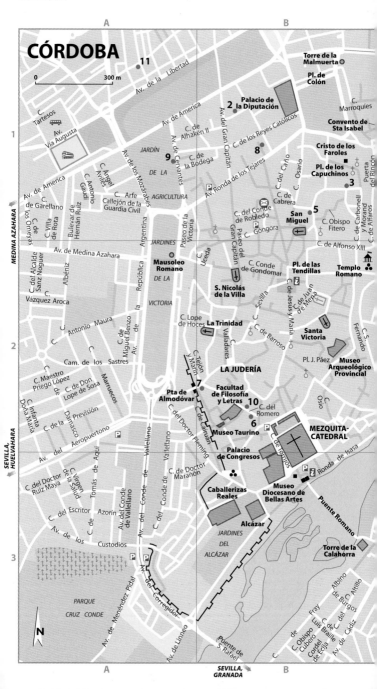

CÓRDOBA

0 ————— 300 m

MEDINA AZAHARA

SEVILLA, HUELVAHARA

Torre de la Malmuerta

Pl. de Colón

C. Marroquíes

2 Palacio de la Diputación

Convento de Sta Isabel

Cristo de los Faroles

Pl. de los Capuchinos 3

Puerta del Rincón

8

C. del Caño

Osario

C. de Cabrera

San Miguel 5

C. Obispo Fitero

C. de Carbonell y Morand

C. de Alfaros

9

C. de Alhakén II

C. de la Bodega

Av. del Gran Capitán

C. de los Reyes Católicos

Av. Ronda de los Tejares

C. del Conde de Robledo

Góngora

Paseo del Gran Capitán

C. de Alfonso XIII

Templo Romano

Pl. de las Tendillas

Mausoleo Romano

Uceda

C. Conde de Gondomar

S. Nicolás de la Villa

C. de Jesús y María

C. de Juan de Mena

C. de la Victoria

La Trinidad

C. Lope de Hoces

Sevilla

Valladares

C. de Barroso

Santa Victoria

Pl. J. Páez

Museo Arqueológico Provincial

C. Osio

LA JUDERÍA

Teleón y Marín

C. de Cárman

Pta de Almodóvar 7

C. del Doctor Fleming

Facultad de Filosofía y Letras

10 C. del Romero

6

Museo Taurino

Palacio de Congresos

C. de Torrijos

MEZQUITA-CATEDRAL

Ronda de Isasa

C. de Doctor Marañón

Caballerizas Reales

Museo Diocesano de Bellas Artes

Puente Romano

Alcázar

JARDINES DEL ALCÁZAR

Torre de la Calahorra

Av. del Conde de Vallellano

Av. de Menéndez Pidal

Av. del Corregidor

PARQUE CRUZ CONDE

Av. de Linneo

N

Puente de S. Rafael

Fray Luis de Burgos

C. Obispo Cubero

Cordel de Écija

C. de Cádiz

Albino Attilio

Av. de la Libertad

Av. Vía Augusta

C. Tartesos

Av. de América

C. de Garellano

C. Antonio Avilés

C. Villa de Rota

Bulevar de Hernán Ruiz

Argentina

Callejón de la Guardia Civil

C. Arfe

C. de los Mozárabes

Av. de los Mozárabes

Av. de Cervantes

JARDÍN DE LA AGRICULTURA

JARDINES DE LA VICTORIA

Av. de Medina Azahara

C. del Alcalde Sanz Noguer

Albéniz

Vázquez Aroca

C. Antonio Maura

C. de Miguel Benzo

Cam. de los Sastres

C. Maestro Priego López

C. de Don Lope de Sosa

C. Infanta Doña María

C. de la Salud

Av. del Aeropuerto

C. del Doctor Ruiz Maya

C. Virgen de la Salud

C. Tomás de Aquí

C. del Escritor Azorín

Av. de los Custodios

Marruecos

Previsión

C. de Damasco

Av. del Conde de Vallellano

C. del Conde de Vallellano

Gaudí

Ángel

11

SEVILLA, GRANADA

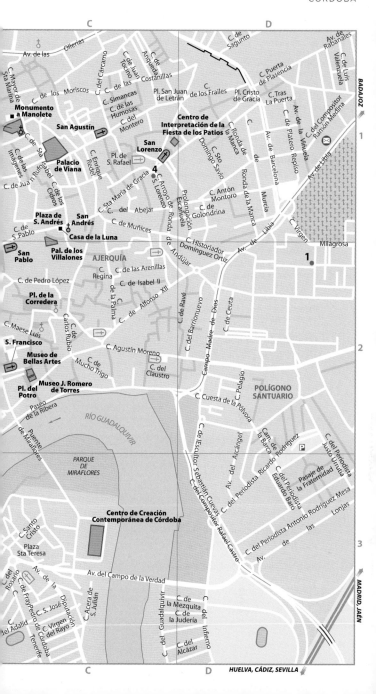

Av. de las Ollerias

BADAJOZ

C. Mayor de Sta Marina

C. de los Moriscos

C. de Sta Isabel

C. del Cárcamo

C. de las

C. de Juan Tocino

C. de Anguela

C. de las Costanillas

Pl. San Juan de Letrán

C. de los Frailes

C. Puerta de Plasencia

Pl. Cristo de Gracia

Av. de Rabanales

C. de Luis Valenzuela

C. del Compositor Ramón Medina

C. Tras La Puerta

Monumento a Manolete

San Agustín

C. Simancas

C. de las Humosas

C. del Montero

Centro de Interpretación de la Fiesta de los Patios

C. Ronda de la Marca

Av. de la Viñuela

Av. de Platero Repiso

Av. de Libia

C. de las Imágenes

C. de Juan Rufo

Isabel II

Palacio de Viana

C. de los Cidros

C. de Enrique Redel

Pl. de San Rafael

San Lorenzo

C. Sta María de Gracia

C. Arroyo de S. Lorenzo

C. Sto Domingo Savio

C. Antón Montoro

C. de Golondrina

Av. de Barcelona

C. de Ronda de la Marca

Av. de Murcia

4

C. del Abejar

C. de Muñices

Prolongación Escañuela

Prolongación de Ronda de Andújar

C. Virgen

Milagrosa

Plaza de S. Andrés

San Andrés

Casa de la Luna

C. de S. Pablo

C. Historiador Domínguez Ortiz

Av. de Libia

1

San Pablo

Pal. de los Villalones

AJERQUÍA

C. Regina

C. de las Arenillas

C. de Pedro López

C. de Isabel II

C. de la Palma

C. de Alfonso XII

C. de Ravé

C. del Bañonuevo

C. de Ceuta

Pl. de la Corredera

C. Maese Luis

S. Francisco

C. de Carlos Rubio

C. Agustín Moreno

C. de Mucho Trigo

C. del Claustro

Campo Madre de Dios

C. de Pelagio

POLÍGONO SANTUARIO

Museo de Bellas Artes

Museo J. Romero de Torres

Pl. del Potro

C. Cuesta de la Pólvora

Paseo de la Ribera

Puente de Miraflores

RÍO GUADALQUIVIR

C. del Escultor Sebastián Cuevas

C. del Compositor Rafael Castro

Av. del Arcángel

Cam. de la Barca

C. del Periodista Ricardo Rodríguez

C. del Periodista Eduardo Baro

P

C. del Periodista Justo Urrutia

Pasaje de la Fraternidad

C. del Periodista Antonio Rodríguez Mesa

de las Lonjas

PARQUE DE MIRAFLORES

Centro de Creación Contemporánea de Córdoba

C. Santo Cristo

C. del Rosario

Plaza Sta Teresa

Av. de la

C. de Fray Pedro de Córdoba

C. S. José

C. Diputación

C. Virgen de Córdoba

Tenerife

C. del Adalid

Av. del Campo de la Verdad

C. del Guadalquivir

C. de la Mezquita

C. de la Judería

C. del Inferno

C. del Alcázar

Av.

MADRID, JAÉN

HUELVA, CÁDIZ, SEVILLA

C

D

😊 **TERRA OLEA**

ACTUAL • MARCO CONTEMPORÁNEO Está en el barrio de la Arruzafilla, cerca del antiguo local, y se presenta con un luminoso comedor desde el que se tiene la cocina parcialmente a la vista. El chef, que sirve personalmente algunos platos, propone una gastronomía de tinte actual que defiende todo lo autóctono sin complejos, ensalzado siempre las materias primas cordobesas y el trabajo de los pequeños productores. ¿La oferta? Dos interesantes menús degustación, Flos y Cibarium, ambos con nombres que hacen referencia a los olivos y su legado. ¡Las originales lámparas sobre las mesas parecen avisperos!

🖂 Precio: €€

Fuera de plano – *Rigoberta Menchú 2* ✉ *14011* – 𝒞 *957 91 73 55* – *terraolearestaurante.com* – *Cerrado domingo, cena: lunes-jueves*

ARBEQUINA

MODERNA • HISTÓRICA En el elegante hotel Palacio del Bailío, donde encontrará un patio que... ¡permite cenar sobre vestigios romanos! Atrevida carta de fusión, con un apartado de taberna local.

🖼 ⌂ ⇔ Precio: €€

Plano: B1-3 – *Ramírez de las Casas Deza 10-12 (Hotel Palacio del Bailío)* ✉ *14001* – 𝒞 *957 49 89 93* – *www.hospes.com/es*

EL BAR DE PACO MORALES

MODERNA • SIMPÁTICA Céntrico, divertido y dentro de un ambiente un tanto canalla. Aquí podrá degustar platillos populares con toques contemporáneos, todos con el sello del chef Paco Morales.

♿ 🖼 ⌂ Precio: €

Plano: B1-8 – *Ronda de los Tejares 16 (Pasaje de Rumasa)* ✉ *14008* – 𝒞 *957 97 74 21* – *elbardepacomorales.com* – *Cerrado lunes, domingo*

LOS BERENGUELES

TRADICIONAL • MARCO REGIONAL Instalado en la antigua casa de la Marquesa de Valdeloro, un edificio de raíces andaluzas que conserva su patio, los zócalos de azulejos y una belleza atemporal. Cocina tradicional rica en pescados, muchos procedentes del puerto de Motril.

♿ 🖼 ⌂ ⇔ Precio: €€

Plano: B1-5 – *Conde de Torres Cabrera 7* ✉ *14001* – 𝒞 *957 47 28 28* – *www.losberengueles.com* – *Cerrado lunes, cena: domingo*

LA CASA DE MANOLETE BISTRÓ

ACTUAL • ELEGANTE Instalado en el bello palacete donde vivió el torero y, anteriormente, hasta Ortega y Gasset. El chef, especializado en Salmorejos, propone una cocina actual de base regional.

🖼 ⌂ ⇔ Precio: €€€

Plano: A1-9 – *Avenida de Cervantes 10* ✉ *14008* – 𝒞 *661 31 60 44* – *www.lacasademanoletebistro.com* – *Cerrado cena: miércoles, domingo*

CASA PEPE DE LA JUDERÍA

REGIONAL • MARCO REGIONAL Está en plena judería y sorprende por su interior, con un patio andaluz, agradables comedores y una encantadora terraza en la azotea. Cocina regional con detalles actuales.

🖼 ⌂ ⇔ Precio: €€

Plano: B2-6 – *Romero 1* ✉ *14003* – 𝒞 *957 20 07 44* – *www.restaurantecasapepedelajuderia.com*

CASA RUBIO

REGIONAL • **MARCO REGIONAL** Posee un bar de tapas, dos confortables comedores de estilo clásico-actual y una agradable terraza en la azotea, esta última dotada de vistas a las murallas. Cocina tradicional con especialidades, como el Rabo o las Berenjenas con miel.

ᴀᴄ 🍴 Precio: €€

Plano: B2-7 – *Puerta Almodóvar 5* ✉ *14003* – ☏ *957 42 08 53* – *www.restaurantecasarubiocordoba.com*

CELIA JIMÉNEZ

MODERNA • **MARCO CONTEMPORÁNEO** ¡En el complejo deportivo más grande de Andalucía! La chef, con buen nombre en el mundo gastronómico, propone una cocina andaluza puesta al día en técnicas y presentaciones.

♿ ᴀᴄ Precio: €€€

Fuera de plano – *Escritora María Goyri (Complejo Deportivo Open Arena, por Avenida de América)* ✉ *14005* – ☏ *957 04 98 55* – *celiajimenez.com/es* – *Cerrado lunes, martes, miércoles, domingo, cena: jueves*

RECOMIENDO

CREATIVA • **A LA MODA** Diversión, técnica, sabor, recuerdos... y la filosofía del chef Periko Ortega, que pone "power" en cada plato. Encontrará tres menús degustación, todos con opción de maridaje.

ᴀᴄ Precio: €€

Fuera de plano – *Mirto 7* ✉ *14012* – ☏ *957 10 73 51* – *www.recomiendopower.com* – *Cerrado lunes, domingo*

TABERNA EL Nº 10

TRADICIONAL • **BAR DE TAPAS** Se halla en plena judería y... ¡está dedicada al vino con la D.O. Montilla-Moriles! Sus tapas y raciones son un buen método para descubrir la cocina tradicional y regional.

ᴀᴄ 🍴 Precio: €

Plano: B2-10 – *Romero 10* ✉ *14003* – ☏ *957 42 14 83* – *www.tabernaelnumero10cordoba.com*

TELLUS

TRADICIONAL • **MARCO CONTEMPORÁNEO** El nombre, tomado de la diosa que simboliza "la tierra" en la mitología romana, lo utilizan como una alegoría sobre la estacionalidad. Cocina actual con detalles de temporada.

♿ ᴀᴄ 🍴 ⇔ Precio: €€

Fuera de plano – *María La Judía (esquina Conchita Cintrón)* ✉ *14011* – ☏ *957 24 49 23* – *tellus.es* – *Cerrado lunes, cena: domingo*

VERTIGO ⓝ

CREATIVA • **DE DISEÑO** Impresionantes dragones, seres venidos del subconsciente, llamativas nubes de colores... El chef Javier Moreno ha creado un restaurante, tremendamente original desde el punto de vista estético, que consigue reflejar el mundo de sus propios sueños para, desde una incoherente coherencia, dar rienda suelta a su creatividad. Cocina onírica muy personal, sin ataduras ni complejos a la hora de mezclar ingredientes de aquí y de allá.

♿ ᴀᴄ Precio: €€

Plano: A1-11 – *Doña Berenguela* ✉ *14006* – ☏ *623 03 33 28* – *vertigorestaurante.com* – *Cerrado lunes, martes*

CORNELLÀ DEL TERRI

Girona – Mapa regional **9**–D1

🐸 CAN XAPES Ⓝ

ACTUAL • SIMPÁTICA Este local es mucho más que un restaurante, ya que tras él hay historia (empezó siendo un cine en 1949) y está "AD'Iniciatives Socials", una organización, sin ánimo de lucro, que busca opciones laborales a jóvenes con escasos recursos o limitada formación. Hoy, ya como restaurante-escuela, se hace un guiño al pasado manteniendo a la entrada la barra original del viejo Cine Rosa, de estilo Art Decó, y presentando unas coquetas salas donde proponen cocina catalana de corte contemporáneo, en base a tres menús (Migdia "La Barra", Degustació y De Cine) y, en lo posible, con productos de proximidad.

🄰🄲 ⇦ Precio: €€

Mossèn Jacint Verdaguer 2 ✉ *17844 –* 𝒞 *636 50 37 34 – www.canxapes.cat – Cerrado lunes, domingo, cena: martes-jueves*

CORNUDELLA DE MONTSANT

Tarragona – Mapa regional **9**–B2

❀ QUATRE MOLINS

CREATIVA • MARCO CONTEMPORÁNEO ¿Aún no ha oído hablar del Chef de la Miel? Con independencia del apelativo lo cierto es que ese manjar, para él, supone muchísimo más que un producto fetiche, pues su familia trabaja entre colmenas desde 1810 (artMuria).Rafel Muria, formado en emblemáticas casas de España, Francia e Italia, defiende en este sencillo restaurante una cocina creativa de gran nivel, siempre en base a platos elaborados en los que la miel se usa discretamente, como una especia más, para aportar equilibrio y estabilizar el sabor. Ofrecen tres menús (Degustación, Espectáculo y Menú de la Trufa) así como un plato suelto (Royal de sangacho de atún con compota de pera), con suplemento, que puede pedirse fuera de los mismos y también resulta interesante, pues con él... iganó el "Concurso Atún Rojo Balfegó" en 2018!

🄰🄲 Precio: €€€€

Comte de Rius 8 ✉ *43360 –* 𝒞 *977 82 10 04 – quatremolins.com – Cerrado martes, miércoles, cena: lunes, jueves y domingo*

A CORUÑA

A Coruña
Mapa regional **13**–A2
Mapa de carreteras Michelin
n° 571-B4

La esencia y el sabor del Atlántico

A Coruña es una ciudad milenaria y volcada al océano, dos detalles que encuentran el símbolo perfecto en la erguida Torre de Hércules, el único faro de la época romana que continúa en funcionamiento. Paseando por sus calles, con visitas obligadas a la bellísima plaza de María Pita, a las galerías acristaladas de La Marina (de ahí el sobrenombre "La Ciudad de Cristal") o al magnífico mirador del monte de San Pedro, descubrirá una ciudad de marcada vocación atlántica, lo que gastronómicamente se traduce en unas contundentes mariscadas o en la habitual opción de tapear tomando raciones de pulpo, percebes, almejas, navajas, mejillones... siempre con un Albariño o un Ribeiro bien fresquito. ¿Busca un turismo más gastronómico? No se pierda el mercado de la plaza de Lugo, renovado con acierto y perfecto para contemplar, e incluso comprar, los excepcionales pescados y mariscos de esta tierra.

ÁRBORE DA VEIRA

Chef: Luis Veira

CREATIVA • MARCO CONTEMPORÁNEO Se halla junto a las emblemáticas baterías de artillería que protegían la ría, en lo alto del monte de San Pedro, y suele enamorar por su marcado carácter panorámico, pues las mesas del comedor invitan a contemplar la ciudad desde las alturas y a perder la vista en el océano. Ofrece varios salones para eventos, muchísima luz, amplias mesas desnudas, vajilla de autor, sorprendentes combinaciones, cremas de nítido sabor... La propuesta del chef Luis Veira, un orgulloso coruñés que según sus propias palabras "pone los cinco sentidos sobre el Atlántico", refleja un constante juego de sabores y productos, propios de una cocina tradicional actualizada, a través tanto de la carta como de unos sugerentes menús degustación: Raíces, Árbore (solo al mediodía) y Semente (solo en el servicio de cena).

🕸 ⪜🕭 Ⓜ ⇪🅿 Precio: €€€

Fuera de plano – *Parque Monte San Pedro (por Avenida de Pedro Barrié de la Maza)* ✉ *15011 –* 🞈 *981 07 89 14 – arboredaveira.com – Cerrado martes, cena: lunes, miércoles, jueves y domingo*

ARTABRIA

TRADICIONAL • AMBIENTE CLÁSICO Está cerca de la playa de Riazor y exhibe un nombre con historia, pues los "ártabros" eran una tribu de origen celta asentada en la zona. Presenta un comedor de buen montaje, con cuadros abstractos de autores gallegos vistiendo sus paredes, y tiene la cocina parcialmente vista al fondo de la sala, proponiéndonos desde ella una carta de tinte clásico y bases tradicionales. ¿Especialidades? No deje de probar las Cestillas crujientes de zamburiñas con

A CORUÑA

0   200 m

N

crema de nécoras, los Rollitos de salmón ahumado con tártara de langostinos, su Arroz de gamba roja... y, por supuesto, la Lamprea en temporada.

🍴 Precio: €€

Fuera de plano – *Fernando Macías 28* ✉ *15004* – ✆ *981 26 96 46* – *restauranteartabria.com* – *Cerrado cena: lunes, domingo*

☺ ### EL DE ALBERTO

MODERNA • **MARCO CONTEMPORÁNEO** Un negocio con solera e innumerables fieles, sobre todo locales, que afronta una nueva etapa con el cambio de local, ahora mucho más grande, céntrico, confortable... y a escasos metros de las playas, tanto la del Orzán como la de Riazor. Tras la cuidada fachada, con una gran cristalera que baña de luz el moderno comedor, la omnipresente figura de Alberto, el propietario, sigue al frente de todo con la clara premisa de mimar a sus clientes. ¿La oferta? Una cocina tradicional actualizada con platos cada vez más modernos; eso sí, siempre con raciones generosas y en base a productos de calidad.

🍴 Precio: €€

Plano: A2-1 – *Comandante Fontanes 1* ✉ *15003* – ✆ *981 90 74 11* – *eldealberto. es* – *Cerrado lunes, martes, cena: domingo*

☺ ### TERREO COCINA CASUAL

ACTUAL • **MARCO CONTEMPORÁNEO** Un local de línea moderna del que todo el mundo habla, pues en él intentan ofrecer una cocina elaborada aunque algo más informal, en base a platos ligeros pero... ¡tremendamente sabrosos! La pareja al frente, con el chef Quique Vázquez tras los fogones y Ana Señarís pendiente de todo en la sala, apuesta por una propuesta que denominan "Casual" para que los clientes se sientan como en su casa, sorprendiendo esta por la delicadeza de las salsas, un interesante juego con los crudos (marinados y ahumados) así como un completo apartado de arroces. ¡Existe la posibilidad de tomar medias raciones!

🅰🅲 Precio: €€

Plano: A2-2 – *San Andrés 109* ✉ *15003* – ☏ *881 91 71 82* – *www.terreocinacasual.net – Cerrado lunes, domingo, cena: martes, miércoles*

ASADOR CORUÑA

TRADICIONAL • **AMBIENTE CLÁSICO** Una casa en la que se respeta muchísimo el producto. Presenta una sala de corte clásico-tradicional con profusión de madera, detalles en piedra y la cocina a la vista. ¡Excelentes carnes gallegas en parrilla de leña... y buenos pescados!

🅰🅲 ⇔ Precio: €€

Fuera de plano – *Alcalde José Crespo López Mora 4 (por Avenida de Linares Rivas)* ✉ *15008* – ☏ *981 24 01 57 – asadorcoruna.com – Cerrado cena: lunes-jueves y domingo*

BIDO

MODERNA • **MARCO CONTEMPORÁNEO** Platos bien resueltos, productos de calidad, elaboraciones delicadas... He aquí un restaurante que sorprende en fondo y forma, con cocina actual en un ambiente de diseño.

&🅰🅲 Precio: €€€

Plano: A2-3 – *Marcial del Adalid 2* ✉ *15005* – ☏ *881 92 28 47 – www.bidorestaurante.es – Cerrado lunes, cena: martes, domingo*

COMAREA

TRADICIONAL • **BAR DE TAPAS** Un local de tapas que funciona como vinoteca y arrocería. ¿Desea unas raciones o prefiere comer a la carta? En cualquier caso, pruebe sus mariscos, los ibéricos, el pulpo...

🅰🅲 🛆 Precio: €

Fuera de plano – *Carlos Martínez Barbeito y Morás 4* ✉ *15009* – ☏ *981 13 26 58 – www.grupocomarea.com – Cerrado martes, domingo*

CULUCA

MODERNA • **A LA MODA** Un gastrobar céntrico, amplio y actual, pero también de ambiente joven e informal. Aquí ofrecen tapas y raciones que mezclan las recetas clásicas con otras más creativas.

& 🅰🅲 🛆 ⇔ Precio: €

Plano: A2-6 – *Avenida Arteixo 10* ✉ *15004* – ☏ *981 97 88 98 – culuca.com – Cerrado cena: lunes, domingo*

ECLECTIC

CREATIVA • **SIMPÁTICA** Céntrico y singular, pues estéticamente parece una elegante casa particular. Se ven a sí mismos como una gran utopía culinaria y defienden dos menús degustación, ambos de tinte creativo pero con guiños al territorio y a la antigua cocina gallega. Aquí no encontrará camareros, pues... ¡los tres chefs hacen de todo!

& 🅰🅲 Precio: €€€

Plano: B2-7 – *San Andrés 8* ✉ *15003* – ☏ *617 62 14 23 – www.eclecticrestaurante.com – Cerrado lunes, cena: domingo*

A MUNDIÑA

GALLEGA • **MARCO CONTEMPORÁNEO** Mantiene su propuesta de gusto tradicional y presenta una estética renovada. Los pescados de las lonjas cercanas (Laxe, Malpica, A Coruña...) son los grandes protagonistas.

🏵 & 🅰🅲 ⇔ Precio: €€

Plano: A2-4 – *Real 77* ✉ *15003* – ☏ *881 89 93 27 – amundina.com – Cerrado domingo*

NADO

CREATIVA · DE DISEÑO De estética moderna, con la cocina abierta a la sala y solo dos largas mesas que se modulan según el número de clientes. Cocina creativa de base tradicional y alma marinera.

&. 🕳 Precio: €€€

Plano: A2-9 – *Callejón de la Estacada 9* ✉ *15001* – ☎ *981 97 94 33* – *nado.es* – *Cerrado miércoles, cena: domingo*

OMAKASE

JAPONESA · TENDENCIA En la plaza de María Pita, donde sorprende al presentarse solo con una barra de sushi, una cámara de maduración de pescado y un único menú degustación. ¡Se reserva por la web!

🕳 Precio: €€€

Plano: B2-11 – *Plaza de María Pita 3* ✉ *15001* – ☎ – *www.omakasesushibar.es* – *Cerrado lunes, domingo*

SALITRE

GALLEGA · MARCO CONTEMPORÁNEO Construye su propuesta en base al producto gallego, apostando por los sabores tradicionales y los platos a la carta. ¡Pídase la sabrosa caldeirada de pescado o algún arroz!

&. 🕳 ⇔ Precio: €€€

Plano: B1-5 – *Paseo Marítimo Alcalde Francisco Vázquez 25* ✉ *15002* – ☎ *981 92 32 53* – *www.salitrecoruna.com* – *Cerrado lunes, cena: martes, miércoles y domingo*

LA TABERNA DE MIGA

TRADICIONAL · TENDENCIA Coqueto local, tipo bistró, dotado con una terraza, una barra donde se puede comer y dos salas con las paredes en piedra. Cocina tradicional actualizada, ideal para compartir.

&. 🕳 🍴 Precio: €€

Plano: B1-8 – *Plaza de España 7* ✉ *15001* – ☎ *881 92 48 82* – *www.migacoruna.com* – *Cerrado lunes, almuerzo: miércoles, cena: domingo*

TABERNA A MUNDIÑA

TRADICIONAL · MARCO CONTEMPORÁNEO Taberna de ambiente elegante decorada con gusto en un estilo actual, con profusión de maderas y una vinoteca acristalada. Cocina tradicional de producto y sugerencias diarias.

🕳 🍴 Precio: €

Plano: A2-10 – *Estrella 10* ✉ *15003* – ☎ *981 20 92 78* – *amundina.com* – *Cerrado domingo*

COSGAYA

Cantabria – Mapa regional **6**–A2

🙂 **DEL OSO**

COCINA CASERA · RÚSTICA ¿Tiene ganas de probar un buen Cocido lebaniego? En pocos sitios encontrará uno tan rico como aquí. Nos encontramos a los pies de los Picos de Europa, en pleno Valle de Liébana, un entorno natural siempre verde y cautivador que invita a degustar platos contundentes, típicos de montaña. El restaurante, bien llevado en familia y ubicado dentro del precioso hotel Del Oso, se presenta con un comedor de entrañable rusticidad, donde podrá degustar platos sencillos pero con mucho sabor, de esos que nos recuerdan a nuestras abuelas. Los postres también merecen una mención, pues todos son caseros.

🅿 Precio: €€

Barrio Areños 2 (Hotel Del Oso) ✉ *39582* – ☎ *942 73 30 18* – *hoteldeloso.es*

COSTA TEGUISE – Las Palmas ➔ Ver Canarias (Lanzarote)

CUDILLERO

Asturias – Mapa regional **3**–B1

EL PESCADOR

PESCADOS Y MARISCOS • FAMILIAR Restaurante de gestión familiar que ofrece una carta muy amplia, con diversos platos asturianos y, sobre todo, los pescados y mariscos locales (merluza, pixín, virrey...).

🏠 🅿 Precio: €€

Tolombreo de Arriba s/n (Tolombreo de Arriba, Sureste 1,5 km) ✉ *33150 –*
𝒞 985 59 09 37 – www.hotelrestauranteelpescador.com – Cerrado lunes, cena:
martes-jueves y domingo

CUENCA

Cuenca – Mapa regional **7**–C2

🙂 OLEA COMEDOR

MODERNA • SIMPÁTICA La sinceridad llevada a otro nivel, pues aquí interpretan el hecho de tener la cocina a la vista como una demostración de que... ¡no tienen nada que ocultar! El chef Eduardo Albiol, que plantea una cocina bastante personal y diferente, trabaja sobre el recetario tradicional para actualizarlo con detalles y productos de otras latitudes, por lo que encontraremos en sus platos rasgos mediterráneos, asiáticos y sudamericanos. Su único referente son los clientes, por eso están muy atentos a sus reacciones y se atreven con casi todo esperando su beneplácito. ¡Fantástica relación calidad/precio!

♿ 🆎 Precio: €

Avenida Castilla-La Mancha 3 ✉ *16002 – 𝒞 628 85 97 42 – oleacomedor.es –*
Cerrado lunes, martes, cena: domingo

CASA DE LA SIRENA

ACTUAL • MARCO CONTEMPORÁNEO Una casa, no exenta de historia, que está anexa a las famosas "Casas Colgadas" y en su día funcionó como almacén. Presenta un interior que sorprende por su estética, con mobiliario de aire moderno-minimalista, y plantea una cocina de gusto contemporáneo que reinterpreta conocidos platos autóctonos. Ofrecen servicio a la carta, un menú ejecutivo (mediodía, de martes a viernes) y otro más completo de tipo degustación.

🆎 ✂ Precio: €€

Obispo Valero ✉ *16001 – 𝒞 644 00 97 03 –*
www.restaurantecasadelasirena.com – Cerrado lunes, cena: martes, domingo

CASAS COLGADAS

ACTUAL • HISTÓRICA Una casa emblemática que reabre sus puertas de la mano del reconocido chef Jesús Segura. Se encuentra en las míticas "Casas Colgadas" y hoy se presenta con una estética moderna, conservando la preciosa viguería vista de inspiración castellana. Ofrecen un único menú degustación de tinte actual, en base a productos de proximidad y con un protagonismo especial tanto para las salsas como para las cremas. ¡Fantástica iluminación nocturna!

🆎 ✂ Precio: €€€€

Canónigos ✉ *16001 – 𝒞 644 00 97 95 – www.restaurantecasascolgadas.com –*
Cerrado lunes, cena: martes, domingo

RAFF SAN PEDRO

TRADICIONAL • HISTÓRICA Forma parte del hotel Leonor de Aquitania, donde ocupa las antiguas caballerizas de una casa palaciega en piedra. Cocina tradicional actualizada e interesantes menús.

🆎 Precio: €€

San Pedro 58 (Hotel Leonor de Aquitania) ✉ *16001 – 𝒞 969 69 08 55 –*
www.raffsanpedro.es

CULLEREDO

A Coruña – Mapa regional **13**–A2

LA PICOTERÍA

MODERNA • MARCO CONTEMPORÁNEO Atractivo local de aire contemporáneo en el que apuestan por una cocina actualizada de base tradicional, con buenos detalles técnicos y unas cuidadas presentaciones.

&. 🅰 ⇆ Precio: €€

Ferrocarril 1 (Culleredo, Sur 8 km) ✉ *15670 –* ☏ *881 96 50 78 – www.lapicoteria.es – Cerrado lunes, cena: martes-jueves y domingo*

DAIMÚS

Valencia – Mapa regional **11**–B2

CASA MANOLO

TRADICIONAL • MARCO CONTEMPORÁNEO La casa madre del negocio, un antiguo chiringuito, que hoy también cuenta con un gastrobar y un espacio gourmet (Manuel Alonso Restaurante). Cocina tradicional actualizada.

⅋ ⇠&. 🅰 Precio: €€

Paseo Marítimo 5 (en la playa, Noreste 1,5 km) ✉ *46710 –* ☏ *962 81 85 68 – www.restaurantemanolo.com – Cerrado miércoles, cena: lunes, martes, jueves y domingo*

DAROCA DE RIOJA

La Rioja – Mapa regional **14**–A2

❀❀ VENTA MONCALVILLO

Chef: Ignacio Echapresto

MODERNA • MARCO CONTEMPORÁNEO ¿Un herrero en la cocina? El chef Ignacio Echapresto demuestra que todo es posible, pues un día decidió cambiar de profesión y acertó al dejar el yunque por los fogones. Aquí, en un pequeñísimo pueblo habitado por unas 50 personas, el cocinero y su hermano (Carlos, al frente de la sala y la bodega) han reestructurado la propuesta desde la sostenibilidad para dar más protagonismo al huerto, por eso ofrecen los aperitivos en el pozo siempre que el tiempo lo permite. Encontrarás unas dependencias de gran confort asomadas al bello entorno verde circundante y tres menús degustación que, evolucionando con la temporada, exploran la "biodinámica" de cada cultivo: Raíces, Hojas-Flores (vegetal) y Frutos. Las elaboraciones no son deliberadamente complejas, pues intentan combinar solo dos o tres elementos (alcachofas, habas, calabaza, membrillo, bacalao, ciervo...) para que los sabores se realcen a la perfección. ¡La espléndida bodega se completa con hidromieles gourmet de producción propia!

❀ *El compromiso del Chef:* La sostenibilidad pasa por no forzar la máquina y coger lo que la naturaleza nos da cada día. Los productos de temporada y de la huerta son la base de nuestra despensa.

⅋ &. 🅰 ⌂ ⇆ 🅿 Precio: €€€€

Carretera de Medrano 6 ✉ *26373 –* ☏ *941 44 48 32 – ventamoncalvillo.com/web – Cerrado lunes, domingo, cena: martes-jueves*

DÉNIA

Alicante – Mapa regional **11**–B2

❀❀❀ QUIQUE DACOSTA

CREATIVA • DE DISEÑO Refleja la personalidad del chef homónimo, que ha sido distinguido con la Medalla de Oro al Mérito en las Bellas Artes 2020. ¿Puede un sabor ser bello? Esta cuestión, que hilaba un debate entre artistas en el documental "Cocinar Belleza", ha tomado el protagonismo de la propuesta culinaria para llegar, bajo ese mismo epígrafe, a un menú degustación que enamora por su marcado carácter estético, en base a productos icónicos de la casa pero sin cerrar las puertas a otros menos conocidos, esos mismos que bajo la batuta del chef logran aportar armonías y detalles inesperados. Su filosofía defiende la naturaleza e intenta llevar a la mesa el entorno mediterráneo, siempre con una clara apuesta por la economía circular y, en ocasiones, hasta con platos-protesta que solo buscan nuestra reflexión.

⅏ 🅐🅒 ⇨ Precio: €€€€

Rascassa 1 (Urbanización El Poblet, en la carretera de Las Marinas, Noroeste 3 km) ✉ *03700 –* 🕿 *965 78 41 79 – www.quiquedacosta.es – Cerrado lunes, martes, cena: miércoles, jueves*

✿ PEIX & BRASES

COCINA MEDITERRÁNEA • **A LA MODA** Son muchos los que opinan que sin tradición no hay vanguardia; aquí, partiendo de esa base, prefieren construir su filosofía desde la enriquecedora suma de ambas y, sobre todo, desde el producto.El local, prácticamente frente al puerto y con el sonido de las gaviotas de fondo, se presenta con dos ambientes bien diferenciados: el gastrobar de la planta baja (tienen una oferta de fusión, más informal, denominada Mediterrasian) y el comedor del piso superior, este con acceso a una atractiva terraza en la azotea. ¿Qué encontrará? Una carta bastante completa de cocina tradicional mediterránea, muy basada en elaboraciones a la brasa, en arroces y en un excelente producto fresco de temporada, así como dos menús de carácter más gastronómico (Esencia y Degustación). ¡Miman las presentaciones!

⅏ ⌔🅰🅒🌢 Precio: €€€

Plaza de Benidorm 18 ✉ *03700 –* 🕿 *965 78 27 57 – www.peixibrases.com – Cerrado lunes*

DIMA

Vizcaya – Mapa regional **18**–A2

✿ GARENA

Chef: Julen Baz

ACTUAL • **MARCO REGIONAL** ¿Busca una experiencia? Descubra este precioso "Baserri" del s. XVII, un caserío rodeado de viñedos que sorprende tanto por sus vistas como por alguna curiosa costumbre ancestral, como la de quemar ramas de laurel antes de los servicios para ahuyentar los malos espíritus.Presenta una zona de bar y terraza, el comedor principal en la 1ª planta y otro más secundario en el piso superior. Aquí, el chef Julen Baz defiende una carta vasca tradicional donde no faltan los platos a la brasa, un menú de mercado (laborables al mediodía) y un interesante menú degustación, denominado Geroa, con el que explican la cocina de subsistencia específica de los caseríos vascos, siempre desde una perspectiva culinaria actual. ¡Este singular menú se sirve solo a mesa completa y tras reserva (mínimo 48 horas)!

⌔🍸⇨🅿 Precio: €€€

Barrio Iturriotz 11 (Lamindao, Sureste 7 km) ✉ *48141 –* 🕿 *946 31 72 15 – www.garena.restaurant – Cerrado martes, miércoles, domingo, cena: lunes, jueves y viernes*

DONAMARIA

Navarra – Mapa regional **17**–A1

😊 DONAMARIA'KO BENTA

TRADICIONAL • **RÚSTICA** Ocupa una venta del s. XIX ubicada en plena naturaleza y tiene a toda la familia implicada en el negocio. Su comedor presenta un acogedor ambiente rústico, con las paredes en piedra, la viguería vista y mobiliario antiguo de calidad. Proponen una carta tradicional y regional a precios moderados e interesantes jornadas gastronómicas, a lo largo del año, dedicadas a los hongos, a la caza, a los productos de temporada... ¿Le apetece pasar unos días en la zona? No descarte quedarse aquí, pues también ofrece unas correctas habitaciones. ¡Pruebe los Hongos, con pan de pueblo y yema de huevo!

🅿 Precio: €€

Barrio de la Venta 4 (Oeste 1 km) ✉ *31750 –* 🕿 *948 45 07 08 – www.donamariako.com – Cerrado lunes, cena: domingo*

DONOSTIA-SAN SEBASTIÁN

Guipúzcoa
Mapa regional **18**–B2
Mapa de carreteras Michelin
n° 573-C24

La gastronomía como razón de ser

Estamos en uno de los enclaves culinarios más importantes del mundo, pues San Sebastián aglutina un montón de establecimientos en los que la calidad manda y la cocina se entiende como un arte; de hecho, pocos destinos turísticos pueden presumir de estar entre las ciudades con una mayor concentración de Estrellas MICHELIN por habitante. La gastronomía forma parte del día a día y toma el protagonismo en cada rincón, con unas coloristas barras que nos invitan a degustar sus pintxos, maravillosos mercados y esas sociedades gastronómicas (solo se puede acudir siendo socio o invitado por uno) que se alzan como el mejor exponente de lo que supone comer en esta localidad. ¿Curiosidades? Aquí se halla el famoso Basque Culinary Center, donde imparten estudios universitarios de grado en Artes Culinarias, y cuentan también con un evento de relevancia internacional: San Sebastián Gastronomika.

✿✿✿ AKELAŘE

Chef: Pedro Subijana

CREATIVA • MARCO CONTEMPORÁNEO Acercarse al chef Pedro Subijana, un icono de la restauración por su bagaje culinario y su vistoso mostacho, debe hacerse desde el máximo respeto, pues siendo uno de los padres de la Nueva Cocina Vasca también refleja una constante renovación, apostando siempre por la creatividad y la técnica sin permitir que las raíces tradicionales caigan en el olvido. El restaurante Akelaře, que ya ha celebrado sus bodas de oro y se encuentra dentro del espectacular hotel homónimo en el monte Igueldo, sorprende por su diseño, sus impresionantes vistas al Cantábrico y su esmerada propuesta. Los versátiles menús degustación (Aranori y Bekarki), que permiten combinar o intercambiar platos entre ellos, nos muestran una mágica perspectiva gastronómica en base tanto a los grandes clásicos de la casa como a las recetas más novedosas. ¿Curiosidades? Existe una nueva versión de su famoso Gin Tonic en plato, presentado ahora como una Tartita de Gin Tonic. ¿No está deseando probarla?

🕸 ⬳ 🕭 Ⓜ 🔄 🅿 Precio: €€€€

Fuera de plano – *Paseo del Padre Orcolaga 56 (Hotel Akelaře - Barrio de Igueldo, 7,5 km)* ✉ *20008* – ✆ *943 31 12 09* – *akelarre.net* – *Cerrado lunes, martes, cena: domingo*

✿✿✿ ARZAK

Chefs: Juan Mari y Elena Arzak

CREATIVA • MARCO CONTEMPORÁNEO Estamos ante una auténtica institución, pues este templo donostiarra forma parte del firmamento MICHELIN... idesde 1974!La centenaria casona familiar del Alto de Miracruz es un foco de atracción culinaria donde convergen la hospitalidad, la historia y la modernidad, pues el tándem formado por Juan Mari Arzak y su hija Elena, que está tomando el relevo de una forma magistral, ha sabido plantear el maridaje perfecto entre la vanguardia más sorprendente y el buen hacer arraigado en la tradición vasca. La creatividad, la puesta en escena y los intensos sabores son fruto de la experimentación en el Laboratorio Arzak, en el mismo edificio, donde juegan con un "Banco de sabores" de más de 1.000 productos. ¿La oferta? Un completo menú degustación y una carta, en fórmula menú, con platos a elegir.

🕸 ৬ 🏧 ⇦ 🅿 Precio: €€€€

Fuera de plano – *Avenida Alcalde José Elosegi 273 (Alto de Miracruz)*
✉ *20015 – ☏ 943 27 84 65 – www.arzak.es – Cerrado lunes, domingo*

✿✿ AMELIA BY PAULO AIRAUDO

CREATIVA • TENDENCIA Un restaurante que, desde la excelencia técnica y la personalidad, muestra un constante ánimo por resultar "diferente", conquistando el paladar y aspirando a ser... ¡la referencia de La Concha!Liderado por el chef cordobés (Argentina) Paulo Airaudo, en el hotel Villa Favorita, ofrece una cocina creativa que destaca por sus excelentes pescados y mariscos, combinando la esencia de la gastronomía vasca con sutiles toques italianos y asiáticos. El local, que equilibra la balanza estética entre el clasicismo y la modernidad, presenta tres grandes mesas y una barra diseñada para comer mientras ve trabajar a los cocineros, que sirven los platos en persona. ¿La propuesta? Un único menú degustación, con opción de maridajes y vinos por copas, en base a unos productos escogidos de todo el mundo.

🍴৬ 🏧 Precio: €€€€

Plano: C2-12 – *Zubieta 26 (Hotel Villa Favorita)* ✉ *20007 – ☏ 943 84 56
47 – www.ameliarestaurant.com – Cerrado lunes, martes, domingo, almuerzo: miércoles*

✿ KOKOTXA

Chef: Daniel López

MODERNA • AMBIENTE CLÁSICO Se halla en pleno casco viejo y, solo con su nombre, rememora uno de los mejores platos de la gastronomía vasca, elaborado con la espectacular "barbilla" de la merluza o el bacalao.En este agradable restaurante, con el tándem de Daniel López en los fogones y Estela Velasco en la sala, encontrará una cocina actual de fuertes raíces vascas en la que prima la honestidad de usar el mejor producto de mercado posible, tratado con mimo y elaborado con maestría. Al chef le gusta introducir matices de otras culturas (Japón, India, Turquía...), pero siempre con sutileza para que aporten personalidad y sumen en el paladar. Centran su propuesta en dos menús, ambos a mesa completa, que varían en función del número de platos. ¡El pescado del día suele dejar la puerta abierta a la creatividad del chef!

৬ 🏧 Precio: €€€€

Plano: C1-13 – *Kanpandegi 11* ✉ *20003 – ☏ 943 42 19 04 –
www.restaurantekokotxa.com – Cerrado lunes, domingo*

AGORREGI

REGIONAL • FAMILIAR ¡En el polígono industrial de Igara! Ofrecen una carta de mercado y raíces vascas, con detalles actuales, que se ve complementada por varios menús (uno ejecutivo al mediodía).

🏧 🍴 Precio: €€

Plano: A3-6 – *Portuetxe 14* ✉ *20008 – ☏ 943 22 43 28 – agorregi.com –
Cerrado lunes, domingo, cena: martes, miércoles*

DONOSTIA-
SAN SEBASTIÁN

0 ___ 200 m

OCÉANO ATLÁNTICO

N

Monte Urgull
Urgull Mendia

Pas. Berria

Castillo de
Sta Cruz de la Mota

Aquarium S.
Sebastián

DÁRSENA

Isla Santa
Clara

**MONTE IGUELDO/
IGELDO MENDIA**

BAHIA DE LA CONCHA

Igeldo Pasealekua

Satrustegi Pasealekua

Playa de Ondarreta

Hiribidea

La Perla

Mirakontxa Pas.

Igeldo Pasealekua

Iruñea Kalea

S. Sebastián

Palacio
de Miramar

Aldapeta

ZUBIMUSU
PARKEA

Matia Kalea

Parque de
Miramar

Baenako Dukearen Pas.

Izaburu Pas.

Beloka Pas.

7

Tolosa Hiribidea

Heriz Pasealekua

Pío Baroja Pas.

Sanserreka Pas.

Aiete Pas.

Pas.

Tontorgoxo Kalea

Aizkorri Kalea

Portuene Kalea

Jauregi Kalea

Guenextegi

Andrestegi Kalea

Xalbador
Bersolararen Kalea

Zarautz Kalea

Gantxegi

Bidea

Heriz
Pasealekua

Doktor Marañon Pas.

Pío Baroja
Pas.

UNAMUNO MIGUEL
PARKEA

Zarautz Kalea

OXTANDA
PARKEA

Alkiza
Plaza

Maria de
Maeztu Kalea

Tolosa
Hiribidea

Indalecio
Prieto Kalea

Lugaritz Pas.

GUARNIZO
PARKEA

Manuel Lardizabal
Pasealekua

IBAETA
PARKEA

Pinu
Bidea

Pinu
Bidea

Parque
de Aiete

Aiete Pasealekua

Mendilalal Kalea

Berbera Pas.

Berio Pas.

Zuhaisken Pas.

6

Portuetxe
Kalea

Lugaritz Pasealekua

Hegaztien Pas.

Berbera Pas.

Igara Bidea

Xabier Lizardi Kalea

Errotaburu
Pasealekua

ORIO
PARKEA

Tolosa
Hiribidea

Pagola Kalea

Andoain Kalea

Aingeru Zaindariaren Bidea

24

Donostiako Saihesbidea

Zubiberri Bidea

Mantulene
Kalea

BILBAO   A   *TOLOSA, PAMPLONA,
MADRID*   *MUSEO CHILLIDA - LEKU*   B

230

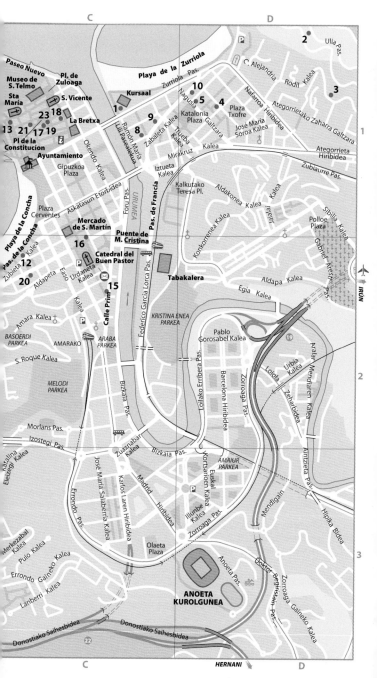

Paseo Nuevo

Pl. de Zuloaga

Museo de S. Telmo

Sta María

S. Vicente

Kursaal

Playa de la Zurriola

C. Alejandria

Ulia Pas.

2

Rodil

3

Zurriola Pas.

Nafarroa Hiribidea

Ategorrietako Zahara Galtzara

10

Ategorrieta Hiribidea

23 **18**

La Bretxa

5

4

Katalonia Plaza Galtzara

Plaza Txofre

13 **21** **17** **19**

9

Zabaleta Kalea

Trueba Kalea

José María Soroa Kalea

Zubiaurre Pas.

Pl de la Constitución

8

Ayuntamiento

Ramón María Lili Pasealekua

Iztueta Kalea

Mirakruz Kalea

Gipuzkoa Plaza

Okendo Kalea

Kalkutako Teresa Pl.

Kalea

Askatasun Etorbidea

Foru Pas.

Pas. de Francia

Aldakonea Kalea

Konkorrenea Kalea

Kalea

Sibilia Kalea

Plaza Cervantes

URUMEA

Polloe Plaza

Gabriel Aresti Pas.

Playa de la Concha

Mercado de S. Martín

16

Puente de M. Cristina

Pas. de la Concha

12

Zubieta Kalea

Catedral del Buen Pastor

Tabakalera

Aldapa Kalea

IRÚN

Egia Kalea

20

Aldapeta

Easo

Urdaneta Kalea

15

Federico García Lorca Pas.

Calle Prim

Kristina Enea Parkea

Pablo Gorosabel Kalea

19

Amara Kalea

Kalea

AMARAKO

ARABA PARKEA

Aralar Mendiaren Pas.

BASOERDI PARKEA

S. Roque Kalea

Bizkaia Pas.

Jolako Eribera Pas.

Barcelona Hiribidea

Zorroaga Pas.

Urbia Kalea

Loiola

Zeharbidea

Ainzieta Pas.

MELODI PARKEA

Morlans Pas.

Izostegi Pas.

Zuaznabar Kalea

Bizkaia Pas.

AMAIUR PARKEA

Mendigain

Hipika Bidea

Katalina Eleizegi Kalea

José María Salaberria Kalea

Karlos aren Hiribidea

Madrid Hiribidea

Euskal Hortsarioen Kalea

Illunbe Kalea

Zorroaga Pas.

Zorroaga Gaineko Kalea

Merkezabal Kalea

Pujo Kalea

Olaeta Plaza

Anoeta Pas.

Doktor Begiristain Pas.

Errondo Gaineko Kalea

Lanberri Kalea

ANOETA KUROLGUNEA

Donostiako Saihesbidea

Donostiako Saihesbidea

22

HERNANI

231

BERGARA

VASCA • **BAR DE TAPAS** Un negocio que atesora varios premios de alta cocina en miniatura. En su excelente barra encontraremos tapas y pinchos como la Txalupa, un gratinado de setas con langostinos.

🅰🅒 ⌂ Precio: €

Plano: D1-4 – *General Artetxe 8* ✉ *20002* – ☏ *943 27 50 26* – *www.pinchosbergara.es* – *Cerrado miércoles*

BETI-JAI BERRIA

MODERNA • **BAR DE TAPAS** Un local de línea actual que sorprende tanto por su forma de trabajar como por su propuesta, pues ofrece los pintxos vascos de siempre y platos de alta cocina en versión tapa.

♿🅰🅒 Precio: €

Plano: C1-17 – *Fermín Calbetón 22* ✉ *20003* – ☏ *943 44 19 44* – *www.betijaiberria.es* – *Cerrado miércoles*

BODEGÓN ALEJANDRO

TRADICIONAL • **RÚSTICA** ¿Busca un lugar que ensalce los valores vascos y recupere el recetario tradicional? Pues no indague más. Aquí, en pleno casco viejo, encontrará calidad, gran dedicación y una carta vasca con menú degustación.

🅰🅒 ⇔ Precio: €€

Plano: C1-18 – *Fermín Calbetón 4* ✉ *20003* – ☏ *943 42 71 58* – *www.bodegonalejandro.com*

CASA 887

FUSIÓN • **BISTRÓ** Local de ambiente casual llevado por un cocinero brasileño que apuesta por la fusión, con platos que nos hablan de Francia, de Japón, de México... ¡Opción de medias raciones!

🅰🅒 Precio: €€

Plano: D1-5 – *Gran Vía 9* ✉ *20001* – ☏ *943 32 11 38* – *www.grupo887.com* – *Cerrado lunes, almuerzo: martes, cena: domingo*

CASA UROLA

TRADICIONAL • **AMBIENTE CLÁSICO** Ubicado en el casco antiguo, en una calle peatonal repleta de turistas. Presenta un concurrido bar de pintxos y un comedor en el piso superior, donde sirven una carta vasca tradicional con buenas sugerencias de mercado, algún marisco y pescados a la parrilla.

🅰🅒 Precio: €€€

Plano: C1-19 – *Fermín Calbetón 20* ✉ *20003* – ☏ *943 44 13 71* – *www.casaurolajatetxea.es* – *Cerrado martes, miércoles*

DA FILIPPO

ITALIANA • **MARCO CONTEMPORÁNEO** La apuesta por los sabores italianos del chef Paulo Airaudo, que ha recuperado el antiguo local de Amelia para ofrecer una cocina transalpina diferente, aleja de la oferta habitual en las típicas trattorias. ¡Reinterpretan los platos desde conceptos actuales!

🅰🅒 Precio: €€€

Plano: C2-15 – *Prim 34* ✉ *20006* – ☏ *943 84 06 97* – *www.da-filippo.com* – *Cerrado martes, miércoles*

GALERNA

CREATIVA • **SIMPÁTICA** En el barrio de Gros, donde se presenta con una estética actual y algún guiño marinero. Defienden un único menú degustación, de bases tradicionales pero con platos creativos.

🅰🅒 Precio: €€€

Plano: D1-10 – *Paseo Colón 46 (Gros)* ✉ *20002* – ☏ *943 27 88 39* – *www.galernajanedan.com* – *Cerrado martes, miércoles*

GANBARA

TRADICIONAL • **BAR DE TAPAS** Con el devenir de los años se ha convertido en una referencia del casco viejo. Carta de asador, con productos de temporada, magníficos pinchos y una especialidad: las setas.

AC Precio: €

Plano: C1-21 – *San Jerónimo 21* ✉ *20001* – ✆ *943 42 25 75* – *www.ganbarajatetxea.com – Cerrado lunes, cena: domingo*

IKAITZ

TRADICIONAL • **RÚSTICA** Restaurante familiar que apuesta, sin complejos, por la cocina tradicional-regional, con productos de calidad y raciones contundentes. ¡Suelen ofrecer platos fuera de carta!

& AC Precio: €€

Plano: C1-9 – *Paseo Colón 21* ✉ *20002* – ✆ *943 29 01 24* – *www.restauranteikaitz.com/es – Cerrado lunes, martes*

MIRADOR DE ULÍA

CREATIVA • **AMBIENTE CLÁSICO** Un restaurante especial, pues sus vistas sobre la ciudad y la playa de la Zurriola... ¡se graban en la retina! La casa, un negocio familiar de 3ª generación en lo alto del monte Ulía, está llevada por el chef Rubén Trincado, que defiende un estilo propio y un legado enraizado en la tradición, con platos de claras connotaciones creativas que juegan con los productos guipuzcoanos, como la merluza, pero que también fijan su interés en las "zonas azules" del planeta, aquellas donde el ser humano es más longevo. Solo trabaja con cuatro menús degustación que, compartiendo su base, difieren en el número de pases (uno de ellos es vegetariano).

⊰ AC P Precio: €€€

Plano: D1-2 – *Paseo de Ulía 193* ✉ *20013* – ✆ *943 27 27 07* – *www.miradordeulia.es – Cerrado lunes, martes, cena: domingo*

MUKA Ⓝ

A LA PARRILLA • **MARCO CONTEMPORÁNEO** Este local de estética nórdica, con el sello del chef Andoni Luis Aduriz, se encuentra en el siempre concurrido Kursaal, con una agradable terraza y vistas a la desembocadura del Urumea. Cocina sencilla y desenfadada donde las verduras a la brasa toman casi todo el protagonismo (opción de carta, menú degustación y sugerencias del día).

& AC 🍴 Precio: €€

Plano: C1-1 – *Avenida de la Zurriola 1 (Palacio de Congresos y Auditorio Kursaal)* ✉ *20002* – ✆ *943 00 31 62* – *www.muka.eus – Cerrado lunes, cena: martes, miércoles y domingo*

NARRU

TRADICIONAL • **MARCO CONTEMPORÁNEO** ¡Ubicado frente a la Catedral del Buen Pastor! En su sala, de línea moderna, ofrecen una cocina tradicional de mercado que cuida muchísimo los productos y las presentaciones.

& AC ⇔ Precio: €€€

Plano: C2-16 – *San Martín 22* ✉ *20005* – ✆ *843 93 14 05* – *www.narru.es*

REKONDO

VASCA • **AMBIENTE CLÁSICO** Un caserío en la subida al monte Igueldo que sorprende por su interior, clásico-actual. Cocina vasca de excelsos productos y excelente bodega, pues... ¡posee auténticas joyas!

🏵 & AC 🍴⇔ P Precio: €€€

Plano: A2-7 – *Paseo de Igueldo 57* ✉ *20008* – ✆ *943 21 29 07* – *www.rekondo.com – Cerrado martes, miércoles*

SUKALDEAN AITOR SANTAMARIA

ACTUAL • TENDENCIA ¡La interesante propuesta culinaria del hotel Zenit Convento de San Martín! Cocina contemporánea que conjuga el recetario vasco con el asiático (hay hasta una barra de sushi).

&. AC ⇔ Precio: €€

Plano: C2-20 – *San Martín 45* ✉ *20007* – 𝒸 *943 56 39 02* – *www.sukaldeanaitorsantamaria.com* – *Cerrado lunes, cena: miércoles, domingo*

TAMBORIL

TRADICIONAL • **BAR DE TAPAS** En pleno centro histórico y llevado por la familia propietaria del mítico Ganbara. Su barra está repleta de pinchos tradicionales, destacando entre ellos el de champiñones.

AC 🍴 Precio: €

Plano: C1-23 – *Pescadería 2* ✉ *20001* – 𝒸 *943 42 35 07* – *Cerrado lunes, martes, cena: domingo*

TOPA SUKALDERÍA

FUSIÓN • **TENDENCIA** Local de aire urbano, y algo canalla, tutelado por el chef Andoni Luis Aduriz. Plantean una fusión culinaria entre Latinoamérica y Euskadi, siempre en base a producto local.

🍸 &. AC Precio: €€

Plano: C1-8 – *Aguirre Miramón 7* ✉ *20012* – 𝒸 *943 56 91 43* – *www.topasukalderia.com* – *Cerrado martes, almuerzo: lunes, miércoles*

ZELAI TXIKI

Chef: Juan Carlos Caro

TRADICIONAL • **RÚSTICA** Bien emplazado en la falda del monte Ulía, donde sorprende con una terraza panorámica y... ¡su propio huerto! Amplia carta de gusto tradicional, con un enfoque muy ecológico.

✿ *El compromiso del Chef:* En nuestra huerta dejamos madurar las verduras en la misma planta antes de recogerlas; cuando vemos que están en su punto es cuando las recolectamos y las cocinamos. Aquí la gran protagonista es la materia prima y nuestro cometido en la cocina debe ser no estropearla.

≼ &. AC 🍴 ⇔ 🅿 Precio: €€€

Plano: D1-3 – *Travesía del Rodil 79* ✉ *20013* – 𝒸 *943 27 46 22* – *www.restaurantezelaitxiki.com* – *Cerrado martes, cena: lunes, miércoles*

EIVISSA – Baleares ➜ Ver Balears (Eivissa)

EL EJIDO

Almería – Mapa regional **1**–D2

✿ LA COSTA

Chef: José Álvarez

ACTUAL • **MARCO CONTEMPORÁNEO** El Poniente Almeriense es famoso por sus inmensos invernaderos, una parte determinante de su identidad y de su excelencia hortofrutícola.El chef José Álvarez ha sabido transformar el restaurante familiar conjugando tradición y actualidad, siempre en base a sabores muy marcados y a unas constantes ganas de sorprender. Los protagonistas en su mesa son los pescados y mariscos del mar de Alborán, así como las verduras y hortalizas del entorno, normalmente cultivadas por los pequeños proveedores locales. ¿Curiosidades? El chef muestra su compromiso con esta tierra a través del menú degustación "Verde Mar y Tierra Azul", del que dice: "Si levantamos todo el mar de plástico de El Ejido, ese que se junta con el Mediterráneo, descubriremos que vivimos en uno de los oasis más verdes del mundo".

&. AC ⇔ Precio: €€€€

Bulevar 48 – ✉ *04700* – 𝒸 *950 48 17 77* – *Cerrado domingo, cena: lunes-miércoles*

BARRA DE JOSÉ ÁLVAREZ

ACTUAL • **MARCO CONTEMPORÁNEO** Un local, con personalidad propia, que comparte cocina y bodega con su laureado hermano mayor (La Costa). Presenta una zona de barra y varias mesas, sin mantel, donde podrá degustar una variada oferta de platos actuales, algunos con opción de medias raciones. ¡Servicio profesional y buen producto!

& AC Precio: €€

Bulevar 46 ⊠ *04700 –* ✆ *950 48 14 40 – Cerrado domingo*

ELCIEGO

Álava – Mapa regional **18**–A3

✿ ## MARQUÉS DE RISCAL

MODERNA • **DE DISEÑO** Se halla en un hotel-bodega que desborda diseño, imaginación y creatividad; no en vano, es obra del famoso arquitecto Frank O. Gehry y... ¡en 2021 fue reconocida como la mejor bodega de Europa!Bajo las espectaculares cubiertas curvas de titanio coloreado (rosa, oro y plata) que recuerdan el rojo del vino, el dorado de la malla y el plateado de las cápsulas que cierran las botellas de Marqués de Riscal, descubrirá una cocina de autor que hace constantes guiños a la tradición. La propuesta del chef Francis Paniego, asesor de todo lo que aquí acontece, se concreta en dos menús degustación que varían en función del número de platos (Tierra 7 ideas o Tierra 10 ideas). Ambos menús, que comparten los aperitivos, buscan la inspiración en la sierra riojana y en los productos locales de temporada.

& AC ⇄ P Precio: €€€€

Torrea 1 (Hotel Marqués de Riscal) ⊠ *01340 –* ✆ *945 18 08 88 –*
www.hotel-marquesderiscal.com – Cerrado lunes, almuerzo: martes, cena:
domingo

ELX

Alicante – Mapa regional **11**–A3

✿ ## LA FINCA

Chef: Susi Díaz

CREATIVA • **DE DISEÑO** La chef Susi Díaz, apoyada constantemente por su marido y sus hijos, sigue reinventándose en pos de una cocina con alma doméstica y mediterránea pero que, a su vez, no está exenta de elegancia, técnica y personalidad.En La Finca, un encantador restaurante que se encuentra en un entorno rural y hoy se presenta con una estética interior algo más urbana, el recetario alicantino tradicional vive una constante evolución, pues la chef reproduce los sabores de esta tierra con delicados toques de autor. Aquí descubrirá una cocina de raíces y recuerdos que sabe aprovechar el producto local, sobre todo los pescados y mariscos, buscando siempre la sorpresa visual y no dudando a la hora de incorporar hierbas aromáticas o flores ecológicas de su huerto-jardín. Puede pedir a la carta, confeccionar su propio menú o degustar el menú degustación Génesis en cualquiera de sus formatos (L o XL).

❀ & AC ⇧ ⇄ P Precio: €€€

Partida de Perleta 1-7 (por la avenida de Santa Pola, Sureste 4,5 km y desvío a la derecha 1 km) ⊠ *03295 –* ✆ *965 45 60 07 – www.lafinca.es – Cerrado lunes, martes, cena: miércoles, jueves y domingo*

☺ ## FRISONE

TRADICIONAL • **A LA MODA** Ha mejorado notablemente con el cambio de local, a pocos metros del anterior, pues ahora se presenta con espacios más diáfanos, grandes ventanales que aportan muchísima luz, altos techos, elegantes lámparas de araña... y una estética actual-minimalista dominada por los tonos blancos. En lo gastronómico, ya conocedores de su fiel clientela, los hermanos Rivas siguen apostando por una cocina tradicional actualizada, contemporánea en las formas y mediterránea en el sabor, que explota al máximo los productos del entorno. ¡Los arroces y los mariscos de Santa Pola siguen brillando en su oferta!

  ♿ 🅰🅲 🍴 Precio: €€

Borreguet 4 – ✉ 03203 – ℰ 965 45 11 97 – www.restaurantefrisone.com – Cerrado lunes, cena: martes-jueves y domingo

LA MASÍA DE CHENCHO

TRADICIONAL • RÚSTICA Enamora por su atractiva ubicación en una casa de campo de ambiente rústico-elegante, por lo que también cuenta con amplios espacios para la organización de eventos. Buena cocina tradicional de producto, con un sugerente apartado de arroces. ¡Amplia y cuidada bodega!

  🐕 🛏 🅰🅲 🍴 ⇔ 🅿 Precio: €€

Partida de Jubalcoi 1-9 (en la carretera N 340, Este 5 km) – ✉ 03295 – ℰ 965 42 17 84 – www.lamasiadechencho.com – Cerrado cena: domingo

ERRENTERIA

Guipúzcoa – Mapa regional **18**–B2

✿✿ MUGARITZ

Chef: Andoni Luis Aduriz

CREATIVA • MINIMALISTA Mugaritz es mucho más que un restaurante y supone una experiencia diferente para cualquier gastrónomo. Aquí se cuestiona absolutamente todo, por eso las preguntas sobre el gusto individual y colectivo se agolpan y, en palabras del propio chef, parece que en ocasiones "se va más a jugar que a comer".El particular decálogo de intenciones de Andoni Luis Aduriz, acostumbrado a romper cualquier regla, toma cuerpo en un pequeño glosario que encontrará en la mesa, con términos definidos por el chef, por el personal y por los propios clientes, que cooperan para completar su significado. Los platos no siguen una línea u orden clásico y constantemente intentan traspasar fronteras, tanto en el sabor como en el desarrollo de la comida, a través de un único menú degustación. ¿Un plato singular? De frente: la piel que habito, una elaboración conceptual en la que, sobre un rostro, hay una falsa piel de gelatina de sidra acompañada por costrones de pan con una emulsión de pimiento.

  🐕 ♿ 🅰🅲 🅿 Precio: €€€€

Aldura Aldea 20 - Otzazulueta Baserria (en el cruce de la carretera de Astigarraga a Oiartzun, Sur 4 km y desvío 1,5 km) – ✉ 20100 – ℰ 943 52 24 55 – www.mugaritz.com – Cerrado lunes, almuerzo: martes, cena: domingo

L'ESCALA

Girona – Mapa regional **9**–D3

😊 LA GRUTA

INTERNACIONAL • RÚSTICA Todo el mundo sabe que aquí se come de maravilla y eso no ha cambiado con el cambio de local, pues ahora se encuentran en una antigua casa de piedra dotada con varios salones y... ¡un coqueto patio-terraza asomado a la cocina! La pareja al frente, con el chef galo Fabrice Cesar tras los fogones y Montse pendiente de atender a los clientes, defiende una cocina actual de base francesa e internacional que tiene como hilo conductor los productos de proximidad y de raíces mediterráneas. ¿La oferta? Una pequeña carta y tres interesantes menús (Momento, Bistronómico y Descubrimiento).

  🅰🅲 🍴 Precio: €€

Pintor Enric Serra 44 – ✉ 17130 – ℰ 972 77 62 11 – www.restaurantlagruta.com – Cerrado lunes, domingo

😊 MAS CONCAS

COCINA MEDITERRÁNEA • RÚSTICA Uno de esos casos en los que la experiencia culinaria tiene un plus, pues nos encontramos ante una masía hermosa y con historia. El edificio, de finales del s. XVII y construido en piedra, fue la residencia de verano de la escritora Caterina Albert y Paradís, mucho más conocida bajo el seudónimo de Víctor Català. En sus comedores, todos de ambiente rústico (aunque con detalles modernos y altísimos techos), le propondrá una cocina de base mediterránea e influencias francesas, siempre bien presentada y con las materias primas de la zona como pilares básicos de su inspiración. ¡Sugerentes menús!

🅰🅲 🄿 Precio: €€

Camí de Cinc Claus (Noroeste 3 km) ✉ *17130 – ✆ 972 77 51 58 – www.masconcas.com – Cerrado martes, cena: lunes, miércoles, jueves y domingo*

EL ROSER 2

COCINA MEDITERRÁNEA • AMBIENTE CLÁSICO Llevado entre hermanos y dotado con sorprendentes vistas al mar. Carta amplia, variada, atrevida... de carácter marinero, con un apartado de mariscos y sugerentes menús.

⇐ ઙ 🅰🅲 🏠 Precio: €€€

Passeig Lluís Albert 1 ✉ *17130 – ✆ 972 77 11 02 – www.elroser2.com – Cerrado miércoles, cena: lunes, martes y domingo*

ESCUNHAU

Lleida – Mapa regional **9**–B1

EL NIU

TRADICIONAL • AMBIENTE CLÁSICO Junto a la carretera, en una casa de piedra que viste su interior con detalles clásicos de montaña (chimenea, esquís, raquetas de nieve...). ¡Carta tradicional rica en carnes!

Precio: €€

Santa Anna 23 (por la carretera de Salardú, Este 3 km) ✉ *25539 – ✆ 973 64 14 06*

L'ESTARTIT

Girona – Mapa regional **10**–B1

LES CORONES

A LA PARRILLA • MARCO CONTEMPORÁNEO Este restaurante, de estilo contemporáneo, presume de estrechos vínculos con Getaria y de confiar al producto todo el protagonismo. Carta especializada en pescados a la brasa.

ઙ 🅰🅲 🏠 Precio: €€

Avenida Roma 50 ✉ *17258 – ✆ 972 75 00 99 – www.lescorones.com – Cerrado lunes-jueves*

ESTEIRO

A Coruña – Mapa regional **13**–A2

😊 MUIÑO

PESCADOS Y MARISCOS • SENCILLA Está en el casco urbano, al borde de la carretera que pasa por esta pequeña localidad. Tras su discreta fachada tiene un espacioso bar público, que suele llenarse con clientela local, un sencillo comedor donde sirven el menú del día y las dos salas a la carta del piso superior, ambas de corte clásico. Ofrece una cocina tradicional gallega en la que se aprecia que trabajan con productos frescos de indudable calidad, con muy buenos mariscos y unas sabrosísimas carnes a la piedra... sin embargo, la gran especialidad que les ha hecho famosos en la zona es su exquisito Bogavante con arroz.

🅰🅲 Precio: €€

Ribeira de Mayo (Carretera AC 550) ✉ *15240 – ✆ 981 76 38 85 – Cerrado lunes, cena: domingo*

EZCARAY

La Rioja – Mapa regional **14**–A2

⁂⁂ EL PORTAL DE ECHAURREN

Chef: Francis Paniego

CREATIVA • DE DISEÑO Francis Paniego transmite honestidad, sinceridad, pasión... ese amor por la profesión y la familia (su hermano Chefe se ocupa de la sala y la bodega) de quién se siente orgulloso del legado heredado; no en vano su madre, la añorada Marisa Sánchez, fue Premio Nacional de Gastronomía en 1987.El Portal, la piedra angular de los distintos proyectos del chef, ofrece una reinterpretación de sus raíces culinarias; eso sí, desde un punto de vista creativo, con un nivel técnico excepcional y algunos productos, como los de casquería, que nos hacen acariciar el cielo con el paladar. La propuesta, bajo el formato de menús degustación, se presenta con una selección de entrantes que, degustados en la terraza o junto a la chimenea del hotel, buscan desvelarnos los sabores de esta bellísima localidad.

🕸 & 🅰🄲 Precio: €€€€

Padre José García 19 (Hotel Echaurren) ✉ *26280 –* 𝒸 *941 35 40 47 – www.echaurren.com – Cerrado lunes*

ECHAURREN TRADICIÓN

TRADICIONAL • AMBIENTE CLÁSICO ¡Ha ganado en espacio y luminosidad! Siguen fieles a la cocina tradicional, completando la carta (grandes clásicos de Francis Paniego y de su madre) con un menú degustación.

🕸 & 🅰🄲 Precio: €€€

Padre José García 19 (Hotel Echaurren) ✉ *26280 –* 𝒸 *941 35 40 47 – www.echaurren.com*

FAMARA – Las Palmas ➜ Ver Canarias (Lanzarote)

FERROL

A Coruña – Mapa regional **13**–A2

🙂 FRANK

ACTUAL • MINIMALISTA Este simpático restaurante destaca por su ubicación en Ferrol Vello, el barrio tradicional de pescadores, que también está a tiro de piedra del Puerto Deportivo y de las instalaciones de la Armada. El negocio está llevado por Gonzalo Pérez y Blanca Tello, una amable pareja que apuesta por una cocina actual pensada para compartir, con toques de autor, detalles desenfadados (reducida carta en una pizarra) y muchos guiños de fusión, ya que a nivel culinario toman Galicia y su privilegiada despensa como el punto de partida para hablarnos de otras culturas y sabores (México, Italia, Asia...).

& 🅰🄲 Precio: €

San Francisco 42-44 ✉ *15401 –* 𝒸 *981 35 50 71 – Cerrado lunes, domingo, cena: martes-jueves*

BACELO

ACTUAL • BISTRÓ De ambiente informal, en una céntrica calle peatonal y bien llevado por una joven pareja, con ambos tras los fogones. ¡Cocina tradicional actualizada pensada para compartir!

🅰🄲 Precio: €€

Dolores 44 ✉ *15401 –* 𝒸 *881 12 23 66 – www.restaurantebacelo.com – Cerrado martes, miércoles*

O CAMIÑO DO INGLÉS

MODERNA • TENDENCIA Este coqueto local, próximo al puerto y con la cocina abierta, propone dos menús degustación de tinte internacional con platos de varios países (Perú, Japón, Italia, España...).

&& & 🅰🅲 Precio: €€€

Espartero 77-79 ✉ *15401 –* ✆ *981 35 20 90 – www.ocaminodoingles.com –*
Cerrado lunes, martes, cena: domingo

A GABEIRA

TRADICIONAL • MARCO CONTEMPORÁNEO Un elegante restaurante, de 4ª
generación, que debe su nombre a un islote cercano. Presenta un privado, dos
salas y la cocina vista, donde el experimentado chef-propietario apuesta por una
gastronomía tradicional no exenta de toques creativos, con un buen apartado de
mariscos y clásicos de la casa. ¡Acogedora terraza!

🅰🅲 🍴 ⇔ 🅿 Precio: €€

Valon Nucleo (por estrada de praias Doniños, Noroeste 4 km) ✉ *15593 –* ✆ *981*
31 68 81 – www.agabeira.com – Cerrado lunes, cena: martes, domingo

MODESTO

PESCADOS Y MARISCOS • MARCO CONTEMPORÁNEO Una casa de ambiente
clásico-actual ubicada a pie de carretera. Plantean una cocina tradicional que
ensalza los productos de la zona, con un destacable apartado de mariscos.

🅰🅲 🅿 Precio: €€

Carretera Ferrol-Cobas 89 (Serantes) ✉ *15405 –* ✆ *981 32 32 75 –*
www.rmodesto.com – Cerrado domingo, cena: lunes-viernes

FIGUERES

Girona – Mapa regional **9**–D3

EL MOTEL

REGIONAL • AMBIENTE CLÁSICO Un negocio familiar no exento de historia
(abrió sus puertas en 1961); de hecho, tanto el clasicismo decorativo como el servicio parecen de otra época. La carta, con platos propios de la cocina tradicional
catalana e internacional, se completa con un menú denominado Sabores de temporada. ¡No se pierda su carro de quesos!

&& 🅰🅲 🍴 ⇔ 🅿 Precio: €€

Avenida Salvador Dalí 170 (en la antigua carretera N II) ✉ *17600 –* ✆ *972 50 05*
62 – www.elmotelrestaurant.com – Cerrado cena

FISTERRA

A Coruña – Mapa regional **13**–A2

TERRA ⓝ

Chef: Brais Pichel

MODERNA • MARCO CONTEMPORÁNEO Fisterra, en la región coruñesa conocida como la Costa da Morte, revitaliza su propuesta culinaria con un restaurante
que recupera un antiguo bar frente a la playa Da Ribeira.El joven chef Brais Pichel,
tras formarse en laureados establecimientos como Casa Marcial (La Salgar, en
Asturias) o Mina (Bilbao), ha vuelto a su casa para dar un giro total al negocio familiar, transformándolo en un espacio contemporáneo que apuesta por la coherencia.
¿Su propuesta? Solo ofrecen un menú degustación, de tinte moderno, que cambia
casi a diario y procura exaltar el trabajo de los productores locales (aquí nunca
faltan los pescados). No le dejará indiferente, pues los sutiles y sabrosos platos
nos hablan constantemente del entorno. ¡La minúscula carta de vinos también
sorprende, pues da luz a pequeñas bodegas con vinos naturales, monovarietales
y sin filtrar!

& 🅰🅲 Precio: €€

Paseo Da Ribeira 65 ✉ *15155 –* ✆ *981 41 83 75 – Cerrado lunes, cena: martes,*
miércoles y domingo

Ó FRAGÓN

GALLEGA • MINIMALISTA Singular restaurante ubicado en lo alto de la localidad, por lo que disfruta de unas muy buenas vistas. Cocina actualizada de mercado que trabaja mucho en base a dos menús degustación; aunque al mediodía, como complemento, también ofrecen una pequeña carta.

⇜ & ᴀᴄ Precio: €€

San Martiño de Arriba 22 (Norte 2 km) ✉ *15154 –* ☎ *981 74 04 29 – www.ofragon.es – Cerrado lunes, martes, cena: miércoles-viernes y domingo*

O SEMÁFORO

TRADICIONAL • ACOGEDORA Resulta único, pues ocupa un singular edificio del s. XIX dotado con... ¡las mejores vistas al fin del mundo! Cocina tradicional marinera con buenos guisos, pescados y mariscos.

⇜ & ᴀᴄ P Precio: €€

Lugar do faro Finisterre ✉ *15155 –* ☎ *981 11 02 10 – www.hotelsemaforodefisterra.com*

TIRA DO CORDEL

PESCADOS Y MARISCOS • RÚSTICA Destaca por su emplazamiento a pie de playa, en un edificio centenario que funcionó como fábrica de salazones. Excelente producto gallego elaborado, sobre todo, a la parrilla.

& ᴀᴄ Precio: €€

Paseo Marítimo 1 (antiguo San Roque 2) ✉ *15155 –* ☎ *981 74 06 97 – tiradocordel.com – Cerrado lunes, cena: domingo*

FORNELLS – Baleares ➜ Ver Balears (Menorca)

FREIXO
A Coruña – Mapa regional **13**–A2

RIOS O FREIXO

TRADICIONAL • MARCO CONTEMPORÁNEO Un tributo al producto, con especial atención a los bivalvos (ostras, almejas, berberechos...) pero también buenos pescados y arroces. ¡Compromiso con la sostenibilidad del mar!

⇜ ᴀᴄ Precio: €€€€

Paseo Ribeira 56 ✉ *15288 –* ☎ *981 76 51 20 – www.riosfreixo.es – Cerrado cena: lunes-jueves*

LA FRESNEDA
Teruel – Mapa regional **2**–B2

EL CONVENT 1613

TRADICIONAL • RÚSTICA En un antiguo convento de los Padres Mínimos (s. XVII), hoy transformado en hotel con encanto. Cocina tradicional, no exenta de toques actuales, en base a productos Km 0.

& ᴀᴄ P Precio: €€

El Convento 1 (Hotel El Convent 1613) ✉ *44596 –* ☎ *978 85 48 50 – www.hotelelconvent.com – Cerrado lunes, martes, cena: miércoles-domingo*

FRÓMISTA
Palencia – Mapa regional **8**–C2

HOSTERÍA DE LOS PALMEROS

TRADICIONAL • AMBIENTE CLÁSICO Su completa carta de base regional y local destaca por los platos de caza (becada, torcaz, cerceta...) y los vegetales de la zona (alubias de Saldaña, menestra palentina...).

makro
SE MUEVE
a tu restaurante

Más información

makro

JAÉN SELECCIÓN | 2023

Extra virgin olive oils
Provincial Council of Jaén

Oro de Cánava
www.orodecanava.com

Oro Bailén Picual
www.orobailen.com

Puerta de las Villas
www.puertadelasvillas.com

Señorío de Camarasa
www.santaisabeldetorres.es

Esencial Olive
www.oleicolasanfrancisco.com

Pradolivo
www.pradolivo.com

Dominus Cosecha Temprana
www.monva.es

Aceite Supremo (Ecológico)
www.aceitesupremo.com

DIPUTACIÓN
DE JAÉN

www.dipujaen.es

♞ ➀ Precio: €€

Plaza San Telmo 4 ✉ 34440 – ☎ 979 81 00 67 –
www.hosteriadelospalmeros.com – Cerrado martes, cena: lunes, miércoles,
jueves y domingo

FUENGIROLA

Málaga – Mapa regional 1–B2

SOLLO

Chef: Diego Gallegos

CREATIVA • DE DISEÑO En este coqueto restaurante, con la cocina abierta y unas maravillosas vistas al litoral, descubrirá una cocina de autor que apuesta, sin titubeos, por la producción acuapónica como alternativa alimentaria de futuro, combinando la cría de los peces de río con el cultivo de vegetales en ambientes simbióticos (el 90% de las materias primas vienen de sus propios recursos).El chef Diego Gallegos, conocido como "El chef del caviar", defiende un menú degustación de inequívoco trasfondo sostenible, con platos modernos, delicados y equilibrados en los que siempre se aprecian toques sudamericanos (el chef es de origen brasileño y su madre peruana) y guiños al Caviar ecológico de Riofrío. Si quiere entender su idea sobre la sostenibilidad... ¡no deje de visitar el curioso laboratorio de I+D!

♞ *El compromiso del Chef:* La sostenibilidad ya no es una moda, es una necesidad. Aquí buscamos una cocina circular y apostamos por la producción acuapónica, tanto para evitar la contaminación de los ríos como para conseguir autoabastecernos. ¡El 90% de lo que usamos lo producimos nosotros!

♿ ➀ ☰ Precio: €€€€

Avenida del Higuerón 48 (Higueron Hotel Malaga, Curio Collection by Hilton - en la urbanización Reserva del Higuerón, AP-7 salida 217) ✉ 29640 – ☎ 951 38 56 22 – www.sollo.es – Cerrado lunes, domingo, almuerzo: martes-sábado

CHAROLAIS

TRADICIONAL • RÚSTICA Dos locales anexos y comunicados (Charolais y Charolais tapas) que apuestan por una carta tradicional de tintes vascos. Destaca su amplia oferta de vinos y su coqueta terraza.

♞ ♿ ➀ ☰ Precio: €€

Larga 14 ✉ 29640 – ☎ 952 47 54 41 – www.bodegacharolais.com – Cerrado miércoles, almuerzo: jueves

LOS MARINOS JOSÉ

PESCADOS Y MARISCOS • FAMILIAR ¡Un icono de la cocina marinera en la Costa del Sol! Ofrecen pescados y mariscos de la zona, siempre frescos al provenir de la lonja o de las capturas en sus propios barcos.

♞ ♿ ➀ ☰ ☷ **P** Precio: €€€

Paseo Marítimo Rey de España 161 (2,5 km) ✉ 29640 – ☎ 952 66 10 12 – www.losmarinosjose.com – Cerrado lunes, domingo

FUENMAYOR

La Rioja – Mapa regional 14–A2

ALAMEDA

REGIONAL • AMBIENTE CLÁSICO Una casa familiar con prestigio entre la profesión gracias a la calidad de sus materias primas. ¿Busca protagonistas? Aquí, sin duda, son la parrilla y el carbón de encina.

➀ Precio: €€

Plaza Félix Azpilicueta 1 ✉ 26360 – ☎ 941 45 00 44 – www.restaurantealameda.com – Cerrado lunes, cena: martes-jueves y domingo

FUENTESPALDA

Teruel – Mapa regional **2**–B2

EL VISCO

Chef: Rubén Catalán

COCINA DE TEMPORADA • **CASA DE CAMPO** En el hotel La Torre del Visco, que está aislado en plena naturaleza y rodeado por sus propios huertos. Ofrece dos menús que abogan por la sostenibilidad, uno vegetariano llamado Vía Verde y otro de tinte tradicional denominado Artigas, con carnes del entorno y pescados de lonja. ¡Agradable terraza con vistas a la finca, sus frutales y sus campos de cultivo!

🌿 *El compromiso del Chef:* Nos gusta medir la distancia de los alimentos desde la tierra al plato en metros, no en kilómetros. Cada mañana el equipo de cocina espera al hortelano para que le traiga la cosecha diaria de frutas, verduras y hierbas de nuestro huerto, invernadero y finca ecológica.

🛏️ 🖾 🍽️ ⇄ 🅿️ Precio: €€€

Carretera A-1414 (Hotel La Torre del Visco - km 19, Noreste 6.3 km y desvío a la izquierda 5.3 km) ✉ *44587 –* 📞 *978 76 90 15 – www.torredelvisco.com – Cerrado lunes-miércoles, almuerzo: jueves, viernes, cena: domingo*

GALDAKAO

Vizcaya – Mapa regional **18**–A2

🌼 ### ANDRA MARI

TRADICIONAL • **RÚSTICA** ¡Construido por la familia Asúa en su viejo caserío! La idea inicial de este restaurante era dar descanso y sustento a los fieles que visitaban la cercana iglesia de Andra Mari (s. XIII), de la que toma su nombre.El bellísimo edificio, que disfruta de unas fantásticas vistas al valle del río Ibaizábal, atesora una bodega visitable en el sótano, un bar que sirve como zona de espera y dos salas de ambiente rústico-regional, ambas con un marcado carácter panorámico. ¿La propuesta? Una cocina de firmes raíces vizcaínas (rural y marinera) que intenta traer a la actualidad los sabores vascos de toda la vida, siempre en base a las mejores materias primas de temporada y a una colaboración constante con los pequeños productores de la zona. ¡La terraza, si hace bueno, es una auténtica gozada!

≼ 🖾 🍽️ ⇄ Precio: €€€

Barrio Elexalde 22 ✉ *48960 –* 📞 *944 56 00 05 – www.andra-mari.com – Cerrado martes, cena: lunes, miércoles- y domingo*

GARÒS

Lleida – Mapa regional **9**–B1

ES ARRAÏTZES

PERUANA • **FAMILIAR** Debe su nombre a un término aranés que significa "raíces". Cocina de fusión en la que confluyen sabores peruanos, araneses y catalanes. ¡Menú degustación solo bajo encargo!

Precio: €€

Plaza Major 7 (Garòs, por la carretera de Salardú, Este 5 km) ✉ *25539 –* 📞 *973 44 93 61 – www.esarraitzes.com – Cerrado miércoles*

EL GASCO

Cáceres – Mapa regional **12**–A1

😊 ### LA MEANCERA Ⓝ

REGIONAL • **MARCO REGIONAL** Si está por las Hurdes o ha planificado una ruta de senderismo para conocer el famoso Chorro de la Meancera, de ahí el nombre del restaurante, no debe dejar de visitar esta casa, ubicada en un aislado pueblecito que parece anclado en el tiempo. El chef al frente, que decidió volver a sus orígenes y transformar las viejas cuadras de la morada familiar, apuesta por una cocina tradicional que solo ve la luz a través de un económico menú del día y un sugerente menú degustación (mínimo dos comensales), siempre con raciones copiosas y una filosofía Km 0 que ensalza su visión sobre la sostenibilidad.

🅰🅲 Precio: €

El Gasco 12 – ✉ 10626 – 𝄟 674 18 97 92 – Cerrado lunes, cena: martes-domingo

GAUCÍN
Málaga – Mapa regional **1**–B2

PLATERO & CO

ACTUAL • RÚSTICA Podríamos definir esta localidad, en plena Serranía de Ronda, como un pueblo blanco típico de postal, pues se muestra encajado entre montañas y con las casas encaladas como principal seña de identidad. El restaurante, llevado por una pareja de origen holandés, se mimetiza a la perfección con este entorno rústico y partiendo de una cocina internacional hoy apuesta por unas elaboraciones más contemporáneas, siempre en base al mejor producto local de temporada (castañas, cerezas, setas, queso de cabra, higos...). ¡La terraza ofrece unas fantásticas vistas al valle y a la Sierra de Grazalema!

🍴 Precio: €

Los Bancos 9 – ✉ 29480 – 𝄟 667 49 38 87 – www.platero-gaucin.com – Cerrado lunes, martes, almuerzo: sábado

GETAFE
Madrid – Mapa regional **15**–B2

CASA DE PÍAS

MODERNA • MARCO CONTEMPORÁNEO Céntrico, de agradable ambiente clásico-contemporáneo y dominado por los tonos blancos, tanto en las salas como en los privados. Aquí apuestan por una cocina de tinte tradicional a la que le gusta trabajar con los productos del mercado y de la huerta, lo que no quita para que también ofrezcan buenos pescados de sus costas (como el Mero salvaje braseado) y algunas carnes selectas (Carrilleras ibéricas con curry amarillo, Chuleta de vaca gallega a la parrilla...). Para los aperitivos, la amplia oferta de entrantes se complementa con... ¡una selección de conservas de la Ría!

🅰🅲 🍴 ♿ Precio: €€

Plaza Escuelas Pías 4 – ✉ 28901 – 𝄟 916 96 47 57 – www.casadepias.com – Cerrado cena: lunes, martes y domingo

GETARIA
Guipúzcoa – Mapa regional **18**–B2

ELKANO

PESCADOS Y MARISCOS • AMBIENTE CLÁSICO Hay quien habla de la cocina a la brasa con referencias al paleolítico. En Getaria no se remontan tan atrás, aunque sí han encontrado documentos históricos que sitúan a las parrillas como parte de su legado.Para entender esta casa debemos hablar de Aitor Arregi, del primer Elkano abierto por su padre y, por supuesto, de lo que aquí llaman el "paisaje culinario". El local da continuidad a los valores de una casa estrechamente vinculada a la mar y a los marineros, con los que trabajan a diario para comprarles sus mejores capturas. Sin duda, estamos en uno de los templos de la cocina a la parrilla, una cocción que según señalan "no manipula texturas ni sabores". Su control de las brasas es total, tanto como la elección del producto y su manera de tratarlo. ¡No se pierda el mítico Rodaballo!

🐟 🅰🅲 Precio: €€€€

Herrerieta 2 – ✉ 20808 – 𝄟 943 14 00 24 – www.restauranteelkano.com – Cerrado lunes, domingo, cena: martes-jueves

KAIA KAIPE

PESCADOS Y MARISCOS • AMBIENTE CLÁSICO ¡Con vistas al puerto y de marcado carácter marinero! Tiene unos buenos comedores, su propio vivero, una excelente bodega... y la parrilla, la gran protagonista, a pie de calle.

Precio: €€€

General Arnao 4 ⊠ 20808 – 𝒞 943 14 05 00 – www.kaia-kaipe.com – Cerrado cena: lunes

GETXO

Vizcaya – Mapa regional **18**–A2

IWASAKI

JAPONESA • SENCILLA Este japonés puede parecernos pequeño y sencillo, sin embargo... ¡lo tiene todo para triunfar! Está llevado por una joven pareja, presenta sutiles detalles decorativos de inspiración oriental y tiene la cocina acristalada, por lo que podrá observar la metódica forma de trabajar del chef Tatsuya Iwasaki, siempre concentrado en sacar unos platos que emanen sabor, tradición y honestidad. La propuesta se centra en dos delicados menús: Youkoso (solo al mediodía entre semana) y Omakase (todos los servicios). ¡Permita que la jefa de sala y sumiller, María José Vázquez, le aconseje sobre el maridaje!

Precio: €€

Iturribide 13 ⊠ 48993 – 𝒞 944 65 01 13 – www.iwasaki.es – Cerrado lunes, cena: martes-jueves y domingo

GIJÓN

Asturias – Mapa regional **3**–B1

AUGA

Chef: Gonzalo Pañeda

TRADICIONAL • ELEGANTE Nos encontramos en pleno puerto deportivo de Gijón, en un restaurante que enamora por su singular emplazamiento sobre uno de los espigones, prácticamente encima del agua. Suele sorprender al comensal tanto por su elegancia como por su luminosidad, con un comedor clásico-actual en el que predomina la madera y una de esas terrazas, asomadas al mar, en las que desearíamos que el tiempo se detuviera.Aquí la propuesta, que varía en función del mercado, está dirigida por Gonzalo Pañeda, un chef con inequívoco oficio, muchísimo gusto en todas sus elaboraciones y un profundo respeto tanto por la tradición asturiana, que actualiza con acierto, como por el producto; de hecho, podemos decir que en esta casa... ¡tratan el pescado como en pocas y bordan los puntos de cocción! ¿Platos que nos han gustado? Pruebe la Vieira, huevas y alga, con una excelente cremosidad al marinarla, y un postre de intenso sabor, su Sopa de queso de cabra con avellanas y miel.

Precio: €€€

Claudio Alvargonzález ⊠ 33201 – 𝒞 985 16 81 86 – www.restauranteauga.com – Cerrado lunes, cena: domingo

MARCOS 🄽

MODERNA • ELEGANTE El famoso sumiller Marcos Granda ha vuelto a apostar por su tierra a la hora de crear un proyecto que busca poner el servicio de sala y el quehacer en la cocina en igualdad de condiciones, pues ve el equilibrio entre ambas facetas como... ¡la mejor garantía del éxito!La elegante sala, vestida con materiales nobles, procura dar todo el protagonismo a la vistosa cocina central, donde el chef Marcos Mistry elabora los platos en directo ante los clientes (solo 12 comensales). ¿Y la propuesta? Una cocina actual, con buenas dosis de creatividad y coherencia, que exalta las magníficas materias primas asturianas para volver a lo esencial (Tartar de atún, pistacho y caviar; Tallarines de calamar a la brasa, consomé de jamón y su pan chino; Rubiel del cantábrico y beurre blanc de mejillones e hinojo...) y solo ve la luz a través de dos menús degustación, uno corto (este solo al mediodía) y otro largo. ¡Sirven numerosos aperitivos en la barra-recibidor y en el salón Chimeneas!

🕸 ♿ Ⓐ Precio: €€€€

*Cabrales 76 ✉ 33201 – 𝄐 984 00 75 80 – www.restaurantemarcos.com –
Cerrado lunes, martes*

FARRAGUA

MODERNA • BISTRÓ En este curioso local con ambiente de bistró, a pocos metros
de la Plaza Mayor y del siempre concurrido puerto deportivo, dicen que hacen una
cocina "inquieta y cambiante". Lo cierto es que proponen unas elaboraciones de
tinte tradicional actualizado en las que no faltan los detalles de fusión y los guiños
a Extremadura, la tierra de origen del chef Ricardo Fernández Señorán, que borda
los escabeches y siempre trabaja en base a productos tanto de temporada como
de proximidad. La propuesta está muy centrada en menús degustación: Ansina,
Mangurrino, Dejalamió y El Miajón. ¡Déjese aconsejar!

Precio: €€

*Contracay 3 ✉ 33201 – 𝄐 984 19 79 04 – www.farraguarestaurante.es – Cerrado
martes, miércoles*

EL RECETARIO

TRADICIONAL • MARCO CONTEMPORÁNEO Se halla a la entrada del histórico
barrio de Cimadevilla y se autodefine como un "restaurante urbano de mercado".
La propuesta del chef Álex Sampedro se desvincula de los tópicos en esta tierra y
apuesta, sin complejos, por una cocina tradicional actualizada de buen nivel técnico, con guisos largos, finas texturas y productos frescos de temporada. Presenta
un bar a la entrada donde ofrecen varios platos para compartir y un comedor de
sencilla línea contemporánea en el sótano. ¿Una recomendación? Déjese llevar
por las recomendaciones fuera de carta, pues... ¡siempre hay alguna sorprendente!

Ⓐ Precio: €€

*Trinidad 1 ✉ 33201 – 𝄐 984 08 28 94 – www.elrecetariodealex.com – Cerrado
martes, miércoles*

ABARIKE 🆕

PESCADOS Y MARISCOS • ACOGEDORA Ostras, vieiras, toletes, crustáceos,
bivalvos, pescados blancos y azules... en este pequeño pero acogedor local, decorado con motivos marineros, el mar es el inequívoco protagonista. Buscan dar una
vuelta de tuerca a los platos, sobre todo en los acompañamientos, sin desvirtuar
cada sabor. Su curioso Cuaderno de bitácora (la carta), siempre acompañado por
las pegatinas que nos permiten comprobar la trazabilidad de cada producto, se
completa con dos menús degustación (Marea baja y Marea alta).

Ⓐ Precio: €€

*Melquíades Álvarez 3 ✉ 33201 – 𝄐 985 43 89 00 – www.abarike.es – Cerrado
lunes, martes*

GLORIA

TRADICIONAL • MARCO CONTEMPORÁNEO Establecimiento de diseño y
ambiente desenfadado donde se refleja la cocina más informal de los hermanos
Manzano. Carta tradicional, con toques de fusión, y opción de menús.

Ⓐ 🍴 Precio: €€

*Plaza Florencio Rodríguez 3 ✉ 33206 – 𝄐 984 29 94 90 –
www.estasengloria.com – Cerrado lunes, martes*

V. CRESPO

TRADICIONAL • AMBIENTE TRADICIONAL ¡De ambiente marinero! Su sabrosa
cocina, tradicional actualizada, también es capaz de sorprender con algún trampantojo en los postres (Huevo estrellado y chocolate blanco).

Ⓐ ⇨ Precio: €€

*Periodista Adeflor 3 ✉ 33205 – 𝄐 985 34 75 34 – www.restaurantevcrespo.es –
Cerrado lunes, sábado, almuerzo: martes-viernes, cena: domingo*

GIMENELLS

Lleida – Mapa regional **9**–A2

❀ **MALENA**

Chef: Josep Mª Castaño

MODERNA • ACOGEDORA Esta casa, llevada en familia a las afueras de Gimenells, recupera una antigua explotación agraria que hoy colabora con el IRTA (Instituto de Investigación y Tecnología Agroalimentaria) promoviendo las frutas de la zona. Allí, se presenta con una bonita bodega acristalada, la cocina vista, un comedor actual... y un coqueto privado con chimenea.El chef, conocido como Xixo Castaño, ofrece una gastronomía moderna, de base tradicional, que ve la luz a través de dos menús (De la Pizarra y Q) y una carta que toma platos de ambos. Suele iniciar su propuesta con una cata de aceites sobre panes artesanos y tiene en su magistral uso de las brasas uno de sus puntos fuertes, pues ha diseñado una tecnología que, gracias al vapor, permite a los alimentos absorber los aromas desprendidos por las ascuas.

🅰🏠♿🅿 Precio: €€€

Carretera de Sucs (La Vaquería) ✉ *25112 –* ☏ *973 74 85 23 –*
www.malenagastronomia.com – Cerrado lunes, cena: martes-jueves y domingo

GIRONA

Girona – Mapa regional **9**–D2

❀❀❀ **EL CELLER DE CAN ROCA**

Chef: Joan Roca i Fontané

CREATIVA • MARCO CONTEMPORÁNEO A los hermanos Roca les gusta decir que su éxito radica en un metafórico "juego a tres bandas", el que surge de equilibrar el mundo salado de Joan, el líquido de Josep como sumiller y ese mágico universo dulce que defiende Jordi.Con independencia del planteamiento que aborden para seducirnos, la esencia de su cocina busca que disfrutemos con los ojos, con el paladar y con el resto de nuestros sentidos, inmersos en una espiral de sensaciones. El nivel de la propuesta es excepcional, pues se acompaña de contrastes, recuerdos, viajes... y grandes dosis de sostenibilidad, trabajando con productos de proximidad para posicionarse ante los desafíos del cambio climático y "crear conciencia". ¡Los espectaculares aperitivos son un homenaje a la trayectoria de la casa y a sus platos emblemáticos!

❀ *El compromiso del Chef:* Cultivamos nuestro huerto, trabajamos con productores cercanos y amparamos un proyecto botánico (Tierra Animada) que explora las opciones culinarias de los vegetales silvestres. Transformamos los residuos a través de Roca Recicla (vidrio, plástico, poliestireno...).

🕃♿🅰♿🅿 Precio: €€€€

Can Sunyer 48 (al Noroeste por Pont de França, desvío a la izquierda dirección Sant Gregori y cruce desvío a Taialà 2 km) ✉ *17007 –* ☏ *972 22 21 57 –*
www.cellercanroca.com – Cerrado lunes, domingo, almuerzo: martes

❀ **MASSANA**

Chef: Pere Massana

MODERNA • AMBIENTE CLÁSICO Un negocio familiar con historia, presente e inequívoco futuro, pues tras más de 30 años sirviendo comandas, el chef Pere Massana y su mujer, Ana Roger, ya cuentan en el proyecto con sus hijos, uno pendiente de la sala y otro renovando las propuestas tras los fogones.¿Qué encontrará? Grandes dosis de elegancia, por supuesto, pero también una combinación entre tradición e innovación, mostrando un constante compromiso con las materias primas del entorno y potenciando sus sabores con las técnicas actuales. Cuidan mucho los detalles, las presentaciones, el equilibrio... aportando algún que otro guiño viajero, sorprendiendo con sus trampantojos y revisando grandes clásicos de la casa, como su soberbio Homenaje al Magret de pato Massana, un plato a la brasa que no sale de la carta desde 1986.

AK ⟷ Precio: €€€€

Bonastruc de Porta 10-12 ✉ 17001 – 𝒞 972 21 38 20 –
www.restaurantmassana.com – Cerrado lunes, domingo

CIPRESAIA 🅽

TRADICIONAL • **SIMPÁTICA** Un local de ambiente desenfadado, no exento de
personalidad, que se halla en pleno casco antiguo. Ofrecen una cocina de gusto
tradicional, sencilla y sabrosa, a la que suelen añadir toques actuales y de otras
culturas. ¡La carta hace guiños al séptimo arte y al cineasta Quico Viader!

AK ⻎ Precio: €€

Bonaventura Carreras Peralta 5 ✉ 17004 – 𝒞 872 20 82 22 –
www.cipresaia.cat – Cerrado martes, miércoles

DIVINUM

MODERNA • **MARCO CONTEMPORÁNEO** Confort y servicio en un marco de
línea moderna-actual que llama la atención por estar bajo unas hermosas bóvedas
catalanas. Ofrece una nutrida carta de gusto tradicional-actual, complementada
siempre por sugerencias de temporada, así como dos interesantes menús degustación con opción de maridaje.

AK ⟷ Precio: €€€

Albereda 7 ✉ 17004 – 𝒞 872 08 02 18 – www.divinum.cat – Cerrado miércoles,
domingo

NEXE 🅽

ACTUAL • **A LA MODA** Un restaurante que busca servir de enlace entre los clientes
y los pequeños productores locales (de ahí el nombre). A través de la carta, de un
menú degustación y de diferentes sugerencias diarias aquí ofrecen una cocina de
gusto actual, apegada a la temporada y no exenta tanto de guiños asiáticos como
sudamericanos.

Precio: €€€

Abeuradors 4 ✉ 17004 – 𝒞 972 22 52 30 – www.restaurantnexe.com – Cerrado
lunes, domingo

NORMAL

TRADICIONAL • **MARCO CONTEMPORÁNEO** ¡La propuesta más humana de los
hermanos Roca! Cocina artesanal ligada tanto a la tierra como al producto, en base
a recetas catalanas tradicionales y guisos para saborear.

🐾 AK ⻎ ⟷ Precio: €€

Plaça de l'Oli 1 ✉ 17004 – 𝒞 972 43 63 83 – www.restaurantnormal.com –
Cerrado lunes

POCAVERGONYA

FUSIÓN • **BISTRÓ** Un negocio de línea actual que busca hacer al comensal par-
tícipe del proceso creativo. La propuesta, a veces sorprendente, combina la tradición local con los guiños asiáticos.

AK Precio: €€

Plaza Poeta Marquina 2 ✉ 17002 – 𝒞 972 20 64 22 – Cerrado lunes, domingo

SINOFOS

ACTUAL • **DE DISEÑO** Un restaurante de línea actual, urbanita e industrial, dominado por los tonos negros, con cuyo nombre se recuerda los bancos públicos donde
se sienta la gente sin empleo. Buena cocina de producto e inspiración mediterránea, con carnes gallegas de "LyO" y maravillosos pescados de la lonja de Blanes.

AK Precio: €€

Plaza de Cataluña 25 ✉ 17002 – 𝒞 972 00 93 33 – www.sinofos.com – Cerrado
martes, miércoles

GOMBRÈN

Girona – Mapa regional **9**–C1

 LA FONDA XESC

Chef: Francesc Rovira

MODERNA • MARCO REGIONAL Se halla en un pueblecito de la comarca gerundense del Ripollés y sorprende por su ubicación en la histórica fonda local, una casona de 1730 que hoy cuenta con dos zonas bien diferenciadas: la antigua, bajo unos arcos de piedra de formidable robustez, y la nueva, que se abre al paisaje de montaña circundante a través de enormes cristaleras.El chef Francesc Rovira, discípulo del desaparecido Santi Santamaria, vela por una cocina actual-creativa identificada con el territorio, modesta a nivel técnico pero tremendamente sabrosa, aromática, sugerente... con detalles delicados y una filosofía: trabajar siempre con el mejor producto autóctono de temporada (carnes, patatas, setas, embutidos...). La oferta se centra en tres menús, destacando entre ellos el dedicado a su hermana Dolors Rovira.

&. AC ⇖ Precio: €€€

Plaza Roser 1 ⊠ 17531 – ☏ 972 73 04 04 – www.fondaxesc.com – Cerrado lunes-miércoles, cena: jueves, domingo

GRANADA

Granada – Mapa regional **1**–C2

ARRIAGA

ACTUAL • MARCO CONTEMPORÁNEO Se accede en ascensor, pues se encuentra en lo alto del Centro Cultural CajaGranada Memoria de Andalucía, un edificio singular con casi 60 metros de altura y espectaculares vistas sobre la ciudad. La propuesta, centrada en dos menús degustación, plantea una cocina tradicional actualizada que bebe de las raíces locales, con pequeños guiños a otras culturas y esmeradas presentaciones.

≤ AC ⇖ Precio: €€€

Avenida de la Ciencia 2 (Centro Cultural Memoria de Andalucía, por Camino de Ronda) ⊠ 18006 – ☏ 958 13 26 19 – www.restaurantearriaga.com – Cerrado lunes, cena: martes, domingo

ATELIER CASA DE COMIDAS

ACTUAL • MARCO CONTEMPORÁNEO Se halla a pocos metros del antiguo local y ahora, con más espacio, transmiten sobre todo cercanía, frescura y luminosidad, todo dentro de una funcionalidad ecléctica que presume de dejar la cocina totalmente vista tras la barra de servicio. Raúl Sierra, el apasionado chef al frente, apuesta por una gastronomía contemporánea que sigue exaltando los sabores andaluces desde las técnicas actuales, con algún guiño a otros países y unas presentaciones sumamente cuidadas. La carta, que atesora los clásicos de la casa, se completa con un menú degustación siempre atento a los productos de temporada.

AC Precio: €€

Sos del Rey Católico 7 ⊠ 18006 – ☏ 858 70 80 57 – ateliercasadecomidas. com – Cerrado lunes, domingo

CALA

MODERNA • SENCILLA Está fuera del centro histórico pero merece la pena acercarse, pues se presenta redecorado, ha mejorado su confort y ahora tiene la cocina a la vista. Su propuesta, propia de una cocina tradicional actualizada que ensalza el producto de temporada y hace guiños a la culinaria gala, se basa en dos menús degustación (Lirio y Cala).

AC Precio: €€

José Luís Pérez Pujadas 7 (por Neptuno) ⊠ 18006 – ☏ 858 98 90 58 – www.restaurantecalagranada.es – Cerrado lunes, martes, cena: miércoles, domingo

FARALÁ

MODERNA • MARCO CONTEMPORÁNEO Coqueto, céntrico y no exento de personalidad, pues aquí saben vestir de actualidad la esencia del recetario tradicional granadino. ¡En la planta baja hay un tablao flamenco!

🗚 Precio: €€€

Cuesta de Gomérez 11 ✉ *18009 –* 𝒸 *664 08 53 13 –*
www.restaurantefarala.com – Cerrado lunes, martes

FM

COCINA DE MERCADO • BAR DE TAPAS Sencillo local que toma su nombre del propietario, Francisco Martín, y sorprende tanto por las finas elaboraciones como por la calidad de sus productos, siempre de lonja.

🗚 🍽 Precio: €€

Avenida Juan Pablo II 54 (por Avenida de la Constitución) ✉ *18013 –* 𝒸 *958 15 70 04 – Cerrado lunes, domingo*

LE BISTRÓ BY EL CONJURO

ACTUAL • INDUSTRIAL Un restaurante de carácter canalla e informal que apuesta, sin complejos, por ofrecernos unos platos no encorsetados. Huyen de los tipismos y... ¡buscan jugar con los sabores!

🗚 🍽 Precio: €€

Martínez Campos 8 ✉ *18005 –* 𝒸 *958 53 60 29 –*
www.elconjurorestaurante.com – Cerrado martes

MARÍA DE LA O

TRADICIONAL • MARCO CONTEMPORÁNEO ¡En un palacete del siglo XIX! Tiene un carácter polivalente (gastrobar, eventos...) y apuesta por una cocina de buenas bases técnicas, jugando con las texturas y los sabores.

🗚 🍽 Precio: €€

Carretera de la Sierra (por Paseo de la Bomba) ✉ *18008 –* 𝒸 *958 21 60 69 –*
www.mariadelaogranada.com – Cerrado lunes

GRANOLLERS

Barcelona – Mapa regional **10**–B2

MINT

ACTUAL • MARCO CONTEMPORÁNEO Local de estilo actual y agradable decoración. Con su nombre, menta, buscan algo fresco para referirse a una cocina mediterránea actualizada de base catalana. ¡Buenos menús!

♿ 🗚 Precio: €€

Sant Josep 10 ✉ *08401 –* 𝒸 *936 25 41 98 – www.mintgranollers.com – Cerrado jueves, domingo, cena: lunes-miércoles*

EL TRABUC

REGIONAL • RÚSTICA En una coqueta masía, con salas de aire rústico y terraza. Su extensa carta de cocina catalana se complementa, de vez en cuando, con unas interesantes quincenas gastronómicas.

♿ 🗚 🍽 ✪ 🅿 Precio: €€

Cami de Can Bassa 2 ✉ *08401 –* 𝒸 *938 70 86 57 – www.eltrabuc.com – Cerrado cena: domingo*

GRIÑÓN

Madrid – Mapa regional **15**–A2

EL BISTRÓ

TRADICIONAL • **AMBIENTE CLÁSICO** ¡En un elegante chalé! Ofrece una carta estacional, con un menú degustación y platos míticos del chef Mario Sandoval (Cochinillo lechón asado a la leña con su piel crujiente).

& AC P Precio: €€

Avenida Humanes 52 ⊠ *28971 –* ℘ *918 14 99 78 – elbistrodemariosandoval. com – Cerrado lunes, cena: martes-jueves y domingo*

O GROVE

Pontevedra – Mapa regional **13**–A2

CULLER DE PAU

Chef: Javier Olleros

CREATIVA • **MINIMALISTA** O Grove es una península con fantásticas calas de fina arena blanca. Allí se sitúa Culler de Pau, un restaurante separado del mar por un valle cuajado de maizales y pequeños huertos, así como la casa de la familia del chef Javier Olleros, que comparte proyecto con su mujer, Amaranta Rodríguez, y con el cocinero japonés Takahide Tamaka.Preocupado por la obesidad, por el cambio climático, por las prisas del "fast-food", por la recuperación del entorno... en su comedor de aire minimalista, con maravillosas vistas a la ría, descubrirá una cocina "Km 0" que, a través de una simbólica carta y tres menús (Ronsel, Marexada y Descuberta), demuestra estar pensada con sentido medioambiental y vocación atlántica. Cuentan con su propio huerto, por eso quieren hacernos partícipes del placer instantáneo que supone, por ejemplo, degustar las hierbas recién recolectadas en uno aromáticos caldos. ¡De un paseo por el huerto antes de comer y tome el café en su invernadero!

🏵 *El compromiso del Chef:* No solo hablamos de cocinar un entorno, sino de recuperarlo a través de un diálogo fluido con los productores. Defendemos la economía circular, por eso cada mañana recogemos productos de nuestro huerto ecológico, lo usamos y depositamos el excedente en el compostero.

< & AC ⇔ P Precio: €€€€

Reboredo 73 (Suroeste 3 km) ⊠ *36980 –* ℘ *986 73 22 75 – www.cullerdepau.com/es – Cerrado martes, cena: lunes, miércoles, jueves y domingo*

BEIRAMAR

PESCADOS Y MARISCOS • **FAMILIAR** Íntimo, acogedor y familiar. La maravillosa muestra de marisco vivo que encontrará a la entrada ya da una idea de lo que aquí se ofrece: excelentes pescados y mariscos, complementados con algunas carnes y sabrosos arroces.

AC 🍽 Precio: €€

Avenida Beiramar 30 ⊠ *36980 –* ℘ *986 73 10 81 – www.restaurantebeiramar.com – Cerrado lunes*

BRASERÍA SANSIBAR

A LA PARRILLA • **FAMILIAR** Un restaurante familiar en el que todo gira en torno a la brasa y el producto, con carnes de vaca gallega, pescados de lonjas locales y algunos mariscos. ¡Excelente calidad!

& 🍽 P Precio: €€€

Balea 20-B (Balea, Suroeste 5 km) ⊠ *36988 –* ℘ *986 73 85 13 – www.braseriasansibar.com*

D'BERTO

PESCADOS Y MARISCOS • **AMBIENTE TRADICIONAL** ¡Los productos de la ría en su máxima expresión! Si es de los que piensa que el tamaño sí importa no dude en comer aquí pues, aparte de unos pescados y mariscos realmente sorprendentes, encontrará un buen servicio e inigualable calidad.

🕸 🖾 ♿ 🅿 Precio: €€€

Teniente Domínguez 84 – ✉ 36980 – ☏ 986 73 34 47 – www.dberto.com – Cerrado lunes, martes, cena: domingo

GUÍA DE ISORA - Tenerife ➡ Ver Canarias (Santa Cruz de Tenerife)

HARÍA - Las Palmas ➡ Ver Canarias (Lanzarote)

HARO

La Rioja – Mapa regional **14**–A2

❀ **NUBLO**

Chefs: Miguel Caño, Llorenç Sagarra y Dani Lasa

MODERNA • RÚSTICA Nublo, ubicado en una casa palaciega del s. XVI, es mucho más que un restaurante; de hecho, gastronómicamente, ha traído nuevamente la luz a esta localidad, famosa por contar con... ¡el barrio de bodegas centenarias más importante del mundo!El establecimiento, que tras una ardua labor de interiorismo optó por no disimular sus cicatrices, atesora espacios y salas con enorme personalidad. Los cocineros al frente (Miguel Caño, Llorenç Sagarra, Caio Barcellos y Dani Lasa), antiguos compañeros en Mugaritz (dos Estrellas MICHELIN, Errentería), plantean dos menús degustación que parten de una máxima: conseguir sabores puros, exaltar la cocina con fuego y crear un viaje culinario por La Rioja, con guiños a su cultura, sus productos, sus paisajes... ¡Aquí alcanzan la vanguardia desde la tradición!

🖾 Precio: €€€

Plaza de San Martín 5 – ✉ 26200 – ☏ 636 72 58 50 – www.nublorestaurant.com – Cerrado lunes, almuerzo: martes, cena: domingo

HECHO

Huesca – Mapa regional **2**–A1

☺ **CANTERÉ**

TRADICIONAL • ACOGEDORA Merece la pena acercarse hasta este pueblo de montaña para visitar el restaurante, instalado en una casa "chesa" típica que sorprende por la vieja viña que adorna su fachada. Posee un bar público y un bello comedor de ambiente rústico-actual en el piso superior, este último con espacios diáfanos, poco mobiliario y una cuidadísima iluminación. Su chef defiende una cocina de base tradicional, muy bien actualizada, que siempre intenta ensalzar los productos locales y de proximidad. También están teniendo mucho éxito con sus jornadas gastronómicas, unas dedicadas a las setas y otras a la matanza.

🖾 🍴 Precio: €€

Aire 1 – ✉ 22720 – ☏ 974 37 52 14 – www.restaurantecantere.com – Cerrado martes-jueves, almuerzo: viernes, cena: lunes, domingo

HERVÁS

Cáceres – Mapa regional **12**–B1

☺ **NARDI**

REGIONAL • MARCO CONTEMPORÁNEO En una localidad tan turística como Hervás se agradece hallar establecimientos como este, con una opción culinaria actual que sabe dar una vuelta de tuerca a la cocina tradicional. El local, en una céntrica calle peatonal, se presenta con una terraza de verano, una barra de bar y una sala repartida en dos alturas. Ofrecen una cocina tradicional actualizada que siempre ensalza los productos del Valle del Ambroz, con una carta de temporada y un buen menú degustación (Nueva cocina extremeña). ¿Recomendaciones? Pruebe el Cochinillo crujiente, confitado al aroma de naranjas, y la Seta de chocolate.

AC 🛅 Precio: €€

Braulio Navas 19 – ✉ 10700 – 🕿 927 48 13 23 – restaurantenardi.com – Cerrado lunes, martes, cena: miércoles, jueves y domingo

HONDARRIBIA

Guipúzcoa – Mapa regional **18**–B2

✿ ALAMEDA

Chefs: Gorka y Kepa Txapartegi

MODERNA • AMBIENTE CLÁSICO ¿Busca un restaurante con alma? Aquí tiene uno no exento de historia, pues los hermanos Txapartegi han sabido hacer de este negocio un enclave de parada obligada donde se siguen, a pies juntillas, las sabias palabras de Julia, su abuela: "Cuanto más corta sea la distancia entre la tierra y el fogón... mejor".Cuenta con dos espacios bien diferenciados: la taberna y el restaurante gastronómico como tal, con Gorka y Kepa al frente de la cocina mientras Mikel hace labores de sumiller y controla la sala. A través de su carta y de dos apetecibles menús (Hondarribia y Gartzinea) defienden, desde un punto de vista actual, la gastronomía vasca de raíces y proximidad, esa que ellos definen como la Cocina del Bidasoa por estar estrechamente vinculada a la comarca de Bidasoa-Txingudi y sus productos.

♿ AC 🛅 ⇔ Precio: €€€€

Minasoroeta 1 – ✉ 20280 – 🕿 943 64 27 89 – restaurantealameda.net – Cerrado lunes, martes, cena: domingo

GRAN SOL

TRADICIONAL • BAR DE TAPAS Su nombre recuerda el legendario caladero del Atlántico Norte, lo que enlaza con la tradición pesquera local. Descubra sus pintxos: Jaizkibel, Hondarribia, Huevo Mollete...

AC 🛅 Precio: €

San Pedro 65 – ✉ 20280 – 🕿 943 64 27 01 – www.bargransol.com – Cerrado lunes, cena: martes, miércoles y domingo

LAIA

A LA PARRILLA • RÚSTICA Instalado en lo que fueron las cuadras de un antiguo caserío. ¿Qué encontrará? Diferentes cortes de carne de maduración larga y pescados frescos, todo al calor de las brasas.

🐄 ⇜ ♿ AC 🛅 ⇔ 🅿 Precio: €€€

Arkolla Auzoa 33 (Suroeste 2 km) – ✉ 20280 – 🕿 943 64 63 09 – www.laiaerretegia.com – Cerrado cena: lunes-jueves y domingo

SUTAN

TRADICIONAL • MARCO CONTEMPORÁNEO Refleja la unión entre los hermanos Txapartegi y una bodega de txakoli (Hiruzta). Cocina tradicional, con toques actuales, especializada en pescados y carnes a la parrilla.

♿ AC 🛅 🅿 Precio: €€

Jaitzubia Auzoa 266 (Suroeste 4 km) – ✉ 20280 – 🕿 943 11 60 00 – www.sutan.eus – Cerrado lunes, cena: martes-jueves y domingo

HOSTALRIC

Girona – Mapa regional **9**–D2

☺ QUATRE VENTS 3.0

MODERNA • BISTRÓ Esta casa familiar, fundada en 1964 por el abuelo de los propietarios, mantiene el nombre original como un homenaje a sus orígenes pero añadiendo el 3.0, un símbolo de esa 3ª generación que está ahora al frente. El local, moderno-funcional y con vistas a las montañas del Montseny, defiende una cocina actual que evoluciona con los productos de temporada y se concreta, sobre todo, en tres menús: Festival (solo días laborables), Gastronòmic y el llamado De Tapes. ¿Curiosidades? En un concurso de TV3, llamado Joc de Cartes, se proclamó como... ¡el mejor restaurante de setas del Baix Montseny!

 ♿ ▣ ྦ Precio: €€

Avenida del Coronel Estrada 122 ✉ *17450 – ☎ 972 86 56 90 – www.restaurantquatrevents.com – Cerrado lunes-miércoles, cena: domingo*

HOYO DE MANZANARES
Madrid – Mapa regional **15**–A2

EL VAGÓN DE BENI

TRADICIONAL • ROMÁNTICA Evocador conjunto, a modo de pequeña estación, dotado con dos antiguos vagones de tren restaurados. Ofrece una coqueta terraza sobre el andén y una cocina actual elaborada.

ྦ ↷ 🅿 Precio: €€

San Macario 6 ✉ *28240 – ☎ 918 56 68 12 – www.elvagondebeni.es – Cerrado lunes, domingo, cena: martes-jueves*

HOYOS DEL ESPINO
Ávila – Mapa regional **8**–B3

LA MIRA DE GREDOS

TRADICIONAL • FAMILIAR Dotado con una gran sala acristalada para contemplar la sierra de Gredos. Proponen una cocina tradicional-actualizada y varios menús. ¡Tiene que probar sus Patatas revolconas!

⇽ ▣ 🅿 Precio: €€

Carretera de El Barco (AV 941) ✉ *05634 – ☎ 920 34 90 23 – www.lamiradegredos.com – Cerrado lunes, cena: martes-viernes y domingo*

HOZNAYO
Cantabria – Mapa regional **6**–B1

 ## LA BICICLETA

Chef: Eduardo Quintana

MODERNA • ACOGEDORA El nombre de este restaurante, ubicado en una casona del s. XVIII, está cargado de intención, pues refleja la relación profesional que el chef Eduardo Quintana mantuvo con el ciclismo; no en vano, la frase de Albert Einstein que luce a la entrada (La vida es como andar en bicicleta. Para mantener el equilibrio hay que estar en movimiento) marca su conducta ante la vida. En su simpático interior de ambiente rústico-retro, con la cocina abierta para que tome allí mismo sus aperitivos del menú degustación, podrá degustar unos platos modernos y actuales que reinterpretan la tradición cántabra y vasca, aportando importantes dosis de creatividad, un honesto trabajo con productos escogidos, en lo posible ecológicos y muchos de la propia huerta familiar, así como un personalísimo toque viajero.

▣ ↷ 🅿 Precio: €€€€

La Plaza 12 (Carretera N 634) ✉ *39716 – ☎ 636 29 69 70 – www.labicicletahoznayo.com – Cerrado lunes, martes, cena: miércoles-viernes y domingo*

HUARTE

Navarra – Mapa regional **17**–B2

ASADOR ZUBIONDO

TRADICIONAL · RÚSTICA ¡En plena ribera del Arga! Encontrará una cocina tradicional que ensalza el producto, sobre todo las verduras, y buenos platos a la parrilla (carnes rojas y pescados del día).

 㐁 🗛 ⇄ 🅿 Precio: €€

Avenida Roncesvalles 1 ✉ 31620 – ☏ 948 33 08 07 –
www.asadorzubiondo.com – Cerrado lunes, cena: domingo

HUERTA DEL MARQUESADO

Cuenca – Mapa regional **7**–D2

FUENTELGATO

MODERNA · RÚSTICA Está llevado por una pareja de chefs y... ¡no para de ganar adeptos en la serranía conquense! Ofrecen dos menús degustación, siempre con productos de máxima temporalidad, y procuran dar gran protagonismo al vino.

 🗛 Precio: €€€

Real 6 ✉ 16316 – ☏ 654 98 96 15 – fuentelgato.com – Cerrado martes,
miércoles, cena: lunes, jueves- y domingo

HUESCA

Huesca – Mapa regional **2**–B1

✿ LILLAS PASTIA

Chef: Carmelo Bosque

MODERNA · AMBIENTE CLÁSICO No tiene pérdida, pues la hoy autodenominada "Casa de la Trufa" se encuentra en la planta baja del histórico Círculo Oscense, un maravilloso ejemplo del modernismo arquitectónico local.Este elegante restaurante, con cuyo nombre recuerdan a uno de los personajes de la famosa ópera Carmen (Georges Bizet), se ha convertido en una de las referencias nacionales cuando hablamos del hongo "tuber melanosporum", pues la Trufa Negra de Huesca está viviendo años de incesante popularidad. El chef Carmelo Bosque, muy vinculado también a distintos proyectos de inclusión en el mundo de la cocina de personas con discapacidad intelectual (como el Club Inclucina), propone aquí una gastronomía de tinte moderno, basada tanto en la estacionalidad como en la utilización de los mejores productos autóctonos.

 㐁 🗛 🗊 ⇄ Precio: €€€

Plaza de Navarra 4 ✉ 22002 – ☏ 974 21 16 91 – www.lillaspastia.es – Cerrado
lunes, cena: martes, miércoles y domingo

✿ TATAU

Chef: Tonino Valiente

CREATIVA · TENDENCIA Este sorprendente establecimiento, con alma de gastrobar, se halla en el corazón de Huesca y refleja el proyecto de una pareja (el chef Tonino Valiente y su mujer, Arantxa Sáinz) que ha apostado siempre por la personalidad, sin miedo a dar algún que otro toque transgresor.El nombre de Tatau enlaza con el propio carisma del chef y sus tatuajes, pues Tonino defiende que los pasos que ha dado en la vida han dejado una "marca" y una historia descifrable a través de sus creaciones. Encontrará una llamativa barra y mesas altas, todo pensado para que el cliente disfrute de sus tapas y raciones mientras ve el proceso de elaboración; aunque también es inevitable dejar volar la imaginación observando los divertidos detalles decorativos del local. ¡El menú degustación se sirve solo a mesa completa!

 ♿ 🅰 Precio: €€€

Azara ✉ 22002 – ☎ 974 04 20 78 – *www.tatau.es* – *Cerrado lunes, domingo, cena: martes-jueves*

😊 **EL ORIGEN**

TRADICIONAL • **AMBIENTE CLÁSICO** Le sorprenderá, pues la sala principal está presidida por un curioso mural que recuerda la historia de la plaza, conocida popularmente como de "los tocinos" en base a la feria de ganado que aquí se celebraba y en la que vendían muchos cerdos. Beatriz Allué, la chef-propietaria, propone una cocina tradicional no exenta de toques actuales, tanto en las presentaciones como en las elaboraciones, apostando claramente por los productos ecológicos de Aragón; además su padre, que es agricultor, la abastece de muchos de ellos, siempre fresquísimos al no pasar por intermediarios. ¡Interesantes menús!

🅰 🍴 ✿ Precio: €€

Plaza Justicia 4 ✉ 22001 – ☎ 974 22 97 45 – *www.elorigenhuesca.com* – *Cerrado miércoles, cena: lunes, martes, jueves y domingo*

LAS TORRES

MODERNA • **ELEGANTE** Casa de línea clásica-actual que debe su nombre a la zona donde se ubica, conocida como "Las tres torres". Cocina tradicional, con toques actuales, en base a un buen producto.

🅰 Precio: €€

María Auxiliadora 3 ✉ 22003 – ☎ 974 22 82 13 – *www.lastorres-restaurante.com* – *Cerrado cena: lunes-miércoles y domingo*

IBI

Alicante – Mapa regional **11**–A3

ERRE QUE ERRE

TRADICIONAL • **SENCILLA** Pulpo de roca con parmentier de patata, Tuétano de ternera con boletus y trufa, Tartar de atún rojo con crujientes de trigo... Si algo llama la atención es que aquí utilizan las mejores materias primas de origen local, creando platillos de estilo actual con base en la comarca de Foia de Castalla. El local, próximo al centro y de estética informal-contemporánea, combina su atractiva propuesta de producto y sabor con una notoria contención en los precios, dando la opción de platos pequeños, a modo de media ración, para compartir. ¡La tradición heladera de Ibi se deja notar en los postres!

 ♿ 🅰 Precio: €€

Juan Brotóns 11 ✉ 03440 – ☎ 966 33 60 46 – *www.rqrgastrobar.es* – *Cerrado lunes, cena: martes-jueves y domingo*

ICOD DE LOS VINOS – Tenerife ➜ Ver Canarias (Santa Cruz de Tenerife)

IGUALADA

Barcelona – Mapa regional **10**–C1

😊 **SOMIATRUITES**

Chef: David Andrés

ACTUAL • **DE DISEÑO** El nombre, que podríamos traducir como "Soñadores", descubre la personalidad del chef David Andrés y su hermano Xavier, volcados ambos en la transformación de una antigua fábrica de curtidos ubicada junto al Museu de la Pell de Igualada. Presenta una estética industrial, con las paredes en piedra y ladrillo visto, muebles de diseño y llamativos recortes de cuero en los techos como un guiño a la historia del edificio. Ofrecen una cocina actual y divertida, de bases tradicionales, con un menú muy económico los días laborables. ¡La reducida carta se reserva para las noches y los fines de semana!

✂️ *El compromiso del Chef:* Defendemos una arquitectura sostenible y de autoabastecimiento, por eso la cubierta del hotel Somiatruites es un huerto de 400 m² que, abonado con compost y regado con pozos propios, sirve como aislante térmico y provee al restaurante de productos de total proximidad.

🏧 🍴 Precio: €

Del Sol 19 ✉ 08700 – ☎ 938 03 66 26 – www.somiatruites.eu – Cerrado cena: lunes, domingo

ILLESCAS

Toledo – Mapa regional **7**–B2

❀ ANCESTRAL

Chef: Víctor Infantes

MODERNA • MARCO CONTEMPORÁNEO Un restaurante en el que... ¡los grandes protagonistas son el fuego y el humo!Tras los fogones de este local, de aire contemporáneo-industrial y estudiadísima iluminación, se halla al chef Víctor Infantes, un hombre que vive la gastronomía desde la pasión y, siendo aún joven, ya ha bebido las mieles del éxito en otras casas. Centra su propuesta en dos menús degustación (Origen y Esencia) que evolucionan según mercado, exaltando siempre los productos y los sabores manchegos desde una perspectiva moderna que, sin embargo, no renuncia ni a las técnicas ancestrales (de ahí su llamativo nombre) ni a la posibilidad de dar unos sorprendentes toques ahumados a los platos. ¿Curiosidades? También ofician como galería de arte, pues permiten adquirir las singulares esculturas que adornan las mesas.

🏧 Precio: €€€

Víctor Hugo 2 ✉ 45200 – ☎ 608 57 76 58 – www.ancestralrestaurante.com – Cerrado lunes, cena: martes-jueves y domingo

❀ EL BOHÍO

Chef: Pepe Rodríguez

MODERNA • MARCO CONTEMPORÁNEO Un restaurante que ha sabido adaptarse a nuestros tiempos y está enamorando a sus comensales; no en vano, aunque hoy se nos presenta alegre, renovado y entregado a las exigencias culinarias más actuales, aún conserva el carácter familiar de aquel primitivo mesón de carretera que abrió la abuela Valentina y cuyo nombre recordaban sus raíces cubanas.Es imposible hablar de El Bohío sin resaltar a su paladín tras los fogones, el televisivo chef Pepe Rodríguez, que defiende el ADN de esta tierra rescatando el legado culinario de La Mancha para adaptar sus sabores y productos a nuestros días, siempre con fidelidad a una frase del propio chef: "La cocina de siempre, vista con los ojos de hoy". ¿Platos de referencia? Las Lentejas con butifarra, su Gazpacho manchego, actualizaciones como La Pringá del cocido, berza y su caldo... ¡Puede añadir la famosa tapa extra de Callos a cualquiera de sus menús (Tradicional, Temporada y Degustación)!

🅿️ 🏧 ⇔ Precio: €€€€

Avenida Castilla-La Mancha 81 ✉ 45200 – ☎ 925 51 11 26 – www.elbohio.net – Cerrado lunes, martes, cena: domingo

INCA – Baleares ➜ Ver Balears (Mallorca)

IRUN

Guipúzcoa – Mapa regional **18**–B2

ANA MARI

A LA PARRILLA • RÚSTICA Un buen asador vasco, llevado por la familia Bereciartua y ubicado en un caserío del s. XVI. La parrilla, base de su propuesta, está completamente a la vista desde la sala.

♿ 🏧 🍴 ⇔ 🅿️ Precio: €€€

Olaberria Auzoa 49 ✉ 20303 – ☎ 943 12 47 99 – asadoranamari.com – Cerrado miércoles, cena: lunes, martes, jueves y domingo

IÑIGO LAVADO

ACTUAL • MARCO CONTEMPORÁNEO Se halla en el atractivo recinto ferial (Ficoba) e intenta ofrecer una experiencia "singular" tanto en lo estético como en lo gastronómico. Su cocina de temporada, que denota unas marcadas raíces vascas, ve la luz a través de la carta y de dos sugerentes menús (Bidasoa y Uniendo Fronteras). ¡Puede pedir casi todos los platos de la carta bajo el formato de medias raciones!

🅰🅲 ⇨ 🅿 Precio: €€€

Avenida Iparralde 43 (Ficoba) ✉ *20304 – 𝒸 943 63 96 39 –*
www.inigolavado.com – Cerrado lunes, cena: martes-jueves y domingo

JAÉN

Jaén – Mapa regional **1**–C2

❀ BAGÁ

Chef: Pedro Sánchez

MODERNA • BISTRÓ Tras el lema "Sentir Jaén", muy visible sobre la diminuta cocina, se construye diariamente el sueño de Bagá, una joya culinaria que se ha convertido en un punto de peregrinación obligado para los gastrónomos más avezados.El reducido local, con cuyo nombre se hace un guiño a la flor del olivo, muestra sugerentes detalles de diseño y refleja la pasión de Pedro Sánchez por los productos autóctonos de temporada, exaltados en un único menú degustación que nos habla, a las claras, del enorme talento creativo del chef, siempre comprometido con la promoción de las materias primas de su tierra. ¿Platos emblemáticos? Los Buñuelos de carrueco (calabaza) y las exquisitas Quisquillas de Motril en escabeche de perdiz, un mar y montaña que guardará para siempre en su memoria. ¡Es conveniente reservar!

🅰🅲 Precio: €€€

Reja de la Capilla 3 ✉ *23001 – 𝒸 953 04 74 50 – www.bagagastronomico.com –*
Cerrado lunes, cena: domingo

❀ DAMA JUANA

Chef: Juan Aceituno

MODERNA • MARCO CONTEMPORÁNEO Hay costumbres u oficios que se aprenden en casa, bajo el amparo de la familia, y esta es sin duda la bonita vinculación del chef Juan Aceituno con su abuela Juana (La Chucha), la mujer que le transmitió su arrolladora pasión por la gastronomía.El restaurante, con mayor nivel de confort tras su reforma, cuenta con un comedor principal de estilo contemporáneo-minimalista y una sala anexa, a modo de semireservado, desde la que se puede ver lo que acontece en la cocina. ¿Qué encontrará? Una propuesta tradicional actualizada que intenta narrar un viaje por las experiencias vitales del chef hablándonos del paisaje jiennense, a través tanto del servicio a la carta como de cualquiera de sus menús (Blancal y Umbría). Existe otro menú especial llamado Gran Menú María (es un homenaje a su hija y solo funciona bajo reserva) que sirve el propio chef y... ¡tiene el maridaje incluido!

♿ 🅰🅲 Precio: €€€

Melchor Cobo Medina 7 ✉ *23001 – 𝒸 953 00 64 54 –*
www.damajuanajaen.com – Cerrado lunes, domingo

❀ MALAK

Chef: Javier Jurado

MODERNA • MARCO CONTEMPORÁNEO Local de ambiente contemporáneo, con la cocina abierta a la sala y detalles de diseño, donde se retoma la culinaria local y la de la Sierra del Segura pero bien traída a nuestros días, reinterpretando las recetas de antaño de una manera creativa y con cuidadísimas presentaciones. El chef Javier Jurado, que se enamoró de la cocina en el restaurante de sus abuelos (se llamaba Los Ángeles, de ahí el nombre de Malak, que significa "ángel" en árabe), centra su propuesta en dos interesantes menús degustación: Aldeas Perdidas y Sierra de Segura. Desde que van presentando los aperitivos (Paté de caza menor y piñones, Buñuelo al vapor relleno de setas y queso de Pontones, Croqueta de jamón ibérico elaborada con leche fresca...) nos introducimos de lleno en los sabores serranos, alcanzando su máxima expresividad en platos tan originales como la Prensa en orza y rin-rán (un guiso de patatas con pimiento choricero). ¡Toda una oda a la tierra con productos cotidianos!

🄰🄲 Precio: €€€

Plaza de la Constitución 11 ✉ *23001 –* 📞 *687 01 86 20 –*
www.restaurantemalak.com – Cerrado lunes, martes, cena: domingo

RADIS ⓝ

Chef: Juanjo Mesa

MODERNA • MARCO CONTEMPORÁNEO Uno de esos casos en los que un joven cocinero (Juanjo Mesa), con sangre hostelera, formación en grandes casas e innegables inquietudes, llega dispuesto a revolucionar la oferta culinaria de una ciudad; no en vano, recientemente fue proclamado "Chef del aceite" tras proclamarse vencedor del concurso temático al respecto que "Jaén, Paraíso Interior" organiza en San Sebastián Gastronomika.En su pequeño y céntrico local, que recrea la estética de un bistró contemporáneo con la cocina abierta, el chef lo apuesta todo a un menú degustación sorpresa (se puede añadir algún extra) que bebe tanto de la tradición como de los recuerdos de infancia, traídos a la culinaria actual mediante técnica, delicadeza y unos fondos tremendamente bien trabajados. ¿Y eso de Radis? Es un término galo que significa "rábano" y quiere hacer un guiño al apodo del chef, conocido por todos desde siempre como Rabanito.

🄰🄲 Precio: €€

Tableron 10 ✉ *23001 –* 📞 *660 92 65 87 – restauranteradis.es – Cerrado martes, cena: lunes, domingo*

BOMBOROMBILLOS

MODERNA • RÚSTICA Un local de ambiente rústico-actual que dio sus primeros pasos como bar. Hoy, transformado ya en restaurante, ofrece un sugerente apartado de tapas, elaboraciones para compartir, platos a la carta... y un menú degustación (precisa reserva) que ensalza los sabores autóctonos.

🄰🄲 Precio: €€

Pintor Carmelo Palomino 12 ✉ *23004 –* 📞 *691 94 19 18 – Cerrado lunes, martes, cena: domingo*

CASA ANTONIO

MODERNA • MARCO CONTEMPORÁNEO Se presenta con una terraza, un bar de tapeo y varias salas de aire contemporáneo. La carta contempla platos actualizados que toman como base la cocina tradicional y regional.

♿ 🄰🄲 🍴 ⇄ Precio: €€€

Fermín Palma 3 ✉ *23008 –* 📞 *953 27 02 62 – www.casantonio.es – Cerrado lunes, cena: domingo*

MANGASVERDES

MODERNA • ACOGEDORA Una taberna gastronómica singular y próxima a la Catedral. Su carta, con propuestas actuales y de fusión, se completa con un menú degustación. ¡Gran oferta de vinos por copas!

🄰🄲 🍴 Precio: €

Bernabé Soriano 28 ✉ *23001 –* 📞 *953 08 94 95 –*
www.restaurantemangasverdes.com – Cerrado lunes, cena: domingo

JARAÍZ DE LA VERA

Cáceres – Mapa regional **12**–B1

LA FINCA - VILLA XARAHIZ

REGIONAL • AMBIENTE TRADICIONAL Una casa de organización familiar en la que también existe la posibilidad de alojarse, por si quiere recorrer la bella comarca de La Vera. Está llevada entre dos hermanos, Pilar y Víctor, que han tomado las riendas del negocio con entusiasmo y dedicación. Ofrecen un buen menú del día y otro de temporada, cambiando este último tres veces al año. En su carta no faltan las carnes de ibérico, la lechona, el cabrito verato... y las famosas Migas de la abuela Fidela, conocidas en toda la comarca. ¿Curiosidades? Víctor es un apasionado del ron, por lo que tiene... ¡más de 100 variedades diferentes!

⫷ & 🅰🄲 🍽 🅿 Precio: €

Carretera EX 203 (Norte 0,5 km, Hotel Villa Xarahiz) ✉ 10400 – ☏ 927 66 51 50 – www.villaxarahiz.com – Cerrado lunes, cena: domingo

JARANDILLA DE LA VERA

Cáceres – Mapa regional 12–B1

AL NORTE

ACTUAL • TENDENCIA Modesto, colorista y con la cocina abierta a la sala. La chef, que pasó por grandes casas, defiende una carta de base tradicional donde encontrará platos actuales y de fusión.

🅰🄲 🍽 Precio: €

Avenida Soledad Vega Ortiz 125 ✉ 10450 – ☏ 666 32 06 32 – Cerrado lunes, almuerzo: martes, miércoles

VERATUS 🅝

ACTUAL • RÚSTICA Restaurante de ambiente rústico que disfruta de un precioso entorno, pues se encuentra junto al bello puente en piedra que salva el río y frente a unas piscinas naturales muy concurridas en época estival. El joven chef al frente defiende una cocina actual que siempre intenta ensalzar los productos de temporada de la zona.

& 🅰🄲 Precio: €€

Puente Parral ✉ 10450 – ☏ 643 53 05 00 – restauranteveratus.com – Cerrado miércoles, cena: lunes, martes

JEREZ DE LA FRONTERA

Cádiz – Mapa regional 1–A2

🌼 LÚ COCINA Y ALMA

Chef: Juan Luis Fernández

MODERNA • MARCO CONTEMPORÁNEO El chef Juanlu Fernández, un apasionado de la cocina a fuego lento, define su propuesta como una "vanguardia de retaguardia". Tras esta expresión se encierra un universo personal y un poco loco, construido en torno a la culinaria clásica francesa pero dando siempre protagonismo al producto andaluz; no en vano, aquí hablan de "una cocina con duende, capaz de hacernos viajar en el tiempo y en el espacio, a través del recuerdo, de la memoria...".En su atractivo restaurante, diseñado por el arquitecto Jean Porsche y donde se busca globalizar la experiencia para que participemos de los procesos creativos (la cocina es totalmente visible desde el comedor), encontrarás dos menús degustación que reflejan a la perfección su propuesta: "Duxende", lo que definen como su alma, y "El Festín", un viaje a través de los sentidos descubriendo la historia y el recetario de la región. ¡Escoge alguna de sus armonías (Mundos paralelos y Nuestra máxima expresión) y descubre los vinos de Jerez!

& 🅰🄲 Precio: €€€€

Zaragoza 2 ✉ 11402 – ☏ 695 40 84 81 – www.lucocinayalma.com – Cerrado lunes, domingo

🌼 MANTÚA

Chef: Israel Ramos

MODERNA • MARCO CONTEMPORÁNEO Tiene un nombre que juega con la historia vitivinícola local, posee una estética minimalista y destaca por su personalidad, pues aquí la prioridad es ofrecer a los clientes sensaciones únicas y diferentes.

El chef Israel Ramos defiende una gastronomía actual que nos hable de Andalucía y sobre todo de su Jerez, respetando los sabores con imaginación, finísimas texturas y delicadas presentaciones. No hay carta, pues prefiere expresarse a través de dos menús degustación (Arcilla y Caliza) en los que versiona, desde la modernidad, la esencia culinaria de su tierra. ¿Un plato que deja huella? El Buñuelo de ortiguillas con alioli de Manzanilla, que fusiona en la boca el mar, el vino y el alma de Cádiz. No lo dude y pida el maridaje, pues... ¡la brillante sumiller demuestra pasión por su trabajo!

❀ ♿ 🆑 Precio: €€€€

Plaza Aladro 7 ✉ 11402 – ☎ 856 65 27 39 – www.restaurantemantua.com – Cerrado lunes, domingo

😊 AVANICO

TRADICIONAL • SENCILLA El chef Fran Oliva siempre quiso crear un espacio donde la gente, simple y llanamente, pudiera quedar con los amigos y divertirse. En su local, con un marcado carácter de gastrobar pero también un coqueto comedor, encontrará una amplia carta de cocina tradicional actualizada, con posibilidad de tapas, medias raciones y platos para compartir en base a productos de mercado (destacan los pescados y mariscos frescos, la oferta de arroces y las opciones con atún rojo salvaje de almadraba). ¿Le gusta hacer maridajes? También tienen vinos por copas del Marco de Jerez a unos precios muy razonables.

🆑 🍴 Precio: €€

Paseo de la Rosaleda 4 ✉ 11405 – ☎ 636 17 02 26 – Cerrado lunes, cena: domingo

AKASE

JAPONESA • SENCILLA Un espacio sencillo pero... ¡sumamente interesante! El joven chef al frente, Jaime Mena, practica una cocina japonesa moderna que, jugando con la temporada, toma como referencia para su propuesta los productos de Cádiz. Aquí ofrecen tanto menú como platos a la carta, con una buena variedad de Nigiris, unas maravillosas Gyozas de carabinero, Futomaki de atún rojo, Uramakis... en muchos casos servidos por el propio cocinero. Solo disponen de cinco mesas, por lo que... ¡aconsejamos reservar!

🆑 Precio: €€€

Fernando Viola, Edificio Málaga, local 8 ✉ 11404 – ☎ 678 86 91 84 – www.akaserestaurante.com – Cerrado lunes, domingo, almuerzo: martes

ALBALÁ

MODERNA • SENCILLA ¡Próximo a la Real Escuela Andaluza del Arte Ecuestre! Resulta acogedor, ofreciendo una carta de tapas y raciones bastante interesante. ¡Pruebe las Croquetas de rabo de toro!

♿ 🆑 🍴 Precio: €€

Divina Pastora ✉ 11403 – ☎ 956 34 64 88 – www.restaurantealbala.com – Cerrado lunes, cena: domingo

LA CARBONÁ

ACTUAL • RÚSTICA Instalado en una antigua bodega, con altos techos en madera, que sorprende por su amplitud, su acogedor interiorismo y su ubicación en el centro de la localidad. La carta, propia de una cocina actual con firmes bases tradicionales, se ve apoyada por dos interesantes menús degustación: Lola Carboná (un homenaje a la mítica Lola Flores) y Un Sólo Palo "Amontillado". ¡Los vinos de Jerez tienen enorme protagonismo, estando el maridaje incluido en ambos!

❀ ♿ 🔄 Precio: €€

San Francisco de Paula 2 ✉ 11401 – ☎ 956 34 74 75 – www.lacarbona.com – Cerrado martes, cena: lunes

A MAR

TRADICIONAL • TENDENCIA ¡Ven el mar como una gran despensa! Su amplia carta tradicional se centra en los pescados y mariscos, pero también tiene arroces, carnes, ensaladas... Opción de medias raciones.

🍽 ⅏ 🄰 ⌂ Precio: €€

Latorre 8 ✉ *11403 –* ℘ *956 32 29 15 – www.a-marrestaurante.com – Cerrado lunes, cena: domingo*

TSURO ⓝ

JAPONESA • AMBIENTE ORIENTAL Este pequeño y céntrico restaurante, que quiere verse a sí mismo como "El pasadizo entre Jerez y Japón" (de hecho Tsuro significa precisamente eso, pasadizo), está dominado por una barra en la que podemos comer mientras vemos trabajar al chef, el único empleado, que vive el servicio intensamente mientras transmite los secretos de la cocina nipona, desde la preparación y ceremonia del arroz a la importancia del afilado de los cuchillos. La experiencia, que dura unas tres horas, se basa en un menú Omakase y evoluciona según mercado. ¡Es necesario reservar!

🄰 Precio: €€€

San Juan de Dios (local 5) ✉ *11403 –* ℘ *660 80 86 69 – www.tsurojerez.es – Cerrado lunes, martes, domingo, almuerzo: miércoles*

KEXAA

Álava – Mapa regional **18**–A2

ARCOS DE QUEJANA

TRADICIONAL • RÚSTICA ¡Se accede por el bar del hotel, en la 1ª planta! Ofrece una moderna bodega visitable, varias salas panelables y un salón para banquetes abuhardillado en el último piso, este con el acceso por un ascensor panorámico. Buena cocina tradicional contemporánea.

⪡ ⅏ 🄰 ⌂ 🅿 Precio: €€€

Carretera Beotegi ✉ *01477 –* ℘ *945 39 93 20 – www.arcosdequejana.com – Cerrado lunes, martes, cena: miércoles-domingo*

LALÍN

Pontevedra – Mapa regional **13**–A2

ASTURIANO

PESCADOS Y MARISCOS • FAMILIAR Un negocio familiar que destaca por la bondad de sus pescados y mariscos, comprados en la lonja y cocinados de manera tradicional. ¡Pruebe la Caldeirada de pescado a la sidra!

🄰 Precio: €€

Rosalía de Castro 24 ✉ *36500 –* ℘ *986 78 12 63 – Cerrado lunes, cena: martes-jueves y domingo*

CABANAS

TRADICIONAL • ACOGEDORA Un gran ambiente familiar, entrega, pasión... y una cocina tradicional actualizada que se enriquece con platos de temporada y de caza. ¡Pruebe el famoso Cocido gallego de Lalín!

🐷 🄰 ⇔ Precio: €€

Pintor Laxeiro 3 ✉ *36500 –* ℘ *986 78 23 17 – www.restaurantecabanas.com – Cerrado lunes, cena: martes-domingo*

LANGARICA

Álava – Mapa regional **18**–B2

LAUA

CREATIVA • MARCO REGIONAL En esta casa, de medida rusticidad, los hermanos Ramírez le propondrán dos esmerados menús degustación sorpresa, uno corto y otro largo, ambos de marcado carácter creativo.

⅏ 🄰 ⇔ Precio: €€€

Langarika 4 ✉ *01206 –* ℘ *945 30 17 05 – www.lauajantokia.com – Cerrado lunes, martes, cena: miércoles-domingo*

LARRABETZU

Vizcaya – Mapa regional **18**–A2

✿✿✿ AZURMENDI

Chef: Eneko Atxa

CREATIVA • **DE DISEÑO** Azurmendi, buque insignia de la gastronomía vizcaína y uno de los máximos referentes en el ámbito de la sostenibilidad, es todo un ejemplo de adaptación al entorno, pues ha adecuado su arquitectura, los productos y las nuevas tecnologías a ese ejercicio de responsabilidad que solo busca cocinar un futuro mejor.El chef Eneko Atxa, que materializa su defensa de la naturaleza autóctona y los valores de la cultura vasca mimando un retoño del Árbol de Gernika que crece a la entrada del restaurante, plantea una experiencia culinaria creativa que vela por la recuperación de las especies endémicas. ¿Curiosidades? El menú Adarrak conlleva un didáctico recorrido (picnic, mesa de la cocina, invernadero...) y culmina con un detalle, pues al terminar... ite regalan una pastilla de jabón reciclado!

✿ *El compromiso del Chef:* Creemos en un mundo donde nuestra responsabilidad es la de trabajar como guardianes de lo recibido, de esa naturaleza que nos envuelve y que hemos de proteger. Utilizamos nuestro conocimiento en pro del bienestar social, adaptándonos a las necesidades de las personas.

🏆 ❀ ⇇ ♿ ᴍ ⇦ 🅿 Precio: €€€€

Legina Auzoa (junto a la autovía N 637, Oeste 2,8 km) ✉ *48195 – ✆ 944 55 83 59 – www.azurmendi.restaurant – Cerrado lunes, domingo, cena: martes-jueves*

✿ ENEKO

Chef: Eneko Atxa

CREATIVA • **ACOGEDORA** ¡Todo un homenaje del chef Eneko Atxa a los orígenes! Sorprende por su ubicación sobre la bodega de txacoli Gorka Izagirre, en las mismas instalaciones donde hace años vio la luz el restaurante Azurmendi (tres Estrellas MICHELIN), hoy a pocos metros.En la sala, donde suele romper los esquemas del comensal al presentarse con dos cocinas a la vista, apuestan por unos platos de autor fieles a la tradición vasca pero que reproduzcan la filosofía del chef: "Las manos del artesano esculpen emociones". Encontrará un único menú degustación de gusto actual llamado Sutan (en euskera significa "a fuego"), impecable en la técnica y rebosante de sabor. ¿Busca una experiencia más completa? Aquí, previa reserva, también se puede visitar la bodega y hacer unas catas antes de comer. ¡Un auténtico planazo!

✿ *El compromiso del Chef:* Cuando la mayor inspiración procede de la naturaleza, nada puede dotar a un proyecto de un ingrediente tan imprescindible como el respeto hacia lo que nos rodea, a nuestro propio entorno.

⇇ ♿ ᴍ ⇦ 🅿 Precio: €€€

Legina Auzoa (junto a la autovía N 637, Oeste 2,8 km) ✉ *48195 – ✆ 944 55 88 66 – www.eneko.restaurant – Cerrado lunes, cena: martes-jueves y domingo*

LASARTE - ORIA

Guipúzcoa – Mapa regional **18**–B2

✿✿✿ MARTÍN BERASATEGUI

CREATIVA • **ELEGANTE** Tras su firma manuscrita, un velado homenaje a su padre, se yergue un cocinero humilde y jovial que bien podría escribir su nombre con letras de oro; no en vano, Martín Berasategui se considera solo un "transportista de felicidad" que le debe el éxito al "garrote" (pasión y esfuerzo) que siempre pone en su trabajo, al constante apoyo de su mujer (Oneka Arregui) y, como él mismo comenta, a... ¡sus increíbles equipazos!Aquí, en un espacio elegante y no exento de relajantes vistas al campo, descubrirá un concepto hedonista de la gastronomía. A través tanto de la carta como del espectacular menú degustación, combina los platos emblemáticos de la casa (Milhojas caramelizado de anguila ahumada, foie gras, cebolleta y manzana verde, de 1993) con otros de nueva creación (Chuleta de cordero lechal, su buñuelo líquido, zanahorias picantes y pan frito), acompañando siempre la propuesta con panes de elaboración artesanal y unas fantásticas mantequillas. ¡Sus platos están llenos de matices!

🍴 🐷 ⟨ 🆎 🎋 ⟷ 🅿 Precio: €€€€

Loidi 4 ✉ 20160 – ☎ 943 36 64 71 – www.martinberasategui.com/es/inicio – Cerrado lunes, martes, cena: miércoles, jueves y domingo

TXITXARDIN

TRADICIONAL • **MARCO CONTEMPORÁNEO** Se encuentra en un bello parque y forma parte de un proyecto mayor, pues solo es uno de los restaurantes del chef en la llamada Casa Humada. ¡Cocina tradicional y de producto!

🆎 🎋 ⟷ Precio: €€€

Oria Etorbidea 12 ✉ 20160 – ☎ 943 04 62 97 – www.casahumada.com – Cerrado cena: lunes-jueves y domingo

LASTRES

Asturias – Mapa regional **3**–C1

CASA EUTIMIO

PESCADOS Y MARISCOS • **FAMILIAR** Bello edificio de ambiente familiar ubicado en un entorno realmente singular (aunque es difícil aparcar). Su carta, de gusto tradicional, se centra en los pescados y mariscos.

⟨ Precio: €€

San Antonio 9 (Hotel Eutimio) ✉ 33330 – ☎ 985 85 00 12 – www.casaeutimio.com – Cerrado domingo, cena: lunes-viernes

LEGANÉS

Madrid – Mapa regional **15**–B2

😊 **SANTÉ** Ⓝ

COCINA DE MERCADO • **AMBIENTE MEDITERRÁNEO** Resulta sorprendente, tanto por la propuesta culinaria como por el nivel de profesionalidad del joven equipo al frente, pero sobre todo por el hecho de ocupar una casita de madera, rodeada de árboles y vegetación, junto al Campus de la Universidad Carlos III. En su diáfana sala, con una barra en el lateral, podrá degustar una cocina tradicional de mercado, con toques actuales y guiños a otras culturas, que encuentra en las brasas el hilo conductor de muchas elaboraciones. ¿Un plato que nos ha gustado? Su Aguacate Hass a la parrilla con pico de gallo, queso feta y vinagreta de lima.

🆎 🎋 Precio: €€

Avenida del Dos de Mayo 1 ✉ 28912 – ☎ 910 63 88 45 – santerestaurante.es – Cerrado lunes, martes, cena: miércoles, domingo

LEGASA

Navarra – Mapa regional **17**–A1

😊 **AROTXA**

TRADICIONAL • **FAMILIAR** Estamos ante un negocio de marcado carácter familiar, pues los hermanos Lacar se reparten las tareas entre la sala y los fogones. En sus comedores, de cuidado montaje contemporáneo pero con detalles rústicos que aportan personalidad, el chef Luismi Lacar propone una cocina de claro gusto tradicional, con toques actuales e interesantes sugerencias del día. Sin duda, uno de los grandes protagonistas de su carta es el Chuletón de vaca a la parrilla, elaborado sobre brasas de encina, en varillas inclinadas para preservar las fragancias y con la contrastada calidad que siempre atesoran sus carnes.

♿ 🆎 ⟷ 🅿 Precio: €€

Santa Catalina 34 ✉ 31792 – ☎ 948 45 61 00 – arotxa.com – Cerrado martes, cena: miércoles-viernes y domingo

LEKUNBERRI

Navarra – Mapa regional **17**–A2

⊛ MASKARADA

Chef: José Ignacio Jauregui

COCINA ESPECIALIZADA EN CERDO • BISTRÓ Se encuentra en un pequeño polígono a las afueras de Lekunberri y resulta tremendamente curioso, pues aquí todo gira en torno al cerdo de raza vasca conocido como "Pío Negro" o "Euskal Txerri". El restaurante, bien complementado por una tienda de chacinas, quesos y carnes frescas (papada, secreto, pluma, carrilleras...), se la juega "todo al negro" como si se tratara de la ruleta y apuesta, en una estrategia 360º, por esos "cerdos felices" que ellos mismos crían, en libertad, en la cercana localidad de Arruitz. La propuesta toma cuerpo a través de dos menús degustación: Maskarada y Suletina.

❀ *El compromiso del Chef:* Soy productor, transformador y vendedor del producto final, por eso decidí habilitar un restaurante a pie de fábrica donde todo girara en torno al cerdo "Euskal Txerri", una raza autóctona que estaba en vías de desaparecer y tras la cual, hoy, existe una gran labor.

  ᵴ ᴀᴄ 🅿 Precio: €

Aralar 62 – ✉ 31870 – ☏ 948 50 42 36 – www.maskaradadenda.com – Cerrado lunes, cena: martes-domingo

EPELETA

CARNES A LA PARRILLA • RÚSTICA Uno de esos sitios que gusta recomendar, pues resulta muy acogedor y emana honestidad. Ocupa un atractivo caserío dotado con un bar y un comedor, ambos de cuidado ambiente rústico. Buenas carnes y pescados a la brasa.

  ⇨ 🅿 Precio: €€€

Aralar – ✉ 31870 – ☏ 948 50 43 57 – www.asadorepeleta.com – Cerrado lunes, cena: martes-domingo

LEÓN

León – Mapa regional **8**–B1

✿ COCINANDOS

Chefs: Juanjo Pérez y Yolanda León

MODERNA • MARCO CONTEMPORÁNEO Su nombre lo dice casi todo; no en vano, Yolanda León y Juanjo Pérez se conocieron en unas cocinas y allí decidieron entrelazar sus destinos en la búsqueda de un sueño conjunto.La histórica Casa del Peregrino (1750), junto al monumental Parador-Hostal de San Marcos, sorprende con un interior de línea moderna que busca en la transparencia su seña de identidad. La propuesta, de tinte creativo, se centra en un menú degustación (Cocinar León) que toma como base los mejores productos de la zona, evolucionando semanalmente según la temporada, contando una historia al cliente y acompañándose siempre con los mejores vinos de esta tierra. ¿Busca vivir más la experiencia? Tome el café en el jardín, asomado por un lado a la antigua iglesia de San Marcos y por el otro al auditorio de la ciudad.

  ᵴ ᴀᴄ ⇨ Precio: €€€

Plaza de San Marcos 5 – ✉ 24001 – ☏ 987 07 13 78 – www.cocinandos.com – Cerrado lunes, domingo

✿ PABLO

Chef: Juan José Losada

MODERNA • MINIMALISTA Una casa familiar que vive la gastronomía con pasión y evoluciona sin perder los valores tradicionales.El restaurante, a pocos metros de la Pulchra Leonina, sorprende por su juego de contrastes, pues presenta una fachada de mampostería acorde al entorno y un interior de línea actual que llama la atención por su curioso techo, cubierto de láminas de madera. El chef Juanjo Losada plantea junto a su mujer, Yolanda Rojo (la hija del fundador), lo que podríamos definir como una cocina leonesa de vanguardia, pues sus visuales creaciones se construyen siempre desde la exaltación del mejor producto leonés, natural y de temporada. Ofrecen un único menú degustación, con opción de maridaje, que evoluciona a lo largo de todo el año. ¡Luchan por dar visibilidad a los pequeños productores de la región!

&. 🅰️ Precio: €€€

Avenida Los Cubos 8 – ✉ 24007 – 🕿 987 21 65 62 – www.restaurantepablo.es – Cerrado lunes, martes, cena: domingo

😊 BECOOK

FUSIÓN • SIMPÁTICA Tras su paso por grandes casas (como Nerua Guggenheim Bilbao, una Estrella MICHELIN), el chef David García decidió volver a su tierra para dar rienda suelta a su creatividad y crear un negocio con personalidad. El local, de ambiente informal y divertido, presenta un interior tipo bistró actual, con la cocina vista y una carta de gusto internacional en la que confluyen las técnicas actuales, los toques orientales y los matices más urbanos. ¿Una recomendación? Pregunte por el sabor de sus cremosas Croquetas y no dude en probarlas, pues estas cambian sistemáticamente según mercado.

🅰️ Precio: €

Cantareros 2 – ✉ 24003 – 🕿 987 01 68 08 – www.restaurantebecook.es – Cerrado lunes, domingo

😊 CONMIMO

INTERNACIONAL • SIMPÁTICA Se halla en el centro, está llevado por una pareja (Javier tras los fogones y Ángela al frente de la sala) y sorprende por su oferta, con... ¡una cocina viajera de vanguardia! Encontrará atractivos guiños internacionales (Italia, Japón, Perú, México, Francia...) y elaboraciones que ponen el foco en Galicia, en Andalucía... y, por supuesto, en la provincia de León. Presenta una terraza con carta de picoteo, una barra informal y una propuesta más seria en el comedor del piso superior, donde tienen una cocina a la vista y dan la opción de dos menús degustación (Corta Distancia y Larga Distancia).

🅰️ 🍽️ ⇔ Precio: €

Plaza de San Marcelo 15 – ✉ 24003 – 🕿 987 04 53 50 – www.cocinaconmimo.es – Cerrado lunes, martes

CAREA BISTRÓ 🆕

ACTUAL • BISTRÓ Este local del Barrio Húmedo, que debe su nombre a una raza de perro autóctona (pastor leonés, carea leonés o perro de Agueda), está llevado por una joven pareja y se distribuye en dos niveles, con un pequeño bar en la planta baja y el comedor en el piso superior. Platos de cocina actual, con toques de fusión, en base a los productos de esta tierra.

🅰️ Precio: €€

Platerías 1 – ✉ 24003 – 🕿 987 72 35 60 – careabistro.es – Cerrado martes, miércoles

KAMÍN

MODERNA • TENDENCIA Este moderno restaurante, con cuyo nombre se hace un pequeño guiño a la madre del chef (Camino), se encuentra en pleno Barrio Húmedo y sorprende al presentarse con la cocina abierta. Encontrará una propuesta actual, atrevida y de sabores potentes, con opción de carta, un buen menú degustación y otro más corto al mediodía. ¡Cuidada puesta en escena!

&. 🅰️ Precio: €€€

Regidores 4 – ✉ 24003 – 🕿 987 09 62 38 – restaurantekamin.com – Cerrado lunes, martes, cena: miércoles, domingo

MARCELA

COCINA DE MERCADO • BURGUESA Disfruta de un emplazamiento privilegiado, a pocos metros del Museo Casa Botines Gaudí, y se presenta con dos espacios, la zona informal de tapeo en la planta baja y el cuidado restaurante del piso superior. Cocina de producto de gran calidad, con opción de un menú degustación.

⅗ 🄰🄲 🎨 Precio: €€

Plaza de San Marcelo 9 ✉ *24003 –* ☏ *987 79 95 44 –* *www.marcelabrasayvinos.com*

LINARES DE LA SIERRA

Huelva – Mapa regional **1**–A2

😊 ARRIEROS

REGIONAL • **RÚSTICA** Una gran opción si está visitando la sierra de Aracena, su Parque Natural o Linares de la Sierra, un bello pueblo de calles empedradas. El restaurante, llevado por el matrimonio propietario, ocupa una típica casa serrana de paredes encaladas. En su interior encontrará un ambiente rústico sumamente acogedor, con una sugerente chimenea, el techo en madera y un cuidado mobiliario rústico-actual que denota el gusto por los detalles. Su chef propone una cocina regional bien actualizada... eso sí, con el cerdo ibérico de bellota como epicentro de su recetario. ¡Pruebe su exquisita Sopa de tomate!

⅗ 🄰🄲 🎨 Precio: €€

Arrieros 2 ✉ *21207 –* ☏ *959 46 37 17 – www.restaurantearrieros.es – Cerrado miércoles, cena: lunes, martes, jueves- y domingo*

LINARES

Jaén – Mapa regional **1**–C2

😊 LOS SENTIDOS

MODERNA • **MARCO CONTEMPORÁNEO** Instalado en una céntrica casona rehabilitada, con la recia fachada en piedra, que busca un poco la sorpresa del comensal, pues en su interior nos presenta varias salas de estética actual. Juan Pablo Gámez, el chef-propietario, defiende una cocina contemporánea que recupere los recuerdos y los sabores de Jaén, revisando para ello el recetario regional desde las técnicas de hoy en día. La carta, en la que no faltan las sugerencias, se completa con dos menús degustación: "GastrÓleO", que exalta las bondades del AOVE, y "Un guiño a la TIERRA" (este último suele ser solo bajo reserva previa).

⅗ 🄰🄲 ✑ Precio: €€

Doctor 13 ✉ *23700 –* ☏ *953 65 10 72 – www.lossentidos.net – Cerrado lunes, cena: domingo*

CANELA EN RAMA

TRADICIONAL • **BAR DE TAPAS** Coqueta taberna en la que podrá degustar tapas y raciones actuales, con toques de fusión, así como los grandes clásicos de la casa (Bravas de Linares, Salmorejo...). En el piso superior, de miércoles a domingo, también dan la opción de tomar dos menús degustación (solo bajo reserva).

🄰🄲 🎨 Precio: €

República Argentina 12 ✉ *23700 –* ☏ *953 60 25 32 –* *www.juancarlostrujillo.com – Cerrado lunes, domingo*

LLADURS

Lleida – Mapa regional **9**–B2

😊 CASA ALBETS

Chef: Joel Llurda

VEGANA • **SIMPÁTICA** Se halla en el hotel Casa Albets, una antiquísima masía familiar (hablan del s. XI) aislada de todo y que se ha reconvertido para apostar, decididamente, por el mundo ecológico. El restaurante, que en línea con el resto del edificio presenta un ambiente rústico realmente encantador, con las paredes en piedra y el techo abovedado, sorprende con una cocina completamente vegana para aprovechar al máximo las verduras, los vegetales y todo aquello que no sea de origen animal. ¿Qué encontrará? Presentaciones cuidadas, sabores intensos, texturas logradas... e interesantes cervezas artesanales.

🕸 *El compromiso del Chef:* Estamos totalmente comprometidos con la sostenibilidad, por eso atesoramos la máxima certificación de eficiencia energética. En la cocina, apostamos por los productos ecológicos y de proximidad, en general de nuestra huerta y con vistas a una propuesta 100% vegana.

🔠 🅿 Precio: €

Casa Albets (Este 5 km) ✉ 25283 – ☎ 973 05 90 24 – casaalbets.cat – *Cerrado almuerzo*

LLAFRANC
Girona – Mapa regional **10**–B1

CASAMAR
MODERNA • **MARCO CONTEMPORÁNEO** Se encuentra en una zona elevada y destaca por su acogedora terraza, con buenas vistas sobre la bahía. Cocina moderna, no exenta de personalidad y guiños culinarios catalanes, que siempre procura dar mucha visibilidad a los productos autóctonos.

🕸 ≼🔠🏛 Precio: €€€

Nero 3 (Hotel Casamar) ✉ 17211 – ☎ 972 30 01 04 – www.hotelcasamar.net – *Cerrado lunes, martes*

EL FAR DE SANT SEBASTIÀ
TRADICIONAL • **AMBIENTE MEDITERRÁNEO** Ubicado junto al faro, en una fonda del s. XVIII que destaca por sus vistas, con más de 80 km. de horizonte marítimo. Los productos del mar toman el protagonismo en sus menús (pescados de lonja, arroces de Pals...). ¡Coquetas habitaciones de ambiente marinero!

≼🔠🏛↩🅿 Precio: €€

Muntanya del Far de Sant Sebastià (Este 2 km) ✉ 17211 – ☎ 972 30 16 39 – www.hotelelfar.com – *Cerrado martes*

LLAGOSTERA
Girona – Mapa regional **9**–D2

🕸 ELS TINARS
Chef: Marc Gascons

TRADICIONAL • **ACOGEDORA** Este restaurante, que ha tenido un papel relevante en la historia turística de la Costa Brava, ocupa una antigua pero bien restaurada masía; en ella, se presenta con una frondosa terraza-jardín para la época estival, un espacio de investigación donde crean nuevos platos y un luminoso interior de ambiente mediterráneo. ¡Dan un código para acceder a su aparcamiento exterior, con puntos de carga eléctricos!El chef Marc Gascons, que tomó junto a su hermana Elena (jefa de sala) el testigo de todo lo que aquí acontece, propone una completa carta de cocina tradicional catalana, siempre actualizada en base a los mejores productos de proximidad, escogidos entre los pequeños productores cercanos o en la maravillosa lonja de Palamós. También encontrará dos interesantes menús, uno corto de temporada y otro más largo tipo degustación. El Tartar de gamba de Palamós, uno de sus platos más demandados, se elabora con diferentes acompañamientos según evoluciona la temporada.

🕸 🔠🏛↩🅿 Precio: €€€

Carretera de Sant Feliu de Guíxols (Este 5 km) ✉ 17240 – ☎ 972 83 06 26 – www.elstinars.com – *Cerrado lunes, cena: domingo*

L'ATELIER DAGÀ CLOS ⓝ
TRADICIONAL • **MARCO CONTEMPORÁNEO** Restaurante de ambiente contemporáneo y gestión familiar llevado con muchas ganas e ilusión. Ofrecen, bajo

la opción de una pequeña carta y un menú degustación, una cocina tradicional honesta y bien elaborada, con platos copiosos que buscan, sin grandes artificios, los sabores de siempre.

AC ⇨ Precio: €€

Penedès 31 – ⊠ 17240 – ℰ 972 80 56 41 – www.atelierdagaclos.com – Cerrado lunes, martes, cena: miércoles, jueves y domingo

LLANÇÀ

Girona – Mapa regional **9**–D3

✿✿ MIRAMAR

Chef: Paco Pérez

CREATIVA • **ELEGANTE** ¡Qué maravilla de restaurante! Estamos en el epicentro profesional del chef Paco Pérez, que no ha visto límites para llevar su concepto culinario desde este pequeño pueblo al exigente ámbito internacional. En ese recorrido vital destaca a su mujer, Montse Serra, con quien recuperó la vieja fonda familiar frente a la playa y el puerto deportivo para, tras una gran transformación, convertirla en un enclave gastronómico de referencia, idóneo para descubrir la cocina mediterránea del s. XXI pero... idonde también puede alojarse!Encontrará una pequeña carta con platos de autor que ensalzan sus famosos "mar y montaña" y dos maravillosos menús degustación: MAЯ 2023, dedicado a las materias primas marinas del entorno, con sus algas y algún que otro producto gallego, así como Memoria, Territorio y Cultura, más enfocado a la cocina del Empordà. ¡Las mejores mesas están frente al ventanal!

 ⇐ & AC Precio: €€€€

Passeig Marítim 7 – ⊠ 17490 – ℰ 972 38 01 32 – www.restaurantmiramar.com – Cerrado lunes, cena: martes, miércoles y domingo

EL VAIXELL

TRADICIONAL • **SIMPÁTICA** Un negocio familiar donde el propietario, omnipresente tras los fogones y en la sala, propone una gran cocina tradicional-marinera, con sabrosos arroces (mínimo dos personas), pescados y mariscos, así como la opción de un menú diario. ¡Ofrecen tres guisos de suquet diferentes!

AC Precio: €€

Castellar 62 (en el puerto, Noreste 1,5 km) – ⊠ 17490 – ℰ 972 38 02 95 – www.elvaixell.com – Cerrado lunes, cena: martes-jueves y domingo

LLANES

Asturias – Mapa regional **3**–C1

✿ EL RETIRO

Chef: Ricardo González

MODERNA • **RÚSTICA** Nos hallamos en una pequeña aldea de Llanes, disfrutando de un negocio de tradición familiar que ha evolucionado mucho con los tiempos; no en vano, el antiguo "chigre" que un día fundaron los abuelos del chef, Ricardo González Sotres, sorprende hoy por sus contrastes estéticos al combinar la modernidad, la rusticidad y esa autenticidad derivada de dejar a la vista algunas paredes en roca natural.En lo gastronómico su propuesta está clara: una cocina actual asturiana no exenta de técnica y creatividad, respetuosa con las materias primas del entorno, tremendamente equilibrada y que se muestra ávida de conquistar nuestro paladar. Encontrará sabrosos platos a la carta (nos ha encantado su Pichón a la brasa) y dos apetecibles menús degustación: uno de tinte tradicional llamado Pancar y otro más gastronómico denominado San Patricio (este pretende hacer un homenaje a la capilla de Pancar y a la famosa encina, con más de 300 años, que hay justo a la entrada del templo).

 & AC ⇨ Precio: €€€

Carretera Pancar (Pancar, Suroeste 1,5 km) – ⊠ 33500 – ℰ 985 40 02 40 – www.elretirollanes.es – Cerrado lunes, martes, cena: miércoles, jueves y domingo

EL BÁLAMU

PESCADOS Y MARISCOS • SIMPÁTICA Local de ambiente marinero ubicado en el primer piso de la lonja de Llanes, frente al puerto pesquero. Elaboraciones simples en base a un producto de extraordinaria calidad.

&. 🖾 Precio: €€

Paseo del Muelle (Edificio La Lonja) ✉ *33500 – ☎ 985 41 36 06 – Cerrado miércoles*

LOS LLANOS DE ARIDANE – Tenerife → Ver Canarias (La Palma)

LLEIDA

Lleida – Mapa regional **9**–A2

AIMIA

MODERNA • MARCO CONTEMPORÁNEO Un restaurante a tener en cuenta, pues nunca es fácil encontrar cocina moderna a precios moderados. El negocio, que toma su nombre (mujer querida) del catalán antiguo que cantaban los trovadores, presenta un interior de estética actual, con la cocina a la vista del cliente desde la sala y una barra adosada a la misma para usted, si lo desea, pueda comer en ella mientras contempla la elaboración de los platos. Aquí encontrará una cocina actual y de fusión, con bastantes influencias asiáticas. ¿Una recomendación? Pruebe su Carpaccio de pulpo o el Calamar con salsa de fino y ajos negros.

&. 🖾 🖽 Precio: €€

Doctor Combelles 67 ✉ *25003 – ☎ 973 26 16 18 – www.aimia.cat – Cerrado lunes, martes, cena: domingo*

CARBALLEIRA

COCINA DE MERCADO • AMBIENTE CLÁSICO Elegante, bien llevado en familia y con profusión de madera. El propietario es gallego, detalle que se nota en la gran calidad de sus pescados y mariscos. ¡Interesantes menús!

&. 🖾 🖽 ⇔ 🅿 Precio: €€€

Carretera N II A (km 457,5, Suroeste 3,5 km) ✉ *25194 – ☎ 973 27 27 28 – www.carballeira.net – Cerrado lunes, cena: martes-jueves y domingo*

L'ESPURNA

ACTUAL • MARCO CONTEMPORÁNEO Un negocio que, estéticamente, concilia a la perfección el pasado y el presente. Carta de cocina actual basada en el producto. ¡En el piso superior también hay dos reservados!

&. 🖾 Precio: €€

Salmerón 10 ✉ *25004 – ☎ 973 07 18 99 – www.restaurantlespurna.com – Cerrado lunes, cena: martes, miércoles y domingo*

FERRERUELA

COCINA DE MERCADO • RÚSTICA Restaurante de línea rústica-actual ubicado en un antiguo almacén. Carta tradicional-catalana que cambia a diario, según mercado. ¡Todos los platos principales son a la brasa!

&. 🖾 Precio: €€

Bobalà 8 ✉ *25004 – ☎ 973 22 11 59 – ferreruela.com – Cerrado domingo, cena: lunes-jueves*

KAOMA

ASIÁTICA CONTEMPORÁNEA • AMBIENTE ORIENTAL Resulta íntimo y presenta una sencilla estética nipona, con la madera y las flores de almendro como protagonistas. Carta de cocina asiática que incluye ceviches y tiraditos.

&. 🖾 Precio: €

Camp de Mart 15 ✉ *25006 – ☎ 973 85 95 04 – www.grupmacao.com – Cerrado martes, cena: lunes, domingo*

SAROA

ACTUAL • SIMPÁTICA Ilusión, ganas, juventud... la pareja al frente (Salvador en la parte salada y Aroa en la dulce) defiende, en el centro de Lleida, una cocina contemporánea de base tradicional.

🖩 Precio: €€

Torres de Sanui 12 ✉ *25006 –* 📞 *973 09 17 01 – www.saroarestaurant.com – Cerrado miércoles, cena: lunes, martes y domingo*

LLÍVIA

Girona – Mapa regional **9**–C1

TRUMFES

MODERNA • MARCO CONTEMPORÁNEO Aquí podrá degustar, en cualquiera de sus dos comedores o en el privado tipo bodega, una cocina tradicional-creativa de marcadas bases catalanas, con gran protagonismo para la patata (Trumfes) por dar nombre al local, sugerencias de mercado, platos de caza en temporada y un sabroso Arroz de montaña. ¡Buen menú degustación!

♿ Precio: €€

Raval 27 ✉ *17527 –* 📞 *972 14 60 31 – www.restaurantrumfes.com – Cerrado martes, miércoles, cena: lunes*

LLORET DE MAR

Girona – Mapa regional **10**–A2

MAS ROMEU

TRADICIONAL • RÚSTICA Algo alejado del centro pero con una agradable terraza arbolada. Este restaurante familiar propone varios menús y una completa carta tradicional, diferenciando entre carnes a la brasa, pescados, mariscos, guisos y especialidades de la casa.

♿ 🖩 🍴 ♿ 🅿 Precio: €€€

Av. Mas Romeu, 3 (Urbanización Mas Romeu - Oeste 1,5 km) ✉ *17310 –* 📞 *972 36 79 63 – www.masromeu.com – Cerrado miércoles, cena: martes*

LLUBÍ – Baleares ➜ Ver Balears (Mallorca)

LLUCMAJOR – Baleares ➜ Ver Balears (Mallorca)

LOGROÑO

La Rioja – Mapa regional **14**–A2

✿ AJONEGRO

Chefs: Mariana Sánchez y Gonzalo Baquedano

FUSIÓN • MARCO CONTEMPORÁNEO Un restaurante que cautiva, tanto por la propuesta gastronómica como por la historia de amor oculta tras de sí, pues los sueños e ilusiones que hoy encierran sus paredes germinaron, no hace tanto, bajo el liderazgo del mediático chef Jordi Cruz, cuando la pareja de cocineros al frente de Ajonegro se conoció, trabajando para él, en el triestrellado ABaC. Mariana Sánchez, natural de Cuernavaca (México), y Gonzalo Baquedano, oriundo de Logroño, defienden a través de una carta y un menú degustación (este, por las noches, se combina con otro un poco más corto) la fusión de la cocina mexicana y la riojana, siempre en base a productos de temporada. La carta sorprende, pues da una vuelta de tuerca a los clásicos "tacos" mexicanos y... ¡muestra un apartado dedicado a las ostras!

🖩 Precio: €€

Hermanos Moroy 1 - bajo 9 ✉ *26001 –* 📞 *941 54 51 41 – www.restauranteajonegro.com – Cerrado lunes, martes, cena: domingo*

❀ IKARO

Chefs: Iñaki Murua y Carolina Sánchez

CREATIVA · DE DISEÑO Tras las puertas de Ikaro encontrará trabajo, pasión, creatividad... y una bella historia de sueños conquistados, pues Carolina Sánchez (natural de Cuenca, Ecuador) e Iñaki Murua (Laguardia, España) son dos chefs que decidieron unir sus caminos profesionales y personales tras conocerse en el Basque Culinary Center. La atractiva propuesta del tándem consigue sorprender, desde la técnica y la humildad, fusionando sus respectivos mundos gastronómicos, pues a las excelentes materias primas de La Rioja se le suman las frutas y condimentos ecuatorianos, lo que da como resultado unos platos de increíble sabor.¿Curiosidades? Carolina Sánchez, muy mediática tras ejercer como jurado del programa MasterChef en su país, ostenta el honor de ser... ¡la única chef de Ecuador con una Estrella MICHELIN!

&. AC Precio: €€€

Avenida de Portugal 3 ✉ 26001 – ☏ 941 57 16 14 – www.restauranteikaro.com – Cerrado lunes, martes, cena: miércoles, domingo

❀ KIRO SUSHI

Chef: Félix Jiménez

JAPONESA · MINIMALISTA Kiro significa "Camino de regreso" y simboliza lo que este restaurante supone para Félix Jiménez, que con su impoluto kimono blanco nos muestra todo lo que aprendió en Japón. Allí, de la mano del maestro Yoshikawa Takamasa, descubrió la técnica "Edomae" para trabajar el sushi, la magia emanada de la tradición, el místico sentido de las pautas, los secretos del arroz koshihikari... no en vano, para elaborar el nigiri perfecto debes trascender y seguir la filosofía "Shokunin" que obliga a proceder cual artesano.El nuevo local es hoy un templo de peregrinación, pues tras su puerta (tiene más de 300 años), se afina la experiencia para que el ritual, reservado a los seis únicos comensales que pueden comer en su barra, abra nuestros sentidos y nos permita canalizar desde un nuevo estado de consciencia todo lo que transcurre en torno a su exclusivo menú, basado en el sushi pero con muchos bocados templados de pescado a la parrilla o ahumado. ¡No ofrecen bebidas alcohólicas, solo agua y té!

AC Precio: €€€€

Emilia Pardo Bazán 5 ✉ 26009 – ☏ 941 12 31 45 – www.kirosushi.es – Cerrado lunes, domingo, almuerzo: martes-viernes, cena: sábado

☺ LA COCINA DE RAMÓN

TRADICIONAL · MARCO CONTEMPORÁNEO Resulta agradable y tiene personalidad, sin duda, pues refleja el largo idilio del chef Ramón Piñeiro con sus fogones. Se halla en una de las principales calles del casco viejo, a escasos metros de la catedral, y tras una gran reforma hoy presenta unas paredes en piedra vista que transmiten mayor calidez. Aquí apuestan fuerte por los productos de mercado y los platos de cuchara, todo dentro de una cocina tradicional actualizada que busca, sin miedo, seguir la senda de una constante evolución. ¿Platos destacados? Los que aprovechan las excepcionales verduras de la huerta riojana.

AC Precio: €€

Portales 30 ✉ 26001 – ☏ 941 28 98 08 – lacocinaderamon.es – Cerrado lunes, cena: domingo

JUAN CARLOS FERRANDO

ACTUAL · DE DISEÑO Una casa actual de atenta organización familiar. Propuesta elaborada que toma como base la cocina riojana, siempre con platos actualizados y los mejores productos de la zona.

&. AC Precio: €€

María Teresa Gil de Gárate 7 ✉ 26002 – ☏ 941 21 47 95 – www.juancarlosferrando.com – Cerrado martes, cena: lunes, miércoles y domingo

SABORES

ACTUAL • SIMPÁTICA Negocio de ambiente joven e informal a cargo de dos chefs. Cocina actual, sabrosa y de cuidadas presentaciones, en base al producto riojano pero con guiños a otras culturas.

AC Precio: €€

Plaza del Mercado 2 ⊠ 26001 – 𝒞 941 01 61 54 –
www.restaurante-sabores.com – Cerrado martes, cena: lunes, miércoles y
domingo

TASTAVIN

TRADICIONAL • BAR DE TAPAS Céntrico local dotado con un bar de tapas en la planta baja (hay vinos por copas) y un comedor, de montaje más formal, en el piso superior. ¡Opción de platos para compartir!

AC Precio: €

San Juan 25 ⊠ 26001 – 𝒞 941 26 21 45 – www.tastavin.es – Cerrado lunes,
almuerzo: martes, miércoles

TONDELUNA

MODERNA • INDUSTRIAL Diáfano y sencillo local que sorprende por su diseño, con grandes mesas corridas para compartir. Cocina elaborada de base tradicional, con el sello del chef Francis Paniego.

AC Precio: €€

Muro de la Mata 9 ⊠ 26001 – 𝒞 941 23 64 25 – www.tondeluna.com

UMM NO SOLO TAPAS

TRADICIONAL • BAR DE TAPAS Se halla en pleno centro e intenta conquistarnos por los ojos, pues ofrece una enorme variedad de pinchos, raciones y bocadillitos, todo bien presentado y bastante elaborado.

AC Precio: €

Marqués de Vallejo 10 ⊠ 26001 – 𝒞 941 04 76 12 – www.restauranteumm.com

LOJA

Granada – Mapa regional **1**–C2

 ### LA FINCA

ACTUAL • ELEGANTE Una de esas joyas que pueden pasar inadvertidas, pues es solo una de las opciones culinarias que engloban la oferta del lujoso hotel Royal Hideaway La Bobadilla, en pleno campo granadino y con la estética de un precioso cortijo andaluz.La experiencia, centrada en dos menús degustación sorpresa de tinte creativo, se inicia en la antigua y espectacular capilla, donde nos ofrecen unos primeros aperitivos basados en pequeños guisos de potente sabor; a continuación, ya en el salón rústico-elegante del restaurante, continúa con unos platos que revisan la tradición local acudiendo al recetario malagueño y granadino, actualizado con un elevado nivel técnico por el joven chef Fernando Arjona, que estando tutelado por el chef Pablo González (Cabaña Buenavista), demuestra su propia personalidad.

AC P Precio: €€€€

Carretera Salinas-Villanueva de Tapia (A-333) (Hotel Royal
Hideaway La Bobadilla - km. 65,5, por la autovía A 92,
Oeste 18 km y desvío 3 km) ⊠ 18300 – 𝒞 958 32 18 61 –
www.barcelo.com/es-es/la-bobadilla-a-royal-hideaway-hotel/gastronomia/
restaurante-la-finca – Cerrado lunes, martes, almuerzo: miércoles-viernes, cena:
domingo

LUGO

Lugo – Mapa regional **13**–B2

OS CACHIVACHES

TRADICIONAL • **MARCO CONTEMPORÁNEO** Un negocio con mucho sabor, pues ofrece más de 20 arroces, pescados salvajes, mariscos, alguna carne... ¡Pida su Arroz meloso de jamón ibérico, con zamburiñas y crema de ajo!

& 🅰🅲 🛋 Precio: €€

Campos Novos 26 ✉ *27002 –* 𝒞 *982 22 00 99 – www.oscachivaches.com – Cerrado cena: lunes, martes*

PAPRICA

ACTUAL • **MARCO CONTEMPORÁNEO** Céntrico local, de línea actual, que sorprenden por su coqueta terraza junto a la muralla. Cocina tradicional de temporada, con opción de tapas, carta y dos menús degustación.

& 🅰🅲 🛋 Precio: €€

Nóreas 10 ✉ *27001 –* 𝒞 *982 25 58 24 – www.paprica.es – Cerrado lunes, cena: martes, domingo*

MAÇANET DE CABRENYS

Girona – Mapa regional **9**–C3

@ **ELS CAÇADORS**

TRADICIONAL • **RÚSTICA** Si está visitando la vertiente oriental de los Pirineos, por la comarca del Alto Ampurdán, debe apuntarlo en su hoja de ruta, pues supone una gran opción para reponer fuerzas durante su viaje. Se encuentra en los bajos del hotel homónimo y sorprende por su juego de contrastes, tanto en lo estético como en lo gastronómico, pues los recios techos abovedados y las paredes en piedra encuentran el contrapunto perfecto en las lámparas de diseño y el mobiliario, de un blanco impoluto. La propuesta, de gusto regional y tradicional, se completa con... ¡algunos platos propios del lejano oriente!

🛏& 🅰🅲 🛋 🅿 Precio: €€

Urbanización Casanova ✉ *17720 –* 𝒞 *972 54 41 36 – www.hotelelscassadors.com – Cerrado lunes-jueves, cena: domingo*

MADRID

Déjese sorprender por una ciudad que irradia historia, cultura y diversidad, pues Madrid es un conglomerado de barrios (Malasaña, Chueca, Lavapiés, La Latina...) para descubrir andando, con atractivos mercados, agradables terrazas y muchos rincones con encanto. En lo gastronómico da un juego infinito, pues cuenta con innumerables bares que animan a comer en la calle, tomando tapas, desde las más típicas a las más innovadoras, así como una extraordinaria oferta de restaurantes que dan cabida... ¡a todas las cocinas del mundo!

La especialidad culinaria es el Cocido madrileño, normalmente servido en tres vuelcos (primero la sopa, luego los garbanzos con las verduras y, finalmente, tanto las carnes como los embutidos), aunque hay otros platos típicos como los Callos a la madrileña, el Besugo al horno, el Bocadillo de calamares... y, en el apartado de postres, los Churros con chocolate, las Torrijas, la Corona de la Almudena o las tradicionales Rosquillas de San Isidro (Tontas y Listas).

LAS MESAS QUE NO DEBEN FALTAR

LAS ESTRELLAS: LAS MEJORES MESAS

MADRID

Tres Estrellas: una cocina única. ¡Justifi ca el viaje!

Dos Estrellas: una cocina excepcional.
¡Merece la pena desviarse!

Una cocina de gran nivel. ¡Compensa pararse!

BIB GOURMAND ☺

Nuestras mejores relaciones calidad-precio

NUESTRA SELECCIÓN

DE LA A A LA Z

MADRID

POR TIPO DE COCINA

MADRID

Steakhouse japonesa

Tradicional

Vasca

Vegetariana

Yakitori

CON TERRAZA

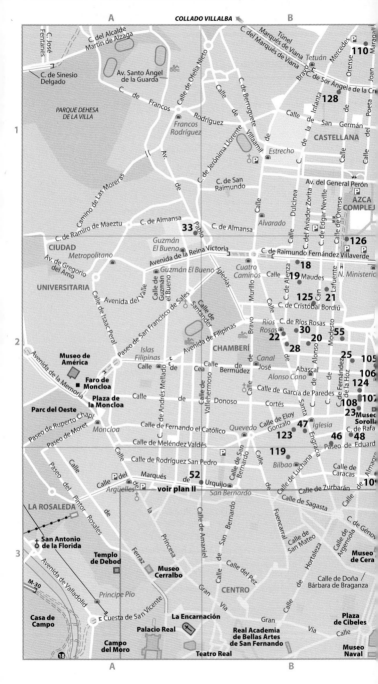

COLLADO VILLALBA

A   B

C. José Fontanes

C del Alcalde Martín de Alzaga

Av. Santo Ángel de la Guarda

C. de Sinesio Delgado

Calle de Oreña Nieto

C. de Francos

Túnel

C. del Marqués de Viana

C. del Marqués de Viana

Mercedes

110

Tetuán

Orense

C. de Sor Ángela de la Cruz

Bravo

Joan

Maragall

PARQUE DEHESA DE LA VILLA

Francos Rodríguez

Francos Rodríguez

C. de Berruguete

Villaamil

C. de Jerónima Llorente

Estrecho

Infanta

de

San

Germán

Poeta

128

CASTELLANA

Calle

de

la

Calle

Camino de Las Moreras

Av.

de

C. de San Raimundo

Av. del General Perón

AZCA COMPLEJ

C. de Ramiro de Maeztu

C. de Almansa

Pablo

C. de Almansa

Calle

Dulcinea

Alvarado

C. del Aviador Zorita

C. de Edgar Neville

C. de Orense

126

Guzmán El Bueno

Avenida de la Reina Victoria

33

C. de Raimundo Fernández Villaverde

N. Ministerio

CIUDAD

Metropolitano

Av. de Gregorio del Amo

Guzmán El Bueno

Cuatro Caminos

Iglesias

Calle

C. de Alenza

Can

Lafuente

18

19 Maudes

UNIVERSITARIA

Calle de Isaac Peral

Avenida del Valle

Calle de Guzmán el Bueno

Calle de Santander

Murillo

C. de Cristóbal Bordíu

125

21

Paseo de San Francisco de Sales

Bravo

Ríos Rosas

C. de Ríos Rosas

30

55

Museo de América

Islas Filipinas

Avenida de Filipinas

CHAMBERÍ

Ríos Rosas

22

28

20

Modesto

Alonso

25

105

Faro de Moncloa

Calle

Cea

Calle de

Bermúdez

Canal

José

Abascal

de

C. de Fernández de la Hoz

106

Plaza de la Moncloa

Calle de Andrés Mellado

Calle de Vallehermoso

Alonso Cano

124

Parc del Oeste

Calle

de

Donoso

Calle de García de Paredes

Santa

C. de Rafa

107

108

23

Museo Sorolla

Paseo de Ruperto Chapí

Moncloa

Calle de Fernando el Católico

Quevedo

Calle de Eloy Gonzalo

Iglesia

47

46

48

Paseo de Moret

Calle de Meléndez Valdés

123

Engracia

Paseo de Eduard

Paseo de Moret

Calle de Rodríguez San Pedro

119

Bilbao

Calle de Luchana

Calle de Caracas

10

Calle

Paseo del Pintor Rosales

Calle del Marqués

52

Urquijo

Calle de San Bernardo

Calle de Zurbarán

C. de Génov

LA ROSALEDA

Arguelles

voir plan II

San Bernardo

Calle de Sagasta

Calle

San Antonio de la Florida

la

Princesa

Ferraz

Calle de Amaniel

Calle de San Bernardo

Fuencarral

Calle de San Mateo

Calle de Argensola

Museo de Cera

Templo de Debod

Museo Cerralbo

Calle del Pez

Calle de Hortaleza

Av.

Avenida de Valladolid

Principe Pío

Gran

Calle de Doña Bárbara de Braganza

M-30

Calle

CENTRO

Casa de Campo

Cuesta de San Vicente

La Encarnación

Vía

Plaza de Cibeles

Palacio Real

Real Academia de Bellas Artes de San Fernando

Vía

Calle

Campo del Moro

18

Teatro Real

Gran

Museo Naval

A   B

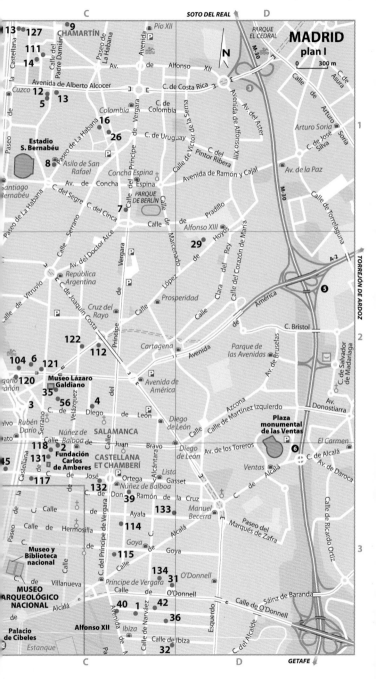

SOTO DEL REAL

MADRID
plan I

0   300 m

N

PARQUE
EL CEDRAL

M-30

13 127
111
14

9
CHAMARTÍN
Pío XII

Paseo de
La Habana

Avenida

Av. de Alfonso XII

de   Alfonso   XII

Calle del
Padre Damián

Avenida de Alberto Alcocer

C. de Costa Rica

Calle   de   Arturo   Soria

C. de
Asura

Cuzco 12 13
5

Colombia

C. de Colombia

C. de Uruguay

C. del
Pintor Ribera

Arturo Soria

C. de José
Silva

1

Paseo

de

Estadio
S. Bernabéu

16
26

8

Asilo de San
Rafael

C. del Segre

Paseo de La Habana

Av. de Concha

Concha Espina

Santiago
Bernabéu

PARQUE
DE BERLÍN

C. del Cinca

7

Calle
de

Espina

Avenida de Ramón y Cajal

Pradillo

Av. de la Paz

Calle de Torrelaguna

M-30

Calle del Príncipe de Vergara

Av. del Doctor Arce

Calle

Serrano

Vergara

Calle

de

Alfonso XIII

C. de Víctor de la Serna

Calle

del

Rey

Marcenado

López

Calle del Corazón de María

Clara

Hoyos

29

TORREJÓN DE ARDOZ

A-2

5

Calle de Vitruvio

República
Argentina

Cruz del
Rayo

C. de Joaquín Costa

de

Prosperidad

Calle

de

América

C. Bristol

2

Calle

122

104 6
121

120

112

Príncipe

Cartagena

Avenida

Parque de
las Avenidas

Av. de Bruselas

C. de Salvador
de Madariaga

Museo Lázaro
Galdiano

35
56
3

de

Velázquez

4

Diego

de

León

Diego
de León

Azcona

Calle de Martínez Izquierdo

Plaza
monumental
de las Ventas

Av.
Donostiarra

El Carmen

6

Rubén
Darío

gorio
rañón

Núñez de
Balboa

Calle

de

C. de

118 2
131

Fundación
Carlos
de Amberes

117

45

Castellana

SALAMANCA

Juan   Bravo

Diego
de León

Av. de los Toreros

Ventas

C. de Alcalá

Av. de Daroca

CASTELLANA
ET CHAMBERÍ

132

39

Ortega

Núñez de Balboa

Don   Ramón   de   la   Cruz

Lista

Gasset

de

José

Calle

de

Alcántara

Manuel
Becerra

Paseo del
Marqués de Zafra

Calle de Ricardo Ortiz

Paseo

de

Calle

de

Hermosilla

C. del Príncipe de Vergara

Ayala

114

133

Alcalá

3

Museo y
Biblioteca
nacional

de

Villanueva

115

Goya

Goya

C. del Príncipe de Vergara

Calle

Calle

134

31

O'Donnell

MUSEO
ARQUEOLÓGICO
NACIONAL

Alcalá

Palacio
de Cibeles

Estanque

Alfonso XII

de

Av. del Príncipe de Vergara

Calle de Narváez

40   1

Ibiza

42

36

O'Donnell

Esquerdo

Calle de O'Donnell

C. del Alcalde

Sáinz de Baranda

2

Calle de Ibiza

32

GETAFE

C

D

283

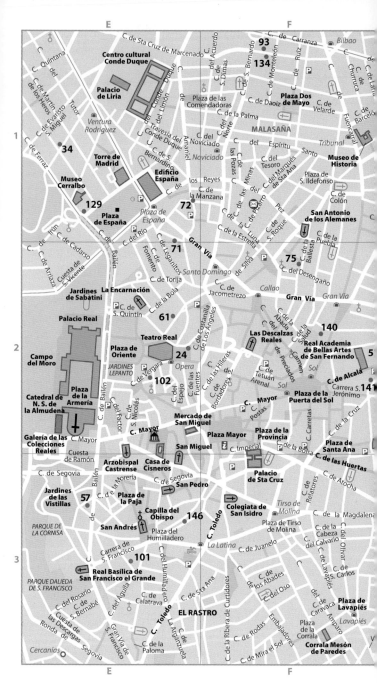

E

F

C. de Sta Cruz de Marcenado
C. de Carranza
Bilbao
93
134
C. del Acuerdo
C. de S. Bernardo
C. de Montelón
C. de Churruca
Centro cultural Conde Duque
Palacio de Liria
C. de S. Dimas
Plaza de las Comendadoras
C. de Daoíz
Plaza Dos de Mayo
C. de Velarde
C. de Barceló
C. Quintana
C. del
C. del Martín de los Heros
C. de Evaristo S. Miguel
Tutor
Conde Duque
Travesía del Conde Duque
C. de la Palma
C. del Noviciado
MALASAÑA
C. de Fuencarral

1

Ventura Rodríguez
C. de S. Miguel
C. de Feraz
34
Torre de Madrid
C. de S. Bernardino
Amaniel
C. del Noviciado
del Espíritu Santo
C. del Tesoro
Tribunal
Museo de Historia

Museo Cerralbo
Edificio España
los Reyes
C. de la Manzana
C. de las Pozas
C. del Marqués de Sta Ana
Plaza de S. Ildefonso
San Antonio de los Alemanes
C. de Colón

129
Plaza de España
Plaza de España
72
C. de la Luna
C. de S. Roque
C. de la Puebla

C. de Cadarso
C. de Ariza
Bailén
C. del Río
C. de Leganitos
C. de la Estrella
C. de Silva
C. de la Ballesta
75
C. del Desengaño

Cuesta de S. Vicente
Gran Vía
Santo Domingo
Callao
Gran Vía
Gran Vía

Jardines de Sabatini
La Encarnación
C. de la Bola
71
C. de Fomento
C. de Torija
C. de Jacometrezo

2

Palacio Real
Pª. de S. Quintín
61
C. de Costanilla de los Ángeles
Las Descalzas Reales
C. de la Abada
C. de la Salud
140
Real Academia de Bellas Artes de San Fernando

Campo del Moro
Teatro Real
24
Plaza de Oriente
Opera
C. de las Hileras
C. de Preciados
Carmen
Sol
5

Catedral de N. S. de la Almudena
Plaza de la Armería
102
C. de Vergara
JARDINES LEPANTO
C. del Espejo
C. de las Fuentes
C. de Tetuán
Arenal
Sol
C. de Alcalá
Carrera S. Jerónimo
141

Galería de las Colecciones Reales
C. Mayor
C. de S. Nicolás
C. del Factor
Mercado de San Miguel
C. Mayor
C. de los Bordadores
C. Mayor
Plaza de la Puerta del Sol
C. de la Cruz

Cuesta de Ramón
Arzobispal Castrense
Casa de Cisneros
San Miguel
Plaza Mayor
C. Imperial
Plaza de la Provincia
de la Bolsa
Carretas
Plaza de Santa Ana

C. de Segovia
C. de la Morería
C. de Segovia
San Pedro
Palacio de Sta Cruz
C. de las Huertas

Jardines de las Vistillas
57
Plaza de la Paja
Capilla del Obispo
146
Colegiata de San Isidro
Tirso de Molina
C. de Relatores
C. de Atocha
C. de la Magdalena

3

San Andrés
Plaza del Humilladero
C. Toledo
Plaza de Tirso de Molina
C. de la Cabeza
C. del Calvario
C. del Olivar

PARQUE DE LA CORNISA
Carrera de S. Francisco
101
C. del Humilladero
La Latina
C. de Juanelo
C. de los Abades
C. de S. Carlos
C. de Lavapiés

PARQUE DALIEDA DE S. FRANCISCO
Real Basílica de San Francisco el Grande
C. del Águila
C. de Calatrava
C. de Sta Ana
C. de la Ribera de Curtidores
del Oso
C. de Caravaca
Plaza de Lavapiés

Cercanías
C. del Rosario
C. de S. Bernabé
Cuesta de las Descargas
Ronda de Segovia
Gran Vía de S. Francisco
C. de la Paloma
C. Toledo
EL RASTRO
C. de la Arganzuela
C. de Rodas
C. de Mira el Sol
Embajadores
Amparo
Lavapiés
Plaza de la Corrala
Corrala Mesón de Paredes

E

F

284

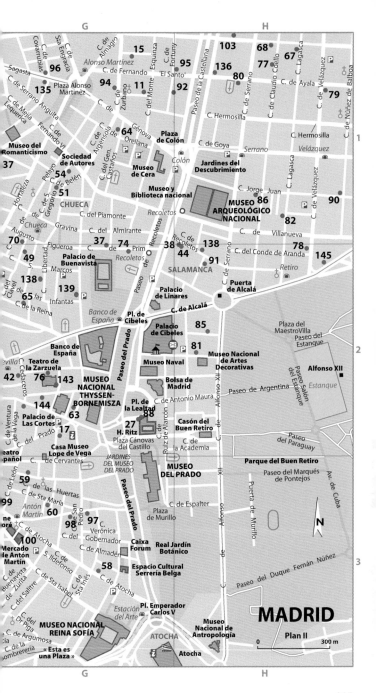

MADRID

Plan II

0 ——— 300 m

N

285

❄❄ **DSTAGE**

Chef: Diego Guerrero

CREATIVA · **A LA MODA** Lo que más llama la atención de este restaurante, en un loft industrial de Chueca, es lo que representa en sí mismo, pues refleja la apuesta del chef vitoriano Diego Guerrero por la libertad para poder crear, para sorprender y para romper las barreras asociadas a la personal zona de confort.Encontrará un interior de techos altos y carácter informal, con las paredes en ladrillo visto, detalles retro, la cocina abierta... y un anexo (DSPOT Studio & Events) dedicado a pequeños eventos e investigación. El chef, que defiende el aprovechamiento y una culinaria en constante evolución, propone a través de sus menús (Dstage y Denjoy) un divertido viaje gastronómico por el mundo, fusionando todo tipo de productos y recreando increíbles trampantojos, pues... ¡las cosas no siempre son lo que parecen!

🆎 ✿ Precio: €€€€

Plano: G1-54 – *Regueros 8* ✉ *28004* – Ⓜ *Alonso Martínez* – ☏ *917 02 15 86* – *dstageconcept.com* – *Cerrado lunes, domingo, almuerzo: martes*

❄❄ **PACO RONCERO**

CREATIVA · **ELEGANTE** El chef Paco Roncero, que fiel a su espíritu "running" no deja de perseguir nuevas metas, reinventa cada año la propuesta de su restaurante, un espacio de elegante vanguardia ubicado en la última planta de un edificio decimonónico.En su espléndido salón podrá disfrutar de una experiencia culinaria completa, y cada vez más interactiva, que se concreta a través de dos interesantes menús: Esencia (solo al mediodía, de martes a viernes) y Afirmación. El chef, que siente auténtica devoción por los aceites de oliva, despliega toda su creatividad e imaginación en los pases de los aperitivos (destaca un clásico, su Filipino de foie gras con chocolate blanco y cardamomo), gira hacia la sabrosa cocina de raíces tradicionales en los platos principales, siempre haciendo que el producto de temporada sea el protagonista, y sorprende en los postres al combinar bocados dulces con opciones más vegetales (como su original Remolacha y ajo negro). ¡No se pierda la espectacular terraza!

🎴 🆎 🍴 ✿ Precio: €€€€

Plano: F2-53 – *Alcalá 15* ✉ *28014* – Ⓜ *Sevilla* – ☏ *915 32 12 75* – *pacoroncerorestaurante.com* – *Cerrado lunes, domingo, almuerzo: martes, miércoles*

❄ **CEBO** Ⓝ

CREATIVA · **DE DISEÑO** El restaurante CEBO, en el céntrico y lujoso Hotel Urban, ha tomado un nuevo rumbo bajo el tándem formado por Javier Sanz y Juan Sahuquillo, dos jóvenes chefs que ya beben las mieles del éxito en sus restaurantes de Casa-Ibáñez (Cañitas Maite Gastro y Oba-).En este local, no exento de romanticismo y con un servicio de altísimo nivel, apuestan por explorar, aún más, el sabor natural de cada producto (tanto de su propia huerta como de pequeños productores de todo el país) desde la simplicidad, en base a un excelente dominio técnico, con salsas de perfecto equilibrio y unos emplatados de gran valor estético. La propuesta, de tintes creativos, se centra en dos menús: Clásicos (se combina con la carta, solo al mediodía y entre semana) y Temporada (más extenso y gastronómico, reservado tanto para las cenas como para los fines de semana). ¿Le apetece terminar con una copa? Suba a la terraza de la azotea, pues disfruta de unas fantásticas vistas sobre la ciudad.

🎴 🆎 ✿ 🍷 Precio: €€€€

Plano: G2-144 – *San Jerónimo 34 (The Hotel Urban 5*GL)* ✉ *28014* – Ⓜ *Sol station* – ☏ *917 87 77 70* – *www.cebomadrid.com* – *Cerrado lunes, domingo*

❄ **EL CLUB ALLARD**

ACTUAL · **AMBIENTE CLÁSICO** ¿Aún no conoces la cocina de Martín Berasategui? En este restaurante, ubicado en un edificio modernista (1914) junto a la renovada

Plaza de España, podrás degustarla y descubrir los cánones de calidad inherentes a sus platos en un marco de absoluta exclusividad.La nueva oferta gastronómica de El Club Allard, hoy bajo su tutela, toma cuerpo en dos menús degustación: el denominado 10 Momentos, que transmite la esencia culinaria del chef donostiarra, y el llamado 14 Momentos, donde su impronta se une a la personalidad del cocinero al frente de esta casa, el joven pero experimentado chef José María Goñi, que respetando siempre el estilo de Martín demuestra una personalidad propia e incorpora pequeñas pinceladas que nos hablan de otras culturas (tuvo experiencias profesionales tras los fogones en indonesia). ¿Platos destacados? El delicioso Dim Sum relleno de txangurro, la Ensalada tibia (un clásico mejorado aquí con marisco), su Lubina salvaje con remolacha, brócoli y beurre blanc...

🅐🅒 ⇆ Precio: €€€€

Plano: E1-129 – *Ferraz 2* ✉ *28008* – Ⓜ *Plaza España* – 𝒞 *915 59 09 39 –*
www.allardmadrid.es – Cerrado lunes, domingo

❀ ## CORRAL DE LA MORERÍA GASTRONÓMICO

MODERNA • **MARCO CONTEMPORÁNEO** Pues sí, nos hallamos en "el mejor tablao flamenco del mundo", un establecimiento histórico que hoy enriquece su propuesta con dos zonas bien diferenciadas: el restaurante Tablao, donde se puede comer algo mientras disfruta del flamenco en vivo, y el espacio gastronómico como tal, convenientemente separado, contemporáneo, mucho más tranquilo y... ¡pensado para solo ocho comensales!La oferta de este último, en manos del chef David García, brilla tanto por la puesta en escena como por el servicio, con un único menú degustación (Gargantua), de tinte moderno, donde no faltan los guiños a la cocina vasca, la tierra de origen del chef. ¿Curiosidades? La excelsa bodega destaca por su selección de vinos del Marco de Jerez, con una colección de botellas ya desaparecidas que es realmente única.

🕸 🅐🅒 Precio: €€€

Plano: E3-57 – *Morería 17* ✉ *28005* – Ⓜ *La Latina* – 𝒞 *913 65 84 46 –*
www.moreriagastro.com – Cerrado almuerzo

❀ ## DESDE 1911

PESCADOS Y MARISCOS • **MARCO CONTEMPORÁNEO** Esta casa es una auténtica oda al PRODUCTO, con mayúsculas, y debemos verla como... ¡el gran homenaje al mar y al legado familiar de la ya mítica Pescaderías Coruñesas!El amplio y sorprendente local, ubicado en una antigua nave industria que en su día funcionó como taller de bombas de bobinas eléctricas, presenta distintos espacios para la organización de eventos y un patio interior que resulta ideal para rematar la comida tomando una copa o un café. Como es lógico, aquí la oferta se centra en sus impresionantes pescados y mariscos; no en vano, suelen mostrárselos al comensal cuando presentan la carta, compuesta por cuatro opciones de menús (todos con un producto principal que cambian a diario y la opción de elegir de tres a seis entrantes). Siempre encontrará un plato crudo, otro marinado y uno de cuchara, así como unos magníficos carros de quesos y postres. ¡Completa bodega internacional!

🕸 ⅿ 🅐🅒 ⇆ 🖵 Precio: €€€€

Plano: A1-33 – *Vivero 3* ✉ *28040* – Ⓜ *Guzmán El Bueno* – 𝒞 *915 45 72 86 –*
www.desde1911.es – Cerrado lunes, domingo, cena: martes, miércoles

❀ ## OSA Ⓝ

Chefs: Jorge Muñoz y Sara Peral

MODERNA • **MARCO CONTEMPORÁNEO** Sí, está algo alejado del centro al encontrarse en un pequeño chalé a orillas del Manzanares, sin embargo lo tiene todo para enamorar a los gastrónomos, con la cocina abierta a la entrada, pequeños salones comunicados entre sí y, en el piso superior, tanto la bodega como la zona de sobremesa.Salmonete amakase, Anguila-anago, Pichón dokuganryu, Zampone casero... el equilibrado tándem de chefs al frente, Jorge Muñoz y Sara Peral, demuestra que su paso por grandes casas como Mugaritz no ha sido en balde. Su propuesta, centrada en un único menú degustación (formato corto o largo) al que se le permite añadir algún extra, puede parecer sobria al buscar la sencillez de complementos para resaltar el sabor de sus escogidos productos de temporada; sin embargo, no es así, pues esconde ahumados, maduraciones, puntos de cocción

MADRID

exactos y unos fondos que son toda una explosión de sabor. ¡Muestran las materias primas en la mesa para explicar el origen y las técnicas de cocinado!

🅰🅒 Precio: €€€€

Fuera de plano – *Ribera del Manzanares 123* ✉ *28008* – ☎ *670 83 55 07* – *www.osarestaurante.com* – *Cerrado sábado, domingo, almuerzo: lunes*

❀ **YUGO**

Chef: Julián Mármol

JAPONESA • AMBIENTE EXÓTICO ¿Conoce las tradicionales tabernas japonesas (Izakayas)? Aquí descubrirá la esencia de estas casas, el punto de encuentro habitual en el día a día de cualquier nipón.Sorprende por su cuidada decoración, con dos ambientes bien diferenciados, una barra de sushi, profusión de maderas, máscaras, banderas... y una cocina mimada hasta el más ínfimo detalle, pues Julián Mármol ha sabido fusionar las cocinas japonesa y mediterránea respetando la sutileza oriental. Todo parte del producto y, a través de él, busca provocarnos... ¡una sucesión de sensaciones! ¿Hay sorpresas? Pues sí, ya que en el sótano esconden "The Bunker", un espacio de uso exclusivo para socios, ideado como un búnker de la II Guerra Mundial, que también se utiliza para clientes con reserva cuando la sala principal está llena.

🅰🅒 Precio: €€€€

Plano: G3-58 – *San Blas 4* ✉ *28014* – Ⓜ *Atocha* – ☎ *914 44 90 34* – *yugothebunker.com* – *Cerrado lunes, domingo*

☺ **TABERNA ÚBEDA**

TRADICIONAL • TABERNA Este pequeño restaurante, a tiro de piedra del famoso Templo de Debod, le brindará una magnífica oportunidad para conocer los productos y la gastronomía tanto de la zona de Úbeda como de toda la provincia de Jaén. El chef-propietario, que está pendiente de todo cual hombre orquesta y atiende personalmente siempre que puede, demuestra auténtica pasión por la cocina tradicional, esa de guisos a fuego lento que cautiva cualquier paladar. ¿Un plato que no defrauda? Pruebe el Atún rojo "marcado", las Habitas baby "huevo y trufa", sus deliciosas Alcachofas flor "plancha"... ¡todo está buenísimo!

🅰🅒 Precio: €

Plano: E1-34 – *Luisa Fernanda 16* ✉ *28008* – Ⓜ *Ventura Rodríguez* – ☎ *622 71 26 99* – *tabernaubeda.eatbu.com* – *Cerrado lunes, domingo*

☺ **VINOTECA MORATÍN**

TRADICIONAL • SENCILLA ¿Cómo definimos Vinoteca Moratín? Podemos decir que se identifica un poco con el espacio y refleja bien las pasiones de su chef-propietario, Marcos Gil, que acude a diario al mercado a seleccionar los mejores productos. El íntimo local, que pasa algo inadvertido desde la calle, sorprende con una estética moderna-minimalista bastante cuidada y rincones realmente acogedores, como el de la pequeña biblioteca donde conviven los libros y las botellas de vino. ¿La propuesta? Servicio muy personalizado y una escueta carta de tinte tradicional, con sabrosos platos de cuchara. ¡Imprescindible reservar!

🅰🅒 Precio: €€

Plano: G3-97 – *Moratín 36* ✉ *28014* – Ⓜ *Antón Martín* – ☎ *911 27 60 85* – *www.vinotecamoratin.com* – *Cerrado lunes, domingo*

ARALLO TABERNA

FUSIÓN • BAR DE TAPAS Un gastrobar urbano que rompe conceptos y apuesta por la fusión, combinando la cocina española con la oriental en un sutil juego de texturas y sabores. ¡Pruebe sus Dumplings!

♿ 🅰🅒 Precio: €

Plano: G2-65 – *Reina 31* ✉ *28014* – Ⓜ *Chueca* – ☎ *690 67 37 96* – *amicalia.es/ arallo* – *Cerrado lunes, domingo*

BAOLI Ⓝ

CHINA CONTEMPORÁNEA • AMBIENTE ORIENTAL No debe perdérselo, pues este lujoso establecimiento de inspiración oriental eleva la tradicional concepción de los restaurantes chinos a un nivel muy superior, tanto por la propuesta culinaria como por el servicio. Desde los fogones, el chef Felipe Bao busca trasladar a sus platos la filosofía y la exquisitez de la cocina imperial china, bien construida aquí sobre los pilares del recetario cantonés. ¡Una excelente opción para ir en pareja!

A/C Precio: €€€

Plano: G2-143 - *Jovellanos 5 ✉ 28014 - ✆ 917 82 29 05 - www.baolirestaurante.com - Cerrado lunes, cena: domingo*

CASA MORTERO

CREATIVA • SENCILLA Se halla tras el Congreso de los Diputados y encierra su filosofía en una paradigmática frase: "En lo simple está la virtud". En este local, que fiel a esa misma línea de pensamiento ofrece una estética industrial-minimalista dominada por sencillos elementos cerámicos y de barro cocido, encontrará una cocina de alma tradicional no exenta de creatividad. La carta, escueta pero con opción de medias raciones y platos fuera de carta, presenta unos maravillosos entrantes (Croquetas cremosas, Torreznos...), sabrosos guisos y una selección de platos a la brasa.

A/C Precio: €€

Plano: G2-87 - *Zorrilla 9 ✉ 28014 - Ⓜ Sevilla - ✆ 910 59 55 70 - casamortero.com - Cerrado lunes, domingo*

CHISPA BISTRÓ Ⓝ

MODERNA • ACOGEDORA Local de ambiente industrial, en pleno barrio de Chueca y con la cocina abierta a la sala, bien llevado por dos chefs con mucho oficio (uno de origen argentino y el otro brasileño). Propuestas de gusto actual a la carta, con cromáticos platos de autor y buenas opciones para compartir, que siempre buscan acercar la filosofía culinaria oriental a los ingredientes y conceptos mediterráneos.

♿ A/C Precio: €€

Plano: G2-139 - *Barquillo 8 ✉ 28004 - Ⓜ Banco de España - ✆ 917 51 81 56 - chispabistro.com - Cerrado lunes, martes, domingo*

COMPARTE BISTRÓ

COCINA DE MERCADO • BISTRÓ Llevado por una pareja, él de Cádiz y ella de París, que reproduce la filosofía de un bistró contemporáneo. Sabrosa cocina de mercado y producto, muy pensada para compartir.

♿ A/C Precio: €€

Plano: G1-51 - *Belén 6 ✉ 28004 - Ⓜ Chueca - ✆ 910 33 87 07 - www.comparte-bistro.com - Cerrado lunes, domingo*

DOPPELGÄNGER BAR

FUSIÓN • SIMPÁTICA Un local gourmet, de carácter muy informal, dentro del mismo mercado de Antón Martín. Encontrará una sugerente cocina de fusión con guiños ibéricos, asiáticos, sudamericanos...

Precio: €€

Plano: G3-100 - *Santa Isabel 5 (Mercado de Antón Martín, puesto número 44-47) ✉ 28012 - Ⓜ Antón Martín - ✆ 915 30 54 99 - doppelgangerbar.com - Cerrado lunes, domingo*

DOS CIELOS MADRID

MODERNA • DE DISEÑO La apuesta madrileña de los laureados gemelos Torres se encuentra en el céntrico hotel Gran Meliá Palacio de los Duques, ocupando lo que fueron las caballerizas de un histórico palacio que hoy recrea el lujo desde la informalidad. Encontrará dos menús degustación que evolucionan en base a los productos de temporada y... ¡una de las terrazas más agradables de la capital!

♿ A/C Precio: €€€

Plano: E2-61 - *Cuesta de Santo Domingo 5 (Hotel Gran Meliá Palacio de los Duques) ✉ 28013 - Ⓜ Ópera - ✆ 915 41 67 00 - www.restaurantedoscielos.com - Cerrado lunes, domingo, almuerzo: miércoles*

ESTIMAR MADRID

PESCADOS Y MARISCOS • MARCO CONTEMPORÁNEO ¡La esencia del mar en pleno corazón de la capital! Aquí la estrella es el producto, con unos pescados y mariscos excelentemente tratados y de calidad difícilmente superable.

&. Ⓜ️ ⇔ Precio: €€€

Plano: G2-63 – *Marqués de Cubas 18* ✉ *28014* – Ⓜ *Banco de España* – 𝒞 *914 29 20 52* – *www.restaurante-estimar.com* – *Cerrado lunes, cena: domingo*

ÈTER

ACTUAL • FAMILIAR Íntimo, minimalista y llevado por dos hermanos que buscan el disfrute del comensal para encontrar el propio. Su cocina creativa ve la luz a través de dos menús degustación.

Ⓜ️ Precio: €€€

Fuera de plano – *Granito 20* ✉ *28045* – Ⓜ *Legazpi* – 𝒞 *918 78 07 87* – *eterrestaurant.com* – *Cerrado sábado, domingo*

FERRETERÍA

ACTUAL • AMBIENTE EXÓTICO Una visita inexcusable, pues rescata una histórica ferretería y ubica sus salas en unas carbonerías del s. XVI. Cocina tradicional actualizada con productos de máxima calidad.

&. Ⓜ️ Precio: €€

Plano: G3-99 – *Atocha 57* ✉ *28012* – Ⓜ *Antón Martín* – 𝒞 *914 29 73 61* – *www.ferreteriarestaurante.com* – *Cerrado domingo, cena: lunes*

GIOIA

ITALIANA • ROMÁNTICA Gioia, que significa "alegría" y "joya", es un italiano sorprendente, pues no resulta fácil encontrar pasta artesana (en base a una receta familiar) como la que hace el chef piamontés Davide Bonato. La carta se completa con dos menús degustación: "Tuber", dedicado a la trufa y planteado como un recorrido sensorial e interactivo por este sensacional producto, y el denominado "¡Vuela!", que nos invita a sentirnos libres y a explorar el mundo para saborear otras culturas.

Ⓜ️ Precio: €€€

Plano: G1-70 – *San Bartolomé 23* ✉ *28004* – Ⓜ *Chueca* – 𝒞 *915 21 55 47* – *www.esgioia.es* – *Cerrado lunes, martes*

GOFIO

REGIONAL • MARCO CONTEMPORÁNEO El sabor y la esencia del archipiélago canario... ¡en pleno Barrio de las Letras!En este pequeño local, de discreta fachada y ambiente bistró, descubrirá el calor, la vegetación y los singulares paisajes volcánicos de las "islas afortunadas", reinterpretando esta exuberante belleza desde un punto de vista gastronómico que nos hace sentir, a flor de piel, tanto su personalidad como su aislamiento. El chef tinerfeño al frente, Safe Cruz, defiende dos menús degustación sorpresa en los que, a través de pequeños bocados y elaboraciones de autor, degustará recetas y productos de las distintas islas, siempre con intensidad y unos sabores muy bien definidos. Su bodega también resulta interesante, pues se centra en los vinos canarios de pequeños productores para cautivar, aún más, al comensal.

🍷 Ⓜ️ Precio: €€€

Plano: G3-59 – *Lope de Vega 9* ✉ *28014* – Ⓜ *Antón Martin* – 𝒞 *915 99 44 04* – *gofiorestaurant.com* – *Cerrado lunes, martes*

IKIGAI FLOR BAJA

JAPONESA • SENCILLA Coherencia, técnica y calidad en un ambiente informal. Su chef ofrece una cocina japonesa que borda lo tradicional y sorprende al fusionarse con matices españoles y franceses.

Ⓜ️ Precio: €€€

Plano: E1-71 – *Flor Baja 5* ✉ *28013* – Ⓜ *Plaza de España* – 𝒞 *916 22 63 74* – *restauranteikigai.com* – *Cerrado lunes, cena: domingo*

ISA ®

CON INFLUENCIAS ASIÁTICAS • AMBIENTE EXÓTICO Se encuentra en la primera planta del lujoso Four Seasons Hotel Madrid y destila singularidad, pues ofrece cocina canalla en un ambiente distinguido pero no exento de cierto exotismo. Cocina de influencias asiáticas que, demostrando un estilo callejero muy refinado, se sale de lo normal. ¡Buena oferta de cócteles y música de fondo a cargo de un DJ!

🍸 ⅃ 🄰🄲 Precio: €€

Plano: F2-141 – *Sevilla 3 (Four Seasons Madrid)* ✉ *28014 –* Ⓜ *Sevilla –* 𝒸 *913 30 62 20 – www.isarestaurantandbar.com – Cerrado almuerzo*

KUOCO

FUSIÓN • ACOGEDORA ¡Una casa desenfadada, atrevida y de elegante informalidad! Rafa y Andrés, los jóvenes venezolanos al frente, apuestan por una carta corta pero variada (también hay un sugerente menú degustación llamado 360Taste) que fusiona culinarias de todo el mundo, con sabores intensos y constantes guiños tanto a los productos latinoamericanos (sobre todo mexicanos) como a los orientales, jugando siempre mucho con la gama de picantes. ¡No deje de probar sus croquetas, las Pato Pekín o las deliciosas Chili-crab!

🍸 🄰🄲 Precio: €€€

Plano: G2-49 – *San Bartolomé 14* ✉ *28001 –* Ⓜ *Chueca –* 𝒸 *911 99 53 77 – www.kuoco.es – Cerrado lunes, martes*

KYOSHI LAS CORTES

JAPONESA • TENDENCIA En el vestíbulo del hotel Double Tree by Hilton Prado, en pleno barrio de Las Letras. Encontrará una cocina nipona muy honesta, con el sello de calidad del Grupo Ricardo Sanz.

⅃ 🄰🄲 Precio: €€€

Plano: G2-17 – *San Agustín 3 (DoubleTree by Hilton Madrid Prado)* ✉ *28014 –* Ⓜ *Sevilla –* 𝒸 *917 37 19 22 – www.gruporicardosanz.com – Cerrado domingo*

LAMIAN

FUSIÓN • SENCILLA Si te gusta la cocina asiática de fusión... ¡tienes que ir a conocerlo! En este sencillo local, con cuyo nombre se hace referencia a la técnica china para producir tallarines estirándolos a mano, se combina el recetario chino, nipón, tailandés... con los productos españoles, mostrando muchas influencias de los populares "Street Food" asiáticos. ¿Qué encontrarás? Hay muchos platos para compartir y especialidades que no debes perderte, como sus deliciosos Dim-Sum o alguno de sus Ramen (nos encanta el Jackie Chan no es Bruce Lee, elaborado con rabo de toro).

🄰🄲 Precio: €€

Plano: E1-72 – *Plaza Mostenses 4* ✉ *28015 –* Ⓜ *Plaza de España –* 𝒸 *910 39 22 31 – lamianconcept.com – Cerrado lunes*

LE BISTROMAN ATELIER

FRANCESA • BISTRÓ Un coqueto bistró, con la cocina vista a la entrada, que enamora estéticamente por su combinación entre el clasicismo y la rusticidad. ¡Los sabores de Francia en cada plato!

⅃ 🄰🄲 Precio: €€€

Plano: E2-102 – *Amnistía 10* ✉ *28013 –* Ⓜ *Antón Martin –* 𝒸 *914 47 27 13 – lebistroman.es*

LA LLORERÍA ®

MODERNA • BISTRÓ Un restaurante que desprende libertad, ilusión y juventud a partes iguales, algo que no está para nada reñido con la coherencia, la técnica y la pasión a la hora de trabajar. El marco, que parece un bar con pocas mesas y tiene la barra preparada para comer, resulta bastante sencillo, algo que se compensa con creces a través de una propuesta culinaria de tinte contemporáneo donde

MADRID

los sabores y las texturas siempre resultan interesantes. ¡Carta muy pensada para compartir, con opción de raciones y medias raciones!

🔠 Precio: €€

Plano: G1-137 – *San Lorenzo 4* ✉ *28004* – ✆ *912 10 94 11* – *www.lalloreriarestaurante.com* – *Cerrado lunes, domingo*

MAR MÍA

COCINA MEDITERRÁNEA • MARCO CONTEMPORÁNEO Está tras el Teatro Real (en el hotel Ocean Drive Madrid) y se ve a sí mismo como un "chiringuito urbano" donde todo gira en torno al Mediterráneo; de hecho, también cuenta con una terraza interior llena de plantas. La variada carta da muchas opciones (crudos, platos con caviar, salazones, marinados, conservas, arroces, brasas, tapas...). ¡No deje de probar La gilda MarMía y, en los postres, La tarta más fina de manzana!

♿ 🔠 🍴 Precio: €€€

Plano: E2-24 – *Plaza de Isabel II 7* ✉ *28013* – Ⓜ *Opera* – ✆ *965 14 44 44* – *www.marmia.es*

MARMITÓN

ACTUAL • BISTRÓ Íntimo, de aire rústico y llevado con gran acierto entre dos chefs. Cocina de base clásica, con toques de contemporaneidad, que apuesta por los sabores profundos y definidos.

🔠 Precio: €€

Plano: E3-101 – *Aguas 6* ✉ *28005* – Ⓜ *La Latina* – ✆ *910 13 81 75* – *marmitonbistro.com* – *Cerrado lunes, martes, cena: domingo*

NANTES

COCINA DE TEMPORADA • A LA MODA Sencillo restaurante de estética urbana, con la cocina abierta a la sala, en el que defienden la gastronomía tradicional de temporada. ¡Sabrosos guisos y buen menú del día!

♿ 🔠 🍴 Precio: €

Fuera de plano – *Maestro Arbós 15* ✉ *28045* – Ⓜ *Legazpi* – ✆ *910 74 30 52* – *www.restaurantenantes.es* – *Cerrado lunes, cena: domingo*

NUNUKA Ⓝ

INTERNACIONAL • BISTRÓ ¿Aún no conoce la cocina georgiana? En este coqueto local de Chueca, tipo bistró y de marcado ambiente familiar, podrá descubrir sus platos más icónicos (en general son para compartir) y tener un primer contacto con sus sabores. ¡No deje de probar el típico pan Khachapuri, relleno de queso, o el tradicional Khinkali!

🔠 Precio: €€

Plano: G2-138 – *Libertad 13* ✉ *28004* – Ⓜ *Chueca* – ✆ *911 70 02 89* – *www.nunukamadrid.com* – *Cerrado lunes*

PLAYING SOLO Ⓝ

FUSIÓN • SIMPÁTICA Un restaurante singular, pues está llevado de una forma totalmente personalizada y podemos decir que... ¡prácticamente comes en la cocina! El chef, que defiende un único menú de temporada sorpresa, comenta los pormenores de cada uno de los platos según los va elaborando.

🔠 Precio: €€€€

Plano: F1-134 – *Manuela Malasaña 33* ✉ *28004* – Ⓜ *San Bernardo* – ✆ *915 42 22 90* – *www.playingsolorestaurant.com* – *Cerrado lunes, domingo*

EL SEÑOR MARTÍN

A LA PARRILLA • TENDENCIA Casa de aire actual-industrial en la que todo gira en torno al mar, siempre con productos de gran tamaño y calidad. Optan por las brasas y la parrilla como forma de expresión.

🔠 Precio: €€€

Plano: G1-64 – *General Castaños 13* ✉ *28004* – Ⓜ *Alonso Martínez* – ✆ *917 95 71 70* – *srmartin.es* – *Cerrado lunes, domingo*

SUA

CARNES A LA PARRILLA • ACOGEDORA Este moderno asador del grupo Triciclo, con cuyo nombre se hace un guiño a la mitología vasca, se ve a sí mismo como un "santuario del fuego" en la capital. Lo más llamativo es la singularidad del local, pues han recuperado un bello jardín de invierno emplazado en pleno Barrio de Las Letras. Aunque hay una buena selección de entrantes y verduras de Tudela a la brasa aquí los platos estrella son los elaborados a la parrilla, tanto pescados de lonja como carnes selectas (Txuleta gallega, Entrécula de añojo, Corte de ibérico...).

AC Precio: €€

Plano: G3-98 – *Moratín 22* ✉ *28014* – Ⓜ *Antón Martín* – ☎ *915 27 71 65* – *eltriciclo.es* – *Cerrado martes*

TAMPU

PERUANA • DE DISEÑO Pizarra, madera, mimbre... y un nombre que rememora las antiguas posadas existentes en el Camino del Inca. Cocina peruana clásica y moderna, con ceviches, tiraditos, causas...

AC ⇨ Precio: €€€

Plano: G2-74 – *Prim 13* ✉ *28004* – Ⓜ *Chueca* – ☎ *915 64 19 13* – *tampurestaurante.com* – *Cerrado lunes, domingo*

LA TASQUITA DE ENFRENTE

INTERNACIONAL • FAMILIAR En este acogedor restaurante, que ha sabido hacerse un nombre al abrigo de la concurrida Gran Vía, encontrará una cocina de inspiración francesa, muy bien actualizada, visible a través de un menú degustación (también sirven a la carta) que cambia diariamente en función de los mejores productos de mercado, exaltando siempre la proximidad, la temporalidad y que estos sean reconocibles por el comensal.

AC Precio: €€€

Plano: F2-75 – *Ballesta 6* ✉ *28004* – Ⓜ *Gran Vía* – ☎ *915 32 54 49* – *www.latasquitadeenfrente.com* – *Cerrado lunes, domingo*

TICUÍ Ⓝ

MEXICANA • MARCO CONTEMPORÁNEO ¿Le apetece un mexicano? En este restaurante, hermano del Puntarena, podrá descubrir la esencia de la cocina mexicana en un cuidado ambiente contemporáneo. Los platos, muy pensados para compartir, combinan la tradición con la actualidad. ¡Sus tortillas de maíz se elaboran, cada mañana, sobre un comal tradicional!

🍷 AC Precio: €€€

Plano: G2-142 – *Cedaceros 6* ✉ *28014* – Ⓜ *Sevilla* – ☎ *619 17 48 71* – *www.ticui.es* – *Cerrado lunes, cena: domingo*

TRÈSDE Ⓝ

ACTUAL • SENCILLA ¡Alta cocina informal! Esta casa de comidas, en el castizo barrio de La Latina pero con visos de bistró francés, está llevada por tres amigos de toda la vida (uno al frente de la cocina, otro de la sala y el último de la gestión) que afrontan el reto de su propio negocio con muchísimas ganas e ilusión. Encontrará una carta de mercado, con guiños a los cultivos de navazo, que revitaliza el concepto de Entrante, Plato principal y Postre, con opción de elegir sobre una reducida pero cuidada selección de elaboraciones.

Precio: €€

Plano: E3-146 – *Cava Alta 17* ✉ *28005* – ☎ *630 95 26 67* – *www.tresderestaurante.com* – *Cerrado martes, miércoles, cena: domingo*

TRICICLO

CREATIVA • BISTRÓ Cuando los tres chefs al frente (Javier Goya, Javier Mayor y David Alfonso) abrieron este local en el Barrio de Las Letras se preguntaron: ¿Cómo sería el restaurante en el que nos gustaría comer? El resultado es un establecimiento de modesto aire minimalista en el que se apuesta por el producto y la sostenibilidad, con platos desenfadados que exaltan las mejores materias primas de temporada. Buscan los sabores tradicionales y puros sin cerrarse las puertas a pequeñas influencias de otras culturas gastronómicas (Japón, Perú...) y plantean dos menús (Clásico y Semanal), ambos con opción de degustación.

🎐 Precio: €€

Plano: G3-60 – *Santa María 28* – ✉ *28014* – Ⓜ *Antón Martin* – ✆ *910 24 47 98 – eltriciclo.es – Cerrado domingo*

UMIKO

JAPONESA • MARCO CONTEMPORÁNEO Presenta una zona de tapeo, un buen comedor presidido por una barra de sushi y dos privados. Divertida cocina nipona de fusión, con guiños a los platos españoles y madrileños.

🏆 ♿ 🎐 🔄 Precio: €€€

Plano: G2-76 – *De Los Madrazo 6* – ✉ *28014* – Ⓜ *Sevilla* – ✆ *914 93 87 06 – umiko.es – Cerrado lunes, domingo*

XEITO! 19' 20''

GALLEGA • MARCO CONTEMPORÁNEO Una casa que ha reorientado su propuesta culinaria, esencialmente gallega, hacia una cocina que nos hable aún más de esa región y sus maravillosos productos, todo dentro del ambiente de una casa de comidas informal. ¿Y ese extraño nombre? Nos recuerda la diferencia horaria entre los atardeceres de Madrid y de A Coruña.

🎐 Precio: €€

Plano: G2-37 – *Prim 5* – ✉ *28004* – Ⓜ *Chueca* – ✆ *680 25 19 33 – www.xeito1920.com – Cerrado cena: domingo*

RETIRO, SALAMANCA

❀❀ **DEESSA**

CREATIVA • ELEGANTE Deessa no es un restaurante más, pues se presenta como el buque insignia de las distintas propuestas gastronómicas que puede disfrutar en el Mandarin Oriental Ritz de Madrid. El incomparable comedor, montado con mimo en el lujoso salón Alfonso XIII y asomado al jardín, se muestra como el escenario perfecto para degustar esa "belleza" intrínseca a la elaborada culinaria del gran Quique Dacosta, que tutela todo lo que aquí acontece y sigue de cerca el magnífico trabajo que está desarrollando Guillermo Chávez, el Jefe de Cocina al frente. Los elegantes platos, que nos trasladan con el paladar a los sabores del Mediterráneo y de Extremadura, ven la luz en dos menús degustación: uno llamado "Histórico Quique Dacosta", con los platos más significativos de su restaurante en Dénia, y "Contemporáneo QDRITZ". ¡Entre semana, solo al mediodía, también hay una versión reducida de ambos menús bajo el apelativo "Esencia"!

🏵 ♿ 🎐 🔄 Precio: €€€€

Plano: G2-88 – *Plaza de la Lealtad 5 (Hotel Mandarin Oriental Ritz Madrid)* – ✉ *28014* – Ⓜ *Banco de España* – ✆ *917 01 68 20 – www.mandarinoriental.es – Cerrado lunes, martes, domingo*

❀❀ **RAMÓN FREIXA MADRID**

CREATIVA • DE DISEÑO Pasional, perfeccionista, cercano, divertido... el chef Ramón Freixa, formado desde niño en el restaurante familiar de Barcelona (El Racó d'en Freixa), defiende un estilo de conducta más que una doctrina culinaria, por eso comenta sobre ella: "Toda la filosofía de mi cocina, igual que en el arte y en la vida, gira alrededor de la obtención de la felicidad". El elegante local, ubicado dentro del Hotel Único Madrid y que sorprende por sus bellísimos suelos, cuenta con un comedor principal, un privado y una terraza acristalada a modo de cenador, un espacio que podemos considerar de auténtico lujo en el barrio de Salamanca. La cuidada propuesta, que juega con sabores complejos, se centra en varios menús degustación (Temporalidad RFM, Descubriendo RFM, Universo Freixa y, para los almuerzos entre semana de martes a viernes, el Petit Menú) con un punto de locura, aunque esta se transforma en sensatez al hallar el equilibrio perfecto entre vanguardia y tradición.

🕸 🅰🅲 ⇨ Precio: €€€€

Plano: H1-77 – *Claudio Coello 67 (Hotel Único Madrid)* ✉ *28001* – Ⓜ *Serrano* – ✆ *917 81 82 62* – *www.unicohotelmadrid.com/es/restaurante-ramon-freixa-madrid* – *Cerrado lunes, domingo*

ⓈⓈ **RICARDO SANZ WELLINGTON**

JAPONESA • **DE DISEÑO** Espectaculares Nigiris elaborados con arroz del Delta del Ebro, Usuzukuri de carabinero con salsa de su propio coral, Tataki de atún con vitello tonnato... o grandes iconos de la casa, como los Huevos rotos, que versionan el gran clásico popular acompañando a los huevos con dados de papa canaria frita y atún toro en vez del jamón habitual.Estamos en la elegante casa (dentro del lujoso Hotel Wellington) donde oficia el laureado chef Ricardo Sanz, un hombre convertido en leyenda por ser el primero en transgredir las pautas de nuestra gastronomía al impulsar un concepto culinario que fusionaba la cocina nipona y la mediterránea, dejando la puerta abierta a otras pequeñas influencias (mexicanas, coreanas...) aunque siempre con el mejor producto ibérico como eje vertebrador. Déjese aconsejar por el sumiller a la hora de acompañar con un maridaje (vino, sake, té o cerveza) y, por nada del mundo, se pierda los delicados Mochis artesanales con los que suelen cerrar la experiencia.

🕸 ♿🅲 Precio: €€€€

Plano: H2-78 – *Velázquez 6 (Hotel Wellington)* ✉ *28001* – Ⓜ *Retiro* – ✆ *915 77 78 77* – *www.gruporicardosanz.com* – *Cerrado domingo*

ⓈⓈ **SANTERRA**

ACTUAL • **MARCO CONTEMPORÁNEO** ¿Alta cocina manchega en la capital? Es difícil que encuentres un restaurante mejor, pues aquí trasforman la denominada "cocina de monte bajo" para dignificarla y convertirla en una experiencia gourmet.El local, en pleno barrio de Salamanca, tiene el don de ofrecer diferentes fórmulas para comer, desde el formato de raciones y tapas (son imprescindibles las Croquetas artesanas de jamón ibérico) que se pueden degustar en la barra hasta la más gastronómico que se reserva para el comedor del semi sótano. La cocina del chef Miguel Carretero demuestra gran personalidad, trayendo los sabores del campo manchego a la ciudad a través de unos platos de temporada donde siempre se hace omnipresente la caza (Lomo de corzo asado, Pato azulón a la royale, Codorniz rellena a lo Tío Lucas, Sopa de paloma torcaz...) y que encuentra en los escabeches uno de sus mejores medios de expresión. Buen menú degustación (Monte Bajo) y carta en formato de medias raciones, ideal para hacerse un menú a medida.

🅲 ⇨ Precio: €€€

Plano: C3-39 – *General Pardiñas 56* ✉ *28001* – Ⓜ *Núñez de Balboa* – ✆ *914 01 35 80* – *www.santerra.es* – *Cerrado lunes, domingo*

ⓈⓈ **LA TASQUERÍA**

Chef: Javier Estévez

MODERNA • **BISTRÓ** Esta concurrida tasca, próxima a la Fábrica Nacional de Moneda y Timbre, nos enamora por su concepto, pues dentro de un ambiente desenfadado ha sabido llevar la casquería a la alta cocina sin cerrarse a combinarla con otros productos. Su chef, Javi Estévez, lo tiene claro: "somos casqueros, pero también hacemos otras cosas".El local, mejorado tras su reforma, emana ese ambiente casual que tanto gusta a quienes buscan una nueva experiencia. ¿Su oferta? Tres menús degustación (M, L y XL) fieles a ese espíritu que anhela reinterpretar la "cultura casquera" madrileña, construida en torno a mollejas, sesos, manitas, callos, crestas... o esa famosa Cabeza de cochinillo confitada y frita que arrasa en las redes. ¡En la terraza, bajo reserva, ofrecen una pequeña carta con platos emblemáticos!

🅲 🍴 Precio: €€

Plano: C3-31 – *Duque de Sesto 48* ✉ *28009* – Ⓜ *Goya* – ✆ *914 51 10 00* – *latasqueria.com* – *Cerrado domingo, cena: sábado*

MADRID

🕸 LA MONTERÍA

TRADICIONAL • AMBIENTE CLÁSICO Está a unos pasos del Retiro, suele llenar a diario y se le puede considerar una opción segura, de esas para tener en cuenta si vamos al entorno de este bellísimo parque. El negocio, de tradición familiar y con 60 años de historia, ha renovado sus instalaciones, por lo que ahora se presenta con una barra más actual y un comedor de inspiración nórdica. ¿Su propuesta? Desde la honestidad, como siempre, ofrecen una completa carta tradicional donde nunca falta un plato de caza y dos buenos menús (Clásico y Degustación). ¡Las Gambas gabardina invertidas es uno de sus platos más populares!

  ♿ 🅰🅲 Precio: €€

Plano: C3-1 – *Lope de Rueda 35* ✉ *28009* – Ⓜ *Ibiza* – ✆ *915 74 18 12* – *lamonteria.es* – *Cerrado domingo*

🕸 NOI

ITALIANA • MARCO CONTEMPORÁNEO ¿Sabe lo que significa Noi? Pues viene a ser, en italiano, el equivalente al pronombre personal "nosotros", un término que habla de lo importante que aquí es el equipo y la idea de un proyecto conjunto. El joven chef, natural de Puglia (el territorio sureño que ocupa el tacón de la "bota" italiana), defiende una versión contemporánea de la cocina tradicional de su país, alejándose un poco de los tópicos y las pizzas para proponernos un sabroso y actualizado recorrido por las regiones transalpinas. Además, su elegante y cuidado interiorismo recrea... ¡el estilo "italiano pop" de los años 70!

  ♿ 🅰🅲 Precio: €€

Plano: H2-44 – *Recoletos 6* ✉ *28001* – Ⓜ *Retiro* – ✆ *910 69 40 07* – *restaurantenoi.com* – *Cerrado lunes, domingo*

🕸 TABERNA RECREO

INNOVADORA • SIMPÁTICA Una taberna próxima al Retiro que desprende personalidad, pues se presenta como ese espacio de "recreo" donde, metafóricamente, podemos jugar o disfrutar a través de la comida. El chef Alejandro Díaz, tras formarse en grandes templos de la cocina ibérica (DiverXO, El Poblet, Zortziko...), busca que este sea un espacio para socializar en torno a la gastronomía, por lo que orienta su dinámica propuesta hacia unas tapas divertidas y varios platos de autor, pensados para compartir, que cautivan por su carácter, su combinación de productos y su sabor. ¡No se pierda el Brócoli, con kimchi y lima!

  🅰🅲 Precio: €€

Plano: C3-115 – *Espartinas 5* ✉ *28001* – Ⓜ *Príncipe de Vergara* – ✆ *910 33 43 79* – *www.recreoespartinas.com* – *Cerrado lunes, domingo*

🕸 TEPIC

MEXICANA • INFORMAL He aquí un mexicano que se aleja de tipismos y folclores, del colorido, de los mariachis y sus guitarrones... todo para recrear un espacio casual-actual dominado por la madera vista y los tonos blancos. En este local le propondrán una cocina mexicana elaborada y auténtica que brilla tanto por su sabrosa selección de Tacos (incluyen unas riquísimas Enmoladas) como por sus Panuchos Yucatecos, su Tiradito o alguna de sus Sopas. No lo dude y descubra también sus cervezas, los cuidados cócteles (hay algunos sin alcohol), las populares micheladas... o su fantástico Café de Olla con aroma a canela.

  🍸 🅰🅲 🪑 Precio: €€

Plano: H1-80 – *Ayala 14* ✉ *28001* – Ⓜ *Serrano* – ✆ *915 22 08 50* – *www.tepic.es* – *Cerrado cena: domingo*

🕸 TREZE

COCINA DE TEMPORADA • TENDENCIA Un restaurante de línea actual, no exento de toques modernos, que busca diferenciarse a través de su propuesta, muy centrada en los productos de mercado y, sobre todo, en los que provienen de la caza; de hecho el chef, que no es cazador pero siempre está atento a los periodos

MADRID

de veda cinegéticos, defiende: "lo que trabajas es lo que haces tuyo". Se presenta con una atractiva barra que circunda la cocina, a la vista para que apreciemos todas las elaboraciones, y un cuidado comedor. ¿La oferta? Una sugerente carta, con opción de medias raciones, y un menú degustación.

Ⓐ Precio: €€

Plano: C3-114 – *General Pardiñas 34* ✉ *28001* – Ⓜ *Goya* – ✆ *915 41 07 17* – *trezerestaurante.com* – *Cerrado lunes, domingo*

TRES POR CUATRO Ⓝ

ACTUAL • BISTRÓ Este restaurante, en pleno barrio de Goya, supone el paso al frente del chef Álex Marugán, que ya tuvo una experiencia más humilde dentro del cercano Mercado Torrijos. En este local, a modo de bistró actual, apuesta por una cocina tradicional que incorpora diversos toques latinos (sobre todo mexicanos y peruanos) para aportar un sabor diferenciador. La carta se presenta con dos partes: "Los de siempre", donde están sus platos icónicos (como el Torrezno o el Taco de ossobuco pibil) y "Los de hoy", con elaboraciones más sujetas a los productos de temporada. ¡Cocina interesante y muy delicada!

Ⓐ Precio: €€

Plano: C3-133 – *Montesa 9* ✉ *28006* – ✆ *915 65 45 57* – *www.tresporcuatromadrid.com* – *Cerrado sábado, domingo*

ALABASTER

MODERNA • A LA MODA Este local, bien ubicado junto al Retiro, dispone de un gastrobar con mesas altas para cenas informales, una bella bodega acristalada y un amplio comedor complementado por dos privados. Cocina tradicional actualizada y de temporada, con la carta dividida en dos partes (Comparte y Disfruta). ¡No se pierda su deliciosa Tarta de merengue tostado y crema de limón!

Ⓐ ⇄ Precio: €€€

Plano: H2-81 – *Montalbán 9* ✉ *28014* – Ⓜ *Retiro* – ✆ *915 12 11 31* – *www.restaurantealabaster.com* – *Cerrado domingo*

ALCOTÁN

TRADICIONAL • BURGUESA Restaurante de elegante clasicismo que apuesta por la cocina tradicional de producto y trabaja solo a la carta. Ofrece sabores marcados y... ¡un servicio a la antigua usanza!

♿ Ⓐ ⇄ 🍽 Precio: €€€

Plano: C3-118 – *Claudio Coello 96* ✉ *28006* – Ⓜ *Nuñez de Balboa* – ✆ *914 35 15 51* – *www.restaurantealcotan.com* – *Cerrado domingo, cena: lunes*

AMÓS

MODERNA • ELEGANTE Los sabores del laureado chef Jesús Sánchez... ¡en plena capital! La carta, todo un viaje a la memoria culinaria cántabra, se completa con un menú degustación llamado Esencia.

♿ Ⓐ 🍴 🅿 Precio: €€€

Plano: C3-117 – *Paseo de la Castellana 22 (Hotel Villa Magna)* ✉ *28046* – Ⓜ *Rubén Darío* – ✆ *915 87 19 91* – *www.rosewoodhotels.com* – *Cerrado lunes, martes, cena: domingo*

AMPARITO ROCA

TRADICIONAL • ACOGEDORA Uno de esos restaurantes que nunca fallan y que parece que lleva toda la vida en Madrid, pues en poco tiempo ha sabido hacerse con una clientela tremendamente fiel (especialmente del mundo de los negocios). Toma su nombre de un mítico pasodoble y, desde la honestidad de una cocina tradicional bien elaborada, apuesta por una carta de platos copiosos donde nunca falta algún escabeche de caza. ¡Sorprendentes detalles decorativos!

♿ Ⓐ 🍴 Precio: €€€

Plano: C3-2 – *Juan Bravo 12* ✉ *28006* – Ⓜ *Núñez de Balboa* – ✆ *913 48 33 04* – *restauranteamparitoroca.com* – *Cerrado domingo*

MADRID

ARZÁBAL

TRADICIONAL • MARCO CONTEMPORÁNEO Una encantadora zona de tapeo frente al mismo Retiro, con una moderna sala en dos niveles para disfrutar de su cocina tradicional elaborada. Completa carta de vinos y champán.

⊗ & ⛰ ⛲ Precio: €€

Plano: C3-40 – Menéndez Pelayo 13 ✉ 28009 – Ⓜ Ibiza – ☎ 914 09 56 61 – arzabal.com – Cerrado cena: martes

L'ATELIER ROBUCHON Ⓝ

FRANCESA MODERNA • TENDENCIA Shanghái, Tokio, París, Ginebra, Dubái, Miami... todos los restaurantes L'Atelier Robuchon repartidos por el mundo tienen el mismo objetivo: perpetuar el legado culinario del ya desaparecido Joël Robuchon.El moderno restaurante, ubicado en la primera planta del Robuchon Madrid (un espacio multifacético donde el concepto de "barra" tiene un lugar destacado y también se proponen otros formatos, como L'Ambassade y Le Speakeasy), sigue la misma línea estética de sus "hermanos", aquí dentro de un ambiente informal con toques de lujo y, en el centro del comedor, una gran cocina abierta. El chef al frente, Jorge González, propone alta cocina francesa con toques de modernidad, sin olvidarse de algunos guiños a grandes clásicos españoles como el cochinillo de Segovia o la merluza gallega. ¿Un buen postre de cierre? No deje de probar el mítico Soufflé al whisky, con su helado de vainilla de Madagascar.

🏆 ⊗ ⛰ ⇔ 🎨 Precio: €€€€

Plano: H1-136 – Paseo de la Castellana, 12 ✉ 28046 – Ⓜ Colón – ☎ 914 53 87 28 – www.jrobuchonespana.com – Cerrado lunes, domingo

BARRA ALTA MADRID

MODERNA • TENDENCIA Local de estética moderna-actual en el que encontrará una cocina tradicional actualizada, con algún guiño a otras culturas, que combina platos, raciones y tapas. La carta se complementa con dos menús degustación y verá que... ¡hay opciones para compartir!

⛰ Precio: €€€

Plano: H1-82 – Lagasca 19 ✉ 28001 – Ⓜ Retiro – ☎ 910 05 35 32 – www.barraalta.rest – Cerrado domingo

BARRACUDA MX

MEXICANA • COLORIDA Local de carácter casual e informal que deslumbra con la cocina mexicana del Pacífico, más ligera al girar en torno a los pescados y mariscos. ¡Apetecible carta de cócteles!

🏆 & ⛰ Precio: €€

Plano: H2-85 – Valenzuela 7 ✉ 28014 – Ⓜ Retiro – ☎ 911 08 89 99 – www.barracudamx.es

BIBO MADRID

MODERNA • BISTRÓ Modernas instalaciones inspiradas en la Feria de Málaga. Cocina actual de raíces andaluzas, aunque también viaja por el mundo bajo el sello de Dani García.

& ⛰ ⇔ Precio: €€€

Plano: C2-3 – Paseo de la Castellana 52 ✉ 28046 – Ⓜ Gregorio Marañón – ☎ 918 05 25 56 – grupodanigarcia.com/bibo/madrid

LA BIEN APARECIDA

ACTUAL • ACOGEDORA Lleva el nombre de la patrona de Cantabria y se distribuye en dos plantas, donde crean varios ambientes. Cocina tradicional actualizada, finas texturas y contundentes sabores.

⛰ ⛲ Precio: €€€

Plano: H1-86 – Jorge Juan 8 ✉ 28001 – Ⓜ Serrano – ☎ 911 59 39 39 – www.restaurantelabienaparecida.com

MADRID

BISTRONÓMIKA

TRADICIONAL • MARCO CONTEMPORÁNEO Forma parte del proyecto Bulbiza (Bulevar de Ibiza) y propone una "No Carta" tradicional, con detalles actuales y recomendaciones del día. ¡Fantásticos pescados a la brasa!

AC Precio: €€€

Plano: C3-32 – *Ibiza 44* ✉ *28009* – Ⓜ *Ibiza* – ☏ *910 60 72 40* – *bistronomika. es* – *Cerrado lunes, cena: domingo*

CADAQUÉS

COCINA MEDITERRÁNEA • AMBIENTE MEDITERRÁNEO Acogedor local de ambiente casual y mediterráneo. Su propuesta aborda el recetario catalán-ampurdanés, con numerosos platos a la brasa y un buen apartado de arroces a la leña.

AC 🏠 Precio: €€

Plano: H1-90 – *Jorge Juan 35* ✉ *28001* – Ⓜ *Velázquez* – ☏ *913 60 90 53* – *restaurantecadaques.com*

CHINA CROWN

CHINA • AMBIENTE CLÁSICO Un elegante local, de gusto oriental, donde reproducen los sabores de la China Imperial, con suculentos Baos y un exquisito Pato Imperial Beijing. ¡Brunch los fines de semana!

♿ AC Precio: €€

Plano: H1-68 – *Don Ramón de la Cruz 6* ✉ *28001* – Ⓜ *Serrano* – ☏ *911 52 15 72* – *www.restaurantechinacrown.com*

HOTARU MADRID Ⓝ

JAPONESA • AMBIENTE ORIENTAL Uno de esos establecimientos, con barra de sushi, que resultan ideales para experimentar, disfrutar y... ¡dejarse llevar por el chef! Ubicado frente al Parque de El Retiro y decorado con elegante autenticidad, este local apuesta por dos equilibrados menús Omakase y una completa carta, de base nipona (makis, temakis, sashimis, nigiris...), que sorprende con interesantes notas mexicanas de fusión.

AC Precio: €€€

Plano: H2-145 – *Alcalá 99* ✉ *28001* – ☏ *916 79 87 59* – *www.hotarumadrid.com*

MARCANO

INTERNACIONAL • TENDENCIA Está a pocos pasos del Retiro y refleja la pasión por la gastronomía del chef David Marcano, que se formó junto al maestro donostiarra Juan Mari Arzak. En su local, actual y con las mesas desnudas, podrá degustar unas elaboraciones contemporáneas de autor, con detalles vascos e influencias internacionales, que siempre apuestan por el sabor. ¡La brigada, muy amable, da la opción de pedir platos para compartir y medias raciones!

AC Precio: €€

Plano: C3-42 – *Doctor Castelo 31* ✉ *28009* – Ⓜ *Ibiza* – ☏ *914 09 36 42* – *restaurantemarcano.com* – *Cerrado lunes, cena: domingo*

LA MARUCA - VELÁZQUEZ

TRADICIONAL • SIMPÁTICA Un establecimiento que irradia optimismo en base a dos claros conceptos: Santander y Cantabria. Este es un restaurante bastante concurrido y de ambiente casual, con un bar multiusos y espacios de estética actual que siempre encuentran huecos para los detalles de diseño. Su carta refleja una cocina 100% tradicional, con predominio de platos cántabros (Anchoas del Cantábrico, Rabas de Santander, Merluza de Rula...) en los que se cuida tanto la elaboración como la calidad de las materias primas. ¡Prueba la famosa Tarta de queso de Cañadío, cuya receta permanece inamovible desde 1981!

AC 🏠 ⇔ Precio: €€

Plano: H1-79 – *Velázquez 54* ✉ *28001* – Ⓜ *Velázquez* – ☏ *917 81 49 69* – *restaurantelamaruca.com*

MADRID

MADRID

MUDRÁ 🔘

VEGETARIANA • CHIC ¿Le apetece cocina vegetariana? Este céntrico local, cuyo nombre en sánscrito significa "sello" (también hace referencia a posturas de yoga), es el primero en Europa de una franquicia internacional que usa solo productos vegetales y está asesorada por el chef americano Matthew Kenney, líder en este tipo de propuestas. Carta vegetariana bajo la filosofía plant-based food, con platos mínimamente procesados como el Tiradito de alcachofas, el Ceviche de setas, los Nigiris omakase...

&. 🅰 Precio: €€

Plano: H2-138 – *Recoletos 13* ✉ *28001* – 🔘 *Retiro* – 𝒫 *911 90 75 19* – *mudramadrid.com*

NAMAK

HINDÚ • MARCO CONTEMPORÁNEO ¿Un hindú de ambiente contemporáneo? En un lateral del hotel Rosewood Villa Magna el chef Nadeem Siraj propone, a través de una carta y un completo menú degustación, una cocina que fusiona la gastronomía hindú con el mejor producto nacional (judión de La Granja, rabo de toro, cerdo ibérico...), dando como resultado unos platos con cierto aire cosmopolita comprensibles para nuestro paladar. ¡Usa las especias con un fantástico equilibrio!

🅰 Precio: €€€

Plano: H1-103 – *Marqués de Villamagna 1* ✉ *28001* – 🔘 *Rubén Darío* – 𝒫 *914 96 04 13* – *www.namak.madrid* – *Cerrado lunes, cena: domingo*

O'GRELO

GALLEGA • AMBIENTE CLÁSICO Uno de los grandes clásicos de la cocina gallega en la capital; no en vano, ofrece los mejores pescados y mariscos del noroeste de España... ¡desde hace más de tres décadas! La amplia propuesta, que destaca con platos como el Changurro o los distintos despieces de la merluza de Burela, se complementa con deliciosos arroces y una buena selección de carnes autóctonas.

🅰 ⇨ Precio: €€€

Plano: C3-36 – *Menorca 39* ✉ *28009* – 🔘 *Ibiza* – 𝒫 *914 09 72 04* – *restauranteogrelo.com* – *Cerrado cena: domingo*

OMERAKI 🔘

FUSIÓN • MARCO CONTEMPORÁNEO ¿Un antiguo taller transformado en restaurante? Efectivamente, y hoy con una distribución muy singular; no en vano, presenta el acceso por un pasillo lleno de libros gastronómicos, una sala diáfana con numerosos elementos de diseño y dos cocinas (una muy llamativa abierta en el centro y la otra cerrada, aunque visible también para los comensales). La propuesta culinaria lleva la firma del mediático y experimentado chef Alberto Chicote, que tomando como base el producto nacional de temporada plantea tres menús (Express, Festival y Homenaje) de cocina actual en constante evolución, todos con elementos de fusión oriental.

&. 🅰 Precio: €€€

Plano: C3-134 – *Duque de Sesto 27* ✉ *28009* – 𝒫 *910 88 03 26* – *www.omerakirestaurante.com* – *Cerrado lunes, martes, cena: domingo*

PALM COURT

CLÁSICA • ELEGANTE En el lobby del hotel Mandarín Oriental Ritz Madrid, bajo una impresionante cúpula de cristal. La carta, con platos clásicos y actuales, también ofrece dos menús degustación.

🅰 Precio: €€€

Plano: G2-27 – *Plaza de la Lealtad 5 (Hotel Mandarín Oriental Ritz)* ✉ *28014* – 🔘 *Banco de España* – 𝒫 *917 01 68 21* – *www.mandarinoriental.es*

PONCIO WM ⓝ

ACTUAL • BRASSERIE Una buena opción para comer cerca de El Retiro, a pocos metros de la Puerta del Niño Jesús. El coqueto y tranquilo local, que persigue ser una fusión entre un restaurante y un bar de tapeo, ofrece una carta de tapas y platillos de estilo actual, con influencias andaluzas, y un divertido menú denominado LQDW (Lo Que Diga Willy) como un guiño al chef-propietario.

♿ 🅰️ Precio: €€

Fuera de plano – *Plaza del Niño Jesús 3* ✉ *28009* – Ⓜ *Ibiza* – ☏ *915 15 74 71 – ponciowm.com – Cerrado domingo*

Q78

MEXICANA • MARCO CONTEMPORÁNEO Un mexicano, de ambiente contemporáneo, que prescinde de los típicos tacos y centra su oferta en los sabores del Yucatán. Las brasas, la leña y el humo funcionan como eje vertebrador de una propuesta que encuentra en la combinación de especias (hasta 26) su inequívoca seña de identidad.

🍽 🅰️ Precio: €€€

Plano: H2-91 – *Villalar 6* ✉ *28001* – Ⓜ *Retiro* – ☏ *916 79 69 28 – www.q78gastromezcal.com – Cerrado lunes, cena: domingo*

SURTOPÍA

ANDALUZA • MARCO CONTEMPORÁNEO Un local de ambiente moderno que nos traslada a los sabores andaluces, con pescados y mariscos de las lonjas de Cádiz y Almería, selectas carnes e ibéricos de Huelva o Córdoba, quesos de la Sierra de Grazalema..., siempre con técnicas actuales y detalles de autor. ¡Buenos vinos de Sanlúcar y opción de medias raciones!

🅰️ 🍸 Precio: €€€

Plano: C2-4 – *Núñez de Balboa 106* ✉ *28006* – Ⓜ *Núñez de Balboa* – ☏ *915 63 03 64 – www.surtopia.es – Cerrado lunes, domingo*

SUSHI BAR TOTTORI

JAPONESA • MARCO CONTEMPORÁNEO ¿Ha oído hablar del maestro Haruki Takahashi? Aquí descubrirá su legado y la cocina de Tottori, una pequeña localidad nipona donde exaltan el producto fresco y la tradición.

♿ 🅰️ 🍸 Precio: €€

Plano: H1-67 – *Lagasca 67* ✉ *28001* – Ⓜ *Velázquez* – ☏ *918 21 45 73 – www.sushibartottori.com*

TABERNA PEDRAZA

TRADICIONAL • INFORMAL Coqueto local que tiene fama tanto por el Cocido como por su Tortilla de Betanzos, hasta el punto de tener un contador que indica... ¡cuántas tortillas han servido desde 2014!

🅰️ ⇔ Precio: €€

Plano: H2-38 – *Recoletos 4* ✉ *28001* – Ⓜ *Banco de España* – ☏ *913 42 82 40 – www.tabernapedraza.com – Cerrado lunes, cena: martes, domingo*

TA-KUMI ⓝ

JAPONESA • MARCO CONTEMPORÁNEO ¿Un buen japo? Este del barrio de Salamanca, con un cuidado ambiente contemporáneo, estamos seguros de que no le defraudará, pues sigue la misma línea de sus exitosos hermanos en Marbella y Málaga. Presenta una barra de sushi, dos salas en diferentes pisos, un reservado y una carta bastante amplia que, junto a la opción de diversos menús, conjuga los platos más personales del restaurante con otros icónicos del grupo.

🅰️ ⇔ Precio: €€€

Plano: C2-56 – *Claudio Coello 114* ✉ *28006* – Ⓜ *Nuñéz de Balboa* – ☏ *913 08 37 11 – www.restaurantetakumi.com – Cerrado lunes, domingo*

MADRID

✿✿✿ DIVERXO

Chef: Dabiz Muñoz

CREATIVA • DE DISEÑO Bogavante gallego amaneciendo en las playas de Goa, Jaiba con kimchis XO de la desembocadura del Guadalquivir, Nigiri madurado 45 días, Risotto de mantequilla tostada con tuber aestivum... La hedonista cocina de Dabiz Muñoz, divertida y en muchísimos detalles irreverente, rompe las barreras de la vanguardia gastronómica para entrar en un plano onírico sumamente personal, consiguiendo que el comensal viva una montaña rusa de emociones donde no se le da un respiro al paladar.En su llamativo local, decorado con cerdos voladores y enormes hormigas cromadas, apuestan por un único menú degustación que nos invita a un espectacular viaje por las distintas culinarias del mundo. Gracias sobre todo al uso de productos nacionales, ahora el chef consigue ofrecer sabores más reconocibles que en el pasado. Abordando temas como las especies invasoras o el ecosistema pirenaico, trabaja sin limitaciones, combinando ingredientes locales con condimentos exóticos. ¡Platos intensos y llenos de contrastes!

🏵 ☝ 🅰🅲 Precio: €€€€

Plano: C1-5 – *Padre Damián 23 (Hotel NH Collection Eurobuilding)* ✉ *28036 –* Ⓜ *Cuzco –* ☏ *915 70 07 66 – diverxo.com – Cerrado lunes, martes, domingo, cena: jueves*

✿ A'BARRA

INTERNACIONAL • DE DISEÑO Una casa donde toman enorme relevancia los productos Joselito, con el cerdo ibérico como indiscutible protagonista, y las conservas vegetales La Catedral de Navarra.El local, vestido con maderas nobles, deslumbra tanto por su distribución como por sus líneas vanguardistas, diversificando la experiencia entre su elegante comedor, la barra A'Nómalo (con entidad propia) y una exclusiva Mesa del Chef. "Sin producto no hay cocina", por eso buscan que el cliente experimente múltiples sensaciones desde el sabor, a través del menú degustación o de su carta (ofrecen medias raciones). ¿Platos representativos? El Huevo de Mos, con tallarines de jamón Joselito y anguila ahumada, o la espectacular Cabezada Joselito. ¡Permita que Valerio Carrera, su magnífico sumiller, le seleccione el maridaje!

🏵 ☝ 🅰🅲 ⇔ Precio: €€€€

Plano: C2-6 – *Del Pinar 15* ✉ *28006 –* Ⓜ *Gregorio Marañón –* ☏ *910 21 00 61 – www.restauranteabarra.com – Cerrado domingo, cena: lunes*

✿ GAYTÁN

Chef: Javier Aranda

MODERNA • DE DISEÑO Gaytán no es un restaurante al uso, sino más bien... ¡el sueño del chef Javier Aranda convertido en realidad!El espacio, que deslumbra nada más entrar y presenta un interior con muchos detalles de diseño, está presidido por unas originales columnas en madera que flanquean la gran cocina abierta, tomando esta todo el protagonismo sobre la sala para que los comensales participen del proceso creativo. Su propuesta gastronómica, complementada por una pequeña carta para el cliente de empresa los días laborables, quiere ensalzar lo que aquí definen como las "joyas de temporada", algo que consiguen a través del menú Inaurem ("joya" o "alhaja" en latín) y especialmente con el menú Javier Aranda, más completo, pues este último desvela los pasos y técnicas dados para conseguir cada plato.

☝ 🅰🅲 Precio: €€€

Plano: C1-7 – *Príncipe de Vergara 205 (lateral)* ✉ *28002 –* Ⓜ *Concha Espina –* ☏ *913 48 50 30 – chefjavieraranda.com/en – Cerrado lunes, domingo, almuerzo: miércoles*

❀ RAVIOXO

Chef: Dabiz Muñoz

CREATIVA • A LA MODA Dice el chef Dabiz Muñoz que RavioXo es "el lujo de comer tiempo", una metáfora perfecta para expresar el trabajo artesanal que en esta propuesta, casual y totalmente volcada con el mundo de la pasta, se realiza a la hora de elaborar cada masa, cada relleno, cada salsa... siempre en base a las mejores materias primas.El amplio local, ubicado junto al espacio gourmet de El Corte Inglés de Castellana y con una cuidada estética a cargo del estudio de Lázaro Rosa-Violán, está llevado por el chef Balo Ortiz, que sigue las directrices marcadas por Dabiz a la hora de cada elaboración. La propuesta, exclusivamente a la carta, se basa en elaboraciones que siempre tienen algo de pasta, así como unos maravillosos dumpling de autor y algunos de los platos más laureados del chef madrileño en DiverXO.

🍽 ⅚ AC ⇔ Precio: €€€

Plano: B2-126 – *Plaza de Manuel Gómez Moreno 5* ✉ *28020 –* Ⓜ *Nuevos Ministerios –* ✆ *917 64 89 92 – www.ravioxo.com*

❀ UGO CHAN

Chef: Hugo Muñoz

FUSIÓN • MARCO CONTEMPORÁNEO Un restaurante contemporáneo, con la cocina vista, dos barras y alma nipona, que no está exento de personalidad; no en vano, su cambiante y mimada propuesta se cimenta en pensamientos clásicos como los del filósofo griego Heráclito: "Nadie puede bañarse dos veces en el mismo río".El chef Hugo Muñoz, que juega con el nombre del local recordando el apelativo que le puso su abuelo siendo aún muy niño ("Hugochan", semejante a Huguito), defiende una cocina japonesa donde el producto de temporada es el gran protagonista, modulándola de manera divertida con detalles de otras culturas y, sobre todo, con guiños a los iconos culinarios de Madrid (como la Gyoza de callos a la madrileña o su versión de los Soldaditos de Pavía). ¡Ofrecen un menú Omakase que elaboran en función de su gusto y apetito!

AC Precio: €€€€

Plano: C1-127 – *Félix Boix 6* ✉ *28036 –* Ⓜ *Plaza de Castilla –* ✆ *913 50 65 78 – www.ugochan.com – Cerrado lunes, domingo*

❀ ZUARA SUSHI

Chef: David Arauz

JAPONESA • MINIMALISTA ¡Una de las barras de sushi más interesantes de la capital!El establecimiento, no exento de cierto pedigrí al ocupar el antiguo local donde DiverXO empezó a brillar, se presenta con un ambiente japo-minimalista y una sala donde la barra nipona en forma de "U" acapara todo el protagonismo, pues en ella David Arauz ejerce de "itamae" a la hora de ofrecer una propuesta respetuosa con la técnica nipona pero fiel a un extraordinario producto nacional. Encontrará dos interesantes menús (Zuara y Shibui), ambos con guiños de autor, logrados sabores umami y unos maravillosos nigiris, pues en ellos el punto del arroz es sencillamente perfecto (compacto en el nigiri y suelto en la boca). ¿Curiosidades? El nombre del local oculta un pequeño juego de palabras, pues... ¡es el apellido del chef al revés!

🥢 AC ⇔ Precio: €€€€

Plano: B1-128 – *Pensamiento 28* ✉ *28020 –* Ⓜ *Cuzco –* ✆ *633 46 77 80 – www.zuarasushi.com – Cerrado lunes, domingo*

☺ LA MAMÁ

TRADICIONAL • MARCO CONTEMPORÁNEO La esencia de este restaurante, que merecidamente pone a las madres y a las abuelas en un pedestal, permanece inalterable en el nuevo local de la Avenida de Brasil, llevado por María Brufau y Marcos Toranzo con total dedicación (él, al frente de los fogones, se formó en la Escuela de Luis Irizar y en el laureado El Ermitaño). Aquí, en un ambiente contemporáneo no exento de cierta elegancia, encontrará una cocina tradicional honesta y con un corte emocional, lo que ellos definen como una carta "maternal evolucionada", bien complementada por dos menús degustación (Los Clásicos y De Temporada).

ⒶⒸ 🍽 ⇄ Precio: €€

Plano: B2-21 – *Avenida del Brasil 6* ✉ *28020* – Ⓜ *Santiago Bernabéu* – 📞 *910 61 97 64* – *lamamarestaurante.com* – *Cerrado lunes, domingo*

😊 LA MARUCA - CASTELLANA

TRADICIONAL • **SIMPÁTICA** Muestra el mismo nombre que su hermano mayor de la calle Velázquez, aunque este... ise halla en una zona privilegiada de la Castellana! El amplio local, en agradables tonos blancos y con terrazas donde da gusto sentarse (una pequeña a la entrada y otra interior, mucho más grande, a modo de jardín), también apuesta por la cocina tradicional de raíces, con guiños a Santander, al ADN cántabro y, especialmente, la notoria intención de traernos a Madrid el auténtico sabor del mar. ¿Una recomendación? Pruebe la Sopa de pescado servida en dos tiempos, pues es contundente y... itiene muchísimo sabor!

ⒶⒸ 🍽 Precio: €€

Fuera de plano – *Paseo de la Castellana 212* ✉ *28001* – Ⓜ *Plaza de Castilla* – 📞 *913 45 26 65* – *www.restaurantelamaruca.com* – *Cerrado cena: miércoles*

😊 QUINQUÉ

TRADICIONAL • **BISTRÓ** Un negocio tipo bistró, bastante acogedor, que lleva la mochila cargada de sueños, pues pone cara al primer proyecto profesional en solitario de los chefs-propietarios, Carlos Griffo y Miguel Ángel García. Tras pasar por varios restaurantes de prestigio, como la mítica Casa Marcial del chef Nacho Manzano, devuelven lo aprendido en lo que ellos conciben como la "comida de casa", una cocina tradicional basada en los productos de temporada; eso sí, actualizada en las formas y respetuosa con el sabor. Suele haber sugerencias, sobre todo para los pescados de lonja, y... iofrecen medias raciones!

ⒶⒸ 🍽 Precio: €€

Plano: C1-9 – *Apolonio Morales 3* ✉ *28036* – Ⓜ *Plaza de Castilla* – 📞 *910 73 28 92* – *restaurantequinque.es* – *Cerrado lunes, cena: domingo*

99 SUSHI BAR

JAPONESA • **DE DISEÑO** Un local con muchísimo éxito, pues los platos nipones tradicionales conviven en armonía con aquellos que buscan la fusión con la cocina española. iPruebe sus Gyozas de jabalí!

♿ ⒶⒸ Precio: €€€€

Plano: C1-12 – *Padre Damián 23 (Hotel NH Collection Eurobuilding)* ✉ *28036* – Ⓜ *Cuzco* – 📞 *913 59 38 01* – *www.99sushibar.com* – *Cerrado cena: domingo*

ABYA Ⓝ

FUSIÓN • **DE DISEÑO** Producto, técnica y sabor para... idespertar nuestros sentidos! El reconocido chef Aurelio Morales inicia un nuevo proyecto en el Palacio de Saldaña, un coqueto edificio de estética francesa dedicado hoy a la gastronomía. Aquí la propuesta, muy pensada para compartir, defiende una cocina de corte actual que busca la fusión entre la cocina latinoamericana y la internacional, con un estilo que el propio chef define como "libre y sin ataduras".

🍷 ♿ ⒶⒸ ⇄ 🎴 Precio: €€€

Plano: C3-132 – *José Ortega y Gasset 32* ✉ *28006* – Ⓜ *Núñez de Balboa* – 📞 *910 05 43 04* – *www.abya.es*

ADALY Ⓝ

ACTUAL • **SENCILLA** Un restaurante de ambiente bistró y sencilla decoración rústica-actual llevado en familia, entre padre (Julio, al frente de la sala) e hijo (Eduardo, tras los fogones). Encontrará una carta, no muy extensa, que apuesta claramente por el producto a través de unas elaboraciones contemporáneas pero de firmes bases culinarias, no en vano Edu Guerrero ha pasado varios años en El Bohío (Illescas) junto al mediático chef Pepe Rodríguez. iCocina sincera con los sabores de siempre!

MADRID

Ⓜ Precio: €€

Plano: C2-35 – *Claudio Coello 122* ✉ *28006* – ℰ *680 49 72 77* – *www.adaly.es* – *Cerrado lunes, cena: martes, miércoles y domingo*

A'NÓMALO Ⓝ

CREATIVA • MARCO CONTEMPORÁNEO ¡El espacio, con nombre, cocina e identidad propia, que existe dentro de A'Barra! Las cocineras y el chef ejecutan los platos a la vista del cliente, pues aquí se come en una barra ovalada que es la inequívoca protagonista. Ambiente contemporáneo y servicio muy desenfadado, dando al comensal todo tipo de explicaciones sobre cada plato de su menú degustación.

❀ ♿ Ⓜ Precio: €€€€

Fuera de plano – *Del Pinar 15* ✉ *28006* – Ⓜ *Gregorio Marañón* – ℰ *910 55 83 89* – *www.restauranteanomalo.com* – *Cerrado lunes, martes, domingo*

BASCOAT Ⓝ

ACTUAL • MARCO CONTEMPORÁNEO Si te apetece auténtica cocina del norte… ¡ya estás tardando en reservar! La simpática pareja al frente, con Rodrigo tras los fogones y Nagore pendiente de la sala, busca ensalzar sus orígenes reinterpretando los sabores y matices del recetario vasco. Es, como ellos mismos definen, una propuesta para "gente disfrutona", en base a una carta donde hemos encontrado platos para guardar en el recuerdo: el tradicional Pastel de merluza, su Txipiron a la parrilla (con jugo meloso de manitas, su tinta y chalotas), el Bonito en crudo con salpicón estilo "Vicari", la Txuleta de vaca vieja… ¡El chef suele salir a la sala para charlar con los clientes!

Ⓜ Precio: €€€

Plano: C1-8 – *Paseo de la Habana 33* ✉ *28036* – ℰ *680 40 42 57* – *www.bascoatmadrid.com* – *Cerrado domingo, cena: sábado*

BUGAO MADRID

COCINA DE MERCADO • CHIC ¿Aún no conoces la gastronomía ceutí? Ahora está a tu alcance en el centro de la capital, en un espacio tremendamente cuidado y que… ¡sorprende por su glamour colonial! El chef Hugo Ruiz acude al mercado y a la temporada para hablarnos de los pescados del Estrecho, lo que él define como "cocina de entre mares", poniendo el foco en el exquisito atún rojo para que este sea el gran protagonista tanto en la carta como en su menú degustación. ¡No dejes de probar alguno de sus originales cócteles!

Ⓜ 🍽 ♻ 🍷 Precio: €€€

Plano: C2-120 – *María de Molina 4* ✉ *28006* – Ⓜ *Gregório Marañón* – ℰ *608 26 36 93* – *www.bugaomadrid.com* – *Cerrado cena: domingo*

FONDA DE LA CONFIANZA

TRADICIONAL • AMBIENTE CLÁSICO Llevado por dos profesionales, uno en la sala y el otro tras los fogones. Carta tradicional, con un apartado de arroces y guiños culinarios a varios chefs. ¡Coqueta terraza!

♿ Ⓜ 🍽 ♻ Precio: €€

Plano: C1-111 – *General Gallegos 1* ✉ *28036* – Ⓜ *Cuzco* – ℰ *915 61 33 65* – *www.fondalaconfianza.com* – *Cerrado cena: domingo*

LA GUISANDERA DE PIÑERA

ASTURIANA • MARCO CONTEMPORÁNEO Ofrece una cocina tradicional asturiana con sabrosos guisos y platos emblemáticos de esa tierra (Arroz con pitu de caleya, Fabada asturiana "La Guisandera", Arroz con leche…).

Ⓜ 🍽 ♻ Precio: €€

Plano: B1-110 – *Rosario Pino 12* ✉ *28020* – Ⓜ *Valdeacederas* – ℰ *914 25 14 25* – *www.laguisanderadepinera.com* – *Cerrado cena: domingo*

MADRID

IKIGAI VELÁZQUEZ

JAPONESA • DE DISEÑO ¡El hermano pequeño de Ikigai! Presenta un cuidado interiorismo, con detalles inspirados en los apartamentos neoyorquinos de los años 80, y una barra de sushi que toma claramente el protagonismo al verse desde cualquier punto de la sala. Carta de gusto nipón y opción de menú, con platos extraídos de la misma.

🅰️🅲️ Precio: €€€

Plano: C2-122 – Velázquez 136 ✉ 28001 – Ⓜ Avenida de América – 📞 910 88 82 00 – www.restauranteikigai.com

LANA Ⓝ

ARGENTINA • A LA MODA Un argentino que no para de ganar adeptos y tiene la parrilla a la vista, pues es el epicentro de su propuesta. En este agradable local, llevado entre hermanos, encontrará platos tradicionales, especialidades gauchas y cortes de carne típicos de diversas razas (Aberdeen Angus, Wagyu, Hereford, Vaca Gallega...). ¡Curiosa selección de cuchillos artesanos y extensa carta de vinos argentinos!

🅰️🅲️ Precio: €€€

Plano: B2-30 – Ponzano 59 ✉ 28001 – Ⓜ Rios Rosas – 📞 626 86 98 55 – www.restaurantelana.com – Cerrado domingo

LA MARUCA - LÓPEZ DE HOYOS Ⓝ

TRADICIONAL • MARCO CONTEMPORÁNEO Un restaurante que, en línea con sus homónimos de Castellana y Velázquez, solo busca que pensemos en CANTABRIA con mayúsculas. Este amplio local de ambiente contemporáneo, con grandes cristaleras a la calle, destaca por el hecho de tener una acogedora terraza en la parte trasera y por apostar, sin complejos, por la cocina cántabra de toda la vida, basada en la calidad del producto y en unas elaboraciones sencillas pero que no descuidan los detalles. ¿Especialidades? Las Anchoas, las Rabas de Santander, los Buñuelos de brandada, alguno de sus Cocidos (Montañés o Lebaniego), el Cachopo...

🅰️🅲️ 🍽️ Precio: €€

Plano: C2-112 – López de Hoyos 42 ✉ 28001 – Ⓜ Avenida de América – 📞 915 63 14 85 – www.restaurantelamaruca.com

LA MORENA Ⓝ

FUSIÓN • BISTRÓ Un bistró contemporáneo e informal que intenta, tanto desde el punto de vista estético como desde el gastronómico, trasladar el singular mundo marino de las aguas de Tarifa a la capital. Su propuesta fusiona la cocina gaditana con la japonesa y la latinoamericana a través de unos platos ligeros pero muy sabrosos. ¡Aquí todo está muy pensado para compartir!

🅰️🅲️ ↔ Precio: €€

Plano: C1-113 – Paseo de la Castellana 210 ✉ 28046 – Ⓜ Plaza de Castilla – 📞 914 24 36 92 – www.lamorenamadrid.com – Cerrado lunes, martes

OVILLO

CREATIVA • INDUSTRIAL Un restaurante diáfano y de atractiva estética industrial que, lejos de moverse por modas, nos enamora tanto por la propuesta, de tinte creativo, como por su filosofía solidaria (proyecto "Cocina Conciencia", de Fundación Raíces, con el que buscan la incorporación laboral y social de jóvenes en situación de vulnerabilidad). La propuesta, con opción de carta y tres menús degustación (Ovillo, Madeja y Tirar del hilo), sorprende por su extensa oferta de entrantes a base de pequeños bocados. ¡Pruebe sus Callos con Montgetas (premiados como los mejores del mundo en 2022)!

♿ 🅰️🅲️ 🍽️ ↔ Precio: €€

Plano: D2-29 – Pantoja 8 ✉ 28002 – Ⓜ Alfonso XIII – 📞 917 37 33 90 – www.ovillo.es – Cerrado domingo

ROCACHO

TRADICIONAL • **MARCO CONTEMPORÁNEO** Un asador contemporáneo que apuesta por el producto, con platos de temporada, pescados salvajes, carnes de vacuno mayor a la parrilla, arroces... ¡Buenas jornadas gastronómicas!

🅰️ 🍴 Precio: €€€

Plano: C1-13 – *Padre Damián 38* ✉️ *28036* – Ⓜ️ *Cuzco* – 📞 *914 21 97 70* – *rocacho.com*

RUBAIYAT MADRID

CARNES A LA PARRILLA • **BRASSERIE** Descubra el auténtico sabor de São Paulo degustando la típica Feijoada (mínimo dos personas) o su completa selección de carnes. ¡Fantástica terraza con árboles y vegetación!

🐾 ♿ 🅰️ 🍴 🔄 Precio: €€€

Plano: C1-14 – *Juan Ramón Jiménez 37* ✉️ *28036* – Ⓜ️ *Cuzco* – 📞 *913 59 10 00* – *www.gruporubaiyat.com* – *Cerrado cena: domingo*

SEEDS

MODERNA • **ELEGANTE** Atesora cierto encanto y notas de elegancia, pues se halla... ¡en el singular MOM Culinary Institute! Carta de producto, con guiños modernos, donde se exalta la sostenibilidad.

🅰️ 🍴 🔄 Precio: €€€

Plano: C2-121 – *Serrano 95* ✉️ *28006* – Ⓜ️ *Gregorio Marañón* – 📞 *913 54 81 71* – *www.momculinary.com* – *Cerrado lunes, domingo*

LA TAJADA ✪

ACTUAL • **INDUSTRIAL** Si le gustaba el desaparecido Desencaja Bistro está de suerte, pues su equipo se ha trasladado en bloque a este restaurante, íntimo y de sencilla estética industrial. ¿Su propuesta? Una carta de cocina tradicional bien puesta al día (incluye una selección de arroces) y la opción de varios menús: un económico menú del día, el que llaman El rayo verde (de lunes a viernes, solo en el servicio de comidas) y otro más completo denominado Viaje a la luna. Nos ha llamado la atención su postre Chocolate (6 elaboraciones diferentes con el cacao como hilo conductor).

🅰️ 🍴 Precio: €€

Plano: C1-16 – *Ramón de Santillán 15* ✉️ *28016* – 📞 *912 32 22 04* – *www.latajada.es*

THE OMAR ✪

TRADICIONAL • **MARCO CONTEMPORÁNEO** Un restaurante, tipo bistró, que huele a pan recién hecho (tiene su propio obrador). Se encuentra dentro del céntrico y lujoso hotel Thompson Madrid, donde llama la atención tanto por su propuesta, con unas elaboraciones de gusto tradicional sencillas pero sabrosas, como por su honestidad. ¡También venden pan, bollería y tartas caseras!

🅰️ Precio: €€

Plano: E2-140 – *Plaza del Carmen (Hotel Thompson Madrid)* ✉️ *28013* – Ⓜ️ *Gran Vía* – 📞 *910 62 12 79* – *www.theomar.es*

TORA ✪

JAPONESA CONTEMPORÁNEA • **MARCO CONTEMPORÁNEO** Local de ambiente contemporáneo repartido en dos plantas y dotado con una barra de sushi en cada una de ellas (la del piso inferior en un privado). El chef José Osuna defiende, a través de la carta y de un menú Omakase, una cocina nipona-actual que toma como base el producto nacional. ¿Curiosidades? Diversos detalles decorativos, como la vajilla o los uniformes, hacen alusiones al tigre, pues es el significado de Tora en japonés.

🅰️ 🔄 Precio: €€€

Plano: C3-131 – *Padilla 5* ✉️ *28006* – Ⓜ️ *Núñez de Balboa* – 📞 *912 62 12 33* – *www.toraexperience.com* – *Cerrado lunes, domingo*

VELASCOABELLÀ 🅝

COCINA DE MERCADO • MARCO CONTEMPORÁNEO La nueva propuesta del chef Óscar Velasco, bien acompañado por Montse Abellà (se ocupa de la parte dulce y ejerce como anfitriona), ya está aquí y solo podemos decir que... ¡ha merecido la pena esperar!La pareja, que afronta el reto como un "proyecto de vida", apuesta por una cocina fiel a las premisas de Óscar, que siempre pone en valor la cocina actual de mercado y ensalza el producto de temporada pero con un poquito más de libertad que en sus anteriores proyectos, demostrando técnica y elegancia a partes iguales. La carta, no muy extensa y con opción de pedir medias raciones, se completa con un menú degustación que extrae diversos platos de ella. ¿Curiosidades? El luminoso comedor se ve apoyado por un reservado al que llaman El Apartamento (dispone de su propia cocina) y, ya dentro de la oferta como tal, sorprende encontrar un plato icónico de su brillante etapa al frente del desaparecido Santceloni, el mítico Ravioli de ricota ahumada con caviar París 1925 oscietra.

⇔ Precio: €€€

Plano: C1-26 – *Víctor Andrés Belaúnde 25* ✉ *28016* – Ⓜ *Colombia* – ☎ *915 66 97 40* – *www.velascoabella.com* – *Cerrado domingo*

ZALACAÍN

CLÁSICA • ELEGANTE ¡Un gran icono de la hostelería española! La carta, no exenta de platos históricos (Búcaro "Don Pío, Bacalao Tellagorri, Steak Tartare...), también ofrece un menú degustación.

🕸 ㅊ 🄰🄲 ⇔ Precio: €€€€

Plano: C2-104 – *Álvarez de Baena 4* ✉ *28006* – Ⓜ *Gregorio Marañón* – ☎ *911 40 14 14* – *zalacain.es* – *Cerrado lunes, domingo*

CHAMBERÍ

❀❀ **COQUE**

Chef: Mario Sandoval

CREATIVA • ELEGANTE Hablar de los hermanos Sandoval (Mario tras los fogones, Diego como jefe de sala y Rafael en labores de sumiller) supone, automáticamente, descubrirse ante tres ases de la hostelería española.El magnífico restaurante, con unos 1.100 m², multiplica la experiencia al plantearse como etapas (bar, bodega, sacristía, cocina...) de un recorrido por sus elegantísimas instalaciones, diseñadas bajo un código visual que permite potenciar las sensaciones. El chef Mario Sandoval, concienciado con la necesidad de un conocimiento más profundo del producto, plantea a través de su menú "Roots" (existe una opción vegana-vegetariana) una cocina creativa que, en sí misma, encierra la esencia más personal del chef dando todo el protagonismo a las mejores materias primas de temporada (guisantes lágrima de Guetaria, quisquilla de Motril, almeja gallega salvaje, toro bravo...). ¡Esta propuesta saca a la luz los trabajos de investigación que llevan a cabo en su agrolab del Jaral de la Mira!

❀ *El compromiso del Chef:* Apoyamos la economía circular, reducimos los residuos y fomentamos tanto la investigación como la concienciación. La mayoría de los productos son de proximidad y tenemos una finca en la sierra (El Jaral de la Mira) con una huerta donde recuperamos cultivos en desuso.

🕸 ㅊ 🄰🄲 Precio: €€€€

Plano: C3-45 – *Marqués de Riscal 11* ✉ *28010* – Ⓜ *Rubén Darío* – ☎ *916 04 02 02* – *www.restaurantecoque.com* – *Cerrado lunes, domingo, almuerzo: martes, miércoles*

❀❀ **SMOKED ROOM**

ACTUAL • TENDENCIA Recuerda un poco a los locales clandestinos y supone toda una experiencia, pues juegan genialmente con los sabores y aromas ahumados sin saturar nunca el paladar.Presenta un acceso independiente respecto al

Hotel Hyatt Regency Hesperia Madrid y, enfocándose como una opción exclusiva, comparte espacio con el restaurante Leña Madrid. En la sala, íntima y cuidada desde el punto de vista estético, encontrará una barra de aire nipón frente a la cocina y solo dos mesas. La sutil propuesta, sujeta a un único menú degustación denominado "Todo es humo", tiene como hilo conductor la ejecución de ligeros ahumados y el trabajo con brasas, siempre desde acertadas combinaciones en base al mejor producto de temporada, pescados y carnes maduradas, algas... ¡Las reservas se abren los días 15 de cada mes!

🗱 🅰🅒 Precio: €€€€

Plano: B2-106 – *Paseo de la Castellana 57 (Hotel Hyatt Regency Hesperia Madrid)* ✉ *28046 –* ⓜ *Gregorio Marañón –* ℘ *911 08 62 77 – grupodanigarcia. com/es – Cerrado lunes, domingo*

✿ CLOS MADRID

MODERNA • **MARCO CONTEMPORÁNEO** La gran apuesta del sumiller y restaurador Marcos Granda, el propietario del famoso restaurante Skina de Marbella, que ha llegado a la capital con una propuesta diferente donde la cocina y la bodega estén a la misma altura.El local, de ambiente contemporáneo, resulta perfecto para degustar una cocina actual de marcados tintes creativos, tomando siempre como base los sabores tradicionales y los productos de los mejores proveedores nacionales. Aquí el planteamiento gastronómico busca exaltar una máxima de esta casa: "Los grandes restaurantes son aquellos que hacen y logran que el cliente se sienta importante". ¿Sabe lo que significa "Clos"? Es un término francés con el que se hace referencia a una explotación vinícola, normalmente de contrastada calidad, cercada y protegida por un muro.

♿ 🅰🅒 🍽 ✿ Precio: €€€

Plano: B2-18 – *Raimundo Fernández Villaverde 24* ✉ *28003 –* ⓜ *Cuatro Caminos –* ℘ *910 64 88 05 – www.restauranteclosmadrid.es – Cerrado domingo*

✿ EL INVERNADERO

Chef: Rodrigo De la Calle

VEGETARIANA • **ACOGEDORA** Rodrigo de la Calle se autodefine como un "domesticador de vegetales" y no le falta razón, pues lo que hace con nuestro entorno verde le ha convertido en una ineludible referencia; de hecho, es uno de los padres de la "gastrobotánica".En su restaurante, que deja la cocina a la vista dentro de un espacio actual-natural, podrá descubrir una filosofía culinaria que convierte a las hortalizas en el hilo conductor de su propuesta, siempre fina, sabrosa, tremendamente técnica y basada en menús degustación: Verde (con opciones veganas y vegetarianas), Rojo (con algunos platos de carne), Azul (con propuestas de pescado) y Vegetalia (platos más nuevos). Existe la opción de hacer maridajes, con vinos clásicos o sus originales fermentados (kombuchas, tepaches, verduras vinificadas, licuados...).

✿ *El compromiso del Chef:* Trabajamos con productores y proveedores cercanos; aprovechándonos de estos recursos, ecológicos y mucho más sostenibles, también elaboramos bebidas fermentadas en base a excedentes y mermas, creando así un valor gastronómico que ansía llegar a generar residuo cero.

♿ 🅰🅒 Precio: €€€€

Plano: B2-19 – *Ponzano 85* ✉ *28003 –* ⓜ *Rios Rosas –* ℘ *628 93 93 67 – elinvernaderorestaurante.com – Cerrado lunes, domingo*

✿ QUIMBAYA

Chef: Edwin Rodríguez

COLOMBIANA • **MINIMALISTA** ¿Quiere viajar con el paladar? Aquí tiene una maravillosa oportunidad para hacerlo, pues el chef Edwin Rodríguez ha sabido trasladar al plato los sabores de su Colombia natal, la cuna del realismo mágico.El local, que toma el nombre de una etnia indígena famosa por su labor de orfebrería áurea, se presenta con una pequeña barra donde encontraremos una magnífica relación de destilados colombianos y a continuación el comedor, minimalista y con la cocina abierta para que, en cierto modo, el cliente interactúe con los cocineros.

MADRID

Centran su propuesta en un único menú degustación, llamado Idiosincrasia, que desarrolla un viaje por las distintas regiones de Colombia (Amazonas, Andes, Antioquía, costas del Pacífico y del Caribe...) e intenta dar a conocer la biodiversidad de esta tierra.

&. 🅰🅲 Precio: €€€

Plano: B2-108 – *Zurbano 63* ✉ *28010* – Ⓜ *Gregorio Marañón* – 𝒫 *912 40 18 96* – *quimbayarestaurant.com* – *Cerrado lunes, martes, cena: domingo*

SADDLE

MODERNA • **ELEGANTE** Se encuentra frente al Ministerio del Interior y con su nombre, que significa silla de montar en inglés, hace un guiño a Jockey, el mítico restaurante que ocupó este local y que hizo historia en la gastronomía madrileña.En esencia, y trasladando ya la estética a nuestros días, esta casa replica la filosofía y el buen hacer de los establecimientos de lujo de antaño, por eso buscan que el confort y el servicio sean impecables a la hora de proponer una cocina contemporánea de excelencia en base al recetario clásico. Encontrará amplitud, luminosidad, elegancia, varios privados, un jardín interior... y en lo gastronómico, tanto una carta clásica-actual (con la opción de medias raciones) como un buen menú degustación. ¡Constante trasiego de carros (mantequillas, panes, quesos, licores...)!

🍷 🏵 & 🅰🅲 ⇔ Precio: €€€€

Plano: G1-92 – *Amador de los Ríos 6* ✉ *28010* – Ⓜ *Colón* – 𝒫 *912 16 39 36* – *www.saddle-madrid.com* – *Cerrado domingo*

TOKI Ⓝ

JAPONESA • **MINIMALISTA** ¡Alta cocina japonesa en un formato de exclusividad! Este restaurante, bajo la firma del célebre sumiller Marcos Granda, es de esos para disfrutar sin mirar el reloj; no en vano, el término Toki significa precisamente eso... ¡tiempo!El sobrio pero elegante local, centrado en una única barra de sushi y sumamente íntimo para personalizar el trato con los clientes (solo seis asientos), tiene al frente de su propuesta al chef Tadayoshi Teddy Motoa, un auténtico "itamae" que nos guía en un maravilloso viaje al pasado de la cocina nipona para mostrarnos su evolución, pues desde su menú degustación busca que entendamos cómo ha cambiado la manera de hacer los nigiris (y sobre todo de tratar el arroz) a lo largo de la historia; para ello, entra en un diálogo con el comensal a través de tres recetas (una actual, otra del s. XVIII y, finalmente, una del s. XVI) que, siempre desde la máxima delicadeza y el uso de productos premium, cautivan el paladar. ¡Amplia carta de sakes!

🅰🅲 Precio: €€€€

Plano: G1-135 – *Sagasta 28* ✉ *28004* – 𝒫 *918 02 28 16* – *restaurantetoki.com* – *Cerrado lunes-miércoles*

BACIRA

FUSIÓN • **VINTAGE** Un restaurante de éxito que refrenda valores como la amistad, el esfuerzo y, sobre todo, el amor por los fogones; esos tres pilares son sobre los que crece esta casa, llevada con dedicación entre Carlos Langreo, Vicente de la Red y Gabriel Zapata, los tres chefs-socios, especializados en diferentes cocinas (la tradicional mediterránea, la japonesa y la nikkei) pero receptivos a nuevas tendencias y proclives a una gastronomía de fusión. El local, que llama la atención por sus esbeltas columnas de hierro fundido, no puede resultar más acogedor, con un ambiente informal y una estética vintage.

🅰🅲 ⇔ Precio: €€

Plano: B2-47 – *Castillo 16* ✉ *28010* – Ⓜ *Iglesia* – 𝒫 *918 66 40 30* – *bacira.es* – *Cerrado lunes, cena: martes, domingo*

BICHOPALO

MODERNA • **SENCILLA** Los hermanos Pozuelo, con Daniel tras los fogones y Guillermo en la sala, siguen defendiendo esa "alta cocina sin normas" que va implícita en su ADN. En este pequeño local del barrio de Ríos Rosas, mucho más confortable que el que tuvieron en el Mercado Barceló, mantienen la barra como signo de identidad y apuestan por un ambiente informal, con la oferta culinaria limitada a un único menú degustación sorpresa. ¿Y el tipo de cocina? Pues es de gusto actual, con toques de autor y pinceladas tanto mediterráneas como asiáticas. ¡Sus platos otorgan una nueva dimensión a las recetas de toda la vida!

🏧 Precio: €€

Plano: B2-125 – *Cristóbal Bordiú 39* ✉ *28003* – Ⓜ *Ríos Rosas* – 🕾 *917 70 06 63* – *www.bichopalo.es* – *Cerrado lunes, domingo*

BOLÍVAR

TRADICIONAL • FAMILIAR Una de las opciones más interesantes para comer en el corazón de Madrid, en el castizo y popular barrio de Malasaña. El local, algo pequeño pero bien llevado en familia y adaptado estéticamente a los gustos actuales, apuesta desde hace medio siglo por una cocina tradicional de mercado muy bien elaborada. La carta resulta bastante completa... sin embargo, aquí recomendamos descubrir algún menú, pues estos desgranan mejor los matices de su propuesta y suelen introducir un pequeño maridaje al cambiar el vino en función de los platos. ¿Un clásico de la casa? Las Croquetas caseras de langostinos.

🏧 Precio: €€

Plano: F1-93 – *Manuela Malasaña 28* ✉ *28004* – Ⓜ *San Bernardo* – 🕾 *914 45 12 74* – *www.restaurantebolivar.com* – *Cerrado viernes, domingo*

GALA

COCINA DE MERCADO • ÍNTIMA Se halla junto a Nuevos Ministerios y puede ser considerado un clásico de la capital, pues lleva dando servicio y consiguiendo clientes incondicionales desde 1989. Presenta un coqueto comedor y un privado, ambos de estética actual, donde le ofrecerán una cocina tradicional actualizada, de mercado y temporada, que ve la luz a través de una carta con opción de medias raciones (sorprende su oferta de carne bovina de la raza Alistano-Sanabresa) y hasta tres menús: Degustación, Gala y De Temporada. ¿Las especialidades más solicitadas? Pruebe su famoso Steak tartare o algún plato con atún rojo.

🏧 ⇔ Precio: €€

Plano: B2-20 – *Espronceda 14* ✉ *28003* – Ⓜ *Alonso Cano* – 🕾 *914 42 22 44* – *restaurantegala.com* – *Cerrado lunes, domingo*

SISAPO

FUSIÓN • SIMPÁTICA Este curioso e íntimo restaurante, cuyo interiorismo combina detalles industriales, contemporáneos y elementos clásicos rescatados del pasado, se encuentra en el castizo distrito de Chamberí y sorprende por su extraño nombre, un término que hace referencia a un yacimiento romano ubicado en La Bienvenida (Ciudad Real). El chef al frente, Alejandro Aguirre, defiende una cocina actual, sumamente personal y de sabores potentes, apoyada en ingredientes asiáticos y sudamericanos que se combinan, acertadamente, con productos y guisos españoles. ¡También disfruta de una agradable terraza!

🕭 🏧 🍴 Precio: €€

Plano: B3-119 – *Trafalgar 14* ✉ *28010* – Ⓜ *Bilbao* – 🕾 *910 29 12 47* – *www.sisapo.es* – *Cerrado lunes, cena: domingo*

LAS TORTILLAS DE GABINO

TRADICIONAL • ACOGEDORA Está bien llevado entre dos hermanos y recibió este nombre como homenaje al cocinero de La Ancha, un popular restaurante de Madrid que fue fundado por su abuelo hacia los años 30. Las Tortillas de Gabino se encuentra en pleno barrio de Chamberí, con un íntimo recibidor, un privado, una cava acristalada y dos salas de estética actual, ambas comunicadas entre sí por un pasillo que da acceso a la cocina, siempre visible. Su carta tradicional actualizada se completa con un magnífico apartado de tortillas, destacando entre ellas la Velazqueña, que es la tradicional de patatas, y la Trufada.

🏧 🍴 ⇔ Precio: €€

Plano: B2-48 – *Rafael Calvo 20* ✉ *28010* – Ⓜ *Rubén Darío* – 🕾 *913 19 75 05* – *www.lastortillasdegabino.com* – *Cerrado domingo*

MADRID

ASIAKŌ

FUSIÓN • MARCO CONTEMPORÁNEO Pequeño y original restaurante que sorprende por su cocina, vasco-asiática de fusión. ¿El hilo conductor de todo? La parrilla, las brasas y unas materias primas de calidad.

🍴 Precio: €€€

Plano: B3-109 – *Marqués de Riscal 5* ✉ 28010 – Ⓜ *Rubén Dario* – 𝄞 914 21 30 77 – *srito.es* – *Cerrado cena: domingo*

BENARES

HINDÚ • AMBIENTE CLÁSICO Sigue de cerca los pasos del restaurante homónimo en Londres y destaca tanto por la propuesta culinaria, india actualizada, como por su agradable terraza-jardín, con estanque.

🍴 🌿 ⇄ Precio: €€

Plano: G1-94 – *Zurbano 5* ✉ 28010 – Ⓜ *Alonso Martínez* – 𝄞 913 19 87 16 – *www.benaresmadrid.com*

COQUETTO

TRADICIONAL • BISTRÓ Tiene el sello de los hermanos Sandoval y su nombre hace un guiño a la casa madre (Coque, dos Estrellas MICHELIN). Bistró de carácter informal donde se enaltece el producto.

🪑 🍴 Precio: €€€

Plano: H1-95 – *Fortuny 2* ✉ 28010 – Ⓜ *Colón* – 𝄞 916 25 62 92 – *www.coquettobar.com* – *Cerrado cena: lunes, domingo*

FAYER

FUSIÓN • A LA MODA Un curioso restaurante, de aire contemporáneo-minimalista, donde fusionan la cocina israelí con la parrilla argentina. ¿Especialidades? Pruebe su especiado Pastrón con hueso.

🍷 🪑 🍴 ⇄ Precio: €€

Plano: G1-11 – *Orfila 7* ✉ 28010 – Ⓜ *Alonso Martinez* – 𝄞 910 05 32 90 – *www.fayer.com* – *Cerrado lunes*

FISMULER

TRADICIONAL • TENDENCIA ¡Aquí la gastronomía y el interiorismo van de la mano! Presenta una estética casual-industrial, con enorme personalidad y un gusto especial por los materiales reciclados, así como una cocina de inspiración regional donde no faltan los guiños actuales, vascos y navarros.

🪑 🍴 🌿 Precio: €€

Plano: G1-96 – *Sagasta 29* ✉ 28004 – Ⓜ *Alonso Martínez* – 𝄞 918 27 75 81 – *www.fismuler.com* – *Cerrado domingo*

GARELOS

GALLEGA • TABERNA Una taberna gallega, sencilla y en dos alturas, que apuesta sin complejos por la autenticidad, pues en base a unas materias primas escogidas defiende una cocina tradicional de tintes caseros, esa que los gallegos buscarían para aplacar, con el paladar, los días cargados de morriña. ¿Especialidades para no perderse? Pruebe la Tortilla de Betanzos (se caracteriza por presentar el interior sin cuajar), su riquísima Empanada gallega (cambian de ingredientes cada día), el Cañón de Sanchón (exquisita carne de ternera asada), la cremosa Tarta de queso... ¡Los jueves triunfan más con los mariscos!

🍴 Precio: €€

Plano: G1-15 – *Blanca de Navarra 6* ✉ 28010 – Ⓜ *Colón* – 𝄞 910 58 89 56 – *www.garelos.es* – *Cerrado lunes, cena: domingo*

IZARIYA

JAPONESA • AMBIENTE ORIENTAL Este pequeño local no es un japonés al uso, pues busca la exquisitez culinaria nipona rindiendo pleitesía al término "Omotenashi", que nos habla de su culto a la hospitalidad. Recomendamos descubrir sus menús en la barra, viendo el trabajo en directo de los cocineros y disfrutando de sus explicaciones. ¡El menú Omakase requiere reserva previa!

AC Precio: €€

Plano: B2-107 – *Zurbano 63* – 28010 – ⓜ *Gregorio Marañón* – ☏ *913 08 38 12* – *www.izariya.com* – *Cerrado lunes, cena: domingo*

KAPPO

JAPONESA • **TENDENCIA** Kappo significa cocinar y hace referencia a la cocina japonesa tradicional, aunque algo más sofisticada. El protagonismo está en la barra de sushi y ofrecen un menú Omakase.

AC Precio: €€€

Plano: B2-25 – *Bretón de los Herreros 54* – 28003 – ⓜ *Gregorio Marañón* – ☏ *910 42 00 66* – *restaurantekappo.com* – *Cerrado lunes, domingo, cena: miércoles, jueves*

LAKASA

COCINA DE MERCADO • **TENDENCIA** Un local que está en boca de todos y disfruta de llenos casi a diario. Ofrecen una cocina tradicional actualizada en constante renovación, en base a los productos de mercado y con la opción de pedir medias raciones. ¡No se pierda los clásicos Buñuelitos de queso Idiazabal!

& AC 🍴 Precio: €€€

Plano: B2-22 – *Plaza del Descubridor Diego de Ordás 1* – 28003 – ⓜ *Rios Rosas* – ☏ *915 33 87 15* – *www.lakasa.es* – *Cerrado sábado, domingo*

LEÑA MADRID

CARNES A LA PARRILLA • **MARCO CONTEMPORÁNEO** Local de bello interiorismo y filosofía steakhouse que sigue las directrices del chef Dani García. Platos a la parrilla, con carnes de distintos tipos, cortes y maduraciones.

🐾 AC ⇨ Precio: €€€

Plano: B2-105 – *Paseo de la Castellana 57 (Hotel Hyatt Regency Hesperia Madrid)* – 28046 – ⓜ *Gregorio Marañón* – ☏ *911 08 55 66* – *grupodanigarcia.com/es*

LÚA

MODERNA • **ACOGEDORA** Hay muchos restaurantes gallegos en Madrid; sin embargo, no es fácil encontrar uno que resulte cercano, innovador y tan diferente. El grupo Zapato Veloz tenía una canción, muy popular en los 90, que decía: "Hay un gallego en la luna"... lo cierto con Lúa (luna en gallego), por suerte para nosotros, es que tenemos un maravilloso "lunático" triunfando en la capital.La propuesta del chef orensano Manuel Domínguez, hijo de auténticos "pulpeiros", ve la luz tanto en las salas interiores, ambas decoradas con una cálida rusticidad y obras de arte contemporáneas, como en su cuidada terraza. Los platos, a la carta o en dos menús degustación (Lúa y Lúa Chea), dejan ver una cocina totalmente actualizada pero a su vez de marcadas esencias celtas, siempre en base a ingredientes de temporada que juegan a encumbrarse entre sí. Nos ha encantado su emblemático "Pulpo a feira" y la "Tarta líquida de Santiago", una revisión del postre clásico y todo un guiño a sus raíces.

AC Precio: €€€

Plano: B2-46 – *Eduardo Dato 5* – 28010 – ⓜ *Rubén Darío* – ☏ *913 95 28 53* – *www.restaurantelua.com* – *Cerrado lunes, domingo*

NODRAMA CONCEPT

CREATIVA • **MINIMALISTA** Un propuesta original y diferente, pues estamos ante un chef ecléctico que busca iniciarnos en el mestizaje culinario. Aquí encontrará una cocina creativa con toques galos, ingleses, asiáticos, nikkeis... países o estilos que le han marcado en sus viajes y que dejan su impronta en sutiles platos, siempre en base al producto local. En este luminoso local, de elegante ambiente minimalista, apuestan por dos menús degustación de pequeños bocados, aunque en su terraza de verano también ofrecen una pequeña carta de "tapeo fino".

AC Precio: €€€

Plano: B2-124 – *Zurbano 67* – 28010 – ⓜ *Gregorio Marañón* – ☏ *912 55 44 41* – *www.nodramaconcept.com* – *Cerrado lunes, martes*

MADRID

EL PEDRUSCO DE ALDEALCORVO

CASTELLANA • MARCO REGIONAL Restaurante de elegante ambiente castellano donde los asados de cordero y cochinillo son los inequívocos protagonistas, bien acompañados por otros platos tradicionales de la meseta que, conservando su sabor, llaman la atención por su ligereza. ¡Presumen de trabajar con un horno de leña centenario!

AC 🕮 ⇄ Precio: €€

Plano: B2-123 – *Juan de Austria 27* ✉ *28010* – ⓜ *Iglesia* – ☏ *914 46 88 33* – *www.elpedruscodealdealcorvo.es* – *Cerrado lunes, domingo, cena: martes-jueves*

PILAR AKANEYA

STEAKHOUSE JAPONESA • AMBIENTE ORIENTAL Las señas de identidad de esta casa, el primer sumibiyaki de Madrid, son el trabajo con parrillas japonesas, la utilización de carnes Kobe certificadas y el uso del exclusivo carbón vegetal Kishū Binchōtan de Wakayama. ¡Algunos de sus menús ofertan el famoso Crown Melon de Fukuroi!

AC Precio: €€€

Plano: B2-55 – *Espronceda 33* ✉ *28003* – ⓜ *Alonso Cano* – ☏ *913 30 76 99* – *www.pilarakaneya.com* – *Cerrado, almuerzo: lunes-viernes*

PUNTARENA

MEXICANA • MARCO CONTEMPORÁNEO Se halla en la Casa de México, toma su nombre de una playa y aborda, en un ambiente actual, la cocina mexicana del Pacífico, con varios pescados al estilo tradicional, algo de fusión y opciones para compartir. ¡Descubra el delicioso Pulpo enamorado y sus cócteles de autor!

🍽 ⮜ AC 🕮 Precio: €€€

Plano: A3-52 – *Alberto Aguilera 20* ✉ *28015* – ⓜ *San Bernardo* – ☏ *914 93 99 54* – *www.puntarenamadrid.com*

SOY KITCHEN

FUSIÓN • A LA MODA "Julio" Zhang (Yong Ping Zhang) ofrece una propuesta única que fusiona la cocina asiática (China, Corea, Japón...) con la española. Fantásticos Dim Sum y... ¡menús sorpresa!

AC ⇄ Precio: €€

Plano: B2-23 – *Zurbano 59* ✉ *28010* – ⓜ *Gregorio Marañón* – ☏ *913 19 25 51* – *soykitchen.es* – *Cerrado lunes, cena: domingo*

TORI-KEY

YAKITORI • SIMPÁTICA Un japonés diferente, pues huye de la habitual propuesta fría a base de sushi para abordar el mundo de la cocina Yakitori, la centrada en las brochetas de pollo a la parrilla.

⮜ AC 🕮 Precio: €€

Plano: B2-28 – *Plaza del Descubridor Diego de Ordás 2* ✉ *28003* – ⓜ *Ríos Rosas* – ☏ *914 38 86 70* – *www.torikey.com* – *Cerrado lunes, cena: domingo*

AL ESTE

JAIZKIBEL

VASCA • AMBIENTE TRADICIONAL Un establecimiento donde el producto y el sabor son los inequívocos protagonistas. Completa carta de cocina vasca tradicional, con apartado de arroces, guisos y bacalaos.

AC ⇄ Precio: €€

Fuera de plano – *Albasanz 67 (por Alcalá)* ✉ *28037* – ⓜ *Suanzes* – ☏ *913 04 16 41* – *jaizkibelartesanoscocineros.com* – *Cerrado domingo, cena: sábado*

FILANDÓN

TRADICIONAL • **MARCO CONTEMPORÁNEO** ¿Busca un restaurante donde poder escapar del estrés? En este la tranquilidad está garantizada, pues se halla a la entrada de El Pardo, en pleno campo pero solo a unos minutos del centro de la capital. En sus agradables comedores de ambiente rústico, uno de ellos en la misma terraza, encontrará una cocina de gusto tradicional donde el producto es el gran protagonista, con fantásticos pescados abastecidos a diario por Pescaderías Coruñesas, carnes selectas, deliciosos arroces... ¡Muchos platos se elaboran a la parrilla!

&. 🅰️ 🏠 ⇆ 🅿️ Precio: €€€

Fuera de plano – *Carretera Fuencarral-El Pardo (km 1,9 - M 612)* ✉️ *28049 –* ☎️ *917 34 38 26 – www.filandon.es – Cerrado cena: domingo*

MADRIGAL DE LA VERA

Cáceres – Mapa regional **12**–B1

⊛ EL MOLINO

ACTUAL • RÚSTICA Recupera un molino que emana autenticidad, con las paredes en piedra y a orillas de la garganta de Alardos. Aquí, en un entorno natural que es todo un tributo al sosiego, se presenta con una buena zona de bar a la entrada (dotada de chimenea y unas curiosas mesas que reutilizan las antiguas muelas de moler) así como un sencillo comedor, ambos espacios de cálida rusticidad. ¿La oferta? Solo sirven un menú degustación sorpresa, de tinte actual pero con claras bases tradicionales y una apuesta, sin complejos, por las verduras frescas de la zona. ¡Tienen vinos naturales de pequeños productores!

🅿 Precio: €

Garganta de Alardos ✉ 10480 – ☎ 722 88 50 59 – Cerrado lunes-jueves, cena: domingo

MAHÓN - Baleares ➡ Ver Balears (Menorca)

MAJADAHONDA

Madrid – Mapa regional **15**–A2

EL VIEJO FOGÓN

TRADICIONAL • RÚSTICA Íntimo, de ambiente rústico y bien llevado por profe-sionales, lo que se traduce en un constante deseo de agradar y evolucionar. Cocina actual, con toques de fusión, que da la opción de carta (también medias raciones) y de dos menús, uno de ellos de tipo degustación. ¿Una recomendación? Pruebe su delicioso Brioche de pulled pork.

🖼 🛋 ✿ Precio: €€

San Andrés 14 ✉ 28220 – ☎ 916 39 39 34 – www.elviejofogon.es – Cerrado lunes

MÁLAGA

Málaga – Mapa regional **1**–C2

⊛ JOSÉ CARLOS GARCÍA

CREATIVA • DE DISEÑO Un restaurante que sorprende tanto por el emplaza-miento, frente a los lujosos yates del Muelle Uno, como por su singular interiorismo de estética contemporánea, elegante a la par que canalla, confluyendo en él las vanguardias, el diseño industrial, los utópicos jardines verticales, la informalidad chill out..., todo en perfecta sintonía con el Mediterráneo y su luz.El chef José Carlos García, natural de esta preciosa ciudad, no da opción de carta y concentra su propuesta exclusivamente en dos menús degustación, ambos bastante extensos (uno tiene tres platos más que otro) y en constante evolución. En ellos, demostrando siempre un gran dominio técnico, encontrará unas elaboraciones que exaltan los productos locales de proximidad (en torno al 70%) y los sabores malagueños de toda la vida.

⊛ 🛋 🖼 🛋 Precio: €€€€

Plaza de la Capilla (Muelle Uno, Puerto de Málaga) ✉ 29016 – ☎ 952 00 35 88 – www.restaurantejcg.com – Cerrado lunes, domingo

⊛ KALEJA

Chef: Dani Carnero

ACTUAL • TENDENCIA Hace honor a su nombre, pues Kaleja es una palabra sefardí que significa "callejón" y que nos habla sobre el peculiar emplazamiento del local, en la bella judería malagueña y a pocos metros del Museo Picasso.Lo primero que llama la atención es el sutil olor a humo, un elemento esencial en la propuesta diferencial de esta casa, ya que el chef Dani Carnero plantea una cocina de las de antes desde la perspectiva actual, trabajando al calor de las brasas en largas cocciones (lo que llaman "cocina de candela") para rescatar los sabores de su infancia, en muchos casos asociados a recetas tradicionales andaluzas que está salvando del olvido.

La propuesta ve la luz a través de dos menús degustación (Memoria y Gran Menú Memoria). ¡Todos los platos tienen potencia, sabor y una historia tras de sí!

🖾 Precio: €€€€

Marquesa de Moya 9 ⊠ 29015 – ☎ 952 60 00 00 – restaurantekaleja.com – Cerrado lunes, domingo

☺ BLOSSOM ⓝ

FUSIÓN • SENCILLA Si busca un restaurante en el centro de Málaga, a escasos metros de la Catedral, esta puede ser una magnífica opción. El encantador e íntimo local, con muy pocas mesas (la mayoría de ellas, de hecho, están sobre la misma calle peatonal donde se encuentra), apuesta por una interesante oferta gastronómica de fusión que combina la creatividad con algunos detalles o rasgos culinarios sudamericanos; no en vano, el chef Emi Schobert, que dice buscar su inspiración "en el mar, la montaña y los productos locales", es natural de Argentina. Dado el tamaño y el éxito... ¡recomendamos reservar!

🖾 🛱 Precio: €€

Strachan 11 ⊠ 29015 – ☎ – blossommalaga.com

☺ LA COSMO

ANDALUZA • A LA MODA ¿Un restaurante moderno e informal pero que también sea céntrico? No busque más, pues La Cosmo cumple esos requisitos y está a solo unos pasos tras la cabecera de la Catedral. Este local, con la cocina abierta y dominado por los tonos blancos, apuesta por la trasparencia y la calidad en todo lo que tiene que ver con el producto y su origen, intentando dar valor a las materias primas de proximidad. El chef Dani Carnero, con otros negocios en la ciudad (La Cosmopolita y Kaleja), busca aquí un concepto culinario más directo y fluido, reivindicando la tradición malagueña y los sabores marineros.

🛱 Precio: €€

Císter 11 ⊠ 29001 – ☎ 630 91 73 96 – www.lacosmo.es – Cerrado domingo

☺ LA TABERNA DE MIKE PALMER

TRADICIONAL • RÚSTICA Un local rustico-actual que emana tranquilidad, sencillez y sosiego, unas virtudes adquiridas, en gran medida, por el hecho de encontrarse a las afueras de Málaga, tras las colinas que bordean la ciudad y dentro de las instalaciones de un club hípico. Aquí encontrará una cocina tradicional actualizada de esas que dejan su sello y quedan grabadas en el recuerdo, pues abarcando tanto los productos de la tierra como del mar busca potenciar los sabores mediterráneos con elaboraciones sencillas, principalmente a fuego lento y a la brasa. Si es posible... ¡coma en su encantadora terraza!

♿ 🛱 🅿 Precio: €€

Camino de los Almendrales (Club Hípico El Pinar) ⊠ 29013 – ☎ 622 69 71 34 – latabernademikepalmer.com – Cerrado lunes, martes, almuerzo: miércoles, cena: domingo

BALAUSTA

ACTUAL • HISTÓRICA En el patio porticado y cubierto del hotel Palacio Solecio (s. XVIII). Presenta una cocina actual, de base tradicional, que sigue las directrices del chef José Carlos García.

♿ 🖾 🅿 Precio: €€

Granada 57-59 (Hotel Palacio Solecio) ⊠ 29015 – ☎ 952 21 60 00 – www.restaurantebalausta.com

BELUGA

COCINA MEDITERRÁNEA • MARCO CONTEMPORÁNEO Se halla en una céntrica placita y está llevado por una pareja de origen alicantino, un detalle relevante para su propuesta al ofrecer platos mediterráneos de gran delicadeza, con toques actuales, buenos detalles técnicos y muchísimo sabor. ¡Los arroces y los guiños al mar son una constante en sus menús!

🖾 🛱 ⇦ Precio: €€€

Plaza de las Flores 3 ⊠ 29005 – ☎ 952 21 42 53 – www.belugamalaga.es

CANDADO GOLF

TRADICIONAL • **AMBIENTE CLÁSICO** En las instalaciones de un club de golf (Real Club El Candado), donde destaca por sus relajantes terrazas y sus vistas. Cocina clásica-tradicional y buen apartado de arroces.

🅰🄲 🅿 Precio: €€

Golf del Candado 2 ✉ 29018 – 𝒫 952 29 93 41 – elrestaurantedelcandadogolf. es – Cerrado lunes, martes, cena: miércoles, jueves y domingo

CÁVALA

PESCADOS Y MARISCOS • **MARCO CONTEMPORÁNEO** Espacio contemporáneo que destaca por su cocina vista y su llamativa bodega. La propuesta, con servicio a la carta (también hay especialidades a la brasa y opción de medias raciones) y dos menús degustación, supone todo un homenaje al mar, consiguiendo actualizar los platos sin transformar los sabores.

🅰🄲 🕭 Precio: €€

Alameda de Colón 5 ✉ 29001 – 𝒫 628 02 13 63 – restaurantecavala.es

LA COSMOPOLITA

COCINA DE MERCADO • **AMBIENTE MEDITERRÁNEO** En pleno casco viejo, donde sorprende con una decoración rústica-vintage. Divertida cocina de mercado, en base a producto andaluz pero con toques exóticos. ¡Agradable terraza!

🕭 🅰🄲 🕭 Precio: €€

José Denís Belgrano 3 ✉ 29015 – 𝒫 952 21 58 27 – lacosmopolita.es – Cerrado domingo

TA-KUMI

JAPONESA • **SENCILLA** Un japonés de agradables instalaciones que completa su carta nipona con unos sugerentes menús. Si hace bueno reserve en la terraza y... ¡disfrute de sus vistas a la Alcazaba!

🕭 🅰🄲 🕭 Precio: €€€

Mundo Nuevo 4 ✉ 29012 – 𝒫 952 06 00 79 – www.restaurantetakumi.com – Cerrado lunes, domingo

MALPICA DE BERGANTIÑOS

A Coruña – Mapa regional **13**–A2

MATERIAL

TRADICIONAL • **FAMILIAR** Céntrico, actual y con una cocina tradicional, especializada en pescados y carnes a la parrilla, que triunfa por la calidad del producto. ¡Maduran algunas carnes ellos mismos!

🕭 🅰🄲 Precio: €€

Eduardo Vila Fano 3 ✉ 15113 – 𝒫 881 98 26 84 – www.restaurantematerial.com – Cerrado lunes, cena: martes, miércoles y domingo

MANRESA

Barcelona – Mapa regional **10**–A2

CAU DE L'ATENEU

MODERNA • **MARCO CONTEMPORÁNEO** Recupera el magnífico Ateneo de Manresa y tiene tras los fogones a un matrimonio (Xaro y Jacint). Cocina tradicional actualizada, de cuidado producto y mimadas presentaciones.

🅰🄲 ⇄ Precio: €€

Les Piques 1 ✉ 08241 – 𝒫 938 51 38 59 – www.caudelateneu.com – Cerrado lunes, domingo, cena: martes, miércoles

MARBELLA

Málaga
Mapa regional **1**–B3
Mapa de carreteras Michelin
n° 578-W15

Gastronomía con vistas al mar

Disfrute sus maravillosas puestas de sol mientras da una vuelta por el paseo marítimo; recorra las encantadoras callejuelas encaladas del casco viejo; compruebe el ambiente cosmopolita que llena las tiendas y boutiques de la avenida principal; visite algún local de moda para constatar su glamur... y, por supuesto, descubra esa extraordinaria gastronomía local que vive de cara al mar, en los siempre animados bares de tapas, en los chiringuitos con alma "chill out" ubicados a pie de playa o en los elegantes restaurantes de orientación gourmet que hay por toda la ciudad. ¿Platos típicos que no debe dejar de probar? Las populares Frituras de pescado (chopitos, boquerones, cazón...), los famosísimos Espetos de sardinas (todo un clásico en la Costa del Sol), un Gazpacho bien fresquito, ese arraigado Ajoblanco que toma como base la almendra molida... ¡Déjese llevar!

❀❀ **SKINA**

MODERNA · MARCO CONTEMPORÁNEO Las auténticas joyas suelen ocultarse en espacios singulares y un tanto escondidos, sin embargo... ¡pocas tienen uno tan diminuto! Nos hallamos en las estrechas callejuelas del casco antiguo marbellí, en un local con solo cuatro mesas cuyo pequeño tamaño queda justificado, a la perfección, por Marcos Granda, su famoso propietario y sumiller: "Skina se agiganta por lo que ofrece".El joven chef toledano Mario Cachinero nos plantea una cocina creativa y sincera que busca evolucionar el recetario tradicional andaluz y se autodefine como "de armonías y contrastes"; eso sí, en base a un excelso tratamiento de las materias primas (pescado gallego salvaje capturado de forma artesanal, aceites premium de Jaén producidos en olivares de montaña, carnes exclusivas...) para respetar aún más su sabor.

❀ AC 🛋 Precio: €€€€

Plano: E1-8 – Aduar 12 ✉ 29601 – ☎ 952 76 52 77 – www.restauranteskina.com – Cerrado lunes, domingo

---

❀ **BACK**

Chef: David Olivas

MODERNA · SIMPÁTICA ¿Buscas alta cocina pero también la sensación de divertirte? En este agradable local, a modo de moderno bistró, tienen por objetivo ambas premisas y ciertamente las consiguen, pero además... ¡en un perfecto equilibrio!Lo primero que hay que decir del chef David Olivas, natural de Úbeda, es que siempre ha buscado sentirse libre a la hora de crear, algo que aquí se nota para nuestro disfrute en una cocina actual-creativa no exenta de técnica y que busca los

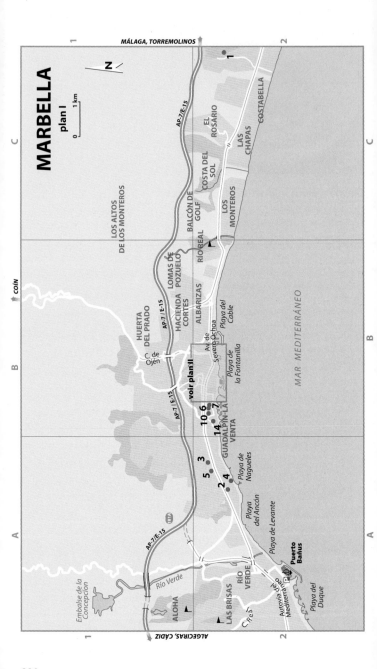

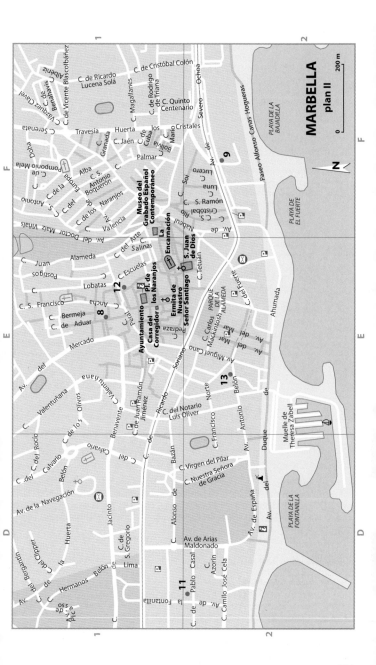

MARBELLA
plan II

0   200 m

PLAYA DE LA BAJADILLA

PLAYA DE EL FUERTE

PLAYA DE LA FONTANILLA

Muelle de Theresa Zabell

N

Paseo Alfonso Canas Hogueras

C. de Cristóbal Colón
C. de Ricardo Lucena Solá
C. Magallanes
C. de Rodrigo de Triana
C. Quinto Centenario
C. de Vicente Blascolbáñez
C. de Benahavis
C. Vázquez Clavel
Albéñiz
C. Serranta
Travesía
Huerta
C. Jaén
C. de los Cuba
Bolivia
Mario
Cristales
Severo
Ochoa
C. de Pomponio Mela
C. de Europa
C. de la Alba
C.S. Antonio Boquerón
C. del S. Antonio
C. de los Naranjos
Palmar
Granada
Sol
Luna
Lucero
Río
Nabeul
C.S. Cristóbal
S. Ramón
Av. de

Museo del Grabado Español Contemporáneo
La Encarnación
S. Juan de Dios

C. del Arte
C. Valencia
C. Salinas
C. Escuelas
Alameda
C. Juan Postigos
Lobatas
Pl. de los Naranjos
Ayuntamiento
Casa del Corregidor
Ermita de Nuestro Señor Santiago
C. Ancha
C. Peral
C. Pedraza
C. Tetuán
C. del Mar
Av. del Mar
C. Carlos Mackintosh
PARQUE DE LA ALAMEDA
C. del Fuerte
Ahumada

C.S. Francisco
Bermeja
C. de Aduar
Mercado
Av. del
Valentuñana
C. Valentuñana
Benavente
C. de los Olivos
C. del Rocío
C. de Juan Ramón Jiménez
C. del Ricardo
Soriano
C. Miguel Cano
Norte
Belón
C. Francisco
Av. Antonio
Duque
de
del
Av. del
C. del Notario Luis Oliver

C. Valentuñana
Calvario
C. del Calvario
Belón
Av. de la Navegación
Jacinto
C. de S. Gregorio
C. de Lima
Av. de Arias Maldonado
C. de la Fontanilla
C. de Pablo Casal
C. Azorín
Av. de Camilo José Cela
C. Virgen del Pilar
C. Nuestra Señora de Gracia
Av. de España

C. Bergantín
C. del Clipper
Av. de la Huerta
Hermanos Belón
Av. del Picasso

9
11
12
8
13

rasgos de personalidad desde el uso de los mejores productos cercanos, pues la piedra angular del proyecto es trasladar los sabores de siempre a la actualidad. La carta, que reparte sus platos entre "Lo que se queda…" (serían los grandes clásicos de la casa) y "Lo que va cambiando…", se ve apoyada por un menú degustación denominado Entorno. Nos ha gustado mucho tanto su Atún de almadraba, porra antequerana con pimiento helado y su gazpachuelo como la original Pechuga de pichón frito en costra de pan.

&. 🅐🅒 🕌 Precio: €€€

Plano: D2-11 – *Pablo Casals 8* ✉ *29602* – ☎ *951 55 00 45* – *www.backrestaurante.com* – *Cerrado lunes, domingo*

❀ **MESSINA**

Chef: Mauricio Giovanini

CREATIVA • **MARCO CONTEMPORÁNEO** Messina refleja el sueño del chef Mauricio Giovanini, que fue más allá de sus raíces argentinas para desarrollar, junto a su esposa, sumiller y jefa de sala (Pía Ninci), su inconformismo culinario.Tras los fogones busca armonías y la nitidez de cada sabor, siempre en base a una cocina que bebe tanto de la gastronomía europea como de la latinoamericana y la mediterránea, con especial atención al recetario libanés. ¿Matices que lo hacen único? El chef comenzó a despuntar cuando observó que el sabor reposa en la parte líquida de los alimentos, por lo que el aprovechamiento de los jugos puros y sus derivados (concentrados, cremas…) ha marcado desde entonces su propuesta; hoy, sigue evolucionando esta línea de trabajo, pero demostrando también muchísimo interés por los espesantes naturales.

🅐🅒 Precio: €€€

Plano: F2-9 – *Avenida Severo Ochoa 12* ✉ *29603* – ☎ *952 86 48 95* – *www.restaurantemessina.com* – *Cerrado domingo, almuerzo: martes*

❀ **NINTAI**

JAPONESA • **MARCO CONTEMPORÁNEO** ¡Una apuesta más de Marcos Granda! El reconocido sumiller, un experto a la hora de formar equipos, volvió de Japón a finales de 2019 maravillado de su cultura y su pasión por las materias primas, lo que abrió su mente hacia la creación de un proyecto así.El local, de líneas puras y grandes ventanales, se presenta con varios privados y una gran barra de sushi (12 asientos) en la que vemos trabajar, crear e improvisar al "itamae" (el cocinero delante de la tabla). Aquí todo induce al sosiego, el estado idóneo para degustar una oferta basada en dos menús degustación, de diferente longitud, que varían en función del mejor producto del día: Omakase (solo al mediodía) y Nintai. Sorprende con los postres para ser un restaurante japonés y… ¡ofrece una de las mejores cartas de sakes de España!

🕷 &. 🅐🅒 ⇔ Precio: €€€€

Plano: B2-10 – *Ramón Gómez de la Serna 18* ✉ *29602* – ☎ *952 60 89 66* – *www.restaurantenintai.com* – *Cerrado lunes, domingo*

AREIA

COCINA DE MERCADO • **AMBIENTE MEDITERRÁNEO** Local de aire mediterráneo que sorprende por su estética, con originales piezas de artesanía en tela. Cocina de producto y temporada, con varios platos terminados en la sala.

🅐🅒 ⇔ Precio: €€€

Plano: B2-6 – *Ramón Gómez de la Serna 23 (Edificio Marbella House II)* ✉ *29602* – ☎ *635 94 28 56* – *www.areia-marbella.com* – *Cerrado domingo, almuerzo: lunes*

CASA ELADIO

COCINA MEDITERRÁNEA • **FAMILIAR** Casa de línea actual-marinera que denota nuevos bríos con la tercera generación tras los fogones. Cocina tradicional actualizada, en base a productos próximos y de temporada.

🏆 🅐🅒 🕌 Precio: €€

Plano: E1-12 – *Virgen de los Dolores 6* ✉ *29601* – ☎ *952 77 00 83* – *www.restaurantecasaeladio.com* – *Cerrado jueves*

ERRE & URRECHU

CARNES A LA PARRILLA • **MARCO CONTEMPORÁNEO** Sorprende con tres parrillas que usan distintas maderas: encina para sus magníficas carnes, leña de naranjo para las verduras y olivo para los pescados. ¡Hay opciones veganas!

♿ 🅰 ⇳ 🅿 Precio: €€

Plano: B2-14 – *José Meliá (Hotel Gran Meliá Don Pepe)* ✉ *29602* – ☏ *952 85 82 38* – *erremarbella.com*

KAVA

MODERNA • **TENDENCIA** Un restaurante íntimo y contemporáneo que apuesta por la cocina actual. Buscan los tradicionales sabores de la culinaria andaluza en base al producto de proximidad (suele centrarse en tres cada mes), lo que no quita para que incorporen guiños a otras culturas. Los cocineros sirven personalmente para explicar los platos y... ¡ofrecen una Tarta de queso que está de escándalo!

♿ 🅰 🍽 Precio: €€€

Plano: E2-13 – *Avenida Antonio Belón 4* ✉ *29602* – ☏ *952 82 41 08* – *www.kavamarbella.com* – *Cerrado lunes, domingo, almuerzo: martes, miércoles*

KEMURI Ⓝ

JAPONESA • **AMBIENTE ORIENTAL** ¿Puede un restaurante japonés reinventarse? Claro que sí; no en vano, este del Grupo Dani García... ¡lo ha hecho de maravilla!El local, justo al lado del glamuroso Puente Romano Beach Resort, complementa la selecta oferta culinaria de esta zona de la ciudad, donde la clientela de cierto nivel suele ir a dejarse ver. En su actual andadura, el negocio se ha transformado en una especie de Izakaya donde se busca la exclusividad, por eso solo sirven a 14 comensales que, tras tomar unos aperitivos en una sala previa (a ella se vuelve después a disfrutar de los postres), deben comer en su confortable barra de sushi sujetos a un único menú Omakase que se elabora con productos escogidos (bogavante en kombu, pulpo dulce, wagyu A5, un magnífico atún madurado...). ¡La experiencia suele terminar con un fantástico Té matcha que realizan, de forma artesanal, con las lías del sake!

🅰 Precio: €€€€

Fuera de plano – *Avenida Bulevar Príncipe Alfonso de Hohenlohe, Urbanización del Puente Romano (Fase II, Local 52)* ✉ *29602* – ☏ *951 82 82 82* – *grupodanigarcia.com* – *Cerrado lunes, martes*

EL LAGO

ACTUAL • **MARCO CONTEMPORÁNEO** Frente al bullicio estival de Marbella acudir al restaurante El Lago, en la casa-club del Greenlife Golf, supone encontrar un remanso de paz en todos los sentidos, pues la armonía del entorno y las vistas al gran lago, sobre todo desde su terraza de verano, son el complemento idóneo para una comida con Estrella MICHELIN.En lo relativo a los fogones, el chef malagueño Fernando Villasclaras está sabiendo dar continuidad a la apuesta de esta casa por la cocina andaluza actual de temporada, siempre en base a materias primas de proximidad o Km 0. La carta, con una opción específica y más informal para el mediodía (Midi), se complementa con dos menús degustación de claro trasfondo ecológico: Sazón, con todo tipo de proteínas animales, y el denominado Terrá, más dinámico y vegetariano.

♿ 🅰 🍽 🅿 Precio: €€€€

Plano: C2-1 – *Avenida Marco Polo (Urbanización Elviria Hills, salida Elviria 10 km y desvío 2 km)* ✉ *29603* – ☏ *952 83 23 71* – *restauranteellago.com* – *Cerrado lunes*

LEÑA MARBELLA

CARNES A LA PARRILLA • **MARCO CONTEMPORÁNEO** Parrillas Josper, brasas, carnes maduradas, yakipinchos (adaptación del yakitori japonés), cuchillos de diferentes procedencias... todo con un toque internacional y el sello del chef Dani García. En este llamativo restaurante, que cuenta con unidades gemelas en Madrid y Dubai, los distintos cortes de carnes premium son los grandes protagonistas. ¿Curiosidades? Tienen una hamburguesa llamada "La burger que le di sentido a todo", una versión de la que ofrecieron en 2019 en su restaurante con tres Estrellas MICHELIN.

🦞 ⚙ 🅰 🍴 Precio: €€€

Plano: A2-2 – *Boulevard Príncipe Alfonso von Hohenlohe (Hotel Puente Romano)* ✉ *29600* – 📞 *952 76 42 52* – *grupodanigarcia.com/lena/marbella*

LOBITO DE MAR

TRADICIONAL • **ACOGEDORA** Ubicado en la Milla de Oro y definido por el propio chef Dani García como un "chiringuito sin playa". Pescados, mariscos, arroces... y un apartado exclusivo para el atún rojo.

🏆 🦞 ⚙ 🅰 ✋ 🅿 Precio: €€

Plano: A2-5 – *Carretera de Cádiz (km 178)* ✉ *29602* – 📞 *951 55 45 54* – *grupodanigarcia.com/es*

MANTARRAYA MX

MEXICANA • **COLORIDA** Tiene muchísimo encanto y sigue la línea marcada por Barracuda MX en Madrid, trasladando a Marbella la mejor cocina mexicana del Pacífico. ¡La terraza es una auténtica gozada!

🏆 🍴 Precio: €€€

Plano: A2-3 – *Bulevar del Príncipe Alfonso Von Hohenlohe 269* ✉ *29600* – 📞 *951 21 00 00* – *www.mantarrayamx.es* – *Cerrado lunes, martes*

LA MILLA

REGIONAL • **AMBIENTE MEDITERRÁNEO** ¿Quiere comer a pie de playa? En este antiguo chiringuito, hoy de excelente montaje, encontrará una cocina marinera de calidad, con pescados y mariscos de la costa andaluza.

🍴 🍴 Precio: €€€

Plano: A2-4 – *Urbanización de los Verdiales* ✉ *29600* – 📞 *952 00 90 80* – *lamillamarbella.com* – *Cerrado cena: miércoles-domingo*

TA-KUMI

JAPONESA • **FAMILIAR** Está muy bien llevado por dos socios nipones y atesora un servicio que, por su extraordinario nivel de amabilidad, se ha convertido en un signo distintivo de la casa. Dentro de su completa carta de cocina japonesa, que ahora incluye unos deliciosos mochis de elaboración artesanal, hay una especialidad que no debe perderse: los California roll de langostinos en tempura y espárragos verdes.

🅰 🍴 Precio: €€€

Plano: B2-7 – *Gregorio Marañón 4* ✉ *29602* – 📞 *952 77 08 39* – *www.restaurantetakumi.com* – *Cerrado lunes, domingo*

EL MASNOU

Barcelona – Mapa regional **9**–C2

  TRESMACARRONS

Chef: Miquel Aldana

MODERNA • **ACOGEDORA** Una casa familiar que, solo con el nombre, ya hace un explícito guiño a las Estrellas MICHELIN, pues "macaron" es el nombre coloquial con el que los gastrónomos franceses se refieren a esta distinción. Aquí descubrirá, en un ambiente de línea moderna bastante acogedor, la firme apuesta del chef Miquel Aldana por la cocina catalana de producto, contemporánea en las formas, adaptada a la estacionalidad y estrechamente vinculada a El Maresme, la comarca barcelonesa en la que nos hallamos. Toda una filosofía culinaria encerrada, desde la honestidad, el compromiso y el amor por el trabajo bien hecho, en sus menús degustación (Greatest hits y Mirando al mar). ¿Le gusta la vajilla? No dude en comentárselo a la Jefa de Sala, Núria Orra, pues parte de ella... ¡es fruto de su diseño y elaboración!

 ₺ 🅰🅲 🅿 Precio: €€€

Avenida del Maresme 21 – ⊠ 08320 – ℰ 935 40 92 66 – www.tresmacarrons.com – Cerrado lunes-miércoles, cena: jueves, domingo

MASPALOMAS – Las Palmas ➜ Ver Canarias (Gran Canaria)

MATAPOZUELOS
Valladolid – Mapa regional **8**–B2

❀ ### LA BOTICA

Chef: Miguel Ángel de la Cruz

ACTUAL • RÚSTICA Está llevado entre hermanos y sorprende por su ubicación en una antigua casa de labranza, donde existió una botica, junto al Ayuntamiento de la localidad.Aquí, encontrará la cocina ecológica y creativa de Miguel Ángel de la Cruz, un comprometido "cocinero recolector" que defiende la botánica, la sostenibilidad (estufa de biomasa, cocina de leña, queso y ganadería local...) o la reinterpretación de los recursos cercanos para que valoremos aún más el entorno. ¿Producto fetiche? Esta comarca es conocida como "Tierra de Pinares", por eso las piñas siempre tienen un papel destacado, curioso y casi mágico en la elaborada propuesta, con opción de carta y menús degustación. Siguen ofreciendo Lechazo como homenaje a su padre, un Maestro Asador ya jubilado, aunque para saborearlo hay que reservar.

❀ *El compromiso del Chef:* Somos recolectores de productos naturales y estamos comprometidos con la sostenibilidad. Además, poseemos nuestro propio huerto, trabajamos con productores cercanos, usamos una cocina de leña y una estufa de biomasa que alimentamos limpiando los pinares de la zona...

 ₺ 🅰🅲 🍴 ⇔ Precio: €€€

Plaza Mayor 2 – ⊠ 47230 – ℰ 983 83 29 42 – laboticadematapozuelos.com – Cerrado lunes, cena: martes-viernes y domingo

MATARÓ
Barcelona – Mapa regional **10**–D1

😊 ### DOS CUINERS

ACTUAL • INFORMAL Céntrico, de desenfadado ambiente industrial y llevado con acierto por una pareja de cocineros, Òscar Pérez y Mar Arnalot, siendo ella la responsable de los postres. Su propuesta, centrada en una carta de platillos/raciones que permite degustar un mayor número de elaboraciones, está muy enfocada a compartir (recomiendan pedir 3 o 4 platos), siempre en la línea de una cocina actual, de base catalana y con detalles de fusión. Ofrecen un menú económico al mediodía, un interesante "Pica Pica" (mínimo dos personas) y un menú más gastronómico por las noches.

 ₺ 🅰🅲 Precio: €

Muralla de Sant Llorenç 18 – ⊠ 08301 – ℰ 930 02 90 93 – doscuiners.com – Cerrado lunes, domingo

SANGIOVESE

ACTUAL • MARCO CONTEMPORÁNEO Resulta céntrico y disfruta de un curioso interiorismo, pues refleja guiños estéticos al Art-Decó. Carta de línea actual y bases tradicionales, con una buena oferta de menús.

 ₺ 🅰🅲 ⇔ Precio: €€

Muralla de Sant Llorenç 32 – ⊠ 08302 – ℰ 937 41 02 67 – sangioveserestaurant. com – Cerrado lunes, cena: martes, domingo

MAZARICOS

A Coruña – Mapa regional **13**–A2

LANDUA

ACTUAL • **CASA DE CAMPO** Recupera una antigua casa de piedra, ubicada en plena naturaleza, y está llevado con entusiasmo por una joven pareja. Desde la cocina, a la vista nada más entrar, se apuesta por un único menú sorpresa, explicado en la mesa por el propio chef y basado en los productos de proximidad.

&. Precio: €€

O Fieiro ✉ 15256 – ☎ 667 61 74 79 – *www.restaurantelandua.com* – *Cerrado miércoles, jueves, cena: lunes, martes, viernes- y domingo*

MEDINA-SIDONIA

Cádiz – Mapa regional **1**–B3

EL DUQUE

TRADICIONAL • **RÚSTICA** Este negocio familiar disfruta de un acogedor bar a la entrada, dotado con varias mesas para tomar tapas y raciones, así como un cálido comedor, tipo asador, rodeado de ventanales. Su amplia carta refleja su pasión por las carnes (Brazuelo de cabrito horneado, Rabo de toro guisado...), la caza (Perdiz estofada) y el recetario tradicional en general; sin embargo, en ella también encontrará buenos pescados y algún plato más actual. No deje de probar los postres típicos de Medina Sidonia: Alfajores, Amarguillos, Tortas pardas...

🄰🄲 🛆 🄿 Precio: €

Avenida del Mar 10 ✉ 11170 – ☎ 956 41 00 40 – *www.elduquedemedina.es* – *Cerrado lunes, cena: domingo*

MELIANA

Valencia – Mapa regional **11**–B2

🙂 NAPICOL

ARROCES • **ACOGEDORA** Se halla en un pueblecito ubicado pocos kilómetros al norte de València, uno de esos donde las labores agrarias forman parte del ADN colectivo, y está llevado por una familia muy implicada en el negocio. El chef Chemo Rausell propone una cocina, sin menús, con numerosas elaboraciones fuera de carta que van cambiando en función de la temporada; de hecho, están junto a una huerta ecológica donde cultivan muchas de las verduras que utilizan cada día. También ofrecen apetecibles arroces (por encargo) y organizan jornadas gastronómicas dedicadas a los platos de cuchara. ¡Coqueta terraza-jardín!

🄰🄲 🛆 🄿 Precio: €€

San Isidro 28 ✉ 46133 – ☎ 961 11 91 10 – *www.napicol.com*

MÉRIDA

Badajoz – Mapa regional **12**–A2

TUÉTANO 🄝

CARNES A LA PARRILLA • **MARCO CONTEMPORÁNEO** A pocos pasos de la histórica Alcazaba y sobre algunos vestigios romanos, visibles a través del suelo de cristal, este restaurante se presenta como una opción más que apetecible tanto para tapear como para comer o incluso tomar una copa, pues también dispone de una agradable terraza. La carta, con una buena selección de entrantes Joselito y escogidas carnes a la brasa, está muy pensada para compartir.

&. 🄰🄲 ✛ Precio: €€

John Lennon 26 ✉ 06800 – ☎ 924 83 07 16 – *tuetano.es* – *Cerrado lunes, martes*

MIERES

Asturias – Mapa regional **3**–B2

EL CENADOR DEL AZUL

TRADICIONAL • **AMBIENTE CLÁSICO** Una casa clásica-actual donde, desde la humildad, miman cada servicio y entienden la recepción como un arte. Carta tradicional actualizada, con opción de menús al mediodía.

🅰🅲 ⇨ Precio: €€

Aller 51 ✉ *33600* – 🖉 *985 46 18 14* – *Cerrado domingo, cena: lunes-jueves*

ES MIGJORN GRAN – Baleares ➜ Ver Balears (Menorca)

MIRANDA DE EBRO

Burgos – Mapa regional **8**–D1

✿ ALEJANDRO SERRANO

MODERNA • **MARCO CONTEMPORÁNEO** Una casa que no deja indiferente y posee una filosofía de trabajo con enorme personalidad; de hecho, los pilares de su propuesta se cimentan sobre tres conceptos: "sabor, sensibilidad y estética".El chef Alejandro Serrano, que decidió volver a su tierra tras formarse en Bilbao, en el Basque Culinary Center y en casas de reconocido prestigio (Azurmendi, Coque, DiverXO...), demuestra que se puede ir contracorriente y triunfar. En su local, de elegante estilo contemporáneo, encontrará una propuesta centrada en dos menús degustación: Aquende (en base a los productos que históricamente han circulado por la región) y Allende (una cocina de vanguardia que, sorprendentemente, pone el foco en los productos del mar). ¡Entre semana, al mediodía, también ofertan un menú ejecutivo denominado Miranda!

🅰🅲 Precio: €€€€

Alfonso VI 49 ✉ *09200* – 🖉 *947 31 26 87* – *www.serranoalejandro.es* – *Cerrado lunes, martes, cena: miércoles, jueves y domingo*

✿ ERRE DE ROCA ⓝ

Chef: Alberto Molinero

ACTUAL • **MARCO CONTEMPORÁNEO** Cuando se tienen las ideas claras y se trabaja con dedicación surgen establecimientos así, de esos donde se disfruta a espuertas y... ¡a los que no se les puede poner un pero!El chef Alberto Molinero, vinculado con Miranda de Ebro al ser su tierra natal (tiene más locales aquí y en Madrid), busca realizar una cocina no exenta de sensaciones donde la técnica se ponga al servicio del sabor sin dejar de lado el apartado estético, pues ofrece platos de gusto actual sumamente cuidados. Aquí, en un espacio de elegante informalidad con la cocina completamente abierta, se apuesta por tres menús: uno de tinte ejecutivo denominado Mercado (al mediodía, solo de miércoles a viernes) y dos más completos de tipo degustación (Erre de Roca y De Temporada). ¿Un plato que nos ha fascinado? Su versión del Cochinillo segoviano, pues lo sirven de manera muy fina añadiendo unos mini lomitos de anguila de Miranda de Ebro que, sorprendentemente, combinan a la perfección.

🅰🅲 Precio: €€

Ronda del Ferrocarril 37 ✉ *09200* – 🖉 *947 29 14 58* – *www.errederoca.com* – *Cerrado lunes, martes, cena: miércoles, jueves y domingo*

😊 LA VASCA

TRADICIONAL • **FAMILIAR** Un histórico de la ciudad, pues abrió sus puertas en 1926 y ya lleva tres generaciones en manos de la misma familia. Se encuentra en el primer piso de un edificio decimonónico y presenta un comedor de línea clásica-actual, al que se accede tras subir unas escaleras donde no faltan las fotos históricas de la casa y de la fundadora, Ángela Bilbao, aquella mujer que llegó de un pueblo de Vizcaya tras casarse con un burgalés y qué puso en marcha una casa de comidas. ¿Su propuesta? La cocina tradicional de siempre, con platos de caza, setas en temporada, casquería, bacalao, cordero lechal asado...

🅰️ Precio: €

Olmo 3 – ✉️ 09200 – ☎️ 947 31 13 01 – www.restaurantelavasca.com – Cerrado lunes, cena: domingo

MOGÁN - Las Palmas ➜ Ver Canarias (Gran Canaria)

MOGARRAZ
Salamanca – Mapa regional **8**–A3

MIRASIERRA
TRADICIONAL • RÚSTICA Ocupa un caserón y cuenta con varias salas, destacando la del fondo por sus vistas. Ofrecen deliciosos guisos, derivados del cerdo ibérico, setas, carnes a la brasa, quesos...

🅰️ 🍴 🅿️ Precio: €€

Miguel Angel Maillo 56 – ✉️ 37610 – ☎️ 923 41 81 44 – www.restaurantemirasierra.com – Cerrado lunes, martes, cena: miércoles-domingo

MOIÀ
Barcelona – Mapa regional **9**–C2

LES VOLTES DE SANT SEBASTIÀ
CATALANA • RÚSTICA Restaurante de aire rústico instalado en unas antiguas cuadras que conservan los techos abovedados. Plantean una cocina de base catalana, coherente y bien actualizada, donde siempre se pone en valor el producto local. Agradable patio-terraza y curioso pozo, transformado en bodega.

🅰️ 🍴 Precio: €€

Sant Sebastià 9 – ✉️ 08180 – ☎️ 938 30 14 40 – www.lesvoltes.com – Cerrado lunes, martes, cena: miércoles, jueves y domingo

MOLINS DE REI
Barcelona – Mapa regional **10**–B3

L'ÀPAT
TRADICIONAL • RÚSTICA De aire rústico y bien llevado entre hermanos. Ofrece una correcta carta tradicional, con platos ya clásicos como su salteado de Garbanzos de Astorga, con ajos y butifarra.

🅰️ Precio: €€

Del Carril 38 – ✉️ 08750 – ☎️ 936 68 05 58 – www.restaurantlapat.cat – Cerrado domingo, cena: lunes-miércoles

MOMPÍA
Cantabria – Mapa regional **6**–B1

LAILA
TRADICIONAL • MARCO CONTEMPORÁNEO ¡En los bajos de un pequeño hotelito rural próximo a Santander! Completa carta de cocina tradicional actualizada, con detalles modernos y la opción de dos menús degustación.

🅰️ 🍴 🅿️ Precio: €€

Navalias 10 (Hotel Finca Alcamino) – ✉️ 39108 – ☎️ 683 43 63 32 – Cerrado lunes, cena: martes, miércoles y domingo

MONACHIL

Granada – Mapa regional **1**–C2

🕸 LA CANTINA DE DIEGO

TRADICIONAL • RÚSTICA Restaurante de organización familiar emplazado en la zona antigua de la ciudad. Posee una terraza de verano y dos atractivos comedores, ambos de ambiente rústico-regional. Su chef-propietario, Diego Higueras, apuesta desde los fogones por una cocina tradicional y regional sin grandes complicaciones técnicas... eso sí, fiel a los productos autóctonos de temporada y a la cada vez más en boga filosofía del "km 0". Entre sus especialidades están el Revuelto de morcilla de Monachil, los Tacos de bacalao fritos con tomate, el Solomillo de la sierra con guarnición o la Marcelina, un postre típico.

 🕭 🎟 🍴 Precio: €€

Callejón de Ricarda 1 ✉ 18193 – ☏ 958 30 37 58 – www.restaurantelacantinadediego.es – Cerrado lunes, cena: martes-jueves y domingo

MONTELLANO

Sevilla – Mapa regional **1**–B2

🕸 DELI

TRADICIONAL • RÚSTICA El amor por la cocina con raíces trasciende los valores de esta casa, que además sorprende con varios arroces, potajes, cocidos, cochinillo lechal segoviano al horno... Estamos ante un negocio familiar de 3ª generación que, procurando siempre trabajar con productores locales, apuesta por la cocina tradicional de la Andalucía interior, intentando también recuperar algunos platos de la zona que remontan sus orígenes a la época andalusí. ¿Especialidades? El Arroz meloso con perdiz de campo, los sabrosos Caracoles burgaos en salsa de almendras y ñoras, sus riquísimas Alcachofas naturales...

 🎟 Precio: €€

Plaza de Andalucía 10 ✉ 41770 – ☏ 954 87 51 10 – www.restaurantedeli.com – Cerrado cena: domingo

MONTEMAYOR DEL RÍO

Salamanca – Mapa regional **8**–B3

CASTILLO DE MONTEMAYOR

TRADICIONAL • HISTÓRICA Singular, pues se encuentra en un bello entorno natural y... ¡dentro de un auténtico castillo! Carta tradicional con toques actuales y platos emblemáticos, como sus Revolconas.

 🕭 🎟 🍴 Precio: €

Castillo 10 ✉ 37727 – ☏ 923 16 18 18 – restaurantecastillomontemayor.com – Cerrado lunes, martes, cena: miércoles-viernes y domingo

MORA DE RUBIELOS

Teruel – Mapa regional **2**–A3

🕸 EL RINCONCICO

TRADICIONAL • AMBIENTE CLÁSICO Estamos en un enclave gastronómico importante, pues la comarca de Gúdar-Javalambre es el principal territorio productor de... ¡la famosa Trufa Negra de Teruel! El local, ubicado junto al cauce del río Mora, se presenta con un gastrobar de línea actual en la planta baja, dotado con algunas mesas, y el comedor principal en el piso superior. Ofrecen una cocina tradicional actualizada que no escatima guiños a los productos turolenses. ¿Recomendaciones? Pruebe el sabroso Ternasco D.O. de Aragón o el popular Potaje de garbanzos de Miguel, un plato en honor al fundador de la casa hace más de 30 años.

 🕭 🎟 Precio: €€

Santa Lucía 4 ✉ 44400 – ☏ 978 80 60 63 – www.elrinconcico.com – Cerrado martes

MORALES DE REY

Zamora – Mapa regional **8**–B2

☺ **BRIGECIO**

TRADICIONAL • FAMILIAR Está bien llevado por un amable matrimonio, se halla en un pueblecito a unos 10 km al noroeste de Benavente y toma su nombre de un histórico castro astur conocido como "Castro Brigecio". Tras sus muros encontrará una única sala de línea actual, algo impersonal pero con buen servicio de mesa y chimenea. En su completa carta de cocina tradicional, donde también hay algún plato más actual y moderno, encontrará un apartado de bacalaos (Bacalao a lo Tío, Bacalao con crestas de gallo...), un buen menú ejecutivo y dos menús más con guiños a nuestro Bib Gourmand. ¡Pruebe su famoso Pulpo a la zamorana!

&. 🅰️ℂ Precio: €€

Avenida Constitución 28 ✉ *49693 –* 𝒫 *980 65 12 65 – Cerrado lunes, cena: martes-domingo*

MORALES DE TORO

Zamora – Mapa regional **8**–B2

CHIVO Ⓝ

TRADICIONAL • RÚSTICA Toma su nombre del apodo familiar y, tras su modesta fachada, se presenta con un sencillo bar y dos comedores, uno para el menú y el otro para el servicio a la carta (este último con un privado de elegante aire rústico). La carta, de palabra, se nutre de guisos caseros y una buena selección de pescados del día, muchos preparados a la brasa.

🅰️ℂ 🛖 ⇆ Precio: €€

Avenida de los Comuneros ✉ *49810 –* 𝒫 *980 69 82 62 – Cerrado lunes*

MORELLA

Castellón – Mapa regional **11**–B1

☺ **DALUAN**

MODERNA • BISTRÓ Una de las opciones más sugerentes para comer mientras visita esta encantadora localidad, llena de cuestas y callejones con historia. Presenta una tranquila terraza que ocupa casi toda la calle y el comedor en la 1ª planta, este último actualizado con gusto. La carta, fiel a una cocina tradicional renovada que siempre exalta el producto local de temporada, cuida los sabores de la zona (Croquetas morellanas, Paletilla de cordero lechal al horno...) y se completa con un sorprendente menú degustación. Esté atento a sus jornadas gastronómicas, pues... ¡suelen triunfar con las setas y las trufas!

🅰️ℂ 🛖 Precio: €€

Callejón Cárcel 4 ✉ *12300 –* 𝒫 *964 16 00 71 – www.daluan.es – Cerrado martes, miércoles, cena: lunes, jueves y domingo*

☺ **MESÓN DEL PASTOR**

REGIONAL • RÚSTICA Casa de ambiente clásico-regional ubicada en el casco viejo de la ciudad amurallada. Tras su atractiva fachada en piedra encontrará un edificio de dos plantas, la superior actual-funcional y la inferior dominada por su elegante rusticidad. Trabajan mucho con productos autóctonos, cinegéticos, carnes rojas a la brasa de encina... y triunfan con sus jornadas gastronómicas, dedicadas a las setas (noviembre-diciembre) y a las trufas (enero-febrero). ¿Ha visto en las escaleras unas coloristas figuras de papel? Recuerdan las famosas fiestas de El Sexenni, que se celebran en Morella cada seis años.

🅰️ℂ Precio: €

Cuesta de Jovani 7 ✉ *12300 –* 𝒫 *964 16 02 49 – www.mesondelpastor.com – Cerrado miércoles, cena: lunes, martes, jueves y domingo*

VINATEA

ACTUAL • ACOGEDORA Restaurante de ambiente familiar ubicado en una casa rehabilitada del s. XII que, a su vez, forma parte de una céntrica y atractiva calle porticada. En su interior podrá ver como convive la sala, de línea clásica-actual, con un curioso pozo del s. XIII y una bodega acristalada que tienen en el sótano. Aquí apuestan, a través de su carta y de un menú degustación (Raíces), por una cocina que retoma el recetario tradicional morellano, bien actualizado en la técnica, de elaboradas presentaciones y haciendo siempre hincapié tanto en los productores locales como en las materias primas de temporada.

&⚷ 🎄 Precio: €€

Blasco de Alagón 17 ⊠ 12300 – 𝒫 964 16 07 44 – restaurantevinatea.com – Cerrado lunes, cena: martes-jueves y domingo

MORGA

Vizcaya – Mapa regional **18**–A2

KATXI

REGIONAL • FAMILIAR ¡Una casa familiar de carácter centenario! Aquí cuidan muchísimo la calidad del producto, sobre todo los pescados, trabajando con maestría las brasas para respetar cada sabor.

⚷ 🅿 Precio: €€

Foruen Bidea 20 (en el barrio Andra Mari) ⊠ 48115 – 𝒫 946 25 02 95 – www.katxi.com/es – Cerrado lunes, cena: martes-jueves y domingo

MUNDAKA

Vizcaya – Mapa regional **18**–A2

PORTUONDO

TRADICIONAL • RÚSTICA Un caserío que enamora por su ubicación sobre la ría y su carácter panorámico. Cocina de producto, con pescados de la lonja de Bermeo, carnes selectas y dominio de las brasas.

⪡⚷⚷ 🅿 Precio: €€€

Barrio Portuondo (en la carretera de Gernika, Sur 1,2 km) ⊠ 48360 – 𝒫 946 87 60 50 – www.restauranteportuondo.com – Cerrado cena: lunes-jueves y domingo

MURCIA

Murcia – Mapa regional **16**–B2

ALMAMATER

Chef: Juan Guillamón

MODERNA • A LA MODA ¿Un restaurante con carácter donde se exalte la cocina mediterránea sin cerrarse a otros sabores? Vaya reservando mesa en AlmaMater, un local que busca, por todos los medios, que viva una auténtica experiencia gastronómica. Las grandes cristaleras de la calle dan paso a un negocio de línea joven y actual, repartido en dos plantas, donde se apuesta por una cocina de mercado y maridajes clásicos pero sin ataduras, ya que el chef Juan Guillamón se permite algunas licencias para incorporar los distintos sabores que ha ido conociendo por el mundo; no en vano, trabajó seis temporadas en el equipo de cocina de la escudería Ferrari y llegó a ser el chef personal del embajador británico en España. Ofrecen una carta moderna y equilibrada, así como un menú degustación que solo sirven a mesa completa.

&⚷ Precio: €€

Madre de Dios 15 ⊠ 30004 – 𝒫 968 06 95 57 – almamatermurcia.com – Cerrado lunes, domingo, cena: martes, miércoles

PERRO LIMÓN

FUSIÓN • BISTRÓ ¿Algo distinto? Aquí lo encontrará, pues la pareja al frente apuesta por una cocina fusión que combina productos y sabores hindús, marroquís, franceses, nipones... El local, en el modesto barrio de San Andrés, llama la atención por su llamativa puerta amarilla, que da paso a un desenfadado bistró con la cocina vista y una curiosa red de tuberías de bronce en el techo de las que cuelgan las luces. La carta, pensada para compartir, sorprende con los llamados "Bocados del mundo", continúa con la sección "Algo más serio" y termina con unos postres de escándalo bajo el titular "Un buen recuerdo".

&. 🅰️ Precio: €

Navarra 4 ✉ *30005 – 𝒞 722 65 10 57 – Cerrado lunes, martes, cena: domingo*

ALBORADA

TRADICIONAL • MARCO CONTEMPORÁNEO Se encuentra en pleno centro y es muy conocido en toda la ciudad, pues cuenta con una barra de paso informal perfecta para el picoteo y una cuidada sala de ambiente clásico con una estructura, en el centro, que da la posibilidad de montar un privado. El chef, que se autodefine como un murciano "de pura cepa", defiende una cocina tradicional de mercado que toma cuerpo en una correcta carta (incluye un apartado de guisos y arroces para un mínimo de dos comensales, estos últimos por encargo) y un menú ejecutivo al mediodía.

🅰️ ⇄ Precio: €€

Andrés Baquero 15 ✉ *30001 – 𝒞 968 23 23 23 –*
www.alboradarestaurante.com – Cerrado lunes, cena: martes, miércoles y domingo

FRASES Ⓝ

ACTUAL • ACOGEDORA En este sencillo pero coqueto restaurante, ubicado en una callejuela próxima a la Catedral, entienden la gastronomía como un lenguaje y ven cada uno de sus platos como las frases con las que narrarnos historias, en lo posible vinculadas a los recuerdos. Cocina contemporánea pensada para compartir.

🅰️ Precio: €€

Soledad 1 ✉ *30003 – 𝒞 697 91 44 92 – www.frasesrestaurante.com – Cerrado lunes-miércoles, almuerzo: jueves, cena: domingo*

KEKI

MODERNA • SENCILLA Restaurante-tapería de ambiente moderno ubicado a escasos metros de la Catedral. Apuestan por una cocina actual, siempre cimentada en buenas texturas e interesantes maridajes.

🅰️ 🍴 Precio: €

Fuensanta 4 ✉ *30001 – 𝒞 968 22 07 98 – www.keki.es – Cerrado lunes, martes*

TAÚLLA

MODERNA • ACOGEDORA Recupera un antiguo molino de pimentón y mima su oferta culinaria, de base tradicional pero actualizada, divertida, técnica... y con algún que otro toque asiático. ¡Sorprende ver el trabajo que hacen con las huevas de mújol, curadas en salazón y cortadas ante el comensal!

🅰️ ⇄ Precio: €€

Antonio Flores Guillamón 2 ✉ *30100 – 𝒞 868 07 99 80 – taulla.es – Cerrado domingo, cena: lunes-jueves*

MURO – Baleares ➜ Ver Balears (Mallorca)

MUXÍA

A Coruña – Mapa regional **13**–A2

LONXA D´ALVARO

CARNES Y PESCADOS • **ACOGEDORA** Casa de organización familiar y línea actual ubicada en la calle principal, frente al puerto. ¿Su oferta? Pescados, mariscos y sabrosas carnes a la brasa, todo de proximidad.

🖔 🔠 🍴 ⇦ Precio: €€

Mariña 22 ✉ 15124 – ✆ 981 74 25 01 – www.alonxadalvaro.com – Cerrado miércoles

NAVALENO

Soria – Mapa regional **8**–D2

 ### LA LOBITA

Chef: Elena Lucas

CREATIVA • **MARCO CONTEMPORÁNEO** La historia de esta casa, templo de la cocina micológica, nos remite a un pasado lleno de amor por la hostelería, pues la chef Elena Lucas defiende con humildad el hecho de representar a la 3ª generación de su familia ante los fogones.El nombre del local rinde tributo al apellido de su abuela (Luciana Lobo) y nos abre la vía para entender una cocina de sentimientos que, desde la creatividad, explora los sabores guardados en la memoria y dinamiza tanto la naturaleza como los productos del entorno. Junto a su marido Diego Muñoz, en labores de maître-sumiller, la chef busca un diálogo con el cliente a través de sus platos, como si nos acompañara en un paseo por el bosque. ¿Secretos? Solo raspan y cepillan las setas que se van a elaborar en el día, lavándolas con agua y secándolas al aire.

🕃 🔠 ⇦ Precio: €€€

Avenida La Constitución 54 (Carretera N 234) ✉ 42149 – ✆ 975 37 40 28 – www.lalobita.es – Cerrado lunes, martes, cena: miércoles, jueves y domingo

NAVALMORAL DE LA MATA

Cáceres – Mapa regional **12**–B1

LA TERRAZITA

TRADICIONAL • **MARCO CONTEMPORÁNEO** Sorprende, pues no te esperas un espacio tan agradable en una zona industrial a las afueras de la localidad (junto a la ITV). Cocina tradicional de producto, con buenos mariscos y carnes a la brasa. Trabajan mucho el menú del día y, por encima, además de la carta ofrecen un completo menú degustación que… ¡tiene el maridaje incluido!

🔠 🍴 ⇦ Precio: €€

Antigua N-V (km 179,5) ✉ 10300 – ✆ 927 53 73 09 – www.laterrazitarestaurante.es – Cerrado lunes, domingo, cena: martes-jueves

NEGREIRA

A Coruña – Mapa regional **13**–A2

CASA BARQUEIRO

GALLEGA • **FAMILIAR** Una casa de gestión familiar llevada con la dosis perfecta de talento, simpatía y profesionalidad. El negocio presenta un concurrido bar-vinoteca, con algunas mesas para tapear, así como un cuidado comedor interior dotado con un bello mural del bucólico Ponte Maceira y una vistosa bodega acristalada que asume casi todo el protagonismo. De sus fogones surge una cocina tradicional gallega realmente honesta, destacando tanto por la calidad de sus carnes como por lo ajustado de sus precios. Pida su magnífico Chuletón de vacuno mayor a la piedra, pues aquí… ¡suelen ofrecer auténtico buey!

🖔 🔠 🍴 ⇦ Precio: €€

Avenida de Santiago 13 ✉ 15830 – ✆ 981 81 82 34 – Cerrado martes

NERJA

Málaga – Mapa regional **1**–C2

OLIVA

COCINA MEDITERRÁNEA • **A LA MODA** Local amplio y diáfano que destaca por su ubicación en la plaza de España, donde despliegan una agradable terraza. Cocina mediterránea que sorprende por su excelente producto.

&. 𝔸�ℂ 🏠 Precio: €€

Plaza de España 2 ✉ *29780 –* ☎ *952 52 29 88 – www.restauranteoliva.com*

SOLLUN

MODERNA • **A LA MODA** Restaurante de línea moderna emplazado en una céntrica calle comercial. El chef, formado en grandes casas, propone una cocina actual-mediterránea de mimadas elaboraciones.

&. 𝔸ℂ 🏠 Precio: €€

Pintada 9 ✉ *29780 –* ☎ *952 52 55 69 – www.sollunrestaurant.com – Cerrado domingo*

LA NUCÍA

Alicante – Mapa regional **11**–B3

❀ ## EL XATO

Chef: Cristina Figueira

CREATIVA • **A LA MODA** Un negocio familiar avalado por más de un siglo de historia, pues lo que en 1915 era una modesta bodega se convirtió, con el tiempo, en un bar de tapas y luego, ya con la 4ª generación, en el restaurante más prestigioso de la Marina Baixa, donde hoy hacen lo imposible para "que entren clientes y salgan amigos".La chef Cristina Figueira, bien acompañada por su marido Francisco Cano (al frente de la sala y la bodega), comenzó a formarse tras los fogones de El Xato de la mano de su suegra, Esperanza Fuster, y ha demostrado un espíritu incansable hasta convertirse en una de las cocineras más relevantes de la zona, por su dominio del recetario alicantino y por su visión de la cocina creativa, estrechamente vinculada a las raíces de esta tierra con platos que reinterpretan la tradición mediterránea, como su magnífico Tartar de cigala a la brasa. ¿Qué encontrará? Dos menús gastronómicos (Tentaciones y Centenario) e interesantes maridajes que dan visibilidad a los vinos valencianos.

❀ 𝔸ℂ 🏠 Precio: €€€

Avenida l'Esglèsia 3 ✉ *03530 –* ☎ *965 87 09 31 – elxato.com – Cerrado cena: lunes-jueves y domingo*

OCAÑA

Toledo – Mapa regional **7**–B2

PALIO

TRADICIONAL • **AMBIENTE CLÁSICO** Esta céntrica casa, de amplias y cuidadas instalaciones, está llevada entre dos hermanos que se desviven por sus clientes. Aquí proponen, a través de una pequeña carta y de su popular menú Palio, una cocina de tinte tradicional bien puesta al día. El pan es de elaboración propia como homenaje a su abuelo, que era panadero, y... ¡existe la opción de comprar, para que se lleve a casa, los vinos de la carta!

&. 𝔸ℂ Precio: €

Mayor 12 ✉ *45300 –* ☎ *925 13 00 45 – paliorestaurante.es – Cerrado lunes, cena: martes-jueves y domingo*

OIA

Pontevedra – Mapa regional **13**–A3

PORTO DOS BARCOS

PESCADOS Y MARISCOS • **AMBIENTE CLÁSICO** Destaca por su maravilloso emplazamiento entre la carretera y el océano, con la marea batiendo sobre las rocas a sus pies. En el comedor, de líneas clásicas y con una gran cristalera que permite contemplar el Atlántico, podrá degustar una cocina gallega de producto de esas que solo se pueden disfrutar en estas latitudes, pues la calidad de sus pescados y mariscos es excepcional. ¡La joya del restaurante es su amplia terraza!

 ⟨ 🍴 🅿 Precio: €€€

Estrada Xeral 97 Viladesuso ✉ *36212 – ☏ 986 36 18 16 – porto-dos-barcos. negocio.site – Cerrado martes, cena: lunes, miércoles, jueves y domingo*

OLABERRIA

Guipúzcoa – Mapa regional **18**–B2

ZEZILIONEA

VASCA • **FAMILIAR** Instalado en un bello caserón del centro de la localidad, conocida como el Balcón del Goierri. Ofrecen cocina tradicional vasca, con especialidades como los Hongos al horno.

 🆎 🍴 ⇌ Precio: €€

Plaza de San Juan ✉ *20212 – ☏ 943 88 58 29 – www.zezilionea.com – Cerrado lunes, cena: domingo*

OLEIROS

A Coruña – Mapa regional **13**–A2

EL REFUGIO

TRADICIONAL • **AMBIENTE CLÁSICO** Un negocio de sólida trayectoria. Ofrece una completa carta de cocina tradicional e internacional, con mariscos, pescados, buenas carnes y algunos platos de caza en temporada.

 🕸 ♿ 🆎 ⇌ 🅿 Precio: €€

Plaza de Galicia 8 ✉ *15173 – ☏ 981 61 08 03 – restaurante-elrefugio.com – Cerrado lunes, cena: domingo*

OLOST

Barcelona – Mapa regional **9**–C2

⥸ SALA

Chef: Antonio Sala

TRADICIONAL • **AMBIENTE CLÁSICO** Tenga presente esta dirección, pues hay pocos establecimientos con su nivel en la comarca de Osona y es una magnífica opción en la ruta del románico catalán.El local, ubicado junto al ayuntamiento, sorprende tanto por su fachada en piedra como por su interior, conservando a modo de antesala la zona de bar donde ofrecen los menús más económicos y presentando a continuación el comedor. El chef Antonio Sala, que empieza a pasar el testigo a sus hijos, uno en sala y el otro en cocina, plantea un perfecto equilibrio entre la tradición y la modernidad, sin cerrarse a la renovación pero sabiendo mantener sus grandes clásicos. Toman los mejores productos de temporada, con especial atención a la trufa negra, a los hongos y a las piezas de origen cinegético. ¡Interesantes jornadas gastronómicas!

 🕸 ♿ 🆎 Precio: €€€

Plaza Major 17 ✉ *08516 – ☏ 938 88 01 06 – www.fondasala.com – Cerrado martes, cena: lunes, miércoles, jueves y domingo*

OLOT

Girona – Mapa regional **9**–C1

⏣⏣ LES COLS

Chefs: Fina Puigdevall y Martina Puigvert

CREATIVA • DE DISEÑO La chef Fina Puigdevall, bien apoyada por sus tres hijas (Clara, Martina y Carlota) y su marido (Manel Puigvert), construye su creatividad en base a la estacionalidad, la sostenibilidad (tienen su propio huerto visitable en el I+D de Casa Horitzó, en la Vall de Bianya) y el uso de los productos de la comarca volcánica de La Garrotxa, pues aquí defienden a ultranza el trabajo con "alimentos no viajados".Estamos en la antigua masía familiar, un edificio que hoy sorprende por su vanguardista interior y donde todo está marcado, conceptualmente, por la relación de los espacios con la naturaleza, algo aún más perceptible en el pabellón para eventos, visualmente etéreo y... ¡rodeado de gallinas en libertad! Ofrecen dos menús degustación: Naturaleza viva & mística y Horizonte verde & sostenible.

🌿 *El compromiso del Chef:* Defendemos el producto local y su estacionalidad, lo que entendemos como "alimento no viajado"; de hecho, tenemos un gran huerto, abonado con compostaje, en el que cultivamos tanto hortalizas y verduras ecológicas como productos autóctonos en peligro de extinción.

🦟 & 🆑 ⇔ 🅿 Precio: €€€€

Carretera de la Canya (Mas Les Cols) ✉ *17800 –* 𝒞 *972 26 92 09 – www.lescols.com – Cerrado lunes, martes, cena: domingo*

OLVERA

Cádiz – Mapa regional **1**–B2

😊 LA TARARA

ACTUAL • INFORMAL Uno de esos negocios donde los responsables, tras años ejerciendo en reconocidos restaurantes de toda España, por fin deciden volver a sus orígenes para arrancar un proyecto personal. El local, ubicado en una céntrica plaza, sorprende por su estética contemporánea y algún que otro detalle curioso, como los versos de Federico García Lorca sobre La Tarara (la canción infantil de la que toma su nombre el local) que visten sus paredes. Ofrecen una cocina de base tradicional que actualiza, con buen criterio, el recetario andaluz. ¡Casi todas las materias primas provienen de la provincia de Cádiz!

& 🆑 🪑 Precio: €€

Plaza Andalucía ✉ *11690 –* 𝒞 *664 54 87 07 – www.latararaolvera.com – Cerrado martes, cena: lunes, miércoles y domingo*

OÑATE

Guipúzcoa – Mapa regional **18**–B2

ZELAI ZABAL

VASCA • RÚSTICA Un restaurante de tradición familiar con solera y prestigio, no en vano abrió sus puertas en 1898 como hostal y casa de comidas. Cocina clásica vasca con detalles actuales.

🆑 🅿 Precio: €€

Carretera Oñate-Arantzazu (Noroeste 1 km, Barrio Arantzazu 38) ✉ *20567 –* 𝒞 *943 78 13 06 – zelaizabal.com – Cerrado lunes-jueves, cena: viernes-domingo*

ONDARA

Alicante – Mapa regional **11**–B2

⏣ CASA PEPA

CREATIVA • MARCO CONTEMPORÁNEO Decía el escritor y filósofo Miguel de Unamuno que "el progreso consiste en renovarse" (de ahí la expresión "renovarse o morir"); lo cierto, en muchas ocasiones, es que los resultados le dan la razón.

El atún rojo de las estrellas

MICHELIN
2024

ESPAÑA

PARTNER OFICIAL

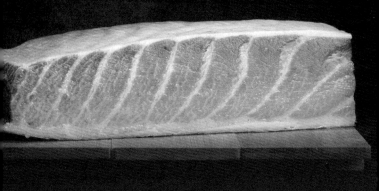

WWW.**BALFEGO**.COM

indigo
BALFEGO

inspirando *mentes brillantes*

MOTION FOR LIFE

El movimiento es vida.
Desde 1889, Michelin innova para que nuestros desplazamientos sean más agradables, seguros y responsables.
No es por casualidad que Michelin equipe la mitad de las marcas que fabrican coches eléctricos en el mundo*, porque los vehículos innovadores necesitan neumáticos que respondan a sus exigencias.

/MODO ELÉCTRICO

MICHELIN

Esta antigua casa de labranza, icónica en la Marina Alta cuando velaba por ella la chef Pepa Romans, demuestra nuevos bríos bajo el paraguas del grupo BonAmb y vislumbra un futuro prometedor, ahora con Emmanuelle Baron tras los fogones y la tutela culinaria del laureado chef Alberto Ferruz (BonAmb, dos Estrellas MICHELIN). Hoy, tras la reforma, presenta una atractiva terraza (palmeras, olivos, una parra centenaria...), un luminoso comedor con la cocina semivista y una oferta culinaria de gusto actual-mediterráneo, con buenos guiños a los maridajes clásicos tanto en la carta como en los menús.

 Precio: €€€

Partida Pamis 7-30 (Suroeste 1,5 km) ✉ *03760 –* ☎ *965 76 66 06 – capepa.es – Cerrado lunes-miércoles*

ORFES
Girona – Mapa regional **9**–C3

SA POMA
TRADICIONAL · ACOGEDORA Encantador, en mitad del campo y con un ambiente rústico muy cuidado. Ofrecen una cocina actual catalana, con toques mallorquines, que... ¡utiliza productos de su propia huerta!

 Precio: €€

Veïnat de la Palma (Hotel Masía La Palma, por la carretera GI 554, Norte 2,5 km y desvío a la derecha 1 km) ✉ *17468 –* ☎ *972 19 31 37 – www.masialapalma.com – Cerrado miércoles, cena: domingo*

ORÍS
Barcelona – Mapa regional **9**–C1

L'AURÓ
TRADICIONAL · AMBIENTE CLÁSICO Aislado, espacioso y de atenta organización familiar. Buena carta tradicional en base a productos de proximidad, con sugerencias del día y... ¡desayunos de cuchillo y tenedor!

 Precio: €€

Carretera C 17 (km 76,2, Este 0,5 km) ✉ *08573 –* ☎ *938 59 53 01 – www.restaurantauro.com – Cerrado lunes*

OROPESA DEL MAR
Castellón – Mapa regional **11**–B1

LE VIN ROUGE MAÎTRE-CAVISTA
FRANCESA · ÍNTIMA Aquí defienden una reinterpretación de la cocina francesa y centroeuropea, en base a una reducida carta y con opción de interesantes maridajes. ¡No se pierda el Apfelstrudel!

 Precio: €€€

Plaza Constitución 4 ✉ *12594 –* ☎ *722 32 82 81 – www.le-vin-rouge-maitre-cavista.negocio.site – Cerrado martes, miércoles, cena: lunes, domingo*

LA OROTAVA – Tenerife → Ver Canarias (Santa Cruz de Tenerife)

ORTIGUERA
Asturias – Mapa regional **3**–A1

❀ FERPEL GASTRONÓMICO
Chef: Elio Fernández
ACTUAL · SIMPÁTICA Si busca un restaurante sorprendente acérquese hasta Ferpel, pues aquí miman el producto autóctono desde la sencillez, exaltando siempre cada sabor. El chef Elio Fernández, natural de esta tierra, vive su profesión desde

un compromiso total con el mundo rural y con su familia, los dos pilares sobre los que sustenta su trabajo a la hora de ofrecernos una cocina actualizada, pero de raíces, que nos haga sentir la tierra asturiana. La experiencia se inicia con unos aperitivos en la planta baja (uno de ellos en la mesa donde elaboran el pan cada mañana) y, ya en el comedor del piso superior, con fantásticas vistas, la opción de dos menús (Clásico y A Figueira). ¿Un producto que le identifica? El muil (más conocido fuera de Asturias como míjol o lisa), pues lo preparan de múltiples maneras.

🅰️ 🍴 🅿️ Precio: €€€

Coaña (Carretera de bajada al puerto y desvío a la izquierda en el barrio El Molino 0,5 km) ✉ 33716 – ☎ 985 47 32 85 – www.ferpelgastronomico.com – Cerrado lunes, domingo, almuerzo: sábado, cena: martes-viernes

ORUÑA DE PIÉLAGOS
Cantabria – Mapa regional **6**–B1

EL HOSTAL

TRADICIONAL · AMBIENTE CLÁSICO ¡En una casa señorial! Ofrecen una cocina de mercado, muy definida por el sabor, donde nunca falten los arroces, los pescados frescos, unas buenas carnes, platos de cuchara...

♿ 🍴 ⇔ Precio: €€

Barrio El Puente 13 ✉ 39477 – ☎ 942 57 58 98 – elhostalrestaurante.es – Cerrado lunes, cena: martes, miércoles y domingo

OURENSE
Orense – Mapa regional **13**–B2

⚜ CEIBE

Chefs: Xosé Magalhaes y Lydia Del Olmo

GALLEGA · MINIMALISTA Si busca una experiencia culinaria que emane la esencia gallega debe reservar mesa en esta casa; no en vano "Ceibe" significa precisamente eso: "Que tiene capacidad para escoger y dirigir su forma de actuar o de pensar".Los encurtidos, los escabeches y los marinados son los signos de identidad de este local, próximo a la Catedral y con unas llamativas paredes en piedra que nos atan a la tradición, lo que no quita para combinarlas con una estética minimalista y una cocina totalmente integrada en la sala. Lydia del Olmo y Xosé Magalhaes buscan que todo fluya ante el comensal en una propuesta que traza un interesante recorrido por la geografía gallega, con platos emblemáticos como el Boliño de cocido o la curiosa Tarta de sopas de burro cansado, un postre con el que Lydia recupera los sabores de su abuela. Sus menús degustación, Enxebre y Esmorga, están muy vinculados al terruño y... ¡siempre empiezan con una queimada muy personal!

♿ 🅰️ Precio: €€€€

San Miguel 8 ✉ 32005 – ☎ 988 54 25 80 – ceiberestaurante.es – Cerrado lunes, domingo, cena: martes, miércoles

⚜ NOVA

Chefs: Julio Sotomayor y Daniel Guzmán

MODERNA · MARCO CONTEMPORÁNEO En este céntrico restaurante, llamado Nova porque en él se busca que la experiencia siempre sea nueva, siguen apostando por esa "cociña de raíces" que habla de los orígenes y busca, por encima de cualquier otra cosa, hacer realidad el viejo tópico de "hacer universal lo local".En el cuidado establecimiento, actual-minimalista y con la cocina a la vista del cliente, los chefs Julio Sotomayor y Daniel Guzmán (que aparte de ser socios también son primos) siguen fieles a sus principios y cada día defienden tres menús degustación sorpresa (Raíces, Nova y Cima) que van evolucionando con el producto de temporada y únicamente varían en cuanto al número de platos (8, 10 o 13 pases). Poseen el favor del público, pues... ¡están entre los más reservados de España desde la plataforma The Fork!

♿ 🅰️ Precio: €€€

Valle Inclán 5 ✉ 32004 – ☎ 988 21 79 33 – novarestaurante.com – Cerrado lunes, cena: martes, miércoles y domingo

PACÍFICO

MODERNA · BISTRÓ La atractiva evolución de un clásico, pues el negocio familiar que en 1975 fundaron los abuelos de Francisco Domínguez, el chef-propietario, se ha transformado para amoldarse a los nuevos tiempos y presentarse con una estética mucho más sugerente y actual. Presenta un bar-cafetería a la entrada y a continuación el restaurante como tal, tipo bistró y con la cocina vista al fondo. ¿Su propuesta? Un único menú degustación de tinte actual de lunes a viernes, basado en productos de proximidad y temporada, así como un completo brunch los fines de semana. Visto el éxito... ¡recomendamos reservar!

🅰️ Precio: €

Pena Trevinca 37 ✉ *32005 –* 🖋 *988 61 46 72 – Cerrado martes, cena: lunes, miércoles- y domingo*

OVIEDO

Asturias – Mapa regional **3**–B1

🏵️ **NM**

CREATIVA · DE DISEÑO Ubicado en El Vasco, un espectacular y curioso bulevar comercial que atesora toda una planta dedicada al mundo gastronómico.El atractivo restaurante, con un espacio de diseño propio dentro del área bautizada como Nastura, cuenta con una barra donde también se puede comer y apuesta por esa cocina de producto que refleja las raíces y las tradiciones en el plato. Aquí el laureado chef Nacho Manzano, a través de técnicas actuales que buscan sacar el máximo partido a las materias primas, aboga por un menú degustación de temporada (opción corta y larga) que nos habla de los prados y los bosques, de la montaña, de la impresionante despensa del Cantábrico, del huerto familiar que tienen en Narbasu... siempre desde la coherencia y buscando un eje vertebrador que se articule en torno a los sabores y aromas de esta tierra. ¡Debe decantarse por una opción de menú al hacer la reserva!

♿ 🅰️ Precio: €€€€

Víctor Chávarri 2 (Gran Bulevar El Vasco, planta 2) ✉ *33001 –* 🖋 *699 45 51 93 – nmrestaurante.es – Cerrado lunes, domingo*

CASA FERMÍN

TRADICIONAL · ELEGANTE Aquí encontrará una carta clásica-tradicional que enaltece el producto, un menú degustación y una buena bodega. ¡Pruebe el CasadiellesFermín, el reinventado postre de la casa!

🅰️ 🔀 Precio: €€€

San Francisco 8 ✉ *33003 –* 🖋 *985 21 64 52 – www.casafermin.com – Cerrado domingo, cena: lunes*

CA'SUSO

MODERNA · ACOGEDORA Acogedor, neorrústico y llevado con pasión entre dos hermanos (Vicente e Iván). Defienden una cocina actual de base tradicional, con opción de carta y dos interesantes menús.

🅰️ Precio: €€

Marqués de Gastañaga 13 ✉ *33009 –* 🖋 *985 22 82 32 – www.ca-suso.com – Cerrado lunes, cena: martes, miércoles y domingo*

COCINA CABAL

CREATIVA · SIMPÁTICA Tiene la cocina a la vista desde el comedor y juega con su nombre como un guiño al propio chef (Vicente Cabal). ¡Gastronomía mediterránea presentada de una manera creativa!

🅰️ Precio: €€€

Suárez de la Riva 5 ✉ *33007 –* 🖋 *985 02 75 52 – www.cocinacabal.com – Cerrado lunes, cena: domingo*

GLORIA

TRADICIONAL • **BAR DE TAPAS** Local informal donde los hermanos Manzano (Esther y Nacho) defienden una cocina tradicional ideada para compartir. Hay tapas, raciones, algún plato actualizado... y dos menús.

&. ⬛ Precio: €

Cervantes 24 – ✉ 33001 – 𝒞 984 83 42 43 – www.estasengloria.com – Cerrado lunes, domingo

MESTURA

TRADICIONAL • **MARCO CONTEMPORÁNEO** Se halla en la entreplanta del hotel España, donde encontraremos una sala de elegante línea clásica y una cocina tradicional que cuida los detalles. ¡También ofrecen menús!

⬛ Precio: €€

Jovellanos 2 (Gran Hotel España) – ✉ 33009 – 𝒞 984 03 40 14 – www.mesturarestaurante.com – Cerrado lunes, domingo, almuerzo: martes-sábado

PADRÓN

A Coruña – Mapa regional **13**–A2

🕸 **O'PAZO**

Chef: Óscar Vidal

A LA PARRILLA • **ELEGANTE** Si aún no conoce el templo gallego de la cocina a la brasa ya está tardando en acercarse hasta aquí, pues los hermanos Vidal (Óscar tras los fogones y Manuel en la sala) han creado un espacio único donde todo gira en torno a la parrilla.Esta encantadora casona, ubicada junto a la carretera, se presenta con un elegante interiorismo en el que abundan las maderas nobles y una propuesta de base tradicional que, principalmente a través de un menú degustación llamado Rescaldo, convierte el aparentemente sencillo cocinado a la brasa en una experiencia gourmet al más alto nivel, exaltando la despensa atlántica, los productos de la huerta padronesa y, sobre todo, las portentosas carnes de la vaca autóctona, la Rubia Gallega. ¡No deje de probar su soberbio Chuletón y la Palometa Roja madurada!

🐌 🍴⬛🍽 🅿 Precio: €€€€

Pazos s/n – ✉ 15917 – 𝒞 981 81 15 07 – asadoropazo.es – Cerrado lunes, martes, cena: miércoles, jueves y domingo

PÁGANOS

Álava – Mapa regional **18**–A2

HÉCTOR ORIBE

MODERNA • **RÚSTICA** Llevado por un amable matrimonio. Cocina actualizada de producto y base tradicional, con especialidades como los Canutillos de pan y morcilla o el Rabo de vacuno estofado.

⬛ Precio: €€

Gasteiz 8 – ✉ 01309 – 𝒞 945 60 07 15 – www.hectororibe.es – Cerrado lunes, cena: martes-domingo

PALAFRUGELL

Girona – Mapa regional **10**–B1

PA I RAÏM

TRADICIONAL • **AMBIENTE CLÁSICO** ¡En la antigua casa del escritor Josep Pla! Ofrece una sala clásica, otra tipo jardín de invierno y una coqueta terraza presidida por dos tilos centenarios. Su carta de temporada combina los platos tradicionales con otros más actuales.

🅐🍴 Precio: €€

Torres Jonama 56 ✉ *17200 –* ☎ *972 44 72 78 – www.pairaim.com – Cerrado lunes-miércoles, cena: domingo*

PALAMÓS
Girona – Mapa regional **10**–B1

😊 **LA SALINERA**

TRADICIONAL • AMBIENTE MEDITERRÁNEO El buen trabajo de Josep desde los fogones y Montse en la sala refleja el alma de esta casa, fácil de localizar frente al puerto de Palamós. Sin duda, estamos ante un restaurante con personalidad y carácter propio, pues el local ocupa lo que un día fue una fábrica de salazones. La agradable terraza climatizada de la entrada da paso a un interior moderno y acogedor, con dos salas que sorprenden por sus atractivos techos abovedados. Cuenta con sus propios viveros y ofrece una cocina de raíces mediterráneas especializada en pescados y mariscos, siempre originarios de la Costa Brava.

🅐🍴 Precio: €€

Avenida Onze de Setembre 93 ✉ *17230 –* ☎ *972 31 64 74 – Cerrado lunes*

DVISI ⓝ

ACTUAL • MARCO CONTEMPORÁNEO Disfruta de un original emplazamiento, pues se encuentra en la zona ajardinada del llamativo hotel Casa Vincke. En su luminosa sala, acristalada hacia la piscina y con un anexo abierto que ejerce como terraza, podrá degustar una cocina de corte actual, con platos a la carta pensados para compartir y un menú degustación, donde se aprecian tanto guiños asiáticos como latinos. Buena oferta de ostras en tres elaboraciones (al natural con Bloody Mary, a la brasa con yuzu, sake y mirin o a la brasa con perla de Aguachile).

🍷 🅐🍴 Precio: €€

Avió 5 ✉ *17230 –* ☎ *673 55 74 87 – www.restaurantdvisi.com – Cerrado lunes, domingo*

ENTRE DOS MONS

PERUANA • SENCILLA Aquí se fusiona la gastronomía catalana con los sabores del recetario peruano, pues la chef es oriunda de allí. ¡Poseen su propio huerto y se preocupan por la sostenibilidad!

🅐🍴 Precio: €€

Tauler i Servià 21 ✉ *17230 –* ☎ *671 51 90 18 – www.entredosmons.es – Cerrado lunes-miércoles*

PALENCIA
Palencia – Mapa regional **8**–B2

😊 **TERRA PALENCIA**

ACTUAL • MARCO CONTEMPORÁNEO Tras formarse en restaurantes de reconocido prestigio (El Celler de Can Roca, Akelaře, Nerua, El Ermitaño...), el chef Roberto Terradillos decidió volver a su tierra para devolver lo aprendido, exaltando desde las técnicas más actuales la identidad de los sabores palentinos. Presenta un interior de estética funcional-actual y una cocina de tendencia moderna, con buenas bases clásicas y guiños al territorio. La carta se completa con varios menús: uno económico denominado "De Mercado", para los días laborables al mediodía, y tres más con opción de maridaje (Gastronómico, Clásico y Degustación).

🅐 Precio: €€

Pedro Fernández de Pulgar 6 ✉ *34005 –* ☎ *979 11 66 75 – terrarestaurante.es – Cerrado lunes, cena: martes-jueves*

AJO DE SOPAS

MODERNA • **MARCO CONTEMPORÁNEO** Local de tinte creativo donde, en base a productos locales, logran dar una vuelta a la cocina tradicional castellana. ¡Su exitoso menú degustación solo se sirve bajo reserva!

🆎 ⛱ Precio: €€

Paseo del Salón 25 ✉ 34002 – ☏ 979 10 47 12 – www.ajodesopas.com – Cerrado lunes, cena: domingo

PALMA – Baleares ➜ Ver Balears (Mallorca)

PALMANOVA – Baleares ➜ Ver Balears (Mallorca)

EL PALMAR
Murcia – Mapa regional **16**–B2

✿✿ CABAÑA BUENAVISTA

Chef: Pablo Gonzalez-Conejero Hilla

CREATIVA • **ACOGEDORA** Una gran experiencia culinaria, pues desde el mismísimo acceso guían por un sorprendente mundo de sabores y sensaciones, con mágicas etapas a base de aperitivos (en el jardín, en el huerto, en la terraza...) y, ya al final, el descubrimiento de las elaboraciones principales (nos ha gustado mucho su Corzo, con guiso de tendones y acelgas braseadas) en una espectacular cabaña cubierta de juncos.La creativa propuesta del chef Pablo González, no exenta de referencias al recetario murciano, cautiva por su puesta en escena, con una buena parte de los platos terminados en la mesa. La oferta, concretada en una reducida carta y dos menús degustación (Olivo y Experience), vive un punto álgido a la hora de los postres, ya que tendrá que elegir entre varias píldoras de colores (un guiño a la mítica escena de Matrix) y su elección le llevará a la recreación, en el plato, de otras películas de culto (El silencio de los corderos, Charlie y la fábrica de chocolate, La naranja mecánica...).

🕸 🍴♿⛱🅿 Precio: €€€€

Urbanización Buenavista (El Palmar, por A-30, 8 km) ✉ 30120 – ☏ 968 88 90 06 – restaurantelacabana.com – Cerrado sábado, domingo, cena: lunes-miércoles y viernes

EL PALMAR
Valencia – Mapa regional **11**–B2

ARROCERÍA MARIBEL

ARROCES • **MARCO CONTEMPORÁNEO** El entorno del Parque Natural de la Albufera, que tiene un ecosistema de enorme interés ecológico, está plagado de restaurantes y arrocerías, por lo que tiene aún más mérito destacar cuando todos presumen de la misma especialidad. Presenta un interior actualizado que ensalza la rica cultura arrocera de la zona y una espaciosa terraza, ubicada casi sobre el mismísimo canal. La carta, que ofrece una parte tradicional y otra más actual-creativa, se complementa con dos menús que exaltan el recetario de la zona y los sabores valencianos. No lo dude y... ¡dé también un paseo en barca por el lago!

♿🆎⛱⇆🅿 Precio: €€

Francisco Monleón 5 ✉ 46012 – ☏ 961 62 00 60 – www.arroceriamaribel.com – Cerrado miércoles, cena: lunes, martes, jueves- y domingo

LAS PALMAS DE GRAN CANARIA – Las Palmas ➜ Ver Canarias (Gran Canaria)

PALMONES

Cádiz – Mapa regional **1**–B3

🕙 **CASA MANÉ**

PESCADOS Y MARISCOS • **RÚSTICA** Este sencillo negocio familiar, a escasos metros de la playa de Palmones y con vistas al Peñón, está instalado en una atractiva cabaña de madera, donde se presenta con una zona de barra y dos cuidados comedores. Aunque ofrece una amplia carta de gusto tradicional, su gran especialidad son los pescados y mariscos propios de las aguas del Campo de Gibraltar (Coquinas, Gambas Rojas de garrucha, Atún en manteca…), con muchos productos frescos presentados en la sugerente barca-expositor refrigerada que hay en una de las salas. ¡Conviene reservar, ya que llenan prácticamente a diario!

&. Ⓜ ⌂ ⇨ Precio: €€

Almadraba (Playa de Palmones) ✉ 11379 – ✆ 956 67 50 10 – *www.restaurantecasamane.com – Cerrado lunes, cena: martes-jueves y domingo*

PALS

Girona – Mapa regional **9**–D2

🕙 **VICUS**

MODERNA • **MARCO CONTEMPORÁNEO** He aquí la evolución, con notable éxito, de un viejo negocio familiar que inicialmente vio la luz como café. Se halla en una de las principales calles de Pals y actualmente presenta una sala de altos techos que sabe combinar la agradable estética actual con algunos detalles más clásicos que enraízan el local con su pasado (barra, suelos, algunos muebles…). El chef, formado en grandes casas, propone una cocina tradicional elaborada y de tintes creativos que no le defraudará. Su carta se completa con una buena oferta de menús, destacando entre ellos tanto el de arroces como el de degustación.

&. Ⓜ ⇨ 🅿 Precio: €€

Enginyer Algarra 51 ✉ 17256 – ✆ 972 63 60 88 – www.vicusrestaurant.com – *Cerrado lunes, martes, cena: domingo*

PAHISSA DEL MAS …

MODERNA • **RÚSTICA** Instalado en el pajar del Mas Pou, una masía rodeada de arrozales que data de 1352. Elaboran una cocina actual muy personal, con el producto de proximidad como protagonista.

&. Ⓜ ⌂ 🅿 Precio: €€€

Barri Molinet 16 (Carretera Torroella de Montgrí, Norte 1,9 km) ✉ 17256 – ✆ 972 63 69 76 – www.pahissadelmas.com – *Cerrado lunes, martes, cena: domingo*

ES PORTAL

CATALANA • **RÚSTICA** En una masía ampurdanesa de impresionante aspecto, no en vano… ¡se construyó en el s. XVI! Ofrece unos atractivos exteriores y comedores de aire rústico, donde proponen una cocina de temporada en base a producto local. Cuidadas habitaciones como complemento.

&. Ⓜ ⌂ ⇨ 🅿 Precio: €€

Carretera de Torroella de Montgrí 17 (Norte 1,7 km) ✉ 17256 – ✆ 972 63 65 96 – www.esportalhotel.com – *Cerrado lunes, martes*

SOL BLANC

CATALANA • **RÚSTICA** ¡En una masía del s. XIX ubicada en pleno campo! Ofrecen una cocina catalana muy honesta, en base a productos de proximidad, con intensos guisos y tomates de su propia huerta.

Ⓜ ⌂ 🅿 Precio: €€€

Barri Molinet 14 (Norte 1,5 km) ✉ 17256 – ✆ 972 66 73 65 – *www.restaurantsolblanc.com – Cerrado martes, miércoles*

PAMPLONA

Navarra
Mapa regional **17**–A2
Mapa de carreteras Michelin
nº 573-D25

Exaltación de la despensa Navarra

Esta es una ciudad universal, una etapa clave en el Camino de Santiago, y algo se le enciende en el alma a todo aquel que la descubre; de hecho, su impacto sobre el visitante es tal que el legendario escritor y periodista Ernest Hemingway viajó a ella... ¡hasta en nueve ocasiones! No hay nada mejor para sentirla que pasear por el clásico recorrido de los encierros de San Fermín, haciendo un alto, eso sí, en la plaza del Ayuntamiento (donde se escucha el famoso "Chupinazo" que inaugura las fiestas), en la animada plaza del Castillo, en el mercado de Santo Domingo o en los concurridos bares de tapas de la famosa calle Estafeta. Su gastronomía, que siempre exalta los productos de la Comunidad Foral de Navarra, tiene como platos emblemáticos las Pochas con txistorra, los Pimientos del piquillo rellenos, el Bacalao al ajoarriero, los exquisitos Espárragos blancos con salsa vinagreta...

ஃ **LA BIBLIOTECA**

CREATIVA • MARCO CONTEMPORÁNEO Le sorprenderá, pues la propuesta gastronómica del hotel Alma Pamplona ahora ocupa varias dependencias y se plantea como un entretenido recorrido por sus cuidadas instalaciones. Te reciben en la puerta, te acompañan hasta el huerto... y después, se pasa a la zona ajardinada, donde se toman los primeros aperitivos. Los siguientes bocados son en una barra, en el atractivo bar de fermentaciones y conservas (recuperan métodos de conservación ancestrales), y el resto de los platos se toma ya en La Biblioteca, con vistas a las hierbas aromáticas y a las grandes macetas de su huerta. El chef Leandro Gil, que no cesa en sus investigaciones sobre las hortalizas (raíces, halófilas, azúcares vegetales...) defiende un único menú degustación, de tinte actual, que normalmente evoluciona en base a pocos productos muy bien combinados. El café, servido en el luminoso Salón de té, se acompaña por unos agradables petit fours que... ¡también exaltan los vegetales de la ribera navarra!

🖨 ⅙ ⅍ 🅿 Precio: €€€€

Fuera de plano – *Beloso Bajo 11 (Hotel Alma Pamplona)* ✉ *31016* – ☏ *948 29 33 80* – *www.almahotels.com* – *Cerrado lunes, martes, cena: miércoles-domingo*

ஃ **EUROPA**

Chef: Pilar Idoate

ACTUAL • AMBIENTE CLÁSICO Estamos en pleno corazón de Pamplona, a unos pasos de la plaza del Castillo y de la mítica calle Estafeta, mundialmente conocida por su vinculación con los encierros de San Fermín. Tan conocida como el restaurante Europa es la familia que hay detrás, los Idoate Vidaurre, un clan de

ALLEKO/Getty Images Plus

hermanos que ha sabido hacer de la hostelería algo más que una profesión. Desde los fogones, la chef Pilar Idoate defiende una cocina tradicional actualizada de fuertes raíces vascas, con un producto navarro que tiene la calidad por bandera, unos fondos de contundente sabor y esas texturas, finas y delicadas, solo al alcance de la alta gastronomía. Encontrará una buena carta y menús con maridaje, lo que permite apreciar en su total esplendor los valores de una casa que... iluce la Estrella MICHELIN desde 1993!

🅰🅲 ⇨ Precio: €€€

Plano: B1-1 – *Espoz y Mina 11-1°* ✉ *31002* – ☏ *948 22 18 00* – *www.hreuropa.com – Cerrado domingo, cena: lunes, martes*

✿ **KABO**

Chef: Aaron Ortiz

ACTUAL • **MARCO CONTEMPORÁNEO** Este agradable restaurante de ambiente contemporáneo, llevado por una pareja y que toma su nombre de la lengua masái (Kabo significa "mariposa"), ha mejorado en confort y amplitud con el cambio de local (está a pocos metros del anterior).Presenta un único menú degustación, de tinte actual, que encuentra en Navarra la piedra angular desde la que arranca su propuesta, centrada en los productos de temporada, en su incondicional amor por la huerta y en la defensa a ultranza de los pequeños productores del entorno. ¿Un plato que merece la pena? Nos ha encantado su postre, al que llaman Transformación, pues evoluciona ante los sorprendidos ojos del comensal para narrarnos la metamorfosis que lleva al gusano de seda a convertirse en mariposa. ¡Vaya reservando mesa para disfrutarlo!

🅰🅲 ⇨ Precio: €€€

Plano: B2-11 – *Avenida de Zaragoza 10* ✉ *31003* – ☏ *948 00 27 73* – *www.restaurantekabo.com – Cerrado lunes, cena: martes-jueves y domingo*

✿ **RODERO**

Chef: Koldo Rodero

MODERNA • **AMBIENTE CLÁSICO** No hay nada mejor que una frase del chef para entender este restaurante: "Rodero es una familia. Tratamos de hacer feliz a la gente con nuestro trabajo, intentando hacer las cosas bien y con cariño".Criado entre fogones, la vocación de Koldo Rodero se dejó notar desde bien pronto, cuando soñaba con que el sabor fuera la piedra angular de su propuesta. Hoy, este chef nos da una magnífica visión de la cocina navarra actual, más creativa, inteligente, técnica... y demuestra tener un don para mostrárnosla tremendamente sugerente. Junto a sus hermanas, ambas pendientes de todo en las salas, ha sabido trasformar el negocio familiar, a escasos pasos de la turística Plaza de Toros, para que se adapte a los tiempos, siempre reivindicando las virtudes y el sabor del espectacular producto navarro.

♿ 🅰🅲 ⇨ Precio: €€€

Plano: B1-2 – *Emilio Arrieta 3* ✉ *31002* – ☏ *948 22 80 35* – *restauranterodero. com – Cerrado domingo, almuerzo: lunes-jueves*

😊 **EL MERCÁO**

TRADICIONAL • **BISTRÓ** Un negocio más de la familia Idoate, que ha dado una vuelta de tuerca a la hostelería pamplonica al instalar esta divertida propuesta en la esquina de un céntrico mercado. El local, que disfruta de un acceso independiente y sorprende por su vanguardismo estético, presenta dos ambientes bien diferenciados: la moderna barra, donde ofrecen pinchos muy elaborados que intentan evolucionar la tradición vasca, y un comedor de mesas bajas destinado a degustar, ya sentado, una cocina tradicional con toques asiáticos. La luz que entra de la calle... iestá tamizada por innumerables botellas de vino!

🅰🅲 Precio: €€

Plano: B2-3 – *Tafalla 5-7* ✉ *31004* – ☏ *948 29 25 88* – *www.elmercao.com – Cerrado cena: domingo*

0   200 m

ALHAMBRA

TRADICIONAL • **AMBIENTE CLÁSICO** Un clásico actualizado y con el marchamo de calidad de los hermanos Idoate (Esther e Iñaki atienden en la sala). Cocina de temporada, platos tradicionales y opción de menús.

♿ 🅰🅲 ✛ Precio: €€€

Plano: B2-4 – *Francisco Bergamín 7* ✉ *31003* – ☏ *948 24 50 07* – *restaurantealhambra.es* – *Cerrado domingo, cena: martes, miércoles*

LES AMIS

FRANCESA • **TENDENCIA** Se halla en una calle peatonal del casco antiguo y ofrece una cocina bastante singular, pues a sus marcadas raíces francesas le añade toques tanto peruanos como asiáticos.

♿ 🅰🅲 Precio: €€

Plano: A1-6 – *Pozo Blanco 20* ✉ *31001* – ☏ *625 52 06 58* – *www.restaurantlesamis.com* – *Cerrado lunes, martes, cena: miércoles, jueves y domingo*

BODEGÓN SARRÍA

TRADICIONAL • **BAR DE TAPAS** Sardina ahumada con salsa de cebolla caramelizada, Pastel de txangurro con gulas y crema balsámica, Capricho de escombro, Lagarto ibérico, Frito de pimiento... Este céntrico bar de tapas, ubicado en una de las calles más emblemáticas de la ciudad, disfruta de una gran barra sobre la que cuelgan multitud de jamones. Una fantástica opción para tomar unas tapas o comer de raciones, pues ofrecen gran variedad de pinchos fríos y calientes, tostas, guisos de carne y pescado, varios tipos de huevos rotos...

🏧 Precio: €

Plano: B1-8 – *Estafeta 50-52* ✉ *31001* – 𝒞 *948 22 77 13* – *www.bodegonsarria.com*

ENEKORRI

ACTUAL • **MARCO CONTEMPORÁNEO** Una casa definida por dos conceptos: la fidelidad a los productos de temporada y su pasión por los vinos, lo que hace que su estupenda bodega esté en constante evolución.

🕸 ₲ 🏧 ⇦ Precio: €€€

Plano: A2-5 – *Tudela 14* ✉ *31003* – 𝒞 *948 23 07 98* – *www.enekorri.com* – *Cerrado lunes, domingo*

GAUCHO

TRADICIONAL • **BAR DE TAPAS** Una visita obligada si desea conocer el nivel de tapas de Pamplona, pues se encuentra en pleno centro y es un grandísimo clásico de su tapeo. Pintxos tradicionales y de autor.

🏧 🍴 Precio: €

Plano: B1-9 – *Espoz y Mina 7* ✉ *31001* – 𝒞 *948 22 50 73* – *www.cafebargaucho.com* – *Cerrado martes*

GURÍA

MODERNA • **BAR DE TAPAS** Abre sus puertas junto a la animada Plaza del Castillo y es un clásico, eso sí... ¡totalmente actualizado! Pinchos cuidados y bien elaborados, con una base de cocina actual.

Precio: €

Plano: B1-10 – *Travesía Espoz y Mina* ✉ *31001* – 𝒞 *636 35 06 99*

PATALAVACA – Las Palmas ➔ Ver Canarias (Gran Canaria)

PEDROSO DE ACIM
Cáceres – Mapa regional **12**–A2

EL PALANCAR

TRADICIONAL • **AMBIENTE TRADICIONAL** ¡Junto al "conventito" de El Palancar! Ofrece cocina tradicional actualizada, carnes a la brasa y, durante el verano, unas curiosas cenas temáticas contemplando las estrellas.

🚲 ₲ 🅿 Precio: €€

Carretera de El Palancar (Sur 2 km) ✉ *10829* – 𝒞 *927 19 20 33* – *www.elpalancar.com* – *Cerrado lunes, cena: martes-jueves*

PEÑAFIEL
Valladolid – Mapa regional **8**–C2

❀ **AMBIVIUM**

Chef: Cristóbal Muñoz

MODERNA • **DE DISEÑO** La bodega Pago de Carraovejas (Ribera del Duero), custodiada por el icónico castillo de Peñafiel, ha construido su prestigio en base a unos vinos que emanan personalidad; esa misma filosofía es la que se cultiva en Ambivium, un espacio nacido para lograr armonías y secuencias gustativas. El restaurante, con vanguardistas detalles de diseño, un espléndido servicio e idílicas vistas a los viñedos desde su zona de bar y sobremesa, sorprende con una propuesta de exquisitos bocados que se van degustando según recorremos las instalaciones. El chef Cristóbal Muñoz plantea un menú degustación (Cellarium) donde todo gira en torno a los métodos de conservación de los alimentos, desde los más tradicionales hasta los más innovadores. ¿Detalles? La bodega asombra con... ¡unas 4.000 referencias!

☘ *El compromiso del Chef:* Apostamos por esa cocina sincera que busca revelar los aromas del terruño, apegada a los productos km 0, a la estacionalidad y al contexto en el que nos hallamos: la bodega Pago de Carraovejas. ¡Además tenemos, a escasos 50 metros, nuestro propio huerto ecológico!

🐼 ≺ ♿ AC 🅿 Precio: €€€€

Camino de Carraovejas (Este 3 km) ✉ *47300 –* ☎ *983 88 19 38 – www.restauranteambivium.com – Cerrado lunes, martes, cena: miércoles-domingo*

CURIOSO

ACTUAL • ACOGEDORA Céntrico, rústico-actual y llevado por una pareja, con ella al frente de los fogones y él de la sala. Carta tradicional, con algún plato actual-creativo, y la opción de menú.

AC Precio: €€

Derecha Al Coso 22 ✉ *47300 –* ☎ *682 39 99 70 – www.restaurantecurioso.com – Cerrado miércoles, cena: lunes, martes, jueves y domingo*

PERALADA

Girona – Mapa regional **9**–D3

☘ ### CASTELL PERALADA

MODERNA • AMBIENTE CLÁSICO Cuando hablamos de un emplazamiento singular nos referimos, exactamente, a sitios como este, pues nos hallamos en un castillo medieval (s. XIV) que ha ido ampliando sus instalaciones poco a poco; de hecho, su actual oferta cultural y de ocio se completa con un museo, un bellísimo parque, un casino...En el restaurante, que atesora un ambiente clásico bien actualizado, atractivos reservados en los torreones y hasta una idílica terraza frente a un lago, nos plantean una visión contemporánea de la cocina tradicional ampurdanesa, sorprendiendo tanto por la sutileza de los sabores como por el dominio en los puntos de cocción. No se pierda el espectacular carro de quesos seleccionados por Toni Gerez (jefe de sala y sommelier), pues con más de 50 opciones... ¡es uno de los mejores de España!

AC 🍽 ⏩ 🅿 Precio: €€€€

Sant Joan ✉ *17491 –* ☎ *972 52 20 40 – www.castellperaladarestaurant.com – Cerrado lunes-miércoles, almuerzo: jueves*

O PEREIRO DE AGUIAR

Orense – Mapa regional **13**–B2

☘ ### MIGUEL GONZÁLEZ

ACTUAL • RÚSTICA Debe verlo como un tesoro gastronómico, pues estando a escasos 6 km de Ourense se encuentra aislado, y casi escondido, en un encantador hotelito rural de carácter centenario (Hotel Rústico San Jaime), en la aldea de A Morteira y con el acceso por un estrecho camino.El chef Miguel González, enamorado de la improvisación e identificado con el concepto "#novaleparar", defiende tres menús degustación sorpresa (Rústico, Cloe y Laia) que evolucionan según mercado, siempre con elaboraciones en las que prima el sabor, la delicadeza y la calidad de las mejores materias primas adquiridas ese mismo día. Podrá degustar los platos tanto en el atractivo comedor, de línea rústica y con la chimenea encendida en invierno, como en su agradable terraza, idónea para disfrutar del entorno en la época estival.

AC ⏩ 🅿 Precio: €€€

Aldea A Morteira 80 (Oeste 1,5 km) ✉ *32710 –* ☎ *988 78 29 36 – restaurantemiguelgonzalez.com – Cerrado lunes, cena: martes-jueves y domingo*

PERILLO

A Coruña – Mapa regional **13**–A2

EL MIRADOR DEL MADRILEÑO

PESCADOS Y MARISCOS • ACOGEDORA Una casa familiar, no exenta de profesionalidad, en la que apuestan por la cocina tradicional y las sugerencias diarias, pues siempre ofrecen producto salvaje de río o de mar.

&⧖ 🅰🅲 🍴 Precio: €€

Avenida Ernesto Che Guevara 73 (Perillo, Sureste 7,5 km) ✉ *15172 –* ☎ *981 63 85 17 – Cerrado cena: lunes, domingo*

PERUYES

Asturias – Mapa regional **3**–C1

😊 EL MOLÍN DE MINGO

TRADICIONAL • RÚSTICA Posee un aire rústico y no para de ganar adeptos, pues hallándose en un aislado paraje entre montañas (el restaurante y tres edificios singulares más), únicamente provoca... ¡deseos de volver! Dulce Martínez, la chef-propietaria, elabora una cocina tradicional de corte casero realmente magnífica, fina y delicada, con el aliciente de tener sabor y, además, cuidar tanto los detalles como las presentaciones. ¿Qué encontrará? Un menú corto y otro largo, ambos con postres caseros y platos a elegir, como el increíble Pitu de calella con arroz. Suele estar completo, así que... ¡aconsejamos reservar!

🅰🅲 🍴 🅿 Precio: €€

Finca Molín de Mingo (Sureste 3 km) ✉ *33540 –* ☎ *985 92 22 63 – Cerrado lunes-miércoles, almuerzo: jueves-domingo*

PETRER

Alicante – Mapa regional **11**–A3

LA SIRENA

PESCADOS Y MARISCOS • AMBIENTE CLÁSICO Destaca por su barra-expositor y... ¡es famoso por sus numerosos all i oli! Completa carta de producto, con un sugerente apartado de mariscos al peso, arroces y opción de menú.

🅰🅲 ⇔ Precio: €€

Avenida de Madrid 14 ✉ *03610 –* ☎ *965 37 17 18 – www.lasirena.net – Cerrado lunes, cena: domingo*

EL PINÓS

Alicante – Mapa regional **11**–A3

😊 EL RACÓ DE PERE I PEPA

TRADICIONAL • RÚSTICA Llevado por el matrimonio propietario, Pere y Pepa, con él tras los fogones y ella al tanto de todo en la sala. Se halla en la avenida de acceso al pueblo desde Jumilla, presentándose con una terraza a la entrada y un interior en dos plantas de aire rústico-actual. Proponen una cocina tradicional actualizada y regional, rica en arroces (siete variantes más fideuá) pero con sugerentes especialidades, como el Solomillo con foie gras y salsa de Oporto o la Paletilla de cabrito al horno. También ofrecen menús a mesa completa (Nuestro arreglito y Especial) y... ¡unas buenas jornadas gastronómicas!

&⧖ 🅰🅲 🍴 Precio: €€

Carretera de Jumilla 26 ✉ *03650 –* ☎ *965 47 71 75 – www.racodepereipepa.com – Cerrado lunes, martes, cena: miércoles, jueves y domingo*

PLAN

Huesca – Mapa regional **2**–B1

🏠 LA CAPILLETA

ACTUAL • **BISTRÓ** Una de las mejores opciones para comer en la Bal de Chistau, un maravilloso valle entre montañas en el que encontrará... ¡hasta alguna cascada natural! Se encuentra a la entrada de la localidad, presentándonos un atractivo bar tipo bistró y un coqueto comedor de línea provenzal-actual, con detalles vintage y guiños al "chistabino", el dialecto de la zona. Su chef ofrece una cocina actual volcada en el producto de temporada, platos más tradicionales y un pequeño apartado de arroces a la brasa (Arroz de ceps y foie). ¡Colaboran de manera altruista en diferentes campañas contra el hambre!

🍽 🅰 🅿 Precio: €€

Carretera San Juan de Plan 7 ✉ *22367 –* 📞 *974 94 14 10 – lacapilleta.es – Cerrado miércoles, jueves*

PLASENCIA

Cáceres – Mapa regional **12**–B1

PARADA DE LA REINA-MARTINA BISTRÓ 🆕

MODERNA • **BISTRÓ** Este negocio, que empezó como la típica cafetería de una estación de autobuses, ha evolucionado hacia un concepto gourmet. Hoy, se presenta como un bistró actual donde se apuesta por una cocina viajera y moderna que ve la luz a través de la carta, con atractivos apartados, y dos completos menús: Destino y Degusta (este precisa de reserva previa con 24 horas de antelación).

🅰 🍴 Precio: €€

Tornavacas 2 (Estación de Autobuses) ✉ *10600 –* 📞 *927 42 50 77 – paradadelareina.es – Cerrado domingo*

PLAYA BLANCA – Las Palmas ➡ Ver Canarias (Lanzarote)

PLAYA DE LAS AMÉRICAS – Tenerife ➡ Ver Canarias (Santa Cruz de Tenerife)

PLAYA HONDA – Las Palmas ➡ Ver Canarias (Lanzarote)

POBOLEDA

Tarragona – Mapa regional **9**–B3

🏠 BROTS

MODERNA • **A LA MODA** Toda una sorpresa gastronómica escondida en un pueblecito del Priorat, ubicado entre montañas y rodeado de viñedos. El chef Pieter Truyts, formado en restaurantes con Estrellas MICHELIN de su Bélgica natal, de Francia y de España, encontró en esta tranquila localidad la posibilidad de cocinar desde el corazón y desarrollar una cocina creativa sumamente interesante, pues exalta los mejores productos locales y demuestra un don tanto para mezclarlos como para potenciar su sabor. Suele llenarse, pues la relación calidad/precio resulta fantástica y... ¡es una comarca con mucho turismo enológico!

🅰 Precio: €€

Nou 45 ✉ *43376 –* 📞 *977 82 73 28 – www.brotsrestaurant.com – Cerrado martes, cena: lunes, domingo*

POLA DE LENA

Asturias – Mapa regional **3**–B2

ROBLE BY JAIRO RODRÍGUEZ

TRADICIONAL • **AMBIENTE CLÁSICO** Está a las afueras de la localidad y sorprenden gratamente, pues la pareja al frente (Jairo tras los fogones y Paula pendiente de la sala) procura que la esencia de Asturias esté presente en cada mesa. La carta, propia de una cocina tradicional actualizada y con magníficos pescados de la Rula de Avilés (Salmonete de roca a baja temperatura, Mero salvaje con velouté de naranja...), se complementa con un buen menú degustación. ¡Carro de quesos y trinchado de carnes en directo!

&. ℳ Precio: €€€

Robledo 21 B – ✉ 33630 – ☎ 985 49 24 62 – www.roblebyjairorodriguez.com – Cerrado lunes, jueves, cena: martes, miércoles y domingo

POLLENÇA - Baleares ➜ Ver Balears (Mallorca)

PONFERRADA

León – Mapa regional **8**–A1

❀ ### MU•NA

Chef: Samuel Naveira

MODERNA • **MARCO CONTEMPORÁNEO** Se halla en la Casa de Las Bombas, frente al Castillo de los Templarios, y bajo su nombre de origen árabe esconden el ferviente deseo por saciar tanto el apetito como el gusto de sus comensales. La pareja al frente, con el chef Samuel Naveira tras los fogones mientras Génesis Cardona ejerce como jefa de sala y sumiller, trabaja con pasión en un entorno contemporáneo que sorprende al tomar las hormigas como icono, una metáfora sobre la laboriosidad y el esfuerzo. Tanto en el servicio a la carta como en su menú degustación (Entorno y Memoria) ofrecen una cocina tradicional actualizada que exalta los productos de temporada de El Bierzo, el epicentro de su mensaje culinario. ¿Curiosidades? Están orgullosos de lucir una Estrella MICHELIN, por eso... ¡la llevan tatuada en sus muñecas!

&. ⇔ Precio: €€€

Gil y Carrasco 25 – ✉ 24401 – ☎ 693 76 23 70 – restaurantemuna.com – Cerrado lunes, martes, cena: miércoles, domingo

PONTE DO PORTO

A Coruña – Mapa regional **13**–A2

LA TAVERNETTA DA PONTE

TRADICIONAL • **BAR DE TAPAS** Singular vinoteca-taberna regentada por una pareja gallego-napolitana. Ofrecen copiosas raciones de cocina gallega y varios platos del recetario italiano. ¡Pruebe sus pizzas!

⅋ Precio: €

Outeiro 35 – ✉ 15121 – ☎ 691 16 34 40 – latavernettadaponte.com – Cerrado lunes, martes

PONTE ULLA

A Coruña – Mapa regional **13**–A2

❀ ### VILLA VERDE

TRADICIONAL • **MARCO REGIONAL** Nos hallamos en una zona privilegiada, pues esta comarca gallega es famosa por sus viñedos y sus magníficos pazos. La nobleza inherente a esta tierra también se ve reflejada en el restaurante, instalado en una hermosa casa de campo en piedra (s. XVIII) que hoy se presenta con una atractiva bodega-lagar, un comedor rústico dotado de "lareira" y una sala de elegante montaje clásico. Su cocina tradicional y de corte casero se ve enriquecida con productos de temporada, trabajando bastante las setas, el rape, las carnes de ternera... ¡No se pierda la Merluza guisada al horno con erizo de mar!

ℳ ⌂ ℙ Precio: €€

Lugar de Figueiredo 10 (Vedra) – ✉ 15885 – ☎ 981 51 26 52 – www.villa-verde.es – Cerrado cena

351

PONTEAREAS

Pontevedra – Mapa regional **13**–A3

🙂 A XANELA GASTRONÓMICA

ACTUAL · ACOGEDORA Un negocio consolidado y con una historia tras de sí, pues está llevado por dos amigos, socios y cocineros (Ángel y Víctor) que llevan compartiendo su amor por la gastronomía desde que coincidieron en la escuela de hostelería de Pontevedra. El local, de estilo actual, se presenta con un gastrobar y un cuidado comedor que hoy luce con una atractiva cava de vinos acristalada. Aunque trabajan muy bien con el menú del día no descuidan para nada la carta, vinculada al producto gallego y propia de una cocina actual donde no falta algún guiño de fusión. ¡No está de más reservar antes de ir!

🅰️ Precio: €

Real 62 ✉ 36860 – ☎ 886 21 69 97 – www.axanelagastro.com – Cerrado lunes, cena: martes-jueves y domingo

PONTEVEDRA

Pontevedra – Mapa regional **13**–A2

❀ EIRADO

Chef: Iñaki Bretal

MODERNA · ACOGEDORA ¿Un restaurante que emane la esencia de Pontevedra? No busque más, pues Eirado recupera una de las casas con más encanto del casco viejo.Sus comedores, de reducida capacidad, poseen la magia y la belleza que siempre se vincula a la piedra vista, lo que marca en gran medida el carácter del local. El chef Iñaki Bretal propone una cocina moderna de claras raíces gallegas y marineras, demostrando un gran nivel técnico y sin poner fronteras a los detalles de fusión, pues es de los que sabe incorporar los sabores que va descubriendo por el mundo (México, Japón, Alemania, Canadá...) para asociarlos a uno de sus lemas: "lo mejor del mejor producto". Ofrece una carta muy cuidada, dos interesantes menús que varían en función del número de platos (Currican y Palangre) y una completa bodega.

Precio: €€€

Plaza da Leña 3 ✉ 36002 – ☎ 986 86 02 25 – www.oeirado.com – Cerrado cena: domingo

LOAIRA XANTAR

MODERNA · SENCILLA Gastrobar dotado con una pequeña barra y un salón tipo bistró en el piso superior. Platos actuales de base regional, idóneos para compartir. ¡Atractiva terraza en plena plaza!

🅰️ 🍴 Precio: €

Plaza de Leña 2 ✉ 36002 – ☎ 986 85 88 15 – Cerrado martes, cena: domingo

LA ULTRAMAR

FUSIÓN · TENDENCIA Un espacio canalla e informal ubicado en el histórico edificio Sarmiento del Museo de Pontevedra. Ofrece una cocina de fusión, con una carta de raciones ideada para compartir.

♿ 🅰️ 🍴 Precio: €

Padre Amoedo Carballo 3 ✉ 36002 – ☎ 986 85 72 66 – laultramar.es – Cerrado lunes, martes, cena: domingo

PONTS

Lleida – Mapa regional **9**–B2

🙂 LO PONTS

CATALANA · ACOGEDORA Llevado en familia con enorme pasión y profesionalidad. Posee un pequeño espacio para la venta de vinos, así como tres salas de línea actual-funcional donde encontrará una cocina regional actualizada que intenta aportar personalidad a cada plato, siempre en base a materias primas autóctonas y, en lo posible, de origen ecológico. Atesoran una bodega bastante variada, suelen organizar "cenas tast" y presentan interesantes menús, incluido uno tipo degustación que requiere su reserva anticipada. ¿Especialidades para no perderse? Pruebe los populares Caracoles "Lo Ponts" o las Cocas de recapte.

🅰🅲 ⌃⌃ ◈ 🅿 Precio: €€

Carretera de Calaf 6 ✉ 25740 – ℰ 973 46 00 17 – www.loponts.com – Cerrado lunes, cena: martes-viernes y domingo

PORROIG – Baleares ➜ Ver Balears (Eivissa)

PORT D'ALCÚDIA – Baleares ➜ Ver Balears (Mallorca)

PORT DE POLLENÇA – Baleares ➜ Ver Balears (Mallorca)

PORT DE SÓLLER – Baleares ➜ Ver Balears (Mallorca)

PORTBOU

Girona – Mapa regional **9**–D3

VORAMAR

ACTUAL • AMBIENTE MEDITERRÁNEO Ubicado en pleno paseo marítimo, bien renovado y con una orientación más gourmet. Ofrecen, a través de dos únicos menús (Petit y Gran Voramar), una propuesta de bases tradicionales y gusto actual que empieza con un pase de aperitivos/tapas llamado Vora como homenaje al nombre popular del negocio en la localidad.

🅰🅲 Precio: €€€

Passeig de la Sardana 6 ✉ 17497 – ℰ 972 39 00 16 – www.voramarportbou.com – Cerrado martes, miércoles, cena: lunes, jueves- y domingo

PORTOSÍN

A Coruña – Mapa regional **13**–A2

NORDESTADA 🅝

PESCADOS Y MARISCOS • RÚSTICA Resulta singular, pues ocupa la antigua lonja de Portosín e intenta hacer un permanente homenaje a su historia convirtiendo los pescados de lonja (trabajan sobre todo a la brasa) en los grandes protagonistas, lo que no quita para que también ofrezcan mariscos y algunas carnes como complemento. ¿Y eso de Nordestada? Hace referencia al viento del "nordés", muy presente para los pescadores de las Rías Baixas.

♿ 🅰🅲 ⌃⌃ Precio: €€

Praza Do Curro 11 ✉ 15999 – ℰ 881 98 92 01 – www.nordestada.gal – Cerrado martes, miércoles, cena: lunes, jueves y domingo

PORTUGALETE

Vizcaya – Mapa regional **18**–A2

EL PALADAR BY ZURIÑE GARCÍA

VASCA • ACOGEDORA La cocina vasca ha encontrado un nuevo hogar en el Puente Colgante Boutique Hotel, un edificio que enamora por su estilismo indiano. La propuesta está firmada por la chef Zuriñe García, que ya bebió las mieles del éxito en el mítico Andra Mari (Galdakao) y aquí defiende una cocina tradicional, de marcadas raíces vizcaínas, donde manda la excelencia del producto y el elegante toque personal de la chef. ¡La carta se complementa con dos menús degustación!

🅰🅲 🅿 Precio: €€€

Doña María Díaz de Haro 2 (Hotel Puente Colgante) ✉ 48920 – ℰ 944 01 48 00 – www.puentecolganteboutiquehotel.com – Cerrado lunes, martes, cena: miércoles, jueves y domingo

POZOBLANCO

Córdoba – Mapa regional **1**–B1

😊 **KÀRAN BISTRÓ** ⓝ

MODERNA · ÍNTIMA En este restaurante, ubicado en el corazón del valle de Los Pedroches, les gusta decir que allí "no se va solo a comer, sino también a divertirse". El local, íntimo pero muy coqueto, sorprende por el nivel gastronómico de su propuesta, totalmente centrada en las carnes y embutidos del famoso cerdo ibérico de la zona (jamón, pluma, presa ibérica de bellota...) pero también con productos cultivados en su propia huerta. El chef Carlos Fernández, que procura exaltar los sabores del entorno, defiende una carta de tinte moderno complementada por dos buenos menús: Nuestra Montanera y Nuestra Dehesa.

&♿ 🅰🅲 ⇱ Precio: €€

Plaza de la Constitución 1 ✉ *14400* – ☎ *857 89 02 42* – *www.karanbistro.com* – *Cerrado lunes, cena: domingo*

POZUELO DE ALARCÓN

Madrid – Mapa regional **15**–B2

KABUTOKAJI

JAPONESA · DE DISEÑO Un japonés que no le defraudará, pues resulta elegante a la par que sofisticado y encierra su filosofía de trabajo en una clara premisa: "Kocinar para emocionar". La carta, siempre con platos de cuidada presentación, apuesta por una cocina nipona construida en base al producto español, con interesantes platos de fusión como la Gyoza de oreja o el Usuzukuri de Pescado Blanco en adobo gaditano. ¡La oferta de sakes se complementa con una carta de tés premium!

&♿ 🅰🅲 🍸 Precio: €€€

Avenida Navacerrada 1 ✉ *28224* – ☎ *918 05 18 97* – *www.kabutokaji.es* – *Cerrado cena: domingo*

LA ROCA

ESPAÑOLA · SENCILLA Un local de línea actual y sencillo confort en el que se cuidan mucho tanto la cocina como el producto, con una buena oferta de tapas, sabrosos platillos y algunos arroces.

🅰🅲 🍸 Precio: €€

Avenida de Europa 25 ✉ *28223* – ☎ *911 25 05 64* – *www.la-roca.es* – *Cerrado lunes, cena: domingo*

ZURITO

COCINA DE MERCADO · MARCO CONTEMPORÁNEO Presenta un interior contemporáneo, con algún cuadro realmente llamativo, y apuesta por una cocina de mercado en la que no faltan los pescados de lonja o las carnes maduradas.

&♿ 🅰🅲 🍸 ⇱ Precio: €€

Lope de Vega 2 ✉ *28223* – ☎ *913 52 95 43* – *www.zurito.com* – *Cerrado lunes, cena: domingo*

PRENDES

Asturias – Mapa regional **3**–B1

🌸 **CASA GERARDO**

Chefs: Marcos y Pedro Morán

MODERNA · RÚSTICA Hablar de "prestigio" supone fijarnos en negocios como este, que vio la luz en 1882 y ha encadenado hasta cinco generaciones de la misma familia defendiendo la autenticidad de la cocina asturiana.Las riendas de la casa las lleva el chef Marcos Morán en tándem con su padre, Pedro, con quien ha alcanzado una simbiosis que repercute en el idóneo equilibrio entre vanguardia y tradición. Encontrará una carta de tinte moderno, donde hay un apartado dedicado a los platos de cuchara, así como dos apetecibles menús degustación en los que brillan la imprescindible Fabada de Prendes y la famosa Crema de arroz con leche requemada. ¿Curiosidades? El arraigo a esta tierra no ha limitado a Marcos Morán en su crecimiento, por eso también gestiona restaurantes de esencia hispana en Londres y Bruselas.

&. 🅐🅒 ⇦ 🅿 Precio: €€€

Carretera AS 19 (km 9) ✉ 33438 – ☎ 985 88 77 97 – www.restaurantecasagerardo.es – Cerrado lunes, cena: martes-jueves y domingo

PUENTE ARCE

Cantabria – Mapa regional **6**–B1

EL NUEVO MOLINO

TRADICIONAL • RÚSTICA Si busca un sitio con encanto... ¡vaya reservando mesa! Este precioso restaurante, a orillas del Pas, sorprende tanto por el emplazamiento en un molino de agua (s. XVIII) como por su jardín, con una antigua capilla desacralizada y hasta un gran hórreo que hoy funciona de manera más desenfadada, con ambiente de bistró y ofreciendo un menú del día.En los bellos comedores del edificio principal, de ambiente rústico, el chef José Antonio González propone una cocina cántabra tradicional, actualizando los platos de la zona y rescatando los sabores de la región (los pescados vienen diariamente de la lonja). La carta, con opción de medias raciones, se completa con dos sugerentes menús (Tradición y Largo y estrecho). ¡Trabajan mucho en la organización de eventos!

🅐🅒 🍴 ⇦ 🅿 Precio: €€

Barrio Monseñor 18 (Carretera N 611) ✉ 39478 – ☎ 942 57 50 55 – elnuevomolino.es – Cerrado martes, cena: lunes, miércoles, jueves y domingo

PUENTE GENIL

Córdoba – Mapa regional **1**–B2

🛞 ALMA EZEQUIEL MONTILLA

INTERNACIONAL • ACOGEDORA Un restaurante que no para de ganar adeptos, sobre todo ahora que se ha trasladado a una singular casa señorial, ya centenaria, dotada con arcos, azulejos y celosías de inspiración árabe; aunque lo más llamativo es, sin duda, el bellísimo patio central ubicado bajo un lucernario. La experiencia culinaria adquirida por el chef en el extranjero toma cuerpo tanto en el nombre de las salas (Londres, Marraquech, Casa Blanca...) como en la carta, pues vincula sus platos a tres grandes viajes: por España, por Marruecos y por Europa. ¡Con los postres, por supuesto, buscan que toquemos el cielo!

🅐🅒 ⇦ Precio: €€

Cuesta Borrego 3 ✉ 14500 – ☎ 622 82 09 05 – almaezequielmontilla.com – Cerrado lunes, cena: martes, miércoles y domingo

CASA PEDRO

TRADICIONAL • AMBIENTE CLÁSICO Luce el nombre del propietario, lleva más de 30 años sirviendo comandas y posee todo lo que puede exigir un buen comensal; no en vano, aquí afirman pensar solo en que el cliente salga satisfecho. Dispone de una organización familiar estable y profesional, con un bar de pinchos a la entrada, donde sirven un variado menú del día, un comedor de ambiente clásico y un privado un poco más actual. Cocina tradicional y de mercado de excelente calidad, con una variada oferta de chacinas, carnes rojas, pescados, mariscos, verduras en temporada... ¡en muchos casos con opción de medias raciones!

&. 🅐🅒 ⇦ Precio: €€

Poeta García Lorca 5 ✉ 14500 – ☎ 957 60 42 76 – restaurantecasapedro.com – Cerrado lunes, cena: domingo

PUENTE SAN MIGUEL

Cantabria – Mapa regional **6**–B1

🙂 HOSTERÍA CALVO

REGIONAL • FAMILIAR Esta casa, próxima a Torrelavega, es toda una referencia de la gastronomía cántabra, hoy mostrada con orgullo y cariño por la chef-propietaria, María Juana Larín, que ha tomado con acierto las riendas del negocio familiar. El sencillo local, decorado con cuadros que pintó el propio fundador de la casa, presenta dos salas de correcto montaje, funcionando una de ellas como privado. ¿Su propuesta? Los platos cántabros de toda la vida, elaborados siempre en base a las mejores materias primas de la zona. Aquí todo está buenísimo, pero recomendamos que pruebe sus maravillosas Albóndigas de calamar.

🅰️🅲 Precio: €€

Avenida Oviedo 182 ✉ *39530 –* ☎ *942 82 00 56 – Cerrado lunes, cena: domingo*

PUERTO DE LA CRUZ – Tenerife ➜ Ver (Santa Cruz de Tenerife)

EL PUERTO DE SANTA MARÍA

Cádiz – Mapa regional **1**–A2

✿✿✿ APONIENTE

Chef: Ángel León

CREATIVA • DE DISEÑO Hablar de Ángel León, que cocina en un Molino de Mareas bicentenario y es reconocido como "El chef del mar", supone un constante descubrimiento gastronómico; no en vano, como él mismo señala, en Aponiente... "se intenta generar conciencia, abrir la mente y encontremos propuestas imposibles de ver en ningún otro lugar".El chef, totalmente comprometido con la sostenibilidad, busca asombrarnos con nuevas técnicas e ingredientes (embutidos marinos, plancton, bioluminiscencia, cocinados con agua de sal...), construyendo siempre su filosofía culinaria en base al reciclaje, al uso de esteros naturales o a la constante defensa de los pescados de descarte. La propuesta actual, basada en un mar infinito que explota sobre todo los recursos del Mediterráneo y del Atlántico, sorprende especialmente en el apartado dulce, pues consigue fusionar el mundo marino con las particulares texturas de los postres. ¿No desea probar su sorprendente Mochi de morena o el Jamón de atún con chocolate?

🥬 *El compromiso del Chef:* Sabemos que no vamos a cambiar el mundo; sin embargo, con la iniciativa "Cocineros por la sostenibilidad", sí pretendemos reflexionar y compartir ideas, en base a unas buenas prácticas ambientales que puedan traducirse en intenciones reales para el cambio.

🐜 ♿ 🅰️🅲 ⇔ 🅿️ Precio: €€€€

Francisco Cossi Ochoa (Molino de Mareas El Caño) ✉ *11500 –* ☎ *606 22 58 59 – www.aponiente.com – Cerrado lunes, martes, domingo*

✿ TOHQA

Chef: Eduardo Pérez

ACTUAL • MARCO REGIONAL Un local con historia, pues en su día ejerció como convento, luego como local de copas, cogió cierta popularidad como restaurante (aquí estaba El Arriete) y hoy ha tomado un nuevo rumbo, no exento de personalidad, con un ambiente rústico-actual que resulta especialmente agradable en su patio interior.Eduardo y Juan José Pérez, los hermanos al frente de Tohqa (el primero tras los fogones y el segundo en labores tanto de jefe de sala como de sumiller), son unos enamorados de Andalucía y del trabajo con las brasas (Eduardo se refiere a sí mismo como "Cocinero de candela"), siempre en base a productos de cercanía (morena, atún, gamba, choco...) aunque algunos también vienen de la huerta familiar que trabaja su padre en El Saucejo (Sevilla). Con sus menús (Anafe y Tohqa) hablan de términos como Simiente, Qandela, Zá, Varea... para explicar la esencia de quienes son, de lo que quieren representar, de su entorno y de las personas que les han ayudado a reflejar la esencia de esta tierra.

AC ⌂ Precio: €€

de los Moros 4 ✉ 11500 – ☎ 635 25 89 08 – www.tohqa.com – Cerrado martes, miércoles, cena: lunes, domingo

BERDÓ Ⓝ

ACTUAL • BISTRÓ Este agradable restaurante, ubicado en los bajos del hotel Las Suites (a los pies de Puerto Sherry), defiende una cocina elaborada que ellos mismos definen como "de entrevientos". Encontrará una agradable terraza, asomada tanto a las dársenas como a los barcos deportivos allí amarrados, y un interior de estilo urbano-actual en el que se apuesta por el mobiliario reciclado. La propuesta, de gusto actual exaltando el recetario andaluz (Gambas al ajillo, Raya en pepitoria, Berenjena asá, Choco guisao...), trabaja casi todas sus elaboraciones en formato de raciones y medias raciones, para que probemos muchos platos y podamos hacernos un menú a nuestra medida. ¿Y eso de Berdó? Es un término que en caló, el lenguaje de los gitanos, hace referencia a un tipo de barco.

⌖ AC ⌂ Precio: €€

Avenida del Puerto (Puerto Sherry Suroeste: 6 km) ✉ 11500 – ☎ 630 74 69 46 – www.berdo.es – Cerrado lunes, martes, cena: miércoles, jueves y domingo

AVANICO EL PUERTO

PESCADOS Y MARISCOS • MARCO CONTEMPORÁNEO Se halla frente al Guadalete y sorprende por su elegancia. Carta tradicional amplia y de productos escogidos, con buenos pescados, mariscos, arroces, verduras de la huerta...

♿ AC ⌂ ⇄ Precio: €€

Ribera del Río 9 ✉ 11500 – ☎ 662 93 53 18 – www.grupoavanico.es – Cerrado lunes, cena: domingo

LA TABERNA DEL CHEF DEL MAR

CREATIVA • INFORMAL ¡Aquí es donde el chef Ángel León forjó su impronta culinaria! Cocina contemporánea de exaltación al mar, con platos heredados de Aponiente y alguna opción de medias raciones.

♿ AC ⌂ Precio: €

Puerto Escondido 6 ✉ 11500 – ☎ 956 11 20 93 – latabernadelchefdelmar.com – Cerrado lunes, cena: domingo

PUERTO DE VEGA

Asturias – Mapa regional **3**–A1

MESÓN EL CENTRO

TRADICIONAL • FAMILIAR Si no conoce Puerto de Vega debe visitarlo, pues es uno de los pueblos marineros más bonitos y auténticos del litoral cantábrico. El local, llevado por un amable matrimonio en una zona peatonal del casco antiguo, sorprende por su sencillez (no exenta de personalidad). Mary, la chef, suele salir a hablar con los comensales y siempre defiende aquellas elaboraciones que explotan el maravilloso producto local, preparado según el recetario tradicional pero con detalles actuales. ¿La propuesta? Presentan una carta no muy extensa, con platos para compartir y un menú degustación que nunca defrauda.

AC ⌂ Precio: €€

Plaza de Cupido ✉ 33790 – ☎ 985 64 85 67 – restaurante.covermanager.com/ meson-el-centro – Cerrado martes, miércoles

PUERTOMINGALVO

Teruel – Mapa regional **2**–B3

EXISTE Ⓝ

TRADICIONAL • SIMPÁTICA Tras su traslado desde Mosqueruela, hoy el restaurante Existe enriquece la oferta gastronómica del hotel Mas de Cebrián, en la carretera que lleva de esa localidad a Puertomingalvo. En esencia, siguen ejerciendo como altavoces de la "España Vaciada", ahora en un cuidado espacio de ambiente rústico-actual. La pareja al frente, con María en sala haciendo de sommelier y Alberto en cocina, propone un único menú degustación que exalta el producto turolense de proximidad, hablándonos constantemente del territorio y de sus raíces culinarias. ¡Les encanta trabajar con caza y setas del entorno!

ⒶⓃ **P** Precio: €€

Carretera A-1701 (Km 34,3 Hotel Mas de Cebrian) ✉ *44411 –* ☏ *644 72 46 27 – www.existerestaurante.com – Cerrado lunes-miércoles, cena: jueves, domingo*

PUIG-REIG

Barcelona – Mapa regional **9**–C2

EL CELLER DE CA LA QUICA

TRADICIONAL • **RÚSTICA** Ubicado en una casa del s. XIX; concretamente, en su preciosa y antigua bodega de piedra. Ofrece una carta tradicional y un menú del día. ¡Coja usted mismo el vino que desee!

❖ Precio: €€

Major 48 (entrada lateral) ✉ *08692 –* ☏ *938 38 02 20 – Cerrado lunes, cena: martes-jueves y domingo*

ES PUJOLS – Baleares ➜ Ver Balears (Formentera)

QUINTANA DE LOS PRADOS

Burgos – Mapa regional **8**–C1

EL PETIRROJO

TRADICIONAL • **RÚSTICA** Acogedor negocio ubicado en una casa de piedra, con un cuidado jardincito y un interior rústico que enamora por sus detalles. Está llevado por la agradable pareja propietaria, que ofrece una cocina tradicional, de tendencia vasca, especializada en bacalaos.

Precio: €€

Lugar de Quintana de los Prados 44 ✉ *09569 –* ☏ *630 12 38 31 – Cerrado lunes*

QUINTANAR DE LA ORDEN

Toledo – Mapa regional **7**–C2

GRANERO

TRADICIONAL • **COLORIDA** Una casa familiar no exenta de historia, pues... lleva más de medio siglo de servicios! Estamos ante una de las joyas culinarias de La Mancha, un restaurante llevado entre hermanos que se presenta con una zona de bar a la entrada, donde sirven el menú del día y raciones, un buen comedor a la carta y hasta una atractiva terraza-patio. Ofrecen una carta de estilo actual con platos tradicionales y algo de fusión, así como un fantástico menú degustación con opción de maridaje. ¿Y la bodega? La gestiona el apasionado sumiller Adán Israel, que siempre recomienda y ensalza los vinos de la zona.

♿ ⒶⓃ 🍽 Precio: €€

San Fernando 90 ✉ *45800 –* ☏ *925 18 02 38 – granerorestaurante.com – Cerrado, almuerzo: jueves, cena: miércoles*

QUINTANILLA DE ONÉSIMO

Valladolid – Mapa regional **8**–B2

TALLER

CREATIVA • **DE DISEÑO** Se halla en la prestigiosa bodega Arzuaga, donde los mundos del vino y la gastronomía crecen de la mano; allí, además, es posible enriquecer la experiencia con actividades (catas, sesiones enológicas, visitas a la Finca La Planta para ver sus ciervos...) y conocer a una famosa diseñadora, pues... ¡Amaya

Arzuaga ejerce de maître siempre que puede!Sorprende el acceso a través de un pasillo-túnel interactivo, el cual nos da paso a un vanguardista comedor, con vistas al interior de la bodega, al bello entorno limítrofe y a todo lo que acontece en la cocina. El chef Víctor Gutiérrez defiende, a través de una carta y de dos menús degustación (Reserva y Gran Reserva), una propuesta creativa que fusiona el recetario peruano con el regional, muchas veces en base a los productos de la propia finca.

🕸 ⇐ AC ⇔ 🅿 Precio: €€€

Carretera N-122 (Hotel Arzuaga - km 325) ✉ *47350 –* ✆ *983 68 11 46 – www.tallerarzuaga.com – Cerrado lunes, cena: martes-jueves y domingo*

RÁBADE

Lugo – Mapa regional **13**–B2

ASADOR COTO REAL

CARNES A LA PARRILLA • **AMBIENTE CLÁSICO** El lugar ideal si le enamoran las carnes, pues ofrecen asados en horno de leña (cordero lechal o cochinillo) y un delicioso vacuno a la brasa. ¡Entorno elegante y concurrido!

AC 🍴 🅿 Precio: €€

Avenida A Coruña 107 ✉ *27370 –* ✆ *982 39 00 12 – www.asadorcotoreal.com*

RÁFALES

Teruel – Mapa regional **2**–B2

😊 LA ALQUERÍA

ACTUAL • **RÚSTICA** Se encuentra en la Plaza Mayor, está llevado personalmente por el propietario y ofrece una cocina tradicional actualizada de buen nivel, con la opción de un menú degustación sorpresa (Cita a ciegas). La chef Clara Lapuente, que apuesta por el producto de proximidad, trabajó un tiempo como pastelera, lo que se traduce en el dominio de las medidas y los puntos de todos los platos pero, sobre todo, de su riquísima repostería casera. Se halla en la planta baja de un coqueto hotelito, así que a los clientes alojados les suelen ofrecer un menú, a precio fijo, para las cenas. ¡Es necesario reservar!

AC Precio: €€

Plaza Mayor 9 (Hotel La Alquería) ✉ *44589 –* ✆ *978 85 64 05 – www.lalqueria.net*

RAMALES DE LA VICTORIA

Cantabria – Mapa regional **6**–C1

RONQUILLO

REGIONAL • **RURAL** Casa de ambiente rústico y familiar donde se apuesta por una cocina regional-actualizada, con sabrosos guisos tradicionales y grandes clásicos, como los Calamares en su tinta.

AC Precio: €€

Menéndez Pelayo 2 ✉ *39800 –* ✆ *942 64 60 55 – www.restauranteronquilloramales.com – Cerrado lunes, cena: martes-jueves y domingo*

RAXÓ

Pontevedra – Mapa regional **13**–A2

✿✿ PEPE VIEIRA

Chef: Xosé Torres

CREATIVA • **MARCO CONTEMPORÁNEO** ¡Es un milagro encontrar un establecimiento así en pleno campo! Además, ahora también atesoran 14 sorprendentes habitaciones como complemento, diseñadas a modo de vanguardistas cubos independientes para introducir a sus huéspedes en el entorno.En este espectacular restaurante, rodeado de bosques, jardines y terrazas, el chef Xosé T. Cannas se atreve con todo, así que explora recetas e ingredientes foráneos para combinarlos con los excelentes productos locales (sobre todo de origen marino) en sus menús degustación, que procuran trasladarnos a los orígenes de la cocina gallega, la que aquí definen como... ¡la última cociña do mundo! La experiencia, con la sostenibilidad de trasfondo, empieza con unos aperitivos en el huerto y, a partir de ahí, recorre distintos espacios del edificio hasta concluir en la sala, abierta a la naturaleza a través de un inmenso ventanal. ¡Explican los ingredientes de cada plato con auténtica pasión!

🐝 *El compromiso del Chef:* La sostenibilidad es una manera de estar en el mundo, un principio vital. Tenemos dos huertos, uno biodinámico en la misma finca, y le damos enorme importancia a nuestros residuos orgánicos; además, en ellos utilizamos el compost que producimos y donamos el excedente.

🐝 ⤝ 🅐 🄿 Precio: €€€€

Camiño da Serpe (Serpe, Norte 1,5 km) ✉ *36992 – 🕿 986 74 13 78 – pepevieira. com – Cerrado lunes-miércoles, cena: jueves, domingo*

REQUENA

Valencia – Mapa regional **11**–A2

😊 LA POSADA DE ÁGUEDA

TRADICIONAL • FAMILIAR No son pocos los que piensan que este coqueto restaurante, ubicado en una casita a pie de carretera, es una de las mejores opciones para comer en la valenciana comarca de Utiel-Requena. La familia al frente, con Julio tras los fogones mientras Águeda y la hija de ambos atienden la sala, apuesta por una cocina tradicional de producto y elaboraciones sencillas, pero muy bien realizadas, en base tanto al recetario español como al local. Ojo, que también dan la posibilidad de pedir algunos platillos por unidades, como los Alcachofas, el Canelón de rabo de toro, los Buñuelos...

🄰🄲 🍴 🄿 Precio: €€

Carretera N-III (km 282) ✉ *46340 – 🕿 962 30 14 18 – Cerrado lunes, cena: martes-domingo*

EL YANTAR LA COCINA DE PILAR ⓝ

FUSIÓN • RÚSTICA Comparte edificio con el hotel La Villa, donde disfruta de un cuidado comedor en la planta calle y, bajando unas angostas escaleras, una preciosa sala-cueva excavada en la roca. Ofrece platos principales basados en la cocina tradicional y entrantes algo más atrevidos, con guiños de fusión a sabores tanto asiáticos como americanos. ¡Buena oferta de vinos de Utiel-Requena!

🄰🄲 🍴 Precio: €

Plaza de Albornoz 8 ✉ *46340 – 🕿 960 23 18 05 – www.restauranteelyantar.com/el-yantar-la-cocina-de-pilar – Cerrado lunes, martes, cena: domingo*

REUS

Tarragona – Mapa regional **9**–B3

FERRAN CERRO

CREATIVA • ACOGEDORA ¿Ha probado el Steak Tartar-Carpaccio o el Ceviche rojo de tomates? Este es uno de esos sitios para dejarse llevar, pues el chef al frente, natural de Reus, ha pasado por varias casas de prestigio antes de intentar sorprendernos en solitario. La propuesta, propia de una cocina actual-creativa, ve la luz a través de una carta (incluye un pequeño apartado de arroces) y varios menús que se nutren de la misma, todos identificados como si habláramos de tallas de ropa (S, M y L).

♿ 🄰🄲 ↻ Precio: €€

Plaça del Castell 2 ✉ *43201 – 🕿 977 94 51 42 – ferrancerro.com – Cerrado lunes, domingo*

VÍTRIC

ACTUAL · ACOGEDORA En una tranquila calle peatonal del casco antiguo hemos encontrado a un joven cocinero que, tras pasar por grandes casas, vuelve a su tierra para volar en solitario. El local, que se autodefine como taberna gastronómica, se presenta con la cocina vista a la entrada y al fondo un luminoso comedor. Cocina catalana actual con opción de carta (hay platos para compartir), un buen menú del día y otro tipo degustación. ¿Recomendaciones? Pida los Huevos en dos cocciones con parmentier y foie a la brasa y... ¡pruebe al vermut local!

🅰️🅲 Precio: €€

Santa Anna 24 – ✉ 43201 – ☏ 977 43 36 73 – vitricrestaurant.com – Cerrado lunes, cena: domingo

RIBADEO

Lugo – Mapa regional **13**–B1

JAVIER MONTERO

ACTUAL · FAMILIAR Una casa familiar con los dueños al frente y cuidadas habitaciones como complemento. Sugerente carta de cocina tradicional actualizada, con unos destacables menús degustación.

♿🅰️🅲 Precio: €€

As Barreiras 14 (Vilaselán) – ✉ 27710 – ☏ 982 63 96 00 – www.texturasgalegas.es – Cerrado lunes, martes, cena: miércoles, jueves y domingo

RIBADESELLA

Asturias – Mapa regional **3**–C1

❀ AYALGA

MODERNA · MARCO CONTEMPORÁNEO Pocos sitios hay en Ribadesella con tanta personalidad como el hotel Villa Rosario, el icónico palacete indiano frente a la playa de Santa Marina donde se halla este restaurante.El local, que allí ocupa una terraza acristalada con excelentes vistas al Cantábrico, está gestionado por el famoso sumiller Marcos Granda, quien siempre soñó con llevar a su Asturias natal la excelencia gastronómica desplegada por él mismo en otros restaurantes de nuestro país. ¿Qué encontrará? Una reducida carta de tinte actual e interesantes menús degustación (Sabores de la Tierrina y Experiencia Ayalga), volcando siempre sobre los platos una inusitada coherencia, grandes detalles técnicos y los sabores emanados de los mejores productos del entorno. ¡Amplia bodega con representación de vinos internacionales!

🕸🅰️🅲 🅿 Precio: €€€

Dionisio Ruisánchez 6 (Hotel Villa Rosario - en la playa) – ✉ 33560 – ☏ 985 86 00 90 – www.ayalgavillarosario.com – Cerrado martes

LA HUERTONA

COCINA DE MERCADO · ACOGEDORA Ofrece un gastrobar y... ¡un coqueto comedor con vistas! Carta de mercado que ensalza los pescados autóctonos y buen menú degustación, llamado "La sencillez de lo primitivo".

🍽🅰️🅲 🈂 🅿 Precio: €€€

Carretera de Junco (Güertona, Suroeste 2 km) – ✉ 33560 – ☏ 985 86 05 53 – restaurantelahuertona.com/es – Cerrado martes, cena: lunes, miércoles, jueves y domingo

RIPOLL

Girona – Mapa regional **9**–C1

RECCAPOLIS

TRADICIONAL · AMBIENTE CLÁSICO Presenta tres acogedoras salas, coloristas y de línea clásica-modernista, así como un coqueto balcón-terraza con vistas al río.

Cocina tradicional actualizada, siempre con producto de temporada y la posibilidad de medias raciones.

🅰️ 🛋 ♻ 🅿 Precio: €€

Carretera Sant Joan 68 (C 151a) ✉ *17500 –* ☏ *972 70 21 06 – www.reccapolis.com – Cerrado miércoles, cena: lunes, martes, jueves- y domingo*

RIUDOMS
Tarragona – Mapa regional **9**–B3

EL CELLER D'EN JOAN PÀMIES

REGIONAL • RÚSTICA En una gran casona del s. XVIII, donde en base a productos de proximidad solo defienden una máxima: "no despreciar la cocina de la abuela, sino darle imaginación y vitalidad".

🅰️ 🛋 ♻ Precio: €€€

Masferrer 9 ✉ *43330 –* ☏ *977 85 00 82 – www.cellerarbocet.com – Cerrado lunes, martes, cena: miércoles-domingo*

RIVAS-VACIAMADRID
Madrid – Mapa regional **15**–B2

LA ROTONDA

TRADICIONAL • SIMPÁTICA Emplazado en un centro comercial de Rivas Urbanizaciones. Ofrece una sala de línea actual-funcional y una carta tradicional, con sugerencias diarias cantadas en la mesa.

🅰️ Precio: €€

Paseo Las Provincias 3 (Centro Comercial Covibar 2) ✉ *28529 –* ☏ *916 66 93 65 – larotondaderivas.es – Cerrado cena: domingo*

EL ROCÍO
Huelva – Mapa regional **1**–A2

😊 **AIRES DE DOÑANA**

TRADICIONAL • MARCO REGIONAL La personalísima belleza de El Rocío deriva de su gente, de su folclore, de su espiritualidad... y, por supuesto, de la proximidad a un marco de excepción: el Parque Nacional de Doñana. En este restaurante, de marcado acento marismeño al presentar la cubierta de "castañuela" (un brezo autóctono), le propondrán una cocina tradicional bien actualizada y algún que otro plato típico de la zona (Coquinas al vapor en temporada, Carnes de ternera Mostrenca, Langostinos de trasmallo...). La terraza destaca por sus maravillosas vistas, pues se asoma a la laguna y a la famosa ermita de El Rocío.

≼ ♿ 🅰️ 🛋 🅿 Precio: €

Avenida de la Canaliega 1 ✉ *21750 –* ☏ *959 44 22 89 – airesdedonana.com – Cerrado lunes, cena: domingo*

ROMANYÀ DE LA SELVA
Girona – Mapa regional **10**–B1

CAN ROQUET

INTERNACIONAL • ACOGEDORA Encantador y emplazado en un idílico pueblecito de montaña. Cocina de corte internacional con algunos platos tradicionales y catalanes. ¡No se pierda su relajante terraza!

🅰️ 🛋 Precio: €€

Plaça de l'Església 1 ✉ *17240 –* ☏ *682 88 09 15 – www.canroquet.com – Cerrado lunes, martes*

RONDA

Málaga – Mapa regional **1**–B2

✿✿ BARDAL

Chef: Benito Gómez

CREATIVA • DE DISEÑO Hay quien dice de Ronda que refleja... ¡la ciudad "soñada"! Lo cierto, sin entrar en el mundo onírico, es que hablamos de una de las localidades más bellas de Andalucía y en ella el restaurante Bardal, a pocos pasos del impresionante puente sobre El Tajo de Ronda, se ha convertido en el buque insignia de la hostelería rondeña.El chef Benito Gómez, catalán de origen pero andaluz de adopción, propone una cocina creativa sin estridencias ni etiquetas, basada en unos sabores reconocibles que enlazan con la tradición local y se presentan transformados en un sutil juego de contrastes y texturas. ¿Qué pedir? Encontrará un menú sorpresa que varía en función del número de platos (16 o 19), en ambos casos con las opciones del maridaje y de un completo carro de quesos andaluces antes de los postres.

& 🅰🅒 Precio: €€€€

José Aparicio 1 ✉ 29400 – ☏ 951 48 98 28 – restaurantebardal.com – Cerrado lunes, martes, cena: miércoles, domingo

TRAGATÁ

TRADICIONAL • BAR DE TAPAS Descubra la cocina más desenfadada y accesible del famoso chef Benito Gómez, que aquí nos transmite su esencia culinaria a través de platillos y tapas. ¡Magníficos productos!

🅰🅒 🍴 Precio: €

Nueva 4 ✉ 29400 – ☏ 952 87 72 09 – tragata.com – Cerrado lunes, martes

LOS ROSALES

Sevilla – Mapa regional **1**–B2

🏵 OCHANDO ⓝ

ACTUAL • SENCILLA Los Rosales, una pedanía de la localidad de Tocina (Sevilla), toma relevancia en nuestro mapa gastronómico gracias a la iniciativa de la pareja al frente, que como tantos otros decidió volver a su pueblo tras formarse en prestigiosas casas (Atrio, Casa Marcial, Bardal...). En este sencillo restaurante, llevado por Juan Carlos Ochando y Elena Pérez (él tras los fogones y ella pendiente de la sala), defienden una cocina actual apegada al producto de temporada, con posibilidad de medias raciones en algunos platos. ¡No deje de probar su Arroz con leche de coco, piña al ron y lima!

& 🅰🅒 🍴 Precio: €

Sevilla 78 ✉ 41330 – ☏ 613 23 16 17 – Cerrado lunes, martes, cena: miércoles, domingo

ROSES

Girona – Mapa regional **9**–D3

ROM

TRADICIONAL • SIMPÁTICA En el mismísimo paseo marítimo, donde ofrecen una cocina tradicional actualizada con una gran selección de aperitivos, pescados, carnes... y varios arroces (mínimo dos personas). ¡Agradable terraza en la azotea, con vistas a la bahía!

& 🅰🅒 🍴 🅿 Precio: €€

Passeig Marítim 43 (Urbanización Santa Margarida, Oeste 2 km) ✉ 17480 – ☏ 972 15 11 94 – www.romroses.com – Cerrado lunes

SUMAC

COCINA DE MERCADO • SIMPÁTICA Esta casa familiar, cuyo nombre hace referencia a una especia o condimento habitual en el Medio Oriente, apuesta por los productos de proximidad y mercado. El chef, que lleva a gala haber trabajado, entre otros, junto al desaparecido Santi Santamaría, defiende una variada carta de base clásica, con detalles actuales, y un buen menú. ¡Ofrecen Wagyu del Empordà!

🏧 Precio: €€€

Cap Norfeu 22 – ✉ 17480 – ☎ 972 15 48 02 – restaurantsumac.com – Cerrado lunes, domingo

RUEDA

Valladolid – Mapa regional **8**–B2

GASTROBODEGA MARTÍN BERASATEGUI 🔘

MODERNA • **SENCILLA** ¿Podemos degustar la cocina del maestro Martín Berasategui a 20 metros bajo tierra? Sí, es posible, pues el chef se ha hecho cargo de la propuesta gastronómica de El Hilo de Ariadna, una increíble y laberíntica bodega del s. XV que se oculta bajo la localidad vallisoletana de Rueda. Carta de cocina actual, delicada y coherente, siempre en base a un magnífico producto. La oferta de vinos se limita a los de Yllera (los propietarios de la bodega) y... ¡cuentan con interesantes actividades enoturísticas!

 &♿ 🏧 ⇔ Precio: €€

Avenida Mariano Ruiz Rodríguez 1 – ✉ 47490 – ☎ 983 66 20 40 – gastrobodegamartinberasategui.com – Cerrado lunes, cena: martes-jueves y domingo

RUILOBA

Cantabria – Mapa regional **6**–B1

EL REMEDIO

TRADICIONAL • **ACOGEDORA** Destaca por su ubicación, casi de postal, junto a una iglesia del s. XIX, a pocos metros del acantilado y rodeado de espacios verdes. Su cocina, de bases tradicionales, se construye en base al producto, con unas elaboraciones muy finas y de elegantes texturas.

 ⬱ 🏧 ☕ ⇔ 🅿 Precio: €€

Barrio de Liandres (Ermita del Remedio, Norte 2 km) – ✉ 39527 – ☎ 942 10 78 13 – restauranteelremedio.com – Cerrado lunes, cena: martes, miércoles y domingo

RUPIT

Barcelona – Mapa regional **10**–A1

ESTRELLA

CATALANA • **MARCO REGIONAL** Atractiva fonda familiar fundada en 1946, construida en piedra y ubicada en un pintoresco pueblo medieval. Encontrará una reducida carta de cocina tradicional catalana, dos menús a precio cerrado y una completa bodega. ¡Coquetas habitaciones como complemento!

🏧 Precio: €€

Plaza Bisbe Font 1 – ✉ 08569 – ☎ 938 52 20 05 – www.hostalestrella.com

S'AGARÓ

Girona – Mapa regional **10**–B1

CANDLELIGHT

ACTUAL • **ELEGANTE** Este restaurante, bastante elegante, se encuentra en el interior del hotel La Gavina y se presenta como la mejor opción gastronómica en S'Agaró, uno de los destinos más codiciados de la Costa Brava. ¿La propuesta? Está tutelada por el famoso chef francés Romain Fornell, por lo que demuestra gran nivel técnico dentro de apostar por una cocina contemporánea con constantes guiños al clasicismo galo. Si busca un momento especial... ¡reserve mesa en su romántica terraza de inspiración mediterránea!

🛏️ AC 🎐 🅿️ Precio: €€€

Plaza de la Rosaleda (Hostal de La Gavina) ✉ 17248 – ✆ 972 32 11 00 – www.lagavina.com/restaurante-candlelight-costa-brava – Cerrado lunes, domingo, almuerzo: martes-sábado

SAGÀS

Barcelona – Mapa regional **9**–C2

ELS CASALS

Chef: Oriol Rovira

CATALANA • RÚSTICA Verduras y hortalizas cultivadas por ellos mismos, aves de corral criadas en semilibertad, huevos de sus propias gallinas, una piara de cerdos de raza Duroc, setas, trufas... Si algo refleja esta casa es el apego por lo autóctono, pues casi todos los productos que emplean provienen de la finca familiar en su filosofía de "cerrar círculos" (tancant cercles): ellos lo producen, lo cocinan y lo sirven. El restaurante, en una masía del s. XVIII, refleja el trabajo de cinco hermanos "payeses" en el que uno, Oriol Rovira, además ejerce como cocinero. ¿Su propuesta? Una carta de producto con platos de temporada y de caza, como su famosísima Pularda. Un gran ejemplo de sostenibilidad, volcado en la ideología del "Km 0" y con opción de alojamiento, pues también tienen unas cuidadas habitaciones.

El compromiso del Chef: Somos productores de ganado, verduras, aves de corral y embutidos caseros, por eso nuestra cocina busca "cerrar el círculo" de la producción, la gestión y la venta. Valoramos la trazabilidad de las materias primas y nos apoyamos en las pequeñas explotaciones cercanas.

🐘 ♿ AC 🔄 🅿️ Precio: €€€

Finca Els Casals (por la carretera C 62, Sur 1,5 km y desvío a la derecha 0,5 km) ✉ 08517 – ✆ 938 25 12 00 – elscasals.cat – Cerrado lunes, martes, cena: miércoles, jueves y domingo

SAGUNT

Valencia – Mapa regional **11**–B2

ARRELS

Chef: Vicky Sevilla

ACTUAL • MARCO CONTEMPORÁNEO Si está valorando visitar Sagunt y descubrir su valioso patrimonio (Castillo, Teatro romano, Judería...) ya no tiene excusas para dejarlo pasar, pues la localidad también posee un restaurante gastronómico que merece la pena conocer. El precioso local, instalado en las antiguas caballerizas del Palacio de los Duques de Gaeta (s. XVI), enamora tanto por sus imponentes arcos en piedra como por la propuesta culinaria, de tinte actual y marcada base mediterránea. La chef Vicky Sevilla, una joven con increíble determinación (abrió el restaurante con solo 25 años), defiende una cocina moderna, personal y próxima al territorio ("Arrels", en valenciano, significa "raíces") que llega al comensal a través de exquisitos menús degustación. ¡Elaboraciones delicadas, con salsas finas y bien emulsionadas!

AC Precio: €€€

Castillo 18 ✉ 46500 – ✆ 606 75 40 76 – www.restaurantarrels.com – Cerrado lunes, domingo, cena: martes, miércoles

CYRUS DAD 🆕

MODERNA • SENCILLA En este restaurante, próximo a la playa del Puerto de Sagunto, encontrará una cocina actual con muy buena base, pues el chef al frente ha pasado por grandes casas. La propuesta se concentra en tres menús degustación (Esencia, Memoria y Recuerdo).

♿ AC Precio: €€

Cánovas del Castillo 53 ✉ 46520 – ✆ 644 05 24 40 – cyrusdad.com – Cerrado martes, miércoles, cena: lunes, jueves y domingo

SALAMANCA

Salamanca – Mapa regional **8**–B2

⚜ **EN LA PARRA**

Chef: Rocío Parra

MODERNA • **A LA MODA** Tras el impulso que supuso el logro de la Estrella MICHELIN este restaurante, ubicado frente a la iglesia del Convento de San Esteban, se ha transformado y ha mejorado su confort, presentándose ahora con dos comedores de estética actual y la cocina abierta, para que podamos disfrutar en vivo de los procesos creativos.La chef Rocío Parra, siempre bien apoyada en la sala por su marido (Alberto Rodríguez), sigue fiel a una cocina moderna de raíces locales y tradicionales. Su propuesta se centra en dos menús degustación, Pizarra y Granito, con cuyo nombre se hace un pequeño homenaje a las tierras predominantes en los viñedos salmantinos; en ambos, encontrará una variada oferta de aperitivos basados en el cerdo ibérico y platos de gusto actual que exaltan las materias primas de la provincia.

🚫 🅰 ✍ Precio: €€€

San Pablo 80 ✉ *37008 –* 🕿 *923 06 47 83 – restaurantenlaparra.com – Cerrado lunes, domingo*

⚜ **MENT BY ÓSCAR CALLEJA**

CREATIVA • **ACOGEDORA** Ment, que en lengua maya significa "elaborar, crear y formar", supone una revalida, un cambio de vida y un auténtico renacimiento, cual ave fénix, para el chef de origen mexicano Óscar Calleja, que lejos de vivir un pequeño trauma tras la desaparición de su famoso restaurante Annua (San Vicente de La Barquera) se ha trasladado a la capital salmantina para volver a triunfar.El establecimiento, ubicado en el G.H. Don Gregorio, centra su oferta en una pequeña carta y un menú degustación a través del cual propone una cocina actual-creativa donde predominan la sensibilidad, la fusión y los guiños a la culinaria mexicana; no obstante, también destila interesantes detalles asiáticos, recuerdos de sus años en Cantabria y alusiones, por supuesto, a los excelsos productos de la despensa castellana.

🚫 🅰 ✍ Precio: €€€

San Pablo 80 (Gran Hotel Don Gregorio) ✉ *37008 –* 🕿 *923 15 65 94 – mentbyoscarcalleja.es – Cerrado lunes, martes*

⚜ **VÍCTOR GUTIÉRREZ**

CREATIVA • **DE DISEÑO** ¡Frente al Palacio de Congresos y Exposiciones! El chef Víctor Gutiérrez, único cocinero con dos Estrellas MICHELIN en Castilla y León (la otra la luce en el restaurante Taller, en Quintanilla de Onésimo), afirma que su cocina se asienta en tres firmes pilares: producto, técnica y sentimiento.Sus menús degustación (Mestizo y Raíces) desvelan pasión e inequívocas dosis de creatividad, fusionando el excelso producto regional con los sabores de su Perú natal y algún que otro detalle nipón. ¿Curiosidades? Procura trabajar con materias primas de proximidad, por lo que acude a La huerta sana de Manolo (Pelabravo, a unos 10 km de Salamanca), que solo produce hortalizas, hierbas aromáticas y flores comestibles de origen ecológico. ¡Tiene un Take Away, más canalla e informal, bajo la marca Sudaka!

🚫 🅰 ✍ Precio: €€€€

Empedrada 4 ✉ *37007 –* 🕿 *923 26 29 73 – restaurantevictorgutierrez.com – Cerrado lunes, martes, cena: miércoles, domingo*

AZOGUE VIEJO Ⓝ

ACTUAL • **MARCO CONTEMPORÁNEO** Un restaurante de línea contemporánea muy singular, pues se autodefine bajo el lema "Cocina de siempre, sabores de hoy" y está dominado por los tonos negros, decorándola con diferentes alusiones, escritas sobre sus paredes, en torno al mundo del vino y de la gastronomía. La propuesta, actual y en constante evolución en base a los productos de temporada, se concreta en una pequeña carta y dos menús, uno gastronómico y otro de tipo degustación. ¡Cuenta con una zona de bar para tapear y una agradable terraza asomada a la plaza!

AC 🛋 Precio: €€

Plaza de la Libertad 12 ✉ 37002 – ℰ 923 62 04 00 – azogueviejo.com

BAMBÚ

TRADICIONAL • **BAR DE TAPAS** Un gastrobar de moderno montaje, a escasos metros de la emblemática Plaza Mayor, donde la cocina tradicional y las brasas son reinterpretadas desde un punto de vista actual.

AC Precio: €

Prior 4 ✉ 37002 – ℰ 666 52 35 23 – www.bambubrasas.com – Cerrado lunes, martes

CONSENTIDO

ACTUAL • **MARCO CONTEMPORÁNEO** Destaca por su emplazamiento a pocos pasos de la monumental Plaza Mayor y plantea una cocina contemporánea que, desde la técnica y el compromiso con el entorno, intenta poner en valor los productos de la provincia de Salamanca (tienen una huerta ecológica, sus propios viñedos, hacen cócteles y bebidas en base a productos recolectados...). La carta, con opción de medias raciones, se completa con un interesante menú degustación denominado Los Pilares de Nuestro Entorno.

& AC 🛋 ⇄ Precio: €€€

Plaza del Mercado 8 ✉ 37001 – ℰ 923 70 82 61 – restaurante-consentido.es – Cerrado lunes, martes, cena: miércoles, jueves y domingo

EL MESÓN DE GONZALO

TRADICIONAL • **ACOGEDORA** Todo un ejemplo de adaptación a los nuevos tiempos. Sus asados, carnes al carbón y grandes clásicos conviven con platos más actuales y de fusión. ¡Pruebe su Steak Tartar!

AC 🛋 ⇄ Precio: €€

Plaza del Poeta Iglesias 10 ✉ 37001 – ℰ 923 21 72 22 – www.elmesondegonzalo.es

TAPAS 3.0

ESPAÑOLA CONTEMPORÁNEA • **ACOGEDORA** Céntrico gastrobar dotado con un atractivo comedor y una cava acristalada en el sótano. Encontrará tapas y raciones de cocina actual, así como un menú a domicilio (Tapas 4.0).

AC 🛋 Precio: €

Sánchez Barbero 9 ✉ 37002 – ℰ 923 61 96 19 – www.tapastrespuntocero.es – Cerrado lunes, martes

SALINAS

Asturias – Mapa regional **3**–B1

❀ REAL BALNEARIO

Chef: Isaac Loya

COCINA DE MERCADO • **MARCO CONTEMPORÁNEO** ¿Quiere comer o cenar contemplando el Cantábrico? Difícilmente encontrará un sitio mejor, pues esta casa hunde los pilares sobre la mismísima arena de la playa y tiene muchas mesas con vistas, algunas asomadas al Museo de anclas Philippe Cousteau.Isaac Loya ha sabido llevar a efecto los sabios consejos de su padre y su abuelo, por eso ha convertido los pescados y mariscos del Cantábrico en la piedra angular de su propuesta. Hay dos líneas de trabajo: una que exalta las elaboraciones clásicas, sencillas y respetuosas con el producto, así como otra que busca una gastronomía más compleja, dando algún toque original a los platos sin desvirtuar su esencia. La carta se complementa con tres menús: Fomento de la Cocina Asturiana (mediodía), Degustación y Menú Especial "Productos del Cantábrico".

❀ ≼ AC ⇄ Precio: €€€€

Avenida Juan Sitges 3 ✉ 33400 – ℰ 985 51 86 13 – www.realbalneario.com/es – Cerrado lunes

ÉLEONORE

CREATIVA • MARCO CONTEMPORÁNEO Frente a la playa de Salinas y... icon excelentes vistas al mar! En este coqueto restaurante encontrará una cocina creativa y moderna que, a través de sus menús (dos opciones al mediodía y una, llamada Allegra, por las noches) busca ofrecer una propuesta diferente jugando con la combinación del mundo dulce y el salado; no en vano, el obrador y la pastelería están anexos. ¿Y eso de Éleonore? Evoca la historia local, con guiños a la famosa locomotora que daba servicio a la Mina de Arnao (fue la primera mina submarina de Europa).

🪑 Ⓜ 🅿 Precio: €€€

Pablo Laloux 13 ✉ 33405 – 𝒞 672 42 70 70 – www.eleonore.es – Cerrado lunes, martes, cena: miércoles-domingo

SALLENT DE GÁLLEGO

Huesca – Mapa regional **2**–B1

CAMBIUM Ⓝ

REGIONAL • MONTAÑESA Se halla en el centro de la localidad y con su nombre, que en latín significa "cambio" y también hace referencia a una de las capas de los troncos de los árboles, busca descubrirnos de otra manera los sabores del Pirineo Aragonés. En sus agradables comedores de ambiente rústico, con profusión de madera y vistas tanto al pueblo como a las impresionantes montañas circundantes, encontrará la opción de carta y un completo menú de temporada con platos, como la Trucha de Lanuza o el Lingote de Ternasco de Aragón IGP, que nos hablan de la tradición culinaria en la comarca del Alto Gállego. ¡Buena oferta de vinos D.O. Somontano!

🪑 Precio: €€

Plaza del Valle de Tena 7 ✉ 22640 – 𝒞 974 48 82 19 – www.cambiumrestaurante.com – Cerrado lunes-miércoles, cena: domingo

VIDOCQ

FUSIÓN • ACOGEDORA Tras su llamativo nombre, que nos hace recordar al que popularmente se considera como el primer detective de la historia, encontrará una fantástica opción para comer sin alejarse mucho de las cercanas pistas de esquí. ¿Su propuesta? Una cocina actual de fusión que juega con los sabores, pues al recetario aragonés de alta montaña (la gran mayoría de sus materias primas proceden de pequeños productores cercanos) le incorpora interesantes matices asiáticos (sobre todo de la cocina tailandesa). La propuesta, centrada en un único menú de temporada (El sonido del silencio), nos invita a un evocador viaje por esta tierra. ¡El chef explica personalmente cada plato!

Precio: €€

Avenida Huesca (Edificio Jacetania, El Formigal, Noroeste 4 km) ✉ 22640 – 𝒞 974 49 04 72 – www.restaurantevidocq.com – Cerrado lunes-jueves, cena: domingo

SALOU

Tarragona – Mapa regional **9**–B3

❀ DELIRANTO

Chef: Josep Moreno

CREATIVA • MARCO CONTEMPORÁNEO La búsqueda de experiencias se ha convertido en una tendencia y aquí es precisamente eso lo que ofrecen, envolviendo la alta gastronomía en historias, óperas o cuentos clásicos (La fábula de Orfeo, El maravilloso mago de Oz, el Cuento de Navidad de Dickens, El Principito, Alicia en el país de las maravillas...) capaces de transportarnos a otros mundos. La original propuesta del chef Josep Moreno, en ocasiones algo surrealista, se inicia como un paseo que arranca en el gastrobar Cook & Travel, pasa por la renovada cocina para tomar otro pase de aperitivos y encuentra su punto álgido en la mesa, pues en sus menús (suele haber una versión corta y otra larga) presentan un sinfín de entrantes y platos principales. El moderno local, de ambiente ecléctico y con pocas mesas, entiende su oferta como un gran espectáculo, por eso plantean cada servicio como si fuera un pequeño teatro que, imaginariamente, levantara el telón. ¡Las temáticas cambian dos veces al año!

🏵 🗚 Precio: €€€€

Llevant 7 ⊠ 43840 – 𝒞 977 38 09 42 – deliranto.com – Cerrado lunes, domingo, almuerzo: martes

LA MORERA DE PABLO & ESTER

MODERNA • FAMILIAR ¡Apartado del bullicio turístico! El comedor, completamente acristalado, se complementa con una atractiva terraza a la sombra de una morera. Cocina actual y menús de mercado.

🗚 🗻 Precio: €€

Berenguer de Palou 10 ⊠ 43840 – 𝒞 977 38 57 63 – Cerrado lunes, cena: domingo

SAMANIEGO

Álava – Mapa regional **18**–A2

TIERRA Y VINO

TRADICIONAL • MARCO CONTEMPORÁNEO Ubicado en el Palacio de Samaniego (S. XVIII), convertido hoy en un lujoso hotel boutique. El chef Bruno Coelho propone una carta, en constante evolución, que se nutre del mercado de proximidad y siempre exalta la gastronomía local de temporada, no exenta de detalles culinarios ibéricos y vascos. ¡El restaurante alberga una colección de obras de arte perteneciente a la baronesa Ariane de Rothschild!

🏵 🗚 🗻 🅿 Precio: €€€

Constitución 12 (Hotel Palacio de Samaniego) ⊠ 01307 – 𝒞 955 66 00 00 – www.palaciodesamaniego.com

SAN ANDRÉS DE CAMPORREDONDO

Orense – Mapa regional **13**–A2

SÁBREGO

TRADICIONAL • RÚSTICA Un complejo-bodega de carácter panorámico, construido en piedra y rodeado de viñedos, que destaca por su ubicación en el mismísimo corazón de la D.O. Ribeiro. Su propuesta tradicional actualizada, no exenta de guiños creativos, toma como base las magníficas carnes gallegas y los pescados frescos del día. Como complemento... ¡también disponen de unas coquetas habitaciones!

🥂 🖙 🗚 🗻 ⇔ 🅿 Precio: €€€

O Cotiño (Casal de Armán) ⊠ 32415 – 𝒞 988 49 18 09 – sabregorestaurante. com – Cerrado lunes, cena: martes-jueves y domingo

SAN CRISTÓBAL DE LA LAGUNA – Tenerife ➜ Ver Canarias (Santa Cruz de Tenerife)

SAN EUGENIO – Tenerife ➜ Ver Canarias (Santa Cruz de Tenerife)

SAN FELIZ

Asturias – Mapa regional **3**–B2

 MONTE

Chef: Xune Andrade

MODERNA • RÚSTICA Le sorprenderá, pues se trata de un restaurante con muchísimo encanto y se encuentra en una aldea asturiana que, lejos de ofrecer otros servicios, lo que atesora es tipismo y autenticidad.Tras la coqueta terraza de la entrada, donde suelen estar los clientes locales tomando cervezas y aperitivos, se accede a un interior de línea rústica-contemporánea donde todo está diseñado para agradar. El chef al frente, Xune Andrade, regresó a su tierra para exaltar el terruño desde los fogones, por eso defiende una cocina de tinte actual que, a través de dos menús degustación (ambos con opción de maridaje, de vinos o de sidras), demuestra una inspiración casera y está muy comprometida con la tierra circundante; no en vano, ha creado lo que llama la "Red de Territorio", trabajando con productores a no más de 20 km ("Si crías, siembras o recolectas... ¡queremos contar contigo!").

🌿 *El compromiso del Chef:* El 90% de los productos que trabajamos tiene origen en nuestro entorno y aquellos que no son autóctonos tratamos de comprarlos a tiendas o empresas locales. La gestión de residuos y la reducción de la huella de carbono son una realidad intrínseca a nuestro día a día.

🅰🅒 🍴 ✿ Precio: €€€

San Feliz (Norte 1,5 km, por LN 1 y AS 242) ✉ *33638 – 𝒸 985 59 30 89 – www.montesanfeliz.com – Cerrado lunes, martes, cena: miércoles-domingo*

SAN ILDEFONSO O LA GRANJA

Segovia – Mapa regional **8**–C3

🙂 LA FUNDICIÓN

ACTUAL • ACOGEDORA En el centro de La Granja, frente a la oficina de Correos y a escasos minutos andando tanto del Palacio Real como de sus bellísimos jardines. El nombre no es un detalle baladí, pues ocupa un edificio con solera que dio cobijo tanto a la plomería del Real Sitio como al antiguo hospital. Hoy, tras una gran labor de interiorismo, se presenta con varios espacios de singular rusticidad: el bar, el comedor principal donde estaba la fragua, la terraza-patio de la enfermería... ¿Su propuesta? Carta y menú de cocina tradicional actualizada, con guiños asiáticos y presentaciones de nivel.

♿ 🅰🅒 🍴 ✿ Precio: €€

Plazuela de la Calandria 1 (Real Sitio de San Idelfonso) ✉ *40100 – 𝒸 921 47 24 06 – lafundicionrestaurante.com – Cerrado lunes, cena: miércoles, domingo*

REINA XIV

TRADICIONAL • AMBIENTE CLÁSICO Fácil de localizar, pues se encuentra junto al parador. Posee una bonita bodega vista y dos comedores, el principal de ambiente clásico. Su cocina de tinte tradicional se enriquece con platos típicos, como los famosos Judiones de La Granja.

🅰🅒 Precio: €€

Reina 14 ✉ *40100 – 𝒸 921 47 05 48 – reina14.com – Cerrado lunes, martes, cena: miércoles-viernes y domingo*

SAN LORENZO DE EL ESCORIAL

Madrid – Mapa regional **15**–A2

🌸 MONTIA

Chef: Daniel Ochoa

MODERNA • MINIMALISTA Un establecimiento renacido, cual ave Fénix, tras el incendio del anterior local. En el nuevo espacio, próximo al precedente, se da rienda suelta a su particular doctrina de trabajo, fiel a nutrirse del entorno y con la despensa serrana como claro eje vertebrador.El restaurante, rústico-contemporáneo, con la cocina vista entre las dos salas (la de la entrada posee chimenea) y asomado a un pequeño huerto desde el comedor de la parte trasera, está llevado ya en solitario por el chef Daniel Ochoa. ¿Qué encontrará? En línea con su filosofía, esa que le hace verse como recolector y agricultor, nos propone lo que define como una "cocina salvaje", evolutiva en función de las estaciones y accesible a través de dos menús degustación (Largo y XL). ¡Pone en valor a los pequeños productores cercanos!

Ⓜ Precio: €€€€

Juan de Austria 7 ✉ 28200 – ✆ 911 33 69 88 – *www.montia.es* – *Cerrado lunes, martes, cena: domingo*

CHAROLÉS

TRADICIONAL · AMBIENTE CLÁSICO Atesora gran prestigio, tanto por la belleza del local como por su cocina tradicional de temporada. ¡Pruebe su famosísimo cocido, servido solo los lunes, miércoles y viernes!

Ⓜ ♨ ✥ Precio: €€

Floridablanca 24 ✉ 28200 – ✆ 918 90 59 75 – *www.charolesrestaurante.com*

SAN MARTIN DE CARRAL

Vizcaya – Mapa regional **18**–A2

MENDIONDO

VASCA · RÚSTICA En esta casa, de ambiente rústico y carácter familiar, ofrecen una cocina vasca no exenta de actualidad, siempre con productos autóctonos. ¡Maravillosa terraza acristalada!

🐾 Ⓜ ♨ ✥ 🅿 Precio: €€€

Barrio Revilla I ✉ 48190 – ✆ 946 50 44 52 – *www.mendiondo.com/es/inicio.html* – *Cerrado lunes, cena: martes-domingo*

SAN MIGUEL DE VALERO

Salamanca – Mapa regional **8**–A3

🕸 SIERRA QUIL'AMA

ESPAÑOLA CONTEMPORÁNEA · RÚSTICA Un hotel-restaurante que le sorprenderá, no solo por hallarse en un pueblecito de la sierra salmantina sino también porque su nombre nos remite a una leyenda, no aclarada del todo, que narra el rapto de una princesa árabe por parte del rey visigodo Don Rodrigo. En sus salas, de agradable ambiente rústico, descubrirá una cocina tradicional actualizada que solo llega hasta el comensal a través de un único menú (mantiene su precio durante los fines de semana y permite elegir dentro de una buena variedad de entrantes, principales y postres). ¿Un plato destacado? La Cazuelita de arroz con boletus.

Ⓜ 🅿 Precio: €

Paraje los Perales ✉ 37763 – ✆ 923 42 30 00

SAN PEDRO DE BREÑA ALTA - Tenerife ➜ Ver Canarias (La Palma)

SAN PEDRO DEL PINATAR

Murcia – Mapa regional **16**–B2

🕸 JUAN MARI

TRADICIONAL · AMBIENTE CLÁSICO Lo más llamativo de esta casa es el cariño y la pasión que demuestran en cada servicio, un detalle esencial en el día a día de un negocio familiar. Este céntrico restaurante, que posee un comedor de línea actual y una pequeña terraza exterior, apuesta desde sus fogones por una cocina tradicional de corte local, siempre con detalles actuales, raciones abundantes y mucho mimo en las presentaciones. ¿Qué encontrará? Un sugerente apartado de arroces e interesantes especialidades, como el Tartar de salmón con algas, el Arroz con foie y pato, su Chupachú de morcilla con cebolla caramelizada...

♿ Ⓜ ♨ Precio: €€

Emilio Castelar 113 C ✉ 30740 – ✆ 968 18 62 98 – *restaurantejuanmari. wordpress.com* – *Cerrado martes, cena: lunes, domingo*

SAN SALVADOR DE POIO

Pontevedra – Mapa regional **13**–A2

 SOLLA

Chef: Pepe Solla

CREATIVA • **TENDENCIA** Quien se ha crecido entre los fogones de un restaurante familiar, supeditando su infancia a los ajetreos de cada servicio, suele enfrentarse a sentimientos encontrados. Pepe Solla es un ejemplo, por eso lleva la hostelería en las venas y reconoce que, según perfiló su vocación... "empezó a formar parte de la historia del Restaurante y él de la suya".El chef, que le debe el nombre y el amor por la gastronomía a su padre (logró la Estrella MICHELIN para "Casa Solla" en 1980), ha llevado el negocio familiar a cotas de excelencia apostando por la evolución y el sabor, otra de sus obsesiones, siempre con una cocina creativa de marcadas bases gallegas. Sus menús (Trasmallo y Piobardeira), muy vinculados a los productos del entorno y del mar, defienden la simplicidad y buscan desarrollar nuevos conceptos. Los domingos estivales está sorprendiendo con un evento culinario-musical en el jardín, una divertida propuesta que se inicia con un brunch y... ¡termina con música en vivo!

&8 ≤& Ⓐ P Precio: €€€€

Avenida Sineiro 7 (San Salvador de Poio, por la carretera de La Toja 2 km)
✉ 36005 – 𝒞 986 87 28 84 – www.restaurantesolla.com – Cerrado lunes, cena: martes-jueves y domingo

SAN VICENTE DE LA BARQUERA

Cantabria – Mapa regional **6**–A1

AUGUSTO

PESCADOS Y MARISCOS • **SIMPÁTICA** Este negocio familiar, de marcada línea náutica, ofrece una carta tradicional marinera que enamora por sus pescados y mariscos. ¡Fueron pioneros haciendo Arroz con bogavante!

Ⓐ 🍽 Precio: €€

Mercado 1 ✉ 39540 – 𝒞 942 71 20 40 – www.restauranteaugusto.es – Cerrado lunes, cena: domingo

LAS REDES

PESCADOS Y MARISCOS • **ACOGEDORA** Una casa familiar, bien situada en la calle principal que cruza la localidad, donde siempre están pendientes de traer el producto más fresco posible de la lonja. Carta tradicional con mariscos, pescados y algunos arroces. ¡Agradable terraza!

&8 Ⓐ 🍽 ⇔ Precio: €€

Avenida de los Soportales 24 ✉ 39540 – 𝒞 942 71 25 42 – restaurantelasredes. com – Cerrado miércoles, cena: martes

SOTAVENTO

TRADICIONAL • **ACOGEDORA** En este íntimo negocio, de gestión familiar, defienden la cocina tradicional en base a los productos de la zona, con buenos pescados salvajes y arroces. ¡Aconsejamos reservar!

Ⓐ Precio: €€

Avenida de Miramar 16 ✉ 39540 – 𝒞 942 71 50 24 – Cerrado miércoles

SAN VICENTE DE LA SONSIERRA

La Rioja – Mapa regional **14**–A2

 CASA TONI

MODERNA • **DE DISEÑO** Un restaurante de línea moderna-actual que sorprende, y no poco, en una localidad como esta, con unas calles ancladas en el tiempo y unas bellísimas fachadas en piedra; todo al pie del castillo-fortaleza y su entorno amurallado. En este ecléctico local, que rompe un poco los esquemas mentales al presentarse con un moderno interior dominado por los contrastes entre el blanco y el rojo, encontrará numerosos guiños a la cultura del vino y una cocina de marcado carácter riojano, combinando las elaboraciones típicas (Patorrillo a la Riojana) con otras más actuales. ¡Interesante menú gastronómico!

& 🗚 ⇔ Precio: €€

Zumalacárregui 27 ✉ 26338 – ✆ 941 33 40 01 – www.casatoni.es – Cerrado lunes, cena: martes-domingo

SAN XOÁN DE ORTOÑO

A Coruña – Mapa regional **13**–A2

TERRA

TRADICIONAL • MARCO CONTEMPORÁNEO Tiene cierto encanto y está instalado en una antigua casa de piedra, con una bonita terraza en la parte trasera. La carta, de tinte tradicional y regional, se enriquece con sugerencias del día.

& 🗚 🍴 Precio: €€

Lugar O Santo 11 ✉ 15220 – ✆ 981 88 46 39 – Cerrado lunes, cena: martes, miércoles y domingo

SANLÚCAR DE BARRAMEDA

Cádiz – Mapa regional **1**–A2

😊 CASA BIGOTE

PESCADOS Y MARISCOS • RÚSTICA Esta casa familiar abrió sus puertas en 1951 como una sencilla taberna marinera, donde se despachaba manzanilla a los curtidos pescadores del barrio Bajo de Guía; con el paso de los años, Fernando Bigote y sus hijos fueron ampliando el negocio. Actualmente dispone de una taberna típica y dos salas de ambiente neorrústico con detalles marineros, destacando la del piso superior por sus vistas a la desembocadura del Guadalquivir. Ofrece deliciosas frituras, guisos marineros, pescados de la zona y, sobre todo, unos espectaculares langostinos, siendo este un producto que ha marcado su identidad.

& 🗚 🍴 Precio: €€

Pórtico de Bajo de Guía 10 ✉ 11540 – ✆ 956 36 26 96 – www.restaurantecasabigote.com – Cerrado domingo, cena: miércoles

😊 EL ESPEJO

MODERNA • SIMPÁTICA ¡Un soplo de aire fresco en la gastronomía de Sanlúcar! El restaurante, ubicado frente al ayuntamiento de la localidad (en pleno Barrio Alto), combina su montaje rústico-actual con los detalles antiguos inherentes a la arquitectura del edificio en el que se halla, el bello hotel Posada de Palacio; de hecho, una de sus salas ocupa las antiguas caballerizas de este. ¿Qué proponen? Una carta de cocina moderna que ensalza los productos del entorno y dos menús degustación, cuidando siempre mucho la puesta en escena. ¡Gran variedad de vinos por copas del marco de Jerez!

🗚 🍴 Precio: €€

Caballeros 11 ✉ 11540 – ✆ 651 14 16 50 – www.elespejo-sanlucar.es – Cerrado lunes, cena: martes, miércoles y domingo

TABERNA CASA BIGOTE

PESCADOS Y MARISCOS • BAR DE TAPAS Un local que data de 1951 y aún conserva gran tipismo. Ofrece tapas y raciones de pescaíto frito, guisos marineros, mariscos, atún en porciones... ¡Fue el origen de Casa Bigote!

& 🗚 🍴 Precio: €

Pórtico Bajo de Guía 10 ✉ 11540 – ✆ 956 36 26 96 – www.restaurantecasabigote.com – Cerrado domingo

SANT ANTONI DE PORTMANY – Baleares → Ver Balears (Eivissa)

SANT CLIMENT – Baleares → Ver Balears (Menorca)

SANT CLIMENT DE LLOBREGAT

Barcelona – Mapa regional **10**–C2

EL RACÓ

CATALANA • **MARCO REGIONAL** Se halla algo escondido en una céntrica calle peatonal y, cual tesoro oculto, demuestra que sabe llevar el peso de su historia, pues es un negocio familiar de larga trayectoria que pasó de padres a hijos. En su comedor, de ambiente rústico-regional, podrá degustar una cocina tradicional catalana con diversas especialidades locales, como el Pollo de pata azul (raza Prat), la Butifarra a la brasa o, en un guiño al producto estrella del pueblo, unos imaginativos postres con cerezas en temporada; no en vano Gèrard Solís, el chef-propietario, es conocido como... ¡el chef de las cerezas!

&. 🅰 🅰 Precio: €

Poca Farina 20 ✉ *08849 –* ☎ *936 58 16 39 – Cerrado lunes, almuerzo: sábado, cena: martes-jueves y domingo*

SANT FRANCESC DE FORMENTERA – Baleares ➜ Ver Balears
(Formentera)

SANT FRUITÓS DE BAGES

Barcelona – Mapa regional **10**–A2

L'Ó

MODERNA • **MINIMALISTA** Siempre intentamos descubrir experiencias culinarias y escapadas interesantes, algo que aquí se cumple a la perfección por hallarse frente al monasterio benedictino de Sant Benet (año 960) y junto a la prestigiosa Fundación Alicia (ALI-mentación y cien-CIA), un centro de investigación en cocina donde procuran que todos nos alimentemos mejor.El restaurante, dentro del hotel Món Sant Benet y en manos del chef Ivan Margalef, apuesta por una cocina de proximidad, con productos de agricultura ecológica de las huertas cercanas y elaboraciones actuales que intentan plasmar el entorno desde un prisma de autor. La carta se ve bien apoyada por dos sugerentes menús (ambos con opción de maridaje): uno corto llamado "Un paseo por Sant Benet" y otro largo denominado "El camino de Sant Benet".

&. 🅰 🅿 Precio: €€€

Camí de Sant Benet de Bages (Hotel Món Sant Benet - en la carretera de Sant Benet, Sureste 3 km) ✉ *08272 –* ☎ *938 75 94 29 – monstbenet.com/es/ restaurantes/restaurante-lo – Cerrado lunes-jueves, cena: domingo*

SANT GREGORI

Girona – Mapa regional **10**–A1

MARÀNGELS

TRADICIONAL • **RÚSTICA** Instalado en una bella masía del s. XVII con el entorno ajardinado. En sus salas, de atmósfera rústica-actual, ofrecen una cocina tradicional actualizada y la opción de menús.

🐾 🅰 🅰 ♻ 🅿 Precio: €€

Can Quelot (Carretera GI 531, Este 1 km) ✉ *17150 –* ☎ *972 42 91 59 – www.marangels.com – Cerrado martes, cena: lunes, miércoles, jueves y domingo*

SANT JOAN DESPÍ

Barcelona – Mapa regional **10**–D2

FOLLIA

ACTUAL • **DE DISEÑO** Tiene detalles de diseño, basa su propuesta en tres menús de temporada (Seny, Rauxa y Follia) y ofrece una interesante opción de tapeo que llaman Follia de Pot, habitualmente en la bodega aunque, si hace bueno, también en el huerto. ¡Sabores a brasa y a campo!

🆎 🍴 ♿ 🅿 Precio: €€

Creu de Muntaner 17 ✉ *08970* – ✆ *934 77 10 50* – *www.follia.com* – *Cerrado lunes, martes, cena: domingo*

SANT JOSEP DE SA TALAIA - Baleares ➜ Ver Balears (Eivissa)

SANT JULIÀ DE VILATORTA
Barcelona – Mapa regional **9**–C2

MAS ALBEREDA

TRADICIONAL • **ACOGEDORA** Ubicado en una masía de agradable ambiente rústico, donde se presenta con una coqueta terraza acristalada. Cocina tradicional actualizada con el sello del chef Nandu Jubany.

🆎 ♿ 🅿 Precio: €€

Avenida Sant Llorenç 68 (Hotel Mas Albereda) ✉ *08504* – ✆ *938 12 28 52* – *www.masalbereda.com* – *Cerrado martes, miércoles, cena: domingo*

SANT JUST DESVERN
Barcelona – Mapa regional **10**–D2

LA BONAIGUA

TRADICIONAL • **AMBIENTE TRADICIONAL** ¡Un local de gestión familiar bien actualizado! Ofrece una carta de tinte tradicional en base al producto, con pescados de palabra según mercado, carnes maduradas, arroces...

♿ 🆎 ♿ Precio: €€

Carretera Reial 54 ✉ *08960* – ✆ *933 71 13 97* – *www.restaurantelabonaigua.com* – *Cerrado lunes, martes, cena: domingo*

SANT LLUÍS - Baleares ➜ Ver Balears (Menorca)

SANT MARTÍ SARROCA
Barcelona – Mapa regional **10**–C2

CASA NOVA

Chef: Andrés Torres

MODERNA • **RÚSTICA** Más que un restaurante... ¡es un pequeño paraíso sobre la tierra! Esta antigua y encantadora casa de campo, que en su día funcionó como explotación avícola, está llevada por una pareja que apuesta, sin medias tintas y con un compromiso total, por la sostenibilidad. Aquí, en una maravillosa atmósfera donde se combinan pasado y presente, el chef Andrés Torres nos propone una cocina de gusto actual e intenso sabor que toma como base los recuerdos de los platos que hacía su madre y los productos del entorno, muchos producidos por ellos mismos (huerto, gallinas, abejas, setas shitake, secaderos de mojama, vinos y vinagres propios...). ¡Participan en numerosas acciones solidarias y sociales para integrar a personas en riesgo de exclusión!

🕸 *El compromiso del Chef:* Realizamos cocina contemporánea en base a productos locales km 0, en su inmensa mayoría de nuestro propio huerto, de nuestras gallinas, de nuestros panales de abejas... Por otra parte, practicamos el compostaje, el reciclaje y el control de plagas mediante insectos.

🕸 🍴 ♿ 🆎 🍴 ♿ 🅿 Precio: €€€€

Finca Cal Tòfol – Barri La Bleda (al sureste: 6 km) ✉ *08731* – ✆ *937 43 11 70* – *www.casanovarest.com* – *Cerrado lunes, martes, cena: domingo*

SANT PAU D'ORDAL

Barcelona – Mapa regional **10**–C3

CAL PERE DEL MASET

TRADICIONAL • **MARCO CONTEMPORÁNEO** Una casa familiar que... ¡ya tiene más de 50 años! Ofrecen una cocina de sabor tradicional y platos emblemáticos, como los Canelones de rostit o los Pies de cerdo con ciruelas.

⅋ & 🅰️ ⇔ Precio: €€

Ponent 20 ✉ *08739 – ☎ 938 99 30 28 – www.calperedelmaset.com – Cerrado lunes, cena: martes-jueves y domingo*

CAL XIM

REGIONAL • **AMBIENTE TRADICIONAL** Resulta céntrico y defiende la cocina catalana de temporada, trabajando mucho a la brasa y en lo posible con carnes de la zona. ¡No deje de probar sus fantásticas Alcachofas!

& 🅰️ 🏠 ⇔ Precio: €€

Plaza Subirats 5 ✉ *08739 – ☎ 938 99 30 92 – calxim.com – Cerrado martes, cena: lunes, miércoles, jueves y domingo*

SANT POL DE MAR

Barcelona – Mapa regional **10**–A2

CUINA SANT PAU

COCINA MEDITERRÁNEA • **BISTRÓ** Este icónico restaurante, que durante años fue un triestrellado, toma un nuevo rumbo para presentarse bajo el formato de un bistró, mucho más informal, con numerosas imágenes y recuerdos que ensalzan la figura de la legendaria chef Carme Ruscalleda. Al frente están su hijo, Raül Balam Ruscalleda, y el chef brasileño Murilo Rodrigues Alves, que defienden un carta de gusto actual y base catalana con platos sencillos, detalles brasileños y guiños a la historia de la casa.

⇐ 🅰️ Precio: €€

Nou 10 ✉ *08395 – ☎ 937 60 09 50 – www.cuina-santpau.cat – Cerrado lunes, martes, cena: domingo*

SANT QUIRZE DEL VALLÈS

Barcelona – Mapa regional **10**–D1

😊 CAN FERRÁN

CATALANA • **FAMILIAR** Una casa familiar que enamora los paladares desde 1949 y... ¡siempre está llena! Se halla en una zona boscosa al borde de la carretera, con una agradable terraza, un buen hall y varios comedores de sencillo montaje, todos amplios y luminosos. Elaboran platos propios del recetario catalán, con gran protagonismo para las brasas (butifarra, conejo, pies de cerdo...) y diversas especialidades locales, como las famosas Mongetes del Ganxet, unas alubias muy tiernas exclusivas de esta zona de Cataluña. No aceptan tarjetas de crédito, pero... ¡cuentan con un cajero automático allí mismo!

🅰️ 🏠 ⇔ 🅿️ Precio: €

Carretera de Rubí C 1413a (km 14, Suroeste 5,5 km) ✉ *08192 – ☎ 936 99 17 63 – www.masiacanferran.com/ca – Cerrado domingo, cena: lunes, martes y sábado*

SANT SADURNÍ D'ANOIA

Barcelona – Mapa regional **10**–A3

😊 LA CAVA D'EN SERGI

TRADICIONAL • **FAMILIAR** Sant Sadurní d'Anoia es la Capital del Cava, por eso vemos en este restaurante una magnífica oportunidad para redondear el día si ha decidido visitar alguna de sus famosas bodegas. El negocio, en una céntrica calle, posee una única sala de estilo clásico-actual donde el chef-propietario

(Sergi Torres) plantea una cocina tradicional actualizada no exenta de creatividad. Ofrecen un buen menú del día, con muchísimo éxito entre su clientela, y una carta de cocina tradicional actualizada que evoluciona acorde a la temporada. La bodega, como no podía ser menos, muestra... ¡más de 40 cavas locales!

♿ Ⓜ Precio: €

València 17 – ✉ 08770 – ☎ 938 91 16 16 – lacavadensergi.com – Cerrado lunes, cena: martes-viernes y domingo

SANTA COLOMA DE GRAMENET

Barcelona – Mapa regional **9**-C2

✿ LLUERNA

Chef: Víctor Quintillà

MODERNA • DE DISEÑO Lo mejor de un restaurante familiar de estas características es que las cosas transcurren, para nuestro deleite, sin prisas ni agobios; eso sí, siempre con fidelidad a... ¡los preceptos de la Slow Food! El matrimonio propietario, con Víctor Quintillà tras los fogones y Mar Gómez al frente de la sala, apuesta por una gastronomía sostenible que exalte las materias primas de proximidad (Gallo del Penedés, cerdo Duroc, cordero Xisqueta, los pichones de la familia Tatjé...), con unas elaboraciones actualizadas que aprovechan la técnica en favor de las texturas y una potenciación del sabor. De sus fogones, visibles tanto desde el comedor como desde la mesa gourmet de la cocina, surge una interesante carta y una sorprendente oferta de menús (Degustación, Vegetal, Presentación, Lluerna...).

✿ *El compromiso del Chef:* Entendemos la sostenibilidad como un proceso continuo de mejora, para desarrollarnos en el presente con visión de futuro y con responsabilidad social. Hacemos una gestión responsable de los recursos y construimos una realidad coherente con lo que queremos ser.

♿ Ⓜ ⇔ Precio: €€€

Avenida Pallaresa 104 – ✉ 08921 – ☎ 933 91 08 20 – lluernarestaurant.com – Cerrado lunes, domingo, almuerzo: jueves

☻ VERAT

FUSIÓN • DE BARRIO Su nombre, que en catalán significa caballa, es toda una declaración de intenciones, pues nos habla de un pescado al acceso de todo el mundo. Esta es la idea predominante en este restaurante, el hermano pequeño del laureado Lluerna, justo al lado, donde el chef Víctor Quintillà populariza su cocina a través de platillos y raciones de fusión. Aquí, en un ambiente joven e informal que no está exento de personalidad, encontrará interesantes fórmulas (para un mínimo de dos personas) y algunas especialidades que no debe perderse, como la Oreja de cerdo y mayonesa de Kimtxi o su Trío de croquetas.

♿ Ⓜ Precio: €

Avenida Pallaresa 104 – ✉ 08921 – ☎ 936 81 40 80 – www.barverat.com – Cerrado lunes, domingo

SANTA COLOMA DE QUERALT

Tarragona – Mapa regional **9**–B2

☻ HOSTAL COLOMÍ

TRADICIONAL • FAMILIAR No se puede hablar del Hostal Colomí sin reconocer la labor de las hermanas Camps, Nati y Rosita, pues ellas personifican los pilares sobre los que se alza esta céntrica y concurrida casa familiar. Presenta un acogedor comedor dominado por la presencia de una parrilla vista y una sala más en el piso superior, esta última reservada para grupos y fines de semana. La sabrosa cocina casera que surge de sus fogones se ve enriquecida con diversos platos de tinte regional y tradicional. ¿Quiere probar algo realmente bueno? ¡Pida sus deliciosos Ceps (boletus) con foie y huevo frito!

♿ Ⓜ ⇔ Precio: €€

Raval de Jesús 10 – ✉ 43420 – ☎ 977 88 06 53 – www.hostalcolomi.com – Cerrado lunes, cena: martes-domingo

SANTA COMBA

A Coruña – Mapa regional **13**–A2

 RETIRO DA COSTIÑA

Chef: Manuel Garcia

MODERNA • ACOGEDORA Un restaurante que sorprende para bien, tanto por la historia de amor a la hostelería y al producto que atesora tras de sí como por su emplazamiento en un pequeño pueblo.Manuel García, con el apoyo familiar, busca la excelencia ofreciendo un gran menú degustación (Garatuxa) que comienza en la planta baja, donde arranca una experiencia gastro-sensorial con etapas en el córner del Champagne, la zona de hornos, su vistosa bodega... para culminar, tras pasar por el agradable comedor del primer piso, en un admirable salón de sobremesa, con sofás y chimenea, donde ofrecen cafés, deliciosos petits fours y una gran variedad de licores. Degustará los sabores gallegos (lubinas, centollos, gallinas autóctonas...) desde un punto de vista creativo, con texturas y presentaciones nada habituales.

⅋ ⅏ AC ⟷ P Precio: €€€€

Avenida de Santiago 12 ✉ *15840 –* ☎ *981 88 02 44 – retirodacostina.com – Cerrado lunes, martes, cena: domingo*

SANTA CRISTINA D'ARO

Girona – Mapa regional **10**–B1

BELL-LLOC

CATALANA • RÚSTICA Ubicado en una antigua masía, de marcado ambiente rústico, que remonta sus orígenes al s. XVII. Sabrosa cocina tradicional catalana, muy sencilla y con platos a la brasa.

AC ⟷ P Precio: €

Carretera Sant Feliu a Girona (km 5,2, Mas de la Musiqueta, Noroeste 2 km) ✉ *17246 –* ☎ *872 20 01 15 – www.restaurantbell-lloc.com/ca – Cerrado martes, miércoles*

SANTA CRUZ DE CAMPEZO

Álava – Mapa regional **18**–B2

 ARREA!

Chef: Edorta Lamo

REGIONAL • RÚSTICA Cuando uno cruza pueblecitos como este lo que menos espera es encontrarse un restaurante así, pues su chef-propietario (Edorta Lamo) nos propone un interesantísimo viaje por la cultura y la gastronomía de la montaña alavesa, básicamente de subsistencia, desde un punto de vista actual.El edificio sorprende al presentarse con tres ambientes bien diferenciados: la Taberna, la Kuadra (donde ofrecen una carta sencilla y el menú del día) y el comedor como tal, con un acogedor ambiente rústico y un lateral acristalado que se asoma a un patio-terraza. La carta, que siempre contempla un guiso del día, se completa con tres menús, dos de ellos de carácter gastronómico (requieren reserva previa con un mínimo de 24 horas). Sabor, delicadas texturas, mimadas presentaciones, personalidad... ¡descúbrelo!

🕸 *El compromiso del Chef:* Practico una cocina sostenible con predominio de la caza y lo hago por tradición, pues nuestros antepasados no tenían hectáreas para el cultivo o el ganado, así que tenían que ir al monte a ganarse el sustento. ¡Ellos ya lo cuidaban y tenían responsabilidad ecológica!

AC 🛋 Precio: €€€

Subida del Frontón 46 ✉ *01110 –* ☎ *689 74 03 70 – arrea.eus – Cerrado lunes, martes, cena: miércoles, jueves y domingo*

SANTA CRUZ DE TENERIFE - Tenerife ➜ Ver Canarias (Santa Cruz de Tenerife)

SANTA EULÀRIA DES RIU - Baleares ➜ Ver Balears (Eivissa)

SANTANDER

Cantabria
Mapa regional **6**–B1
Mapa de carreteras Michelin
n° 572-B18

El Cantábrico en su máxima expresión

No hay nada como dar un paseo por la playa de El Sardinero y contemplar su serena belleza al pie del Gran Casino, uno de los emblemas de la ciudad. Aquí, pasado y presente se aúnan a la perfección, por eso hoy son focos de semejante atracción turística edificios tan dispares como el Palacio de La Magdalena o el vanguardista Centro Botín. La gastronomía cántabra presume de calidad y variedad, en base a los espléndidos pescados y mariscos del Cantábrico pero sin dar la espalda a las sabrosas carnes del interior, con una mención muy especial para las reses de raza Tudanca. ¿Opciones para el gastrónomo? Visitar el mercado modernista de la Esperanza, tras el Ayuntamiento, y recorrer sus calles para saborear las populares Rabas, las famosas Anchoas, alguno de sus Cocidos (Montañés y Lebaniego), la típica Marmita de bonito (Sorropotún), la tradicional Quesada pasiega... ¡No se arrepentirá!

❀ **CASONA DEL JUDÍO**

Chef: Sergio Bastard

MODERNA • MARCO CONTEMPORÁNEO ¿Le apetece comer en un sitio realmente especial? Vaya reservando mesa, pues no todos los días se puede tener una experiencia gastronómica de Estrella MICHELIN en... ¡una auténtica casona indiana del s. XIX! El chef Sergio Bastard, que para transmitir emociones pone la lupa tanto en el producto local como en las algas y hierbas del litoral cantábrico, defiende tres menús degustación no exentos de personalidad (Casona, Casona sostenible y Casona festival), con platos donde los detalles marinos, los juegos de texturas y el mimo en las presentaciones son una constante. ¿Detalles o curiosidades? Aquí encontrará creaciones tan innovadoras como la Salmuria, una singular salmuera de anchoas que embotellan en pequeños frascos y que usan, especialmente con las salsas, para potenciar el sabor y aportar salinidad.

❀ *El compromiso del Chef:* ¿Sostenibilidad? Generar el menor impacto posible en la naturaleza. Tenemos un huerto de hierbas del litoral, trabajamos con ozono, reutilizamos residuos como la salmuera de anchoa o el suero de queso... y acudimos a productores locales de agricultura ecológica.

&. AC ❀ **P** Precio: €€€€

Fuera de plano - *Repuente 20* ✉ *39012* - ☏ *942 34 27 26* – *www.casonadeljudio.com* – *Cerrado lunes, martes, cena: miércoles, jueves y domingo*

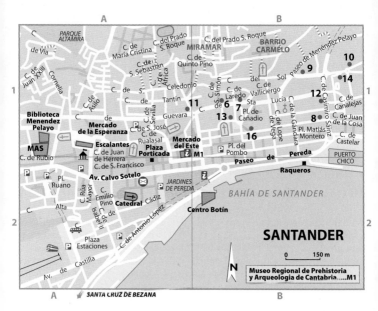

EL SERBAL

MODERNA • MARCO CONTEMPORÁNEO ¿Una experiencia gastronómica con vistas de postal al mar? Acérquese al Sardinero, pues sobre la misma playa, en el piso superior del edificio conocido como Cormorán, El Serbal ansía avanzar hacia la excelencia. Aquí, ahora de la mano del chef José Ramón Bustamante, con raíces cántabras y mexicanas, defienden la honestidad desde una de sus premisas: "que el cliente se sienta feliz y quiera volver". La carta, bien complementada por dos menús (Gastronómico y Degustación), exalta los fabulosos pescados del Cantábrico (cantados en la mesa, pues se compran a diario en la lonja) y procura dar aún más visibilidad al producto autóctono, con especial atención a las suculentas carnes de las reses de raza Tudanca. ¡En la planta baja tienen un espacio más informal, tipo bistró, llamado Querida Mar!

🏆 🍸 ⬇️ 🅰️ Precio: €€€

Fuera de plano – *Avenida de Manuel García Lago 1 (1ª planta)* ✉ 39005 –
📞 942 22 25 15 – elserbal.com – *Cerrado lunes, martes, cena: miércoles, domingo*

AGUA SALADA

ACTUAL • BISTRÓ Honestidad, amabilidad, notorias dosis de encanto... ¡he aquí un negocio sin lujos pero auténtico! Tras su sencilla fachada en esquina encontrará un acogedor espacio, a modo de "bistrot" francés, dominado por los colores blanco y verde, con una antigua barra de bar a la vista, las mesas desnudas en mármol y algún que otro detalle, como las velas encendidas, que anhela dar una oportunidad al romanticismo. Apuestan por una cocina de base tradicional bien presentada y puesta al día, siempre con sabores definidos y la interesante opción de poder disfrutarla a través de medias raciones.

🅰️ Precio: €€

Plano: B1-6 – *San Simón 2* ✉ 39003 – 📞 665 96 00 96 – *restaurante. covermanager.com/restaurante-agua-salada* – *Cerrado lunes, martes*

☺ CADELO

MODERNA • MARCO CONTEMPORÁNEO Restaurante de vistosa fachada y estética contemporánea-informal, en dos alturas, con cuyo nombre se rinde un pequeño homenaje a un poeta local, muy conocido en la ciudad por vender sus versos y estrofas a cinco pesetas. Ofrecen una carta moderna de fusión, no muy amplia pero mejorada con recomendaciones de palabra y pensada para compartir, que toma como base el producto nacional para trabajarlo, al gusto del día, con técnicas y elaboraciones de otras latitudes (México, Corea, Perú...). ¿Una recomendación? Deje siempre sitio para el postre, pues su Tarta de queso es de esas que no se olvidan.

🗛 Precio: €€

Plano: B1-7 – *Santa Lucía 33* ✉ *39003* – ✆ *942 22 10 51* – *Cerrado lunes, domingo*

☺ UMMA

MODERNA • A LA MODA Un restaurante en dos alturas que nos gusta tanto por su propuesta culinaria como por su estética, informal y neoyorquina, pues combina la presencia de unos elevadísimos techos, donde encontraremos la sorprendente reproducción de algunas pinturas rupestres, y unas luminosas paredes en ladrillo visto. Su chef-propietario, Miguel Ángel Rodríguez, enfoca la cocina moderna desde un punto de vista actual, accesible a todo el mundo, apostando por unas elaboraciones armoniosas y sabrosas que miran al futuro sin olvidarse de la tradición. ¡Servicio atento y platos copiosos, idóneos para compartir!

🗛 🏠 Precio: €€

Plano: B1-9 – *Sol 47* ✉ *39003* – ✆ *942 21 95 95* – *Cerrado lunes, domingo*

ASADOR LECHAZO ARANDA

CARNES A LA PARRILLA • AMBIENTE TRADICIONAL Ofrece un bello ambiente castellano y una carta con platos tradicionales, guiños al mar, buenas carnes, suculentos asados en horno de leña... ¡El Lechazo es su plato estrella!

🗛 🏠 ⇔ Precio: €€

Plano: B1-10 – *Tetuán 15* ✉ *39004* – ✆ *942 21 48 23* – *asadorlechazoaranda. wixsite.com/asadorlechazoaranda*

BODEGA CIGALEÑA

TRADICIONAL • RÚSTICA Casa de ambiente rústico-antiguo, a modo de museo, vestida con mil detalles enológicos. Cocina tradicional rica en carnes de la zona, pescados de lonja, verduras, quesos...

🕸 🗛 Precio: €€

Plano: B1-16 – *Daoiz y Velarde 19* ✉ *39003* – ✆ *942 21 30 62* – *www.cigalena.com* – *Cerrado martes, miércoles*

BODEGA DEL RIOJANO

TRADICIONAL • RÚSTICA Atesora carácter, historia, autenticidad... y un original museo (Museo Redondo) repleto de obras de arte. Carta tradicional con grandes clásicos, como sus Caracoles guisados.

🗛 ⇔ Precio: €€

Plano: A1-11 – *Rio de la Pila 5* ✉ *39003* – ✆ *942 21 67 50* – *bodegadelriojano. com* – *Cerrado cena: domingo*

LA BOMBI

COCINA DE MERCADO • AMBIENTE TRADICIONAL Todo un clásico que basa el éxito en la bondad de sus productos, con un sugerente expositor de pescados (normalmente de gran tamaño), algunas carnes y un vivero de mariscos.

🗛 Precio: €€€

Plano: B1-12 – *Casimiro Sáinz 15* ✉ *39003* – ✆ *942 21 30 28* – *www.labombi.com* – *Cerrado martes, cena: domingo*

CAÑADÍO

TRADICIONAL • **AMBIENTE CLÁSICO** ¡Es considerado toda una institución en la ciudad! Presenta un bar de tapeo, un comedor en un altillo y una sala clásica-actual. Cocina tradicional elaborada de buen nivel.

AC 🛋 Precio: €€

Plano: B1-13 – *Gómez Oreña 15 (Plaza Cañadío)* ✉ *39003* – ✆ *942 31 41 49* – *www.restaurantecanadio.com* – *Cerrado domingo*

DARÍA

MODERNA • **BISTRÓ** Sencillo local, de línea actual, ubicado en el céntrico y animado barrio de Puertochico. ¿Su propuesta? Una pequeña carta de cocina moderna, con bastantes platos de fusión.

AC Precio: €€

Plano: B1-8 – *Bonifaz 19* ✉ *39003* – ✆ *942 55 07 87* – *daria.es* – *Cerrado domingo, almuerzo: lunes*

LA HERMOSA DE ALBA

FUSIÓN • **BISTRÓ** Un local de ambiente moderno y divertido que está teniendo bastante éxito en la ciudad. Carta de cocina actual, con elementos de fusión y platos pensados para compartir.

AC Precio: €€

Fuera de plano – *Tetuán 34* ✉ *39004* – ✆ *942 80 91 08* – *Cerrado lunes, domingo*

LA MULATA

PESCADOS Y MARISCOS • **AMBIENTE TRADICIONAL** Debe su nombre a una variedad de cangrejo, presenta un bar que trabaja mucho con raciones y llama la atención por su expositor de pescados y mariscos, con un vivero justo debajo lleno de bogavantes. La carta, especializada en productos del mar, se completa con un buen apartado de arroces.

AC 🛋 Precio: €€€

Plano: B1-14 – *Andrés del Río 7* ✉ *39004* – ✆ *942 36 37 85* – *www.restaurantemulata.es* – *Cerrado lunes, cena: domingo*

SANTANYÍ – Baleares ➜ Ver Balears (Mallorca)

SANTIAGO DE COMPOSTELA

A Coruña
Mapa regional **13**–B2
Mapa de carreteras Michelin
nº 571-D4

Historia, cultura y auténtico sabor

Santiago de Compostela, la meta soñada por un sinfín de peregrinos llegados de todo el mundo, es un destino turístico realmente excepcional, pues en pocos lugares encontrará la riqueza histórica, monumental y cultural que atesora esta ciudad; no en vano... ¡está declarada Patrimonio de la Humanidad! Partiendo de la inexcusable visita a la Catedral, recorrer sus bellas calles empedradas es la mejor manera de conocerla, con una parada obligada en su siempre animado Mercado de Abastos. No deje de probar el famoso Pulpo "á feira", las Vieiras gratinadas, la popular y variada Empanada gallega, el Caldo de grelos, la típica Tarta de Santiago... ¿Curiosidades? Si tiene opción, asista al ritual con el que realizan la tradicional Queimada, una bebida a base de orujo muy arraigada en la cultura gallega y que se toma tras realizar un ancestral conjuro con el que ahuyentan los malos espíritus.

🌼 **CASA MARCELO**

Chef: Marcelo Tejedor

FUSIÓN • ACOGEDORA Casa Marcelo, a pocos metros de la imponente Catedral, es la recompensa con la que se premian muchísimos peregrinos al completar el legendario Camino de Santiago; no en vano, hay quien dice que... ¡es casi una experiencia religiosa!El cosmopolita local, donde los cocineros interactúan con los clientes, se presenta con una gran mesa central que anima a compartir el espacio (un guiño al espíritu "friendly" del pueblo gallego), una barra lateral, la cocina integrada en la sala y, ya en la parte trasera, una agradable terraza, donde también hay una luminosa y colorista sala acristalada. ¿Qué le propondrán? Una carta corta pero divertida y pensada para compartir, con recomendaciones del chef en base a una interesante fusión que, jugando con la sorpresa, mezcla productos japoneses y gallegos, aunque tampoco faltan referencias culinarias a China, México, Perú... ¡No se olvide de reservar!

🗚 🍽 ✿ Precio: €€€

Plano: A1-6 – *Hortas 1* ✉ *15705* – ✆ *981 55 85 80* – *www.casamarcelo.net* – *Cerrado lunes, martes, cena: domingo*

🌼 **A TAFONA**

Cheffe: Lucía Freitas

MODERNA • ACOGEDORA Hay proyectos que requieren macerarse con aprendizaje, viajes, esfuerzo... esa evolución personal que solo se logra conquistando cada meta. Esta es la perspectiva desde la que debemos ver a Lucía Freitas, una chef concienciada con las intolerancias alimenticias, infatigable en su búsqueda de

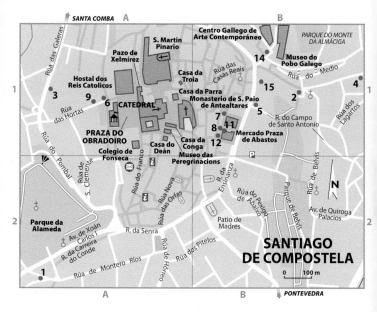

una cocina más saludable y que... ¡utiliza muchas verduras de su propio huerto!El acogedor local, que cuenta con un gran lucernario y enamora por su interiorismo al combinar la estética contemporánea con la piedra vista, es el escenario idóneo para degustar una propuesta moderna, de base regional, que se muestra deudora de los magníficos productos gallegos (sobre todo pescados) pero también resulta sabrosa, técnica, cromática y femenina. Ofrecen dos interesantes menús degustación: Sosiego y Algarabía.

&. AC Precio: €€€€

Plano: B1-5 – *Virxe da Cerca 7* ✉ *15703* – ☏ *981 56 23 14* – *restaurante.* *covermanager.com/a-tafona* – *Cerrado lunes, martes, cena: domingo*

ABASTOS 2.0 - MESAS

MODERNA • SIMPÁTICA Se halla junto al mercado de abastos y es totalmente recomendable para quien quiera vivir una experiencia culinaria. Aquí se recrea un ambiente moderno, casual e informal, con una pequeña barra y la cocina parcialmente abierta a la sala. Su oferta gira en torno a un único menú sorpresa... aunque si va con hambre, este se puede complementar con más platos (cobrados de forma independiente). Cocina moderna que bebe tanto de la tradición gallega como de los excelentes pescados y mariscos de la zona. Existe la posibilidad de maridaje y, dada la afluencia de comensales, aconsejamos reservar.

AC Precio: €

Plano: B1-8 – *Das Ameas 4* ✉ *15704* – ☏ *654 01 59 37* – *abastosdouspuntocero.* *com* – *Cerrado domingo*

ANACO

ACTUAL • SIMPÁTICA ¡Todos querríamos tener un restaurante así en nuestra calle! El agradable local, con las paredes en piedra y a pocos pasos del Museo do Pobo Galego, refleja la propuesta del chef palentino Víctor Lobejón, que tras formarse en reconocidas casas llegó aquí, por amor, para afrontar su primer proyecto en solitario. Ofrece una gastronomía actual que ensalza al producto gallego de

THERE IS ETERNITY
IN EVERY BLANCPAIN
The spirit to preserve.

70th
Fifty Fathoms
70th anniversary

"Creation"
Wildlife Photographer
of the Year 2021
Grand Title winner
© Laurent Ballesta

JB
1735
BLANCPAIN
MANUFACTURE DE HAUTE HORLOGERIE

La Esencia de la Elegancia,

complejidad sin esfuerzo

Disfruta de un consumo responsable. 43°

temporada, con una pequeña carta que evoluciona periódicamente y sutiles guiños al continente asiático. Recomendamos reservar y pedir el menú (#amesaposta), que cambia a diario y concreta un buen recorrido por su cocina.

🄰🄲 Precio: €€

Plano: B1-14 – *Costa de San Domingos 2* ✉ *15703* – ✆ *981 56 20 98* – *anacosantiago.com* – *Cerrado sábado, domingo*

ASADOR GONZABA

CARNES A LA PARRILLA • **AMBIENTE TRADICIONAL** ¿Carnes de máxima calidad? En este asador las encontrará, pues llevan la experiencia por bandera y no hay más que ver su cámara de maduración, a la entrada del comedor, para rendirse a la evidencia. Presentan un bar a la entrada, salones de ambiente clásico y varios privados, donde podrá degustar una carta tradicional muy enfocada a los tres tipos de carne gallega que ofertan: la de ternera, la de vaca y la de buey. También tienen un delicioso cordero de raza churra (viene de Campaspero), pescados a la brasa según mercado y una bodega con más de 500 referencias. ¡Hacen jornadas gastronómicas!

🕭 🄰🄲 ⇔ Precio: €€

Plano: A2-1 – *Nova de Abaixo 2* ✉ *15706* – ✆ *981 59 48 74* – *asadorgonzaba. com* – *Cerrado cena: domingo*

CAFÉ DE ALTAMIRA

TRADICIONAL • **VINTAGE** ¡Su relación calidad/precio es magnífica! Este simpático local, vinculado al hotel Pazo de Altamira pero con acceso y funcionamiento independientes, sorprende ya solo por su estética, con bombillas colgadas del techo, curiosos botelleros, una colorista vajilla de Sargadelos... todo a medio camino entre lo rústico y lo vintage. En sus mesas, grandes y pensadas para compartir, descubrirá una cocina tradicional bien actualizada, con personalidad y una filosofía orientada a ensalzar los sabores gallegos. Su emplazamiento, junto al mercado de Abastos, también garantiza la bondad de los productos.

🕭 🄰🄲 🕮 Precio: €€

Plano: B1-7 – *Ameas 9* ✉ *15704* – ✆ *981 55 85 92* – *www.cafedealtamira.com*

A HORTA D'OBRADOIRO

REGIONAL • **SIMPÁTICA** Maravillosamente singular, pues plantea una oferta gastronómica interesante y recupera para Santiago una porción de su dilatada historia. El negocio, llevado por dos cocineros, ocupa una casa de 1690 que desde sus orígenes acogió a los músicos de la cercana Catedral. Detalles contemporáneos y regionales, una barra para tomar vinos elaborada con vigas de bateas, coloristas detalles que recuerdan las antiguas casetas de playa, una sala tipo invernadero... y al final, un huerto-jardín que supone todo un lujo en esta zona de la ciudad. Cocina de mercado bien ejecutada y presentada con gusto.

🕭 Precio: €€

Plano: A1-9 – *Hortas 16* ✉ *15705* – ✆ *881 03 13 75* – *ahortadoobradoiro.com* – *Cerrado lunes, domingo*

A MACETA

FUSIÓN • **ACOGEDORA** Se halla en la rúa de San Pedro, la vía por la que acceden a la ciudad aquellos peregrinos que van llegando por el camino Francés, el del Norte o el llamado Primitivo. Aquí, en los bajos de un modesto edificio construido en piedra, encontrará un restaurante desenfadado y de ambiente rústico-actual donde el chef al frente, Jorge Gago, apuesta por una cocina de fusión que juega con el recetario tradicional y el asiático, siempre con calidad, buenas presentaciones y precios muy moderados. ¿Más puntos positivos? Esconde un agradable patio-terraza, ideal para comer relajado o tomarse una copa.

🕭 🕭 Precio: €€

Plano: B1-4 – *San Pedro 120* ✉ *15703* – ✆ *981 58 96 00* – *www.amaceta.com* – *Cerrado lunes, domingo*

MAR DE ESTEIRO

PESCADOS Y MARISCOS • AMBIENTE CLÁSICO Una de las mejores opciones para degustar pescados y mariscos de calidad. El éxito de esta casa, ubicada a unos 6 km. de Santiago, sin duda está en sus magníficas materias primas... aunque el edificio también resulta muy singular, pues se trata de una imponente casona rehabilitada que está catalogada como Bien de Interés Cultural. Dispone de un agradable jardín con terraza de verano, un bar privado y varios comedores de estética actual emplazados en lo que fueron las habitaciones. ¡No deje de probar el popular Guiso de rubio o su gran especialidad, el Arroz con bogavante!

& AC ⌂ ⇔ P Precio: €€

Fuera de plano – *Lugar Ponte Sionlla (Enfesta, en la carretera N 550, Noreste 6 km)* ✉ *15884* – ☎ *981 88 80 57* – *www.mardeesteiro.com* – *Cerrado lunes, cena: martes-domingo*

PAMPÍN BAR

REGIONAL • SENCILLA Se halla cerca de la zona monumental y sorprende tras su modestísima fachada, un tanto retro, pues esta da paso a un comedor de ambiente tradicional en el que se sentirá como en su propia casa. El local, con originales sillones corridos en los laterales, una gran mesa central compartida y detalles estructurales en hormigón visto, apoya la idea de buscar la cocina casera de siempre, esa que ensalza los sabores de la infancia y que el chef denomina "de barrio". Ofrecen muchos platos para compartir, con un eje básico que gira en torno a los escabeches, los guisos y los pescados frescos del día.

AC Precio: €€

Plano: B1-2 – *Ruela das Fontiñas 4* ✉ *15703* – ☎ *981 11 67 84* – *www.pampinbar.com* – *Cerrado martes, miércoles, cena: domingo*

A VIAXE

FUSIÓN • BISTRÓ Curioso restaurante, tipo bistró, ubicado en una plazuela próxima al centro. El chef al frente defiende una propuesta con alma peruana, su tierra natal, aunque esta luego se fusiona con las distintas influencias que ha ido adquiriendo en sus viajes por el mundo. Aquí dan la opción de elaborar un menú degustación al gusto del cliente, en base a los platos de la carta y con el tamaño que deseemos, lo que también definirá el precio. Dicen que "cada plato es un viaje", por eso nos desvelan las procedencias que han participado en cada uno de ellos: Perú, Colombia, Ecuador, Galicia, País Vasco...

AC ⌂ Precio: €€

Plano: B1-15 – *Praza do Matadoiro 3* ✉ *15704* – ☎ *662 61 88 62* – *aviaxe.es* – *Cerrado lunes, domingo*

ABASTOS 2.0 - BARRA

MODERNA • BAR DE TAPAS Singular, pues... ¡ocupa seis casetas del mercado! Debe reservar, pues solo cuenta con una gran mesa compartida donde sirven sus raciones, de gusto tradicional y regional.

AC ⌂ Precio: €

Plano: B1-11 – *Plaza de Abastos (Casetas 13-18)* ✉ *15704* – ☎ *654 01 59 37* – *www.abastosdouspuntocero.com* – *Cerrado domingo*

DON QUIJOTE

TRADICIONAL • AMBIENTE CLÁSICO ¡Una casa emblemática en Galicia! Traspasar sus puertas supone hacer un pequeño viaje en el tiempo, pues si bien trabajan en base a un excelente producto encontrará elaboraciones sencillas, algunas casi olvidadas, donde intentan respetar al máximo el sabor de sus pescados y mariscos. Ya casi no existen locales así, con un vivero a la entrada que... ¡siempre está repleto de auténticas centollas de la ría!

AC ⇔ Precio: €€

Plano: A1-3 – *Galeras 20* ✉ *15705* – ☎ *981 58 68 59* – *www.quijoterestaurante.com*

LUME

MODERNA • BAR DE TAPAS ¡La cocina más informal de la chef Lucía Freitas! Encontrará dos menús ideados para tomar en la barra, viendo los fogones, y una cartita de raciones exclusiva para la terraza.

&. 🅰🅲 🍴 Precio: €

Plano: B1-12 – *Das Ameas 2* ✉ *15704* – ✆ *981 56 47 73* – *www.luciafreitas.com* – *Cerrado martes, miércoles*

SANTO DOMINGO DE LA CALZADA

La Rioja – Mapa regional **14**–A2

LOS CABALLEROS

REGIONAL • RÚSTICA Ubicado en un edificio histórico tras la cabecera de la Catedral. En su comedor, de cuidado ambiente rústico, plantean una carta regional rica en bacalaos y platos de cuchara.

🅰🅲 Precio: €€

Mayor 58 ✉ *26250* – ✆ *941 34 27 89* – *restauranteloscaballeros.com* – *Cerrado lunes, cena: domingo*

SANXENXO

Pontevedra – Mapa regional **13**–A2

SABINO

TRADICIONAL • FAMILIAR Un restaurante de larga tradición familiar ubicado a escasos metros de la famosa playa de Silgar. Cocina tradicional de raíces gallegas, con toques actuales y buen producto.

&. 🅰🅲 🍴 Precio: €€

Ourense 3 ✉ *36960* – ✆ *986 72 34 00* – *restaurantesabino.com* – *Cerrado lunes, martes, cena: domingo*

SARDAS

Huesca – Mapa regional **2**–B1

🐸 LA ERA DE LOS NOGALES

CREATIVA • SENCILLA Se encuentra en una pequeña localidad de la comarca del Alto Gállego, en la provincia de Huesca, y al estar rodeado por recios edificios en piedra puede extrañar por su diseño, a modo de carpa acristalada y con unas magníficas vistas a las montañas del Pirineo Aragonés. El chef al frente, Toño Rodríguez, plantea una cocina contemporánea de base tradicional que sorprende por su calidad y sabor, con la opción de una carta no muy amplia y tres menús: E-volución, R-evolución y A-mbición. ¡Postres artesanales diferentes y divertidos!

🍴 &. 🅰🅲 🅿 Precio: €€

Baja 2 ✉ *22613* – ✆ *693 01 94 79* – *www.laeradelosnogales.com* – *Cerrado martes, miércoles, cena: lunes, jueves- y domingo*

SARDÓN DE DUERO

Valladolid – Mapa regional **8**–B2

🌸 REFECTORIO

Chef: Marc Segarra

CREATIVA • ELEGANTE A su inequívoco valor gastronómico hay que añadir un emplazamiento espectacular, pues se halla en un monasterio del s. XII rodeado de espacios naturales, bodegas y viñedos.El chef Marc Segarra, oriundo de Reus, propone a través de sus menús (Terruño, Terruño Versión Extendida y Legado) una experiencia culinaria de marcado tinte creativo, siempre con opción de maridaje para degustar sus fantásticos vinos y tomando como referencia tanto los productos de temporada de la propia finca como los que proceden de los pequeños productores locales. ¿Curiosidades? Las atenciones son extraordinarias, pues se ofrecen a aparcar el coche, agasajan con toallitas aromatizadas, invitan a una copa de champagne en "La Cueva" (colección privada de la bodega), enseñan el huerto... ¡Le tratarán a cuerpo de rey!

🏵 *El compromiso del Chef:* En Abadía Retuerta LeDomaine hay un legado que cuidar, por eso usamos energías limpias y gestionamos los residuos, tenemos un huerto orgánico, potenciamos la biodiversidad a través de la apicultura y, mediante la replantación de pinos, conservamos nuestro entorno.

🕸 ⅋ 🆊 🕮 🅿 Precio: €€€€

Carretera N 122 (Hotel Abadía Retuerta LeDomaine - km 332,5, Noreste 2 km) ✉ *47340 – ℰ 983 68 03 68 – www.abadia-retuerta.com – Cerrado lunes, almuerzo: martes-sábado, cena: domingo*

LA SAVINA – Baleares ➜ Ver Balears (Formentera)

SEGOVIA

Segovia – Mapa regional **8**–C3

CASA SILVANO-MARACAIBO

MODERNA • ACOGEDORA Se presenta con un amplio bar de tapas, una sala principal de línea actual y otra en el sótano que usan como privado. Su carta, de gusto actual, se ve enriquecida a lo largo del año con varias jornadas gastronómicas. ¡Ofrecen vinos propios!

🕸 🆊 ⇔ Precio: €€

Paseo de Ezequiel González 25 ✉ *40002 – ℰ 921 46 15 45 – www.restaurantemaracaibo.com – Cerrado lunes, cena: martes, miércoles y domingo*

JOSÉ MARÍA

TRADICIONAL • MARCO REGIONAL Sorprende por su amplitud, con bellos espacios castellanos y otros de línea más actual. El plato emblemático es el Cochinillo asado, de hecho... ¡tienen una granja para su cría!

🆊 ⇔ 🍖 Precio: €€

Cronista Lecea 11 ✉ *40001 – ℰ 921 46 11 11 – www.restaurantejosemaria.com*

JUAN BRAVO

ACTUAL • ACOGEDORA La "fonda ilustrada" del chef Rubén Arnanz apuesta por esa cocina actual, de sabores tradicionales, asociada a la nueva cocina castellana. ¡Platos pensados para compartir!

🆊 🍴 Precio: €

Plaza Mayor 9 ✉ *40001 – ℰ 921 15 16 07 – www.juan-bravo.com – Cerrado martes*

VILLENA

MODERNA • ELEGANTE Ocupa la antigua iglesia del Convento de las Oblatas y apuesta tanto por la coherencia como por el producto de proximidad, con elaboraciones actualizadas de gusto tradicional.

⅋ 🆊 🍴 ⇔ Precio: €€€

Plazuela de los Capuchinos 2 ✉ *40001 – ℰ 921 46 00 32 – www.restaurante-villena.com – Cerrado lunes, cena: martes, domingo*

SELVA – Baleares ➜ Ver Balears (Mallorca)

SETCASES

Girona – Mapa regional **9**–C1

CAN JEPET

CATALANA • RÚSTICA Restaurante de ambiente rústico emplazado en un pueblo pirenaico bastante pintoresco. Toma su nombre del apodo familiar y es un buen sitio para descubrir la cocina catalana de montaña, rica en carnes a la brasa, platos de caza, embutidos...

♿ 🏧 ⇔ 🅿 Precio: €

Molló 11 ✉ *17869 – ☎ 972 13 61 04 – www.canjepet.cat – Cerrado martes, cena: lunes, miércoles- y domingo*

SEVILLA

Sevilla
Mapa regional **1**–B2
Mapa de carreteras Michelin
n° 578-T11

Encantadores barrios con carácter gourmet

Recorrer el conjunto palatino del Real Alcázar y la impresionante Catedral; sentir la tradición taurina en el entorno de la Maestranza; acercarse hasta el Parque de María Luisa para contemplar la espectacular Plaza de España... ¡Pero qué maravillosa es esta ciudad! No es fácil describir en pocas líneas la esencia de Sevilla, una de las cunas del flamenco, pues su alma va unida al carácter afable de su gente, a su inconfundible luz y a la belleza de sus barrios, con recorridos inexcusables por Triana o Santa Cruz. Aquí la cultura de la tapa manda y algunas barras reflejan un auténtico espectáculo; no en vano, por cantidad y calidad, Sevilla se considera la "Capital Mundial de la Tapa". ¿Cuáles debe probar? Las Pavías de bacalao, las Papas "aliñás", los Huevos a la flamenca, las Espinacas con garbanzos, las Cabrillas con tomate, la Cola de Toro, el Menudo sevillano, la popular Pringá...

☼ ABANTAL

Chef: Julio Fernández

CREATIVA · MINIMALISTA ¿Las cocinas tienen alma? En este elegante restaurante, con cuyo nombre (del castellano antiguo) se recuerda la voz predecesora de la palabra "delantal", defienden a capa y espada que sí, pues estas están llevadas con pasión por personas que aportan su buen hacer, sus emociones y su personalidad.El chef al frente, Julio Fernández, pilota todo lo que aquí acontece con el claro objetivo de trasladar los tradicionales sabores andaluces a las vanguardias gastronómicas, respetando siempre la autenticidad de los productos locales y su estacionalidad. En su renovado comedor, que busca la imaginaria estética de un museo, le propondrán dos menús degustación de diferente extensión, ambos con opción de maridaje. ¿Quiere una experiencia más intensa? Pues... ¡reserve la "mesa del chef" en la cocina!

&. ⓀⒸ ✧ Precio: €€€€

Plano: D2-1 – *Alcalde José de la Bandera 7* ✉ *41003* – ☎ *954 54 00 00* – *abantalrestaurante.es* – *Cerrado miércoles, sábado, domingo*

☼ CAÑABOTA

PESCADOS Y MARISCOS · A LA MODA ¿Se puede alcanzar la excelencia desde una aparente sencillez? Pues... ¡claro que sí!Este céntrico local, junto a la capilla de San Andrés (también llamada la Hermandad de los Panaderos), presenta la estética de un gastrobar, con un mostrador tipo pescadería a la entrada y la cocina abierta para que el cliente vea, sobre todo si toma asiento en la barra, su minucioso trabajo con las brasas. Los pescados y mariscos del Atlántico andaluz cimentan el mágico eje de su oferta, llegando esta al comensal a través de una carta, donde conviven tradición y vanguardia, o de un menú degustación que suele dar cabida a los platos más elaborados. ¿Recomendaciones? Reserve con tiempo y déjese aconsejar sobre qué pedir, pues la carta cambia cada día en base a los mejores pescados y mariscos del mercado.

🅐🅒 🍴 Precio: €€€

Plano: C1-8 – *Orfila 3* ✉ *41003* – ✆ *954 87 02 98* – *www.canabota.es* – *Cerrado lunes, domingo*

AZ-ZAIT

ACTUAL • ACOGEDORA Debe su nombre a un vocablo árabe que significa "jugo de aceituna" (aceite) y demuestra una constante progresión, pues aquí aplican técnica y convicción en todas las elaboraciones. Presenta dos salas de inspiración clásica y un cuidadísimo servicio, con detalles como el carro de quesos o los aceites de producción propia. Encontrará una reducida carta de cocina tradicional e internacional, con toques actuales, así como tres sugerentes menús degustación que hacen referencia a sus fincas, todas repletas de olivos: Hacienda el Monje, El Lavadero y Cerro de los Olivos.

🅐🅒 Precio: €€

Plano: B1-2 – *Plaza de San Lorenzo 1* ✉ *41002* – ✆ *954 90 64 75* – *azzait.eatbu. com/?lang=es* – *Cerrado martes, cena: miércoles*

LALOLA DE JAVI ABASCAL

TRADICIONAL • SENCILLA Fácil de localizar en el casco antiguo de Sevilla, pues se halla dentro del hotel One Shot Palacio Conde de Torrejón (s. XVIII) pero disfruta de un acceso independiente por un lateral del edificio. El restaurante, que tiene la sala principal en un patio cubierto, esta llevado por un chef que apuesta por una cocina tradicional con toques actuales, interpretable a través de la carta y de un interesante menú degustación (este último solo lo sirven bajo reserva previa). ¡La mayoría de sus platos giran en torno al cerdo ibérico de la Sierra de Huelva, a unas buenas carnes de vacuno y a la caza!

🕭 🅐🅒 ⇔ Precio: €

Plano: C1-4 – *Conde de Torrejón 9* ✉ *41003* – ✆ *633 45 71 62* – *lalolasevilla.es* – *Cerrado lunes, domingo*

SOBRETABLAS

ACTUAL • SIMPÁTICA El interés culinario se incrementa con el hecho de que la pareja al frente, ella tras los fogones y él pendiente de la sala (también como sumiller), se conoció trabajando en una casa emblemática: El Celler de Can Roca. La chef Camila Ferraro plantea, desde la constancia y la humildad, una cocina actual de claras influencias tradicionales y regionales, con destellos de personalidad, opciones para compartir y la posibilidad de medias raciones. ¿Curiosidades? El bello local toma su nombre de una fase vinícola propia del Marco de Jerez (tras ella, deciden si el vino se destina a fino o a oloroso).

🕏 🕭 🅐🅒 ⇔ Precio: €€

Fuera de plano – *Colombia 7 (por Avenida de la Borbolla)* ✉ *41013* – ✆ *955 54 64 51* – *sobretablasrestaurante.com* – *Cerrado lunes, domingo*

BALBUENA Y HUERTAS 🅝

ACTUAL • BURGUESA ¿Un restaurante atractivo en pleno Triana? Este está instalado en un bello edificio de estética regionalista que, con su nombre, rinde un pequeño homenaje al arquitecto que lo diseñó. Su joven chef, natural de Sevilla, defiende tres menús degustación (puede sacar de ellos algunos platos sueltos, como en una carta) que actualizan el recetario regional (Ensalada de bogavante y encurtidos, Carabinero en tempura, Arroz meloso de langostinos y socarrat de camarones, Corte de la semana de cerdo ibérico...), exaltando siempre los productos andaluces de temporada.

🍷 🕭 🅐🅒 Precio: €€

Plano: A4-9 – *San Jacinto 89 (Hotel Cavalta)* ✉ *41010* – ✆ *955 44 20 81* – *balbuenayhuertas.com*

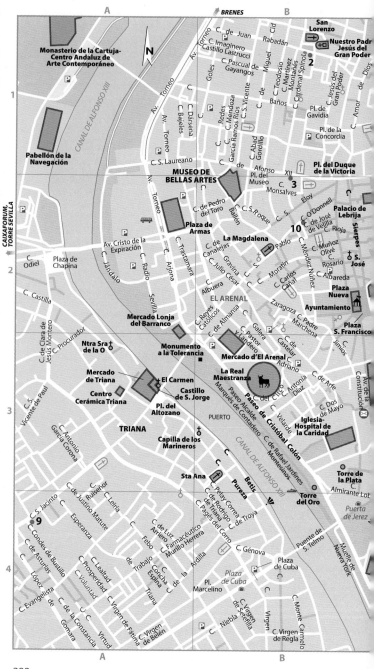

CAIXAFORUM,
TORRE SEVILLA

BRENES

Monasterio de la Cartuja-
Centro Andaluz de
Arte Contemporáneo

Pabellón de la
Navegación

San
Lorenzo

Nuestro Padre
Jesús del
Gran Poder 2

Pl. de
Gavidia

Pl. de la
Concordia

Pl. del Duque
de la Victoria

MUSEO DE
BELLAS ARTES

Pl. del
Museo

Monsalves 3

Palacio de
Lebrija

Plaza de
Armas

La Magdalena

10

S. José

Plaza
Nueva

Ayuntamiento

EL ARENAL

Plaza
S. Francisco

Plaza de
Chapina

Mercado Lonja
del Barranco

Ntra Sra
de la O

Monumento
a la Tolerancia

Mercado d'El Arenal

Mercado
de Triana

Centro
Cerámica Triana

El Carmen

La Real
Maestranza

Castillo
de S. Jorge

Pl. del
Altozano

PUERTO

TRIANA

Capilla de los
Marineros

Iglesia-
Hospital de
la Caridad

Torre de
la Plata

Sta Ana

Torre
del Oro

Puerta
de Jerez

9

Plaza
de Cuba

Pl.
Marcelino

Plaza
de Cuba

Puente de
S. Telmo

Muelle de
Nueva York

392

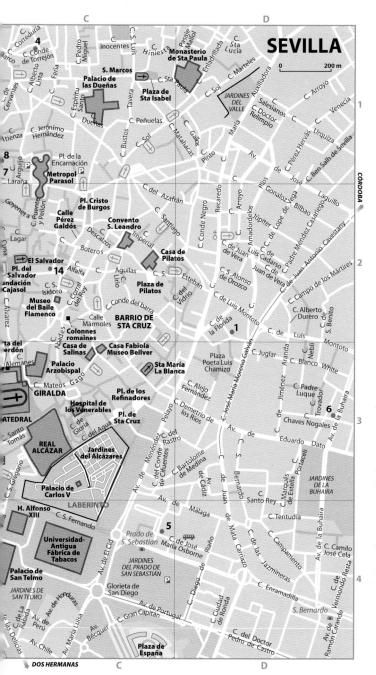

SEVILLA

0   200 m

4

C. Correduría

C. Conde
de Torrejón

C. Pedro
Miguel

Inocentes

C. S. Luis

Hiniesta

Pasaje
Mallol

Enladrillada

Sta
Lucía

C. Marteles

C. Arroyo

C. Alberto
Lista

C. de
Cervantes

Feria

Espíritu
Santo

S. Marcos

Palacio
de las Dueñas

C. Sta Paula

Monasterio
de Sta Paula

C. Sol

JARDINES
DEL
VALLE

Salesianos

C. Doctor
Relimpio

Auxiliadora

Venecia

C. de
Atienza

C. Jerónimo
Hernández

C. Espíritu
Santo

Tavera

Dueñas

Plaza de
Sta Isabel

C. Peñuelas

C. Galla

J. Pinto

C. Matahacas

María

Ríos

C. Pérez Hervás

C. Ben Salh de Sevilla

Urquiza

1

8
7

Arguijo

C. de
Laraña

Pl. de la
Encarnación

Metropol
Parasol

C. Bustos

C. Sol

C. del Azafrán

Recaredo

C. Conde Negro

Arroyo

C. de
José

Gonaloz Vega

Júpiter C. de Lope de

Bilbao

Laguillo

C. de
Goyeneta

C. Puente
y Pellón

Calle
Pérez
Galdós

Pl. Cristo
de Burgos

Descalzos

Imperial

C. Santiago

Amadordelos

Luis Cadarso

C. de
Juan
de Vera

C. de
Juan de Vera

C. de Juan Antonio Cavestany

C. Lagar

Cuna

El Salvador

Pl. del
Salvador

Fundación
Cajasol

14

Convento
S. Leandro

Boteros

Águilas

C. Lirio

Casa de
Pilatos

C. S.
Esteban

C. de
Alonso
de Orozco

C. Campo de los Mártires

C. Alberto
Durero

S. Benito

Montoto

C. Álvarez

C. S.
Isidoro

Alfalfa

C. del
Rey
Corral

Plaza de
Pilatos

C. del
Vidrio

C. de Luis Montoto

Museo
del Baile
Flamenco

Calle
Mármoles

Colonnes
romaines

C. Conde del barra

**BARRIO DE
STA CRUZ**

C. de
la Florida

1

C. de
Luis

Abades

Casa de
Salinas

Casa Fabiola
Museo Bellver

Sta María
La Blanca

Plaza
Poeta Luis
Chamizo

José María Moreno Galván

C. Juglar

Aranda

C. Blanco

Nebli

White

ta del
erdón

C. Alemanes

Palacio
Arzobispal

Gago

C. Mateos
Gago

GIRALDA

Pl. de los
Refinadores

C. Aleio
Fernández

C. de
Demetrio de
los Ríos

Jiménez

C. Padre
Luque

Trovador

Av. de la Buhaira

6

Hospital de
los Venerables

Pelayo

Pl. de
Sta Cruz

Chaves Nogales

ATEDRAL

C. de
Santo
Tomás

C. de
Gloria

C. del Agua

C. del
Rastro

Av.

C. Eduardo Dato

**REAL
ALCÁZAR**

Jardines
del Alcázares

C. de
Menéndez

C. del
Conde
de Cifuentes

C. Bartolomé
de Medina

C. de
Cádiz

C. de Juan
de

Bernardo

C. Marqués
de Estella

C. Pontaceli

JARDINES
DE LA
BUHAIRA

C. S. Gregorio

Palacio de
Carlos V

LABERINTO

Av. de

Av. de
Málaga

C. Santo Rey

C. Tentudia

H. Alfonso
XIII

C. S. Fernando

Prado de
S. Sebastián

5

C. de José
María Osborne

Riaño

C. de Mata Carriazo

C. de las Jazmineras

Av. de la Buhaira

C. Camilo
José Cela

Universidad-
Antigua
Fábrica de
Tabacos

JARDINES
DEL PRADO DE
SAN SEBASTIÁN

Av. de El Cid

C. Enramadilla

C. de
Vermondo Resta

Palacio de
San Telmo

JARDINES DE
SAN TELMO

Av. de Honduras

Glorieta de
San Diego

C. Diego de Riaño

C. Ciudad
de Ronda

S. Bernardo

Av. de Ramón Carande

de La
Rábida

Av. de
Perú

C. Gran Capitán

Av. de Portugal

C. del Doctor
Pedro de Castro

las Delicias

Av.
María Luisa

Av. Chile

C. Bécquer

**Plaza de
España**

DOS HERMANAS

C

D

CORDOBA

2

3

4

393

LA BARRA DE CAÑABOTA

TRADICIONAL • BAR DE TAPAS Curioso bar de tapas que replica la filosofía de la casa madre (Cañabota), muy centrada en pescados y mariscos. Aquí las elaboraciones son algo más sencillas, pero la base sigue siendo la misma. ¡Producto, producto y... más producto!

&. 📶 🛋 Precio: €€

Plano: C1-7 – Orfila 5 ✉ 41003 – ☏ 954 91 34 32 – canabota.es/en – Cerrado lunes, domingo

BASQUE SEVILLA

MODERNA • MARCO CONTEMPORÁNEO Conozca la cocina vasca contemporánea del laureado chef Eneko Atxa, que ha desplegado en Sevilla toda su coherencia y creatividad. ¡El producto utilizado es realmente sublime!

&. 📶 🛋 Precio: €€

Plano: B2-10 – Plaza de la Magdalena 1 ✉ 41001 – ☏ 955 12 10 33 – www.enekoatxaseville.com/es – Cerrado lunes, martes, cena: domingo

EL DISPARATE

ACTUAL • SENCILLA Un gastrobar muy curioso, sin barra pero con preciosas mesas y una buena terraza. Encontrará tanto cocina andaluza como de fusión. ¡También ofrecen unas cuidadas habitaciones!

&. 📶 🛋 Precio: €

Fuera de plano – Alameda de Hércules 11 (por Teodosio) ✉ 41002 – ☏ 680 12 74 13 – www.somoseldisparate.com

IKI

JAPONESA • MARCO CONTEMPORÁNEO Sashimis, tatakis, gyozas, uromakis... Este pequeño restaurante japonés, a pocos metros del Estadio Ramón Sánchez-Pizjuán, cada vez tiene más adeptos entre los sevillanos. En su coqueta sala, con detalles de diseño y una buena barra desde la que se puede ver a los chefs trabajando en directo (es maravilloso contemplar cómo ejecutan los cortes y preparan la tempura), podrá degustar una cocina nipona de gusto tradicional.

📶 Precio: €€€

Fuera de plano – Luis de Morales 2 (por Luis Montoto) ✉ 41018 – ☏ 954 44 74 95 – Cerrado domingo

ISPAL

MODERNA • DE DISEÑO Una apuesta firme por exaltar el ADN gastronómico sevillano, con sus productores y sus materias primas. Cocina moderna de base tradicional y selecta bodega de vinos andaluces.

🏵 &. 📶 ⇦ Precio: €€€

Plano: C4-5 – Plaza de San Sebastián 1 ✉ 41004 – ☏ 954 23 20 24 – www.restauranteispal.com – Cerrado lunes, martes

IVANTXU ESPACIO BISTRONÓMICO

ACTUAL • AMBIENTE CLÁSICO Local de grandes cristaleras, a pocos metros de la ribera del río, donde se aboga sin tapujos por el producto. Aquí la cocina vasca toma el protagonismo, en base a carnes seleccionadas de toda España, mariscos gallegos y pescados de la lonja de Conil.

📶 🛋 Precio: €€

Fuera de plano – Virgen de la Victoria 5 ✉ 41011 – ☏ 955 54 48 82 – www.ivantxu.es – Cerrado lunes, martes, cena: domingo

MANZIL

MODERNA • MARCO CONTEMPORÁNEO Este céntrico local, con los fogones a la vista del cliente, llama la atención por su decoración, con grandes figuras de animales y vegetales pintadas en las paredes. La propuesta, que se inicia con unos primeros aperitivos en la barra de la cocina antes de continuar en la mesa, refleja la personalidad y la pasión por la gastronomía andaluza del chef, que tras pasar por varios restaurantes de prestigio llegó a representar a España en el prestigioso Bocuse d´Or. La propuesta se centra en dos completos menús de pequeños bocados: Morada y Manzil. ¡Buenas texturas y maridajes acertados!

♿ 🚒 🛄 Precio: €€€

Plano: B2-3 – *Alfonso XII 13* – ✉ *41001* – ☎ *854 74 59 06* – *www.restaurantemanzil.com* – *Cerrado lunes, domingo*

TRADEVO CENTRO

ANDALUZA • SIMPÁTICA Este moderno y concurrido local, ubicado en una de las muchas placitas del centro histórico, se presenta con un sugerente expositor de género fresco que, en su mayor parte, venden al peso (varios tipos de pescados, huevas de merluza, gambas, calamar...). Cocina de base tradicional, con toques actuales, y buenas sugerencias del día.

♿ 🚒 🍽 Precio: €€

Plano: C2-14 – *Cuesta del Rosario 15* – ✉ *41004* – ☎ *854 80 74 24* – *www.tradevo.es* – *Cerrado lunes, cena: martes, domingo*

TRIBECA

TRADICIONAL • MARCO CONTEMPORÁNEO Debe su nombre a un famoso barrio de Nueva York y hoy, tras 20 años de servicios, podemos considerarlo un clásico sevillano. El chef-propietario, muy pendiente de que el cliente salga satisfecho, trabaja sobre todo con pescados del día (muchos los venden al corte y la mayoría proceden del Golfo de Cádiz). ¿La propuesta? Un menú degustación y una carta tradicional, con guiños actuales, en la que encontrará platos como las Almejas a la manzanilla, el Tartar de carabineros, la Tortilla de bogavante y panceta ibérica...

♿ 🚒 🍽 🛄 Precio: €€€€

Plano: D3-6 – *Chaves Nogales 3* – ✉ *41018* – ☎ *954 42 60 00* – *www.restaurantetribeca.com* – *Cerrado domingo, cena: lunes*

SIGÜENZA

Guadalajara – Mapa regional **7**–C1

★ EL DONCEL

Chef: Enrique Pérez

MODERNA • ACOGEDORA Esta es una localidad de marcada impronta medieval, por eso aún llama más la atención un restaurante como este, que apuesta por los contrastes para ofrecer gastronomía moderna en un espacio de renovada rusticidad; no en vano... ¡estamos en una casona del s. XVIII donde también puede alojarse!Los hermanos Pérez, con Enrique al frente de los fogones y Eduardo en labores de maître-sumiller, son herederos de una larga tradición hostelera, por eso cuando tomaron las riendas del negocio familiar lo hicieron con pasión y honestidad. ¿Su propuesta? Ofertan dos menús, uno a la carta y otro gastronómico, que aportan un enfoque culinario más vanguardista a los sabores de su tierra, siempre con respeto a los productos de temporada y sin cerrar los ojos ante las influencias externas; a su vez, aplican alguna que otra técnica innovadora, como las pulsaciones eléctricas. ¡La vajilla, diseñada por ellos mismos, la realiza un artesano local!

♿ 🚒 🛄 Precio: €€€

Paseo de la Alameda 3 – ✉ *19250* – ☎ *949 39 00 01* – *eldoncel.com* – *Cerrado lunes, cena: domingo*

★ EL MOLINO DE ALCUNEZA

Chef: Samuel Moreno

MODERNA • RÚSTICA Se halla en un encantador hotel, a unos 6 km de la villa medieval de Sigüenza, donde han recuperado un molino harinero que data del s. XV.Aquí, rodeado de piedra, madera y detalles de buen gusto, está donde los hermanos Moreno (Samuel y Blanca), plantean una cocina moderna, de base tradicional, centrada en sacar a la luz los maravillosos productos de temporada de la serranía de Sigüenza, dando protagonismo a las setas, a la caza y a las verduras u hortalizas de su propia huerta. En sus bellas instalaciones, complementadas ahora con una

terraza techada y acristalada, podrá degustar unos interesantes menús degustación (Molienda, Clásicos y Esencia). ¿Curiosidades? Su oferta de panes artesanos,
elaborados con harinas ecológicas de espelta y de otros cereales, es una de las
mejores de España.

🌿 *El compromiso del Chef:* Nos consideramos #GuardianesDelTerritorio, por
eso tenemos nuestro propio huerto ecológico, plantamos y reforestamos para
compensar la huella de carbono, estamos comprometidos con el consumo local y
desarrollamos acciones de comunicación con nuestros proveedores.

🍽️🅰️🅿️ Precio: €€€

*Carretera GU 128 (Hotel El Molino de Alcuneza - km 0,5, Alcuneza, Noreste 6
km) ✉ 19250 – ☏ 949 39 15 01 – www.molinodealcuneza.com – Cerrado lunes-
miércoles, almuerzo: jueves, cena: domingo*

SES ILLETES – Baleares → Ver Balears (Mallorca)

SITGES
Barcelona – Mapa regional **10**–C2

LA COCINA SITGES ⓝ

ACTUAL • BISTRÓ En este pequeño local, ubicado en una céntrica calle peatonal
sobre la que también montan una terraza, encontrará una carta de gusto actual
donde se apuesta por el sabor y la incorporación de matices, algunos de fusión,
que aporten personalidad. Hay platos que no debe perderse, como el Huevo 63º
o el Ojo de bife Aberdeen Angus, carne uruguaya en honor a la nacionalidad de
los chefs-propietarios.

♿🅰️🍸 Precio: €€

*Sant Bonaventura 19 ✉ 08810 – ☏ 938 53 13 17 – www.lacocinasitges.com –
Cerrado lunes-miércoles, almuerzo: jueves, cena: domingo*

MARICEL

TRADICIONAL • AMBIENTE CLÁSICO Atesora un carácter familiar, disfruta de
una encantadora terraza y se encuentra... ¡en el corazón de Sitges! Su carta combina los platos tradicionales con otros más actuales.

🅰️🍸 Precio: €€€

*Passeig de la Ribera 6 ✉ 08870 – ☏ 938 94 20 54 – maricel.es – Cerrado
martes*

SOBARZO
Cantabria – Mapa regional **6**–B1

LA YERBITA ⓝ

TRADICIONAL • SENCILLA Espacio con encanto, próximo al Parque de la
Naturaleza de Cabárceno, donde se interpreta la simplicidad como un auténtico
don, por eso defienden una cocina tradicional sencilla pero muy mimada en su
ejecución. Platos copiosos, casi todos con la opción de medias raciones.

♿🅰️🍸 Precio: €€

*El Dueso 3 ✉ 39627 – ☏ 942 56 36 00 – www.layerbita.es – Cerrado miércoles,
cena: lunes, martes, jueves- y domingo*

SOLIVELLA
Tarragona – Mapa regional **9**–B2

CAL TRAVÉ

CATALANA • FAMILIAR Casa llevada en familia que cautiva por su decoración
(relojes de pared, instrumentos musicales...). Cocina catalana de base tradicional,
con buenos guisos y platos a la brasa.

  🖘 AC P Precio: €€

Carretera d'Andorra 56 – ✉ 43412 – 𝒞 977 89 21 65 – sanstrave.com/en – Cerrado miércoles, cena: lunes, martes, jueves y domingo

SÓLLER - Baleares ➔ Ver Balears (Mallorca)

SORIA
Soria – Mapa regional **8**–D2

🏵 BALUARTE
Chef: Óscar Javier García

MODERNA · **DE DISEÑO** Sorprende tanto por su ubicación en un céntrico edificio blasonado como por la monumentalidad del acceso, algo que suele romper los esquemas mentales del comensal al entrar y toparse con un comedor de diseño.El chef Óscar García, autodidacta y vinculado desde su niñez a los extensos pinares de las Tierras Altas sorianas, demuestra talento, pasión y un compromiso total con los sabores de la gastronomía tradicional castellana, revisada con acierto y bien actualizada técnicamente. Sus menús permiten apreciar la magia de los productos autóctonos de temporada, siempre con gran protagonismo para las setas (nansarones, negrillas, boletus...) y las trufas negras; por otra parte, por si no le apetece un menú, también permiten extraer platos sueltos de los mismos como si se tratara de una carta.

AC Precio: €€€

Caballeros 14 ✉ 42002 – 𝒞 975 21 36 58 – www.baluarte.info – Cerrado martes, cena: lunes, miércoles y domingo

MENA

TRADICIONAL · **SENCILLA** Este desenfadado gastrobar, en la planta baja del hotel Ábaster, ofrece unos platitos de mercado idóneos para compartir, siempre con toques actuales ¡Agradable patio interior!

AC 🍴 Precio: €

Plaza de Bernardo Robles 5 ✉ 42002 – 𝒞 975 24 90 54 – www.menarestaurante.es – Cerrado lunes, cena: domingo

SORT
Lleida – Mapa regional **9**–B1

🏵 FOGONY
Cheffe: Zaraida Cotonat

MODERNA · **ACOGEDORA** En una localidad como Sort, famosa por tener la administración de lotería con mayor venta online de España (La Bruixa d'Or), muchos pensarán que la existencia de una Estrella MICHELIN es una cuestión de suerte, pero... ¡de eso nada!En esta casa familiar, cuyo nombre recuerda al efecto del viento que entra frío y húmedo por los Pirineos Catalanes para volverse cálido y seco cuando llega a la comarca del Pallars Sobirà, defienden los valores del "Km 0". La chef Zaraida Cotonat, que hoy cocina mano a mano con su hijo, propone a través de sus menús una cocina creativa que combina tradición, modernidad y sostenibilidad, pues siempre exalta el uso de productos de proximidad (pollos de la Torre d'Erbull, truchas de Tavascán, ternera "Bruneta" de los Pirineos, cordero de raza "Xisqueta"...).

AC Precio: €€€

Avenida Generalitat 45 ✉ 25560 – 𝒞 973 62 12 25 – www.fogony.com – Cerrado lunes, martes, cena: miércoles, jueves y domingo

SOS DEL REY CATÓLICO

Zaragoza – Mapa regional **2**–A1

LA COCINA DEL PRINCIPAL

TRADICIONAL • RÚSTICA Se halla en pleno casco viejo, en un recio edificio no exento de encanto, y ofrece una carta de tinte tradicional con numerosos platos a la brasa. ¡Terraza con buenas vistas!

🅰🅒 🍴 ⇔ Precio: €€

Fernando El Católico 13 ✉ *50680 –* ☏ *948 88 83 48 –*
www.lacocinadelprincipal.com

SOTO DE LUIÑA

Asturias – Mapa regional **3**–B1

CABO VIDIO

TRADICIONAL • SIMPÁTICA En esta coqueta casa familiar encontrará un comedor rústico-actual asomado a una terraza ajardinada. Su cocina tradicional siempre ensalza las materias primas de la zona.

🅰🅒 🍴 🅿 Precio: €€

Oviñana (Noroeste 1,5 km) ✉ *33156 –* ☏ *628 84 23 15 – cabovidio.com –*
Cerrado martes, domingo, cena: lunes

SOUTOMAIOR

Pontevedra – Mapa regional **13**–A2

VEIRAMAR ARCADE

PESCADOS Y MARISCOS • MARCO CONTEMPORÁNEO Tiene el salón totalmente acristalado, por lo que disfruta de unas preciosas vistas sobre la desembocadura del río Verdugo. Cocina de sencillas elaboraciones y excelentes materias primas, muy centrada en el mar pero también con buenas carnes y algunos arroces.

🅰🅒 🍴 ⇔ Precio: €€

Avenida Castelao 2 ✉ *36690 –* ☏ *986 70 09 16 – www.veiramar.es – Cerrado*
miércoles

SUESA

Cantabria – Mapa regional **6**–B1

😋 **PAN DE CUCO**

COCINA DE MERCADO • MARCO CONTEMPORÁNEO Este atractivo caserón, al pie de la carretera, sorprende tanto por la oferta culinaria como por su nombre, pues hace referencia a una hierba que crece entre el maíz. Presenta una agradable terraza, un gastrobar con mesas altas donde se pueden tomar raciones y un comedor actual no exento de detalles rústicos. Cocina de mercado y base regional, con buenos pescados de la zona, sabrosos Steak tartare y unos deliciosos guisos de pollo de raza Pedresa, más conocidos en Cantabria como "Picasuelos". No se pierda su Ensaladilla rusa, un homenaje a la que elaboran en la Bodega del Riojano de Santander.

🅰🅒 🍴 🅿 Precio: €€

Barrio Calabazas 17 ✉ *39150 –* ☏ *942 50 40 28 – pandecuco.com – Cerrado*
lunes, martes, cena: miércoles, domingo

TAFALLA

Navarra – Mapa regional **17**–A2

TÚBAL

REGIONAL · AMBIENTE CLÁSICO ¡Un clásico de larga trayectoria familiar! Ofrece una carta de cocina tradicional navarra especializada en verduras, platos autóctonos como el Patorrillo y la opción de menús.

ＡＣ ⇄ Precio: €€

Plaza de Francisco de Navarra 4 ⊠ 31300 – ☏ 948 70 08 52 – www.restaurantetubal.com/es/inicio – Cerrado, almuerzo: lunes-viernes cena: domingo

TALAVERA DE LA REINA

Toledo – Mapa regional **7**–A2

✿ RAÍCES-CARLOS MALDONADO

Chef: Carlos Maldonado

CREATIVA · DE DISEÑO El chef Carlos Maldonado no entiende de límites y eso caracteriza su cocina, vinculada a los sabores y productos manchegos pero también abierta al mundo; no en vano, su propuesta exalta el hermanamiento entre su querida Talavera de la Reina y Puebla (México).El restaurante, que puede pasar algo desapercibido por su discreta fachada, presenta una estética clásica-actual en tonos blancos y una sala anexa que destaca por los visillos que caen desde el techo, dando mayor intimidad entre las mesas. Sus menús degustación (Raíces y Hechos de Barro), siempre con elaboraciones arriesgadas y muy técnicas, cautivan a partes iguales por su frescura y su atrevimiento. ¿Curiosidades? La vajilla, diseñada por ellos mismos, tiene las huellas de su hijo (Carlitos) impresas en uno de los platos del postre.

♿ ＡＣ Precio: €€€

Ronda de Canillo 3 ⊠ 45600 – ☏ 671 42 21 15 – raicescarlosmaldonado.es – Cerrado lunes, cena: martes-domingo

TARANCÓN

Cuenca – Mapa regional **7**–C2

⊛ LA MARTINA

TRADICIONAL · ACOGEDORA Los propietarios hablan de este restaurante como "una pequeña joya" y no es para menos, pues... ¡está integrado en su propia vivienda! El coqueto y luminoso local, ubicado en una zona residencial de chalés a las afueras de Tarancón, sorprende por su estética clásica-actual en tonos blancos, con un coqueto comedor presidido por una chimenea y lo que llaman el Salón de Cristal, ubicado en un agradable porche acristalado. Cuidan mucho todos los detalles y defienden una cocina de gusto regional, trasladando el recetario manchego a la actualidad tanto en técnicas como en presentaciones.

ＡＣ 🏠 ⇄ Precio: €€

La Noria 8 ⊠ 16400 – ☏ 657 09 76 06 – lamartinatarancon.com – Cerrado martes, miércoles, cena: lunes, jueves y domingo

TARIEGO DE CERRATO

Palencia – Mapa regional **8**–B2

⊛ CASA CHESMY

TRADICIONAL · RÚSTICA ¿Quiere comer bien y a buen precio? Acérquese hasta Casa Chesmy, un negocio con unos 20 años de historia que se está forjando un nombre en el Cerrato palentino. Se accede por un bello jardín arbolado, donde montan la terraza, y atesora tres cuidados comedores de ambiente rústico, uno de ellos con una antigua cocina integrada en la decoración. Propuesta tradicional, de corte casero, especializada en pichones y pollos de corral; no en vano, el propietario posee varios palomares, su propio gallinero, un huerto donde cultivan las hortalizas con las que trabajan... ¡Muy agradable y tranquilo!

AC 🛋 🅿 Precio: €€

Camino Hondo ⊠ *34209 – 𝒞 627 52 05 80 – www.casachesmy.com – Cerrado lunes, cena: martes-domingo*

MESÓN DEL CERRATO

REGIONAL • RÚSTICA Instalado en una antigua bodega subterránea y llevado en familia. Ofrece una completa carta de corte regional que destaca, especialmente, por su exquisito apartado de postres.

AC ➬ 🅿 Precio: €€

Avenida del Puente 10 ⊠ *34209 – 𝒞 979 77 18 53 – mesonesdelcerrato.es – Cerrado martes, cena: lunes, miércoles y jueves*

TARIFA

Cádiz – Mapa regional **1**–B3

😋 **ATXA** Ⓝ

ACTUAL • MARCO CONTEMPORÁNEO En Tarifa, la ciudad más meridional de la península, esta es una gran opción para comer. El restaurante, con cuyo nombre hacen un guiño al País Vasco, se halla en una calle peatonal del casco viejo, en una casa rehabilitada que data de 1868. La pareja de chefs al frente trabajó varios años para Martín Berasategui, lo que les dio el bagaje para lanzarse en solitario. ¿Su propuesta? Una cocina actual que toma como base al producto de la zona, con matices de brasa y toques creativos que nos transportan al norte con el paladar. ¡Pruebe el Tranvía tarifeño, su homenaje a un pastel típico local!

& AC Precio: €€

Pedro Cortes 6 ⊠ *11380 – 𝒞 622 94 57 92 – www.atxarestaurante.com – Cerrado lunes, martes, almuerzo: miércoles-viernes, cena: domingo*

TARRAGONA

Tarragona – Mapa regional **9**–B3

😋 **LA XARXA**

MODERNA • FAMILIAR Un negocio que ha pasado de padres a hijos y hoy, por suerte, vive un impulso renovador, lo que no quita para que en él perviva la esencia de sus orígenes, pues empezó siendo un sencillo bar de pescadores. El local, bien actualizado, a pocos metros del puerto y con unas enormes ventanas redondas que simulan ojos de buey, presenta una carta de gusto actual con guiños asiáticos (dumplings, salsas thai...) y una excelente selección de arroces. ¿Curiosidades? El padre del chef es pescador, tiene su propia barca y sale a faenar a diario, por lo que la calidad y frescura del género está garantizada.

AC 🛋 Precio: €€

de Sant Pere 38 ⊠ *43004 – 𝒞 977 21 45 31 – www.laxarxarestaurant.com – Cerrado lunes, cena: martes, miércoles y domingo*

BARQUET TARRAGONA

REGIONAL • SIMPÁTICA Atesora una dilatada trayectoria y ha evolucionado de carbonería a envasadora de sifones, para luego convertirse en bar y por fin en restaurante, hoy de estética moderna. Cocina de mercado basada en sabrosos arroces y platos regionales.

AC ➬ Precio: €€

Gasòmetre 16 ⊠ *43001 – 𝒞 977 24 00 23 – www.restaurantbarquet.com – Cerrado domingo, cena: lunes-sábado*

La lubina
DE LOS CHEFS

aquanaria.com

AQUANARIA
Gran Lubina Atlántica

TheFork

Tu partner real de negocio

- Un equipo de asesores expertos disponibles 24/7.

- Un canal de acceso a nuevos comensales que combina con tus vías de reserva y te trae reservas desde la web y app de MICHELIN.

- Múltiples funcionalidades sin coste para tu política de cancelación.

Únete a la app líder en Europa con más de 20 millones de visitas al mes, el único partner de reservas oficial de la Guía MICHELIN

EL TERRAT

CREATIVA • TENDENCIA Un restaurante de estética actual que, poco a poco, ha ido mejorando sus instalaciones y ha creado el ambiente perfecto para degustar la propuesta del chef Moha Quach, que en sus platos deja destellos tanto de sus orígenes marroquíes como de su amada Tarragona y, por supuesto, de la multicultural esencia mediterránea. La carta se complementa con dos interesantes menús: Olivus y Mare Nostrum.

& AK Precio: €€

Pons d'Icart 19 ⊠ 43004 – ℰ 977 24 84 85 – elterratrestaurant.com/ca – Cerrado miércoles, cena: lunes, martes, jueves y domingo

TEGUESTE – Tenerife → Ver Canarias (Santa Cruz de Tenerife)

TEGUISE – Las Palmas → Ver Canarias (Lanzarote)

TELLA
Huesca – Mapa regional **2**–B1

CASA RUBÉN

ACTUAL • RÚSTICA Sorprende, pues se ubica bajo una gran bóveda de piedra. Trato muy personalizado y cocina tradicional actualizada en base a un único menú degustación. ¡Es necesario reservar!

P Precio: €€

Carretera de Bielsa km 63 (Hospital de Tella) ⊠ 22364 – ℰ 660 15 47 00 – www.restauranteordesa.es – Cerrado lunes-miércoles, cena: jueves-domingo

TERRASSA
Barcelona – Mapa regional **10**–C1

☺ EL CEL DE LES OQUES

MODERNA • MARCO CONTEMPORÁNEO Bien ubicado en el centro de Terrassa, en una callecita peatonal del casco histórico. La pareja propietaria, con Imma en la sala y Sergio tras los fogones, apuesta por una cocina tradicional actualizada que, en lo posible, trabaja con productos ecológicos y de proximidad, procurando además rescatar las recetas olvidadas en las masías cercanas para ponerlas al día. La carta, variada y extensa, se ve bien apoyada por dos menús degustación: el que llaman Especial Vallès (una visión amplia de la temporada en el Vallès Occidental) y el denominado Festival, con un carácter mucho más gastronómico.

AK 🍴 Precio: €€

De la Palla 15 ⊠ 08221 – ℰ 937 33 82 07 – www.elceldelesoques.com – Cerrado lunes, domingo, cena: martes

☺ VAPOR GASTRONÒMIC

REGIONAL • BRASSERIE Aunque automáticamente relacionamos la palabra "Vapor" con el mundo de la gastronomía lo cierto es que aquí, a través del nombre del restaurante, buscan rendir un pequeño homenaje a la singular revolución industrial de Terrassa durante el s. XIX, volcada con el mundo textil y que la hizo ser conocida como "la ciudad de las máquinas de vapor". ¿Qué encontrará? Un comedor de sencillo montaje, con la cocina a la vista, y una carta tradicional actualizada en la que los platos a la brasa son los auténticos protagonistas, siempre procurando potenciar los productos "Km. 0" o de proximidad.

AK 🍴 Precio: €

De la Palla 15 ⊠ 08221 – ℰ 659 56 61 36 – vaporgastronomic.com – Cerrado lunes, domingo, cena: martes

LA BODEGUILLA

TRADICIONAL • ACOGEDORA Sorprende por sus cuidadas instalaciones, con un claro protagonismo de la madera. Cocina de mercado de corte tradicional, rica en texturas y de sabores bastante marcados.

&. 🅰🅒 ⇔ Precio: €€

Provenza 4 ✉ 08226 – ☎ 937 84 14 62 – www.restaurantlabodeguilla.com – Cerrado lunes, cena: martes, miércoles, sábado y domingo

COLMADO 1917

COCINA DE MERCADO • VINTAGE Minúsculo y sencillo local que emana la esencia de los colmados decimonónicos. Defienden la integridad del producto, por eso practican una cocina de "mínima intervención". Parte de sus recetas se basan en el "Libre de Sent Soví", un manuscrito culinario anónimo escrito en catalán y datado en 1324.

🅰🅒 Precio: €€

Gránius, 4 ✉ 08224 – ☎ 669 61 57 94 – www.colmado1917.com – Cerrado lunes, domingo

TERUEL

Teruel – Mapa regional **2**–A3

LA BARRICA

MODERNA • BAR DE TAPAS Céntrico local que sorprende al servir las tapas al estilo vasco, sobre una rebanada de pan, cambiándolas a diario en función del mercado. No se pierda sus… ¡pinchos dulces!

🅰🅒 Precio: €

Abadía 5 ✉ 44001 – ☎ – Cerrado lunes, domingo

MÉTODO

ACTUAL • MARCO CONTEMPORÁNEO En este moderno local, ubicado en una céntrica calle peatonal del casco antiguo, encontrará una carta que, a través de sus completos menús, apuesta sin complejos por dos productos estrella (ambos de proveedores escogidos): la carne de vacuno mayor y el atún. ¡Cuidada puesta en escena!

🅰🅒 Precio: €€€

Francisco Piquer 6 ✉ 44001 – ☎ 978 22 77 73 – www.restaurantemetodo.es – Cerrado lunes, domingo

YAIN

TRADICIONAL • MARCO CONTEMPORÁNEO Ofrece una carta clásica-actual especializada en bacalaos y sugerentes menús. El propietario es un reconocido sumiller, así que… ¡déjese aconsejar en lo referente a los vinos!

🕸 &. 🅰🅒 ⇔ Precio: €€

Plaza de la Judería 9 ✉ 44001 – ☎ 978 62 40 76 – www.yain.es – Cerrado lunes, domingo, cena: martes

TOLEDO

Toledo – Mapa regional **7**–B2

❀❀ IVÁN CERDEÑO

MODERNA • CASA DE CAMPO En el histórico Cigarral del Ángel, al borde del Tajo y rodeado de exuberantes jardines, podrás degustar la insólita propuesta del chef Iván Cerdeño, que construye sus platos desde la memoria y la temporalidad, exaltando los mejores productos manchegos, los característicos sabores cinegéticos de los montes toledanos, el cromatismo propio de trabajar con las prolíferas huertas del entorno… pero también mirando a las distintas culturas que aquí han dejado su legado y, desde la distancia, al mar.Encurtidos, adobos, escabeches, marinados…

su propuesta de raíces manchegas y tintes contemporáneos se concreta en cuatro menús degustación (Temporada, Monte y ribera, Toledo olvidado y Memorias de un cigarral) que suelen iniciarse con lo que aquí llaman "atisbos", pequeños bocados tradicionales reinterpretados con técnicas actuales. No dejes de probar la Leche asada al palodú y pólvora de duque, pues es la revisión de un postre que ya apareció, en el s. XVI, en el libro de Ruperto de Nola.

&& 🍴 ⚄ Ⓜ ⇦ 🅿 Precio: €€€€

Cigarral del Ángel (por la carretera de la Puebla de Montalbán, Oeste 3 km)
✉ 45004 – ✆ 925 22 36 74 – ivancerdeno.com – Cerrado lunes, martes, cena:
miércoles, jueves y domingo

LA CÁBALA ⓝ

ACTUAL • MARCO REGIONAL Restaurante de línea rústica-actual escondido, en una callejuela no exenta de carácter, a pocos metros de la Catedral. Presenta un bar a la entrada y, subiendo unas escaleras, tanto la zona informal de tapeo como el comedor, estando todo dominado por los tonos blancos y el ladrillo visto. La carta, de gusto regional pero bien actualizada, se complementa con un apartado de sugerentes tapas. ¡No deje de probar las croquetas del día!

Ⓜ Precio: €€

Sinagoga 6 ✉ 45001 – ✆ 925 25 86 61 – www.restaurantelacabala.com –
Cerrado domingo, cena: lunes-miércoles

LA ORZA

REGIONAL • RÚSTICA ¡En el corazón de la judería toledana! Este coqueto restaurante, dotado con una idílica terraza, ofrece una cocina regional y tradicional que cuida mucho sus presentaciones.

Ⓜ 🏠 Precio: €€

Descalzos 5 ✉ 45002 – ✆ 925 22 30 11 – www.restaurantelaorza.com – Cerrado
cena: domingo

TOBIKO

CREATIVA • SENCILLA ¡Un restaurante de cocina creativa que emana ganas e ilusión! Encontrará tres menús degustación de elevado nivel técnico, con delicadas texturas y algún que otro trampantojo.

Ⓜ Precio: €€€

Ronda de Buenavista 27 ✉ 45005 – ✆ 925 21 05 89 –
www.tobikorestaurante.com – Cerrado lunes, cena: martes, miércoles y domingo

TOLOSA

Guipúzcoa – Mapa regional **18**–B2

AMA ⓝ

ACTUAL • RÚSTICA Bajo el lema "Lo local nos protege" este restaurante, amplio, confortable y con la cocina acristalada, apuesta por una cocina actual muy pensada para compartir, con opción de carta (adaptan las cantidades al número de platos solicitado) y un completo menú degustación. Aquí ven la gastronomía como una oportunidad para traer los platos de los caseríos a nuestros días, siempre en base a las materias primas de temporada de proveedores cercanos. ¡Usan pocos productos para ensalzar la nitidez de cada sabor!

Ⓜ 🏠 Precio: €€€

Martín José Iraola 4 ✉ 20400 – ✆ 943 38 20 59 – www.amataberna.net –
Cerrado cena: lunes-jueves y domingo

TOMELLOSO

Ciudad Real – Mapa regional **7**–C2

EPÍLOGO

MODERNA • **MARCO CONTEMPORÁNEO** Sorprende tanto por la ubicación, sobre un complejo de salones, como por su propuesta, ya que busca ser creativa y conquistarnos con pequeños bocados. Cocina moderna, de base manchega, que llega al comensal exclusivamente a través de dos completos menús: El Inicio y Nuestro Gastronómico (este último precisa reserva previa). ¿Curiosidades? El chef suele servir personalmente algún plato para conversar con los clientes y el sommelier tiene una manzanilla, pasada en bota, que venencia ante nuestros ojos.

🅰🅲 Precio: €€

Paseo Ramón Ugena 15 ✉ *13700 –* ☎ *926 16 12 22 –*
www.restauranteepilogo.com – Cerrado lunes, cena: martes-domingo

TONA

Barcelona – Mapa regional **9**–C2

TORRE SIMÓN

TRADICIONAL • **ACOGEDORA** Restaurante de ambiente histórico ubicado en una preciosa villa de inspiración colonial. Carta tradicional actualizada y buen menú gastronómico, con sugerentes trampantojos.

🏡 ♻ 🅿 Precio: €€

Doctor Bayés 75 ✉ *08551 –* ☎ *938 87 00 92 – www.torresimon.com – Cerrado lunes, cena: martes-domingo*

TORÀ

Lleida – Mapa regional **9**–B2

☺ ### HOSTAL JAUMET

REGIONAL • **FAMILIAR** Negocio familiar de 5ª generación fundado en 1890 y ubicado junto a la carretera. Aunque se presenta bajo el nombre de "hostal" la mayor parte del trabajo recae sobre el restaurante, clásico-tradicional y de correcto montaje. Su carta de cocina catalana se completa con guisos tradicionales, cocina casera y los populares "Platos de la abuela Ramona": Ofegat de la Segarra, Perdiz a la vinagreta, Canelones... Las habitaciones, de buen confort, están distribuidas en torno a un patio con piscina. ¡Descubra a qué saben los platos elaborados en una cocina de carbón!

🅰🅲 🏡 🅿 Precio: €€

Carretera C 1412a ✉ *25750 –* ☎ *973 47 30 77 – www.hostaljaumet.com –*
Cerrado martes

TORRE DE JUAN ABAD

Ciudad Real – Mapa regional **7**–C3

❀ ### COTO DE QUEVEDO EVOLUCIÓN

Chef: José Antonio Medina

TRADICIONAL • **ACOGEDORA** ¿Te gustan las propuestas que hablan del terruño? Para esta casa, ubicada dentro del hotel rural El Coto de Quevedo (1 km al sureste de Torre de Juan Abad), el entorno manda y ejerce como fuente de inspiración.El espacio gastronómico como tal (hay otro más tradicional denominado Origen) se presenta con solo seis mesas, mucha luz natural y unas agradables vistas a la campiña manchega. La propuesta del chef José Antonio Medina, que comienza con unos aperitivos en la barra, ensalza las materias primas de proximidad y los sabores propios de la comarca del Campo de Montiel, encontrando en los productos cinegéticos (perdiz, jabalí, corzo, conejo...) su indiscutible seña de identidad. Ensalada de trucha del Río Mundo con sus huevas y codorniz en escabeche; Cabrito manchego de la Finca Valbuena con coliflor, chocolate blanco y matices; Velouté de judías verdes y albahaca, erizo de mar y conejo... ¡enriquece sus menús (Raíces o Recuerdos y memoria) descubriendo los mejores vinos de la zona!

⬔ 🕭 🏧 🏠 🄿 Precio: €€€

Paraje Tejeras Viejas (CM 3129 Sureste: 1 km) ✉ *13344 –* ☎ *649 84 29 01 – hotelcotodequevedo.com – Cerrado lunes, martes*

TORRECABALLEROS
Segovia – Mapa regional **8**–C3

LA PORTADA DE MEDIODÍA

TRADICIONAL • RÚSTICA Instalado en... ¡una casa de postas del s. XVI! En sus salas, de acogedor ambiente rústico, proponen una cocina castellana dominada por los asados y las carnes a la brasa.

🏧 🏠 Precio: €€

San Nicolás de Bari 31 ✉ *40160 –* ☎ *921 40 10 11 – www.laportadademediodia.com – Cerrado lunes, cena: martes-jueves y domingo*

TORRELODONES
Madrid – Mapa regional **15**–A2

EL TRASGU

TRADICIONAL • ELEGANTE Instalado en un elegante chalet, con un bar de espera y tres salas de ambiente clásico-actual. Carta tradicional con un apartado de guisos, arroces y mariscos. ¡No se pierda su magnífica terraza!

🏧 🏠 ♿ 🛝 🄿 Precio: €€€

Cudillero 2 ✉ *28250 –* ☎ *918 59 08 40 – www.restauranteeltrasgu.es – Cerrado cena: domingo*

TORRENUEVA
Ciudad Real – Mapa regional **7**–B3

❀ ## RETAMA

MODERNA • MARCO CONTEMPORÁNEO Toma su nombre de un arbusto con flores amarillas muy común en la Meseta Central y en el entorno de La Caminera, un hotel campestre sinónimo de tranquilidad y exclusividad que cuenta... ¡hasta con su propio aeródromo!El sobrio pero encantador local, con las mesas desnudas, gran protagonismo de la madera y guiños estéticos al diseño nórdico, es el escenario perfecto para descubrir la cocina del chef Miguel Ángel Expósito, firme defensor tanto del producto local como del legado culinario que nos ha llegado a través del recetario manchego tradicional. Sus menús degustación (Tradición y Retama) nos narran una estrecha vinculación con el territorio, reinterpretando los platos desde la modernidad con las técnicas más actuales. ¡Las vistas al entorno, desde las mesas, son un auténtico deleite!

🕭 🏧 🄿 Precio: €€€

Camino de Altamar (Hotel La Caminera - Noreste 6 km) ✉ *13740 –* ☎ *926 34 47 33 – www.hotellacaminera.com – Cerrado lunes-jueves, almuerzo: viernes, cena: domingo*

TORREVIEJA
Alicante – Mapa regional **11**–A3

LA PALETA DE SABORES 🅝

FRANCESA CONTEMPORÁNEA • SENCILLA ¡En primera línea de playa y con vistas al mar! La propuesta, con opción de una pequeña carta, un menú ejecutivo al mediodía y varios de tipo degustación, está llevada por un chef de origen belga que, desde una buena base técnica, nos brinda delicadas elaboraciones de gusto galo contemporáneo.

⌂ Precio: €€€

Desiderio Rodríguez 37 (local 10) ✉ *03185 –* ☎ *744 62 29 75 – www.lapaleta.es – Cerrado martes, miércoles*

TORRICO
Toledo – Mapa regional **7**–A2

TIERRA

MODERNA • ELEGANTE Agradable, luminoso, elegante... Encontrará una cocina de tinte moderno y una carta que exalta los productos de proximidad de la propia finca. ¡Miman las presentaciones!

⌂ ♿ 🅰🅒 🅿 Precio: €€€

Carretera Oropesa a Puente del Arzobispo km. 9 (Hotel Valdepalacios - Valdepalacios, Noreste 6 km) ✉ *45572 –* ☎ *925 45 75 34 – www.tierra-valdepalacios.com – Cerrado lunes, martes, cena: domingo*

TOSSA DE MAR
Girona – Mapa regional **9**–C2

LA CUINA DE CAN SIMÓN

ACTUAL • AMBIENTE CLÁSICO Tossa de Mar, el "paraíso azul" que enamoró a Marc Chagall, es un conjunto medieval lleno de posibilidades, tanto si visita sus encantadores callejones como si desea bañarse en sus calas. ¿Le apetece? Pues... ¡remate el día con un homenaje gastronómico!Los hermanos Lores, Josep María y Xavier, apuestan al pie de las murallas por una cocina actual que rinda homenaje a sus abuelos: "la nuestra es una familia de pintores y pescadores, y así nace nuestra gastronomía... con productos naturales, artesanales y de proximidad". Fieles a la cocina mediterránea y a la tradición pesquera su fuerte son los pescados y mariscos, llegados diariamente de la lonja; sin embargo, también ofrecen algunos arroces y selectas carnes que enlazan con el recetario, más de montaña, del interior de la Costa Brava.

🅰🅒 Precio: €€€

Portal 24 ✉ *17320 –* ☎ *972 34 12 69 – cuinacansimon.com – Cerrado lunes, martes*

TOX
Asturias – Mapa regional **3**–A1

REGUEIRO

CREATIVA • MARCO CONTEMPORÁNEO ¡Una casa tipo chalé en pleno campo! Presenta el comedor en el piso superior, con una estética urbana-actual un tanto loca, la cocina abierta a la sala y buenas vistas al paisaje circundante. Aquí plantean una cocina muy sabrosa, con raíces tanto en la India (gran protagonismo para el curri y el horno tandoori) como en el recetario del sudeste asiático.

🅿 Precio: €€€

Tox ✉ *33793 –* ☎ *985 64 85 94 – Cerrado martes, miércoles*

TRAMACASTILLA DE TENA
Huesca – Mapa regional **2**–B1

🙂 LAVEDÁN Ⓝ

REGIONAL • AMBIENTE TRADICIONAL Este local de ambiente rústico, todo un clásico del Valle de Tena instalado en lo que fue una cuadra, está ahora llevado por una joven pareja (Sergio tras los fogones y Carla al frente de la sala) que ha sabido actualizarlo y otorgarle personalidad, pues buscan recuperar la cultura culinaria del Pirineo Aragonés y reivindicar la "Gastronomía de Montaña". La oferta, basada en platos locales y regionales que han actualizado (Las migas de Milagros, Blanquette de ternera y especias, Esturión a la brasa...), da la opción de pedir a la carta, un buen menú del día y otro de tipo degustación.

AC Precio: €€

Navero 19 ✉ 22663 – ☏ 679 57 61 54 – www.restaurantelavedan.com – Cerrado martes, miércoles, cena: lunes, jueves y domingo

TRAMACASTILLA

Teruel – Mapa regional **2**–A3

✿ HOSPEDERÍA EL BATÁN

Chef: María José Meda

MODERNA • ACOGEDORA Este singular restaurante, en plena Sierra de Albarracín, ocupa lo que otrora fue una fábrica de lanas, de ahí su nombre y su situación junto al cauce del Guadalaviar. El encanto del edificio es obvio, pues conserva la estructura original y se asienta en un tranquilo entorno natural donde hay... ¡hasta saltos de agua!En su elegante comedor, rústico-regional y con relajantes vistas al campo desde muchas mesas, podrá degustar las sabrosas elaboraciones de María José Meda, una mujer autodidacta que rompe los moldes de lo que se acostumbra a comer por estos lares. Desde la coherencia, la chef propone una cocina actual, con toques creativos, que ensalza los productos tanto de Teruel como de los bosques cercanos. También tienen 14 coquetas habitaciones, idóneas para... ¡una escapada romántica!

⪪ ⪪ AC ⇄ P Precio: €€€

Carretera A 1512 (km 43, Este 1 km) ✉ 44112 – ☏ 978 70 60 70 – www.elbatan.es – Cerrado lunes, martes, miércoles, sábado

TRES CANTOS

Madrid – Mapa regional **15**–B2

☺ LA SARTÉN

FUSIÓN • ACOGEDORA Una casa singular, sorprendente y un tanto ecléctica que, si bien acepta no arrastrar tras de sí mucha historia, tiene claro que la suya está llena de pasión y refleja la persecución de un gran sueño. ¿Qué encontrará? La chef tras los fogones, Elena García, defiende una carta contemporánea y de fusión que lleva a nuestro paladar de una punta a otra del globo, pues toca la cocina latinoamericana, pasea por el excelso recetario de España y termina desgranando los intensos sabores del continente asiático. Dan la opción de pedir medias raciones y... ¡solo elaboran menús degustación bajo reserva!

AC 🍴 Precio: €€

Sector de los Pueblos 2 ✉ 28760 – ☏ 918 03 17 51 – www.lasarten3c.com – Cerrado lunes, martes, cena: domingo

LA TERRAZA DE ALBA

TRADICIONAL • MARCO CONTEMPORÁNEO Cocina tradicional actualizada con un apartado de arroces y de atún rojo. ¿Un plato destacado? El Steak tartar al gusto que hacen en la sala. ¡Hay opción de medias raciones!

AC 🍴 Precio: €€

Alba 5 ✉ 28760 – ☏ 918 03 24 40 – www.laterrazadealba.com – Cerrado lunes, cena: domingo

TRECEÑO

Cantabria – Mapa regional **6**–B1

⊛ PRADA A TOPE ⓝ

TRADICIONAL • MARCO REGIONAL Ocupa una casa de encantador estilo regional visible desde la carretera y dispone de dos salas, una de marcado ambiente rústico y la otra a modo de terraza-porche acristalado. La propuesta, que desde el servicio a la carta da continuidad al recetario tradicional de los Prada a Tope, toma un nuevo impulso bajo la batuta del hijo de los propietarios, que poco a poco va actualizando los platos con acierto. Si se está planteando un fin de semana rural en Cantabria valore la posibilidad de alojarse, pues también disfruta de unos acogedores apartamentos y habitaciones en el mismo edificio.

🅰 🅿 Precio: €

El Ansar 1 ✉ *39592 – ☏ 942 70 51 00 – Cerrado lunes, martes, cena: miércoles, jueves y domingo*

TRUJILLO

Cáceres – Mapa regional **12**–B2

⊛ ALBERCA

TRADICIONAL • RÚSTICA Trujillo puede mostrar un nuevo cariz si visitamos esta casona de piedra, emplazada en pleno casco antiguo. El restaurante, que ha tomado mayor brío al pasar de padres a hijos, se presenta con dos cálidas salas de línea tradicional-regional y sorprende por su preciosa terraza en un patio interior. Aquí apuestan por una cocina tradicional actualizada en la que las brasas de encina son las indiscutibles protagonistas; no en vano, el chef trabajó cerca de un año en el mítico asador Etxebarri (una Estrella MICHELIN, Axpe). ¡La carta se completa con dos fantásticos menús degustación: Brasas y Humo!

🅰 🍴 Precio: €€

Victoria 8 ✉ *10200 – ☏ 927 32 22 09 – www.restaurantealberca.com – Cerrado martes, miércoles*

CORRAL DEL REY

TRADICIONAL • RÚSTICA Su fuerte son los asados y las carnes rojas elaboradas en parrilla... sin embargo, también triunfa con su menú degustación. ¡Idílica terraza junto a la monumental Plaza Mayor!

🅰 🍴 ⇔ Precio: €€

Corral del Rey 2 ✉ *10200 – ☏ 927 32 30 71 – www.corraldelreytrujillo.com – Cerrado lunes*

TUDELA

Navarra – Mapa regional **17**–B3

REMIGIO

REGIONAL • AMBIENTE TRADICIONAL Una casa renovada pero con mucha historia, no en vano por ella pasó... ¡hasta el legendario poeta Gustavo Adolfo Bécquer! Carta regional con gran protagonismo para las verduras.

🅰 ⇔ Precio: €€

Gaztambide-Carrera 4 ✉ *31500 – ☏ 948 82 08 50 – www.hotelremigio.com – Cerrado miércoles, sábado, domingo, cena: lunes, martes, jueves y viernes*

TREINTAITRES

TRADICIONAL • MARCO CONTEMPORÁNEO ¡Un referente de la cocina vegetal en España! Presenta un interior bien actualizado, una coqueta terraza y una carta bastante variada, con la opción de dos menús degustación.

♿ 🅰 🍴 ⇔ Precio: €€

Capuchinos 7 (transversal, bajo) ✉ *31500 – ☏ 948 82 76 06 – www.restaurante33.com – Cerrado cena: lunes-jueves y domingo*

TRINQUETE

TRADICIONAL • RÚSTICA Aquí encontrará una carta rica en productos ecológicos de proximidad y un menú degustación donde las verduras, muchas de su propia huerta, son las indiscutibles protagonistas.

♿ Ⓐ🖢 Precio: €€

Trinquete 1 bis ✉ *31500 –* ✆ *948 41 31 05 – Cerrado jueves, cena: miércoles, domingo*

TUI

Pontevedra – Mapa regional **13**–A3

BELDADE Ⓝ

ACTUAL • MARCO CONTEMPORÁNEO Una casa en piedra alejada del centro de Tui pero que tiene un encanto especial, pues está rodeada de viñedos y tiene la bodega Adega Ramesal a pocos metros. Presenta un interior de línea actual en dos alturas, con la parte baja tipo bistró y un montaje más formal en la superior, donde están los fogones a la vista. La carta, propia de una cocina contemporánea que sabe tratar el producto de temporada y donde siempre tienen protagonismo los pescados de lonja o los mariscos del Grove, se complementa con dos menús (Miúdo y Beldade).

Ⓐ🖢Ⓟ Precio: €€

Remesal 5 ✉ *36713 –* ✆ *986 14 98 08 – www.restaurantebeldade.com – Cerrado lunes, martes, cena: domingo*

ÚBEDA

Jaén – Mapa regional **1**–C2

☺ ## CANTINA LA ESTACIÓN

MODERNA • SIMPÁTICA Está algo apartado del centro histórico pero merece la pena, pues resulta... ¡auténtico y sorprendente! Esconde un sencillo bar de tapas a modo de estación y a continuación el comedor, este último imitando lo que sería el interior de un antiguo vagón de tren. La implicada pareja al frente, Montserrat y Antonio José, defiende una cocina actual y de temporada, intentando siempre enriquecer su propuesta con panes artesanos, una pequeña selección de aceites, un sugerente menú degustación y, al menos, un guiso diferente cada día. La bodega también es bastante completa y variada en su categoría.

🕸 ♿ Ⓐ 🈂 Precio: €€

Cuesta Rodadera 1 ✉ *23400 –* ✆ *687 77 72 30 – cantinalaestacion.com – Cerrado miércoles, cena: martes*

ULLDECONA

Tarragona – Mapa regional **9**–A3

❀ ## L'ANTIC MOLÍ

Chef: Vicent Guimerà

MODERNA • ACOGEDORA ¿Aún no ha probado las galeras? No espere más, pues estos crustáceos mediterráneos se han puesto de moda y aquí, en L'Antic Molí, ofrecen un menú exclusivo dedicado a ellas en temporada (febrero y marzo).Nos encontramos en un viejo molino harinero recuperado, actualizado y hoy volcado con la cultura "Km 0"; no en vano, el chef Vicent Guimerà se alza como uno de los baluartes de la cocina Slow Food, aquella que se construye exclusivamente con productos del propio territorio. El chef, que siempre destaca su equidistante emplazamiento entre el mar y la montaña, propone en su espacio gastronómico (hay otro, tipo bistró, para el menú diario) un menú degustación llamado Mans (manos) que busca ensalzar los productos locales, la economía circular, la sostenibilidad, la ecología... ¡Descúbralo!

❀ **El compromiso del Chef:** Defendemos la filosofía Slow Food, esa cocina de proximidad que apuesta por los productos ecológicos y está estrechamente comprometida tanto con el territorio como con los productores de "les terres de l'Ebre", reduciendo las emisiones y los gastos a los payeses.

&. 🎟 ⇨ 🅿 Precio: €€€

Barri Castell (en la carretera de La Sénia, Noroeste 10 km) ✉ *43550 – 𝒞 977 57 08 93 – www.anticmoli.com – Cerrado lunes, cena: martes-jueves y domingo*

❀ **LES MOLES**

Chef: Jeroni Castell

MODERNA • MARCO CONTEMPORÁNEO Este negocio familiar, ubicado en una masía donde cohabitan la rusticidad y los detalles contemporáneos, nos habla del entorno, de los productos de proximidad, de la historia de Ulldecona... hasta el punto de que el propio nombre recuerda las antiguas piedras de molino que se fabricaban en la cantera local.El chef Jeroni Castell, que hace todo lo posible por llevar la sostenibilidad a sus platos, basa su propuesta en el perfecto equilibrio que debe existir entre proximidad, técnica y diversión, apostando siempre por aquellos productos que ensalzan el binomio mar y montaña para hablarnos de "Las Terres de l'Ebre". ¿Sus menús? Ànimament, El Camino Recorrido, Tradición, Vegetariano... y uno más, llamado Menú a la Carta, que permite elegir los platos en medias raciones. ¡Los menús degustación comienzan en su espacio creativo de I+D!

❀ **El compromiso del Chef:** Encaminarnos hacia el desarrollo sostenible es un trabajo de todas y todos, tanto a nivel individual como colectivo desde la restauración, desde el turismo y las administraciones, desde nuestras redes, a través de los medios... predicando siempre con nuestro ejemplo.

🐝 &. 🎟 ⇨ 🅿 Precio: €€€

Carretera de La Sénia (km 2) ✉ *43550 – 𝒞 977 57 32 24 – lesmoles.com – Cerrado lunes, cena: martes-jueves y domingo*

URDAITZ

Navarra – Mapa regional **17**–B2

❀❀ **EL MOLINO DE URDÁNIZ**

Chef: David Yárnoz

CREATIVA • RÚSTICA Lo que uno menos se espera en un gran caserón con estas características, testigo en piedra del tránsito de peregrinos que se dirigen a Santiago de Compostela, es una cocina de autor digna de hacer un alto en el camino.Presenta un interior rústico-actual, distinguiendo entre el comedor del acceso, donde solo ofrecen un menú económico de tinte tradicional, la sala gastronómica del piso superior y un espacio (solo tres mesas) donde puede comer viendo a los cocineros trabajar. El chef David Yárnoz elabora una cocina sincera y creativa que cautiva tanto por su estética como por su sabor, exaltando siempre la excelencia de los productos navarros. ¿Qué encontrará? Un único menú sorpresa (Clásicos y Evolución) en el que conviven los grandes platos de la casa junto a sus más recientes creaciones.

❀ **El compromiso del Chef:** Queremos mandar un mensaje de compromiso real y de responsabilidad. Para ello, ponemos en valor los recursos del entorno (setas, caza, pesca, hierbas...), el uso de ingredientes de temporada y el trabajo que desarrollamos con nuestros proveedores (locales en un 80%).

🎟 🅿 Precio: €€€€

Carretera N 135 (Suroeste 0,5 km) ✉ *31698 – 𝒞 948 30 41 09 – www.elmolinourdaniz.com – Cerrado lunes, martes, cena: miércoles, jueves y domingo*

⊛ **ORIGEN**

ACTUAL • RÚSTICA Se encuentra en la planta baja de un antiguo edificio de piedra (el mismo que da cobijo al restaurante El Molino de Urdániz, con dos Estrellas MICHELIN) y refleja la cocina del laureado chef David Yárnoz en un formato muchísimo más informal y desenfadado. Disfruta de un acceso directo desde la calle y se presenta con una sala rústica-actual, mesas desnudas en madera y un único menú degustación que revisa el recetario tradicional y regional con platos actualizados, siempre en base a productos de temporada y proximidad. ¡Existe la posibilidad de pedir medias raciones!

&. 🅿 Precio: €

Carretera N 135 – ✉ 31698 – 𝒞 948 30 41 09 – www.elmolinourdaniz.com – Cerrado lunes, martes, cena: miércoles, jueves y domingo

VAL DE SAN LORENZO
León – Mapa regional **8**–A1

🕸 LA LECHERÍA

TRADICIONAL • RÚSTICA Val de San Lorenzo es un pueblecito, a escasos kilómetros de Astorga, famoso por sus mantas y sus colchas artesanales, no en vano... ¡se halla en el mismo corazón de la maragatería leonesa! El restaurante, instalado en una casona en piedra que en otro tiempo funcionó como lechería, recrea un ambiente rústico sumamente cuidado y presenta una carta de base tradicional, bien complementada por un menú degustación (a mesa completa) y por el famoso Cocido maragato (solo por encargo). También encontrará acogedoras habitaciones y, en un guiño a la historia local... ¡hasta un telar con más de 300 años!

AK Precio: €€

La Lechería 1 ✉ 24717 – 𝒞 987 63 50 73 – www.la-lecheria.com – Cerrado lunes

VALDEMORILLO
Madrid – Mapa regional **15**–A2

LA CASA DE MANOLO FRANCO

MODERNA • RÚSTICA El chef-propietario, que decidió volver a sus orígenes recuperando el antiguo bar familiar y ha asombrado a todos llegando a la gastronomía desde el mundo de la Fórmula 1, donde trabajaba como periodista, demuestra ambición, buena técnica y... ¡muchísimas ganas de sorprender! ¿Su propuesta? Carnes de proximidad, plantas aromáticas del entorno (como el tomillo o el cantueso), verduras del huerto... viendo todo ello la luz en un menú ejecutivo para los almuerzos entre semana y otro tipo degustación, de tinte actual, que se presenta en dos formatos (corto y largo) y evoluciona con cada estación.

AK Precio: €€€

De la Fuente 6 ✉ 28210 – 𝒞 626 61 57 39 – www.restaurantelacasadevaldemorillo.es – Cerrado lunes, martes

VALDEMORO
Madrid – Mapa regional **15**–B2

🕸 CHIRÓN

Chef: Iván Muñoz

MODERNA • AMBIENTE CLÁSICO Cuando decimos que Chirón es una de las mejores opciones para comer a las afueras de Madrid no hablamos en balde, pues este negocio familiar se halla... ¡a solo 25 km de la capital!El chef Iván Muñoz, que trabaja junto a su hermano Raúl (sumiller), apuesta por la gastronomía madrileña, defendiendo que las raíces castizas no están reñidas con el hecho de ofrecer una cocina moderna y creativa. Encontrará unos interesantísimos menús, con toques manchegos, en los que se nos invita a una ruta por las vegas del Tajo, del Jarama o del Tajuña. ¿Curiosidades? La pasión del chef por el terruño y los productos de proximidad no resta un ápice de su capacidad para reinterpretar otros sabores, lo que le llevó a ganar, en 2020, el Concurso Internacional de Cocina Creativa de la Gamba Roja de Dénia.

🐝 AK Precio: €€€

Alarcón 27 ✉ 28341 – 𝒞 918 95 69 74 – www.restaurantechiron.com – Cerrado lunes, cena: martes, miércoles y domingo

VALÈNCIA

València
Mapa regional **11**–B2
Mapa de carreteras Michelin
n° 577-N28

La esencia culinaria del Mediterráneo

València es una ciudad mágica y llena de posibilidades, pues pocas localidades con alma mediterránea pueden presumir, como ella, de tener espectaculares playas (la Malvarrosa y las Arenas), barrios con encanto (Ruzafa, El Carmen, Cabanyal...) y construcciones arquitectónicas realmente singulares, tanto antiguas (Catedral, Lonja de la Seda, Torres de Serrano y de Quart...), como modernistas (Mercado Central y Mercado de Colón) o de líneas más vanguardistas (Ciutat de les Arts i les Ciències). ¿Su gastronomía? Como no podía ser de otra manera aquí se muestran fieles a la dieta mediterránea, con el frecuente consumo de pescados, productos de la huerta y una auténtica devoción por los arroces (al horno, negro, a banda, con judías y nabos...), siendo la famosa Paella valenciana, que según la tradición se debe elaborar sobre brasas de leña de naranjo, el indiscutible plato estrella.

🏵️🏵️ **EL POBLET**

CREATIVA • A LA MODA El homenaje de Quique Dacosta a su propia historia, pues con el nombre de El Poblet se rememora aquél que lució su famoso restaurante, en Dénia, antes de que pasara a llamarse igual que él. El chef al frente de la casa, Luís Valls, está volcado en cocinar el entorno y su amada Albufera, por lo que combina los platos míticos del maestro con elaboraciones propias no exentas de personalidad, centrando su propuesta en una cocina valenciana moderna deudora de sus raíces, siempre con finísimas texturas, sabores potentes, los mejores productos locales... y hasta unos embutidos reinventados que, seguro, no le dejarán indiferente. Encontrará varios menús (uno tipo carta y dos de degustación), una bodega en la que no faltan las grandes referencias y... ¡una increíble colección de whiskies de Malta!

🐒 ♿ Ⓜ ⇔ Precio: €€€€

Plano: G2-17 – Correos 8-1º ⌧ 46002 – ℰ 961 11 11 06 – elpobletrestaurante.com – *Cerrado lunes, miércoles, domingo, almuerzo: martes*

🏵️🏵️ **RICARD CAMARENA**

Chef: Ricard Camarena

CREATIVA • MARCO CONTEMPORÁNEO Resulta espléndido y forma parte de la rehabilitada fábrica de Bombas Gens, que también tiene un centro artístico-cultural. Aquí, se presenta con una gran recepción de aire contemporáneo, un bar privado donde sirven los primeros snacks y el moderno comedor al fondo, este con la cocina a la vista para tomar en ella un último aperitivo.Ricard Camarena, reconocido junto a otros siete chefs con el premio Cocinero del Año (Madrid Fusión, 2021) por su "activismo de lo verde", defiende una gastronomía coherente y de autor, con unas sólidas bases que toman las hortalizas como referencia y denotan un exhaustivo proceso de investigación. Sus menús transmiten un claro mensaje de sostenibilidad, ya que aprovechan hasta la última hoja de los vegetales para elaborar sus salsas y alguna que otra bebida.

❀ *El compromiso del Chef:* La gran mayoría de verduras que utilizamos proceden de nuestras huertas, que están a menos de 8 km y llegan vivas al ser recolectadas a primera hora. Apostamos por la "agricultura a la carta" y defendemos las "semiconservas" para utilizar el excedente sin deterioro.

🕸 ⌖ 🅰🅲 Precio: €€€€

Plano: B2-1 – *Avenida Burjassot 54 (Bombas Gens Centre d'Art)* ✉ 46009 – ✆ 963 35 54 18 – www.ricardcamarena.com – *Cerrado lunes, martes, domingo, almuerzo: miércoles*

❀ **FIERRO**

Chefs: Carito Lourenço y Germán Carrizo

MODERNA • TENDENCIA Se halla a escasos metros del Mercado de Ruzafa, con más de medio siglo de tradición, y supone una agradable sorpresa por su fresca reinterpretación de los gustos cotidianos.La atenta pareja de chefs al frente, Germán Carrizo y Carito Lourenço, reconoce que con este pequeño negocio sus sueños se han hecho realidad, pues les permite vivir la gastronomía en libertad fusionando lo aprendido durante su etapa en el grupo Quique Dacosta con las raíces de su querida Argentina natal (tampoco faltan guiños culinarios a España e Italia). La propuesta se basa en un único menú degustación, con opción de dos maridajes, que toma el Mediterráneo como eje vertebrador. iEl cliente suele tener, además, la posibilidad de pedir algunos extras de temporada (trufa, caviar, quesos artesanos...)!

🅰🅲 Precio: €€€€

Plano: C2-16 – *Doctor Serrano 4* ✉ 46006 – ✆ 963 30 52 44 – fierrovlc.com – *Cerrado lunes, domingo, cena: martes-jueves*

❀ **FRAULA**

Chefs: Daniel Malavía y Roseta Félix

ACTUAL • MINIMALISTA A pocos metros del Mercado de Colón, que está declarado Monumento Nacional y encarna uno de los mejores ejemplos del modernismo arquitectónico local (de principios del s. XX), se encuentra Fraula, un restaurante actual-minimalista que resulta visualmente vivo y bastante acogedor, tomando su nombre de la palabra "fresa" en valenciano.Roseta Félix y Daniel Malavía, el tándem de chefs tras el proyecto, buscan la complicidad del comensal, por eso alternan su trabajo tras los fogones con el servicio en la sala. Ofrecen tres menús degustación de tinte actual (Cebera, Alfabega y Fraula, más uno llamado Exprés, solo al mediodía, de martes a viernes) elaborados en base a los productos de temporada cercanos, por lo que la huerta tiene gran protagonismo. La experiencia es completa, pues empieza con magníficos aperitivos (como la deliciosa Tartaleta de mejillones en escabeche y patatas fritas) y siempre termina con un gran postre (nos ha encantado su Huitlacoche, palomitas y ajo negro).

⌖ 🅰🅲 Precio: €€€

Plano: H2-24 – *Cirilo Amorós 84* ✉ 46004 – ✆ 961 01 82 88 – fraula.es – *Cerrado lunes, domingo*

❀ **KAIDO SUSHI BAR**

Chef: Yoshikazu Yanome

JAPONESA • MARCO CONTEMPORÁNEO Un japonés contemporáneo y no exento de personalidad, pues trabaja solo con 10 comensales que deben llegar al unísono, sentándose a la vez alrededor de la barra para no romper la magia inherente tanto a las explicaciones como a los estudiados movimientos de Yoshikazu Yanome, el reconocido sushiman.Su filosofía se construye sobre el concepto Edomae Sushi, un paradigma culinario utilizado en el periodo Edo (1603-1868) para referirse al pescado y marisco fresco (en esa época también abundante) que

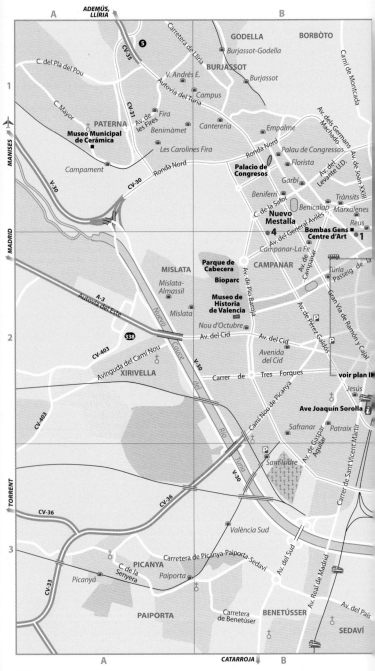

ADEMÚS, LLÍRIA

5

CV-35

Carretera de Llíria

C. del Pla del Pou

GODELLA

BORBÒTO

Burjassot-Godella

BURJASSOT

Burjassot

Camí de Montcada

V. Andrés E.

Autovía del Turia

Campus

C. Mayor

PATERNA

CV-31

Av. de les Fires

Fira

Benimàmet

Canteréría

Museo Municipal de Cerámica

Les Carolines Fira

Ronda Nord

CV-30

Campament

Ronda Nord

Empalme

Av. dels Germans Machado

Palau de Congressos

Florista

Palacio de Congresos

Garbí

Av. de Levante U.D.

Av. de Joan XXIII

Beniferri

Trànsits

Marxalenes

C. de la Safor

Benicalap

Nuevo Mestalla

Reus

1

4

Av. del General Avilés

Bombas Gens Centre d'Art

Campanar-La Fe

CAMPANAR

Av. de Campanar

Túria

Passeig de la

MISLATA

Parque de Cabecera

Av. de Pío Baroja

Bioparc

Gran Vía de Ramón y Cajal

Mislata-Almassil

Museo de Historia de Valencia

Mislata

Nou d'Octubre

Av. de Pérez-Galdós

Av. del Cid

338

CV-403

XIRIVELLA

Avinguda del Camí Nou

Avenida del Cid

A-3

Autovía del Este

Nuevo

Camí Nou de Picanya

Carrer de Tres Forques

voir plan

Jesús

CV-403

Ave Joaquín Sorolla

Cauce

V-30

Safranar

Patraix

Av. de Gaspar Aguilar

Carrer de Sant Vicent Màrtir

del

Río

SantIsidre

CV-36

CV-36

Túria

V-30

CV-33

PICANYA

C. de la Senyera

València Sud

Carretera de Picanya-Paiporta-Sedaví

Av. del Sud

Picanyà

Paiporta

Av. Real de Madrid

PAIPORTA

Carretera de Benetúser

BENETÚSSER

Av. del País

SEDAVÍ

CATARROJA

MANISES

MADRID

TORRENT

A

B

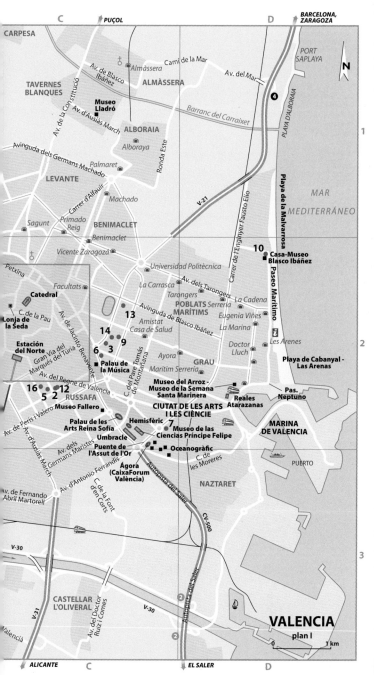

CARPESA

PUÇOL

BARCELONA,
ZARAGOZA

TAVERNES
BLANQUES

Camí de la Mar

Almàssera

ALMÀSSERA

Av. de Blasco
Ibáñez

PORT
SAPLAYA

Av. del Mar

Av. de la Constitució

Museo
Lladró

Barranc del Carraixet

PLAYA D'ALBORAIA

Av. d'Ausiàs March

ALBORAIA

Alboraya

Avinguda dels Germans Machado

Palmaret

LEVANTE

Carrer d'Alfauir

Ronda Este

MAR
MEDITERRÁNEO

Machado

Playa de la Malvarrosa

Sagunt

Primado
Reig

Vicente Zaragozà

BENIMACLET

Benimaclet

V-21

Carrer de l'Enginyer Fausto Elio

Petxina

Universidad Politècnica

10

Casa-Museo
Blasco Ibáñez

Facultats

La Carrasca

Av. dels Tarongers

Tarongers

POBLATS
MARÍTIMS

Serrería

La Cadena

Paseo Marítimo

Catedral

13

Avinguda de Blasco Ibáñez

Eugenia Viñes

C. de la Pau

14

9

Amistat
Casa de Salud

La Marina

Lonja de
la Seda

6

3

Ayora

Doctor
Lluch

Les Arenes

Estación
del Norte

Palau de
la Música

Marítim Serrería

GRAU

Playa de Cabanyal -
Las Arenas

Gran Vía del
Marqués del Túria

Av. de Jacinto Benavente

C. del Pere Tomás
de Montanya

Av. del Regne de València

16

5

2

12

Museo del Arroz -
Museo de la Semana
Santa Marinera

Pas.
Neptuno

RUSSAFA

Museo Fallero

CIUTAT DE LES ARTS
I LES CIÈNCIE

Reales
Atarazanas

Palau de les
Arts Reina Sofia

Hemisfèric

7

Museo de las
Ciencias Príncipe Felipe

MARINA
DE VALENCIA

Av. de Peris i Valero

Umbracle

Oceanogràfic

Av. d'Ausiàs March

Puente de
l'Assut de l'Or

C. de
les Moreres

PUERTO

Av. dels
Germans Maristes

Àgora
(CaixaForum
València)

NAZTARET

Av. de Fernando
Abril Martorell

Av. d'Antonio Ferrandís

C. de la Font
d'en Corts

Autopista del Saler

CV-500

V-30

V-30

CASTELLAR
L'OLIVERAL

Av. de Doctor
Ruiz i Comes

V-30

Autopista del Saler

VALENCIA

plan I

0   1 km

V-31

València

ALICANTE

C

EL SALER

D

415

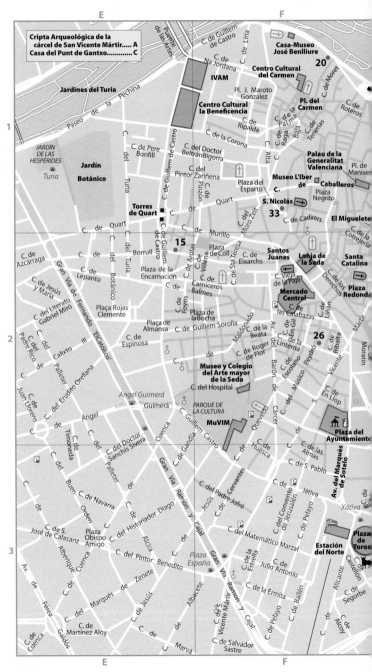

Cripta Arqueológica de la cárcel de San Vicente Mártir..... A
Casa del Punt de Gantxo............ C

C. de Guillem de Castro

Puente de las Artes

C. de Na Jordana

C. de Liria

Casa-Museo
José Benlliure

20

C. de Moret

IVAM

Centro Cultural
del Carmen

Jardines del Turia

Pl. J. Maroto
Gonzalez

Centro Cultural
la Beneficència

C. de
Ripalda

C. de
Raga

C. de la Palma

C. de
Tertetas

**Pl. del
Carmen**

C. de Roteros

Paseo de la Pechina

C. de la Corona

Alta

Baja

JARDÍN
DE LAS
HESPÉRIDES

Turia

**Jardín
Botánico**

C. del
Pizón

C. de Pere
Bonfill

C. del

C. de Guillem de Castro

C. del Doctor
Beltrán Bigorra

C. del
Pintor
Zariñena

Plaza del
Esparto

Palau de la
Generalitat
Valenciana

Pl. de
Manises

Museo L'Iber
de

C.

Caballeros

Plaza
Negrito

1

C. de
Correjeria

S. Nicolás

33

C. de Cadirers

El Miguelete

Turia

**Torres
de Quart**

C. del Moro Zeit

Quart

C. de

Quart

C. de Murillo

15

Plaza
de Coll

C. de Sta. Teresa

Santa
Catalina

C. de
Azcárraga

C. del Guillem
de Castro

C. del
Borrull

C. de
Villena

C. de Eixarchs

**Santos
Juanes**

**Lonja de
la Seda**

C. de los Derechos

C. de la
Correjeria

C. de
Lepanto

C. del
Botánico

Turia

Plaza de la
Encarnación

C. de
Arolas

**C. de
Carniceros**

Balmes

Plaça Rojas
Clemente

C. de
Foyos

C. Vieja
de la Paja

**Mercado
Central**

Plaça de
Almansa

Plaça de
laBocha

C. de Guillem Sorolla

Maldonado

C. de la
Beata

C. de
las Calabazas

C. de
Liñán

C. de
En Gil

**Plaza
Redonda**

Gran Vía de Jesús
y María

C. del Literato
Gabriel Miró

C. de
Espinosa

C. de Roger
de Flor

C. de
Escolano

C. del
Música

C. de
Ribalta

26

C. del
Padre Rico

Calixto III
"El Católico"

C. de Fernando

C. de
Palleter

C. de
Juan Llorens

Angel Guimerá

Guimerá

PARQUE DE
LA CULTURA

**Museo y Colegio
del Arte mayor
de la Seda**

C. del Hospital

Barón de

C. de
Peydró

C. de
En Llop

C. de
Vicente

C. de
Moratín

Angel

C. del Doctor
Sanchis Sivera

Cuenca

C. de Gandia

MuVIM

Quevedo

C. del
Cárcer

C. de

P

C. de
Timoneda

C. del
Palleter

Guillem Castro

C. de
Huesca

C. de las
Almas

**Plaza del
Ayuntamiento**

P

C. del
Buen
Orden

C. de Navarra

Gran Vía Ramón y Cajal

C. del Padre
Cervantes

C. de
S. Pablo

Av. del Marqués
de Sotelo

C. de
S. José de Calasanz

Plaza
Obispo
Amigó

C. del Historiador Diago

Alcira

C. del Padre Jofré

Jesús

C. del Convento
de Jerusalén

C. de Pelayo

Játiva

Xàtiva

C. de

P

P

Alberique

C. de
Cuenca

C. del Pintor
Benedito

Plaza
España

Gran Vía Ramón y Cajal

C. del Matemático Marzal

C. de
la Estrella

**Plaza
de
Toros**

3

Av. de
Pérez

C. del
Marqués de
Zenete

C. de Jesús

Albacete

C. de S.
Vicente Mártir

C. de
Julio Antonio

C. de Pelayo

C. de Bailén

**Estación
del Norte**

Alicante

Castellón

C. de
Segorbe

C. de
Cuenca

Galdós

C. de
Martínez Aloy

Marvá

C. de Salvador
Sastre

C. de
Alcoy

E

F

416

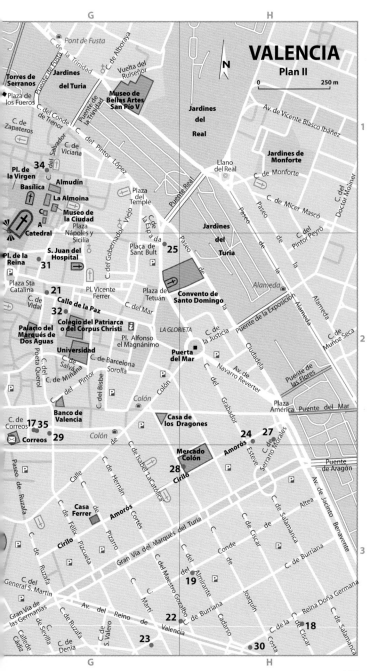

VALENCIA
Plan II

0   250 m

Pont de Fusta

C. de la Trinidad

C. de Alboraya

Jardines
del Turia

Torres de
Serranos

Plaza de
los Fueros

C. de
Zapateros

C. del Conde
de Trenor

Vuelta del
Ruiseñor

Museo de
Bellas Artes
San Pío V

Jardines
del
Real

Av. de Vicente Blasco Ibáñez

Jardines de
Monforte

C. de Monforte

C. del Doctor Moliner

C. del
Salvador

C. de
Viciana

C. del Pintor López

Pl. de
la Virgen

Basílica

Almudín

La Almoina

Museo de
la Ciudad

Plaza
Nápoles y
Sicilia

Catedral

A

Llano
del Real

Puente Real

Paseo

de

la

C. de Micer Mascó

C. del
Pintor Peyro

Plaza
del
Temple

C. de
la Esp a da

C. del Gobernador Viejo

Plaça de
Sant Bult

25

Jardines
del
Turia

Paseo

de

Alameda

Alameda

S. Juan del
Hospital

Pl. de
la Reina

31

Plaza Sta
Catalina

21

C. de
Vidal

Calle de la Paz

32

Pl. Vicente
Ferrer

C. del Mar

Plaza de
Tetuán

Convento de
Santo Domingo

Puente de la Exposición

C. de
la Justicia

Ciudadela

C. de
Muñoz Seca

Colégio del Patriarca
o del Corpus Christi

Palacio del
Marqués de
Dos Aguas

Universidad

C. del
Poeta Querol

C. de
Salvá

C. de Barcelona

C. de Miñana

Pl. Alfonso
el Magnánimo

LA GLORIETA

Puerta
del Mar

Av. de
Navarro Reverter

Puente de
las Flores

C. del Pintor

C. del Bisbe

Sorolla

Colón

Colón

C. del Grabador

Plaza
América Puente del Mar

Banco de
Valencia

17 35

Colón

Casa de
los Dragones

24 27

Puente
de Aragón

C. de
Correos

Correos

29

Amorós

C. de
Esteve

C. de Serrano Morales

Puente
de Aragón

Paseo de Ruzafa

Calle

C. de Hernán

C. de Isabel la Católica

Cortés

Mercado
Colón

28

Cirilo

P

C. de Salamanca

Altea

Casa
Ferrer

C. de
Félix

Pizcueta

Amorós

Pizarro

Cirilo

Gran Vía del Marqués del Turia

C. del Maestro Gozalbo

C. del

Conde

de

C. de Ciscar

C. de Burriana

C. de
General S. Martín

Gran Vía de
las Germanías

C. de
Sevilla

Calle de
Cádiz

Av. del Reino de

C. de Ruzafa

C. de
S. Valero

C. de
Denia

Marti

23

Valencia

de Burriana

19

22

Almirante

Joaquín

Cadirso

30

C. de la Costa

C. de la

C. de Ciscar

Reina Doña Germana

18

C. de Salamanca

G

H

417

capturaban a diario en la bahía de Tokio. Esa misma idea se ha querido trasladar aquí, pues su propuesta quiere hablarnos, en base a la evidencia, de las maravillosas materias primas de la costa valenciana, dando siempre una relevancia especial a la gamba roja. ¡Los nigiris protagonizan el menú!

🅰️ Precio: €€€€

Plano: C2-14 – *Chile 3* ✉ *46021* – ☎ *687 00 06 96* – *kaidosushi.es* – *Cerrado lunes, domingo, almuerzo: martes-jueves*

LIENZO

Chef: María José Martínez

COCINA MEDITERRÁNEA • MARCO CONTEMPORÁNEO Se halla en un elegante edificio, disfruta de una bella línea minimalista y hace honor a su nombre, pues rasgan la luminosa estética de tonos blancos con llamativas notas de color a base de lienzos, todos de pintoras valencianas, que van renovándose cada tres meses.La chef murciana María José Martínez, bien acompañada por su marido en la sala (Juanjo Soria), plantea una cocina moderna-mediterránea, no exenta de creatividad, que exalta los productos valencianos de temporada (huerto, mar y montaña) desde el máximo respeto, siempre con unos platos que sorprenden por su puesta en escena y su delicada elaboración, no en vano... ¡las salsas y cremas resultan magníficas! La propuesta se centra en unos sugerentes menús: uno tipo ejecutivo (Trazos) y dos de degustación (Pinceladas y Lienzo).

👌 🅰️ ↻ Precio: €€€

Plano: G2-25 – *Plaza de Tetuán 18* ✉ *46003* – ☎ *963 52 10 81* – *www.restaurantelienzo.com* – *Cerrado lunes, martes, cena: domingo*

RIFF

Chef: Bernd Knöller

CREATIVA • DE DISEÑO Un chef alemán, con alma valenciana, que vive un constantemente proceso de reinvención y ve su trabajo como el mejor antídoto ante la adversidad.La historia de Bernd Knöller, un trotamundos de los fogones, encuentra aquí una etapa clave tras interactuar con el entorno, pues ha sabido hacerse un nombre en el panorama culinario local mostrando su particular, a veces anárquica y siempre libre, visión de la cocina mediterránea creativa, diferente cada día. ¿Materias primas? Los arroces que delatan su amor por esta tierra y, sobre todo, los pescados y mariscos adquiridos en las subastas de la lonja. ¿Curiosidades? La música ambiente, normalmente de jazz, procede de un tocadiscos con vinilos elegidos por el propio chef, que suele salir a conversar y explicar la trazabilidad de cada producto.

👌 🅰️ Precio: €€€€

Plano: H3-19 – *Conde de Altea 18* ✉ *46005* – ☎ *963 33 53 53* – *www.restaurante-riff.com* – *Cerrado lunes, martes, domingo*

LA SALITA

Chef: Begoña Rodrigo

CREATIVA • ELEGANTE Un magnífico ejemplo de cómo la constancia, el esfuerzo y el valor, a la hora de afrontar nuevos retos, te permiten crecer profesionalmente. El restaurante, en un bello palacete del barrio de Ruzafa, sorprende por la diversificación de su propuesta, pues aunque el comedor principal está en el piso superior también presenta un coqueto jardín donde tomar los aperitivos, una mesa-barra para quien quiera comer viendo la cocina y una terraza, muy agradable, abierta a la misma oferta de la sala interior o a la sobremesa. La chef Begoña Rodrigo defiende dos menús degustación, ambos con esa elegancia y femineidad que la caracterizan pero llevando las verduras a otro nivel. (La Salita funciona de lunes a viernes, dejando el fin de semana para una propuesta diferente bajo el apelativo L'hort al Nú).

👌 🅰️ 🍴 ↻ Precio: €€€€

Plano: C2-2 – *Pere III El Gran 11* ✉ *46005* – ☎ *963 81 75 16* – *www.anarkiagroup.com/inicio/la-salita* – *Cerrado domingo*

2 ESTACIONES

COCINA MEDITERRÁNEA • BISTRÓ El barrio de Ruzafa, conocido como el Soho valenciano, se ha convertido en una de las zonas más interesantes de la ciudad a nivel gastronómico. Aquí, precisamente, se encuentra 2 Estaciones, un negocio llevado hoy entre Alberto Alonso y Mar Soler, cocineros, pareja y cómplices en este bonito proyecto. El local, a modo de bistró informal, se presenta con una gran barra, la cocina vista y unas singulares mesas (vestidas con manteles de tela) que recuperan los pies de las antiguas máquinas de coser. Ofrecen cocina mediterránea y de temporada, siempre con platos actualizados y la opción de menús.

&. Ⓜ 🏠 Precio: €€

Plano: C2-5 – *Pintor Salvador Abril 28* ✉ *46005* – ☏ *963 03 46 70* – *www.restaurante2estaciones.com* – *Cerrado lunes, martes, domingo*

LA BARRA DE KAYMUS

TRADICIONAL • MARCO CONTEMPORÁNEO Local de línea moderna ubicado en una zona residencial, por lo que está algo alejado del centro. Presenta una única sala y un buen privado, donde el chef valenciano Nacho Romero apuesta por una cocina de tendencia actual y sencillas elaboraciones... eso sí, cuidando siempre mucho los detalles y dando la opción tanto de arroces (entienden la paella como "ese plato que reúne a la familia o a los buenos amigos") como de económicos menús. ¿Platos destacables? No deje de probar la Ensaladilla Kaymus con salpicón de marisco, las Croquetas, los Buñuelos de bacalao...

&. Ⓜ ⇔ Precio: €€

Plano: B2-4 – *Avenida Maestro Rodrigo 44* ✉ *46015* – ☏ *963 48 66 66* – *www.labarradekaymus.com* – *Cerrado lunes, domingo, cena: martes*

BLANQUERIES

MODERNA • MARCO CONTEMPORÁNEO Moderno, luminoso, de ambiente cosmopolita y fácil de localizar, pues se encuentra a unos 100 metros de las monumentales Torres de Serranos, una de las históricas puertas de acceso a esta maravillosa ciudad. El negocio, que emana su propia personalidad, está llevado por dos talentosos chefs que aúnan sus ilusiones y esfuerzos en pos de una cocina tradicional actualizada. La filosofía de la casa es clara: cocina de calidad a buen precio, ensalzando todo lo posible los productos de temporada. Trabajan mucho con menús, siendo el del mediodía más económico que el que ofrecen en las cenas.

&. Ⓜ ⇔ Precio: €

Plano: F1-20 – *Blanqueries 12 (entrada por Padre Huérfanos)* ✉ *46003* – ☏ *963 91 22 39* – *restauranteblanqueries.com* – *Cerrado lunes, domingo*

FORASTERA

COCINA DE MERCADO • SENCILLA ¿Sabe de dónde le viene el nombre? Es el guiño jocoso que el chef Txisku Nuévalos quiso hacer a su mujer, Laura (natural de Bilbao), cuando decidió regresar a su tierra (él nació en Utiel) y poner en marcha su propio negocio. El acogedor local, llevado entre ambos y de estética actual, defiende una cocina tradicional actualizada, siempre en base a los productos de temporada y priorizando el trabajo con los pequeños productores. Encontrará una escueta carta a modo de sugerencias y dos buenos menús sorpresa que evolucionan según mercado (Degustación y Forastera). ¡Platos delicados y sabrosos!

&. Ⓜ Precio: €€

Plano: E2-15 – *Pintor Domingo 40* ✉ *46001* – ☏ *963 55 89 15* – *restauranteforasteravalencia.com* – *Cerrado martes, miércoles, almuerzo: jueves, cena: lunes, domingo*

APICIUS

MODERNA • MARCO CONTEMPORÁNEO Se presenta con un único salón, amplio y actual, donde apuestan por una moderna cocina de mercado. Buena oferta de menús e interesantes jornadas gastronómicas (trufa, setas...).

⅋ Ⓜ Precio: €€

Plano: C2-9 – *Eolo 7* ✉ *46021* – ☏ *963 93 63 01* – *www.restaurante-apicius.com* – *Cerrado lunes-miércoles, cena: jueves, domingo*

EL BRESSOL

COCINA DE MERCADO • ÍNTIMA ¡Los productos del Mediterráneo en estado puro! Aquí la carta, cantada en la mesa al cambiar a diario en función de lo que llega a la lonja, se centra en pescados y mariscos.

❀ 𝔸𝕔 Precio: €€€

Plano: H2-27 – *Serrano Morales 11* ✉ *46004* – ℰ *667 68 71 65* – *www.elbressol.com* – *Cerrado lunes, cena: domingo*

LA CÀBILA

TRADICIONAL • DE BARRIO El chef, formado en grandes casas, defiende una cocina tradicional valenciana apegada al entorno, con buenos platos de cuchara y especialidades como el Arròs en fesols i naps.

𝔸𝕔 Precio: €€

Plano: F1-33 – *Plaza del Horno de San Nicolás 8* ✉ *46001* – ℰ *657 41 05 40* – *www.lacabilarestaurant.com* – *Cerrado miércoles, jueves*

CANALLA BISTRO

FUSIÓN • SIMPÁTICA ¡La propuesta más informal del chef Ricard Camarena! Correcta cocina de fusión que hace guiños a Oriente, a Sudamérica y al Mediterráneo, con muchos platos para compartir.

𝔸𝕔 Precio: €€

Plano: G3-23 – *Maestro José Serrano 5* ✉ *46005* – ℰ *963 74 05 09* – *m.canallabistro.com*

ENTREVINS

TRADICIONAL • MARCO CONTEMPORÁNEO Organización, amabilidad y buena cocina tradicional actualizada. El propietario es un sommelier francés, por eso la cuidadísima bodega... ¡sorprende con más de 120 Champagnes!

❀ ♿ 𝔸𝕔 ⇨ Precio: €

Plano: G2-21 – *De la Paz 7* ✉ *46003* – ℰ *963 33 35 23* – *www.entrevins.es* – *Cerrado lunes, domingo*

GOYA GALLERY

TRADICIONAL • MARCO CONTEMPORÁNEO ¡En un local histórico para la ciudad! Ofrece una carta tradicional-mediterránea que destaca por su gran apartado de arroces secos y melosos, con hasta 21 opciones diferentes.

♿ 𝔸𝕔 ⌂ ⇨ Precio: €€

Plano: H3-22 – *Burriana 3* ✉ *46005* – ℰ *963 04 18 35* – *goyagalleryrestaurant. com* – *Cerrado lunes, cena: martes, miércoles y domingo*

GRAN AZUL

TRADICIONAL • MARCO CONTEMPORÁNEO Un local amplio y moderno en el que defienden, con notable éxito, su lema "Arroz y brasas". Trabajan mucho a la parrilla, con pescados según mercado y carne de vacuno mayor.

♿ 𝔸𝕔 ⇨ Precio: €€

Plano: C2-3 – *Avenida Aragón 12* ✉ *46021* – ℰ *961 47 45 23* – *granazulrestaurante.com* – *Cerrado lunes, cena: martes, miércoles y domingo*

HABITUAL

INTERNACIONAL • A LA MODA Esta curiosa propuesta del chef Ricard Camarena, en la planta inferior del modernista Mercado de Colón, sorprende por su diseño y distribución. La extensa carta, asequible y con varios platos de otras temporadas del famoso chef, muestra una base mediterránea no exenta de pequeños guiños a la cocina internacional.

𝔸𝕔 ⇨ Precio: €€

Plano: H3-28 – *Jorge Juan 19 (Mercado de Colón, planta inferior)* ✉ *46004* – ℰ *963 44 56 31* – *www.habitual.es* – *Cerrado cena: domingo*

HŌCHŌ

JAPONESA • SIMPÁTICA Un japonés que, dentro del Hotel SH Valencia Palace, aúna diseño, carisma y calidad. La carta es bastante amplia y variada, así que lo idóneo es dejarse guiar por el chef.

AC Precio: €€

Plano: C2-6 – *Passeig de l'Albereda 32 (Hotel SH Valencia Palace)* ✉ *46023 –* ☎ *960 04 56 35 – www.restaurantehocho.com – Cerrado lunes, domingo*

KARAK

FUSIÓN • DE DISEÑO En pleno corazón de la ciudad. Su mediática chef nos ofrece una cocina de bases mediterráneas, muy viajera y con bastantes platos de fusión. ¡Interesantes menús degustación!

AC Precio: €€€

Plano: F2-26 – *Músico Peydró 9* ✉ *46001 –* ☎ *637 29 16 06 – restaurantekarak. com – Cerrado lunes, martes, domingo, cena: miércoles-viernes*

LAVOE

ARROCES • MARCO CONTEMPORÁNEO Una casa de arroces bastante céntrica y moderna, bien llevada por un cocinero autodidacta. Busca sin descanso el "arroz perfecto", normalmente combinado con productos del mar.

& AC Precio: €€€

Plano: G2-32 – *De la Creu Nova 4* ✉ *46002 –* ☎ *663 77 64 25 –* *www.lavoearrozymar.com – Cerrado domingo, cena: lunes-sábado*

LLISA NEGRA

COCINA DE MERCADO • BRASSERIE Un local de moda con el sello de Quique Dacosta. Apuesta por la cocina de producto, sin artificios, con salazones, arroces, guisos, un protagonismo especial para la parrilla...

& AC ⇆ Precio: €€€

Plano: G2-29 – *Pascual y Genís 10* ✉ *46002 –* ☎ *963 94 60 79 –* *www.llisanegra.com – Cerrado domingo, cena: lunes*

NOZOMI SUSHI BAR

JAPONESA • AMBIENTE ORIENTAL Un japonés de línea Zen que está teniendo muchísimo éxito. Cocina nipona moderna reconocible para el gran público, con una buena variedad de entrantes. ¡Aconsejamos reservar!

& AC Precio: €€

Plano: C2-12 – *Pedro III El Grande 11* ✉ *46005 –* ☎ *961 48 77 64 –* *nozomisushibar.es – Cerrado lunes, martes, domingo*

SAITI

MODERNA • MARCO CONTEMPORÁNEO Coqueto y bien llevado por el propio chef, que defiende una cocina moderna de base mediterránea-tradicional. Ofrece varios menús degustación, uno tipo ejecutivo para almorzar.

& AC Precio: €€€

Plano: H3-30 – *Reina Doña Germana 4* ✉ *46005 –* ☎ *960 05 41 24 –* *www.saiti.es – Cerrado domingo, cena: lunes, miércoles*

TOSHI

COCINA MEDITERRÁNEA • SENCILLA Siguen la filosofía nipona con... ¡solo 10 asientos en barra! Su propuesta, por contra, es mediterránea, con platos sencillos y honestos en base al producto local de temporada.

AC Precio: €€€

Plano: G1-34 – *Salvador 5* ✉ *46003 –* ☎ *673 75 33 47 – www.toshi.es – Cerrado lunes, martes, domingo, cena: miércoles, jueves*

VERTICAL

MODERNA • DE DISEÑO En la última planta del hotel Ilunion Aqua 4, dotado con espectaculares vistas a la Ciutat de les Arts i les Ciències. Sala actual, Sky Bar y cocina moderna de bases clásicas.

⟨🖫 Precio: €€€

Plano: C2-7 – *Luis García Berlanga 19* ✉ *46023* – ☏ *963 30 38 00 – www.restaurantevertical.com – Cerrado domingo*

VUELVE CAROLINA

MODERNA • DE DISEÑO ¡Anexo a El Poblet (2 Estrellas MICHELIN)! Ofrece, en un espacio singular, cocina de fusión, menús y algún plato histórico de Quique Dacosta, como su famoso Cubalibre de foie.

& 🖫 Precio: €€

Plano: G2-35 – *Correos 8* ✉ *46002* – ☏ *963 21 86 86 – vuelvecarolina.com – Cerrado domingo*

XANGLOT

CREATIVA • MINIMALISTA Negocio de carácter familiar ubicado en una calle peatonal del centro histórico, a pocos metros de la Catedral. Encontrará un espacio de línea actual e informal, con buenos detalles de diseño, y una propuesta que debemos seguir de cerca, pues la chef Sandra Jorge defiende un concepto culinario, de gusto actual-creativo, que juega mucho con los contrastes y toma como base el producto local. Trabajan solo con menús degustación: Xanglot, Degusta y Sentits.

🖫 ⇆ Precio: €€

Plano: G2-31 – *De Avellanas 9* ✉ *46003* – ☏ *960 69 23 81 – www.xanglotrestaurant.com – Cerrado lunes, almuerzo: martes, cena: domingo*

YARZA

TRADICIONAL • SENCILLA Restaurante de estilo actual que engloba su propuesta, en torno a la cocina tradicional valenciana, en una única premisa: "Cocinamos con el mismo mimo del pasado, pero con toques de hoy". En la carta, con un apartado de sugerencias en el que destacan los pescados salvajes del día, encontrará también deliciosos arroces (Arròs del senyoret, Arroz en perol marinero, Paella de costilla ibérica...), estos últimos siempre por encargo. ¡Pruebe sus Buñuelos de bacalao!

& 🖫 🖾 Precio: €€

Plano: H3-18 – *Císcar 47* ✉ *46005* – ☏ *963 95 20 11 – restauranteyarza.com – Cerrado lunes, domingo*

VALL D'ALBA

Castellón – Mapa regional **11**–B1

❀ **CAL PARADÍS**

Chef: Miguel Barrera

CREATIVA • MARCO CONTEMPORÁNEO Un maravilloso ejemplo de lo que es un cocinero honesto, comprometido y vocacional, no en vano... ¿cuántos maestros conocen con una Estrella MICHELIN?Miguel Barrera, criado entre pucheros en el negocio familiar (El Paraíso), cumplió los deseos de sus padres haciendo Magisterio pero no pudo hacer oídos sordos a su instinto, por lo que también hizo Hostelería antes de regresar a casa. Tras un periodo de lógica continuidad tomó las riendas del restaurante, le cambió el nombre, realizó importantes reformas... y conquistó nuestros paladares con una cocina actual repleta de sabor, siempre fiel a las raíces castellonenses, a sus recuerdos y a los mejores productos Km 0. ¿Recomendaciones? No se pierda los Tomates "de penjar", sardina de bota y ajos a la brasa o su delicioso Arrocito de Castelló.

🖫 Precio: €€€

Avenida Vilafranca 30 ✉ *12194* – ☏ *964 32 01 31 – www.calparadis.es – Cerrado lunes, martes, cena: miércoles, jueves y domingo*

LA VALL DE BIANYA

Girona – Mapa regional **9**–C1

❀ CA L'ENRIC

Chefs: Jordi e Isabel Juncà

CREATIVA • DE DISEÑO Los hermanos Juncà (con Jordi e Isabel tras los fogones mientras Joan ejerce como jefe de sala y sumiller) defienden, con sutileza, tanto la historia de la casa como su personalidad, exaltando siempre el carácter de los bosques de la Vall de Bianya. El hostal que aquí existió, a finales del s. XIX, ha dado paso a un fantástico espacio gastronómico, con una estética contemporánea que replantea contrastes entre el diseño y los materiales que nos conectan con el entorno (piedra, madera, piel...). La carta y los menús (Recuerdos en Evolución y Descubriendo el Valle) nos abren las puertas a una cocina creativa que, tomando como base la cocina tradicional catalana, ensalza los productos autóctonos de temporada. ¿Curiosidades? La bella bodega... ¡se halla en la antigua cisterna de agua de lluvia!

🕸 ċ ⅢⅡ ⇦ 🅿 Precio: €€€€

Carretera Camprodón N 260 (km 91, Noroeste 2 km) ✉ *17813 –* ✆ *972 29 00 15 – www.restaurantcalenric.cat – Cerrado lunes, cena: martes-viernes y domingo*

L'HOSTAL DE CA L'ENRIC Ⓝ

TRADICIONAL • MARCO CONTEMPORÁNEO Este acogedor y luminoso restaurante, a unos 100 m del laureado Ca l'Enric, está dirigido por la chef Isabel Juncà, que aquí apuesta por una cocina tradicional de temporada, con platos más accesibles y cotidianos pero que no escatiman en cuidar el sabor. La carta, con opción de arroces, pescados y carnes a la brasa, canelones..., se complementa con un económico y cuidado menú los días laborables.

Ⅲ 🛋 🅿 Precio: €€

Carretera Camprodón N 260 (km 91, Noroeste 2 km) ✉ *17813 –* ✆ *972 29 12 06 – www.restaurantcalenric.cat – Cerrado lunes, cena: martes-jueves y domingo*

VALLADOLID

Valladolid – Mapa regional **8**–B2

❀ ALQUIMIA - LABORATORIO

Chef: Alvar Hinojal

CREATIVA • DE DISEÑO Una interesante propuesta gourmet en el corazón de la ciudad, pues se halla a los pies de la emblemática iglesia de Sta. María de La Antigua, uno de los indiscutibles iconos pucelanos. Antes de acceder al restaurante Alquimia - Laboratorio encontrará una zona de terraza, casi siempre llena por el ambiente universitario del entorno, y un gastrobar de carácter informal-actual (denominado Crisol) donde ofrecen un menú del día y divertidos platos para compartir. En el espacio gastronómico como tal, con la cocina vista y unos detalles decorativos propios de la culinaria molecular que dan sentido a ese apelativo de Laboratorio, el chef Alvar Hinojal brilla con luz propia a través de tres creativos y atrevidos menús degustación (Noradrenalina, Serotonina y Dopamina). ¡Sorprenden con cada bocado!

🕸 Ⅲ 🛋 Precio: €€€

Antigua 6 ✉ *47002 –* ✆ *983 07 53 78 – alquimiavalladolid.es – Cerrado, almuerzo: martes, cena: lunes, domingo*

❀ TRIGO

Chef: Victor Martin

MODERNA • MARCO CONTEMPORÁNEO Toda la vida se ha dicho que el trigo era el oro de Castilla, por lo que la alusión a este mítico cereal puede verse como una metáfora de románticos valores. El restaurante, a escasos pasos de la Catedral, refleja la pasión del chef Víctor Martín por los fogones. Junto a su mujer Noemí Martínez, sumiller de prestigio y responsable de sala, apuesta por una cocina contemporánea y creativa de firmes raíces tradicionales, construida siempre en base a su relación con los pequeños proveedores y a las fantásticas materias primas de la región (verduras de Tudela de Duero, pichones de Tierra de Campos, castañas de Cacabelos...); todo ello sin olvidarse, por supuesto, ni de los embutidos de su León natal ni de algún pescado de temporada. Déjese llevar y... ¡descubra también su espléndida bodega!

🕸 🅰🅲 Precio: €€€

Tintes 8 – ✉ 47002 – ℰ 983 11 55 00 – www.restaurantetrigo.com – Cerrado lunes, martes, cena: domingo

LA COCINA DE MANUEL ⓝ

TRADICIONAL · MARCO CONTEMPORÁNEO Un restaurante que, encontrándose en el entorno de la Plaza de Toros, ha ganado mucho con su cambio de ubicación, pues ahora disfruta de mayor espacio y mejor confort. El local, con un ambiente clásico-contemporáneo no exento de cierta elegancia, está bien llevado por Manuel y Esther, con él tras los fogones y ella desbordando amabilidad al frente de los distintos espacios donde puede comer (también en la barra). ¿Su propuesta? Una cocina tradicional actualizada, de generosas raciones, que siempre apuesta por las materias primas de temporada y por una combinación de sabores reconocibles.

♿ 🅰🅲 Precio: €€

Álvarez Taladriz 4 – ✉ 47007 – ℰ 983 02 35 51 – www.lacocinademanuel.com – Cerrado lunes, domingo

LLANTÉN

TRADICIONAL · ACOGEDORA Permanecer 20 años dando servicios parece que no les pesa, pues con motivo de su aniversario... ¡están demostrando más ilusión que nunca! Si busca un restaurante con encanto tiene que ir sí o sí, pues está ubicado en una urbanización a las afueras de Valladolid y sorprende gratamente tanto por su entorno ajardinado como por su estética de aires ibicencos, con unas cálidas chimeneas que aportan el ambiente perfecto para una velada romántica. El chef defiende una cocina tradicional maravillosamente puesta al día, con platos inconmensurables como sus Callos de wagyu con pata y morro.

🅰🅲 🏡 Precio: €€

Encina 11 (Pinar de Antequera, Sur 6 km) – ✉ 47153 – ℰ 983 24 42 27 – restaurantellanten.com – Cerrado lunes, cena: domingo

5 GUSTOS

COCINA DE MERCADO · ACOGEDORA Presenta un gastrobar y un coqueto comedor, donde... ¡se sentirá como en casa! La chef plantea una cocina tradicional actualizada, de mercado, con algún guiño a Sudamérica.

🅰🅲 Precio: €€

Torrecilla 8 – ✉ 47003 – ℰ 983 45 43 04 – www.5gustos.com – Cerrado lunes, cena: martes, domingo

DÁMASO

MODERNA · AMBIENTE CLÁSICO Humildad, naturalidad, técnica... aquí todo gira en torno al chef Dámaso Vergara, el auténtico epicentro de la casa. ¡La sala se asoma al "tee" del hoyo 9 en el campo de golf!

🍽 🅰🅲 🏡 🅿 Precio: €€

Carabela 1 (Club de Campo La Galera, Noroeste 4 km) – ✉ 47009 – ℰ 655 09 99 55 – www.restaurantedamaso.es – Cerrado lunes, cena: domingo

JERO

TRADICIONAL · BAR DE TAPAS Agradable, familiar y ubicado junto al edificio de Correos. Su barra, llena de pinchos y raciones, es toda una invitación. ¡Pruebe el Angelillo, la Cabra, su Mini Burguer...!

🅰🅲 Precio: €

Correos 11 – ✉ 47001 – ℰ 983 35 35 08

PACO ESPINOSA

PESCADOS Y MARISCOS · AMBIENTE CLÁSICO ¡En el barrio de La Victoria! Su carta contempla ibéricos, revueltos, guisos caseros... pero también magníficos pescados y mariscos, algo poco habitual sin ser puerto de mar.

&. AC Precio: €€€

Paseo Obregón 16 ✉ *47009 –* ☏ *983 33 09 88 – Cerrado lunes, cena: domingo*

SUITE 22 🆕

MODERNA • ELEGANTE Recupera las antiguas caballerizas del Palacio del Marqués de Castromonte, en pleno corazón de la ciudad, y sorprende por tener una acogedora sala abovedada donde se concilian el pasado y el presente. La propuesta de su chef, con opción de carta y varios menús, nos habla de una cocina actual pero también muy autodidacta y personal, con elaboraciones de acertados sabores que buscan alejarse de los cánones establecidos.

AC Precio: €€

Fray Luis de León 22 ✉ *47002 –* ☏ *983 20 15 34 – www.suite22restaurant.com – Cerrado lunes, domingo*

VILLA PARAMESA

ACTUAL • SIMPÁTICA Una casa familiar que, conservando su exitoso apartado de tapas, apuesta por una carta tradicional actualizada donde predominan las carnes y se ven guiños a otras latitudes.

&. AC 🍴 Precio: €€

Plaza Martí y Monsó 4 ✉ *47001 –* ☏ *983 35 79 36 – www.villaparamesa.com – Cerrado domingo*

VALLE DE CARRANZA

Vizcaya – Mapa regional **18**–A2

CASA GARRAS

TRADICIONAL • MARCO CONTEMPORÁNEO Casa familiar de 3ª generación donde ofrecen una cocina tradicional actualizada con toques gourmet. ¡Carne de Karrantza, pescados del Cantábrico y txakoli de su propia bodega!

&. AC Precio: €€

Barrio Concha 6 ✉ *48891 –* ☏ *946 80 62 80 – casagarras.com – Cerrado martes, cena: lunes, miércoles-viernes y domingo*

VALLROMANES

Barcelona – Mapa regional **10**–B3

😊 CAN POAL

TRADICIONAL • TENDENCIA Le gustará, pues ocupa una masía familiar que remonta sus orígenes al s. XIV. En su acogedor interior, con la cocina semivista y un ambiente rústico-actual, podrá degustar una cocina tradicional catalana donde se mima el producto de temporada, se cuidan las presentaciones y, con buen criterio, procuran respetar los sabores usando carnes ecológicas. Su carta contempla un buen menú, platos del día, deliciosos arroces, guisos... y la especialidad que les ha dado fama en la zona, el apartado de brasa en horno Josper. ¿Un plato de toda la vida? Sus deliciosas Manitas de cerdo.

AC 🍴 Precio: €€

Avenida Vilassar de Dalt 1b ✉ *08188 –* ☏ *935 72 94 34 – www.canpoal.cat – Cerrado domingo, cena: lunes-jueves*

SANT MIQUEL

TRADICIONAL • ACOGEDORA Casa familiar dotada con dos salas y un privado en la bodega. Ofrece una carta tradicional, un menú diario (los laborables) y otro de degustación. ¡Gran selección de vinos!

AC ⇄ Precio: €€

Plaza de l'Església 12 ✉ *08188 –* ☏ *935 72 90 29 – www.stmiquel.cat – Cerrado lunes, cena: martes-domingo*

VALVERDE DEL CAMINO

Huelva – Mapa regional **1**–A2

CASA DIRECCIÓN

COCINA DE MERCADO • **MARCO CONTEMPORÁNEO** Fácil de localizar, pues se halla junto al caserón de estilo inglés que hoy da cobijo al Museo Etnográfico (también llamado Casa Dirección). Cuenta con un bar de tapas, donde podrá degustar los platos de la carta en formato mini, y una sala que se asoma a la magnífica terraza, con una zona ajardinada para los eventos y... ¡hasta un anfiteatro! En su luminoso comedor, decorado con curiosas hormas de zapatos, le ofrecerán una carta tradicional actualizada y varios menús, todos con el maridaje incluido.

&. AC 🛱 Precio: €€

Avenida de la Constitución 98 ✉ *21600 –* 📞 *959 55 13 34 – restaurantecasadireccion.com – Cerrado lunes, cena: martes, miércoles y domingo*

VALVERDE DEL FRESNO

Cáceres – Mapa regional **12**–A1

HÁBITAT CIGÜEÑA NEGRA Ⓝ

Chefs: Jorge Ramajo y Diego Carrero

CARNES A LA PARRILLA • **CASA DE CAMPO** ¡Un hotel rural (solo adultos) que nos hace partícipes de la belleza de la Sierra de Gata! Se accede por un camino de tierra y toma su nombre de un ave migratoria con varios nidos en la finca, dotada con más de 220 hectáreas repletas de encinas y olivares (también tienen una almazara ecológica y un hammam). En su restaurante-asador, con la cocina semivista y grandes ventanales para contemplar la dehesa, ofrecen una carta regional muy centrada en las elaboraciones a la parrilla, sobre todo con sus propias carnes de cabrito, de cerdo ibérico y de reses RetWagyu (cruce entre Retinto y Wagyu).

❀ *El compromiso del Chef:* A parte de ofrecer los mejores cortes de carne de la dehesa (raza propia RetWagyu) hemos recuperado el olivar ecológico de donde procede nuestro AOVE. También tenemos la certificación Starlight que acredita la calidad de nuestro cielo para contemplar las estrellas.

⤳ &. AC P Precio: €€

Carretera EX-205, Km. 24 (Sur: 7 km y desvío por camino 4 km) ✉ *10890 –* 📞 *676 82 91 72 – habitatcn.com/es – Cerrado lunes, martes, cena: domingo*

VECINOS

Salamanca – Mapa regional **8**–B3

CASA PACHECO

TRADICIONAL • **RÚSTICA** Una longeva casa familiar que está estrechamente vinculada al mundo taurino, muy presente también en su decoración. Cocina tradicional rica en carnes, bacalaos, chacinas...

AC Precio: €€

José Antonio 12 ✉ *37452 –* 📞 *923 38 21 69 – restaurantecasapacheco.com – Cerrado martes, cena: lunes, miércoles- y domingo*

LA VEGA

Asturias – Mapa regional **3**–C1

GÜEYU-MAR

A LA PARRILLA • **RÚSTICA** Está a pie de playa y es un gran icono para los amantes de los pescados a la brasa, pues aquí son de excelente tamaño y calidad. ¡Sorprende con un enorme "rey" en la fachada!

8ᴎ ⟨🅰🅲 🍴 ⇔ Precio: €€€

Playa de Vega 84 – ✉ 33560 – 𝒞 985 86 08 63 – gueyumar.es – Cerrado lunes, martes, cena: miércoles-domingo

VEGA DE TIRADOS
Salamanca – Mapa regional **8**–B2

RIVAS

TRADICIONAL • **MARCO CONTEMPORÁNEO** Casa familiar con dos ambientes, uno moderno y otro más tradicional, que destaca por sus guisos, sus carnes a la brasa y su variada bodega. ¡Celebran jornadas gastronómicas!

🅰🅲 🅿 Precio: €€

Carretera 33 – ✉ 37170 – 𝒞 923 32 04 71 – www.restauranterivas.com – Cerrado lunes, martes, cena: miércoles, jueves y domingo

VEJER DE LA FRONTERA
Cádiz – Mapa regional **1**–B3

EL ALFÉREZ

TRADICIONAL • **MARCO CONTEMPORÁNEO** ¡Una gran opción para comer a pie de playa! Este negocio familiar, que da servicio desde 1988, disfruta de una agradable terraza y vuelca su propuesta en la cocina tradicional marinera, con pescados de lonja al peso, apartado de fritos, mariscos, un delicioso arroz con carabineros... y una carta aparte, exclusiva, dedicada al atún rojo de la almadraba de Petaca Chico.

🅰🅲 🍴 Precio: €€

Playa de El Palmar (Vejer Costa, Oeste 11 km) – ✉ 11159 – 𝒞 626 58 08 95 – www.restauranteelalferez.com – Cerrado martes

CASTILLERÍA

CARNES A LA PARRILLA • **RÚSTICA** Se halla al noroeste de Vejer y sorprende por su diseño a modo de terraza, integrada en la naturaleza y con la cocina acristalada. ¡Las carnes selectas son las protagonistas!

🍴 Precio: €€

Pago de Santa Lucía (al norte: 6 km) – ✉ 11150 – 𝒞 956 45 14 97 – www.restaurantecastilleria.com – Cerrado cena

EL MURO 🅽

ACTUAL • **MARCO REGIONAL** Un restaurante singular, pues toma su nombre de las cercanas murallas de Vejer, un precioso "pueblo blanco" que fue declarado Conjunto Histórico Artístico en 1976. El chef vejeriego Paco Doncel, tras pasar por grandes casas, ha vuelto a su tierra para liderar su propio proyecto en un local de aire tradicional y ambiente casual. ¿La propuesta? Platos actuales de base local, como los Canelones de la casa (el relleno varía según temporada), las Croquetas de mi madre o la Tarta de queso con su helado.

🅰🅲 Precio: €€

Paseo de las Cobijadas 1 – ✉ 11150 – 𝒞 648 78 34 68 – Cerrado miércoles, jueves

VÉLEZ-MÁLAGA
Málaga – Mapa regional **1**–C2

CHINCHÍN PUERTO

PESCADOS Y MARISCOS • **AMBIENTE MEDITERRÁNEO** Restaurante familiar que basa su éxito en la calidad del producto (lo adquieren directamente en la lonja) y en su respeto por el sabor. ¡Terraza frente al puerto deportivo!

🅰🅲 🍴 Precio: €€

Puerto Deportivo Caleta de Vélez (locales 3A y 4A, Sureste 5 km) – ✉ 29751 – 𝒞 952 03 04 43 – www.chinchinpuerto.es – Cerrado lunes, cena: martes-jueves y domingo

VERA

Almería – Mapa regional **1**–D2

😋 **TERRAZA CARMONA**

REGIONAL • **MARCO REGIONAL** Un negocio familiar de tercera generación que siempre ha velado por la tradición gastronómica almeriense; no en vano, a un lado de la calle existe una estatua de su fundador, D. Antonio Carmona Gallardo, como reconocimiento a su labor. El local, ubicado en el hotel homónimo, presenta un buen bar con expositor, una gran sala de ambiente regional y una coqueta terraza. Amplia carta de gusto tradicional con platos regionales, carnes a la brasa, pescados y mariscos frescos, sugerencias del día... así como un apetecible menú. ¡Cocina sencilla pero cuidada, muy basada en la calidad del producto!

&. 🅰️🅲️ ⇔ 🅿️ Precio: €€

Del Mar 1 ✉ *04620 –* 📞 *950 39 07 60 – www.terrazacarmona.com – Cerrado lunes, cena: domingo*

JUAN MORENO

TRADICIONAL • **MARCO CONTEMPORÁNEO** Restaurante de línea actual ubicado en una zona industrial, cerca de la plaza de toros. Su chef propone una cocina de sabor tradicional, con la opción de varios menús y sugerencias diarias. ¡Organizan interesantes jornadas gastronómicas a lo largo del año!

&. 🅰️🅲️ ⇔ Precio: €€

Carretera de Ronda 3 ✉ *04620 –* 📞 *950 39 30 51 – restaurantejuanmoreno.es – Cerrado domingo, cena: martes*

VIC

Barcelona – Mapa regional **9**–C2

BARMUTET

TRADICIONAL • **BAR DE TAPAS** A medias entre un pequeño bistró y una taberna. Carta de tapas y raciones muy variada, con platos a la brasa, mariscos, latas, encurtidos... así como numerosos vinos y vermús.

&. 🅰️🅲️ 🛋️ Precio: €

De la Ciutat 2 ✉ *08500 –* 📞 *938 13 46 43 – www.barmutet.com – Cerrado lunes*

BOCCATTI

PESCADOS Y MARISCOS • **ACOGEDORA** Un negocio familiar que no ha dejado de ganar adeptos desde 1978. Ofrece una cocina de tinte marinero que destaca por sus pescados salvajes y sus mariscos. ¡Conviene reservar!

🅰️🅲️ 🛋️ Precio: €€€

Mossèn Josep Gudiol 21 ✉ *08500 –* 📞 *938 89 56 44 – www.boccatti.es – Cerrado jueves, cena: lunes-miércoles, viernes- y domingo*

VIA 🆕

REGIONAL • **HISTÓRICA** Recupera para la hostelería la planta noble de la Casa Fontcuberta, un céntrico edificio señorial que llama la atención tanto por su estética decimonónica como por los frescos costumbristas que visten sus paredes. La carta, con platos tradicionales, catalanes y algunos arroces (suelen especificar también los pescados del día), se completa con un menú.

&. 🅰️🅲️ ⇔ Precio: €€

Riera 25 ✉ *08500 –* 📞 *616 47 44 41 – www.viarestaurant.cat – Cerrado lunes, martes, cena: miércoles, jueves y domingo*

VIELHA

Lleida – Mapa regional **9**–B1

ERA COQUÈLA

MODERNA • AMBIENTE CLÁSICO Sencilla casa que toma su nombre de una antigua olla de hierro, típica del valle. Proponen una cocina evolucionada, con platos creativos que utilizan productos tradicionales.

& AC ⇔ Precio: €€

Avenida Garona 29 ✉ *25530 –* 𝒞 *973 64 29 15 – www.eracoquela.com – Cerrado lunes, cena: domingo*

ETH BISTRO GASTRO ESPAI

MODERNA • BISTRÓ Curioso e íntimo local, con detalles de diseño y cabezas de ciervo hechas de diferentes materiales, que apuesta por la cocina moderna. Ofrecen una carta a modo de menú, a precio cerrado, y varios menús degustación más gastronómicos (estos últimos requieren reserva).

AC ⇔ Precio: €€€

Paseo de la Libertat 18 ✉ *25530 –* 𝒞 *628 80 37 47 – www.bistrovielha.es*

VIGO

Pontevedra – Mapa regional **13**–A3

✿ MARUJA LIMÓN

Chef: Rafael Centeno

CREATIVA • A LA MODA ¿Puede alguien ajeno al orbe gastronómico hacerse con una Estrella MICHELIN? Por supuesto que sí y el chef Rafa Centeno es un magnífico ejemplo de ello; no en vano, este diplomado en relaciones laborales nunca había cocinado profesionalmente antes de abrir el restaurante (2001), cuando de manera totalmente autodidacta empezó a ver la cocina como una manera de expresión personal.Maruja Limón, el encantador local con cuyo nombre se quiso hacer un guiño a la suegra del chef, supone una experiencia divertida, libre y sin mantel que busca despertar emociones y recuerdos a pocos metros del paseo marítimo de Vigo. Solo ofrecen dos sugerentes menús degustación (Esencia Maruja y Maruja en estado puro), ambos con los productos gallegos de proximidad como los indiscutibles protagonistas.

& AC Precio: €€€

Montero Ríos 4 ✉ *36201 –* 𝒞 *986 47 34 06 – www.marujalimon.es – Cerrado sábado, domingo*

✿ SILABARIO

Chef: Alberto González

MODERNA • MARCO CONTEMPORÁNEO Un restaurante que debe conocer tanto por la elaborada propuesta gastronómica como por su singular emplazamiento, bajo la vanguardista cúpula de acero y cristal (154 piezas triangulares) que cubre el edificio donde se halla la sede del Real Club Celta de Vigo.El chef vigués Alberto González, que defendió varios años la Estrella MICHELIN del Silabario que dirigía en Tui (Pontevedra), apuesta por esa "nueva cocina gallega" que respeta la tradición desde un punto de vista moderno y actual, construyendo sus platos en torno a la calidad del producto. Su carta, con opción de medias raciones, se completa con un menú de mercado, los días laborables, llamado Berbés (uno de los más económicos de Europa en un restaurante con Estrella MICHELIN) y tres más tipo degustación: Tempo, Raíces y Solaina.

& AC ⇔ Precio: €€€

Príncipe 44 ✉ *36202 –* 𝒞 *986 07 73 63 – www.silabario.gal – Cerrado lunes, domingo*

CASA MARCO

TRADICIONAL • AMBIENTE CLÁSICO Una opción más que interesante si lo que busca es una cocina tradicional elaborada que se alce, como alternativa, ante las consabidas mariscadas existentes por estos lares. En conjunto presenta un montaje de elegante línea clásica-actual, destacando la sala del fondo por tener un ventanal que permite ver las evoluciones del chef. La carta, que presenta un buen apartado de carnes, se enriquece con algunos arroces, pescados de mercado y apetecibles especialidades, como el Lomo de bacalao al horno encebollado con patatas panadera o la riquísima Sopa de chocolate blanco con helado de cítricos.

Precio: €€

Avenida García Barbón 123 ⊠ 36201 – ☏ 986 22 51 10 – www.restaurantecasamarco.es – Cerrado domingo

MORROFINO

MODERNA • SIMPÁTICA Un restaurante-taberna que sigue ganando adeptos entre los foodies. Resulta sorprendente, pues se presenta con una sencilla estética urbana y la cocina abierta tras la barra, ya que el chef quiere que los fogones sean los grandes protagonistas. ¿Qué proponen? Elaboraciones actuales, técnicas, divertidas... con tintes creativos y detalles de street food que respetan los sabores tradicionales. En la carta, bien apoyada por un menú degustación, encontrará platos para compartir y unas atractivas elaboraciones que, en algunos casos, miran hacia otros países a través de interesantes fusiones.

Precio: €€

Serafín Avendaño 4-6 ⊠ 36201 – ☏ 886 11 42 04 – www.morrofinotaberna.com – Cerrado lunes, martes

CASA OBDULIA

COCINA DE MERCADO • FAMILIAR Modesta casa familiar a las afueras de Vigo. Su cocina de mercado, con detalles actuales, brilla por la calidad de sus pescados y mariscos (muchos vienen de la lonja de Bueu).

Precio: €€

Avenida de Galicia 140 ⊠ 36216 – ☏ 986 45 26 30 – Cerrado lunes, martes, domingo, almuerzo: miércoles-sábado

DETAPAENCEPA

ACTUAL • AMBIENTE TRADICIONAL Dos negocios en uno: bar de tapeo y restaurante. En ambos espacios ofrecen la misma carta tradicional actualizada, con tapas, raciones y platos elaborados. ¡Excelente bodega!

Precio: €€

Ecuador 18 ⊠ 36203 – ☏ 986 47 37 57 – www.detapaencepa.com – Cerrado domingo

KERO

PERUANA • SENCILLA El nombre rememora la cultura inca y la cocina apuesta claramente por la fusión, con platos de alma peruana en base a producto gallego. ¡Pregunte por sus menús degustación!

Precio: €€

Castelar 6 ⊠ 36201 – ☏ 886 12 40 66 – kerococinaperuana.com – Cerrado lunes, domingo, cena: martes-jueves

KITA

JAPONESA • MINIMALISTA Sencilla línea minimalista, técnicas y cortes nipones, el fabuloso producto gallego... y un nombre japonés tras cuyo significado (Norte) se esconden varios guiños e intenciones.

Precio: €€

Avenida de Hispanidade 89 ⊠ 36203 – ☏ 986 91 36 75 – www.restaurantekita.com – Cerrado lunes, domingo

LA MESA DE CONUS

ACTUAL • TENDENCIA Atractivo, actual, diferente... y diseñado para comer en la barra, lo que hace recomendable la reserva. Cocina contemporánea de producto, con un único menú degustación sorpresa.

🖻 Precio: €€

San Roque 3 ✉ *36200 –* ✆ *698 17 48 73 – www.lamesadeconus.com – Cerrado lunes, martes, cena: miércoles, domingo*

VILABLAREIX

Girona – Mapa regional **10**–A1

MAS MARROCH

ACTUAL • **AMBIENTE MEDITERRÁNEO** Antigua masía ubicada en un entorno verde y tranquilo, con un espacio singular bajo una gran cúpula. ¡Todo un viaje culinario por los platos más icónicos de los hermanos Roca!

🖻 ⇔ 🅿 Precio: €€€

Pla del Marroc 6 ✉ *17180 –* ✆ *972 39 42 34 – www.masmarroc.com – Cerrado lunes, martes, domingo, almuerzo: miércoles-sábado*

VILADECAVALLS

Barcelona – Mapa regional **10**–A3

LA FONDA RISTOL

CATALANA • **AMBIENTE CLÁSICO** Llevado con profesionalidad por la familia Ristol, en el mundo de la restauración desde 1905. Ofertan una cocina tradicional catalana, con algún toque actual, y varios menús.

♿ 🖻 🍴 ⇔ 🅿 Precio: €€

Antoni Soler Hospital 1 ✉ *08232 –* ✆ *93 788 29 98 – ristol.com – Cerrado lunes, martes, cena: miércoles, jueves y domingo*

VILAFRANCA DEL PENEDÈS

Barcelona – Mapa regional **10**–C2

😳 EL CIGRÓ D'OR 🅽

REGIONAL • **MARCO REGIONAL** Sorprende por su emplazamiento en la 2ª planta del Mercat de la Carn, por lo que aquí la calidad y frescura de las materias primas está garantizada. En este establecimiento, que aparte del comedor cuenta con una barra donde se puede comer mientras vemos el cocinado en directo, el chef Oriol Llavina defiende una cocina catalana puesta al día y que siempre busca exaltar los productos de proximidad. Entre semana trabajan mucho con menús (diario, degustación diario y menú de carta), reservando el servicio a la carta como tal para los fines de semana. ¡Pruebe el delicioso Gallo negro del Penedès!

♿ 🖻 Precio: €

Plaça de l'Oli 1 ✉ *08720 –* ✆ *938 90 56 09 – www.elcigrodor.com – Cerrado cena: lunes-jueves y domingo*

VILALBA

Lugo – Mapa regional **13**–B2

MESÓN DO CAMPO

TRADICIONAL • **RÚSTICA** Un restaurante de referencia en la región. Aquí le propondrán una cocina de base tradicional con pinceladas actuales e interesantes jornadas gastronómicas a lo largo del año.

🍽 🖻 Precio: €€€

Plaza San Juan 10 ✉ *27800 –* ✆ *982 51 02 09 – www.mesondocampo.com – Cerrado miércoles, cena: martes*

VILAMARÍ

Girona – Mapa regional **9**–C3

⊛ CAN BOIX

REGIONAL • RURAL ¿Le apetece genuina cocina catalana? En este acogedor restaurante familiar, a pie de carretera y con las paredes en piedra, ofrecen esa autenticidad que tanto busca, pues lo mejor de los negocios rurales es que suelen huir de lo superfluo para crecer desde la honestidad. Aquí los hermanos Boix, Jordi y Albert, apuestan decididamente por los guisos tradicionales de mar y montaña, las carnes a la parrilla de leña natural y, sobre todo, la elaboración de unos arroces, para dos, realmente exquisitos (hay hasta uno vegano). ¡Muchos clientes optan por alguno de sus completos menús!

🗛 🏠 ⇄ 🅿 Precio: €€

Carretera de Banyoles a l'Escala ✉ *17468 – 𝒸 972 56 10 05 – www.canboixvilamari.com/es/can-boix-vilamari-es – Cerrado domingo, cena: lunes-miércoles*

VILANOVA I LA GELTRÚ

Barcelona – Mapa regional **10**–C2

CONTRASTES

FUSIÓN • MARCO CONTEMPORÁNEO Restaurante de ambiente contemporáneo e informal llevado por un joven chef de origen brasileño. Cocina de fusión que mira mucho hacia Asia y Perú. ¡Completo menú degustación!

♿ 🗛 Precio: €€

Unió 44 ✉ *08800 – 𝒸 933 83 81 86 – www.contrastes30.webnode.es – Cerrado lunes, domingo*

VILLADEPALOS

León – Mapa regional **8**–A1

LA TRONERA

MODERNA • ACOGEDORA Ideal para una escapada, pues... ¡comparte edificio con un hotelito rural! Trabajan con un único menú degustación de temporada, en base a una cocina tradicional-actualizada y exaltando siempre los productos autóctonos (muchos de producción propia).

🗛 🅿 Precio: €€

El Caño 1 (Hotel La Tronera - Suroeste 1,5 km) ✉ *24565 – 𝒸 616 18 26 19 – www.hotelrurallatronera.com – Cerrado lunes-miércoles, cena: jueves, domingo*

VILLALBA DE LA SIERRA

Cuenca – Mapa regional **7**–C2

⊛ MESÓN NELIA

ACTUAL • FAMILIAR Una casa con buen nombre en la zona, pues aquí el oficio de restaurador ha pasado de padres a hijos durante tres generaciones. Disfruta de un bar moderno-funcional, donde también sirven la carta diaria, un comedor con chimenea y un enorme salón para eventos. El chef-propietario propone una actualización de la cocina tradicional conquense, por lo que ofrece platos como la Copita de ajoarriero con albaricoque, el Bacalao con pisto manchego o las Manitas de cerdo rellenas de queso de cabra. El entorno, a orillas del Júcar, resulta sumamente atractivo. ¡También gestionan varias casas rurales!

🗛 🏠 ⇄ 🅿 Precio: €€

Carretera Cuenca-Tragacete (km 21) ✉ *16140 – 𝒸 969 28 10 21 – www.mesonnelia.com – Cerrado miércoles, cena: lunes, martes*

VILLALLANO

Palencia – Mapa regional **8**–C1

TICIANO

TRADICIONAL • RÚSTICA Sorprende en esta pequeña localidad y recupera... ¡lo que fueron unas cuadras! En el bello comedor del piso superior, rústico y con el techo en madera vista, ofrecen una carta de cocina tradicional que destaca por su oferta de carnes.

🅰🅒 Precio: €€

Concepción ✉ *34815 –* ☎ *979 12 36 10 – www.ticiano.es – Cerrado lunes, cena: martes-viernes y domingo*

VILLANOVA

Huesca – Mapa regional **2**–B1

🟢 CASA ARCAS

CREATIVA • ACOGEDORA Se halla en un hotelito rural del valle de Benasque, no muy lejos de la estación de Candanchú, y resulta realmente cautivador. La pareja al frente, Ainhoa Lozano y David Beltrán (conocido como Tauste), demuestra profesionalidad y pasión, la propia de quienes se han formado con el maestro Martín Berasategui. La sala, con chimenea y bellas vistas, es el escenario perfecto para degustar una cocina creativa de intenso sabor. Sus menús nos proponen unos deliciosos paseos por las montañas (hay una opción económica para los clientes alojados y dos más llamadas Sendero PR-7 y Gran Recorrido GR-10).

🏠🅿 Precio: €

Carretera A-139 (Hotel Casa Arcas - km 51) ✉ *22467 –* ☎ *974 55 33 78 – hotelvalledebenasque.com – Cerrado lunes, cena: domingo*

VILLANUEVA DE SAN CARLOS

Ciudad Real – Mapa regional **7**–B3

LA ENCOMIENDA

REGIONAL • MARCO REGIONAL Una casa de carácter manchego que parece anclada en el tiempo, no en vano... ¡ocupa una antigua quesería! Cocina regional de sabor casero, con platos como el Arroz con perdiz.

🅰🅒 🍴⇔ Precio: €

Alameda 34 ✉ *13379 –* ☎ *926 87 91 69 – www.laencomiendarestaurante.com – Cerrado lunes, cena: martes-domingo*

VILLARROBLEDO

Albacete – Mapa regional **7**–C2

🟢 AZAFRÁN

REGIONAL • SIMPÁTICA Estamos seguros de que le enamorará, pues la chef Teresa Gutiérrez, que también ejerce como embajadora de la D.O.P. Azafrán de La Mancha, ha sabido combinar los recios sabores manchegos, las técnicas más actuales y una inequívoca femineidad; no en vano, el equipo está formado íntegramente por mujeres. La carta, de cocina actual y base regional, se completa con dos interesantes menús, el más completo de tipo degustación. Descubra el pan artesano, los quesos manchegos, las posibilidades de la caza en temporada y, cómo no, los platos de su carta dulce, lo que la chef llama... ¡sus "galguerías"!

♿🅰🅒 ⇔ Precio: €€

Avenida Reyes Católicos 71 ✉ *02600 –* ☎ *967 14 52 98 – www.azafranvillarrobledo.com – Cerrado lunes, cena: martes-jueves y domingo*

VILLAVERDE DE PONTONES

Cantabria – Mapa regional **6**–B1

✿✿✿ CENADOR DE AMÓS

Chef: Jesús Sánchez

MODERNA • ACOGEDORA Desvele los secretos ocultos en la Casa-Palacio Mazarrasa (1756), un templo culinario en constante evolución que... ¡emociona y deja huella!La experiencia, con acogida y aperitivos en el pabellón acristalado o en la terraza, culmina felizmente en unos elegantes comedores de línea rústica-actual. El chef Jesús Sánchez, siempre con su icónica gorra y el inestimable apoyo de Marián Martínez (su mujer y jefa de sala), se muestra fiel a los productos autóctonos, a la temporalidad y a su firme compromiso con la sostenibilidad para buscar, a través de su menú "30 Temporada", un sincero homenaje al entorno, a la identidad cántabra, a su historia... y a esa vehemente labor de investigación escondida tras cada bocado. ¡Para el pan, elaborado por ellos mismos con masa madre, se acaban las loas y los calificativos positivos!

✿ *El compromiso del Chef:* Respetamos la estacionalidad de los productos ecológicos que cultivamos en nuestro huerto y trabajamos con productores locales, pues apoyamos el concepto de economía circular. También hemos creado una comunidad solar, así que compartimos energía con nuestros vecinos.

🕸 🎟 ⇄ 🅿 Precio: €€€€

Plaza del Sol ✉ *39793* – 𝒞 *942 50 82 43* – *www.cenadordeamos.com* – *Cerrado lunes, martes, cena: miércoles, jueves y domingo*

VILLAVICIOSA

Asturias – Mapa regional **3**–B1

ALENDA ⓝ

MODERNA • RÚSTICA En esta encantadora casita rural, llevada con amabilidad por Iñaki y Lola a pocos kilómetros de la costa, ofrecen platos personales y de sabores equilibrados que siempre ensalzan el entorno. La carta, dominada por los pescados que llegan a diario de la cercana lonja de Lastres, se complementa con un menú degustación. ¡Muchas de sus verduras y hortalizas proceden de su propio huerto!

🕋 🅿 Precio: €€

Castiello de Selorio 23-A ✉ *33316* – 𝒞 *676 51 76 32* – *Cerrado lunes, martes*

VILLAVICIOSA DE ODÓN

Madrid – Mapa regional **15**–A2

EL QUINTO SABOR

CREATIVA • ACOGEDORA Sorprende por su emplazamiento, rodeado de naves industriales y en un edificio que aboga por la sostenibilidad. La propuesta, centrada en cuatro menús degustación, emana técnica e ilusión, cuidando mucho los sabores y las presentaciones. ¿Curiosidades? Algunos platos incorporan Espirulina Fresca, una microalga única por su concentración de nutrientes.

🎟 ⇄ Precio: €€

Avenida de Quitapesares 17 ✉ *28670* – 𝒞 *910 28 38 78* – *r5s.es* – *Cerrado lunes, martes, almuerzo: miércoles, cena: domingo*

VILLENA

Alicante – Mapa regional **11**–A3

😊 LA TEJA AZUL

TRADICIONAL • RÚSTICA Sorprende para bien, pues está instalado en casa de muros centenarios con gran presencia de piedra y vigas de madera. La amable pareja al frente, Antonio desde la cocina y Pepi al frente de la sala, defiende desde hace más de 20 años una cocina tradicional mediterránea de esas que enamoran, pues acuden a las mejores materias primas del entorno para replicar su recetario desde el cariño y la honestidad. ¿Qué encontrará? Unos cuidados entrantes, pescados y mariscos de la lonja de Santa Pola, unas sabrosas carnes a la brasa... y, sobre todo, unos maravillosos arroces. ¡Buen menú degustación!

AC Precio: €€

Sancho Medina 34 – ✉ 03400 – ☎ 965 34 82 34 – www.latejaazul.com – Cerrado martes, cena: lunes, miércoles- y domingo

VILLOLDO

Palencia – Mapa regional **8**–B2

ESTRELLA DEL BAJO CARRIÓN

TRADICIONAL • **MARCO CONTEMPORÁNEO** Una casa de organización familiar que ha sabido granjearse su prestigio apostando por la cocina tradicional, siempre excelentemente elaborada. Su especialidad son las Judías blancas viudas, aunque también ofrecen deliciosos lechazos, pichones de Tierra de Campos, callos guisados...

🕭 AC P Precio: €€

Mayor 32 – ✉ 34131 – ☎ 979 82 70 05 – www.estrellabajocarrion.com – Cerrado lunes, cena: domingo

VINARÒS

Castellón – Mapa regional **11**–B1

😊 RUBÉN MIRALLES Ⓝ

MODERNA • **COLORIDA** Este pequeño restaurante, en un callejón a pocos metros de la céntrica Plaza Parroquial, supone una buena oportunidad si busca una experiencia gastronómica. El joven chef al frente defiende una cocina actual que conjuga diferentes tendencias, sin radicalismos, con platos de producto y base tradicional que buscan invitarnos a un viaje culinario, desde el origen del entorno hacia los sabores del mundo, pues hace guiños a la cocina árabe, peruana, asiática... Ofrece servicio a la carta e interesantes menús (Debé, Producte, Amarant y Essència), estando uno pensado para los clientes veganos.

AC 🕭 Precio: €€

Travessia de Sant Vicent 9 – ✉ 12500 – ☎ 964 02 69 39 – www.rubenmiralles.com – Cerrado lunes, cena: martes-jueves y domingo

VITORIA-GASTEIZ

Álava – Mapa regional **18**–A2

😊 ZABALA

ACTUAL • **MARCO CONTEMPORÁNEO** Se encuentra en la turística zona de Los Arquillos, a pocos pasos de la Plaza Mayor, y tras su atractiva entrada en piedra sorprende con dos espacios bien diferenciados: uno, al nivel de la calle, que llama la atención por el uso de la madera a modo de ondas, todo con una estética contemporánea muy cuidada, y el otro en la planta superior, con varios comedores de superior montaje, un privado y una sala que destaca por estar cubierta por una gran bóveda. Carta de cocina tradicional no exenta de detalles actuales, siempre en base a unos productos escogidos. ¡Solo hay menú los días laborables!

AC ⇦⇨ Precio: €€

Mateo Benigno de Moraza 9 – ✉ 01001 – ☎ 945 23 00 09 – www.restaurantezabala.es

ANDERE

TRADICIONAL • **AMBIENTE CLÁSICO** Se halla en pleno centro y es considerado un clásico... eso sí, hoy bien actualizado y con un bello patio cubierto a modo jardín de invierno. Cocina tradicional puesta al día.

AC 🕭 ⇦⇨ Precio: €€€

Gorbea 8 – ✉ 01008 – ☎ 945 21 49 30 – www.restauranteandere.com – Cerrado lunes, cena: martes-jueves y domingo

EL CLARETE

MODERNA • ACOGEDORA Está llevado entre hermanos y presenta un aspecto actual, con una bodega acristalada en una sala y la cocina semivista en la otra. Interesantes menús de línea actual-creativa.

🅰️ Precio: €€

Cercas Bajas 18 ⊠ 01008 – ☎ 945 26 38 74 – elclareterestaurante.com – Cerrado domingo, cena: lunes-jueves

KEA BASQUE FINE FOOD

ACTUAL • A LA MODA Pequeño local dividido en dos zonas, la taberna y el coqueto comedor. Cocina vasca tradicional sencilla y sabrosa, basada en el producto de cercanía y pensada para compartir.

🅰️ Precio: €€

San Prudencio 21 ⊠ 01005 – ☎ 945 21 28 38 – www.keabasque.com – Cerrado cena: domingo

ZALDIARÁN

ACTUAL • ELEGANTE Un clásico de la hostelería alavesa… ¡bien actualizado! Presenta una zona de picoteo informal y un elegante comedor, donde ofrecen cocina actual con sutiles notas de autor.

🅰️ ⇔ Precio: €€€

Avenida Gasteiz 21 ⊠ 01008 – ☎ 945 13 48 22 – www.restaurantezaldiaran.com – Cerrado martes, cena: lunes, miércoles-viernes y domingo

XÀBIA

Alicante – Mapa regional **11**–B3

 BONAMB

Chef: Alberto Ferruz

CREATIVA • A LA MODA Un restaurante tremendamente singular, pues cada temporada… ¡encuentra la inspiración en un tema diferente!El espacio, una casa de campo restaurada con un precioso entorno ajardinado, es tan sugerente como la propia propuesta del chef Alberto Ferruz (tutela también Casa Pepa, en Ondara, con una Estrella MICHELIN), un hombre que siempre mira al Mediterráneo y a la Marina Alta alicantina para que sus magníficos pescados y mariscos, sus prolíficos huertos, las hierbas del Montgó… sean los protagonistas. ¿Qué encontrará? Tres menús degustación de tinte creativo (La Taula, Els Testos y La Catedral) con los que narra la historia de los "Encesers", los antiguos agricultores que, para poder subsistir, se acercaban hasta los acantilados al anochecer y se colgaban, con una luz, para pescar (arte de L'Encesa).

🦞 🅰️ 🍴 ⇔ 🅿️ Precio: €€€€

Carretera de Benitachell 100 (Suroeste 2,5 km) ⊠ 03730 – ☎ 965 08 44 40 – bonamb.com – Cerrado lunes-miércoles

 TULA

Chef: Borja Susilla

COCINA MEDITERRÁNEA • ACOGEDORA Cuando todo el mundo habla mil maravillas de un restaurante es, sin duda, porque… ¡están haciendo las cosas muy bien!En este sencillo local, ubicado frente a la playa del Arenal, la pareja formada por Borja Susilla y Clara Puig ofrece unas apetitosas elaboraciones en las que se nota su paso por grandes casas, no en vano… ¡se conocieron durante su etapa de formación con el chef Quique Dacosta! Encontrará abundantes sugerencias de mercado (con pescados sacrificados mediante "Ike Jime", una técnica japonesa que intensifica el sabor) y muchos platos pensados para que los deguste en formato de medias raciones. No deje de probar su Arroz con leche caramelizado, un postre que ofrecen como homenaje a su paso, también, por el laureado Casa Gerardo de Prendes, en el Principado de Asturias.

AC 🍴 Precio: €€

Avenida de la Llibertat 36 (Playa del Arenal, 3 km) ✉ 03730 – 🌢 966 47 17 45 – www.tularestaurante.com – Cerrado lunes, martes, domingo

LA PERLA DE JÁVEA

TRADICIONAL • **MARCO CONTEMPORÁNEO** ¡En pleno paseo marítimo! Este negocio familiar, actual, luminoso y con excelentes vistas, ofrece una cocina tradicional especializada en arroces, fideuás y pescados de lonja.

≼ & AC 🍴 Precio: €€

Avenida de la Llibertat 21 (Playa del Arenal, 3 km) ✉ 03730 – 🌢 966 47 07 72 – www.laperladejavea.com – Cerrado lunes

TOSCA

COCINA MEDITERRÁNEA • **ACOGEDORA** Toma su nombre del tipo de piedra autóctona que viste su interior y sorprende con una agradable terraza, esta última... ¡con vistas al canal! Cocina mediterránea puesta al día.

& AC 🍴 Precio: €€€

Avenida del Mediterráneo 238 (Edificio Costa Blanca, Playa del Arenal, 2 km) ✉ 03730 – 🌢 965 79 31 45 – www.toscarestaurante.com – Cerrado lunes, domingo

VOLTA I VOLTA

COCINA MEDITERRÁNEA • **SIMPÁTICA** ¡En un edificio del casco viejo! Conserva detalles estéticos de la casa antigua original y ofrece sabrosa cocina mediterránea, con influencias italianas y de otras latitudes.

AC 🍴 Precio: €

Santa Teresa 3 ✉ 03730 – 🌢 965 04 28 23 – www.voltaivoltarestaurant.com – Cerrado martes, miércoles

LA XARA

Alicante – Mapa regional **11**–B2

EL CARRETER

MODERNA • **MARCO REGIONAL** Ocupa una bella casa de labranza, en un cruce de caminos, con cuyo nombre recuerdan la labor de los antiguos carreteros. Encontrará una agradable terraza que usan para los aperitivos o los cafés, varias salas de cuidado montaje (una de ellas con chimenea) y una carta de tinte actual, con un buen menú degustación, que exalta el uso de productos mediterráneos.

AC 🅿 Precio: €€

Partida Fredat 12 ✉ 03709 – 🌢 965 78 46 72 – www.elcarreter.com – Cerrado lunes, cena: martes-jueves y domingo

XERTA

Tarragona – Mapa regional **9**–A3

✿ VILLA RETIRO

Chef: Fran López

CREATIVA • **ACOGEDORA** ¡Un mágico viaje a los sabores del Baix Ebre! Este restaurante, ubicado en una tierra de ignota belleza, sorprende especialmente por su emplazamiento en las antiguas caballerizas, hoy redecoradas en un estilo más actual, del precioso resort indiano homónimo, que remonta sus orígenes hasta 1890. El chef Fran López continúa viendo en el Delta del Ebro su fuente de inspiración. A través de sus menús (Clásico, Homenaje y Más que un homenaje), con un enfoque basado en la historia de los pueblos y las culturas que han pasado por la comarca (ilercavones, romanos, árabes, cristianos...), propone una cocina tradicional, creativa y de mercado que replantea los sabores de esta tierra (los famosos arroces del Delta, diferentes pescados de lonja, el invasor cangrejo azul...) a través de numerosos bocados o "finger foods", enriqueciendo siempre la experiencia con múltiples toques personales, técnicas modernas y detalles contemporáneos. ¡El equipo de sala explica los platos con detalle!

🦐 ⬩ 🛏 ⚓ 🆔 ⇨ 🅿 Precio: €€€€

Dels Molins 2 (Hotel Villa Retiro) ✉ 43592 – ☎ 977 47 38 10 – hotelvillaretiro. com – *Cerrado lunes, martes, cena: domingo*

XINORLET
Alicante – Mapa regional **11**–A3

😊 ## ELÍAS

REGIONAL • **AMBIENTE CLÁSICO** Una casa de larga trayectoria familiar que ha sabido adaptarse a nuestros días sin perder sus raíces. Se halla en el centro del pueblo, tras una sobria fachada, presentándose con un cuidado interior de línea actual, una vinoteca acristalada y la zona de brasas a la vista. Aquí, lo más admirable es el respeto que muestran hacia los platos regionales de siempre, por eso muchos se cocinan directamente sobre sarmientos. Su especialidad son los arroces (el de conejo y caracoles está impresionante), aunque también ofrecen platos típicos, como las Almendras tostadas o la Gachamiga, que debe probar.

♿ 🆔 ⇨ 🅿 Precio: €€

Rosers 7 ✉ 03649 – ☎ 966 97 95 17 – *Cerrado sábado, domingo, cena: lunes-viernes*

YECLA
Murcia – Mapa regional **16**–B1

BARAHONDA

MODERNA • **ACOGEDORA** Dentro de la bodega Señorío de Barahonda y... ¡con vistas a las vides! Ofrecen, bajo el formato de menús degustación, una cocina del terreno vista con los ojos de la actualidad.

🆔 ⇨ 🅿 Precio: €€

Carretera de Pinoso (km 3, Bodega Señorío de Barahonda) ✉ 30510 – ☎ 968 75 36 04 – www.barahonda.com – *Cerrado lunes, cena: martes-domingo*

ZAFRA
Badajoz – Mapa regional **12**–B3

😊 ## ACEBUCHE

FUSIÓN • **MARCO CONTEMPORÁNEO** Se halla en la zona más turística de Zafra y es un establecimiento de referencia en la historia culinaria segedana, lo que no ha impedido que hoy se presente totalmente renovado y con nuevos bríos bajo la batuta de la pareja al frente. Carmen y Javo, que se conocieron trabajando en El Invernadero (una Estrella MICHELIN, Madrid), decidieron hacer su propio camino trasformando la oferta de este local, que ahora fusiona con acierto la cocina extremeña con la argentina en un guiño a sus respectivos orígenes. Encontrará una única carta, no muy extensa pero con la posibilidad de medias raciones.

🆔 Precio: €€

Santa Marina 3 ✉ 06300 – ☎ 924 55 33 20 – www.acebucherestaurante.com – *Cerrado lunes, martes, cena: domingo*

LA REBOTICA

TRADICIONAL • **ACOGEDORA** Bien ubicado en el casco viejo, en el interior de una casa antigua que ha sabido ponerse al día manteniendo su acogedora rusticidad. La propuesta, propia de una cocina tradicional actualizada que trabaja mucho con carnes de Retinto y bacalaos, se ve apoyada por una buena oferta de vinos de la Ribera del Guadiana. ¡No se pierda la deliciosa Trilogía ibérica (presa, solomillo y secreto)!

🆔 Precio: €€

Botica 12 ✉ 06300 – ☎ 924 55 42 89 – www.lareboticazafra.com – *Cerrado domingo*

ZAHARA DE LOS ATUNES

Cádiz – Mapa regional **1**–B3

TRASTEO

ACTUAL • SIMPÁTICA Un gastrobar de ambiente simpático e informal, pues se decora... ¡con curiosos objetos y muebles reciclados! Cocina de corte actual bien elaborada, fresca y ligera, basada en raciones y medias raciones. ¿Qué probar? Pida la Tortillita de camarones estilo vietnamita o la Caldereta picante de gamba blanca y huevo.

🗚 🍴 Precio: €€

María Luisa 24 ✉ *11393 –* 🖉 *956 43 94 78 – Cerrado martes*

ZAHORA

Cádiz – Mapa regional **1**–B3

AROHAZ

ACTUAL • SIMPÁTICA Un negocio moderno-minimalista, con unas cuidadas habitaciones como complemento, que ha sabido transformar la modestia en virtud y no se encuentra muy lejos de la playa. Aquí apuestan por una cocina actual, de bases tradicionales, que toca un poco todos los palos (pescados y atún de almadraba, carnes nacionales, arroces para dos...) y utiliza los mejores productos gaditanos con algún que otro toque de fusión. ¡Pruebe sus croquetas, pues las hay de almuerzo campero, de jamón, de espinacas y queso...!

♿ 🗚 🍴 🅿 Precio: €€

Carril del Pozo 25 (Zahora, Noroeste 5 km) ✉ *11159 –* 🖉 *956 43 70 05 – arohazhotel.mydirectstay.com – Cerrado lunes, martes, almuerzo: miércoles, cena: domingo*

ZALDIERNA

La Rioja – Mapa regional **14**–A2

CASA ZALDIERNA

ACTUAL • RÚSTICA Ubicado en un pueblecito, lleno de rusticidad, de las montañas de Ezcaray. Cocina de base tradicional con dosis de modernidad y toques personales del chef, que combina acertadamente los productos del entorno. Agradable terraza y habitaciones como complemento.

🍴 Precio: €€

Del Puente (Zaldierna, por LR-415, Sur 6 km) ✉ *26289 –* 🖉 *941 42 71 53 – www.casaruralzaldierna.com – Cerrado lunes, cena: martes-jueves y domingo*

ZAMORA

Zamora – Mapa regional **8**–B2

😀 ## CUZEO

ACTUAL • TENDENCIA Esta casa, en una concurrida calle peatonal del casco antiguo, supone una magnífica oportunidad para degustar platos locales y regionales, ensalzando siempre los productos zamoranos (como los sabrosos garbanzos de Fuentesaúco) y dando un protagonismo especial a la caza (perdiz, jabalí, ciervo, corzo... la mayoría de los recursos cinegéticos proceden de la Sierra de la Culebra). Encontrará un local de aspecto rústico-moderno, con varios comedores de pequeño tamaño y una carta tradicional actualizada que se completa con un buen menú degustación. ¡No deje de probar sus Croquetas de kimchi!

🗚 Precio: €€

Rúa de los Francos 6 ✉ *49001 –* 🖉 *980 50 98 86 – Cerrado lunes, martes*

ZARAGOZA

Zaragoza – Mapa regional **2**–A2

⟨⟩ CANCOOK

Chef: Ramsés González

CREATIVA · **MARCO CONTEMPORÁNEO** El tándem formado por Ramsés González (tras los fogones) y Diego Millán (jefe de sala y sumiller) buscaba subir un escalón en su proyecto, por eso se han instalado en un local mucho más amplio y céntrico dentro de la capital maña.Anhelan que su oferta se vea como una experiencia, por eso han creado un recorrido que se inicia en lo que llaman La Fresquera, donde nos presentan los productos (el 90%, como mínimo, siempre son de Aragón), continúa con algunos aperitivos en la cocina de I+D (hay una mesa del chef que ejerce como privado) y finaliza en el comedor del piso superior (cuenta con una barra frente a la cocina donde terminan los platos). ¿Su oferta? Tres menús degustación de tinte creativo (Gran Menú, Festival y Evolución) que exaltan, como ellos mismos dicen, la "cocina geográfica aragonesa".

⟨⟩ *El compromiso del Chef:* El 90% de las materias primas que usamos son de proximidad, pues queremos exaltar los extraordinarios productos aragoneses. Tenemos un huerto, compostamos los residuos, apostamos por el reciclaje... y criamos nuestras propias gallinas en libertad, de manera ecológica.

⟨⟩ 🅰🄲 ⇨ Precio: €€€€

de León XIII 2 ✉ *50001 –* 🕿 *976 23 95 16 – www.cancookrestaurant.com – Cerrado lunes, martes, cena: domingo*

⟨⟩ GENTE RARA

Chef: Cristian Palacio

CREATIVA · **INDUSTRIAL** Lo tiene todo para triunfar, pues tras ese apelativo de "Gente rara" hay un equipo joven, dinámico y desenfadado que desborda... iganas de sorprender!El local, en un antiguo taller mecánico del barrio de Jesús, se presenta con un gran lucernario y diferentes ambientes, pues tiene una zona de sofás para tomar los primeros aperitivos, otra sala llamada "Especioteca" y el comedor principal, este último con la cocina vista en el centro, una barra en torno a ella y algunas mesas para que disfrutemos de su frenética actividad. La propuesta se plantea como un recorrido por los distintos espacios y solo es accesible a través de sus menús degustación (Chalado y Lunático), ambos con elaboraciones de pequeño formato repletas de coherencia, técnica y sabor. ¡Reserve con mucha antelación!

🅰🄲 Precio: €€€

Santiago Lapuente 10 ✉ *50014 –* 🕿 *623 00 20 84 – www.genterara.es – Cerrado lunes, domingo, cena: martes, miércoles*

⟨⟩ LA PRENSA

Chef: Marisa Barberán

ACTUAL · **MARCO CONTEMPORÁNEO** Lo que despuntando los años 70 empezó siendo un despacho de vinos se convirtió, poco a poco, en un restaurante de referencia para la gastronomía maña. Aquí, el tándem formado por la chef Marisa Barberán y su marido, David Pérez (jefe de sala y sumiller), ha dado alas a una casa que hoy construye su filosofía desde un precepto claro: el amor por el trabajo bien hecho.En su comedor, minimalista con detalles de diseño, podrá degustar una cocina actual-creativa basada en dos menús degustación. Las raíces de su propuesta beben de la honestidad, de utilizar los mejores productos de temporada que da esta tierra y del pleno dominio de las técnicas actuales, pues estas permiten jugar con los sabores, los colores y las texturas en favor de unos platos mucho más vanguardistas y expresivos.

🅰🄲 Precio: €€€

José Nebra 3 ✉ *50007 –* 🕿 *976 38 16 37 – www.restaurantelaprensa.com – Cerrado lunes, martes, domingo, cena: miércoles*

ES.TABLE

ACTUAL · MARCO CONTEMPORÁNEO Si ya conoce la elaborada cocina de Cancook (una Estrella MICHELIN) y busca una propuesta algo más accesible este establecimiento, que ocupa las antiguas instalaciones del laureado restaurante, resulta ideal. El local, tipo bistró pero de elegante montaje, apuesta sin complejos por el trabajo en la sala, por eso cuenta con varios carritos de servicio hechos a medida (panes, quesos, patés, desespinado...). ¿La propuesta? Una carta de gusto actual, con algunos platos clásicos de Cancook y guiños a los productos de Aragón, que se define a sí misma bajo un lema: "Técnica, maña y perfeccionismo".

🆎 ⇨ Precio: €€

Juan II de Aragón 5 ✉ 50009 – ✆ 976 23 95 16 – www.establerestaurante.com – Cerrado lunes, martes, cena: domingo

BISTRÓNOMO

ACTUAL · BISTRÓ Sencillo local que autodefine su propuesta como... ¡alta cocina de barrio! Tapas y raciones de gusto actual, con fusiones asiáticas, verduras, casquería... y un menú de temporada.

🆎 Precio: €

Previsión Social 19 ✉ 50008 – ✆ 976 96 75 67 – www.bistronomo.es – Cerrado lunes, martes

CRUDO

FUSIÓN · INFORMAL Un local que encuentra su identidad trabajando con productos crudos y marinados. Su carta denota influencias niponas, mediterráneas, latinoamericanas... ¡Conviene reservar!

🆎 🛋 Precio: €

Doctor Cerrada 40 ✉ 50005 – ✆ 876 71 01 47 – www.crudozaragoza.com – Cerrado lunes, domingo

GAMBERRO

CREATIVA · MARCO CONTEMPORÁNEO Sorprende con una estética punk y platos muy creativos, solo accesibles desde su menú degustación sorpresa. ¡Sea puntual, pues los comensales inician la experiencia a la vez!

♿ 🆎 Precio: €€

Bolonia 26 ✉ 50008 – ✆ 696 93 27 81 – www.restaurantegamberro.es – Cerrado lunes-miércoles, cena: domingo

MAITE

ACTUAL · FAMILIAR Íntimo, personal y bien llevado por una pareja que se ha formado en grandes casas. Cocina de base tradicional con platos actualizados, cuidando muchísimo cada presentación.

🆎 🛋 Precio: €€

Plaza San Pedro Nolasco 5 ✉ 50001 – ✆ 976 39 74 74 – www.maite.restaurant – Cerrado lunes, cena: domingo

NOVODABO

MODERNA · AMBIENTE CLÁSICO Restaurante gastronómico ubicado en una céntrica casa-palacio. Su oferta, de gusto actual, se centra en dos menús: uno para los almuerzos entre semana y otro tipo degustación.

🆎 🛋 ⇨ Precio: €€

Plaza de Aragón 12 ✉ 50004 – ✆ 976 56 78 46 – www.novodabo.com – Cerrado lunes, domingo, cena: martes, miércoles

QUEMA

ACTUAL · DE DISEÑO Se halla junto al edificio del IAACC Pablo Serrano (Instituto Aragonés de Arte y Cultura Contemporáneos) y no debemos dejarnos engañar por su aparente funcionalidad, pues presenta una estética industrial y la cocina abierta a la sala. Encontrará un completo menú degustación y una carta de gusto actual que cuida mucho la presentación de cada plato.

& 🄰 Precio: €€

Paseo María Agustín 20 ✉ *50004 –* 📞 *976 43 92 14 – ww.restaurantequema. com – Cerrado lunes, domingo, cena: martes, miércoles*

ZARZA DE GRANADILLA

Cáceres – Mapa regional **12**–B1

🏵 **VERSÁTIL**

Chef: Alejandro Hernández

ACTUAL • ACOGEDORA ¿Una escapada gastronómica rural? Este restaurante, al norte de la provincia de Cáceres, es ideal para realizarla y seguro que le sorprende, pues no es habitual encontrar propuestas de altos vuelos en pueblos tan pequeños; no en vano... ¡recomendamos reservar!El chef Alejandro Hernández, al frente del proyecto junto a sus hermanos Jesús David y José Luis, que se ocupan de la sala, trabajó a las órdenes del maestro Martín Berasategui, con quién adquirió ese bagaje culinario que hoy ve aquí la luz en un espacio de acogedor ambiente ecléctico. ¿Su oferta? Una carta de cocina tradicional actualizada, con guiños al producto extremeño de temporada (Carpaccio de presa ibérica con vinagreta de verduras, Solomillo de ternera de Extremadura asado al carbón...) y la opción de dos menús degustación (Experiencia y Versátil). ¡En la bodega, que también ejerce como Galería de Arte, ofrecen una carta más informal!

& 🄰 Precio: €€€

Lagar 6 ✉ *10710 –* 📞 *927 48 62 36 – versatilrural.com – Cerrado lunes- miércoles, cena: domingo*

ZUMAIA

Guipúzcoa – Mapa regional **18**–B2

HAMARRATZ

TRADICIONAL • RÚSTICA Es acogedor y apuesta por el producto, que cautiva especialmente en los platos a la parrilla. Tienen su propio huerto junto al restaurante y... ¡solo cocinan con leña natural!

& 🄰 Precio: €€€

Artadi Auzoa ✉ *20750 –* 📞 *633 64 60 86 – www.hamarratz.com – Cerrado lunes, cena: martes-jueves y domingo*

ZUMARRAGA

Guipúzcoa – Mapa regional **18**–B2

KABIA

TRADICIONAL • FAMILIAR Una casa, muy apegada a la tierra y llevada en familia, donde apuestan por la cocina tradicional actualizada. La carta se ve complementada por un interesante menú del día.

& 🄰 ⇄ Precio: €€

Legazpi 5 ✉ *20700 –* 📞 *943 72 62 74 – www.restaurantekabia.com – Cerrado lunes, martes, cena: miércoles-viernes y domingo*

CUADERNO GOURMET

LA GUÍA
MICHELIN

Reserva una habitación
en los mejores hoteles

guide.michelin.com/es/es

La Guía MICHELIN lleva más de 120 años dedicándose a buscar experiencias gastronómicas de la más alta calidad. Ahora, aplicamos el mismo grado de pasión y experiencia a los hoteles. Nuestros expertos han recorrido el planeta para encontrar alojamientos que destaquen por su estilo, servicio y personalidad, ofreciendo opciones para todos los bolsillos.

Visita la página web y la app de la Guía MICHELIN para reservar una habitación en los mejores hoteles.

Finca Cortesin | Casares, España

Han contribuído en esta guía:

Jefe de Redacción: Los equipos de la Guía MICHELIN (Inspectores y Redactores) bajo la dirección de Gwendal Poullenec

Responsable editorial: Marie-Pierre Renier

Iconografía: Marie Simonet, Marion Capera, Ilona D'angela

Cartografía: Costina-Ionela Lungu

Composición: Gabriel Dragu, Mihaita Constantin

Diseño gráfico: Benjamin Heuzé (cobertura) ;
Laurent Muller; Marie-Pierre Renier (maquetado interior)

Fabricación: Sandrine Combeau ; Renaud Leblanc

Dirección: Dominique Auclair, Pascal Grougon

Agradecimientos: Philippe Orain

Publicidad y partenariados:
contacto: clients@editions.michelin.com
El contenido de las páginas publicitarias incluidas en esta guía es responsabilidad exclusiva de los anunciantes..

MICHELIN Éditions

Société par actions simplifiée au capital de 487 500 €
57 rue Gaston Tessier - 75019 Paris (France)
R.C.S. Paris 882 639 354
© 2023 **Michelin Éditions** – Tous droits réservés
Dépôt légal : 11-2023
Imprimé en Belgique - 11-2023 sur du papier issu de forets bien gérées

Compograveur : MICHELIN éditions, Voluntari (Roumanie)
Imprimeur-relieur : GEERS Offset, Gent (Belgique)

Plans de villes : © MICHELIN 2023

El equipo editorial ha prestado la mayor atencion a la hora de redactar esta guia y de verificar su contenido. No obstante, algunas informaciones (normas administrativas, formalidades, precios, direcciones, numeros de telefono, paginas y direcciones de internet...) se ofrecen a titulo indicativo debido a las constantes modificaciones de este tipo de datos. Existe la posibilidad de que algunas de ellas no sean exactas o exhaustivas en el momento de publicarse la guia. Antes de cualquier actuacion por su parte, le invitamos a que se informe ante los organismos oficiales. Declinamos toda responsabilidad ante posibles imprecisiones que puedan detectarse.